Duehring, Eugen Karl

Cursus der Philosophie

als streng wissenschaftlicher Weltanschauung und Lebensgestaltung

Duehring, Eugen Karl

Cursus der Philosophie

als streng wissenschaftlicher Weltanschauung und Lebensgestaltung

Inktank publishing, 2018

www.inktank-publishing.com

ISBN/EAN: 9783750109544

Cursus der Philosophie

als streng wissenschaftlicher

Weltanschauung und Lebensgestaltung.

Von

Dr. E. Dühring,

Docenten der Philosophie und der Staatswissenschaften an der Berliner Universität.

Leipzig.

Erich Koschny

(L. Heimann's Verlag).

1875.

Vorrede.

Das vorliegende Werk ist eine Darstellung des Ganzen der Philosophie in derjenigen Gestalt, welche dieselbe in meinem System angenommen hat. In Verbindung mit meiner Geschichte der Philosophie stellt es einen nicht blos systematisch, sondern auch historisch und kritisch abgegrenzten Gedankenkreis der Weltauffassung und Lebensgestaltung vor. Wie es sich zu meinen andern Arbeiten verhalte, und wie es zu studiren sei, ist am Schlusse auseinandergesetzt worden.

Die Logik und Wissenschaftstheorie in ausführlicher Darstellung zu geben, ist nicht die Sache eines Gesammtcursus der Philosophie. Ja es lässt sich behaupten, dass die wissenschaftstheoretischen Lehren ein Gebiet bilden, welches in seinen subtileren Theilen vornehmlich für das Studium der Specialwissenschaften fruchtbar wird und in diesen Richtungen für Niemand gehörig brauchbar ist, der den specialistisch verzweigten Lehren der logischen Theorien nicht in das Detail der besondern Einzelwissenschaften zu folgen vermag. Ein besonderes Werk über Logik und Wissenschaftstheorie hat daher die Interessen der eigentlichen Wissenschaft und Forschung in eingehender Weise zu berücksichtigen. Es hat bei einem Theil seiner Leser Bedürfnisse zu befriedigen, die über den Kreis der allgemeinen Theilnahme an der Philosophie hinausliegen, und wird demgemäss in meiner Schriftengruppe eine völlig selbständige Veröffentlichung ausmachen.

Mein Cursus wendet sich an Leser und Studirende, welche einer thatkräftigen Idealität fähig sind und die sich auf dem lauten Markt breitmachende Frivolität von sich weisen. Er setzt im Wissen das Bedürfniss nach Gründlichkeit und Tiefe, im Wollen aber die Bereitschaft voraus, jede Anwandlung von Blasirtheit energisch zu bekämpfen. Mit dem Dienste der Fäulniss und mit dem sich in ihrem Reich ergehenden Kleinmuth der Weltverzweifelung und dazu gepaarten Uebermuth der Brutalität hat er nichts gemein. Sein Ausblick ist auf das frische Leben und auf die Mächte gerichtet, welche jugendkräftig die ferneren Schicksale der Menschheit gestalten und mit dem Absterben des alten geistigen Regime auch schon die einstige Reife einer edleren Ordnung ankündigen.

Berlin, im Januar 1875.

Dühring.

Inhalt.

Einleitung.

I. Bedeutung der Philosophie.

II. Bestandtheile und natürliches System.

Erster Abschnitt.

Grundgestalten des Seins.

Seite

Zweiter Abschnitt.

Principien des Naturwissens.

Dritter Abschnitt.

Elemente des Bewusstseins.

Vierter Abschnitt.

zur Moral

Sitte, Gerechtigkeit und edlere Menschlichkeit.

Fünfter Abschnitt.

Gemeinwesen und Geschichte.

Sechster Abschnitt.

Individualisirung und Werthsteigerung des Lebens.

Siebenter Abschnitt.

Socialisirung aller Gesammtthätigkeiten.

Achter Abschnitt.

Wissenschaft und Philosophie in der alten und in der neuen Gesellschaft.

Schluss.

Studium und Entwicklung der Wirklichkeitsphilosophie.

Einleitung.

I. Bedeutung der Philosophie.

Als erste und natürlichste Angelegenheit muss dem Lernenden im Eingang die Frage erscheinen, was der Gegenstand, dem er sich hingeben will, eigentlich sei und bedeute. Eine kurze Beantwortung der Frage, was Philosophie sei, entspricht jedoch nicht blos dem Bedürfniss, das genauere Bekanntwerden mit einer neuen Sache regelrecht vermittelt zu sehen, sondern hat auch ausserdem einen weitergreifenden Sinn. Solange über das Wesen einer geistigen Bestrebung in erheblicher Weise gestritten werden kann, und solange die weltgeschichtliche Entwicklung einer ideellen Macht noch nicht die entscheidende Seite der letzteren vor Aller Augen gebracht hat, wird die Bestimmung, was diese Macht in ihrer tieferen Anlage sei und wohin sie führe, zu denjenigen Rechenschaften gehören, mit denen derjenige, der die Vertretung dieser Macht in seiner Zeit und für die zunächst absehbare Entfaltung derselben in Anspruch nimmt, von vornherein über seinen Beruf entscheidet.

Es ist daher etwas mehr als die Rücksicht auf eine ordnungsmässige Begriffsbestimmung, was uns die Erledigung jener ersten Grundfrage werthvoll macht. So kurz auch die Formulirung ausfallen möge, in welcher wir die eigenste Natur der Philosophie auszudrücken unternehmen, so wird sie doch Entscheidungen und Aufschlüsse enthalten, die über mehr als einen Hauptpunkt zuverlässige Angaben darbieten und über die maassgebende Richtung keinen Zweifel lassen. Für uns und die uns bevorstehenden Epochen ist die Philosophie nicht mehr vorwiegend eine ruhende Weltanschauung, sondern wesentlich ein rastlos thätiges Princip allseitiger Gestaltung des Lebens. Hiemit ist der reformatorische Beruf, den die höchste der ideellen Mächte zu üben hat, als unablegbares Kennzeichen ihres tieferen Wesens hingestellt. Auch lässt es sich in der That nicht denken, wie auf die Dauer dieser charaktervollste Grundzug, der den besten Erscheinungen des Gebiets nie ganz gemangelt hat, in einer Epoche verborgen oder auch nur im Hintergrunde bleiben sollte, in welcher sich eine Weltwendung aller Zustände immer mächtiger anbahnt.

Philosophie ist die Entwicklung der höchsten Form des Bewusstseins von Welt und Leben. Dieser einfache Satz sagt sehr viel, wenn wir den Einzelheiten seiner Gedanken aufmerksam folgen. Er spricht überdies nicht nur durch das, was er ausdrücklich enthält, sondern auch durch das, was er grundsätzlich weggelassen hat. So ist in ihm absichtlich nur einfach vom Bewusstsein und nicht etwa vom menschlichen Bewusstsein die Rede. Es würde nämlich in der That eine ungerechtfertigte Einschränkung, um nicht zu sagen eine Herabwürdigung der Grundgestalten des Bewusstseins und Wissens sein, wenn man ihre souveraine Geltung und ihren unbedingten Anspruch auf Wahrheit durch das Epitheton menschlich ausschliessen oder auch nur verdächtigen wollte. Eine endgültige Wahrheit letzter Instanz kann nicht gedacht werden, sobald die letzten und allgemeinsten Formen des Erkennens, wie wir sie in der uns bekannten Art des Denkens finden, nicht auch zugleich die Constitution und die Elemente alles sonstigen Wissens ausmachen, welches wir neben dem unsrigen in andern Wesen voraussetzen mögen. Ohne also darüber absprechen zu wollen, in welcher Art und wie hoch das Bewusstsein irgendwo entwickelt sein oder irgendwann erweitert und gesteigert werden möge, müssen wir doch darauf bestehen, dass jegliche Form des Denkens und Erkennens nur ein schlechter Spass und eine offenbare Thorheit sein würde, wenn sie nicht aus einfachen Elementen bestände, die in allem nur irgend annehmbaren Wissen eine und dieselbe Rolle spielen und in verschiedenen Mischungen die Factoren einer und derselben Wahrheit bilden. Sogar die Abstufungen, die wir uns bei der Betrachtung der thierischen Bewusstseinsreihe auch in anderer Richtung mit einigem Schein entwerfen mögen, verlieren ihre einschränkende Kraft, sobald wir bedenken, dass alle Erdichtungen höherer Intelligenzen nur Combinationen aus den allgemeinsten Bestandtheilen unserer eignen Einsichtsart sein können. Wir mögen in unserm eignen Bewusstsein Unterscheidungen treffen und eine Aussonderung der höheren Denkmittel vornehmen; — wir werden aber doch niemals dazu gelangen, die Reihe der Voraussetzungen abzukürzen und jene schattenhafte Erdichtung einer Intelligenz festzuhalten, in welcher die höheren Functionen unmittelbar und ohne die Hülfe der gewöhnlichen uns bekannten Vorbedingungen das Wesen der Dinge zu erfassen vermöchten.

An das einfache Wort Bewusstsein hat sich in unserer Definition der Philosophie noch eine weitere Bemerkung anzuschliessen. Es bedeutet der diesem Wort entsprechende Begriff, wenn er in seiner ganzen Weite gefasst wird, nicht blos das theoretische und gleichsam ruhende Wissen, sondern auch die Empfindungen der Triebkräfte, in denen das Wollen seinen bewussten Ausdruck erhält. Das Bewusstsein umfasst hienach die Verzweigungen des Wissens und die Richtungen des Strebens. Die Philosophie hat demgemäss nicht nur, wie schon vorher angedeutet, eine doppelte Aufgabe, sondern es entsteht für sie auch die Frage, in welcher Richtung die vollständige Vereinigung dieser Doppelrolle zu suchen sei. Als Wissenschaft und als Gesinnung, als Weltanschauung und als Lebensgestaltung, als zurückgezogene Speculation und als praktisch eingreifende Macht kann die Philosophie doch immer nur von einheitlichem Wesen sein, wie es die Welt und das Denken, das Leben und der Mensch, die Thatsachen und die Ideen selber sind. Die Philosophie als Gesinnung ist eine Fortpflanzung der Motive edlerer Menschlichkeit; sie schafft an den Idealen der Humanität und hegt die grossen Conceptionen, in denen das höchste Wollen der Menschheit gipfelt. Die Philosophie als Wissenschaft ist theils Hervorbringung, theils Aufnahme derjenigen Einsichten, durch welche die Welt und das Leben klar übersichtlich, die Principien der Vorgänge verständlich und die Abfolgen der unserer Kraft erreichbaren Zustände für die verstandesmässige Leitung zugänglich werden. Die Gesinnung veredelt sich, indem die natürlichen Triebkräfte des Wollens ihr Maass, ihre gegenseitige Begrenzung und ihren sich selbst am meisten befriedigenden Gehalt finden lernen. Die Wissenschaft wächst, indem die Functionen des Verstandes zur Bethätigung gelangen und diejenigen Vorstellungen ins Dasein rufen, vermöge deren die Welt der Dinge und die Welt der Gedanken die ebenmässigste Einheit ergeben. Das Bewusstsein vom Leben, im Sinne eines durch höchste Einsicht und grösste Wirkungsfähigkeit gesteigerten Lebensgefühls, ist nun aber

1*

stets auf die universellen Aussichten alles Strebens gerichtet, und so erklärt es sich, dass in der Philosophie die herrschende und ursprünglichste Macht das Interesse an einer mit dem höchsten Maass von Wissen beleuchteten Lebensenergie sein muss. Diese letztere Energie selbst ist nun aber in ihren höheren Combinationen von dem Schicksal abhängig, dem die Thätigkeiten des Denkens anheimfallen, und die Functionen der Intelligenz sind, soweit sie sich auf Triebe und Leidenschaften beziehen, unverkennbar selbst die Formen, in denen das bewusstere Leben seiner selbst und der universellen Tragweite des Empfindens inne wird. Hiemit ist aber schon ausgesprochen, dass es im letzten Grunde nur eine einheitliche Form des Bewusstseins gebe, und dass mithin die philosophische Gesinnung der vollständige Ausdruck von dem sei, wodurch Welt und Leben im Innersten bewegt werden. Handeln und Denken, Wollen und Wissen, active Regung und passive Spiegelung sind hier nur zwei Theile eines und desselben Hergangs. Wohl aber kann man auf den niederen Stufen der Entwicklung ein einseitiges Vorherrschen des unaufgeklärten Wollens und daher eine durch den Contrast gesteigerte Bedeutung der Gesinnung einzelner Vertreter des Denkens und edler Lebenshaltung wahrnehmen. Die Gesinnung aber, die wir heute als den Hauptfactor lebendiger Philosophie fordern, ist nicht mehr blos privater Natur, sondern betrifft die collective Erleuchtung und Richtung des menschlichen Wollens. Diese Gesinnung kann ohne die Wissenschaft gar nicht gedacht werden; denn es sind die ursprünglichen, der befriedigenden Gestalt noch ermangelnden Antriebe gleichsam erst das Rohmaterial, an und mit dem die sich allmälig entwickelnde, schliesslich durch strenge Wissenschaft geleitete Intelligenz arbeitet.

So wichtig es ist, einer in Scholastik vertrocknenden und in Unselbständigkeit sich corrumpirenden Scheinphilosophie gegenüber die Gesinnung und Lebenshaltung einzelner grosser Denkercharaktere hervorzuheben, so würde es doch den natürlichen Gang der Dinge verleugnen heissen, wenn man im Ganzen und namentlich für die jetzt anbrechende Aera der Weltgeschichte den Errungenschaften des Wissens die zweite Rolle anweisen wollte. Die Wissenschaft und der Verstand in seiner praktischen Bethätigung sind diejenigen Mächte, auf welche die freiere Gestaltung des Menschheitsschicksals an erster Stelle zu rechnen hat. Aus den Völkerphantasien, die unter den Antrieben der von mangelnder oder falscher Einsicht irregeleiteten Gemüthsmächte arbeiteten, sind Weltansichten und Lebensformen hervorgegangen, deren fernere Unhaltbarkeit gegenwärtig klar eingesehen werden kann. Das fehlgreifende Gemüth des noch kindisch vorstellenden Menschen hat seine Rolle so ziemlich ausgespielt, und es lässt sich wenigstens eine Zeit absehen, in welcher die höchst entwickelten Theile der Menschheit jene Ueberlieferungen vollständig abgestreift und mit einem wahreren Zustande vertauscht haben werden. Für diesen neuen Zustand müssen nun Verstand und Wissenschaft die früheren Einbildungen ersetzen und ausserdem das leisten, was dem verstandlosen Gemüth trotz seiner gewaltigen Ansprüche und angeblichen Hülfen niemals gelungen ist. Die Ohnmacht aller Systeme, welche einzelne Völkergruppen und zuletzt den höher civilisirten Theil der Menschheit geistig und indirect auch politisch und social zu binden gesucht haben, ist heute eine bis zur Handgreiflichkeit ausgemachte Sache. Die Religionsschöpfungen haben eher alles Andere als eine moralische Einigung der Menschen bewerkstelligt. Sie haben weder den innern Frieden des Gemüths noch die äussere Vereinbarkeit des Verhaltens sonderlich gefördert. Sie haben im Gegentheil künstliche Beunruhigungen erfunden und durch Fixirung mannichfaltiger Superstitionen in dauernden Einrichtungen neue Arten von Feindschaft und Ungerechtigkeit ins Leben gerufen. Ihr Anspruch, für die Menschen ein befriedigendes Band und eine Quelle des Heils zu sein, ist heute in seiner ausnahmslosen Nichtigkeit allen denen erkennbar, die von der Wissenschaft und dem Verstande her zu einer natürlichen Welt- und Lebensauffassung gelangt sind. Von diesem letzteren höheren Standpunkt aus lässt sich aber auch schon bemessen, wie der Verstand mit seinen wissenschaftlichen Errungenschaften die letzte Instanz bilden und das zu leisten im Stande sein werde, was dem verworrenen Gemüth und den trüben Superstitionen nie gelingen konnte.

Bei dieser grossen Aufgabe handelt es sich nicht darum, das natürliche Gemüth oder, mit andern Worten, die Antriebe und Gefühle der menschlichen Natur zu Gunsten einer einseitigen Verstandescultur herabzusetzen, sondern im Gegentheil darum, diese naturwüchsigen Ausstattungen unseres Wesens durch den Verstand völlig freizumachen und in solchen Richtungen wirken zu lassen, wo sie sich mit der geringsten gegenseitigen Störung auszuleben vermögen. Hieraus folgt, dass die wahre Gesinnung, auf welche die Philosophie für die Menschheit zielt, erst dann in grösserer Ausbreitung und nachhaltigerer Wirksamkeit bestehen kann, wenn sie in der Gemeinschaft Vieler und in der Sicherheit der gegenseitigen Bethätigung über die zerstreute und unverbundene, rein individuelle Privatexistenz hinausgelangt sein wird.

Die Lebensgestaltung, für die sie neben der blos theoretischen Vertretung der Weltanschauung eintritt, bezieht sich daher weit weniger auf die isolirte Privatmoral individualistischer Art, als vielmehr auf den socialitären und politischen Zusammenhang des allseitigen und insbesondere des geistigen Verkehrs. Keine einzige Form oder Einrichtung des Gemeinlebens kann von ihr unberührt bleiben; aber vor Allem bedarf sie sogar schon zu ihrer blos ideellen Fortpflanzung und Sicherung eines gesellschaftlichen Zusammenwirkens aller derjenigen, die von ihr durchdrungen sind. Es versteht sich von selbst, dass dieses Zusammenwirken schliesslich die Form des Staats selbst annehmen muss; aber die Mittelstufen bis zu diesem Ziele mögen eine Mannichfaltigkeit durchmessen, die mit der lockersten Verbindung, ja mit den Zufälligkeiten der unorganisirten literarischen Mittheilung beginnen kann und sich erst später zu geordneten Vereinigungen und zwar zunächst im Rahmen der gewöhnlichen Formen der Collectivaction steigert. Auch sei schon hier bemerkt, dass nicht blos die Gegenseitigkeit und das Zusammenwirken unter den Erwachsenen in allen Hauptangelegenheiten des privaten, gesellschaftlichen und öffentlichen Lebens die allgemeine Grundlage zu bilden habe, sondern dass speciell die Erziehung im Sinne der Philosophie und zunächst die Lähmung der auf diesem Gebiet herrschenden Superstition die positive Collectivthätigkeit in Anspruch nehmen müsse.

Wir haben Inhalt und Richtung des philosophischen Bewusstseins kurz bezeichnet. Es bleibt noch übrig zu erklären, was wir mit der höchsten Form meinen, in der wir erst die der Philosophie entsprechende Steigerung des Welt- und Lebensbewusstseins finden. Diese höchste Form besagt zunächst, dass in Vergleichung mit ihr keine höhere Instanz anzutreffen sei, von welcher über die Würdigung und Behandlung des Daseins entschieden werden könnte Die Philosophie kennt keine andere Autorität als etwa die ihres eignen Gebiets, und auch hier ist sie in einem solchen Sinne souverain, dass man jenes Wort in seiner äusserlichen Bedeutung gar nicht brauchen darf. Naturthatsachen und selbstgewonnene Einsichten sind die einzigen Nöthigungen, denen die Philosophie folgt. Neben ihr giebt es keine zweite Fundstätte der Wahrheit und keine zweite Quelle der Gerechtigkeit. Alles was unter der Form irgend einer Art von Wahrheit Ansprüche auf Geltung macht, muss sich auf Verstand und Wissenschaft als letztes Entscheidungsmittel auch dann berufen, wenn Ueberzeugungen im Sinne eines vom Gefühl geleiteten Annehmens oder Glaubens in Frage sind. Grade über die Möglichkeit derartigen Fürwahrhaltens und über die Zulässigkeit der entsprechenden Vorstellungen entscheidet die Philosophie, da sie das Maass für alle Gattungen von Ideen in Händen hat. Woher sollte auch dem philosophisch selbstbewussten Menschen eine ideelle Macht entgegentreten, die nicht von dem eignen Wesen menschlicher Vorstellungen abstammte? Auf dem Planeten giebt es keine Kraft, die der philosophischen autoritätsfreien Selbstgenugsamkeit eine moralisch verbindliche oder überhaupt innere Einschränkung aufzuzwängen vermöchte. Der Mensch hat vielmehr, sobald er zur Würde der auf sich selbst ruhenden Einsicht und des innerlich verstandenen, auf dem Naturgrunde ruhenden, sich selbst klaren Wollens gelangt ist, mit nichts als dem Boden unter sich, der Luft über sich und Seinesgleichen neben sich zu schaffen. Die ihn umgebende Natur, sei sie irdisch oder kosmisch, erregt ihn nach allen Richtungen, aber verbindet ihn nicht und legt ihm keine, moralische oder autoritäre Gesetze auf. Von Seinesgleichen hat er keinen Willen anzunehmen, den er nicht selbst üben könnte, und wo sie ihn verbindlich machen wollen, müssen sie sich auf etwas berufen, was ihnen mit ihm gemeinschaftlich ist. Er wird daher in Andern nicht etwas Anderes anerkennen, als was er in sich selbst gelten lässt, und so wird wiederum die höchste Form des Bewusstseins von Leben und Welt als die normgebende Macht angerufen werden. Diese letzte Entscheidungskraft wird aber nur aus der streng wissenschaftlichen Steigerung aller Bewusstseinselemente gewonnen, und so zeigt es sich auch von dieser Seite, dass die Bereicherung mit den Errungenschaften des genaueren und sicheren Wissens von Welt und Menschennatur die Vorbedingung aller philosophischen Selbständigkeit ist. Auch gilt diese Selbständigkeit und Autoritätsfreiheit nicht blos für das Denken, sondern auch für das Handeln und zwar gleicherweise für die collective Action wie für das Thun des Einzelnen.

II. Bestandtheile und natürliches System.

Die Philosophie, wie wir sie eben kurz gekennzeichnet haben, umfasst in einem weiteren Sinne die Principien alles Wissens und Wollens. Diese universelle Bedeutung ist keineswegs zu kühn angelegt; denn um eine auch nur formal vollständige Natur- und Lebensansicht zu gewähren, müssen die ersten Anknüpfungspunkte aller Gattungen von Thatsachen, Existenzen und Vorgängen dargelegt werden. Der Rahmen der Welt und des Lebens mit seinen mannichfaltigen Entwicklungen muss eine wenigstens schematisch vollständige Ausfüllung erhalten, und wo irgend eine Reihe von Erkenntnissen oder Antrieben oder eine Gruppe von Existenzformen für das menschliche Bewusstsein in Frage kommt, müssen die Principien dieser Gestalten ein Gegenstand der Philosophie werden. Nur auf diese Weise wird jener universellen Vollständigkeit entsprochen, welche die ideale Forderung zulänglicher Systeme ist. Wenn das System der Dinge in einem Gedankenbilde erfasst und das Dasein in seinen Grundzügen entworfen werden soll, so darf keine Linie fehlen, die zum Verständniss der Verfassung des Ganzen einen Beitrag liefert. Die Beschränkung auf die Principien ist hinreichend, um die Philosophie vor unerheblichem Material zu bewahren und die Ausführung ihrer Aufgabe nach dem jeweiligen Stande des positiven Wissens möglich zu machen. Hiebei ist zu beachten, dass Punkte zweiten Ranges, die in einer individuellen Unternehmung etwa unberührt bleiben oder nicht zulänglich erledigt werden, für die Wirkung des Gesammtentwurfs zwar immerhin eine Bedeutung haben mögen, dass aber die Existenz der Philosophie in ihrem vollständigen Wesen nicht ausschliesslich von dem Grade des Gelingens und von den Schranken einer privaten Bestrebung abhängig zu denken sei.

Die Principien, für welche sich die Philosophie interessirt, sind nicht beliebige relative Anfänge von Erkenntnissreihen und Thatsachengruppen, sondern die einfachen oder bis jetzt als einfach vorauszusetzenden Bestandtheile, aus denen sich das mannichfaltige Wissen und Wollen zusammensetzen lässt. Wäre die Verfassung der Welt und des Lebens nicht so beschaffen, dass sie sich in eine Summe von Bestandstücken auflösen liesse, so würde der Ausdruck Principien einen völlig relativen und schwankenden Sinn haben. Man würde nicht wissen, wie weit man die Gliederung der Dinge zu verfolgen und weitere Ansätze zu secundären Gebilden aufzusuchen hätte, um den Welt- und Lebensschematismus verständlich zu machen. So aber ist eine feste Norm gegeben, und ähnlich, wie die chemische Constitution der Körper, kann auch die allgemeine Verfassung des Daseins auf Grundelemente und Grundformen zurückgeführt werden. Diese letzten Bestandtheile oder Principien gelten, sobald sie einmal gewonnen sind, nicht blos für das unmittelbar Bekannte und Zugängliche, sondern auch für Alles, was jenseit der Tragweite unserer speciellen und ausreichenden Wahrnehmung liegt, oder was die rationelle Phantasie unter veränderten räumlichen und zeitlichen Verhältnissen voraussetzen mag. In den Principien solcher Art haben wir mithin das Baumaterial und die elementaren Fügungsformen für die Construction der gesammten Existenz vor uns. Die principiellen Schemata und Elemente, zu denen die philosophische Zergliederung gelangt, müssen in einer noch höheren Weise selbstgenugsam und zum unbeschränkten Verständniss der Dinge ausreichend sein, als dies in irgend einer besondern Wissenschaft der Fall sein kann. Die philosophischen Principien bilden mithin die letzte Ergänzung, deren die Wissenschaften bedürfen, um zu einem einheitlichen System der Erklärung von Natur und Menschenleben zu werden.

Nach der bisherigen Ueberlieferung setzt sich die Philosophie aus einer Reihe besonderer Lehren zusammen, aus deren Eigenthümlichkeiten nicht immer sofort der Zusammenhang mit den Principien der vorher erläuterten Art oder gar die Beschränkung auf diese Principien zu entnehmen ist. Im Gegentheil schliesst die Philosophie in ihrer engeren Bedeutung eine Gruppe von Specialwissenschaften ein, die ihr mit Recht ausschliesslich angehören, und in denen sie weit über die Principien hinaus zu mannichfaltig zusammengesetzten Ergebnissen fortschreitet. Die Nothwendigkeit eines Theils dieser Verzweigungen und Ausführungen erklärt sich aus der besondern Aufgabe der Philosophie, die allgemeine Wissenschaft vom Menschenleben und von den Mitteln der Erkenntniss zu sein. Ein anderer Theil dieser Sonderdisciplinen könnte aus dem Bereich der engeren Philosophie ausgeschieden gedacht werden, sobald die Arbeitstheilung und Verselbständigung der Functionen diesen Schritt möglich machte. Dennoch werden aber vorläufig mehrere Zweige auch mit ihrer Ausführung in das Einzelne bei der Gesammtphilosophie verbleiben müssen, weil sich noch nicht absehen lässt, wie sie zur Selbständigkeit positiver Wissenschaften gelangen sollten, oder wie die rein philosophische Behandlung die Principien derselben sichern könnte, ohne in den weiteren Stoff selbst untersuchend und darstellend einzugehen. Letzteres gilt namentlich von der Moral, die bis jetzt vollständig und ausschliesslich der engeren Philosophie angehören musste.

Werfen wir einen Blick auf die herkömmliche Zusammensetzung der Philosophie aus einzelnen Disciplinen. Wir treffen hier an der Spitze auf die Logik und Metaphysik oder überhaupt auf die Dialektik, woran sich in neuerer Zeit Erkenntniss- und Forschungstheorie angereiht haben. Am natürlichsten schliesst sich an diese vorherrschend logische Gruppe die Psychologie, indem es sich hier ebenfalls um zunächst subjective Elemente handelt. Eine zweite Abtheilung ergiebt sich mit der Naturphilosophie. Das dritte Bereich ist das umfassendste, indem es das eigenthümlich menschliche Verhalten und dessen geschichtliche Schöpfungen zum Gegenstande hat. Hieher gehören Moral und Naturrecht nebst den Grundlagen der Politik, alsdann die Philosophie der Geschichte, die Religionskritik und die Ausgangspunkte des Aesthetischen. Endlich ist die Geschichte der Philosophie eine Ergänzung der Gesammtauffassung und aller besondern Theile, indem sie zu dem gegenwärtigen Bestande des philosophischen Wissens und Wollens gleichsam die zweite zeitliche Dimension hinzufügt und uns zeigt, wie im Strome der Gedanken die einzelnen Gebilde nach und nach hervorgetreten sind.

Ein natürliches System der Philosophie kann sich bei dieser, zum Theil sehr äusserlichen Gruppirung nicht beruhigen. Es muss zunächst an der gewohnheitsmässigen Verbindung von Logik und Metaphysik, sowie überhaupt an einem Theil der an das Wort Metaphysik geknüpften Ideen Anstoss nehmen. Die Logik im engeren Sinne oder, wie man auch sagen kann, die formale Logik, also die Lehre von den Definitionen, den Urtheilen und den syllogistischen Schlüssen, kann an sich selbst als eine Wissenschaft angesehen werden, die wie die Elementarmathematik keinen besondern Zusammenhang mit der eigentlichen Philosophie habe. Sie kann, so dürftig ihr wirklich fruchtbarer Inhalt auch ist, dennoch für sich selbst eine völlig selbständige Doctrin bilden und zu den ersten Elementen des positiven Wissens zählen. Man kann noch heute über ihre Constitution und Behandlung erheblich streiten; aber etwas Aehnliches kann auch bei der Elementarmathematik geschehen. Uebrigens ist aber ein Theil der logischen Grundlehren grade eben so sicher, wie die allgemein anerkannten Einzelwahrheiten aus dem Bereich der mathematischen Elemente. Derselbe Grund, welcher für die Aufnahme der logischen Elemente in die Philosophie sprechen sollte, würde annähernd auch zum Eingehen auf die mathematischen Sätze berechtigen, ohne welche z. B. das von der Naturphilosophie vorausgesetzte Wissen nicht zu Stande kommt. Wollte aber die Philosophie alle Voraussetzungen des besondern Wissens, von dem sie Gebrauch macht, in ihren eignen Rahmen aufnehmen, so würde sie ihren Beruf und ihre Grenzen völlig verkennen.

Es giebt jedoch eine Beziehung der Philosophie zu den logischen Wahrheiten, in welcher die letzteren in einer eigenthümlichen Anwendung und Bedeutung auftreten. Das Ganze der Dinge hat eine systematische Gliederung und innere logische Consequenz. Natur und Geschichte haben eine Verfassung und Entwicklung, deren Wesen zu einem grossen Theil den allgemeinen logischen Beziehungen aller Begriffe entspricht. Die allgemeinen Eigenschaften und Verhältnisse der Denkbegriffe, mit denen sich die Logik beschäftigt, müssen auch für den besonders auszuzeichnenden Fall gelten, dass ihr Gegenstand die Gesammtheit des Seins nebst dessen Hauptgestalten ist. Da das allgemeinste Denken in einem weiten Umfange über das entscheidet, was sein und wie es sein kann, so müssen die obersten Grundsätze und Hauptformen der Logik auch für alle Wirklichkeit und deren Formen eine maassgebende Bedeutung erhalten. Hiemit gelangen wir zu einer logischen Weltschematik, in der die Wahrheiten der formalen Logik einen neuen speciellen Sinn annehmen und eine Tragweite von der höchsten Bedeutung aufzuweisen haben.

Der Ausdruck Metaphysik ist mit Recht der Zwitterhaftigkeit verdächtig; denn er hat bisher zwei Dinge benannt, von denen das eine, nämlich die Empfänglichkeit für unwirkliche und phantastische Begriffsgebilde, im natürlichen System völlig entfernt sein muss. Ausser mit den willkürlich erdichteten Wesenheiten hat sich aber die Metaphysik jederzeit auch mit wirklichen Elementen des Daseins befasst, und in dieser Hinsicht sind es besonders die Grundbegriffe, durch welche die Welt mit ihrer Verfassung zu denken sei, was den Gegenstand dieser Lehre gebildet hat. Diese metaphysischen Kategorien fallen nun keineswegs mit den metaphysischen Anwendungen der logischen Gesichtspunkte zusammen, sondern gesellen sich den letzteren als eine unterschiedene Art zu, so dass die Frage nach dem Rangverhältniss beider Bestandtheile der Weltschematik keineswegs überflüssig ist. Um Schemata des Denkens oder Vorstellens und um formal einfache Voraussetzungen wird es sich in dem einen wie in dem andern Theil des Gebiets handeln, und die Constituirung einer wohlgeordneten Lehre vom Weltschematismus wird davon abhängen, wie es gelingt, Sein und Denken als eine Einheit zu fassen, in welcher die realen Vorgänge eine logische Seite und die logischen Vorgänge eine reale Bedeutung haben. Die Metaphysik überhaupt aber, deren Namen man sehr wohl mit der rationelleren Bezeichnung als Weltschematik vertauschen könnte, wird unbekümmert um begriffliche Erdichtungen alle allgemeinen Züge des wirklichen Daseins zu entwerfen haben, ohne jedoch in die Hauptverzweigungen selbst, nämlich in Natur und Geschichte überzugreifen. Sie wird sich also auf die Grundgestalten alles Seins überhaupt beschränken und sich nicht auf solche Eigenschaften ausdehnen, die nur einer Art desselben ausschliesslich eigen sind. In diesem engeren Sinne wird sie in der That den allgemeinsten Schematismus aller Wirklichkeit vertreten.

Bei der Behandlung des Gesammtstoffs der Philosophie in einem einheitlichen Cursus werden wir unserer leitenden Definition eingedenk bleiben und alles das ausschliessen müssen, was nicht zur Entwicklung der Principien der Weltanschauung und Lebensgestaltung unmittelbar erforderlich ist. Blosse Hülfslehren, die ähnlich dem Inhalt der positiven Wissenschaften eine fertige Voraussetzung bilden können, werden daher nur in Bezug zu nehmen sein. Aus diesem Grunde werden auch die rein logischen Wahrheiten nur insoweit dargestellt werden, als es der Zweck der Anknüpfung höherer Einsichten unumgänglich macht. Ueberdies versteht es sich eigentlich von selbst, dass eine Philosophie nicht etwa blos Mehr, sondern etwas ganz Anderes zu sein hat, als eine Vereinigung des principiellen Gehalts der positiven Wissenschaften. Die Weitläufigkeit, die durch blosse Verarbeitung der wichtigsten positiven Wissenschaften entstehen müsste, fällt grundsätzlich fort, und selbst innerhalb der eigentlichen Philosophie gestattet die naturgemässe Beschaffenheit unseres vom Leben selbst vorgezeichneten Zweckes einen Grad der Sichtung des gewöhnlichen Materials, der bei äusserlicher Kürze doch zu Deutlichkeit und Fülle des Gedankengehalts führen mag. Die Rücksicht auf das Originale in jeder Gattung, sei es überliefert oder neu gewonnen, wird ebenfalls den Werth des Ausgewählten steigern. Die bedeutende Einschränkung, die wir uns in den ersten abstracteren Abschnitten sowie auch in der Naturphilosophie mit Rücksicht auf andere Arbeiten, in denen wir die hier concentrirten Lehren ausführlicher entwickelt haben, ohne Bedenken auferlegen konnten, hat es ermöglicht, die entscheidenden Probleme des Menschenlebens ausgiebig zu erörtern. Aber auch in diesem letzteren Bereich konnte noch dadurch für das Beste Raum gewonnen werden, dass eine Frage, die sich in den letzten Jahrzehnten mit unverhältnissmässiger Breite in den Vordergrund gedrängt hatte, als anderwärts abgethan einer sehr kurzen und entschiedenen Beantwortung fähig wurde. Es ist dies die Erörterung des auf ein Jenseits ausschauenden oder mystisch nihilistischen Pessimismus, der mit seiner trägen Ruhesucht schon in meiner Betrachtung über den Werth des Lebens zergliedert worden ist.

Das System, welches in dem vorliegenden Cursus zu einer nach allen wesentlichen Richtungen verzweigten Darstellung gelangt, unterscheidet sich sehr erheblich von allen früheren Gestalten der Philosophie. Man könnte es das natürliche System oder die Wirklichkeitsphilosophie nennen, da es die künstlichen und naturwidrigen Erdichtungen beseitigt und zum ersten Mal den Begriff der Wirklichkeit zum Maass aller ideellen Conceptionen macht. Die Wirklichkeit wird von ihm in einer Weise gedacht, die jede Anwandlung zu einer traumhaften und subjectivistisch beschränkten Weltvorstellung ausschliesst. Der Inbegriff aller Möglichkeiten, der für die Weltschematik durchaus keine gleichgültige Conception ist, wird auf das combinatorische Denken bezogen, welches mit den bekannten Bestandtheilen operirt. Die Phantasie, deren erste kindische Ansprüche überall ausgeschlossen werden, zeigt sich in Vereinigung mit dem sichtenden Verstande als diejenige schöpferische Macht, die allein im Stande ist, die Thatsachen aus ihrer äusserlichen Trägheit zu befreien und die Ergebnisse der Erfahrung zu einem lebensvollen Ganzen zu verbinden. Die wissenschaftliche Phantasie erdichtet nicht, sondern bildet nur und entspricht so einem wirklichen Zusammenhange der Dinge, wie er durch die weltgestaltenden Kräfte vollzogen worden ist oder zur Vollziehung gelangt. Um vorausbestimmend spätere Nothwendigkeiten zu bemessen, ist die Beweglichkeit der rationellen Phantasie unentbehrlich. Andernfalls würde der Gedanke nur an dem Gegebenen und unmittelbar Thatsächlichen haften bleiben und jener allseitigen Freiheit ermangeln, durch welche er die Möglichkeiten der Weltentwicklung umfasst. Für das Menschenschicksal hat überhaupt das gestaltende Denken noch den besondern Sinn, die unwillkürlichen

Gebilde blosser Naturtriebe und beschränkter Ueberlegung durch eine bewusste Gesammtaction zu veredeln und Wirkungen sichtbar zu machen, die in der bisher abgelaufenen Geschichte nicht vertreten sind. Es würde ein sehr beengter Begriff von der Wirklichkeit sein, wenn man die Anlagen zu neuen Gebilden übersehen oder die Wissenschaft dazu herabwürdigen wollte, sich nur mit fertigen Thatsachen zu befassen. Der höhere Aufschwung des Denkens hat stets den schaffenden Trieben zu entsprechen gesucht und hat hiemit jene natürliche und darum einzig wahre Prophetie geübt, die nichts weiter als ein tieferer Blick in die Entwicklung der Zustände ist. Das Merkmal aber, durch welches alle jenseitig oder, wie man auch sagen könnte, doppelweltlich gearteten Erdichtungen von dem Reich der Wirklichkeit unterschieden werden, ist der nachweisbare Zusammenhang mit irgend welchen Elementen dieser Wirklichkeit. Die transcendente Dichtung beginnt, wo dieser Leitfaden, der nur zwischen lauter Wirklichkeitselementen hinlaufen darf, entweder abreisst oder in das Nichts absolut leerer Möglichkeit führen würde. Das Nichts des Denkens entspricht genau dem Nichts der Welt und der Wirklichkeit. Aus diesem Grunde beruht alles unberechtigte metaphysische Phantasiespiel auf einem Mangel oder einer völligen Abwesenheit des eigentlichen Denkens. Die Einzigkeit des universell Wirklichen, die mehr ist, als die blosse Einheitlichkeit, schliesst zugleich den Gedanken ein, dass Alles, was Gegenstand des Denkens wird, einem untheilbaren System des Seins angehört.

Für das natürliche System giebt es ausser den allgemeinen Grundformen aller Existenz nur zwei eigentliche Gegenstände der Untersuchung, nämlich die Natur und die Menschenwelt. Obwohl die letztere nur ein besonders geartetes Bestandstück der ersteren ist, so kann man doch das aussermenschliche Dasein und namentlich die kosmischen Formen desselben von dem Gebiet des eigenthümlich Menschlichen unterscheiden. Der Mensch kennt sich direct von Innen, während er andere Wesen oder Dinge entweder nur von Aussen oder innerlich nur indirect versteht. Der Mensch nimmt ausserdem mit Ueberlegung an den Organisationen Theil, in denen sich die Lebensformen und die Wandlungen der Geschichte bethätigen. Die sociale Welt kann also als ein besonderes Bereich aus dem Gesammtsystem der Natur ausgeschieden werden und muss bei dem Interesse, welches sie für uns in eminenter Weise hat, an die Erkenntniss die höchsten Ansprüche stellen. Trotzdem ist grade dieses

Erkenntnissgebiet weniger streng und mit weniger Erfolg behandelt worden, als die kosmische Welt. Die natürliche Auffassungsart wird hier zunächst das bisher äusserst hinderlich gewesene Vorurtheil zu entfernen haben, als wenn die durchgängige Gesetzmässigkeit der Natur in den Handlungen der Menschen sich verleugnen und in der Geschichte auch nur den geringsten Abbruch erleiden könnte.

Hienach ergeben sich für die Anordnung unseres Stoffs völlig ungezwungen drei Gruppen, nämlich die allgemeine Weltschematik, die Lehre von den Naturprincipien und schliesslich diejenige vom Reich des Menschen. In dieser Abfolge ist zugleich eine innerlich logische Ordnung enthalten; denn die formalen Grundsätze, welche für alles Sein gelten, gehen voran, und die gegenständlichen Gebiete, auf die sie anzuwenden sind, folgen in der Abstufung ihrer Unterordnung nach. Die Naturprincipien sind nämlich wiederum maassgebend für den Menschen als Theil der Natur, und in der uns bekannten höchsten Organisation des Lebens und seiner Formen müssen wir alle Gesetze der vorangehenden Stufen des Seins und alle Schemata der allgemeineren Existenz wiederfinden.

Erster Abschnitt.

Grundgestalten des Seins.

Erstes Capitel.

Elementarbegriffe der Weltauffassung.

Das allumfassende Sein ist einzig. In seiner Selbstgenugsamkeit hat es nichts über oder neben sich. Ihm ein zweites Sein zugesellen, hiesse es zu dem machen, was es nicht ist, nämlich zu dem Theil oder Bestandstück eines umfangreicheren Ganzen. Indem wir unsern einheitlichen Gedanken gleichsam als Rahmen ausspannen, kann nichts, was in diese Gedankeneinheit eingehen muss, eine Doppelheit an sich behalten. Es kann sich aber dieser Gedankeneinheit auch nichts entziehen; denn wohin sollte ein Element verlegt werden, welches überhaupt noch Gegenstand des Denkens bleiben soll? Was aber nie Gegenstand des Denkens sein könnte, würde aufhören, zu unserm Seins- und Weltbegriff zu gehören und daher für uns zu einem völligen Nichts werden.

Es ist jedoch nicht genug, auf die angegebene Weise aus der Einheit unseres eignen Denkens die Einzigkeit des Seins zu erkennen. Auch jedes andere Denken würde dieselbe Idee mit sich bringen. Das Wesen alles Denkens besteht in der Vereinigung von Bewusstseinselementen zu einer Einheit. Wie wir daher auch ein Denken ausser dem unsrigen concipiren mögen, — wir werden es in jener letzten Wurzel auf gleiche Weise mit der Zusammenfassungskraft und mit der Anlage ausstatten müssen, die Welt und alle Welten, die existiren mögen, in seinen Rahmen aufzunehmen. Ja selbst wenn ihm die Aussenwerkzeuge fehlten, sich im Besondern aller Wirklichkeit zu versichern, so würde dennoch der Ausgangspunkt in ihm selbst eine untheilbare Einheit bleiben, die der Einzigkeit alles Seins entspräche und die Vereinigung aller Theile in einem Gesammtgedanken verbürgte. Jene vielen Welten, die wir hypothetisch und eigentlich nur dem Worte nach genannt haben, würden sich vor jeglichem Denken in eine einzige verwandeln.

Ferner ist es wichtig, sich deutlich zu machen, dass der Grad der Universalität des Denkens zu der eben erläuterten Einheit nichts hinzufügt. Ob ein Denken hoch oder niedrig stehe, ob es viel oder wenig umspanne, hängt von seiner besondern Ausrüstung ab. Es ist aber bereits seine ganz allgemeine Natur, welche ohne Rücksicht auf specielle Anlage und Ausstattung die durchgängige Einheit der Auffassung und hiemit die Einzigkeit des zugehörigen Weltbegriffs mit sich bringt. Auch die Wiederholung des Denkens in mannichfaltigen Trägern desselben ändert an jenem Grundverhältniss nichts; denn es ist nicht eine Einzigkeit der Denkfunction, sondern der Einheitspunkt der Zusammenfassung, wodurch der untheilbare Weltbegriff entsteht und das Universum, wie es schon das Wort besagt, als etwas erkannt wird, worin Alles zu einer Einheit vereinigt ist.

Es wäre thöricht, diese letztere Vereinigung, vermöge deren alle Wirklichkeit einheitlich verbunden und gleichsam zu einem einzigen Wesen gemacht ist, als ein inneres Denken in den Dingen vorstellen zu wollen. Dies hiesse in der That, ein Bewusstsein da erdichten, wo keines vorhanden ist. Ein Denken ohne Bewusstsein ist aber entweder eine nichtssagende Wortcombination oder aber ein schiefer Ausdruck für einen Act, der gar kein Denken, sondern nur überhaupt eine verbindende Thätigkeit enthält. Ueberdies sind die Verkettungen und die Einheit, die sich am Wirklichen in verschiedenen Schematen und Beziehungen ausdrücken, nur secundäre Folgen der Einzigkeit, so dass in der Parallele, die wir zwischen Denken und Sein vor Augen haben, nur zwei einfache Punkte einander entsprechen. Von den mehrfachen Uebereinstimmungen ist hier noch gar nicht die Rede, und so kann man weder von besondern Denkfunctionen noch von speciellen Seinsverkettungen in dieser Grundfrage reden. Das Denken hat seine Einheit, ehe es zu einer besondern Auffassung und zu besondern Thätigkeiten der Vereinigung übergeht. Das Sein aber ist ein einziges, ganz unabhängig davon, wie und durch welche Kräfte es in sich verbunden werde.

Das Sein würde dieselbe Eigenschaft, die wir an ihm erläutert haben, auch dann behalten, wenn es gar nicht gedacht würde. Indem wir dieses Gedankens fähig sind, beweisen wir, dass wir von demjenigen Denken abzusehen vermögen, in welchem die Welt als Gegenstand erscheint. Mit dieser Abstraction betreten wir aber bereits jene Grenze, an welcher das Denken im Nichtdenken oder, um es recht deutlich zu sagen, der Gedanke in Gedankenlosigkeit erlischt. Es könnte scheinen, als wenn wir uns mit jener Idee von der ungedachten Einzigkeit und Einheit des Seins in das Innere der Dinge selbst versetzten und einen wesentlichen Zug erfassten, der vor allem Denken oder, genauer gesagt, an der Grenze alles Denkens etwas ausdrückte, was ausser dem subjectiven Bewusstsein die Anknüpfung für eine neue Art von Logik und Consequenz lieferte. Indessen schwindet dieser Anschein, sobald wir erwägen, dass jede Eigenschaft des Wirklichen von uns stets durch ein deutliches Gedankenelement gedeckt wird, und dass wir nicht das Wissen von dieser Eigenschaft mit ihrer Existenz an sich selbst verwechseln dürfen. Unser Wissen ist nie von unserm Denken, wohl aber die dem Begriff entsprechende Wirklichkeit von dem Acte des Begreifens unabhängig. Der Begriff der Einzigkeit und Einheit existirt nie ausser irgend einem Bewusstsein; jene Einzigkeit selbst hat aber mit Dasein oder Abwesenheit dieses oder jenes oder alles Denkens nichts zu schaffen.

2. Von der erläuterten Einzigkeit, durch welche der selbstgenugsame Weltbegriff erst gesichert wird, ist die innere Einheit zu unterscheiden. Wäre etwas ausser der Welt, so wäre sie nicht einzig; fehlte es aber innerhalb ihres Bereichs an Grundgestalten, in denen ihre Mannichfaltigkeiten umspannbar werden, so würde die durchgehende und abschliessende Einheitsform und gleichsam die Durchsichtigkeit ihres Charakters mangeln. Für unsere Begriffe stellt sich als erste und wichtigste Aufgabe die zutreffende Auffassung des Sinnes, in welchem das Sein eine Unendlichkeit darzustellen vermag.

Die deutlichste Gestalt einer widerspruchslos zu denkenden Unendlichkeit ist die unbeschränkte Häufung der Zahlen in der Zahlenreihe. Wollte man aber aus dieser schrankenlosen Abfolge einen Inbegriff und ein Nebeneinander machen, worin sich alle Zahlen im Voraus vereinigt gedacht fänden, so würde man sich einer Chimäre ergeben. Wie es keine letzte Zahl giebt, so kann es auch keine vollendete Ausführung einer Unendlichkeit geben. Das Wesen des Unendlichen besteht eben darin, nie zu enden und nie abzuschliessen. Seine Unvollendetheit ist die Bürgschaft der unbeschränkten Fülle von Möglichkeiten, die sich entwickeln. Eine vollendete Unendlichkeit wäre nicht nur keine, sondern auch der unvereinbarste Widerspruch, der sich nur erdenken lässt. Trotzdem leiden die gewöhnlichen Weltvorstellungen der Philosophie hauptsächlich an diesem Punkte.

Was in einer einfachen Einheit gegeben ist, kann an sich selbst nicht unendlich sein, wenn es auch immerhin als der Träger eines Ausflusses von Unendlichkeit erscheinen mag. Die Aneinanderreihung bleibt also die einzig mögliche Form, in welcher die Unendlichkeit sich vollzieht. Wie wir zu jeder Zahl noch eine weitere Einheit hinzufügen können, ohne jemals die Möglichkeit des Weiterzählens zu erschöpfen, so reiht sich auch an jeglichen Zustand des Seins ein fernerer an, und in der unbeschränkten Erzeugung dieser Zustände besteht die Unendlichkeit. Diese genau gedachte Unendlichkeit hat daher auch nur eine einzige Grundform mit einer einzigen Richtung. Wenn es nämlich auch für unser Denken gleichgültig ist, eine entgegengesetzte Richtung der Häufungen der Zustände zu entwerfen, so ist doch die rückwärts fortschreitende Unendlichkeit eben nur ein voreiliges Vorstellungsgebilde. Da sie nämlich in der Wirklichkeit in umgekehrter Richtung durchlaufen sein müsste, so würde sie bei jedem ihrer Zustände eine unendliche Zahlenreihe hinter sich haben. Hiemit wäre aber der unzulässige Widerspruch einer abgezählten unendlichen Zahlenreihe begangen, und so erweist es sich als widersinnig, noch eine zweite Richtung der Unendlichkeit vorauszusetzen.

Soweit das Sein oder die Welt in einer Production von Zuständen besteht, die wie die Zahlen sich aneinanderreihen, muss irgend ein Zustand dieser Art als der erste gesetzt werden, weil sonst eine falsche unzulässige Unendlichkeit angenommen werden müsste. Hiemit ist aber durchaus nicht ausgesprochen, es müsste das Sein selbst einen Anfang haben. Im Gegentheil wird durch jenen Gedanken erst deutlich gemacht, wie die unbeschränkte Abfolge von Zuständen nicht mit dem Sein selbst vollständig zusammenfalle, sondern eben nur die Grundform sei, in der sich die in ihm angelegte Unendlichkeit bethätigt. Unentstandenheit und Unvergänglichkeit kommen der Existenz nichtsdestoweniger zu, sobald man nur von ihren differenten Zuständen absieht, die sich nur in einer Reihe mit einer einzigen Richtung entwickeln.

Wie thöricht es wäre, ein unendliches Nebeneinander als etwas fertig an sich Vorhandenes annehmen zu wollen, muss aus unsern

2*

strengen Gedankenbestimmungen klar sein. Eine unendliche Anzahl von Weltkörpern, die im Raume zugleich gedacht würde, wäre jene absurde Unzahl selbst, die wir durch reine Denknothwendigkeit als den klaffendsten aller Widersprüche ausgeschlossen haben. Jede Gruppe von Existenzen, innerhalb deren man irgendwo zählbare Einzelheiten als gegebene Bestandtheile eines vorhandenen Ganzen unterscheiden kann, muss endlich sein. Dem Raume aber, von dem wir hier noch nicht eingehender zu reden haben, kommt nur Unbeschränktheit, aber keine Unendlichkeit zu, indem seine Grenzenlosigkeit nichts weiter als der Mangel eines Hindernisses für den realen Act der Ausdehnung der Dinge ist.

Wir haben die Zahlenreihe zum Typus der wahren Unendlichkeit gemacht und grundsätzlich die besondere Betrachtung der Zeit ausser dem Spiel gelassen. Nun ist aber hier wenigstens soviel zu bemerken, dass der Abfluss der Zeitreihe und die unbeschränkte zeitliche Entwicklung der Zustände die bestimmtere Gestalt bilden, unter welcher wir die widerspruchslose Unendlichkeit des Weltdaseins vorzustellen haben. Durch die Anschaulichkeit dieser specielleren Vorstellungsart wird es nun aber auch um so klarer, wie das Sein und die Elemente desselben in sich eine Mannichfaltigkeit hegen, innerhalb deren ein durchgreifender Unterschied einige Schwierigkeit zu bereiten scheint. Es ist nämlich das allumfassende Sein von uns bisher als etwas Homogenes angesehen worden, während in der That diese einheitliche Artung durch den Gegensatz der zeitlich hinschwindenden Vorgänge und der bleibenden Productionskraft eingeschränkt wird. Was sollen wir nun als eigentliches Sein oder als Kern der Welt betrachten? Ist es der flüchtige Vorgang, der, gleichviel ob in irgend einem Bewusstsein aufgefasst oder nicht, einem andern Vorgange weicht? Ist es die niemals als solche zur Darstellung gelangende Disposition, jene Vorgänge zu häufen und zu wechseln? Wenn wir die Gesammtheit der Entwicklungen als erschöpfendes Gegenbild des Seins oder vielmehr als den vollständigen Inbegriff desselben anerkennen, so meldet sich sofort die Frage an, was die Einführung neuer Gestalten und die Vernichtung alter zu bedeuten habe. Wenn wir aber nur in den sich selbst gleichen und beharrlichen Elementen das Wesen der Dinge suchen, so geben wir grade das an der Weltproduction als nichtig Preis, was für das bewusste Leben ausschliesslich Reiz hat.

3. Was uns an der Welt kümmert, ist nicht die unterschieds-

lose, unwandelbare, sich selbst gleiche Beharrlichkeit eines ewig regungslosen Etwas, sondern die mannichfaltige, immer neue, von sich selbst abweichende Veränderlichkeit spielender Gestalten, die sich hinzeichnen und wieder auslöschen, ohne sich jemals in der unablässigen Production zu erschöpfen. Der Rhythmus von Gestaltung und Vernichtung, die Perioden und Phasen der sich ablösenden Erscheinungen, die Differenzen innerhalb der wiederkehrenden Kreislaufsgebilde und noch mehr die Variationen der letzteren selbst machen die Bühne des Daseins interessant. Ein in jedem Augenblick sich selbst gleiches Gesammtwesen würde die Erstarrung und das Nichts des Lebens bedeuten. Wenn man also die Erhabenheit des Seins in einer völligen Unveränderlichkeit gesucht und die Veränderungen zu einem bedeutungslosen Schein herabzusetzen unternommen hat, so ist diese Vorstellungsart aus einer Verkennung der Idee des Lebens und aus einer Hinwegsetzung über die Grundformen des Bewusstseins entsprungen. Zum Theil hat hiezu auch eine Verwechselung des Beharrlichen, welches die Grundlage und das Gegenbild aller Veränderungen liefert, mit der vollständigen Veränderungslosigkeit geführt. Man fand sich durch den Hinblick auf das Bleibende im Wechsel gehoben; man glaubte durch die Versenkung des Gedankens in dieses Bleibende wenigstens ideell an der unverwüstlichen Dauerbarkeit theilzunehmen, und man vermeinte schliesslich das Beste zu thun, indem man das Unveränderliche in das Monstrose steigerte und zum einzigen und ausschliesslichen Sein stempelte. So sind die Begriffe jenes sich selbst gleichen, veränderungslosen Seins entstanden, die ihren classischen Ausdruck schon im fünften Jahrhundert vor dem Anfang unserer Zeitrechnung bei den Eleaten gefunden haben. Die Fernhaltung des Begriffs der Vernichtung aus dem vermeintlich in ausschliesslicher Positivität zu denkenden Sein möchte hiebei noch der am meisten logische Beweggrund gewesen sein.

In der That müsste es uns schwer ankommen, wenn wir das der Vernichtung Anheimfallende als dem universellen Sein gleichartig denken sollten. Entstehung und Vergänglichkeit oder Schöpfung und Vernichtung sind Begriffe, die sich auf das Hervortreten der Gestalten, aber nicht auf die letzten producirenden Kräfte beziehen, vermöge deren die flüchtigen Gebilde kommen und gehen. Wenn wir also auch in das Sein die Anlage zu allen Differenzen und Veränderungen verlegen müssen, die sich in seinem Rahmen vollziehen, so haben wir uns doch zu hüten, den Act der Erscheinung des Veränderlichen mit dem hervorbringenden Element für einerlei zu halten. Wir können nicht umhin, den Inbegriff der Bedingungen irgend welcher Formen von der jedesmaligen Erscheinung dieser Formen zu unterscheiden. Jedoch kommt die entscheidende Klarheit in diese unvermeidlichen Doppelvorstellungen erst durch die Unterscheidung von Beharrung und Veränderung innerhalb desselben Seins.

Im universellen Sein oder, was dasselbe bedeutet, im einheitlichen Weltdasein ist keine Veränderung denkbar, die nicht auf der Grundlage einer Beharrung vor sich ginge. Beharrung und Veränderung gehören als zwei Bestandtheile eines und desselben Begriffs zusammen. Eine reine, völlig ungemischte Beharrung, in der auch nicht das geringste Element von Veränderung wäre, schliesst zwar keinen Widerspruch ein, wäre aber, wie schon früher gesagt, das Nichts des Lebens. Mit ihr würde eine Welt in dem bestimmten Sinne, wie wir sie als thatsächlich kennen, nicht gegeben sein können. Dagegen zeigt schon der Begriff einer reinen Veränderung, in der nichts Beharrliches sein soll, an sich selbst seine Unhaltbarkeit. Ein Anderes werden, heisst nicht völlig neu entstehen, sondern als das, was früher war, zum Theil fortbestehen, indem Etwas wegfällt und Etwas hinzutritt. Zwischen zwei verschiedenen Zuständen, von denen der eine zu seiner Abweichung durch einen verändernden Uebergang gelangt ist, muss irgend ein Einerlei als gemeinsames Band aufzufinden sein, und dieses beiden Gemeinschaftliche ist das beharrliche Element, von dem die Veränderung gleichsam getragen worden ist. Absolute Veränderlichkeit ist daher ein unvollziehbarer Begriff, weil das Anderswerden in ihr gar keinen Gegensatz haben würde, an dem es sich abheben und in seiner wesentlichen Natur zeigen könnte.

4. Das Sein, als welches wir die Welt concipiren, ist nicht jenes sogenannte reine Sein, welches, sich selbst gleich, aller besondern Bestimmungen ermangeln soll und in der That nur ein Gegenbild des Gedankennichts oder der Gedankenabwesenheit vertritt. Auch ist es, wie schon dargelegt, nicht jenes absolut Veränderungslose, dessen Form man so oft gebraucht hat, um das Wechselspiel der Erscheinungen als ein Nichts ausgeben zu können. Weil wir nun aber in unserm universellen Sein Alles und jeglichen Unterschied, ja selbst die flüchtigste Erscheinung mitbegreifen, so müssen wir diesem Begriff gemäss auch anerkennen, dass in dem Zusammenhang der

Welt im Laufe der Entwicklung neue Bestandtheile, neue Gestalten und neue Arten von Vorgängen eintreten. Blosse Kreislaufsgebilde genügen durchaus nicht, um die Beschaffenheit der Veränderungen zu erklären. Die Reihe der Organisationen und die Abfolge der Arten im Bereich der pflanzlichen und thierischen Gestaltungen ist ein Beispiel von der Einwirkung schaffender Principien, die sich nicht mit der Wiederhervorbringung der bereits vorhanden gewesenen Gebilde begnügen, sondern den Daseins- und Lebensformen neue Elemente hinzufügen. Diese schöpferische Production inmitten der Daseinsreihe zeigt, dass wir in dem strengen Begriff der Veränderung ein theilweises Schaffen und Vernichten anerkennen müssen. Auch geht es nicht an, diese erhebliche Seite der Veränderungen als ein oberflächliches Spiel zu betrachten, bei welchem der eigentliche Kern der Dinge nicht betheiligt wäre. Ueberhaupt wird sich jede Schöpfung als eine Häufung von Veränderungen ansehen lassen, und wir werden sogar kein anderes Mittel haben, in die Gesetze der Entstehung einzudringen, als von den unserer Wahrnehmung zugänglichen Veränderungen auszugehen. Schaffen und Verändern sind wesentlich von einundderselben Natur, und das eine genau soweit begreiflich als das andere. Absolute Schöpfung wäre eine Veränderung, die dem Nichts folgte, und muss daher als unmöglicher Begriff zurückgewiesen werden.

Der angegebenen Vorstellungsart widerspricht nun keineswegs die Forderung, den Begriff des universellen Seins sich selbst gleich festzuhalten. Die Idee der Welt wird immer dieselbe und sich gleiche sein, wie viele Veränderungen in ihrem Rahmen auch gedacht werden mögen. Auf den Standpunkt, von welchem aus die Weltconception vollzogen werde, kommt es nicht an; denn es ist immer das universelle Denken, in welchem sie ihren Ausgangspunkt hat. Alle Weltbegriffe müssen sich decken, gleichviel von welchem Punkte der Zeit oder des Raumes sie entspringen. Für den Gedanken hat die zukünftige Reihe denselben Inhalt, als wenn sie abgelaufen wäre, und umgekehrt. Nur das Verhältniss des Auffassungsortes zum Ganzen ist in diesen Fällen ein verschiedenes; aber dieses Verhältniss ändert an dem eignen Inhalt des universellen Gegenstandes gar nichts. Es wäre mithin ein Abweg, zu meinen, die sich selbst gleiche Natur des Weltbegriffs würde durch die Anerkennung der vollen Realität der Veränderungen beeinträchtigt. Nur dann, wenn man das sich selbst Gleiche nicht auf den Begriff des universellen, alle Veränderungen einschliessenden Seins, sondern auf die einzelnen mit einander verglichenen Theilzustände desselben in der Zeit bezieht, ergiebt sich wirklich die Veränderungslosigkeit. Diese Vorstellung würde aber eben nur das ewig Beharrliche und nicht alle seine Bestimmungen umfassen. Der Satz, es bleibe das Sein in jedem Augenblick, was es im vorangehenden gewesen, ist in dieser Allgemeinheit falsch und muss auf die Beharrungselemente beschränkt werden. Im Grunde der Dinge sind die Veränderungen angelegt, ehe sie hervortreten; aber die Art, wie diese Dispositionen sich innerhalb des Seins gruppiren, ergiebt Verschiedenheiten, die, abgesehen von aller Zeitausdehnung, vereinigt gedacht werden müssen und innere, völlig reale Veränderungsprincipien vertreten. Das schwierigste aller Probleme, nämlich die Bestimmung der Art, wie die Veränderung vor ihrer Erscheinung in der Einheit eines zeitlich punktuellen und eine ausdehnungslose Gegenwart vertretenden Seins enthalten sein könne, wird also nur dadurch lösbar, dass man radicale Veränderungen annimmt, die dem Sein selbst und nicht etwa erst einer herabzusetzenden Erscheinungssphäre angehören.

5. Mit den Veränderungen, die als innere Wirklichkeiten und nicht blos als Erscheinungen gedacht werden, ergiebt sich auch der wahre Begriff der Differenzen, die den Charakter der Weltelemente näher bestimmen. Gattung und Art oder überhaupt Allgemeines und Besonderes sind die einfachsten Unterscheidungsmittel, ohne welche die Verfassung der Dinge nicht begriffen werden kann. Nun würde es aber wiederum eine Einseitigkeit sein, wenn wir nur ruhende Allgemeinheiten oder, mit andern Worten, absolut beharrliche Gattungen annehmen wollten. Es hiesse dies offenbar, über dem Beharrlichen der Welt die doch als völlig real gesetzte Veränderlichkeit vergessen. Das Allgemeine kann äusserlich als ein Gemeinschaftliches vorgestellt werden, welches sich in einer Mannichfaltigkeit von Besonderheiten wiederholt. Innerlicher und tiefer wird es aber gedacht, wenn man es als ein schaffendes Element begreift, welches den verschiedenen Gestaltungen bildend zu Grunde liegt. Die diesem Bildungshergang entsprechenden Gebilde enthalten das Allgemeine oder die Gattung in Verbindung mit eigenthümlichen Bestandtheilen oder speciellen Eigenschaften, auf deren Hinzufügung der verändernde Fortschritt beruht. Die Hervorbringung der besondern Eigenschaften und Combinationen ist daher die entscheidende Function in der Bestimmung der mannichfaltigen Gestalten der Daseinselemente. Wir müssen uns

die verschiedenen Stufen des Generellen und Speciellen im wirklichen Hervortreten der Erscheinungen als Entwicklungen denken, die mithin wesentlich auf Veränderungen und zwar auf einer Häufung derselben gegründet sind. Die Arten sind hienach als Differenzen anzusehen, die an dem Fluss der Veränderungen theilhaben. Nur die einfachen und letzten Unterschiede, bei denen für uns keine Zerlegung mehr vollziehbar ist und deren es auch an sich selbst geben muss, sind den absolut beharrlichen Elementen der Welt zuzuzählen. Die sonstige Variabilität wird theils auf Zusammensetzung, theils auf Grössenveränderung zurückzuführen sein, und die verschiedenen Formen, welche geometrische Gebilde durchlaufen, sind echte Beispiele von rationellen Metamorphosen, zu denen eine Allgemeinheit in ihrer besondern Bethätigung gelangt.

Alle Entwicklung des Besondern kennzeichnet sich dadurch, dass zu irgend einem Etwas noch ein Anderes hinzugefügt wird. Das Hinwegnehmen gehört zwar auch zu dem vollständigen Hergang, wie er sich in dem Weltschematismus vollzieht, ist aber nicht wesentlich an erster Stelle und jedenfalls immer nur im Zusammenhang mit Hinzufügungen zu betrachten. Jenes Eintreten des Andern oder, weniger abstract zu reden, des Verschiedenen ist das eigentliche Element der Veränderung, und grade ihm hat man den wahren Begriff von einer Ursache entsprechen zu lassen. Ursache ist der Grund der realen Veränderung. Alles was im Sein eine Veränderung hervorbringt oder auf eine solche Hervorbringung angelegt ist, wird für einen strengen Begriffsgebrauch den Inbegriff der Ursachen oder Kräfte erschöpfen. Hieraus folgt aber sofort, dass auch von keiner Ursache mehr geredet werden kann, wo keine Veränderung oder Entwicklung in Frage ist. Nicht blos das universelle Sein in seiner Totalität ist demgemäss ursachlos, sondern auch für die absolut beharrlichen Elemente desselben, also namentlich für die Materie, würde die Frage nach einer Ursache widersinnig sein. Wer dennoch so fragen will, muss erst die Unentstandenheit der absolut beharrlichen Elemente leugnen oder, mit andern Worten, der wüsten Erdichtung anhängen, dass im Sein gar nichts absolut Beharrliches vorgestellt werde.

Irgend ein Allgemeines, welches die Abfolge der Zustände in der Zeit bestimmt, wird die Ursächlichkeit in Form einer Regel des Geschehens ausdrücken und so ein Gesetz der Verknüpfung ergeben. Diese eigentlichen Gesetze, die sich stets auf Veränderungen beziehen, in denen es zu keiner ruhenden Zusammenfassung kommt, sind von den zusammenbestehenden Gattungseinheiten zu unterscheiden. Die letzteren lassen sich bildlich durch das Beharrliche des Raumes vorstellen; aber auch sie schliessen ein Element der verändernden Differenz ein, indem sie eine Mannichfaltigkeit von Bestimmungen in einer einfachen Einheit zusammenhalten und das Heraustreten ihrer Anlagen in der Zeit regeln. Auf diese Weise ist klar, wie sowohl in den ruhenden Gattungen als in den unmittelbaren Entwicklungsformen der Zustände eine regulirende Action vorhanden sein könne.

6. Den Gattungen gegenüber steht der Begriff der Grösse, als desjenigen Gleichartigen, in welchem keine Artdifferenzen mehr statthaben. Die Grösse ist gleichsam der letzte Ausläufer aller Unterscheidungen und die Grenze, wo die Stufen der Gattungsleiter aufhören. Aber grade deswegen prägen sich in der Abtheilung und Gruppirung des Quantitativen die Gattungen eigenthümlich aus, und die Uebergänge von einer Artgestalt zu einer andern sind an das Durchmessen eines Grössenspielraums gebunden.

Die Grössen müssen immer als messbar gedacht werden können und sind stets nur als begrenzt gegeben. Sie gehören dem Sein als innere und zwar völlig specielle Bestimmungen an, so dass sie den besondern Typen, Schematen, Gattungen und Arten beizulegen, aber nicht unmittelbar vom Sein selbst auszusagen sind. Wie sie aber auch den am weitesten von einander abstehenden Verschiedenheiten des Seins zukommen, zeigt ihre Anwendbarkeit auf rein subjective wie auf objective Zustände. Es giebt innerhalb des Seins keine erheblichere Ungleichartigkeit, als die der empfindungslosen und der empfindenden Existenzen. Nun lässt sich von einem Mehr und Minder auch bei den eignen Empfindungs- und überhaupt Bewusstseinszuständen reden. Der subjective psychische Vorgang ist nicht nur nach Gattung und Art, sondern auch der Grösse nach aufzufassen; denn wo eine Häufung desselben Gleichartigen statthat, da haben wir Grössen vor uns, auch wenn uns die Mittel fehlen mögen, sie zu messen.

Wo die Grösse einem beharrlichen Element des Seins zukommt, wird sie in ihrer Bestimmtheit unverändert bleiben. Dies gilt, wie wir später sehen werden, von der Materie und der mechanischen Kraft. Der Vorrath an Grösse bleibt sich hier gleich, und in der That lässt sich das Unveränderliche auch, insofern es Grösse hat, nur durch Theilung oder Zusammensetzung betroffen denken. Jeder

Hinzufügung zu einem Theil des unveränderlichen Bestandes muss die Hinwegnahme von einem andern Theil her entsprechen.

Die Grössen der Veränderungen produciren sich anscheinend unerschöpflich. Innerhalb einer Gattung vervielfältigen sich die Einzelgebilde und häufen sich der Zahl nach derartig, dass man hier keinen Vorrath annehmen kann, aus dem die Elemente gleichsam geschöpft würden. Die allgemeinste Form einer solchen als schrankenlos erscheinenden Häufung ist die Zeitdauer oder Zeitentwicklung selbst. Indem wir genöthigt werden, die Zeit als Grösse zu denken, gelangen wir zu einer neuen Gestalt derjenigen Frage, von der wir ursprünglich ausgegangen sind. Wir befinden uns nämlich vor einer neuen Wendung, vermöge deren sich die Unendlichkeit im Sein in einer etwas veränderten Weise aufdrängt. Wir stellen die Zeitdauer als eine Ausdehnungsgrösse unter dem Bilde einer graden Linie vor, die in einer einzigen Richtung durchmessen wird. Ist nun die Welt der Zeitinhalt, so kann hienach von einer Grösse derselben und von einem unablässigen Entstehen dieser Grösse die Rede sein. Eine rückwärts liegende Unendlichkeit haben wir bereits oben als innern Widerspruch abgewiesen. Eine nach vorwärts gerichtete Schrankenlosigkeit können und müssen wir annehmen; aber es versteht sich trotz dieser Schrankenlosigkeit keineswegs von selbst, dass der reale Gehalt der Welt auch deswegen unablässig in Veränderungen spielen werde. Die Grösse der Veränderungen könnte also bemessen sein, während natürlich die absolut beharrlichen Elemente von einer Zeitentwicklung unabhängig zu denken sind.

7. Die Ausdehnung der Welt im Raume oder, kürzer gesagt, den Rauminhalt als eine messbare Grösse zu denken, hat keine Schwierigkeit; denn die Unbeschränktheit des Räumlichen bezieht sich nur auf das Leere, und wir sind keineswegs genöthigt, vorzustellen, dass darin eine Erfüllung anzutreffen sei oder sein werde. Wir können vielmehr die ganze Production dieser leeren Vorstellung auf unsere eigne Gedankenthätigkeit nehmen. Anders verhält es sich mit der leeren Zeit; denn sobald wir überhaupt ein beharrliches Sein annehmen, so müssen wir es auch als in jedem Zeitpunkt gegenwärtig denken. Es kann also keine Zeit gegeben haben oder geben, die nicht als erfüllt vorzustellen wäre. Nur ist genau darauf zu achten, dass diese nothwendige Erfüllung sich nicht auf Veränderungen, sondern nur auf das Beharrliche bezieht. Wir schliessen also aus dem realen Sein auf eine ihm unter allen Umständen ent-

sprechende Gegenwart. Eine eigentliche Zeitausdehnung, durch welche hin sich dauernde Vorgänge erstreckten, wird hiebei nicht gefolgert.

Für die Zukunftsvorstellungen gestaltet sich der eben dargelegte Gedankengang zu einem wichtigen Ergebniss. Wir erkennen nämlich, dass zwar die Zeitentwicklung in ihrer eigenthümlichen Form nicht hinweggedacht werden kann, dass aber die Veränderungen, die ihr entsprechen sollen, an sich selbst einen realen Grund haben müssen. Wenn also in der Wirklichkeit der weitere Ablauf von Veränderungen nicht angelegt ist, so kann die blosse Nothwendigkeit unseres Vorstellens, die Zeitausdehnung fortzusetzen, die Annahme einer Fortsetzung des Spiels der Veränderungen noch keineswegs rechtfertigen. Während der universelle Seinsbegriff unter allen Umständen bleibt und an ein absolutes Nichts weder vor noch nach einer Reihe von Veränderungen gedacht werden kann, — während im Gegentheil die beharrlichen Elemente des Seins selbstgenugsam auch ohne das specielle Zeitschema zu begreifen sind, verhält sich die Reihe der realen Veränderungen zu der Schöpfung und Vernichtung der Zeittheilchen in einer ähnlichen Weise, wie die materielle Erfüllung zum leeren Raume. Die Zeitgrössen, die wir in Gedanken häufen mögen, verbürgen uns daher auch in der Zukunft eine Unendlichkeit der veränderlichen Wirklichkeit ebensowenig, als etwa der in Gedanken erweiterte leere Raum die Fortsetzung der Materie. Was wir aber jedenfalls voraussetzen müssen, ist eine beharrliche Wirklichkeit, die, sich selbst gleich, auch nicht die geringste Ausdehnung in der Zeit zum Wesen ihres Bestandes hat.

Die wirkliche Welt hat einen Inhalt, der dem ausdehnungslosen Augenblick entspricht, also keines Ablaufs auch nur der geringsten Zeitgrösse bedarf, um als seiend gedacht zu werden. Zwischen zwei Zeitpunkten ist das Ganze der Welt offenbar vorhanden, gleichviel wie nahe wir dieselben einander rücken. Auch wenn wir sie zusammenfallen lassen, hören nur die Vorgänge, Actionen und Empfindungen gänzlich auf, aber die reale Grundlage der Welt bleibt unberührt bestehen. Die strenge Gegenwart eines ausdehnungslosen Zeitpunkts ist also die Form, in welcher wir die Wirklichkeit unabhängig von der wahrnehmbaren Entwicklung zu denken haben. Die unbeschränkte Häufung der zukünftigen Zeitgrössen producirt in strenger Beziehung auf jene scharf gedachte Gegenwart gar nichts; denn vom Standpunkt dieser Gegenwart giebt es kein Zeittheilchen, welches nicht entweder Zukunft oder Vergangenheit, also etwas wäre, was entweder noch nicht ist, oder schon gewesen ist. Der Schematismus der Zeitentwicklung ist hienach innerhalb des universellen Seins eine eigenthümliche Gattung, in welcher die unbeschränkte Vorstellung der Grössenhäufung weder für noch gegen einen Abschluss der realen Veränderungsreihe sprechen kann. Dasselbe logische Mittel, welches die Reihe der Veränderungen nach der einen Seite hin einer widersprechenden Unendlichkeit entzog, ist für die andere Seite nicht vorhanden, und hierin liegt die Gewähr, dass der Fortschritt der Veränderungen ins Schrankenlose wenigstens möglich ist, wenn er auch immerhin erst durch die besondere Natur der in der Wirklichkeit gegebenen Entwicklungsanlage gerechtfertigt werden muss.

Zweites Capitel.

Logische Eigenschaften des Seins.

Zu den Elementarbegriffen der Weltauffassung treten als weniger einfache Gesichtspunkte diejenigen auf den Zusammenhang des Seins bezüglichen Charaktere hinzu, die sich nur im Hinblick auf die logischen Gestalten der Gedankenverknüpfung näher bezeichnen lassen. Man würde diese Grundeigenschaften des Seins gar nicht aufgefunden oder wenigstens nicht in ihrer eigenthümlichen Natur erkannt haben, wenn man nicht von den Principien der logischen Verknüpfung und des logisch Möglichen ausgegangen wäre. Ja es hat sogar überhaupt der rein ideelle Zusammenhang des logischen und des mathematischen Gebiets den besten Denkern die Anknüpfungspunkte liefern müssen, um indirect eine Vorstellung von der verstandesmässigen Systematik der Welt zu gewinnen. Dessenungeachtet würde es aber ein Fehlgriff sein, den Weg und das Mittel der Erkenntniss mit den zu erkennenden Verhältnissen für einerlei zu halten. Die Weltverhältnisse sind keine Verkörperung unserer logischen Merkmale der Wahrheit; sie sind weit mehr als dies; denn die Nothwendigkeit unserer subjectiven Logik wird von ihnen getragen. Weit entfernt also, dass die Grundbeziehungen im Sein in irgend einer subjectiven Instanz, also in irgend einem Denken ihren Halt hätten, sind sie vielmehr umgekehrt diejenigen Mächte, vermöge deren alle Denkgesetze producirt werden. Wenn wir metaphorisch von einer innern Logik der Dinge oder von einer objectiven Logik der Natur reden, so bedienen wir uns eben einer Vergleichung, in welcher die Aehnlichkeit in einer einzigen Beziehung über die fundamentale Ungleichheit hinwegsehen lässt. Es hiesse, auf das Niveau der kindischen Phantasien der Völker hinabsteigen, wenn man das Verfahren eines, seiner Natur nach immer subjectiven Denkens mit seinen Gesichtspunkten für die Hervorbringung der Wahrheit in das Sein hineindichten wollte, in welchem alle Gedanken erst als secundäre Erzeugnisse auftreten. Verstehen wir aber jene bildliche Uebertragung nach Maassgabe ihrer eignen Grenzen, so brauchen wir allerdings an den fraglichen Redeweisen keinen Anstoss zu nehmen, sondern können uns derselben sogar bedienen, um in Kürze den rationellen Zusammenhang der Dinge anzudeuten. Die gegenseitige Verbürgung des Denkens und des Seins beruht auf ihrer realen Einheit. Das Subjective ist als solches zwar niemals in dem nichtdenkenden Ganzen der Natur vorauszusetzen; wohl aber weist es uns auf rein objective Verhältnisse hin, deren Sinn, obwohl sie keine Denkthätigkeiten sind, dennoch aus den correspondirenden Gestalten unserer Vorstellungen entnommen werden kann.

Der erste und wichtigste Satz über die logischen Grundeigenschaften des Seins bezieht sich auf den Ausschluss des Widerspruchs. Das Widersprechende ist eine Kategorie, die nur der Gedankencombination, aber keiner Wirklichkeit angehören kann. In den Dingen sind keine Widersprüche oder, mit andern Worten, der real gesetzte Widerspruch ist selbst der Gipfelpunkt des Widersinns. Man verstösst gegen das logische Fundamentalprincip der Contradiction stets nur dadurch, dass man das Unvereinbare als vereinbar setzt und überhaupt etwas als das einführt, was es nicht ist. Nun schliesst die Natur eine Menge von Veranstaltungen der Unvereinbarkeit ein, die als solche im Denken anerkannt sein wollen, und auf deren Vorhandensein die Verfassung der Dinge mit ihren Schranken und bemessenen Möglichkeiten beruht. Setzte man nun diese Unvereinbarkeiten als das, was sie nicht sind, nämlich als Vereinbarkeiten, so würde man hiemit die Realität des Widerspruchs in die Welt hineindichten. Am leichtesten triumphiren wir über derartige, aus der Verworrenheit des Denkens stammende Zumuthungen, wenn wir unsern Standpunkt da wählen, wo man zwischen subjectiver Vorstellung und objectiver Wahrheit keine besondere Brücke zu schlagen hat. Der Satz, dass zwei mal zwei gleich vier ist und nicht gleich fünf sein könne, ist von einer Beschaffenheit, dass es eine metaphysische Albernheit sein würde, auch nur fragen zu wollen, ob dieser subjectiven Denkbestimmung ein objectiver Sachverhalt entsprechen müsse. Es lässt sich nämlich in Fällen dieser Art gar nicht angeben, wie eine subjective von einer objectiven Seite getrennt werden solle. Die Einheit und Ungetheiltheit der realen und ideellen Nothwendigkeit ist hier so vollkommen, dass man sie als Typus für alle Nothwendigkeit brauchen kann, bei welcher die Spaltung in Subjectives und Objectives auf eine trügerische, die absolute Geltung des Verstandes gefährdende Weise unternommen wird.

2. Das Absurde als absurd setzen, heisst zunächst im Gedanken die Ausschliessung der unvereinbaren Ideen anerkennen. Einen entsprechenden Sinn hat dieser Act dann aber auch weiter in der Natur der Dinge, indem er dort die absoluten realen Hindernisse der Existenz zum Ausdruck bringt. Der Hebel kann nicht im Gleichgewichte sein, wenn real die Bedingungen seiner Bewegung gegeben sind. Ihn im Gleichgewicht denken und zugleich eine Anordnung der Gewichte vorstellen, die zur Bewegung führt, heisst in Gedanken das Widersprechende als zusammenstimmend annehmen. In der Wirklichkeit heisst es aber, die logische Schranke der Natur verkennen und das nach ihrer nothwendigen Verfassung Unvereinbare als vereinbar setzen. Ich rede hier absichtlich von einer nothwendigen Verfassung, weil eine Natureinrichtung, neben der noch andere, das Widersprechende verwirklichende Veranstaltungen möglich wären, grade das Widerspiel unserer Wahrheit vertreten würde. Doch ist hier noch nicht der Ort, die völlige Uebereinstimmung der Charaktere der Nothwendigkeiten im Denken und in der ungedachten. Wirklichkeit darzulegen.

Das eben gebrauchte Beispiel des Hebels kann nebenbei auch noch lehren, dass der logische Widerspruch und die zugehörige reale Unvereinbarkeit mit dem natürlichen Widerstreit in den Dingen unmittelbar gar nichts gemein haben. Der Antagonismus von Kräften, die sich in entgegengesetzter Richtung aneinander messen, ist sogar die Grundform aller Actionen im Dasein der Welt und ihrer Wesen. Dieser Widerstreit der Kräfterichtungen der Elemente und der Individuen fällt aber nicht im Entferntesten mit dem Gedanken einer Verwirklichung von Widerspruchsabsurditäten zusammen. Die realen Gegensätze oder Gegentheile bewegen sich vielmehr innerhalb desjenigen Spielraums, an dessen äussersten Enden die Grenzüberschreitung wirklich eine Absurdität ergeben würde. Jedoch ist es fast zu elementar, auch noch den Unterschied des logischen Widerspruchs und des logischen Gegensatzes herbeiziehen zu wollen, zumal der letztere nur die quantitativen Extreme bezeichnet und daher nicht als Beispiel gebraucht werden darf, um das rein sachliche Verhältniss des Widerstreits der Kräfte zu erläutern. Der Antagonismus ist ein Grundschema der Weltverfassung; aber die rein logischen Kategorien sind in ihrer bisherigen traditionellen Gestaltung nicht geeignet, für dieses Grundverhältniss der Dinge eine unmittelbare Deckung zu ergeben. Nur diejenige Logik, welche sich zur Weltschematik erweitert, ist auch im Stande, sich mit solchen Wirklichkeitsbegriffen zu bereichern, die über die Verknüpfungsformen des auf sich selbst beschränkten Denkens hinausreichen. Der abstracte Gedanke der logischen Verneinung genügt durchaus nicht, um hier die Brücke zu schlagen. Das Wirkliche will in seiner Unmittelbarkeit schematisirt sein; es darf nicht derjenigen Eigenschaften entkleidet werden, die ihm über die gewöhnlichen logischen Charaktere hinaus zukommen; man darf sich also bei seiner Kennzeichnung nicht mit der Berufung auf eine innere radicale Negation abfinden wollen; denn die gegenseitigen Beschränkungen der Existenzen sind weit mehr als einfache Verneinungen. Ohne die Rücksicht auf die bestimmtere Naturbeschaffenheit und namentlich auf das mathematische Element aller Vorgänge ist es unmöglich, die Gesetze des Antagonismus anschaulich zu erkennen, und wir verweisen daher die speciellere Erledigung dieser Grundform des Weltdaseins in die unmittelbar auf die Natur bezüglichen Erörterungen.

Hier können wir zufrieden sein, die Nebel, die aus vermeintlichen Mysterien der Logik aufzusteigen pflegen, durch einen klaren Begriff von der wirklichen Absurdität des realen Widerspruchs aufgelöst und die Nutzlosigkeit des Weihrauchs dargethan zu haben, welchen man für die der antagonistischen Weltschematik untergeschobene und recht plump geschnitzte Holzpuppe von Widerspruchsdialektik hier und da verschwendet hat.

3. Es ist nicht blos das oberste Princip der Logik in seiner wesentlich negativen Gestalt, was auch im Sein maassgebend wird, sondern es ist überhaupt und in positiver Weise die Eigenschaft eines logischen Zusammenhangs, die sich im universellen Sein in jeder Richtung und aus jedem Gesichtspunkt antreffen lassen muss. Die innere Consequenz und Systematik der Dinge verleugnet sich

nirgend und es kommt nur darauf an, für diese Beschaffenheit der Welt den richtigen Ausdruck zu finden. Hier wo wir unsere Ausgangspunkte von der Logik und den Eigenschaften eines ideellen Zusammenhanges nehmen, werden wir als principielle Formel am besten den Satz an die Spitze stellen, dass im realen Sein an sich selbst ebenso wie im blossen Denken eine durchgängige Begründung und demgemäss im Erkennen eine ausnahmslose Begründbarkeit aller Theilbeziehungen statthabe. Man pflegt diese durchgängige Begründung als Gesetz der Causalität hinzustellen, oder in noch modernerer Fassung von einer unverbrüchlichen Gesetzmässigkeit und Nothwendigkeit des Laufes der Dinge zu sprechen. Beide Bezeichnungs- und Vorstellungsarten bedürfen aber einer erheblichen Berichtigung und Erläuterung, wenn sie nicht die Träger einer als falsch nachweisbaren Metaphysik älterer Art bleiben sollen.

Am unschuldigsten ist der Gedanke einer durchgängigen Gesetzmässigkeit der Vorgänge. Hauptsächlich von der neuern Naturwissenschaft und der durch sie erzeugten Denkweise getragen, hat er ursprünglich seine sichtbarsten Stützen in der unorganischen Welt und in den mechanischen Nothwendigkeiten gefunden und ist von Gebiet zu Gebiet ausgedehnt worden, bis endlich seine empirischen Eroberungen durch Vermittlung der Statistik auch den Spielraum menschlicher Handlungen zu betreten wagten. Die unaufhaltsame Consequenz des philosophischen Denkens hat ihn abgeschlossen und macht jetzt auch praktischen Ernst mit der Idee, dass keine subjective Regung, keine Vorstellung, kein Willensact und kein Einsichtselement in einem Wesen auftauche, ohne in dem universellen gesetzmässigen Zusammenhang seine Begründung zu haben oder, mit andern Worten, gesetzmässig aus den gegebenen Bedingungen und Umständen erfolgt zu sein. Das Reich der Gedanken und Empfindungen ist hienach um nichts weniger gesetzmässig, als das der übrigen Natur. Was man sonst nur im engeren Sinne Naturgesetz nannte, gilt in einer weiteren Bedeutung für alle Arten und Theile des Seins. Die Doppelheit in der Vorstellungsart ist hiemit beseitigt. Es giebt keine Schranke, wo das sonst Alles beherrschende Gesetz Halt zu machen und das Walten einer unmotivirten, aus dem Nichts entscheidenden Willkür anzuerkennen hätte. Unter den specialistischen Schriftstellern wehrt sich namentlich ein Theil der Historiker noch im Interesse des kurzsichtigen und inconsequenten Dualismus, und er wird hierin von den Traditionen einer halben Philosophie unterstützt, die noch immer die Reste der kindischen Weltansichten mit ihren mährchenhaften Willkürspielereien conserviren möchte. Aber auch die Gebiete der Biographie und Geschichte werden sich der ehernen Nothwendigkeit nicht entziehen, und es wird nur eines etwas klareren Verständnisses der Grundgesetze alles Denkens, Wollens und Handelns bedürfen, um auch hier wenigstens die ehrlichen Pfleger der Wissenschaft für die Vorstellung der unverbrüchlichen Gesetzmässigkeit zu gewinnen.

Der Satz der Logik, dass sich aus und mit Nichts auch Nichts begründen lasse, hat sein reales Gegenbild in der Wahrheit, dass sich im Sein aus und mit Nichts auch Nichts ergeben könne. Vergessen wir aber hiebei nicht, dass auch nach der rein logischen Vorstellung die Axiome einer Begründung weder fähig noch bedürftig sind. Diesen Axiomen entsprechen in der Wirklichkeit die elementaren Thatsachen des Seins, die aber deswegen nicht aufhören, die durchgängige Gesetzmässigkeit zu vertreten. Ja sogar sind sie es grade, deren innere Nothwendigkeit und Selbstgewissheit sowohl im Logischen wie im Realen die Entstehung falscher Unendlichkeiten verhindert und an die Stelle der unendlichen logischen oder realen Reihen, mit denen die bisherige Metaphysik nicht recht fertig zu werden wusste, einen natürlichen Abschluss zu setzen erlaubt. Diese vollkommene Uebereinstimmung der logischen Gesammtform des Wissens mit der realen Verfassung des Seins wird im nächsten Capitel genauer ins Auge zu fassen sein; hier aber kann sie uns als Erinnerung an die richtige Fassung der Begriffe der Gesetzmässigkeit und Nothwendigkeit dienen. Die durchgängige Begründung im Sein, die man früher in das falsche metaphysische Dogma vom zureichenden Grunde verwandelte, und die man gegenwärtig weniger anstössig, aber darum noch nicht sonderlich richtiger, als Causalitätsgesetz zu formuliren pflegt, — diese ausnahmslose Begründung im universellen Sein hat keinen andern Sinn als die vollständige Begründbarkeit in einem logischen Zusammenhange. Diese letztere Begründbarkeit hat nun aber ihre Schranke und zugleich ihre Vollendung in den Axiomen, und sowenig durch die Selbstgewissheit der Einsichten die Wissenschaft, ebensowenig wird durch die Selbstgenugsamkeit der Thatsachen die Natur beeinträchtigt. Im Gegentheil ist sogar die aus sich selbst stammende Thatsächlichkeit ein treues Gegenbild der ursprünglichen, durch den blossen unmittelbaren Einsichtsact verbürgten axiomatischen Nothwendigkeit. Allerdings giebt es keine Nothwendigkeit aus Nichts und in diesem Sinne also auch keine voraussetzungslose Nothwendigkeit; aber wohl giebt es eine Nothwendigkeit, die nicht auf der Reihe der Begründungen beruht, sondern selbst die Elemente zu diesen Begründungen liefert und in diesem Sinne keine speciellen Voraussetzungen in Gründen oder Ursachen haben kann. Worauf es also besonders ankommt, ist die Ausmerzung des noch heute und zwar nicht blos in der Halbphilosophie, sondern auch in den positiven Wissenschaften gepflegten Vorurtheils der ältern Metaphysik, dass die Kette der ursächlichen Verknüpfung keine absoluten Elemente voraussetze, und dass alle reale Nothwendigkeit in unendliche Causalitätsreihen auslaufe.

4. Die Nothwendigkeit ist das Letzte und Höchste, wozu wir in einer rationellen Weltvorstellung gelangen. Handelte es sich hier schon um die Fragen nach der Befriedigung des Gemüths und nach der Abfindung mit den schlimmen Seiten des Daseins, so würden wir in letzter Instanz auch keine andere Beruhigung antreffen, als die Ergebung in eine ursprüngliche, in der Natur des Seins enthaltene und daher unabweisliche Nothwendigkeit. Wenn es nicht dieselbe Nöthigung ist, vermöge deren zwei mal zwei gleich vier sein muss, wodurch alle andern Verhältnisse und Schicksale im Sein bestimmt werden, so bleiben die üblen Thatsachen des Weltzusammenhangs für jedes weiter denkende Wesen unerträglich. Das Zurückgreifen auf irgend einen Willen ist die empörendste Auskunft unter allen; denn sie muss bei näherer Betrachtung in der That zur Indignation gegen diesen Willen führen, der sich auf so Vieles gerichtet hat, was ohne Rücksicht auf die Nothwendigkeit nur einen Fluch werth sein könnte. Es ist also nicht blos das Interesse der letzten und endgültigen Erkenntniss, sondern auch dasjenige der Leidenschaften, in einem Aeussersten, was nicht anders sein und werden konnte, als es ist, die letzte Ruhe und das ideelle Gleichgewicht aufzufinden. Nun behaupte ich, dass nur diejenigen Systeme der Weltauffassung, welche sich in der Richtung auf jene letzte Nothwendigkeit bewegten, im Sinne wahrer Philosophie fortschritten. Jede andere Lösung kann nur eine Scheinlösung sein, weil sie, welche Gestalt sie auch annehmen möge, unwissenschaftlich geartet sein muss. Die Erkenntniss in der rein ideellen Sphäre beruhigt sich bei den Axiomen, die in dem blossen Denkact die Gewähr tragen, dass etwas nicht anders gedacht werden könne, als es eben in dem Axiom gedacht worden ist. Die Erforschung der realen Welt kann

3*

sich auf eine andere Weise befriedigen; denn auch ihr sind letzte Nothwendigkeiten in der Gestalt absoluter Thatsachen zugänglich.

Man würde von den Nothwendigkeiten im Sein eine falsche Vorstellung hegen, wenn man sie nach dem gemeinen Schema der abgeleiteten Nothwendigkeit denken wollte. Hiezu könnten die schielenden Fassungen des Causalitätsgesetzes, die heute nicht blos in der Metaphysik vorherrschen, allerdings Veranlassung geben. Erinnern wir uns jedoch im Gegensatz zu diesen Fehlgriffen, dass die Causalität nur auf Veränderungen und Differenzen bezogen werden kann, und dass sie neben sich die Identität oder die sich selbst gleiche Beharrung als gleich wesentliche Grundform zugesellt erhalten muss. Identität und Causalität der Thatsachen zeigen erst in ihrer Verbindung, wie man dem Schematismus des Daseins gerecht werden könne. Die Frage nach dem Warum ist nicht überall angebracht, und diejenige nach dem Warum des Warum kann unter Umständen sogar eine Maske sein, mit der sich die kindische Leerheit des Gedankens den Anschein des Geistreichen geben möchte. Die ganze Dogmatik des Satzes vom zureichenden Grunde hat einen Theil dieser Hohlheit bis auf den heutigen Tag nicht verleugnen können, wie sich besonders zeigt, wenn sie für jedes fundamentale Etwas, welches gar keine Veränderung und nicht einmal eine denkbare Differenz gegen einen andern Zustand einschliesst, trotzdem eine Ursache verlangt. Hienach müsste z. B. die Materie eine Ursache haben, vermöge deren sie nach einer Regel das irgend einmal geworden wäre, was sie ist. Ueberträgt man diese kurzsichtige und thörichte Art eines halben Denkens auf das rein ideelle Gebiet logischer und mathematischer Begriffe, so müssten für die axiomatischen Fundamentalverhältnisse ebenfalls noch Principien, Regeln oder Gesetze gesucht werden, aus denen sie so zu sagen erst geschaffen wären. Ihr Soundnichtanderssein würde nicht durch sich selbst, sondern anderswoher Geltung haben, und man sieht leicht ein, dass sich hier ein Luxus von falschen Unendlichkeiten sehr billig anbietet. Die rückwärts führende Reise in die Wüste jener auf Gedankenleerheit beruhenden Unendlichkeiten ist freilich ein beliebtes Mittel, die Grundformen des Verstandes zu Schlingen zu machen, mit denen er sich selbst das Athmen in der freien Weite für immer verschnüren oder wenigstens verleiden soll. Die zurückschreitende unendliche Causalitätsreihe ist in doppelter Beziehung eine Täuschung. Erstens wird sie durch die blosse Kritik des Begriffs einer vollendeten Unendlichkeit hinfällig; denn eine unendliche Zahl von Ursachen, die sich bereits aneinandergereiht haben soll, ist schon darum undenkbar, weil sie die Unzahl als abgezählt voraussetzt. Hienach ist also noch nicht einmal die besondere Eigenschaft des Begriffs Ursache in Frage gekommen und dennoch schon diese Species der unendlichen logischen Reihen als absurd abgewiesen. Zweitens ist der genaue Begriff einer Ursache stets mit dem Hinblick auf eine Veränderung oder Differenz verbunden. Nur insofern die Zustände sich unterscheiden, kann man nach Ursachen dieser Unterschiede fragen, und überdies muss man auch die Möglichkeit der Hervorbringung eines Unterschieds durch Differenzirung absehen. Wo eine solche Möglichkeit nicht vorhanden ist, da wird die Anwendung des Begriffs der Causalität widersinnig. Nun muss man bei aller intellectuellen Zerlegung schliesslich auf Elemente stossen, bei denen die Gesichtspunkte der Trennung und Unterscheidung aufhören, einen Sinn zu behalten. Das Sichselbstgleiche und Beharrliche sowie überhaupt das rein Dingliche und Substantielle, bei welchem von keinem Geschehen und Anderssein die Rede sein kann, entzieht sich durch seine eigne Natur den albernen Versuchen, es in ungeeignete Formen pressen und das Causalitätsgesetz darauf anwenden zu wollen. Wir werden also in allen Richtungen wieder zu unsern primitiven Nothwendigkeiten zurückgeführt, und die Anwesenheit wie die Abwesenheit der Causalität bleibt nicht blos in den besondern Gattungen ursächlicher Verknüpfung eine bestimmte, aus Thatsachen zu entscheidende Frage, sondern wird auch ganz im Allgemeinen durch bestimmte Beschaffenheiten der Realität angezeigt. Es ist nicht Alles und Jedes mit Allem und Jedem in jeglicher Richtung nach der Kategorie der Causalität in Verbindung zu setzen, und schon hiemit werden die Voreiligkeiten hinfällig, deren sich namentlich die dogmatische, wenn auch kritisch genannte Seite der Causalitätstheorie in der Auffassung Kants und seiner Nachfolger, besonders aber Schopenhauers, schuldig gemacht hat. Mit strenger Wissenschaft sind diese letztern Rechenschaftsablegungen über die Causalität nicht verträglich, indem sie die Functionen des Verstandes in ungeeigneter Weise beschränken, nachdem sie dieselben zuerst durch ein falsches System von Anwendungen compromittirt haben.

5. Es liessen sich die logischen Eigenschaften des Seins in mannichfaltigen Richtungen noch weiter verfolgen; aber wir müssen uns daran genügen lassen, die obersten Begriffe dieses Gebiets fest-

gestellt zu haben, und jetzt diese principiellen Einleitungen durch einen Gesammtbegriff, nämlich denjenigen der Systemnatur des Seins abzuschliessen. Die Ausfüllung des zwischen den beiden äussersten Conceptionen in der Mitte Liegenden ist für die allgemeine Anschauung nur von secundärer Bedeutung und daher für eine Arbeit, die ihre Kraft in der concentrirten Initiative suchen muss, in der That überflüssig.

Das Kühnste, was sich im Hinblick auf das universelle Sein in logischer Weise aussprechen lässt, ist die durchgängig systematische Natur desselben. Wie arm erscheinen nicht die einzelnen Kategorien und Gesetze der Dinge, wenn man ihre isolirte Geltung mit der nach allen Richtungen verzweigten Systembeschaffenheit vergleicht? Angesichts der letzteren kann sich der Streit der Weltanschauungen nicht mehr um einzelne Verstandesbegriffe und deren Anwendbarkeit oder Nichtanwendbarkeit bewegen, sondern muss sich auf alle wesentlichen Glieder und Begriffe des Denksystems und der Totalität der Wissensformen ausdehnen. Hier ist nicht mehr blos die Herrschaft der Causalität im Gegensatz zu den falschen Voraussetzungen der Finalität in Frage, sondern es ist festzustellen, wie die Systemform des Wissens überhaupt auch dem Grundgerüst des Seins entspreche. Nicht Ursache und Zweck sind hier die einzigen Denkformen, in deren richtigem und falschem Gebrauch der Verstand zu seinem Rechte kommt oder gefährdet wird; alle Arten der Synthese oder, mit andern Worten, der rationellen Verknüpfung melden sich in ihrer geordneten Gesammtheit an, um ihre Bedeutung für den Weltzusammenhang geltend zu machen. Auch ist der vermeintlich und scheinbar kritische Weg, die bestimmteren Kategorien des Verstandes für blos subjectiv zu erklären und von der universellen Weltbetrachtung auszuschliessen, dem echten Wesen unseres Erkennens nicht sonderlich günstig gewesen. Die Betretung dieses Weges hat zu einer überaus bescheidenen, ja aufopfernden Selbstverleugnung des Verstandes geführt, mit welcher nur diejenigen zufrieden sein können, denen die positive Energie des Denkens nicht behagt. Um die Kräfte des Denkens zur positiven Thätigkeit zu emancipiren, hat man sich vor nichts mehr zu hüten, als vor den Voreiligkeiten, vermöge deren die wichtigsten Grundbegriffe des Verstandes ihre absolute Bedeutung für die Erkenntniss des Wesens und Zusammenhanges der Welt verlieren sollen. Eine der grössten Voreiligkeiten dieser Art ist das Kantische System gewesen, und dessen skeptische, gegen den Verstand gerichtete Natur ist heute vor aller Augen sichtbar gemacht. Im völligsten Gegensatze zu dieser und den vorbereitenden oder verwandten Richtungen der neuern Philosophie muss man nun die ganze Systemform aller Verstandeseinsicht zugleich als Existenzform des Weltzusammenhangs zur Geltung bringen. Die natürliche Tragweite unseres Denkens ist nicht so kurz bemessen, um sofort an der absoluten Wirklichkeit der Dinge zu scheitern oder auch nur irgendwo eine Realität zu finden, der sie nicht gewachsen wäre. Die völlige Homogeneität ist hier eine berechtigte Voraussetzung, die sich weder im Besondern der einzelnen Wissenschaften noch in dem Allgemeinen des universellen Schematismus widerlegen lassen wird. Man mache Ernst mit der Bethätigung aller theoretischen Kräfte, mögen sie die Form des abstracten Begriffs oder der concreten Empfindung haben, mögen sie im Bereich des kalten Erwägens oder der glühenden Leidenschaft entspringen, — und man wird in der Welt nichts antreffen, was sich nicht mit den Elementen unseres Wesens verwandt und durch sie erkennbar zeigen müsste.

Unser Denken wird, wenn es zur wissenschaftlichen Universalform fortschreitet, ein sich in logischer Beziehung genügendes System. Es hat in seinem selbstgenugsamen Zusammenhang seine Ausgangs- und Schlusspunkte sowie seine vermittelnden Zwischenstationen. Von den Axiomen zu den inhaltreichen Ergebnissen führt eine Stufenleiter, auf der man sich von der Festigkeit jeder Sprosse Rechenschaft zu geben vermag. Die mannichfaltigen Wendungen und Gesichtspunkte, in denen sich die logischen Verknüpfungsformen des Verstandes ergehen, haben sämmtlich auch eine absolute Bedeutung für das Wirkliche, und man hat hier von mehr als blossen Gegenbildern der ideellen Synthese zu reden. Das ideelle System ist auch die Schematik aller Realität, und es könnte überhaupt im Sein kein Zusammenhang gedacht werden, wenn es nicht derjenige der rationellen Nothwendigkeit wäre. Das System ist in subjectiver Beziehung die vollendetste Form des Wissens, in objectiver aber die einzig mögliche Universalgestalt des mannichfaltig verzweigten Seins. Im System ist jene letzte Einheit gegeben, ohne welche die Vielheit haltungslos bleiben würde; im System herrscht das Allgemeine derartig, dass sich ihm die Individualitäten nicht entziehen. Im System ist der Zufall selbst eine Art der Nothwendigkeit und die Ausnahme von der Regel durch ein besonderes, ihr eigenthümliches Princip motivirt; im System wird die Willkür selbst zu einem Element im

Reiche der allbeherrschenden Nothwendigkeit; — im System allein wird endlich diejenige Zusammenstimmung aller Theile und Umstände sichtbar und wirklich, nach der nicht blos die Theorie als nach einem Bilde, sondern auch die universelle Praxis des Daseins als nach einer realen Ergänzung ihrer jeweiligen Unzulänglichkeiten strebt. Im System des Erkennens befriedigt sich das Wissen; im System des Seins genügt sich das Wollen und gleichen sich die peinlichen Seiten der Leidenschaften des Lebens aus. Die universelle Systematik ist mehr als die blosse Gesetzmässigkeit; der engere Begriff dieser letztern ist nur eine einzelne, wenn auch Alles gestaltende Form in ihrem Reich. Jene durchgängige Systematik ist der letzte und höchste Gegenstand aller Vertiefung in das Wesen der Welt, und ihre Pflege der einzige Cultus, der im Denken und Wollen nach den abgestreiften Irrthümern der Völkerphantasien übrig bleibt. Die Weltanschauung im Menschen vollendet sich, indem sie die Charaktere des Systems der Wirklichkeit erfasst; die Weltgestaltung vollzieht sich, indem die Natur ihr System ausführt; die Lebensgestaltung führt sich durch, indem der Mensch die Uebereinstimmung mit der individuellen und collectiven Systematik sucht, die in seinem Wesen von der Natur und Geschichte angelegt ist. Das grosse Princip aller Action, möge sie unmittelbar aus dem Schooss der Natur oder vom menschlichen Bewusstsein stammen, besteht daher darin, sich mit der allgemeinen Systematik ins Gleichgewicht zu setzen. Keine einzige Erscheinung, möge sie eine rohe Massenbewegung oder die subtilste Gedankencombination sein, wird wahrhaft begriffen, wenn sie blos ausserhalb jener universellen Verzweigung zur Anschauung kommt. Aber auch die Rechtfertigung aller Thaten, durch die der Mensch einem höheren Ziele zustrebt, ist nur denkbar, insofern wirklich diese Thaten dem Ganzen und seinem systematischen Zuge der Entwicklung entsprechen.

Wäre das Wesen der Dinge nicht in der letzten logischen Gesammtform alles vollendeten Wissens ausdrückbar und trüge es nicht in sich selbst eine Systematik und Logik, die in der Verfassung des Verstandes gleichsam einen subjectiven Ausläufer hat, so würde alles Erkennen ein nichtiger Schein bleiben und wirklich das sein, wozu es die zweifelnde, kleinmüthige und für eine unnatürliche Mystik arbeitende Philosophie der neuern, indirect noch immer von der Religionstradition beherrschten Jahrhunderte fast ohne Ausnahme hat machen wollen. Die redliche Untersuchung der logischen Eigenschaften des Seins kann uns von diesem Alp, der auch noch auf dem heutigen Denken in gröberen oder feineren Gestalten fast überall lastet, vollständig befreien und den zweiflerischen Kleinmuth beseitigen, der die grossen Probleme schon nicht mehr direct und positiv zu behandeln wagte.

Drittes Capitel.

Verhältnisse zum Denken.

Das System der Dinge auf der einen und das Denken auf der andern Seite können und müssen in ihrer relativen Trennung begriffen und untersucht werden, ohne dass aber hieraus eine Entfremdung des einen Elements vom andern hervorgehen darf. Es ist das seltsame und nur aus der Ueberlieferung christlicher Verstandesunterdrückung erklärliche Schicksal der neuern Philosophie gewesen, den grössten Theil ihrer Kunst in der grundsätzlichen Entfremdung jener Art entfalten zu müssen. Sie hat die Kluft zwischen dem Denken und der letzten, absoluten Wirklichkeit scheinbar soweit aufgerissen, dass eine Ueberbrückung für diejenigen, die sich ihren falschen Voraussetzungen unbefangen hingeben, gar nicht absehbar ist. Für ein positives und ernsthaft dogmatisches System würde es aber ein wunderlicher Ausweg sein, jene Fehlgriffe, die man theils psychologische Methode, theils Vernunftkritik genannt hat, erst im Einzelnen mitzumachen und sich hinterher mit der künstlichen Ausgleichung der falschen Conceptionen weitläufig abzumühen. Eine solche Auskunft mag denen überlassen bleiben, die ihren Verstand in einzelnen neuern Systemen festgelegt haben und nun unter dem Einfluss freierer Regungen ein wenig Trieb verspüren, die Festigkeit der Stäbe und die Fügung des Gitterwerks zu studiren, die ihnen den Zugang in die offene Natur versperren. Wir, die wir nicht aus dem Käfig philosophiren, können den kürzern Weg wählen und unmittelbar in der freien Natur die Beziehungen aufsuchen, deren wir bedürfen. Bis jetzt hat die neuere und neuste Geschichte der Philosophie noch keine Welt- und Lebensanschauung aufzuweisen gehabt, in welcher der menschliche Verstand zu seinem vollen Rechte gelangt und seine Souverainetät in ihrer ganzen Wahrheit anerkannt wäre. Wo seine Tragweite nicht grundsätzlich in psychologischer oder sogenannter kritischer Weise ungehörig beschränkt wurde, da sind wenigstens thatsächlich, wie z. B. im Comteschen Positivismus, unleidliche Verzichte auf eine endgültige und das ganze Wesen der Dinge umfassende Erkenntniss zu verzeichnen. Auch der am meisten dogmatische unter allen neuern Systemurhebern, nämlich Spinoza, war nur einzelnen Seiten des Verstandes gerecht geworden und hatte den Antheil, den die Imagination in der vollendeten Weltauffassung zu beanspruchen hat, völlig verkannt.

Die einzige Sonderung, die wir nöthig haben, ist auch zugleich diejenige, durch welche das Band zwischen der Wirklichkeit und dem Denken erst recht sichtbar werden muss. Das rein ideelle Gebiet beschränkt sich auf logische Schemata und mathematische Gebilde. Das Merkmal der hier möglichen Begriffe besteht darin, dass in ihnen Gegenstand und Vorstellung derselbe Stoff sind und einander völlig decken können. Das ideelle Gebilde ist hier selbst der zureichende Gegenstand der Wissensbethätigung, und hierin liegt der Grund, dass es eine von der Wirklichkeit abgesonderte, reine Mathematik geben kann. Ueberschreitet man dieses Gebiet und wendet man sich z. B. auch nur zur rationellen Mechanik, so kann der subjective Begriff nicht mehr das vollständige Object selbst sein, sondern das letztere wird stets mehr enthalten, als sich durch Häufung subjectiver Begriffe jemals gewinnen lässt. Der Begriff von der Materie kann nie die Materie selbst sein, während der Begriff einer Zahl oder einer Figur zwar auch nicht das Gezählte und Gestaltete der Wirklichkeit, wohl aber alles das sein wird, woran selbstgenugsam die mathematische Denkthätigkeit als an ihrem zureichenden und von ihr selbst erzeugbaren Object zunächst isolirt haften mag. Jede Einlassung mit der Wirklichkeit setzt aber eine thatsächliche Zählung oder Messung voraus, und an der Nothwendigkeit dieser empirischen Acte zeigt sich der fundamentale Unterschied, der zwischen den ideellen Isolirungen der Begriffe und den realen Functionen dieser Begriffe statthat. So ist denn mit der Trennung zugleich die Verbindung intimer nachgewiesen, als es ohnedies hätte geschehen können. Das Subjective ist als solches nie das Objective, aber es ist eben das einzige Mittel, durch welches das System der Dinge aus sich selbst sein Vorstellungs- und Empfindungsbild hervorzutreiben vermag. Sein und Denken können und sollen nicht dasselbe sein; aber wohl können und sollen sie einander verbürgen, und diese

Gegenseitigkeit vollzieht sich dadurch, dass die Denkformen als Producte des nichtdenkenden Seins das Mittel werden, an jeglichem Element der Wirklichkeit eine entsprechende ideelle Seite d. h. einen subjectiven Begriff von dieser Wirklichkeit zum Ausdruck zu bringen. Das Apriorische im Sinne der reinen Mathematik und das Empirische im Sinne der rationellen Erfahrungswissenschaften bilden nur ein einziges System, dessen Gleichartigkeit durch die ideelle Absonderung der selbstgenugsamen Vorstellungsgebilde nicht beeinträchtigt wird. Der Verstand ist überall derselbe; nur dass er in dem einen Fall sich zunächst mit seinen eignen freien Schöpfungen und Imaginationen befassen kann, während er in dem andern Fall an ein ihm äusserliches Medium wie an einen Stoff gebunden bleibt.

Die eben erwähnte Absonderung bietet auch ein Mittel dar, sich von der rein ideellen Selbstgenugsamkeit der sogenannten formalen Logik zu überzeugen. Die letztere braucht nämlich gar nicht auf einen realen Stoff angewendet, sondern kann bereits vollständig in allen ihren Schematen im Gebiet der reinen Mathematik bethätigt und, wenn man es so nennen will, bewahrheitet werden. Dieser Nachweis ihrer von der besondern Erfahrung und dem realen Weltinhalt unabhängigen Geltung kann freilich noch durch eine bessere Wendung ersetzt werden, indem man von vornherein bei den Einzelheiten sichtbar macht, wie die Schemata der Logik völlig autonom und innerhalb der rein ideellen Sphäre ihre Selbstgewissheit haben oder ihre Beweismittel vorfinden. Die Einmischung empirischer Elemente sollte für die Darlegung dieser allgemeinsten Verfassung des logischen Gebiets ebensowenig gestattet sein, als für die reine Mathematik, und in dieser Beziehung ist der Gebrauch realer Beispiele in beiden Disciplinen nur mit der grössten Vorsicht ausführbar. Andernfalls könnte leicht die Ansicht unterlaufen, als wenn die Wahrheiten der Logik nur thatsächliche Abstractionen von Erfahrungsverhältnissen wären, womit dann der ärgsten Verworrenheit und Unsicherheit des Denkens ein bequemes Mittel zur Selbstbeschönigung geliefert wäre. Die absolute Nothwendigkeit der reinen Denkergebnisse würde uns auf diese Weise entschwinden, und in der übrigbleibenden Verwirrung würden die Gelegenheiten zur Unterdrückung der Erhebungsversuche der Vernunft im Preise sinken müssen. Grade aus jenem gesonderten Innewerden eines autonomen und selbstgenugsamen Verstandes hat der Mensch thatsächlich die ersten Kräfte gezogen, um sich stolz über die Zufälligkeiten der Gelegenheitsvorstellungen zu erheben. Auf diesem Wege hat er gelernt, eine absolute Nothwendigkeit auch da zu suchen, wo sie sich ihm nicht unmittelbar kenntlich macht, sondern erst durch Forschung blosgelegt sein will.

2. Die Phantasie ist diejenige Function des Denkens, die in ihrer Bedeutung für die Wissenschaft, für die Weltauffassung und für die Daseinsgestaltung am meisten verkannt wird. Der Grund hievon muss zum Theil in den frühern Ergebnissen ihrer wüsten Thätigkeit und namentlich in jenen rohen Völkerphantasien gesucht werden, die auf kindische Weise jeden beliebigen Traum zur Wirklichkeit machten oder wohl gar, wie der Indische sogenannte Idealismus, in der Wirklichkeit nur ein Traumgebilde sehen wollten. Diese haltungslosen und delirirenden Verworrenheiten, die zum Theil noch in jüngster Zeit als metaphysische Systeme reproducirt worden sind, begreifen sich im Stadium der kindischen Unreife oder in fieberhaften Anwandlungen oder in den Rückbildungen der Greisenhaftigkeit; sie mögen unter diesen Voraussetzungen ganze Epochen und Theile der Menschheit oder gelegentlich einzelne Elemente oder verkommene Schichten der Gesellschaft heimsuchen; aber sie gehören stets in die Gebiete des Unreifen, des Pathologischen oder der bereits von der Fäulniss zersetzten Ueberreife. Wir haben hier keine Theorie des collectiven Wahnsinns oder gar der sich aus den Stauungen des Lebens ergebenden Abstumpfungen und Blödsinnigkeitsculten zu entwerfen; wir haben hier nicht den Brutstätten der Superstitionen und den durch die Aera der Religionen historisch beurkundeten Geistesstörungen in ihre Asyle zu folgen, sondern wir haben uns einfach an den normalen Beruf einer Function zu halten, welche durch die Ausschweifungen, denen sie unter Umständen ausgesetzt sein musste, auch einen Theil derjenigen Achtung eingebüsst hat, der ihrer bessern Bethätigung nicht streng genug vindicirt werden kann.

Um alle jene trüben und unheimlichen Gebilde, die sich an den Namen der Phantasie oder Imagination in deren wüstem Treiben anknüpften, von vornherein gründlich zu beseitigen und das wahre Wesen jener hohen Kraft unmittelbar vor Augen zu stellen, wollen wir sofort die am tiefsten wurzelnde und zugleich einfachste Form ihres abstracten und apriorischen Daseins untersuchen. Anstatt uns zur Kunst und den im engern Sinne ästhetischen Functionen der Phantasie zu wenden, die sich noch vielfach mit ihrem ungeheuerlichen Missbrauch und den Gebilden der Superstition berühren, wollen wir ohne Weiteres den entferntesten, aber die meiste Klarheit versprechenden Ausgangspunkt wählen, indem wir den am wenigsten gekannten Grundtypus aller Imagination, nämlich die mathematische Phantasie an erster Stelle in Betrachtung ziehen. Die schöpferische Kraft dieses Vorstellungsgebiets in der freien Hervorbringung von Combinationen und Gebilden, in denen Zahl, Grösse, Zeit, Raum und Bewegung die gleichsam stofflichen Mittel zur Bethätigung rein begrifflicher Satzungen und Regelmässigkeiten abgeben, — diese schöpferische Rolle ist zwar allgemein bekannt, aber in ihrer Bedeutung für das System der vollen Wirklichkeit, kaum in Frage gekommen, geschweige hinreichend ergründet. Das Verfahren der rein mathematischen Phantasie liefert nicht nur Ergebnisse, die den realen Naturnothwendigkeiten entsprechen, sondern ist in seiner Vollständigkeit auch ein Erkenntnissbild jener Operationen, welche die mathematische Gliederung der Naturwirklichkeit real vollziehen. Indem die mathematische Phantasie unter der Herrschaft des Verstandes die einzelnen Ordnungen der nach dem Grade der Einfachheit aufeinander folgenden Gebilde entwirft, entspricht sie den aus einfachen Elementen möglichen Compositionen der Reihe nach und muss daher auch das erfassen, was die Natur in ihrer realen Zusammensetzung nach demselben System hervorbringt. Die Vereinigung der einfachsten Formen der Bewegungsantriebe liefert in der realen Entstehung der Weltkörperbahnen das berühmteste Beispiel dieser Gattung. Der im mathematischen Sinne gedachte zweite Grad hat bei den hier fraglichen Gebilden den Sinn einer Doppelheit der Composition aus zwei Factoren, und die Verbindung dieser Factoren hat nicht blos ein ideelles sondern auch ein reales Dasein. Das Fortschreiten in der Stufenleiter der gedanklichen und der wirklichen Elementvereinigungen ist ein Act, in welchem sich Uebereinstimmungen ergeben müssen. Die mathematische Phantasie ist demnach eine Instanz, bei welcher man auf wichtige Aufschlüsse über die Weltverfassung zu rechnen hat. Sie ist als Ganzes eine Art Inbegriff der formalen Möglichkeiten und ergiebt mit Rücksicht auf die rein realen Elemente schliesslich auch die letzten Nothwendigkeiten. Sie arbeitet sogar in einer analogen Weise wie die Natur, oder es wird uns vielmehr das Verfahren der Wirklichkeit zu einem grossen Theil nur aus den Gesetzen verständlich, welche die vom Verstande geleitete Phantasie in ihren Operationen beherrschen.

3. Geht man von der mathematischen Phantasie zu derjenigen

Gestaltung der Imagination über, welche mit allen realen, sei es subjectiven oder objectiven Elementen thätig ist, so ist die erste Wahrheit, deren man sich in diesem Gebiet versichern muss, die, dass die Phantasie nicht nur keine Schöpfung aus Nichts vornehmen kann, sondern auch dem Stoffe und der Art nach an die Erfahrungsthatsachen gebunden bleibt. Ihre Freiheit besteht eben nur in der Composition; aber diese Composition ist den Verfahrungsarten der Natur in einem gewissen Sinne ebenbürtig. Bis jetzt hat man diese genetische Kraft nur für die ästhetische Phantasie und auch hier nur vom Standpunkt des poetischen Idealismus in Anspruch genommen, während die wissenschaftliche Phantasie eine bis jetzt wenig gekannte oder doch nur in verdächtigen Aeusserungen berücksichtigte Rubrik geblieben ist. Trotz aller Annäherungen der wissenschaftlichen und der ästhetischen Welt- und Lebensansichten und trotz der hier und da hervorgetretenen Ueberzeugung, dass auch die wissenschaftlichen Weltbilder das System der Dinge nicht ohne die ästhetische Harmonie wahrhaft widerspiegeln, ist man dennoch der in dieser Richtung unentbehrlichen Grundvoraussetzung bisher ferngeblieben. Wenn die Phantasie nicht eine Macht ist, die in den Tiefen der Natur ihr reales Gegenstück hat; — wenn also der menschlichen Phantasie nicht eine principielle Gestaltungskraft innewohnt, die den Bildungen der Natur und Wirklichkeit gleichsam in paralleler Haltung zu entsprechen und mit der gleichen Ursprünglichkeit zu verfahren vermag, so müssen alle unsere Erwartungen von einer idealen Erkenntniss des Seins unerfüllt bleiben. Die sklavische Nachahmung der Thatsachen genügt auch in der Wissenschaft nicht, und ohne die Existenz einer wissenschaftlichen Phantasie, die den logischen Gesetzen gemäss die nothwendigen Gestaltungen anticipirt, — ohne diese subjectiv schaffende und dem Walten der Natur ebenbürtige Fähigkeit würden wir mit unserer Weltanschauung und Lebensgestaltung für immer auf dürftiges und träges Stückwerk angewiesen bleiben.

Man verwechsele die Halbproducte der isolirten Imagination, also etwa die natürlichen Träume oder die metaphorischen Träumereien nicht mit den Leistungen der rationellen Phantasie. Die letztere ist sich bewusst, mit allen ihren Vorstellungen nur auf das Wirkliche oder im Wirklichen Mögliche zu zielen, und sie kann daher nie den widersinnigen Anspruch erheben, mit ihren Gebilden ein zweites, transcendentes Reich zu eröffnen. Sie betrachtet die in ihrem Rahmen zu verzeichnenden Bilder nur als Erkenntnissmittel der einheitlichen und einzigen, allumfassenden Wirklichkeit. Sie hat keinen andern Glauben, als den an die Realität, und sie begreift sogar ihre eignen kindischen oder fieberhaften Missgriffe als Störungen, die von der Isolirung ihrer zusammengehörigen Elemente herrühren. Sie sieht in den eigentlichen und in den transcendenten Hallucinationen nur die untergeordnete Bethätigung ihrer vom Verstandeszusammenhang getrennten Kräfte. Sie selbst erkennt den Grundirrthum in der Auffassung des Imaginativen als vollständiger und selbstgenugsamer Wirklichkeit. In ihrer völlig rationellen Haltung geht sie schon von vornherein davon aus, dass ihre Compositionen nur Werth haben, insofern sie die Anzeiger einer unmittelbaren oder entfernteren Wirklichkeit zu sein vermögen. In dieser Rolle beansprucht sie aber auch das Höchste, indem sie sich nicht durch die Zufälligkeiten der grade thatsächlich gegebenen Formen binden lässt, sondern den schaffenden Triebkräften in die nicht unmittelbar zugänglichen Gestaltungen folgt. Auf diese Weise wird sie ein mächtiger Factor der anticipirenden Wissenschaft, und auch ihre Bethätigung in der Kunst erweist sich hienach nur als ein höher gesteigerter und freierer Gebrauch der Schöpfungsprincipien der Natur. Hegte sie die letzteren nicht in sich, so bliebe sie das eitelste aller Spielwerke des Geistes und hätte eine ausschliesslich subjective Bedeutung. So aber, als Vertreterin der Elemente des Seins ist sie die Ergänzung, ohne welche das Denken trotz aller abstracten Verstandesbegriffe in Ermangelung eines fruchtbaren Organs zeugungsunfähig bleiben müsste.

Die wahre Philosophie muss sich heute zunächst durch den Gegensatz von Phantasie und Wirklichkeit definiren; denn sie ist Wirklichkeitsphilosophie im Unterschiede von der Unphilosophie der transcendenten oder auch immanenten Götter-, Seelen- und Willkürphantastik. Es bleibt ziemlich gleichgültig, ob diese Unphilosophie ihre Visionen göttlicher und seelischer Art nebst der zugehörigen aus Nichts entscheidenden menschlichen Willkür über die Welt hinaus in ein sogenanntes intelligibles Reich verlegt oder bei weiterem Fortschritt in die Welt mitten hinein imaginirt. Diese Zerrbilder und Ungeheuerlichkeiten einer gestörten, vom Verstande verlassenen Phantasie bilden unter allen Umständen das Merkmal der wüstesten Unwahrheit. Hieraus folgt aber nicht, dass die Functionen der Phantasie an sich selbst die Fälschung der Welt- und Lebensansichten verschuldeten, sondern es ist ihre widersinnige Missleitung und verkehrte Isolirung, welche die visionäre Entwicklungskrankheit des Menschengeschlechts mit sich gebracht hat. Allerdings lag diese Abirrung in den Nothwendigkeiten des geistigen Mechanismus; aber ebenso nothwendig ist auch die Krisis, welche mit der Aera der Religionen abschliesst. Angesichts der neuen Welt- und Lebensbetrachtung können wir ohne Besorgniss vor einem Missverständniss gradezu behaupten, dass die Uebereinstimmungen der Phantasie und der Wirklichkeit, wenn sie im rationellen Sinne gedacht werden, nicht minder ein auszeichnendes Merkmal der neuen Denkweise werden müssen, als die Fernhaltung der Ergebnisse ihres verkehrten und feindlichen Gegensatzes. Weit entfernt also, die Phantasie als Erkenntnissmittel auszuschliessen, weisen wir ihr vielmehr den Platz an, wo sie anstatt in Entfremdung, vielmehr in der völligsten Zusammengehörigkeit mit dem Wirklichen ihren hohen Beruf der idealen Anticipation erfüllen kann.

4. Die Elemente des Denkens und die Elemente des Seins müssen einander derartig decken, dass keine Seite oder Form der Wirklichkeit unbegriffen bleibt. Von den Grenzen des Denkens reden, heisst auch zugleich für die Wirklichkeit Schranken setzen. Es ist eine der grössten Thorheiten, der Tragweite des menschlichen Denkens andere Umrisse geben zu wollen, als der Natur selbst. Wenn das Sein in sich Elemente hegen könnte, die weder unmittelbar noch mittelbar, weder im Einzelnen noch im Allgemeinen, weder individuell noch der Art nach einem Denken zugänglich werden könnten, so fehlte der Welt die Kraft, sich subjectiv vollständig zu reproduciren. Wenn aber das menschliche Denken in dem besondern Falle wäre, für die Erfassung der Elemente des Seins unzureichend zu bleiben, so hätte sich in dieser Richtung die durchgängige Systematik der Natur verleugnet. Es gebe alsdann ein Denken von universeller Tragweite, in welchem dennoch Lücken beständen, und welches seinem Gegenstand nur in verzerrter Weise entspräche. Für diese Voraussetzung spricht nun in der wirklichen Bewährung unseres Denkens gar nichts; im Gegentheil treffen wir nirgend auf Theile des Seins, wo sich die Stetigkeit unserer Vorstellungen verleugnete. Mit dem Fortschritt des Wissens erkennen wir immer mehr die vollständige Uebereinstimmung, welche zwischen dem System der subjectiven und dem der objectiven Elemente statthat. Die Kraft und der Umfang des Denkens mögen sich in andern Wesen gesteigert

finden; der Art nach und in den Grundeinsichten muss jede Denkverfassung dieselbe bleiben. Andernfalls würde sich die absolute Realität selbst verleugnen. Das Dasein niederer Subjectivitäten ist kein Gegenbeweis gegen unsere Voraussetzung; denn auch in dem Rahmen ihrer beschränkten Wahrnehmungsart ist volle sinnliche und objective Wahrheit. Der Mensch aber, der sich des universell Umfassenden in seinem auf die Welt gerichteten Denken bewusst ist, würde mit dem Wesen dieses Denkens in Widerspruch gerathen, wenn er eine höhere Instanz erdichten wollte, durch die es widerlegt oder auch nur in entscheidender Weise in seinen Functionen berichtigt werden könnte. Der Irrthum im Einzelnen darf nicht mit einem radicalen Fehler der Constitution oder einem Mangel in den Elementen der Composition verwechselt werden. Aller Irrthum beruht auf der partiellen Isolirung des Denkens von der Wirklichkeit und ist ein nothwendiges Erzeugniss der subjectiven Position und relativ getrennten Gesetzmässigkeit dieser Sphäre. Wahrheit und Irrthum haben genau dieselbe Quelle, und es lässt sich in der Anordnung eines subjectiven Organs zu der ideellen Reproduction der Dinge jene Isolirung und relative Selbständigkeit, die zum Irrthum führt, ohne Widerspruch gar nicht als vermieden vorstellen. Hieraus folgt aber nicht, dass die Natur darauf verzichten musste, zu jedem Bestandtheil des Seins ein entsprechendes Vorstellungselement hervorzubringen. Die Vollständigkeit der Mischung konnte allein den normalen Typus eines zureichenden Denkens ergeben, und so werden wir in allen Richtungen genöthigt, die Nothwendigkeit unserer leitenden Grundidee bestätigt zu finden. Solange man nicht den Nachweis führt, dass die Denkthätigkeit etwas ihr völlig Ungleichartiges aufgefunden habe, was aber dennoch Gegenstand irgend einer Intelligenz sein könnte, — solange wird man uns gestatten müssen, an unserer Grundvoraussetzung festzuhalten. Unser Denken hat mindestens ebensoviel Recht, sich als ein kosmisches und für die subjectiven Verhältnisse zureichendes zu betrachten, als die neuste Chemie, die sich mit ihren Grundstoffen und Combinationen von dem bisherigen engen Schauplatz der Erde zu den Bethätigungen an der Verfassung und Zusammensetzung des Universums wendet. In der That wäre es auch ein dürftiges Denken und eine armselige Art von Wissenschaft, welche vor einem Theil des Seins Halt machen und ihre Unzulänglichkeit erklären müssten.

Wenn die Elemente des Seins und diejenigen des Denkens

einander entsprechen, ohne jemals einerlei zu sein, — wenn also das Sein niemals als ein Theil des subjectiven Denkens in einem universellen Traume und das subjective Denken niemals als ein maassgebender Bestandtheil in den Verfahrungsarten der objectiven Natur angesehen werden darf, so entsteht die Frage, ob nicht in einer andern Art die auf dem gemeinsamen Ursprung beruhende Verwandtschaft einen tiefer in das Wesen der Dinge und des Denkens selbst eindringenden Rückschluss gestatte. Hier ist ein doppelter Ausgangspunkt möglich, je nachdem man mit den objectiven Beschaffenheiten der Welt oder mit den Grundformen der Subjectivität beginnt. Da schliesslich das Unmittelbarste immer die subjectiven Elemente sein werden, so ist die für die Erweiterung der Erkenntniss wichtigste Frage die, ob nicht in den subjectiven Thätigkeiten eine Hindeutung auf die objectiven Operationen der Natur zu finden sei. Unter Uebergehung der ganz gewöhnlichen Erörterungen müssen wir hier wiederum das Wesen der Phantasie als neues Beispiel einführen. Allerdings liegt eine gewisse Kühnheit darin, auch nur versuchsweise vorauszusetzen, dass die Thätigkeiten der menschlichen Imagination eine Wiederholung und eine Art Gegenbild des Naturschaffens sein könnten. Es versteht sich hiebei, dass an ein subjectives Bewusstsein, an Denkabsichten und an alle derartigen Vorstellungsdeterminationen im Bereich der objectiven Natur nicht gedacht werden kann. Aber auch die menschliche Phantasie selbst beruht nicht auf Vorstellungen, sondern hat die letzteren zu Ergebnissen. Die Phantasie wurzelt, wie überhaupt alles Denken, in Regungen, die dem fertigen Bewusstsein vorausgehen und selbst gar keine Elemente des subjectiv Empfundenen bilden. Man schliesst auf diese Regungen weit mehr, als man sie eigentlich wahrnimmt. Sie liegen diesseits der Grenze des bewussten Denkens und kündigen ihre Existenz eben nur durch die Wahrnehmung dieser Grenze an. Jeder Gedanke und jedes Vorstellungsbild ist etwas Erzeugtes. Vor seiner Production wurzelte aber ein jedes derartiges Gebilde in realen und gewissermaassen gedankenlosen Vorbedingungen seiner Entstehung. Nun kann das, was den bewussten Gedanken selbst erst möglich macht, dem Wesen nach nicht tiefer stehen, als das fertige ideelle Product selbst. Es werden also die unvorstellbaren Erzeugungskräfte der Phantasie in der That diesseits der ideellen Sphäre liegen, und dieses Verhältniss erleichtert uns die Aufgabe, die Uebereinstimmung zwischen der subjectiven Phantasie und den objectiven Naturoperationen zu erkennen. In beiden Fällen wird die Herrschaft der logischen Nothwendigkeit vorausgesetzt; aber das was uns in den Antrieben der menschlichen Phantasie als Unvollkommenheit gilt, darf aus der objectiven Natur nicht ohne Weiteres ausgeschlossen werden. Der Charakter des Versuchsartigen in den Gestaltungen ist der Wirklichkeit nichts weniger als fremd, und man sieht nicht ein, warum man aus Gefälligkeit für eine oberflächliche Philosophie die Parallele der Natur ausser dem Menschen und der Natur im Menschen nur zur Hälfte gelten lassen soll. Es ist eine ganz willkürliche Voraussetzung, in den Nothwendigkeiten des objectiven Seins überall die vom Menschen gewünschte Vollkommenheit, in derjenigen Natur aber, die sich im menschlichen Individuum und seinem Vorstellen kundgiebt, das Gegentheil jener Unfehlbarkeit selbstverständlich finden zu wollen. Wenn der subjective Irrthum des Denkens und Imaginirens aus der relativen Getrenntheit und Selbständigkeit dieser Sphäre hervorgeht, warum soll nicht auch ein praktischer Irrthum oder Fehlgriff der objectiven und nichtdenkenden Natur die Folge einer verhältnissmässigen Absonderung und gegenseitigen Entfremdung ihrer verschiedenen Theile und Triebkräfte sein können? Eine wahre und nicht vor den gemeinen Vorurtheilen zurückschreckende Philosophie wird schliesslich den vollständigen Parallelismus und die durchgängige Einheit der Constitution nach beiden Seiten hin anerkennen. Für sie wird die Natur nicht erst im Menschen anfangen, sogenannte Verirrungen zu zeigen und sich in Abweichungen, Störungen und Ausgleichungen zu ergehen; sondern alle diese Beeinträchtigungen der Unfehlbarkeit werden ihr in allen ihren Actionen anhaften und bei dem Menschen wie bei ihr nur als innere Nothwendigkeiten zur allseitigen Ausführung des universellen Systems zu betrachten sein. In einem gewissen Sinne hat man daher von den menschlichen Analogien der Naturauffassung für die exacte Erkenntniss nichts zu besorgen, sobald man nur consequent genug ist, die Halbphilosophie hinter sich zu lassen und nicht blos die Natur nach dem Menschlichen, sondern auch das Menschliche nach der Natur und mithin beide als eine einzige in sich wesentlich gleichartige Einheit aufzufassen.

5. Die in der Philosophie stets praktisch gewesene Frage, wie weit die menschlichen Analogien in der Auffassung des objectiven Seins auszuschliessen seien, hat in den neueren Jahrhunderten öfter Beantwortungen erfahren, deren Zweischneidigkeit heute nicht mehr

4*

übersehen werden darf. In dem berechtigten Bestreben, die ausschliesslich menschlichen Gesichtspunkte von der Auffassung des Ganzen der Dinge fernzuhalten, ist man schliesslich zu der unberechtigten Zumuthung gelangt, auch die allgemeinen Kategorien, weil sie zugleich für menschliche Verhältnisse gelten, als zur letzten Erkenntniss unbrauchbar ausser dem Spiele zu lassen. Mit diesem Aeussersten hat man natürlich jede absolute Idee von dem Wesen der Dinge preisgegeben, und was die positive Wissenschaft, wenn sie sich nicht selbst aufgeben wollte, bleiben lassen musste, hat eine sogenannte kritische Metaphysik, unter bescheidener Ergebung in Unwissenheit, wirklich begangen. Die Hauptkategorie aller Wissenschaft, nämlich die Causalität, ist zu einer secundären, für die letzten Verhältnisse der Dinge gar nicht gültigen Kategorie degradirt worden. Allerdings war es völlig in der Ordnung gewesen, dass Hume den Begriff der Ursache in den gewöhnlichen plumpen Fassungen nicht gelten liess; aber die Kritik seines Inhalts durch den genannten grossen Philosophen und die Unbrauchbarkeitserklärung durch Kant waren zwei Handlungen von sehr verschiedenem Werth. Humes Verfahren war auf Entfesselung, das Kantische aber auf Beschränkung des Verstandesgebrauchs gerichtet; Beide stimmten aber darin überein, eine erhebliche Unsicherheit übrig zu lassen. Weit glücklicher als in der Kritik der Causalität ist die Wissenschaft und Philosophie seit dem 17. Jahrhundert in der Beseitigung einer falschen Finalität gewesen. Aber auch hier hat man mit den Absichten oder Zwecken, deren Unterschiebung in der Naturbetrachtung mehr und mehr verpönt wurde, auch die unschuldige Seite der entsprechenden Kategorien verdächtigt. Die Begriffe Mittel und Zweck sind in ihrer abstracten Reinheit und ohne den Nebengedanken einer bewussten Absicht in einzelnen Gebieten gar nicht zu entbehren und verbergen sich oft unter gleichgültigen Namen. So begleiten sie sehr häufig die Vorstellung von physiologischen Functionen und Einrichtungen oder verbergen sich hinter dem scheinbar indifferenten Kunstausdruck der Anpassung an die Lebensbedingungen. Obwohl in den neusten Vorstellungen der letztern Art die Finalität keine Rolle mehr spielen soll, drängt sie sich dennoch unvermerkt oft genug ein, und dieser Uebelstand rührt daher, dass man sich bis jetzt keine genügende Rechenschaft von dem Grunde ihrer Ausschliessung aus der strengen Wissenschaft gegeben hat. Die causale Nothwendigkeit vollzieht sich stets und liefert daher wahrhaft allgemeine Gesetze; eine Causalität, die nicht wirksam würde, wäre ein Widerspruch. Dagegen sind die verfehlten Zwecke etwas ganz Gewöhnliches; aus dem Zweck kann man nicht auf dessen Vollziehung schliessen, und so bleibt der Zweck selbst da, wo er objectiv anzuerkennen ist, völlig ungeeignet, die Kette streng wissenschaftlicher Beziehungen zu vermitteln und die letzte, lückenlose Einsicht in den Zusammenhang der Vorgänge zu ergeben. Hieraus folgt, dass man ihn auch da, wo über seine Objectivität, wie im Bewusstsein des Menschen, gar kein Streit möglich ist, nur insofern in wissenschaftlichen Anschlag bringen darf, als er sich in der Gestalt einer Unterart der allgemeinen Causalität verwerthen lässt. Jeder Trieb hat das Zweckförmige in sich und wird als bewusster Trieb sogar zur eigentlichen Absicht. Seine Rolle für die Hervorbringung des realen Zusammenhangs beruht aber nur darauf, dass er im eigentlichen Sinne des Worts als Motiv, d. h. als Bewegungsantrieb wirkt. Ob die Bewegung oder Handlung, die aus ihm mit causaler Nothwendigkeit folgt, ihren Zweck erreiche oder nicht, ist eine völlig abzusondernde Frage, die niemals blos nach der Zwecksetzung entschieden werden kann, sondern von dem Spiel der sich combinirenden Ursachen erledigt wird. Obwohl wir daher in der Natur Triebkräfte mit bestimmten Richtungen, also in einem gewissen Sinne sogar Tendenzen mehrfach annehmen müssen, so ist doch niemals der Schluss von einem Ziel auf dessen Erreichung zulässig, und dieser Umstand macht alle herkömmliche Finalität der Naturerklärung zu einem täuschenden Schein. In dieser Hinsicht, aber eben auch nur in dieser Hinsicht können wir in Spinozas Ausspruch einstimmen, dass der Zweck eine menschliche Erdichtung sei. Will man dagegen unkritisch die Beziehung von Mittel und Zweck als eine ausserhalb des bewussten menschlichen Strebens unzulässige Kategorie ächten, so wird man den Verstand selbst lähmen und ihn in der natürlichen Vollständigkeit seiner Gesichtspunkte beeinträchtigen. Ausserdem versteht es sich von selbst, dass die Untersuchung, ob die Thatsachen bestimmten, von uns versuchsweise als Zwecken angesehenen Ergebnissen der Welteinrichtung wohl oder übel entsprechen, auch dann gerechtfertigt sein würde, wenn objective Tendenzen gar nicht vorhanden wären. Auf die Vulgärteleologie, die wesentlich ein Gewebe von albernen und kindischen Erdichtungen ist, haben wir hier natürlich nicht einzugehen. Eine haltbare Zweckmässigkeitslehre wird in den Gebieten, wo sie überhaupt angebracht sein dürfte, niemals ohne die Begleitung einer Einsicht in die Unzweckmässigkeiten auftreten. Ein ähnlicher Gegensatz ist im Gebiet der Causalitäten nicht vorhanden; denn die Unzweckmässigkeit ist nicht eine Abwesenheit der Zweckbeziehung, sondern eine Missgestaltung derselben.

Die bisher angedeuteten, auch historisch berühmt gewordenen Seiten unserer allgemeinen Frage nach der Bedeutung der menschlichen Analogien genügen keineswegs, um die Tragweite des Gegenstandes ermessen zu lassen. Wir müssen einfürallemal die positive Wichtigkeit der Analogien unseres Wesens für das Weltverständniss begreifen, wenn wir nicht immer wieder von Neuem Gefahr laufen wollen, gute kritische Absichten zu Schlingen unserer Intelligenz werden zu sehen und anstatt zu einer Reinigung zu einer Vernichtung des Verstandes zu gelangen. Das Princip, welches hier maassgebend werden muss, ist sehr einfach zu formuliren, wenn auch keineswegs ebenso leicht zur speciellen Anwendung zu bringen. Das specifisch Menschliche darf nicht auf die Welt übertragen werden, und nur das Uebereinstimmende, dessen Gleichartigkeit im besondern Falle ausgemacht werden kann, darf eine Brücke zum Verständniss der Dinge bilden. Nun vereinigt der Mensch in sich ein Stufensystem von Arten des Seins, welches mit der niedrigsten Gattung beginnt und bis zur höchsten aufsteigt. In dieser Schichtung müssen sich die Anknüpfungspunkte für die Wissenschaft finden, und innerhalb dieses weit ausgespannten Rahmens müssen sich alle Typen zur Kennzeichnung des Systems der Dinge aufsuchen lassen.

Um den Gegensatz unseres Gedankens zu der gewöhnlichen Unsicherheit der Naturauffassung sichtbar zu machen, erinnern wir nur beispielsweise an einen Hauptfall, in welchem das menschliche Verfahren mit demjenigen des Systems der Dinge verglichen werden darf. Das Rechnen mit dem Allgemeinen, mit der Wahrscheinlichkeit und mit dem Zufall ist für die menschliche Wirkungsweise unumgänglich; die menschlichen Institutionen sind in vielen Richtungen so geartet, dass eine Menge von Antrieben von ihnen ausgeht, die niemals ihren Gegenstand finden. Die Verluste an Kraft sind hiebei unvermeidlich, und Vielen erscheint es als eine specifisch menschliche Unvollkommenheit, dass in Richtungen gehandelt werden muss, in denen die Mehrzahl der Fälle unergiebig bleibt. Diese Nothwendigkeit ist aber in der That keine auf den Menschen beschränkte Unvollkommenheit, sondern findet sich in weit höherem Maasse in der aussermenschlichen Natur selbst. Im System der Dinge werden die Möglichkeiten und Keime in allen Richtungen verschwenderisch ausgestreut, und die wirklich fruchtbaren Entwicklungen bilden nur eine kleine Zahl im Verhältniss zu der Fülle der im einzelnen Fall vergeblichen und verfehlten Vorkehrungen. Dennoch ist diese Artung der Veranstaltungen eben nichts weiter als eine aus der systematischen Action entspringende Nothwendigkeit, zu deren Verständniss die Analogie der menschlichen Verhältnisse vollkommen ausreicht. Anstatt also von einem Mangel zu reden, müssen wir sowohl im Fall des Menschen als der sonstigen Natur eine und dieselbe Nöthigung anerkennen, und ausserdem zugestehen, dass es die innere Logik des universellen Systems selber ist, welche die nach Wahrscheinlichkeitsgrundsätzen angelegten Beziehungen mit sich bringt. Der specifische Unterschied zwischen dem Menschen und der Natur besteht in dieser Richtung nur darin, dass jener den Zufall vorfindet, und dass diese ihn selbst geschaffen und zugleich mit den Veranstaltungen zu seiner Beherrschung möglich gemacht hat. Die fragliche Kluft zwischen dem Allgemeinen und dem Einzelnen ist hienach ein wesentlicher Bestandtheil im System der Dinge, und wir haben kein Recht, die grosse Arbeiterin, welche man Natur nennt, anders anzusehen, wenn sie ausser uns ohne Vorstellung, als wenn sie in uns durch Vermittlung unseres Bewusstseins thätig ist.

Zweiter Abschnitt.

Principien des Naturwissens.

Erstes Capitel.

Ausgangspunkte.

Was wir hier Principien des Naturwissens nennen, vertritt in einer Gestalt, die der gegenwärtigen exacten Denkweise entspricht, die frühere Naturphilosophie. Die letztere wurde in den neueren Jahrhunderten wesentlich als rationelle Physik verstanden, welche hier und da mit einigen rein logischen oder metaphysischen Elementen ausgestattet war, bisweilen aber auch so tief sank, dass sie zur wüsten, auf Unwissenheit beruhenden Afterpoesie wurde und ein Spiel für grosse Kinder und Ignoranten bildete. Nachdem sie namentlich auf Deutschem Boden im Anfang dieses Jahrhunderts am meisten entwürdigt und der prostituirten Philosophasterei eines Schelling und ähnlicher, im Priesterthum des Absoluten kramender und das Publikum mystificirender Gesellen anheimgefallen war, hat schliesslich die Ermüdung im Unsinn, unter gleichzeitiger Einwirkung der ausländischen, von der Deutschen Mystik nur wenig berührten fachwissenschaftlichen und positiven Auffassungsweise, dahin geführt, dass man, abgesehen von den eigentlichen Philosophirern der Schulstätten, in der Verachtung jener Missgestalten zu einer sonst seltenen Uebereinstimmung gelangt ist. Mit dieser Lossagung der besten Vertreter der Specialitäten von den ungeheuerlichen Zerrbildern unwissender Naturphilosophastrik ist aber die Lücke nur um so fühlbarer geworden; denn mit dem Ekel vor dem Ungeniessbaren hat sich keineswegs sofort das Geniessbare wieder eingefunden. Im Gegentheil ist die Haltlosigkeit Einzelner unter den Naturforschern in allerjüngster Zeit erst recht sichtbar geworden, und was das breitere Publicum anbetrifft, so ist für dasselbe bekanntlich der Abtritt eines grössern Charlatans oft nur die Gelegenheit für einen kleinern, aber geschäftserfahrenen Nachfolger, die Productionen jenes unter einem neuen Aushängeschild zu wiederholen.

Die ernstere Gefahr droht jedoch nicht von solchem wüsten Gelegenheitsskandal, dem hier und da auch wohl ein Specialist in seiner philosophischen Unschuld oder, wenn man will, Rohheit zum Opfer fällt, sondern von den zerfahrenen Voreiligkeiten, deren sich manche Pfleger der Fachwissenschaften in ihrer Betheiligung an der eigentlichen Philosophie schuldig machen. Die Annäherung des letzten Viertels des 19. Jahrhunderts wird nämlich in der allgemeinen Wissenschaftsgeschichte einst auch dadurch markirt werden können, dass man auf den in diesem Zeitpunkt besonders sichtbaren philosophischen Dilettantismus der Specialisten hinweist. In der That ist jetzt aller Orten bei den verschiedenartigsten Repräsentanten der Naturwissenschaft eine Art Wetteifer eingetreten, ihre Speculationen über philosophische Grundfragen öffentlich zum Besten zu geben. Auf diese Weise ist Naturphilosophie ein wenig zur Nebenbeschäftigung von Jedermann geworden, der auf eine Führerschaft in irgend welchen Specialitäten Anspruch macht und aus seiner besondern Behausung zu einem Ausflug in das Reich der weltumspannenden Ideen Lust verspürt. Dieser Gang der Sache wäre nun an sich höchst erfreulich, wenn sich nur zugleich die Grundbedingung erfüllt fände, ohne welche eine eingreifende Betheiligung an der specifischen Philosophie unmöglich und der Anspruch des Maassgebenden bis zur Lächerlichkeit hinfällig wird. Diese Bedingung ist eine hinreichende Kenntniss und Uebung der philosophischen Denkweise und namentlich ihrer Art, mit den feinsten Begriffen der Weltauffassung zu verfahren. Die Unbeholfenheiten und Verstösse, die in dieser Hinsicht bei einer Anzahl Specialisten offenbar geworden sind, haben die Welt mit keiner echten Naturphilosophie, wohl aber mit der Blösse der rein specialistischen Naturwissenschaft oder vielmehr mit der unzulänglichen philosophischen Bildung eines Theils ihrer Vertreter bekannt gemacht. Diejenigen, welche mit derartigen eitlen Kundgebungen am vorschnellsten gewesen sind, tragen die Schuld, wenn nun auch die Achtung, die man früher der Denkweise der positiven Gebiete bisweilen ohne Rückhalt zollen konnte, mit dem Verdacht eines ungehörigen und in einem gewissen Sinne ignoranten Philosophirens vermischt werden muss.

Die Erwartung, auf dem Boden der Naturwissenschaft selbst eine gediegene Naturphilosophie emporwachsen zu sehen, lag im letzten Menschenalter ziemlich nahe, ist aber in den Hauptrichtungen getäuscht worden. Selbst bei den paar Entdeckern und Forschern ersten Ranges, welche die civilisirte Welt als wirklich im grossen Stile epochemachend aufzuweisen hat, sind die eigentlich philosophischen Gesichtspunkte äusserst dürftig gerathen. Sogar in Fällen, in denen die philosophische Speculation an der Ermöglichung der neuen Aufschlüsse einen grossen Antheil hatte, sind mit den zutreffenden Ideen so rückständige Auffassungsarten vermischt worden, dass man auch hier von einem etwa vorhandenen günstigen Vorurtheil für den philosophischen Beruf der Positivisten zurückkommen musste. Nun bleibt allerdings trotzdem der philosophische und methodische Gehalt der rationellen Naturwissenschaft, der sich mit ihren einzelnen Lehren und Verfahrungsarten verbunden findet, von den eignen Ausschweifungen oder Unzulänglichkeiten der specialistischen Fachvertreter im Wesentlichen unberührt bestehen, und seit Galilei sind nach dieser Seite hin manche Fundstätten zu bezeichnen. Allein diese Art von latenter Naturphilosophie ist nicht ohne Weiteres zugänglich und will gleich dem edlen Metall erst aus dem unreinen Zustande ausgeschieden sein, ehe sie ihre selbständigen Dienste leisten und in voller Rationalität fungiren kann. Allermindestens wird sie ohne diese Vorarbeit kein Gegenstand des allgemeinen wissenschaftlichen Verkehrs und kein Organ des Denkens werden, welches für eine grössere Zahl irgend welche Förderung bieten könnte. In höchst vereinzelten Fällen, deren die Geschichte der neuern Jahrhunderte nur wenige kennt, wird eine Art von Ebenbürtigkeit des Genius auch die speculativen Antriebe der unzulänglich formulirten Gedankenansätze älterer Forscher fruchtbar werden lassen; aber der Regel nach werden die Tiefen ohne Untersuchung bleiben, ja nicht einmal bemerkt werden. Die grosse Mehrzahl der Wissenschaftspfleger, einschliesslich der gewöhnlichen, im Vordergrunde befindlichen Distinguirtheiten und Renommirtheiten des Augenblicks, wird nicht einmal von der Existenz jener Schätze eine Ahnung haben, und so wird das gemeine Getriebe sich abspielen, ohne dass die philosophischen Bestandtheile der positiven Wissenschaft in sichtbarer Absonderung zu Tage gefördert oder wirksam würden.

Das unvorbereitete, im schlimmen Sinne des Worts dilettantenhafte Philosophiren der Specialisten bedeutet nichts Anderes als den anarchischen Zustand und die Auflösung der bisherigen unzulänglichen Philosophien. Die allgemeine Gedankenströmung muss erst wieder bei dem Punkte anlangen, wo sie sich ihrer selbst in einem geregelten System bewusst wird, um die Miseren des unzurechnungsfähigen Uebergangszustandes abzustreifen. Eines wird sich jedoch wohl ohne Weiteres in der hier gebotenen Kürze nachweisen lassen, dass nämlich eine exacte Naturphilosophie kein blosser Positivismus sei, möge man denselben in seiner specialistischen Naturwüchsigkeit oder als umfassendes System einer vermeintlich zulänglichen Philosophie verstehen. Die Positivität der Erkenntniss ist in der Naturwissenschaft ein ebenso verdächtiger Begriff wie in der Rechtswissenschaft. Diese falsche Selbstgenugsamkeit der positivistischen Auffassung der Thatsachen beruht nur auf der Beschränktheit, in welcher eine niedere Erkenntnissstufe beharren kann, solange die in ihr waltende Trägheit die höhere Staffel nicht zu sehen erlaubt. Die Hinwegsetzung über die Nothwendigkeit letzter principieller Ausgangspunkte ist der Charakter aller einseitigen Positivität, möge sie in der Theorie oder in den Gestaltungen des Lebens eine Rolle spielen. Im Naturwissen ist aber das Haltmachen vor falschen oder, besser gesagt, erlogenen Grenzen des Erkennens die schlimmste Art der Gefährdung der Souverainetät des Verstandes, weil grade hier die massivsten Grundpfeiler der menschlichen Selbstgenugsamkeit aufgeführt worden sind. Wenn sich daher eine Art von allerdings stark verschleiertem Mysticismus auch auf diesem Gebiet einfindet, so haben wir in der Aufnahme oder Duldung dieses Feindes aller natürlichen Logik den vollendeten Hochverrath an der Wissenschaft vor uns, und das Verbrechen gegen die Majestät des souverainen Denkens ist in dieser Gestalt das grösstmögliche. Die Handhabung der mystischen Infection verhält sich zu den plumperen Mitteln des Obscurantismus, wie Giftmord zur offenen Gewalt. Die gewöhnliche Geistespolizei mit allen ihren, die Vernunft verhöhnenden Chicanen ist noch bei Weitem nicht so niederträchtig, als der Verrath, der von denen, die als Handwerker der Wissenschaft bezahlt werden, dadurch geübt wird, dass sie, halb verworren und halb verlogen, ihre wankenden Gehirnchen dazu hergeben, in Form mystischer Anzweiflungen oder Einschränkungen die absoluten Grundlagen des mathematischen und des Naturwissens zu verleugnen. Indem sie diese auflösenden und verstandzersetzenden Mittel colportiren, mögen sie von dem Obscurantismus zwar einige Gunst einernten, und da von ihm die Aemter und das Geld meist noch in überwiegendem Grade abhängig sind, auch ihre Taschen leichter füllen; aber die Plünderung der Wissenschaft, die sie mit der Preisgebung der absoluten Geltung derselben verüben, wird sich nicht blos an ihnen, sondern auch an dem rächen, was sie als Brut in scientifischer Beziehung hinterlassen. Die Schwachköpfigkeit der gewöhnlichen Art, welche ohne eigne Schuld in die Netze des Mysticismus geräth, ist hier natürlich nicht gemeint, sondern es sind nur die in den Spitzen der wissenschaftlichen Hierarchie von legalem Stempel sichtbar gewordenen Abfallserscheinungen gemeint. Auch ist die ganze civilisirte Welt und nicht etwa blos das Terrain diesseits des atlantischen Oceans in der einen oder andern Gestalt von den Missgebilden der bezeichneten Art heimgesucht worden, und man kann mit Zuversicht voraussagen, dass diese Schande den Gang der Wissenschaft noch einige Zeit begleiten werde. Um so entscheidender wird nun aber die Darlegung der Punkte sein, die für den redlichen Forscher jederzeit ausreichen werden, um die Hauptrichtung seines Weges trotz aller Ablenkungsversuche unwissenschaftlicher Art nicht zu verfehlen.

2. Vor Allem muss im Begriff der Natur selbst ein gefährlicher Abweg signalisirt werden. Es ist nicht blos die falsche spiritualistische Tradition, sondern auch ein lange eingewöhnter Mangel an Wirklichkeitssinn, der es verschuldet, dass man in der Natur nicht immer das selbstgenugsame Ganze erblickt, welches ausser sich keine Voraussetzungen hat und keines andern Seins zur vermeintlichen Ergänzung bedarf. Die Naturwissenschaft richtet sich auf dieses autonome Sein, und die von ihr festgestellten Gesetze und Eigenschaften dieses auf sich selbst beruhenden Seins sind absolute Wahrheiten letzter Instanz. Wenn man nun aber dennoch in einem engeren Sinne von Naturwissenschaft reden kann, so rührt dies theils von ihrer herkömmlichen positivistischen Beschränkung, um nicht zu sagen Beschränktheit, theils aber auch von dem Umstande her, dass nicht blos die Innerlichkeit bewusster Wesen, sondern auch die gesellschaftlichen Gebilde und mithin die Geschichte des Menschenreichs von dem Naturwissen als eine selbständige Sphäre der Untersuchung abgesondert werden. Die Betrachtung der unmittelbaren Innerlichkeit bewusster Wesen ergiebt die sogenannte Psychologie, die aber nichtsdestoweniger ein Naturgebiet, wenn auch ein eigenthümlich ausgestattetes und daher abgesondert für sich zu behandelndes bleibt. Ueberall sonst fällt das sogenannte Innere der Dinge

mit dem Aeusseren derselben zusammen, und wenn wir übrigens in der Materie von inneren Bestimmungen reden, so meinen wir in der That nichts als diejenigen Eigenschaften der Körper, vermöge deren die äusseren Erscheinungen nicht blos in der Gestalt von Rückwirkungen auftreten. Nun hört die Natur da, wo sie sich zur Innerlichkeit des Bewusstseins steigert, nicht auf, das zu sein, was sie übrigens ist, und so wird auch diese vermeintliche Schranke eben nur zu einem einfachen Eintheilungsprincip. Kennten wir das Schicksal der dem Menschen analogen Wesen auf irgend einem andern Weltkörper, so würden wir auch dort sowohl die innere Beschaffenheit des Bewusstseins als speciellen Gegenstand der Untersuchung abzusondern und ausserdem neben der Natur im allgemeinen Sinne ein Reich der gesellschaftlichen Organisation und Geschichte für diesen Schauplatz anzuerkennen haben. Wäre uns aber eine genügende Anzahl solcher Welten näher bekannt, so würden wir die gesellschaftlichen und geschichtlichen Systeme der verschiedenen kosmischen Schauplätze in eine einheitliche Wissenschaft zusammenfassen und über die Abhängigkeit der Entwicklungsformen bewusster Wesen von der umgebenden Natur etwas ausgiebiger urtheilen, als es uns bis jetzt die Wirkungen unserer klimatischen Unterschiede ermöglicht haben. Grade aber mit dem Gedanken der kosmischen Ausdehnung der sogenannten Psychologie und der socialen Erkenntniss schwinden alle Beschränktheiten, die man noch etwa dem Herkommen gemäss für die eigenthümliche Stellung der Menschengeschichte conserviren möchte. Wenn daher auch wir der Natur im engern Sinne die sociale Welt gegenüberstellen und im Bereich der letzteren alle Wissenschaftsverzweigungen unterbringen, die nicht der physikalischen, chemischen oder physiologischen Aeusserlichkeit der Dinge gelten, so verzichten wir hiemit nicht etwa auf die Einheit und Gleichartigkeit der Principien, sondern treffen eben nur eine dem specifischen Unterschied der Wirkungen entsprechende Eintheilung. Die Bewusstseinsphänomene sind uns ebensosehr Natur wie alles Uebrige, und wir sind soweit als möglich davon entfernt, dieselben ohne ihre materiellen Voraussetzungen mit den Spiritualisten gleichsam in der Luft schweben oder, besser gesagt, auf Nichts beruhen und aus dem Nichts heraus selbstgenugsam existiren zu lassen. Die ganze äussere Natur mit ihrer ungezählten Menge von Sonnen und andern Weltkörpern würde vielmehr als die thörichtste Zurüstung erscheinen, wenn nicht in ihr selbst die Hervorbringung der mannichfaltigsten

Bewusstseinsformen angelegt wäre. Umgekehrt wäre aber die thatsächliche Wirklichkeit der Naturbühne eine widersinnige Ueberflüssigkeit, wenn sich die Phänomene des Empfindens und Lebens durch das voraussetzungslose Träumen eines körperlosen sogenannten Geisterreichs produciren liessen. Diese letztere, völlig kindische Vorstellung, mit der man das gute Wort Idealismus in anspruchsvollen Systemen geschändet hat, mag jedoch der Theorie des speculativen Wahnsinns überlassen bleiben; denn mit jener Vorstellung beginnt die Unfähigkeit, das Subjective vom Objectiven zu unterscheiden und die Hallucinationen als das zu nehmen, was sie sind.

Nach dem von uns dargelegten Begriff ist die Natur der unverkürzte Inhalt der gesammten Wirklichkeit und der Träger aller Möglichkeiten. Sie ist dies auch in ihrer sogenannten Aeusserlichkeit, so dass man sagen kann, das materielle und mechanische System der Naturtotalität sei auch die Grundlage für alle besondern Arten der Phänomene. Wo sich diese Grundlage nicht findet, da ist auch sonst keine Existenz anzutreffen. Das Sein überhaupt fällt mit dem materiellen und mechanischen Sein zusammen, und die Bewusstseinsphänomene, die als solche zwar weder Stoffe noch mechanische Kräfte sind, haben dennoch ihr Dasein nur durch Vermittlung materieller und mechanischer Vorgänge. Ja man kann sagen, dass sie, abgesehen von dem unmittelbaren Begriff des subjectiven Vorstellens und Empfindens selbst, in nichts weiter als einer bestimmten Form mechanischer Stoffbewegung bestehen. Für die Wirklichkeitsphilosophie ist es von entscheidender Wichtigkeit, dass in jedem gegenwärtigen Dinge auch die ausschliessliche Befassung aller an dasselbe geknüpften Möglichkeiten völlig materiell gedacht werde. Ohne den Leitfaden der Materialität kann man in der Voraus- und Rückbestimmung der Vorgänge nur zu unwahren Träumereien und haltungslosen Fictionen gelangen. Die Materialität der Verknüpfungen ist das einzige sichere Merkmal des realen Zusammenhanges. Wo sie fehlt, da stellt sich das absurde Wunder mit seiner willkürlichen Phantastik ein. Hienach ist die Natur als der universelle Zusammenhang des Materiellen zu betrachten. Die in ihm anzutreffende Identität und Causalität umfasst alle Gattungen der Existenz, und sogar auf die Anwesenheit oder Betheiligung des Bewusstseins bei einem Vorgange lässt sich nur nach Maassgabe der materiellen Erkennungsmittel und Umstände schliessen. Die Zeit hat nur für die Entwicklung der verschiedenen Zustände eine Bedeutung; übrigens ist aber das Etwas, welches in seiner materiellen Wirklichkeit Gegenstand unserer Erkenntniss wird, auch zugleich der volle Inbegriff von dem, was es in irgend einer Zeit sein oder gewesen sein könnte. Vermöge dieser Vollständigkeit der Dinge und ihres Systems, die sich nicht nur in jeden Augenblick zusammendrängt, sondern sogar ausserhalb des Augenblicks für die blosse Grenze zweier Zeittheile existirt, verschwinden alle Aussichten auf die Einschwärzung imaginärer Elemente in das selbstgenugsame Reich der Natur. Jedes denkende Wesen hat, wo, wann und wie es auch seine Gegenstände erhalten möge, stets absolute Wirklichkeiten vor sich und wird in Beziehung auf seine Objecte nie ein fremdes Doppelsein oder eine sonstige Abschliessung von dem universellen Zusammenhang des Daseins vorauszusetzen haben. Auch ist in der That nur in dieser Weise eine einzige Natur und eine dieser Einzigkeit entsprechende, ebenfalls einzige, wenn auch mannichfaltig abgestufte Erkenntniss derselben möglich.

3. Wir haben ausser den allgemeinen Gesichtspunkten des logischen Zusammenhangs zwei Gruppen von Grundbegriffen der Naturauffassung zu unterscheiden. Die erste Gruppe wird durch die rein mathematischen, die zweite durch die mechanischen Kategorien gebildet. In der erstern Hinsicht kommen Zahl, Grösse, Zeit, Raum und geometrische Bewegung, in der zweiten Beziehung aber Materie und mechanische Kraft als leitende Schemata in Frage. Wir könnten in einem gewissen Sinn die genannten mathematischen Kategorien als rein apriorisch ansehen und ihnen die mechanischen als die empirischen gegenüberstellen; indessen hat diese werthvolle kritische Unterscheidung doch leicht ein Missverständniss zur Folge, welches mehr schaden kann, als sie selber zu nutzen vermag. Es wird nämlich leicht übersehen, dass jene mathematischen Elemente nur ihrer Form nach ideell sind, und dass man sofort der erfahrungsmässigen Feststellung derselben bedarf, sobald eine thatsächliche Grösse oder Gestalt als wirklicher Bestandtheil der Natur in Frage kommt. Die absoluten Grössen sind daher etwas durchaus Empirisches, gleichviel, welcher Gattung sie angehören. Es lässt sich daher in der Naturbetrachtung die Grösse nicht von dem realen Träger derselben trennen, und in dieser Hinsicht haben wir uns auch in dem mathematischen Gebiet, soweit dasselbe eine reale Bedeutung haben soll, vor einem falschen Apriorismus zu hüten. Trotzdem bleibt aber der fundamentale Unterschied bestehen, dass die mechanischen Schemata

nicht wie die mathematischen einer von der Erfahrung abgesonderten und dennoch zureichenden Charakteristik fähig sind.

Die Axiome der Mathematik sind auch ohne Weiteres Axiome der Natur, weil in ihnen keine absolute Grösse vorkommt. Auch was von der Zahl und Grösse im Allgemeinen gilt, hat absolute Bedeutung. Es sind daher Zahl und Grösse stets nur in endlicher Bestimmtheit zu setzen. Nicht nur die vorhandene Zahl der Weltkörper muss in jedem Zeitpunkte eine an sich bestimmte sein, sondern auch bei der in das Kleine gehenden Gliederung muss die Zahl der wirklich vorhandenen Selbständigkeiten oder thatsächlich getrennten Theile eine bemessene bleiben. Letztere Nothwendigkeit ist der wahre Grund, warum keine Zusammensetzung ohne Atome gedacht werden kann. Die blosse Möglichkeit der ideellen Theilsetzungen, die in uns selbst liegt und für jede stetige Grösse gilt, ist freilich unbeschränkt; insbesondere sind Zeit und Raum in dieser Weise ins Unendliche theilbar; aber aus der blos ideellen Möglichkeit der Theilung folgt noch nicht das Dasein wirklicher Getheiltheit. Die letztere hat stets eine endliche Bestimmtheit und muss sie haben, wenn nicht der Widerspruch der abgezählten Unzahl oder vollendeten Unendlichkeit eintreten soll. Die abstracte Ausdehnung oder Grösse als solche bietet gar keine Getheiltheit dar; die Häufung des Identischen irgend einer realen Gattung von Selbständigkeiten ist aber nur als Bildung einer bestimmten Zahl denkbar. Dies gilt auch für die getrennten Realitäten, welche in der Zeit als unterscheidbare Acte aufeinanderfolgen. Auch hier ist die Bestimmtheit der Zahl das durch blosse logische Einsicht gesicherte Naturgesetz. Wüsste man z. B. auch nichts von der Entstehung des Sonnensystems, so würde man dennoch nach jenem Naturgesetz getrost behaupten dürfen, dass die bisherige Anzahl der Umläufe der Erde um die Sonne eine bestimmte, wenn auch nicht angebbare, sein müsse. Man könnte dieses Gesetz kurzweg das der bestimmten Anzahl nennen, und man sieht leicht ein, dass vermöge seiner logischen Tragweite nicht etwa nur eine rationelle Atomenlehre, sondern, was wichtiger ist, eine ganze Naturvorstellung in weit schärferer Fassung, als sie seither zugänglich war, verbürgt werden könne. Mindestens wird man es nicht als eine geringfügige Wahrheit ansehen, wenn aus dem Gesetz der bestimmten Anzahl mit unausweichlicher Nothwendigkeit folgt, dass alle periodischen Naturprocesse irgend einen Anfang gehabt haben müssen, und dass überhaupt alle Differenzenbildung, vermöge deren sich eine Abfolge verschiedener Realitäten vollzieht, in jeder Gattung auf ein erstes Glied zurückweise. Alle Mannichfaltigkeiten der Natur, die einander folgen, müssen hienach als in einem sich selbst gleichen Zustande wurzelnd angesehen werden; denn nur die völlige Sichselbstgleichheit kann ohne Widerspruch gegen jenes Gesetz der bestimmten Anzahl als von Ewigkeit her bestehend gedacht werden. Aber auch diese letztere Vorstellung würde ausgeschlossen sein, wenn die Zeit an sich selbst aus realen Theilen bestände und nicht vielmehr blos durch die ideelle Setzung der Möglichkeiten von unserm Verstande nach Belieben eingetheilt würde. Mit dem realen und in sich unterschiedenen Zeitinhalt hat es eine andere Bewandtniss; diese wirkliche Erfüllung der Zeit mit unterscheidbar gearteten Thatsachen schafft das differente Spiel und schliesslich das eigentliche Leben, und die Existenzformen dieses Bereichs gehören, eben ihrer Unterschiedenheit wegen, dem Zählbaren an. Um kein Missverständniss zu erzeugen, sei jedoch auch bei dieser Gelegenheit wieder bemerkt, dass von diesen Nothwendigkeiten die Unentstandenheit des Seins und sogar die Ewigkeit einer noch nicht in Differenzen spielenden Natur nicht im Mindesten beeinträchtigt wird. Im Gegentheil ist das, was wir aus jenem Gesetz für die universelle Naturvorstellung gewinnen, nur die Beseitigung eines Widerspruchs und einer thörichten Schranke unserer sonstigen Vorstellungen von der Existenz. Wer nicht im Stande ist, jede eigenthümliche Form, die sich in Wiederholungen bethätigt, als blosses Glied in einer bestimmt anhebenden Reihe zu betrachten, wird es auch nicht über sich gewinnen können, das Schicksal dieser Form irgend einmal vollendet zu denken. Kann er aber Letzteres nicht, so wird sich für ihn die Welt in die Schaalheit eines ewigen Wiederholungsspiels verkehren, und er wird weder das Neue in den Wandlungen begreifen, noch die Möglichkeit absehen, dass die Vernichtung der Differenzen der Ausgangspunkt für eine radical veränderte Entwicklung werde. Vermöge derselben Nothwendigkeit, die den uns bekannten Reihen von Realitäten ihren Ursprung vermittelt hat, sind auch andere Reihen zu gewärtigen, und die Vorstellung von der Natur verliert durch diesen unabweisbaren Charakterzug ihre herkömmliche Beschränktheit.

Wir würden jedoch die Naturansicht, welche uns das Gesetz der bestimmten Anzahl gelten zu lassen gebietet, nur sehr roh gestalten, wenn wir uns nicht zugleich der nothwendigen Stetigkeit erinnerten, ohne welche eine Erkenntniss des zeitlichen und räumlichen Universums unmöglich bleiben würde. Von jedem Begriff, der in der Gegenwart einer bestimmten Zeit und eines bestimmten Ortes seinen Anhaltspunkt hat, muss sich die Brücke zu den entlegensten Zuständen schlagen lassen. Andernfalls wären weder die Erkenntniss noch die Natur ein zusammenhängendes System. Der Leitfaden der allgemeinen Verwandtschaft der Gattungen und Arten des Existirenden darf uns in keiner Richtung entfallen, und selbst die nichtdifferenten Zustände der Sichselbstgleichheit müssen uns in irgend einer Form verständlich werden. Die allgemeine Materie ist hier nun wiederum das Medium, in welchem wir sowohl mit unsern Begriffen als mit den Thatsachen Ruhe finden. Sie hat das zeitliche Differenzenspiel nicht zur Voraussetzung und kann insofern von keinem Entstehen und Vergehen berührt werden. Sie ist für die Vergangenheit wie für die Zukunft das Element, an welchem alle thörichten Schöpfungs- und Vernichtungsideen zu Schanden werden müssen. Ehe wir jedoch auf ihr Wesen näher eingehen, müssen wir unserm leitenden Ausgangspunkt, der das Gesetz der bestimmten Anzahl war, noch erst die weitere Erörterung der mathematischen Kategorien folgen lassen.

4. Die ideelle Unbeschränktheit der Raumvorstellung kann im Realen nicht die widersinnige Bedeutung einer an sich seienden Unendlichkeit haben, sondern verbürgt nichts weiter, als dass die wirkliche Ausdehnbarkeit der Dinge ohne solche Hindernisse besteht, die nicht in ihnen selbst zu suchen wären. Der leere Raum, von welchem das kosmische Universum umgeben gedacht wird, ist eine nichtige Vorstellung, und kein reales Naturdenken wird dieselbe in besondern Fragen anders als negativ zu benutzen vermögen. Die ausgedehnte Realität ist etwas Anderes als die blosse Raumvorstellung und hat stets Grenzen. In der Naturerkenntniss kommt es auf die Wirkung dieser ausgedehnten Realität in der gegenseitigen Beziehung ihrer materiellen Theile, nicht aber auf jene blosse Vorstellung vom Raume an, die auch in den Träumen in gleicher Weise vorhanden ist. Das räumliche Weltbild wird daher, obwohl wir seine Umrisse empirisch noch nicht zu verzeichnen vermögen, doch im Allgemeinen ein sehr bestimmtes. Die reale Ausgedehntheit des Materiellen oder, mit andern Worten, die Erfüllung des Raumes hat ihre Grenzen und mithin auch an sich selbst irgend eine Gestalt. Es braucht wohl kaum besonders bemerkt zu werden, dass uns in

unserm Denken nicht nur nichts nöthigt, mit der Raumvorstellung auch eine reale Erfüllung derselben ins Unendliche fortzusetzen, sondern dass im Gegentheil in einer solchen Fortsetzung ein Widerspruch gegen das vorher erörterte Gesetz der bestimmten Anzahl liegen würde. Reale Theile, die als gesonderte Existenzen als an sich vorhanden gedacht werden müssen, können eben nicht in unbeschränkter Menge gegeben sein. Hiemit verschliesst sich jene wüste Idee der räumlich unendlichen Wirklichkeit, wie sie z. B. in so zu sagen poetischer Unbefangenheit von Spinoza gehegt wurde.

Der durch seine drei Dimensionen und indirect auch durch die geometrischen Axiome gekennzeichnete Raum ist der einzige, von dem wir einen Begriff haben können. Er ist derjenige, welcher die an sich seiende, durch reale Kräfte vermittelte Ausdehnung der Dinge in einem anschaulichen Bilde sichtbar werden lässt, und der daher nichts ausdrücken kann, was nicht an sich vorhanden wäre. Nur das subjective Bewusstsein, welches die Vorstellung als solche stets begleitet, ist natürlich in den Dingen selbst nicht zu suchen und daher auch nicht jene Production der blossen Vorstellungsform, auf deren Missverständniss die falsche Unendlichkeitsidee beruht. Die Gesetze der realen Ausdehnung ergeben sich, wenn man zu der Raumvorstellung noch begriffliche Verzeichnungen nach bestimmten Regeln hinzufügt. Die Geometrie kann mit der allgemeinen Vorstellung des Raumes nichts ausrichten, wenn sie nicht die begrifflichen Regeln des Entwurfs bestimmter Gebilde noch als weitere Voraussetzungen hinzunimmt. Die geometrische Nothwendigkeit hat also auch einen rein logischen Bestandtheil. Schon aus diesem Grunde sollte sich der mathematische Mysticismus hüten, die verschiedenen Räume, die er mit beliebigen Dimensionen zur Verfügung stellt, der Kritik dadurch in der ganzen Blösse der Widersinnigkeit zu zeigen, dass er nicht nur die Sätze der bisher gültigen Geometrie leugnet, sondern es auch unternimmt, neue Wahrheiten seines Schlages zum Besten zu geben. Wenn z. B. Gauss behauptete, dass die Summe der drei Winkel eines gradlinigen Dreiecks beliebig kleiner als zwei Rechte gemacht werden könne, sobald man nur die Seiten gross genug nehme, so war dies nicht etwa blos ein schlechter Spass oder der Anschein eines Widersinns, der vermittelst des bekannten Jargons des Unendlichen entstanden wäre und sich in eine nüchterne Wahrheit auflösen liesse, — sondern es war ganz einfach eine mystische Bizarrerie, deren geschraubte Consequenzen unter den

Händen kleinerer Mathematiker uns schliesslich mit einer ganzen antieuklidischen Geometrie beglückt haben. Nicht genug, dass die Parallelen im Unendlichen einen Winkel bilden und man daher aus drei Parallelen eine ebene Raumeinschliessung, nämlich ein Dreieck formiren kann; nicht genug, dass dies buchstäblich und nicht etwa im Sinne des Unendlichkeitsjargons alter Tradition verstanden werden soll; nicht genug, dass ein Raum mit sieben oder zehn Dimensionen sich nach den neuen Aufschlüssen über die Geheimnisse der Natur schon so sehr von selbst versteht, dass derartige Conceptionen bereits wirklich und wahrhaft zum Kinderspiel geworden sind; — unter allen Ungeheuerlichkeiten dieser mystischen Brutstätte findet sich auch die köstliche Idee, dass grade Linien vermittelst des Unendlichen in sich selbst zurückkehren. Hier wird offenbar die grade Linie zu einer mystischen Schlange, deren Kopf und Schwanz einander begrüssen, und alle solche Wunder verdankt man den neuen Räumen, die selbst wieder aus der Zauberkraft des Unendlichen gezeugt sind. Der schlimmste Humor bei der Sache ist der, dass man vor dieser neuen Mathematik nicht einmal grade ausspucken kann, ohne Gefahr zu laufen, dass einem durch Vermittlung der Unendlichkeit das Projectil von hinten wieder anfliege. Wer mir etwa unter dem Eindruck des Prestige, welches der Name Gauss auch in der falschen Richtung ausübt, nicht glauben will, findet eine kurze literarische Belegung der Thatsachen im letzten Capitel meiner Geschichte der Principien der Mechanik. Hier sei nur noch bemerkt, dass Gauss, der mit seiner grossen Autorität das Deliriren der kleinen ermöglicht und den ganzen, heut aufgeführten Wissenschaftsskandal durch seine gelegentliche Bizarrerie eingeleitet hat, philosophisch nicht minder roh, als in einigen speciellen Richtungen der reinen und angewandten Mathematik virtuos gewesen ist. Ein leicht erkennbares äusserliches Zeichen war die religiöse Beschränktheit und die gesellschaftliche Anschauungsart, welche dieser Sohn des Maurers mit Behaglichkeit bis in das höchste Alter gepflegt und stets als etwas angesehen hat, was über die moderne Denkweise und Gestaltungsart der Dinge erhaben wäre. So erklären sich aus der logischen Crudität seiner Welt- und Lebensansichten auch die fraglichen Verwicklungen mit dem mathematischen Mysticismus. Lassen wir jedoch dieses Nebengebiet, zu dessen Beschreitung uns nur die ephemere Thorheit der Mode einer Generation veranlassen konnte.

Der wichtigste eigentlich metaphysische Versuch, neben unserm bekannten Raume noch allerlei andere offenzuhalten, nämlich die Kantische Subjectivitäts- oder Idealitätslehre ist grade in dieser Hinsicht das Widerspiel aller Wirklichkeitsphilosophie. Das einzige Bedeutende, was sie zu mehr als einer spiritualistischen Thorheit nach Swedenborgischem Muster machte, blieb für sie selbst eine Nebensache, nämlich die Beseitigung des Undings von unendlichem Raum, welches die Mathematiker als eine an sich seiende Wirklichkeit geltend zu machen belieben. Die Form der Träume mit ihrem leeren Ausdehnungsrahmen ist keine an sich selbst vorhandene Realität, — dies und weder Mehr noch Weniger ist das haltbare aber vom Urheber selbst vernachlässigte, ja bisweilen durch Zweideutigkeiten ins Gegentheil verkehrte Element der Kantischen, übrigens in verhüllter Weise mystischen und für mystisch spiritualistische Zwecke gebrauchten Idealitätstheorie. In der That war ihr nicht nur das Berkeleysche Geisterreich, sondern auch dasjenige Swedenborgs nicht fremd geblieben, und die völlige Verzerrung, welche die natürliche Gedankenhaltung in der besondern Gestaltung der Kantischen Kategorienscholastik erfuhr, ist zu einem grossen Theil dem fortwährenden Schielen nach der sogenannten praktischen Begründung von mystischen Moral- und Religionsideen zuzuschreiben.

Um gar keinen Zweifel übrig zu lassen, so sei noch ausdrücklich gesagt, dass die Wirklichkeitsphilosophie zwar nicht in der leeren Raumvorstellung, aber wohl in den räumlichen Beziehungen der Dinge etwas Absolutes sieht, was sich in jeder Auffassungsart denkender Wesen auf gleiche Weise ausgedrückt finden muss. Die Mathematik der Bewohner anderer Weltkörper kann auf keinen andern Axiomen beruhen als die unsrige, und überhaupt müssen die Elemente, aus denen sich das Denken und Vorstellen zusammensetzt, ebensowohl überall dieselben sein, wie es die chemischen Bestandtheile der Körper sind.

5. Im Begriff der Zeit ist die Form des unveränderten Bestehens sorgfältig von derjenigen der Veränderung, also von dem Wechsel der Elemente zu unterscheiden. Das sogenannte Fliessen der Zeit lässt sich nur als Grundgestalt von realen Unterschiedssetzungen in der Beschaffenheit der Vorgänge denken. Soweit wir ein Vor und Nach vorstellen, befinden wir uns in der Reihe des Abflusses realer Veränderungen. Die Abfolge in der Zeit oder, genauer bezeichnet, die Zeitordnung, vermöge deren die Zeit eine bestimmte Entwicklungsrichtung und nicht die entgegengesetzte nach der Seite der

Vergangenheit hin hat, gehört offenbar zur innern logischen Nothwendigkeit alles Veränderungsspieles. Denken wir uns nun aber einen Zustand, der ohne Veränderungen ist und in seiner Sichselbstgleichheit gar keine Unterschiede der Folge darbietet, so verwandelt sich auch der speciellere Zeitbegriff in die allgemeinere Idee des Seins. Was die Häufung einer leeren Dauer bedeuten solle, ist gar nicht erfindlich; denn sie hat nur dann einen Sinn, wenn ihr eine von Veränderungen erfüllte Dauer als Maass gegenübersteht. Ueberhaupt ist alle Dauer eine Häufung von Elementen, und woher soll in dem Ununterschiedenen eine solche Häufung kommen? Allerdings ist die Zeit auch die Form des Beharrens; aber sie ist dies nur vermöge des Gegensatzes, in welchem das Bleibende nur unter Begleitung von Veränderungen als solches wahrnehmbar wird. Mit diesem Gegensatz fällt auch der specifische Charakter des zeitlichen Wechselspiels fort, und wenn wir trotzdem eine leere Zeit unter allen Umständen denken müssen, so hat doch diese leere Zeit keineswegs entsprechende Eigenschaften, wie der leere Raum; denn in ihr ist keine Abfolge, sondern nur das gedacht, was an sich selbst ebensowohl mit einem Sein als einem Nichts, also mit einer beharrlichen Realität oder der völligen Negation verträglich sein müsste. Es ist also nicht der Gedanke der Zeit selbst, sondern derjenige der Materie, welcher uns nöthigt, alle Punkte unserer Zeitvorstellung zu erfüllen. Dies ist ein wichtiger Unterschied von der Raumvorstellung; denn bei der letzteren sind wir nicht genöthigt, die materielle Erfüllung hinzuzufügen, sondern gelangen im Gegentheil stets zur Begrenztheit des Materiellen. Wenn wir nun aber auch das Sein als Materie in keiner Vergangenheit und in keiner Zukunft auszuschliessen vermögen, so liegt doch in dem Begriff der absoluten Materie keineswegs der Schematismus der Veränderungen. Hienach kann uns auch die Zeitvorstellung weder vorwärts noch rückwärts die Ewigkeit dieses Schematismus verbürgen. In den Rückbeziehungen ist er von uns bereits positiv als unmöglich gekennzeichnet; in der Richtung auf die Zukunft bleibt er der Form nach stets ohne Widerspruch denkbar; aber sein wirkliches Eintreten muss durch reale Beglaubigungen verbürgt werden. Unsere Kritik des Zeitbegriffs liefert also eine Naturvorstellung, in welcher nur eine sich selbst gleiche Materie für alle Ewigkeit zugelassen werden muss, aber keineswegs alle Zukunft mit dem Schematismus der Veränderung erfüllt zu sein brauchte. Die reale Welt im Raume kann nie anders als von allen Seiten mit der Nichtigkeit des völlig Leeren umgeben vorgestellt werden; die reale Welt in der Zeit hat nur insofern, als sie ein Spiel von Veränderungen ist, eine nothwendige Anfangsgrenze und eine denkbare, aber nicht als nothwendig erwiesene Endgrenze. Anstatt jedoch sich im völlig Leeren zu befinden, beginnt vielmehr in beiden Grenzpunkten eine absolute Wirklichkeit, nämlich diejenige eines veränderungslosen Zustandes der Materie. Die Frage, ob das Spiel der Veränderungen irgend einmal ablaufen und wieder zu dem sich selbst gleichen Zustand der Materie zurückführen müsse, ist eine durchaus reale und insofern aus dem Begriff der Zeit nicht zu entscheidende. Wenn irgend etwas die Thorheit der rein formellen, einer materiellen und mechanischen Begründung ermangelnden Schlüsse blosstellen kann, so ist es die Ohnmacht derjenigen Ueberlegungen, welche die realen Eigenschaften der Natursystematik zulänglich aus den Zeit- und Raumconceptionen herausklauben wollen. Nicht einmal der Gegensatz von Etwas und Nichts wird hiedurch berührt; denn das Nichts entspräche einer leeren Zeit ebensogut, als die volle Wirklichkeit der Materie.

Aehnliche mystische Kühnheiten, wie wir sie bezüglich des Raumes angetroffen haben, sind der heutigen Mathematik auch bezüglich der Zeit nicht ganz fremd geblieben. Indessen sind diese Regungen noch zu untergeordnet, um eine nähere Befassung mit den entsprechenden Curiositäten zu erfordern. Nur sei bemerkt, dass die mathematisch physikalische Faselei sich gelegentlich dahin verstiegen hat, die alte gute Ordnung in der Zeitfolge durch die Annahme einer andern Beziehung der Zeitpunkte ersetzen zu wollen, wobei z. B. ein mittlerer Zeitpunkt in der realen Beziehung erst übersprungen und dann wieder auf ihn zurückgegriffen würde. Hiemit wäre die Reise von der Zukunft in die Vergangenheit möglich gemacht und das Monstrum der rückwärts fliessenden Zeit glücklich zur Welt gebracht. Man sieht hieraus, dass die kindische Phantastik, die nicht einmal mit Begriffen, sondern nur mit Wörtern gedankenlos spielt, doch wenigstens dazu gut ist, durch den Contrast den Unterschied zwischen Unsinn und Sinn lebendig zu veranschaulichen.

Die geometrische Bewegung oder, besser gesagt, die blosse Anschauung der Bewegung setzt die Begriffe des Räumlichen und Zeitlichen voraus, ohne diejenigen der Materie und mechanischen Kraft auch nur zu berühren. Jedoch muss man, wenn man diese blossen

Spuren der Bewegung wissenschaftlich selbständig behandeln will, immer irgend welche Regeln und Gesetze entwerfen, nach denen sie sich bezüglich der Geschwindigkeit und deren Aenderung richten sollen. Die ideell gesetzte Vorschrift vertritt alsdann das, was in der materiell mechanischen Wirklichkeit durch die Entwicklung und Combination gegeben wird. Nun ist schon die rein geometrische Ortsveränderung, ohne Rücksicht auf Geschwindigkeit, ein uralter Gegenstand von Widersprüchen, wie dies eingehend bei der Besprechung der Eleaten in meiner Geschichte der Philosophie gezeigt wurde. Hier sei nur daran erinnert, dass diese Widersprüche nicht aus der Natur der Bewegung selbst und auch nicht aus dem Wesen des Raumes und der Zeit, sondern aus der Zulassung einer falschen Unendlichkeit stammen, und dass sie verschwinden, sobald in dieser Beziehung die richtigen Ideen Platz greifen. Das Wachsen aller stetigen Grössen führt zu denselben Widersprüchen, wenn man die in falschen Stetigkeitsideen verhüllte Unendlichkeit nicht zu behandeln weiss. Gegenwärtig müssen aber alle derartigen Schwierigkeiten als ausschliesslich historische Thatsachen betrachtet werden; denn vom Standpunkt der Wirklichkeitsphilosophie und der Logik des Unendlichen können sie sich nicht mehr einfinden.

6. Die mathematischen Kategorien, wie wir sie bisher im Hinblick auf die Naturvorstellung besprochen haben, werden erst wahrhaft bedeutend, wenn sie nicht mehr blos in gedanklicher Abtrennung von der Wirklichkeit, sondern als Ausdruck der materiell mechanischen Beziehungen Geltung haben sollen. Die mechanischen und materiellen Realitäten, welche einer bestimmten Ausdehnungsgrösse der Dinge und ihrer Theile entsprechen, können als die eigentlichen Vertreter des real Räumlichen angesehen werden. Der räumliche Abstand materieller Körper ist etwas durchaus Reales; denn seine Bedeutung ist für das Dasein der Kräfte nicht geringfügiger, als dasjenige der Materie an sich selbst. Mit jedem Abstand ist zugleich die Kraftdisposition zur Annäherung in einer bestimmten Form gegeben. Der räumliche Abstand ist daher selbst der Ausdruck eines mechanischen Verhältnisses, und sobald die reale Grundeigenschaft der Ausdehnungsgrössen in Betracht kommt, tritt das rein Ideelle der blossen Vorstellungsformen so entschieden in den Hintergrund, dass ein Zweifel über die absolute Existenz der räumlichen Beziehungen nicht mehr möglich ist. Die mechanischen Kategorien führen uns über das blosse Bild der Natur hinaus und

zeigen uns, dass diese Natur einen Knochenbau hat, der mit dem Schattenspiel eines blossen Geisterspuks gar sehr contrastirt.

Materie und mechanische Kraft sind die beiden Fundamentalbegriffe, mit denen wir die bildhafte Aeusserlichkeit der Dinge überschreiten und in das Reich der constituirenden Eigenschaften eindringen. Auf diesem Gebiet sind alle Axiome etwas aus der allgemeinen Erfahrung Entnommenes, aber nichtsdestoweniger von absoluter Nothwendigkeit, da wir durch die empirische Zergliederung die letzten Bestandtheile der Naturconstitution gewinnen. So ist das Galileische Beharrungs- oder Trägheitsaxiom zwar nur durch Schlüsse aufzufinden, aber eben nur durch solche Schlüsse, die sich an den erfahrungsmässigen Thatsachen der Natur bethätigen und in diesem Stoff die letzte einfache Verfahrungsart sichtbar machen, in welcher das betreffende Grundgesetz besteht. Die einfachen Operationen und Elemente der Natur werden durch den sondernden Verstand sichtbar gemacht, und hiemit ergeben sich die objectiven Grundwahrheiten. Was wir von der Materie und der mechanischen Kraft wissen, haben wir daher aus der Naturerfahrung und nicht blos aus den Eigenschaften unseres Denkens gewonnen.

Was ist die Materie? Wir antworten, sie sei der Träger alles Wirklichen. Hienach giebt es auch keine mechanische Kraft, die ausserhalb der Materie und der Beziehung materieller Theile gesucht werden könnte. Die Materie ist nicht blos das Widerstehende im Raume; sie ist weit mehr, indem sie den sich selbst gleichen Träger aller Veränderungen vorstellt. Die Unterschiede der verschiedenen Stoffe beeinträchtigen den allgemeinen Begriff des Materiellen keineswegs; denn durch alle diese Differenzen hindurch behauptet sich jenes Etwas, das den letzten Halt alles Seins bildet. Die mechanische Kraft ist ein Zustand der Materie. Aendern sich die Verhältnisse in den Theilen der Materie, so ändern sich auch die Verhältnisse in den Theilen der mechanischen Kraft; aber die letztere bleibt nicht minder sich selbst gleich, als die Materie. Eine mechanische Kraft im engern Sinne verstehen wir als die Ursache einer Veränderung, und nur, wo wir Veränderungen wahrnehmen, haben wir ein Recht, die einheitlichen Voraussetzungen derselben als Kräfte zu bezeichnen. Im Gleichgewicht ist ein besonderer Zustand des materiell Mechanischen gegeben; aber nur indem wir die constituirenden Elemente dieses Zustandes gesondert und als möglicherweise frei wirksam veranschlagen, begreifen wir sie als eigentliche Kräfte. Die letztern beziehen sich nämlich stets auf eine räumliche Bewegung materieller Theile. Die Menge der materiellen Theile oder, mit andern Worten, das Quantum der Materie ist das, was wir technisch die Masse nennen. Die Natur muss hienach eine bestimmte Masse repräsentiren, und der räumliche Vertheilungszustand der letztern muss einer bestimmten, als Ganzes unveränderlichen Kraftgrösse entsprechen. Wo also eine Zusammenziehung eintritt, können wir sicher sein, dass ihr in einer andern Hinsicht entweder eine positive Ausdehnung oder die Ansammlung der Kraft zu einer solchen entsprechen werde. Wenigstens folgen diese Gegenseitigkeitsbeziehungen aus der Zusammengehörigkeit des Kraftzustandes mit seinem an sich unveränderlichen Träger, der sich selbst gleichen und stets in gleichem Quantum vorhandenen Materie. Die Zustände der Kraft folgen den Zuständen der Materie, weil beide nur zwei Seiten einer und derselben Wirklichkeit sind. Wir denken uns die Materie stets in irgend welchen räumlichen Verhältnissen ihrer Theile, und die Bestimmungen dieser räumlichen Verhältnisse sind die mechanischen Kräfte im weiteren Sinne des Worts, also einschliesslich der Gründe des rein statischen Verhaltens. Wenn der gewöhnliche Sprachgebrauch das Wort Kraft in einem äusserst weiten Sinne, nämlich als Ursache jeder Art von Fähigkeit gelten lässt, so müssen wir uns in der Naturphilosophie hüten, den bestimmten Begriff der mechanischen Kraft auch nur mit den mannichfaltigen Specialkräften zu verwechseln, wie man sie jeder Gattung von Erscheinungen unterlegen kann. Schliesslich bleibt die mechanische Kraft das Fundament aller andern Bethätigungsformen; aber sie ist deswegen mit diesen Formen nicht identisch.

Die logische Forderung einer Definition voller Realitäten ist in dem gewöhnlichen Sinne gar nicht ausführbar, indem sie selbst auf einem Missverständniss der Tragweite rein ideeller Begriffsbestimmungen beruht. Dagegen lässt sich jede gesonderte Realität, wenn auch nicht auf dem Wege der Zusammensetzung, so doch auf demjenigen der Trennung definiren, — ein Verfahren, welches freilich der bisherigen Logik nicht bekannt war. Anstatt einen Gegenstand als eine Summe von Bestandtheilen darzustellen, kann man ihn da, wo er einfach ist, als den Rest einer Differenz sichtbar machen. Der engere Begriff der Materie, der nicht die volle Wirklichkeit des Seienden, sondern nur diejenige Seite dieser Wirklichkeit, die in der rationellen Mechanik als Angriffsobject der Kräfte gilt, vertreten soll,

— dieser engere Begriff der Materie lässt sich definitorisch gewinnen, indem man die Fülle des Realen zerlegt und die Kraftaffectionen in Gedanken absondert. Diese reale Abstraction, die in der Beschaffenheit der Dinge selbst ihre Berechtigung hat, darf uns nun aber nicht darüber täuschen, dass derjenige Begriff der Materie, in welchem sie als volle Wirklichkeit einschliesslich ihrer Kraftzustände gefasst wird, der philosophisch maassgebende bleibt. Schon der Chemiker, ja sogar bereits der Physiker sieht in der Materie Mehr, als der blosse Mechaniker. Wie sollte die Philosophie nicht einen noch volleren Begriff von dem Träger aller körperlichen und geistigen Affectionen haben? Jene todten Reste einer fehlgreifenden Abstraction aber, wie wir sie in den Vorstellungen von einer absolut passiven und affectionslosen Materie antreffen, sind für das gereiftere Denken unbrauchbar und in das Reich der voreiligen Begriffserdichtungen zu verweisen. Entblösst man die Materie aller Eigenschaften, so macht man sie in der That für die Erkenntniss zu einem Nichts. Nur indem man sie philosophisch als den Träger aller Wirklichkeit betrachtet oder, mit andern Worten, der vollen, beharrenden Realität gleichsetzt, kann man in ihr zugleich das absolute Sein und in diesem alles Uebrige erkennen. Die sich selbst gleiche Grösse des mechanischen Kraftvorraths wird alsdann zu einer sehr natürlichen Folge des allgemein Beharrlichen, welches sich nicht nur in der Materie an sich selbst, sondern auch in ihren Zuständen und Verhältnissen bewahrheiten muss. Spiritualistische oder wenigstens ideologische Abwege sind es dagegen, wenn man sich andererseits eingebildet hat, die Materie als ein Compositum sogenannter Kräfte, also etwa mit Kant als eine Vereinigung von Abstossung und Anziehung construiren und so die Fülle der Wirklichkeit durch scholastische Entitäten ersetzen zu können. Auch realistische Denker, wie August Comte, haben die Neigung, die Materie in blosse Kräfte aufzulösen, nicht bemeistern können. Unsere Auffassung hat mit keinem der bezeichneten beiden Abwege etwas gemein; sie verbleibt innerhalb der vollen Wirklichkeit und lässt daher die Kräfte oder verschiedenen Kraftäusserungen nur als Zustände der universellen Materie erscheinen.

Zweites Capitel.

Grundgesetze des Universums.

Die nähere Bestimmung, was ein Naturgesetz sei, ist in mehreren Richtungen keineswegs selbstverständlich. Sogar im strengeren Denken pflegt man bei dem Ausdruck Gesetz zu einseitig blos die ursächliche Verbindung zu meinen und über der Causalität die Identität zu vergessen. Wer das Gesetz als die ursächliche Verknüpfung zweier Elemente definirte, würde zwar eine grosse aber doch nicht die volle Tragweite des Begriffs wiedergeben. Die Gesetzmässigkeit beschränkt sich nicht auf die Verbindung von Thatsachen, sondern die Thatsachen oder Elemente in ihrer Einfachheit und Einerleiheit stellen schon an sich selbst Grundgesetze vor. Die sich selbst gleiche Beharrung derselben Elemente, ohne die Einmischung irgend einer Veränderung, zählt als etwas Fundamentales zu der gesetzlichen Constitution der Dinge. Die Nothwendigkeit bekundet sich nicht blos in den Folgen von bestimmten Voraussetzungen, sondern auch in den absoluten und in ihrer einfachen Sichselbstgleichheit unverrückbaren Thatsachen. Es ist daher bereits ein engerer Sinn des Naturgesetzes, wenn man den Begriff desselben nur auf Veränderungen bezieht. Am besten thun wir, indem wir sofort die schon früher angedeutete Eintheilung in zwei Classen, nämlich in Beharrungsgesetze und in Entwicklungsgesetze, zur Anwendung bringen. Hiebei ist aber daran zu erinnern, dass beide Gattungen von Naturgesetzen praktisch nur in ihrem Gegensatz und mithin stets auch zugleich in Verbindung zur Sprache kommen können. Die grössere oder geringere Sichtbarkeit der einen Gattung in einem besondern Bereich der Natur ist noch keine Ausschliesslichkeit, sondern beide Schemata finden sich stets an einunddemselben Gegenstande beisammen. Der Kosmos oder das Universum, d. h. gegenwärtig die Gesammtheit der Weltkörper zeigen, sobald man von der organischen Welt auf ihnen absieht und sie als ein Ganzes von mechanischer und chemischer Masse betrachtet, vorzugsweise beharrliche Elemente und erst in zweiter Linie die Spuren der Entwicklungsantriebe. Im Gegensatz bietet das organische Dasein und noch mehr das bewusste Leben ein schnelles Wechselspiel von Veränderungen dar, in welchem ausser dem Rhythmus der Wiederholungen auch neue Gestalten hervortreten. Aber auch auf diesem Gebiet dürfen über den Entwicklungsgesetzen und der Entwicklungsgeschichte, die hier ihre ausdrucksvollste Vertretung finden, die Beharrungsgesetze und das Stetige, was sich durch alle Wandlungen hinzieht, nicht übersehen werden. Es würde auch eine wunderbare Ungleichartigkeit sein, wenn das kosmische Universum und die in seinen einzelnen Welten vertretenen Organisationen nicht an demselben einheitlichen und vollständigen Typus der Gesetzmässigkeit Antheil hätten. Die Geschichte der Natur als eines mechanischen Ganzen hat nur als Unterlage für die Geschichte empfindender Wesen einen Sinn. Ebenso haben die beharrlichen Elemente der Naturverfassung nur eine Bedeutung, wenn sie zugleich in der Constitution bewusster Wesen ein Analogon finden. Die äusserliche Natur und das innerliche Empfindungsleben sind so zu sagen aus einem Guss, so dass Beharrliches und Veränderliches in beiden Bereichen einander entsprechen müssen. Das allgemeine Schema besteht aber in einer Steigerung der Veränderlichkeit und des Wechselspiels; die universelle Bühne des Lebens muss langsameren Veränderungen unterliegen, als das Leben selbst, und die höchsten Stufen des letzteren müssen die grösste Mannichfaltigkeit in das augenblickliche Bewusstsein zusammendrängen.

Die Entwicklungsgesetze reihen Verschiedenes in der Zeit aneinander, und es ist durchaus nicht nothwendig, dass sich ein Vorgang wiederhole, um gesetzmässig zu sein. Das Gesetz bezieht sich nicht blos auf das Allgemeine, sondern auch auf das Einzelne. Das Auftreten des Menschen auf der Erdoberfläche ist ein einmaliger, wenn auch stetig und langsam vollzogener Act, der sich, um als naturgesetzlich zu gelten, nicht etwa zu erneuern braucht. Auch wäre er um nichts weniger die Folge einer gesetzlichen Nothwendigkeit, wenn er auch auf andern Weltkörpern keine Analoga hätte. Obwohl es nun selbstverständlich ist, dass die Entwicklung denkender Wesen ein Zubehör bestimmter Zustände der Materie sei und daher im Kosmos in einer grossen Anzahl von Wiederholungen vorgekommen sein muss, vorkommt und vorkommen wird, so können wir doch das Nothwendigkeitsband und das Gesetzliche dieser Art von Vorgang nicht von der Vielfachheit der Anwendung desselben Schema in verschiedenem Stoffe abhängig machen, sondern auch ein einziger Act, wenn auch neben ihm Seinesgleichen ewig fehlte, würde trotzdem als eine unausweichliche Natursatzung und als ein Glied in der Kette des Zusammenhangs anzuerkennen sein. Alle neuen

Formen, die der Fortschritt der Natur auf den Schauplatz führt, haben die Eigenschaft, keine völlig identischen Vorgänger aufweisen zu können, und in der That würde alles Sein ein blosser Kreislauf bleiben, wenn nicht neue Ansätze in der Entwicklung zu verzeichnen wären. Ja selbst der Kreis schliesst in sich selbst und abgesehen von seiner Wiederholung die Entwicklung des Verschiedenen derartig ein, dass man auch mit ihm dem Auftreten neuer Elemente nicht entgeht. Ein Raisonnement der reinen Identität könnte uns nur den Fortbestand eines regungslosen, ewig ungestörten Gleichgewichts begreiflich machen. Aber schon die geometrische Bewegung in ihrer rein ideellen Natur zeigt uns in unserm eignen Denken eine Macht, welche nicht bei den starren Identitäten beharrt, sondern neue Formen entwickelt und eigentliche Wandlungen vollzieht.

Es ist ein hochwichtiger Schritt, das Naturgesetz auch in dem Hervortreten dessen zu begreifen, was in seiner Erscheinungsform Seiten aufweist, die früher sich noch niemals dargeboten haben. Hierin liegt das, was man in rationeller Weise als schöpferisches Verfahren der Natur anerkennen darf. Wie diese schaffenden Kräfte speciell zu denken seien, ist die Frage, in der sich die höchste aller Betrachtungen zuspitzt. Bei allen Beharrungs- und Wiederholungsgesetzen lässt sich angeben, wie in ihrer Anwendung mit den Vorbedingungen auch die zugehörigen Folgen eintreten müssen. Wir berufen uns nämlich ganz einfach auf die blosgelegten Schemata der Erfahrung und wir setzen die Elemente des Daseins so zusammen, wie es uns die Systematik unseres Denkens und der uns in diesem Falle offenliegenden Natur selbst vorschreibt. Wo dagegen, wie in den einmaligen und entlegenen Gesammtvorgängen, mit denen eine vereinzelte Wendung oder Epoche eintritt, die Natur in irgend einem Stücke die Grenzen ihrer bisherigen Verfahrungsart überschritten zu haben scheint, bleibt uns einzig und allein der Leitfaden der Stetigkeit als Mittel übrig, um einen verstandesmässigen und gesetzlichen Zusammenhang aufzufinden. Wir wehren uns gleichsam gegen das Neue in der Natur, weil hier das engere Gebiet der Gesetze wiederholter Entwicklungen versagt. Dennoch müssen wir uns eben in dieser Richtung vollkommen schlüssig machen, wenn nicht das Universum in der Zeitausdehnung eine mehr als blos räthselhafte, nämlich eine verworrene und namentlich an ihren Endpunkten wüst geartete Vorstellung bleiben soll.

2. Der Ursprungszustand des Universums oder, deutlicher be-

zeichnet, eines veränderungslosen, keine zeitliche Häufung von Verschiedenheiten einschliessenden Seins der Materie, ist eine Frage, die nur derjenige Verstand abweisen kann, der in der Selbstverstümmelung seiner Zeugungskraft den Gipfel der Weisheit sieht. Wenn man aber diesen verzweifelten Ausweg, für den Kant eine neue Form der Beschönigung unter dem Namen der Vernunftkritik erfunden hat, nicht wählen und das Denken nicht castriren will, so eröffnet sich eine Arbeit von grossem Gewicht. Was wir vorher als Zuspitzung der Frage nach dem Uebergang zum Verschiedenen erkannten, meldet sich hier in der am meisten gesteigerten Form an. Das Heraustreten des rhythmischen Wechselspiels der Vorgänge aus einem sich selbst gleichen Zustande ist nach unsern früheren Erörterungen ein unausweichlicher Gedanke. Die zeitliche Ausdehnung realer Vorgänge lässt sich stets unter dem Bilde einer endlichen graden Linie von bestimmter Grösse veranschaulichen. Das Wechseln der Verschiedenheiten muss auf dieser Linie durch discrete Punkte angedeutet werden. Ausserdem muss man noch eine Richtung des Durchlaufens der Linie feststellen, und hiedurch wird sich der Anfangspunkt wesentlich unterscheiden. Verlängert man die Linie über den Anfangspunkt zurück, so kann die feinere Markirung und die Weglassung der discreten Punkte jenen stetigen Urzustand wenigstens annähernd symbolisiren. Jedoch mischt sich in diese Art von Symbol leicht die Vorstellung einer leeren Dauer, die in der That nicht am Platze ist. Wie früher auseinandergesetzt, fehlt es nicht an der Erfüllung mit der Materie, aber wohl an dem zeitlichen Wechselspiel von Entstehung und Vernichtung und mithin auch an der Grundform des engern Zeitbegriffs, vermöge dessen die Häufung des Gleichartigen und mithin die eigentliche Zeitgrösse oder Dauer in Betrachtung kommen könnte. Wollten wir nun mit blossen Beharrungsgesetzen aus jenem ursprünglichen Zustande in das bestimmte zeitliche Spiel der Veränderungen eintreten, so wäre dies offenbar ein in sich widersprechendes Unternehmen. Die absolute Identität jenes anfänglichen Grenzzustandes liefert an sich selbst kein Uebergangsprincip. Erinnern wir uns jedoch, dass es mit jedem kleinsten neuen Gliede in der uns wohlbekannten Daseinskette im Grunde eine gleiche Bewandtniss hat. Wer also in dem vorliegenden Hauptfall Schwierigkeiten erheben will, mag zusehen, dass er sie sich nicht bei weniger scheinbaren Gelegenheiten erlasse. Ueberdies steht die Einschaltungsmöglichkeit von allmälig graduirten Zwischenzuständen und mithin die Brücke der Stetigkeit offen, um rückwärts bis zu dem Erlöschen des Wechselspiels zu gelangen. Rein begrifflich hilft freilich diese Stetigkeit nicht über den Hauptgedanken hinweg, aber sie ist uns die Grundform aller Gesetzmässigkeit und jedes sonst bekannten Uebergangs, so dass wir ein Recht haben, sie auch als Vermittlung zwischen jenem ersten Gleichgewicht und dessen Störung zu gebrauchen. Dächten wir uns nun aber das so zu sagen regungslose Gleichgewicht nach Maassgabe der Begriffe, die in unserer heutigen Mechanik ohne sonderliche Anstandnahme zugelassen werden, so liesse sich gar nicht angeben, wie die Materie zu dem Veränderungsspiel gelangt sein könnte. Jedes strenge Gleichgewichtssystem, wie wir es mathematisch genau vorstellen, trägt in sich selbst keinen Grund dynamischer Vorgänge. Das Dynamische in den Zuständen der Materie konnte daher in ihrem statischen Verhalten nicht angelegt sein, — vorausgesetzt, dass unsere Begriffe von der Statik in ihrer jetzigen mathematischen Fassung nicht eine reale Modification zulassen.

Umgekehrt können wir von der heutigen Dynamik mit den verfügbaren Principien nie auf eine Ursprungsstatik zurückschliessen, sondern es wird im Gegentheil das Gesetz der Unveränderlichkeit des mechanischen Kraftvorraths entgegenzustehen scheinen. Bis jetzt giebt es in der rationellen Mechanik keine Brücke zwischen dem streng Statischen und dem Dynamischen. Wollte man diesen Mangel als eine positive Wahrheit nehmen und Speculationen darauf gründen, so könnte man getrost behaupten, das im Gleichgewicht Befindliche vermehre und vermindere sich nicht, und der dynamische Bewegungszustand bleibe ewig, was er sei, ohne jemals in das streng statische Verhalten überzugehen. Die Vertheilung der Materie und hiemit ihrer Kräftezustände ist nun aber das grosse, bis jetzt wenig erforschte Mittel, um in Rücksicht auf Bewegung und Ruhe die bedeutendsten Formverschiedenheiten hervorzubringen. Die Verwandlung von Massenbewegung in Theilchenbewegung ist die leitende Idee, durch welche man sich die Vertheilung der in ihrer Grösse sich gleichbleibenden mechanischen Kraftmenge gegenwärtig hinreichend exact vorzustellen glaubt. Mit jeder Bewegungsveränderung in den Theilchen der Materie wird nun aber auch eine andere statische Affection derselben miterzeugt. Es giebt nämlich kein dynamisches Verhältniss, mit welchem nicht zugleich im Antagonismus der Kräfte eine partielle Aufhebung und mithin eine Art von relativem Gleichgewicht gegeben wäre. Vielleicht wäre es daher zutreffender, wenn man im Allgemeinen sagte, dass die gleichartige Gesammtaffection grosser Massen in die Affection kleiner Theilchen mit selbständiger Verschiedenheit und sogar mit einem Antagonismus des gegenseitigen Verhaltens aufgelöst werde. Wie diese Formveränderungen d. h. Vertheilungen der mechanischen Affectionen der Materie erfolgen, dafür haben wir bis jetzt kein allgemeines Princip zur Verfügung, und wir dürfen uns daher nicht wundern, wenn diese Vorgänge ein wenig in das Dunkle auslaufen. Die nähere Bezeichnung dieser Dunkelheit dürfte aber vielleicht zur schliesslichen Aufhellung beitragen.

Der Antagonismus der mechanischen Kräfte ist ein Grundschema des Universums. Wir können uns weder statisch noch dynamisch zwei materielle Theile in einem gegenseitigen Kraftverhältniss und mithin keine einzige reale Wirkung denken, bei welcher nicht im Gegensatz der Richtungen ein Widerstreit ins Spiel käme. Nur die Trägheitsbeharrung könnte den Schein einer Ausnahme liefern; aber in diesem Fall fehlt es auch an jeder realen Wirkung und an jeder Kraftbethätigung. Abgesehen von der in dieser Hinsicht unzweifelhaften Entwicklung der Kräfte an Widerständen, die nach und nach überwunden werden, ist auch diejenige Bethätigung, die in der blossen Dauer des statischen Verhaltens besteht, unter die allgemeine Form des Antagonismus aufzunehmen. Der rein mathematische Gedanke des strengen Gleichgewichts bleibt unberührt, wenn man in der realen Gegenseitigkeit gleich grosser Hinderungen und Bestrebungen der Bewegung solche Affectionen voraussetzt, in denen mehr als die blosse Trägheit vertreten ist, wie sie sich in dem vom Antagonismus freien Zustande äussert.

Es giebt nun eine allgemeine Erfahrung, nach welcher jeder Mechanismus, sei er eine künstliche oder natürliche Einrichtung, finde er sich im unorganischen oder organischen Gebiet, habe er kosmische Dimensionen oder die des kleinsten lebenden Wesens, — die thätigen Kräfte verbraucht, abnutzt und also in irgend einer Form an das allgemeine Medium der Materie überträgt. Wissenschaftlich würde man sich noch genauer ausdrücken, wenn man Angesichts des Gesetzes der Gleichheit der Kraftmenge in der Action und Reaction blos von einer Vertheilung oder Diffusion der Kraftelemente redete. Diese Vertheilung oder Diffusion genügt aber auch, um jede specielle Anordnung der Triebkräfte rückgängig zu machen, und diese Art von mechanischer Rückbildung kann uns indirect eine Bürgschaft für die Denkbarkeit des ursprünglich umgekehrten Vorgangs werden. In demselben Sinne, in welchem wir eine Vernichtung zulassen, müssen wir auch eine schaffende Formgebung, also einen Uebergang aus einem Vertheilungszustand der Materie in einen andern auf dem positiven Wege anerkennen. Wer nach den Gesetzen der Anordnung fragen sollte, dem antworten wir, dass man bis jetzt nur die Unzerstörlichkeit der Materie und der mechanischen Kraft als Gesammtgrössen und in ihren Elementen, aber so gut wie noch nichts über die Gruppirungsprincipien festgestellt hat. Die Formverwandlungen berühren den quantitativen Vorrath des Mediums nicht im Mindesten, und wir können daher auch die Idee zulassen, dass die örtliche Vermehrung oder Verminderung der Kraftelemente selbst derjenige mechanische Vorgang ist, vermöge dessen durch eine allmälige Vertheilung ebensogut das vollständige Gleichgewicht wie die Störung desselben und der Uebergang zwischen beiden verständlich werden könne. Die örtliche Anhäufung oder Vertheilung ist nun zwar selbst ein mechanischer Act, bezieht sich aber, was nicht zu übersehen ist, nicht auf den Vorrath, sondern auf dessen specielle Vertheilungsform und fällt insofern nicht unter das Gesetz der absoluten Unveränderlichkeit. Irgend eine Form ist im Gegensatz zur undenkbaren Formlosigkeit allerdings stets vorauszusetzen; aber es ist nicht nothwendig, dass diese Form das dynamische Wechselspiel einschliesse und mithin den Widersinn einer Unzahl von abgelaufenen Acten producirt habe.

3. Das Bild des Universums, wie wir es uns bisher hingezeichnet haben, hat seine Beglaubigung theils in Nothwendigkeiten der rein ideellen Logik, theils in den gegebenen Thatsachen und Analogien der Gegenwart. Alle wahre Wissenschaft hat ihren Ausgangspunkt in gegenwärtigen Thatsachen, und wenn wir den Begriff der sich selbst gleichen Beharrung nicht unmittelbar aus dem Verhalten der Materie und der mechanischen Kräfte mit einem realen Inhalt hätten ausstatten können, so würde unsere Ursprungsvorstellung in der Unbestimmtheit rein logischer Formen verblieben sein. Was uns aber überhaupt genöthigt hat, die Unendlichkeitsdimensionen des Universums in zwei Beziehungen, nämlich im Raume und rückwärts in der Zeit, gleichsam abzuschneiden und eine wahre Unendlichkeit nur in der Richtung auf das Zukunftsspiel der Vorgänge offenzulassen, ist eine apriorische Wahrheit gewesen, zu der sich für die Ursprungs-

vorstellung nur noch die reale Thatsächlichkeit der veränderungslosen Materie gesellte. Unser Weltbild hätte sich erheblich anders gestalten können, wenn jene logische Nothwendigkeit mit ihrer Ausschliessung der falschen Unendlichkeiten nicht wäre. Um des Contrastes willen wollen wir aber auch das falsche Bild vom Universum kurz kennzeichnen. Die gedankenlose Imagination projicirt hier rückwärts ins Unendliche ein ewiges Wechselspiel, welches sich mehr oder minder nach Art der heutigen Vorgänge in einer unendlichen Anzahl von Acten und mithin von jeher vollzogen haben soll. Was die räumliche Ausdehnung anbetrifft, so werden im eigentlichen Sinne des Worts zahllose Weltkörper oder, mit andern Worten, unendliche Häufungen der Materie angenommen. Der realen Unendlichkeit des Raumes soll auch eine Erfüllung von gleich wüster Unendlichkeit entsprechen; jedoch ist diese Vorstellung nicht so fest ausgeprägt, wie diejenige von der Vergangenheit. Bezüglich der Zukunft trifft die wüste Idee vom Universum anscheinend mit unsern rationellen Anschauungen zusammen; aber dennoch ergiebt sich auch hier bei näherer Betrachtung ein nicht unerheblicher Unterschied. Wir behaupten nämlich nichts weiter, als dass der Unendlichkeit ideell in dieser Richtung nichts entgegensteht, und wir verlangen überdies einen in der gegenwärtigen Realität und mithin in der objectiven Mechanik selbst belegenen Grund, um die ewige Fortsetzung der Formwandlungen und der Häufung unterschiedener Acte als nothwendig zu erkennen. Haben wir einmal in der Vergangenheit den allmäligen Uebergang aus einem sich selbst gleichen Zustande der Materie zu differenten Gestaltungen als Anfangspunkt setzen müssen, so dürfte es auch wohl keine unerhörte Conception sein, zu dem Anfangspunkt auch einen Endpunkt als rein ideelle Möglichkeit offenzulassen. Ein sich selbst gleicher Zustand der Materie könnte ebensowohl am Horizont der Zukunft den Untergang, als am Horizont der Vergangenheit den Aufgang des dazwischenliegenden Wechselspiels von Entstehung und Vernichtung verbrämen. Es wird sogar eine Art des Denkens geben, für welche diese Uebereinstimmung von Ursprung und Ausgang grossen Reiz haben möchte; aber dennoch sind derartige Zukunftsperspectiven solange abzuweisen, als in der Realität nicht die sichern Spuren einer absoluten Rückbildung nachgewiesen und mechanische Schlüsse auf eine allgemeine Diffusion der materiellen Theile und der Kraftelemente in bestimmter Weise gezogen werden können. Was würde aber auch schliesslich in einer

6*

solchen Vernichtung der zählbaren Acte des Wechselspiels und Beseitigung des rastlosen Rhythmus der Oscillationen Anderes erzielt werden, als ein Zustand, dem die innere Anlage zu neuen Wandlungen möglicherweise ebenso inwohnen könnte, wie dem ursprünglich sich selbst gleichen Verhalten der Materie? Die logische Nothwendigkeit steht auch in ihrer realen Gestaltung, ebenso wie in der ideellen Form, über aller Zeit. Sowenig man bei einer mathematischen Wahrheit fragen kann, wie lange sie wahr sei oder wahr sein werde, ebensowenig kann man die absoluten Nothwendigkeiten des Realen von einer Dauer, sondern muss umgekehrt die Dauer und deren jedesmalige Grösse von jenen selbst abhängig machen. Ich will mich nicht darauf berufen, dass die colossale Ausdehnung der Zeiträume eine absolute Zukunftsvorstellung, wenn nicht für die Wissenschaft so doch für unser Gemüth und unsere ideelle Theilnahme am universellen Leben praktisch gleichgültig machte. Letzteres ist eben nicht der Fall, sobald man es mit den Wirkungen der Weltanschauung streng nimmt und sich nicht bei Annäherungen beruhigt. Für das praktische Eingreifen und das sich anschliessende Bewusstsein ist es freilich unerheblich, ob wir mit einzelnen Jahrtausenden oder mit millionenfachen Abschnitten solcher Dauer rechnen. Für die ideale Haltung unseres universellen Lebensbewusstseins ist aber der volle Inbegriff aller Realität erst der entscheidende Grund der abschliessenden Gestaltung. Wie im räumlichen Universum die Gravitation aller materiellen Theile, so entfernt sie auch sein mögen, auf die Haltung eines einzelnen Theilchens einwirkt, so muss auch in den ideellen und realen Beziehungen der zeitlichen Ausdehnung das Entlegenste in Betracht kommen, und man wird das zeitliche Universum in keine wüste Unbestimmtheit verwandeln dürfen, wenn man sich nicht selbst in seiner Gedanken- und Gemüthshaltung einen wüsten Zustand gefallen lassen will.

Nun versteht es sich von selbst, dass die Principien des Lebensreizes mit ewiger Wiederholung derselben Formen nicht verträglich sind. Der tiefere logische Grund alles bewussten Lebens fordert daher im strengsten Sinne des Worts eine Unerschöpflichkeit der Gebilde. Ist diese Unendlichkeit, vermöge deren immer neue Formen hervorgetrieben werden, an sich möglich? Die blosse Zahl der materiellen Theile und Kraftelemente würde an sich die unendliche Häufung der Combinationen ausschliessen, wenn nicht das stetige Medium des Raumes und der Zeit eine Unbeschränktheit der Variationen verbürgte. Aus dem, was zählbar ist, kann auch nur eine erschöpfbare Anzahl von Combinationen folgen. Aus dem aber, was seinem Wesen nach ohne Widerspruch gar nicht als etwas Zählbares concipirt werden darf, muss auch die unbeschränkte Mannichfaltigkeit der Lagen und Beziehungen hervorgehen können. Diese Unbeschränktheit, die wir für das Schicksal der Gestaltungen des Universums in Anspruch nehmen, ist nun mit jeder Wandlung und selbst mit dem Eintreten eines Intervalls der annähernden Beharrung oder der vollständigen Sichselbstgleichheit, aber nicht mit dem Aufhören alles Wandels verträglich. Wer die Vorstellung von einem Sein cultiviren möchte, welches dem Ursprungszustande entspricht, sei daran erinnert, dass die zeitliche Entwicklung nur eine einzige reale Richtung hat, und dass die Causalität ebenfalls dieser Richtung gemäss ist. Es ist leichter, die Unterschiede zu verwischen, als sie festzuhalten, und es kostet daher wenig Mühe, mit Hinwegsetzung über die Kluft das Ende nach Analogie des Anfangs zu imaginiren. Hüten wir uns jedoch vor solchen oberflächlichen Voreiligkeiten; denn die einmal gegebene Existenz des Universums ist keine gleichgültige Episode zwischen zwei Zuständen der Nacht, sondern der einzige feste und lichte Grund, von dem aus wir unsere Rückschlüsse und Vorwegnahmen bewerkstelligen.

4. Ein universeller Zerstreuungszustand der Materie, der sich mit demjenigen der Gase vergleichen lässt, ist das Bild, zu dem eigentlich schon die Ionischen Naturdenker für die von ihnen gesuchte Urbeschaffenheit des Weltalls gelangt sind. Wenden wir uns aber von Anaximenes über mehr als zwei Jahrtausende hinweg zu den neusten Vorstellungen, so hat besonders seit der Mitte des 18. Jahrhunderts die Annahme eines Urnebels eine neue Rolle gespielt, indem die Gravitationsidee und daneben auch die Wärmeausstrahlung den Leitfaden bildeten, um aus der ursprünglich gasförmigen Masse die festen Gebilde entstehen zu lassen. Die zweite Hälfte des 19. Jahrhunderts ist aber in dieser Richtung mit einem neuen Hülfsmittel ausgestattet, indem die Erkenntniss der Wärme als einer molecularen Form der mechanischen Kraft und überhaupt die Einsicht in die Unveränderlichkeit des mechanischen Kraftvoraths gestattet, die Rückschlüsse auf die früheren Zustände des Universums weit bestimmter zu gestalten. Die Brücke, welche man zwischen Gravitation und Wärme geschlagen hat, und die Aussicht, in der exactesten Weise alle Formen der Naturkräfte auf ihre me-

chanische Grundform zurückzuführen, zeigt uns das Universum als ein mechanisches System, in dessen Geschichte im letzten Fundament nur die verschiedenen mechanischen Zustände der Materie in Frage kommen.

Um hier die blos historischen oder kritischen Weitläufigkeiten zu vermeiden, verweise ich bezüglich der Ionischen Naturdenker auf meine Geschichte der Philosophie und ausserdem rücksichtlich der unbefriedigenden und unexacten Form der Kantischen Nebeldeductionen sowie der Enge des Laplaceschen Schema über die Consolidation des Sonnensystems auf meine Geschichte der Principien der Mechanik. Hier sei nur hervorgehoben, dass auch heute noch, trotz der Vorstellung von der mechanischen Kraftidentität aller Naturprocesse, der gasförmige Zerstreuungszustand nur dann ein Ausgangspunkt für ernsthafte Ableitungen sein kann, wenn man das in ihm gegebene mechanische System zuvor bestimmter zu kennzeichnen vermag. Andernfalls bleibt nicht nur die Idee in der That äusserst nebelhaft, sondern der ursprüngliche Nebel wird auch wirklich im Fortschritt der Ableitungen immer dichter und undurchdringlicher. In der Anordnung eines mechanischen Systems müssen alle Veränderungen angelegt sein. Als strenger Gleichgewichtszustand im Sinne der völligen Ruhe und mithin der gegenseitigen Aufhebung aller Bewegungskräfte lässt sich jene universelle Diffusion der Materie und der mechanischen Kraft nicht denken; denn ein rein statisches System kann aus sich selbst keinen Antrieb zur Bewegung haben und müsste daher in alle Ewigkeit in dem einmal gegebenen Zustande verharren. Hiezu kommt aber noch, dass an sich selbst die gasförmige Zerstreuung allen Versuchen widerstrebt, sie anders als in einem dynamischen Process begriffen vorzustellen. Man würde also irgend ein dynamisches Stadium des Zerstreuungszustandes fixiren und von bestimmten Voraussetzungen der Entfernung der selbständigen Theilchen, der räumlichen Anordnung und mathematischen Configuration des Ganzen und der Theile, sowie von bestimmten Kräfteverhältnissen und überhaupt in jeder Beziehung von absoluten Grössen auszugehen haben. Die bestimmten Formen und Verhältnisse, die man hiebei anzunehmen hätte, müssten aber solange reine Willkürlichkeiten bleiben, als man zu ihnen nicht durch strenge Rückschlüsse vom gegenwärtigen Zustande des Universums in der zwingendsten Weise geführt wäre. Nun verbleibt aber vorläufig noch Alles im Vagen und Formlosen einer nicht näher bestimmbaren Diffusionsidee. Die Spuren der gegenwärtig gegebenen Bildungen nöthigen allerdings zu der Annahme eines früheren flüssigen und noch früheren gasförmigen Zustandes des Universums. Um alle vorhandenen Gebilde, wie die Abplattung der Weltkörper, die Existenz ihrer Gasumhüllungen und überhaupt die Schichtung der verschiedenen Dichtigkeitszustände vom Lichtäther bis zu den Massenballungen hin zu begreifen, müssen wir annehmen, dass die Geschichte der Materie auf dem Durchlaufen einer Reihe von Zuständen und Epochen verschiedener Aggregation beruhe, und dass man ein Stück dieser Geschichte vor sich habe, wenn man die Zwischenvorgänge ins Auge fasst, deren Endpunkt die gegenwärtige Gliederung und deren Ausgangspunkt das Universum der Gase gewesen ist.

Mit diesem Gasuniversum haben wir aber nur eine höchst luftige Conception, die weit davon entfernt ist, sich mit einem völlig identischen Zustande des Weltmediums oder, anders ausgedrückt, mit dem sich selbst gleichen Zustande der Materie zu decken. Erstens ist es wenigstens denkbar, wenn auch real nicht anzunehmen, dass der Zerstreuungszustand erst durch diffundirende Vorgänge aus einer andern Anordnung hervorgegangen sei. Von unmittelbaren Rückschlüssen ist hier freilich keine Rede, und ausserdem würde jede vorgängige festere Gestaltung schon ihrem Begriff nach auf eine noch entferntere Zerstreuungsform zurückdeuten; aber jene Idee ist insofern nicht ganz müssig, als sie uns bei der Annahme eines Wechsels von Diffusion und Contraction zeigt, wie wir von dem Standpunkt der gegenwärtigen Weltform doch immer auf irgend einen Zerstreuungszustand der Materie als den mechanisch entlegensten zurückgewiesen werden. Zweitens sind die Eigenschaften des Zerstreuungszustandes mechanisch so geartet, dass sie nur für einen bestimmten ausdehnungslosen Augenblick ein veränderungsloses System bezeichnen, übrigens aber auch in den kleinsten Zeittheilchen bereits eine Wandlung einschliessen. Der allgemeinen Gattung nach unterscheidet sich also das Diffusionsstadium nicht von dem mechanischen Veränderungsspiel der gegenwärtigen Weltform. Es repräsentirt selbst eine Welt voller Veränderungen und erfordert daher eine rückwärts liegende Begrenzung. Es muss aus einem Zustande des Weltmediums entsprungen sein, der sich weder als rein statisch im heutigen Sinne dieser Vorstellung, noch als dynamisch begreifen lässt. Die Einheit von Materie und mechanischer Kraft, die wir als Weltmedium bezeichnen, ist eine so zu sagen logisch reale Formel, um den sich selbst gleichen Zustand der Materie als die Urvoraussetzung aller zählbaren Entwicklungsstadien anzuzeigen. Es ist aber von grosser Wichtigkeit, die Nothwendigkeit dieser Ursprungsidee, mit welcher nicht die Zeit überhaupt, aber wohl das zeitliche Wechselspiel von Veränderungen eingeleitet wird, nicht mit der physikalischen Nebelvorstellung zu verwechseln. Allerdings haben wir in dem Gasuniversum insofern eine Annäherung an den zeitlich unentwickelten Zustand, als die Mannichfaltigkeit der Formen in ihm noch nicht sonderlich weit ausgeprägt und hervorgetreten ist; aber diese approximative Vereinfachung bleibt eben nur ein Bild, welches unsern entlegeneren Conceptionen die Richtung anweist.

5. Wäre das, was man bereits mit dem stolzen Namen einer Mechanik der Wärme bezeichnet, mehr als ein epochemachender Anfang zu einer solchen Wissenschaft, so könnte die kosmische Physik etwas tiefer in die Geschichte der Materie und namentlich in die Ursprungszustände der Gebilde eindringen. Die Entdeckung Robert Mayers ist aber innerhalb des Menschenalters seit ihrer ersten unbeachteten Veröffentlichung in keiner Richtung sonderlich weiter gefördert worden, als er sie nach und nach selbst gebracht hat. Grade die wichtigsten kosmischen Anwendungen sind sein Werk, und vorzüglich ist es seine Meteortheorie der Sonnenwärme, die auch überhaupt für das Universum und für die Urgeschichte der Materie einige Anknüpfungspunkte darbietet. Wer sich davon überzeugen will, wie illusorisch das ist, was ausser den Mayerschen Fundamenten in der mechanischen Wärmetheorie und deren Anwendungen in neuen Richtungen prätendirt worden ist, achte in dem betreffenden Abschnitt meiner Geschichte der mechanischen Principien nicht blos auf das, was ausdrücklich gesagt und positiv angedeutet, sondern auch auf das, was mit einer für den literarisch Orientirten leicht bemerkbaren Absichtlichkeit weggelassen wurde. In diesem Gebiet hat grade die Verworrenheit und Ohnmacht, die keines einzigen eignen Gedankens fähig war, ihre Blösse hinter dem modernen Gegenstück der mittelalterlichen Scholastik, nämlich hinter einem kindisch eitlen und dabei noch an sich geschmacklosen Aufputz von analytischen Formeln zu verstecken gesucht und das Publicum zu einem grossen Theil auch wirklich mystificirt. Ueberdies ist durch die neue Entdeckung auch in den Reihen der Physiker mancher wirre Kopf zu einer neuen Art von Phantastik aufgeschüttelt und hiedurch unter den Fachleuten oft mehr Thorheit producirt worden,

als bei den sogenannten Naturphilosophen des halbpoetischen Schlages heimisch zu sein pflegt.

Bis jetzt ist die mechanische Wärmetheorie in ihrer unmittelbaren Gestalt und in ihrem eigensten Gebiet auf die Mayersche Aequivalentzahl, also auf die Gleichung zwischen Calorie und mechanischer Arbeit beschränkt, d. h. eine gewisse thermometrische Erhöhung des Wärmezustandes einer Masse ist einer gewissen Erhebung desselben Gewichts Wasser gegen die Schwere gleichzusetzen. In der immer genaueren Bestimmung der Anzahl von Kilogrammetern, die der Erwärmung eines Kilogramms Wasser um einen Grad entsprechen, fasst sich so ziemlich Alles zusammen, was durch die der Entdeckung nachfolgende Experimentirkunst gewonnen wurde. Nun ist der Mayersche Aequivalentsatz eine äussere Erfahrung, der eine innere Theorie zu Grunde lag. Sobald man diese innere Theorie, d. h. die Vorstellungen von den Causalitäts- und Identitätsverhältnissen untersucht, die zwischen Wärmeveränderung und mechanischer Arbeit in Frage kommen, so hört die Einigkeit in der Auslegung der Thatsache sofort auf. Die Thatsache selbst besteht in einer quantitativen Zusammengehörigkeit. Man kann einen Wärmezustand von bestimmter Grösse zur Erzeugung einer bestimmten Menge mechanischer Arbeit, also der Fortschaffung einer Masse gegen eine widerstehende Kraft, verwenden, und man kann ebenso die umgekehrte Verwandlung vornehmen. Dies wäre also zunächst ein doppeltes Causalverhältniss, und eine solche Doppelheit sowie die einheitliche Messbarkeit kann nur gedacht werden, wenn man in den beiderlei Wirkungen etwas streng Identisches voraussetzt. Was ist nun dies Sichselbstgleiche, was zwar in der Zusammensetzung seiner Elemente die Form erheblich ändern, aber in seinem Bestande nicht vermehrt und vermindert werden kann? Es ist offenbar die mechanische Kraft; aber trotz dieser übereinstimmenden Antwort bleibt noch die bestimmtere Frage übrig, ob es nothwendig ein räumlicher Bewegungszustand sei, den wir als das Gemeinsame der verschiedenen Kraftformen anzusehen haben. Die Art des Maasses, mit welchem wir messen, giebt unserer Ansicht nach auch hier die unausweichliche Antwort. Soweit die Naturprocesse mit einer Arbeitseinheit gemessen werden können, müssen sie auch selbst sämmtlich mechanische Arbeit, wenn auch nur in der molecularen Form sein. Der Entdecker selbst nahm dies nicht an, sondern meinte, dass räumliche Bewegung als solche verschwinden müsse, damit eine andere

Kraftform, wie die nicht strahlende Wärme sei, auftreten könne. Hiemit ist nun freilich nur ein Räthsel aufgegeben, aber keines gelöst. Dennoch müssen wir uns neben der gegentheiligen und vorherrschenden Annahme der Auflösbarkeit aller Naturprocesse in eigentliche Bewegungen immer wieder erinnern, dass mit den Bewegungszuständen der Materie auch statische Verhältnisse gegeben sind, und dass diese letzteren an der mechanischen Arbeit kein Maass haben. Indirect sind sie vielmehr selbst solche Elemente, die zur Messbarkeit der mechanischen Arbeit nicht entbehrt werden können. Wenn wir früher die Natur als eine grosse Arbeiterin bezeichnet haben und diesen Ausdruck jetzt streng nehmen, so müssen wir noch hinzufügen, dass die sich selbst gleichen Zustände und ruhenden Verhältnisse keine mechanische Arbeit repräsentiren. Wir vermissen also wiederum die Brücke vom Statischen zum Dynamischen, und wenn die sogenannte latente Wärme bis jetzt für die mechanische Theorie ein Anstoss geblieben ist, so müssen wir auch hierin einen Mangel anerkennen, der sich am wenigsten in den kosmischen Anwendungen verleugnen dürfte.

Anstatt also mit herkömmlicher Naivetät die allerjüngsten und unreifsten Vorstellungen über die Wärmeerzeugung aus den Ballungs- oder Consolidationsprocessen der ursprünglich zerstreuten Materie des Universums als etwas Selbstverständliches zu wiederholen, machen wir vielmehr auf das Bedenkliche aufmerksam, was in der kosmogonischen Anwendung einer in einem Hauptpunkt der gemeinen Physik noch unzulänglich gebliebenen Theorie liegt. Die quantitativen Gesetze der statischen Gebundenheit oder thermometrischen Indifferenz sowie des entsprechenden Freiwerdens der Wärme sind für die kosmogonische Mechanik sicherlich nicht gleichgültig, und Robert Mayer hat einen guten Tact für die Bemessung der bis jetzt möglichen Tragweite der Speculationen bekundet, indem er bei seiner Meteortheorie über die Unterhaltung der Sonnenwärme stehen blieb und keine moleculare Verallgemeinerung derselben vornahm.

Die Mayersche Annahme über den fortwährenden Ersatz der ausgestrahlten Sonnenwärme beruht darauf, dass der mechanische Stoss bei gehöriger Geschwindigkeit den Körper so entschieden auflöst und eine solche Wärmemenge erzeugt, wie es kein Verbrennungsprocess bei einem gleichen Quantum Kohle und überhaupt keine chemische Entwicklung vermag. Wenn nun die im planetarischen Raum oder darüber hinaus zerstreuten kleineren kosmischen Körper sich in immer rascheren Umläufen der Sonne nähern und fortwährend ein Theil davon auf dieselbe niederfällt, so wird die Verwandlung der durch die grosse Geschwindigkeit dieser kleinen Massen repräsentirten mechanischen Kraft in die Form der Wärme so zu sagen eine andauernde Nachheizung der Sonne vorstellen. Mayer, der überhaupt von den kosmischen Schlüssen auf einen Untergang der Hauptbestandtheile des Sonnensystems nichts wissen will, huldigt mit der fraglichen Theorie des Ersatzes der verlornen Sonnenwärme einer Anschauungsart, nach welcher sich alle Vorgänge von bedenklicher Einseitigkeit durch Hergänge in entgegengesetzter Richtung ausgleichen. Obwohl nun dieses Princip, wenn man es nur hinreichend im Grossen anwendet, alle Analogien der Erfahrung für sich hat, so kann es doch in jenem besondern Fall nichts helfen. Die auf die Sonne fallenden Meteore des Weltraums oder vielmehr des ausschliesslich der Sonnenanziehung anheimfallenden und nicht von der Anziehung anderer Körper beherrschten Raumgebiets müssen sich erschöpfen, falls sie nicht immer neu gebildet werden. Eine Neubildung aus bereits zerstreuter Materie könnte aber auch nichts helfen; denn diese zerstreute Materie hat um nichts weniger ihre Grenzen und ihr Maass. Wenn daher nicht von der Sonne selbst eine neue Expansion ausgeht, so kann der Bestand der Wärmestrahlung nicht länger als jener Contractionsprocess der dem Sonnengebiet angehörigen Meteore und zerstreuten materiellen Theile gesichert erscheinen. Nun sind wir weit entfernt, diese rein hypothetische Consequenz als genügend anzusehen, um über das Schicksal des Sonnensystems endgültig zu urtheilen. Nur soviel ist klar, dass die fragliche Mayersche Vorstellung, die, in Ermangelung einer Erfahrung über den vorausgesetzten Meteorfall auf die Sonne, nur eine vorläufige Hypothese bleibt, auch dann, wenn sie volle Gewissheit für sich hätte, die Wärmeökonomie des Sonnensystems als keine unbeschränkte Dauer gleicher Ausgabe und Einnahme zu kennzeichnen vermöchte.

6. Bei dem mechanischen Stoss von Massen kann die Frage der statisch zu bindenden Wärme solange in den Hintergrund treten, als man sich nicht mit Schmelzungs- oder Verflüchtigungsvorgängen beschäftigt. Im letzteren Fall und ausserdem für die umgekehrten Hergänge in der Richtung auf Verdichtung der ursprünglich molecular zerstreuten Materie wird aber die Lücke in der mechanischen Wärmetheorie sehr erheblich. Noch weit allgemeiner können wir

aber den Punkt bezeichnen, bei welchem die grösste Vorsicht nöthig ist, indem wir bemerken, dass die Annäherung der Atome doch nicht ohne Weiteres nach den Gesetzen des Stosses behandelt werden darf. Die Rolle der Wärme bei den Verdichtungen der ursprünglich diffundirten Gesammtmaterie des Universums ist keineswegs so leicht zu schematisiren, als man dies bisher zu bewerkstelligen geglaubt hat.

Da nun aber andererseits feststeht, dass die Wärme in den kosmischen Bildungen mindestens ebensosehr betheiligt ist als die Gravitation, so werden alle eigentlichen Entwicklungsgesetze des Universums vorläufig nur äusserst unvollkommen zu erkennen sein. Die Bildung der Planeten und hiemit der gegliederten Verfassung des Sonnensystems wird uns allerdings einigermaassen verständlich, wenn wir uns eine glühende Gasmasse mit einem Kerne und concentrisch verdichteten Schichten in Rotation und in der Abkühlung begriffen denken. Die vollständige Ablösung von Ringen mag dann am entlegensten Ende beginnen und aus den verschiedenen Ringen ein Planet nach dem andern derartig entstehen, dass die dem Sonnenkern näheren die geschichtlich späteren sind. Allein in diesem ganzen Hergang haben wir nur das Beispiel eines secundären Stadiums kosmischer Geschichte vor uns. Die universelle Molecularzerstreuung der Materie enthält weder den Kern noch dieselbe Wärmevertheilung und kann noch nicht ohne weitere Nachweisung als etwa in einer einzigen Rotation begriffen gedacht werden. Wir finden hier, dass unsere Ableitungen und Entwicklungsvorstellungen von der Tragweite derjenigen Rückschlüsse abhängig sind, die wir auf die Beobachtung des gegenwärtigen Zustandes zu gründen vermögen. Die Kenntniss einer Entwicklungsform ist mithin von irgend einer thatsächlichen Beobachtung abhängig, die in irgend eine Gegenwart, also in das frühere oder spätere Wahrnehmungsbereich denkender Wesen gefallen ist. Die physikalische Phantasie kann nichts weiter thun, als das, was sie im Kleinen beobachtet, in grösseren Dimensionen bethätigen, und so ergiebt sich, dass die entwickelnden Mächte, welche uns die heutige Naturgestalt vor Augen legt, auch die Grundsätze für die Vorstellung alles Früheren und Späteren liefern müssen.

Aus letzterem Umstande können wir eine Wahrheit gewinnen, die uns für die Mängel der bestimmteren Entwicklungsgesetze wenigstens mit der Erkenntniss einer Haupteigenschaft des allgemeinen Schematismus entschädigt. Wenn die Gegenwart das Maass für die Vergangenheit und für die Zukunft wird, und wenn die thatsächliche

Wirkungsart der Kräfte im natürlichen Zustande das einzige mögliche Musterbild für alle Operationen liefert, so giebt es keine eigentlichen Weltkatastrophen. In jedem physikalischen Naturprocess wird die Wendung oder, wenn man es so nennen will, die Epoche, mit welcher ein Wechsel der Eigenschaften eintritt, durch quantitative Uebergänge langsam und in allmäliger Steigerung vorbereitet. Die sich verhältnissmässig rasch vollziehenden Actionen, die wir, wie die elektrischen Entladungen, allenfalls als Musterbild jäher Katastrophen gebrauchen könnten, sind im ungestörten Gange der Natur und in Vergleichung mit dem umfassenden Gebiet des ruhigen Waltens der Kräfte nur von untergeordneter Bedeutung. Sie haben nicht jene Ungeheuerlichkeit an sich, mit welcher eine leichtsinnige Imagination für den gesammten Weltprocess so freigebig zu sein pflegt.

In einem engern, nicht eigentlich kosmischen Bereich, nämlich in der Geologie sowie in den organischen und vitalen Bildungen hat man die Annahme von Katastrophen, in denen ein früherer Zustand plötzlich untergegangen und mit einer neuen Schöpfung vertauscht worden wäre, jetzt glücklich beseitigt. Aber mit den Schicksalen des Universums oder auch nur unseres Sonnensystems spielt man noch so gemüthlich katastrophenhaft und sucht grade die Zukunft mit so abenteuerlichen Ideen heim, dass hier die Kritik und die tiefere Anschauung von der stetigen Gesetzmässigkeit aller Vorgänge noch viel zu berichtigen haben. Unablässige Veränderung ist allerdings auch in diesen Universaldimensionen das Grundgesetz. Keine besondere Gestalt der Natur darf als absolut beständig angesehen werden, und in der Gegenwart arbeiten bereits alle Kräfte an der Gestaltung der Zukunft des Universums. Allein die in kleineren Zeiträumen nicht einmal merkliche Art der Umwandlung ist auch diejenige Form, die man für die universelle Reihe der Veränderungen als maassgebend voraussetzen muss. Sollten also z. B. wirklich die Planeten jemals bis zur Sonne gelangen, so würden sie äusserst allmälig die Durchmesser ihrer Bahnen ändern, und es bliebe sogar eine stetige Anpassung ihrer organischen und vitalen Ausstattung an die neuen Verhältnisse denkbar. Ja es könnte in einem solchen Vorgang zum Theil auch eine Ausgleichung liegen; denn wenn die Wärmeleistungen der Sonne geringer würden, so müsste doch der nähergekommene Planet noch ebensoviel oder mehr Wärme erhalten können, als in einer seiner früheren Entfernungen. Sehen wir aber selbst von dieser Compensation ab, so ist schon die blosse

Stetigkeit ein hinreichender Grund, um die voreiligen Vernichtungsideen abzuweisen. Wenn das Menschengeschlecht oder die Gattungen auf andern Weltkörpern neuen Bildungen weichen, so wird dies durch allmälige Metamorphose und Aussterben, aber nicht durch einen plötzlichen Zerstörungs- und Schöpfungsact geschehen müssen; denn alle Analogien der Erfahrung weisen auf eine solche stille Arbeit der Natur hin, und Nichts unterstützt den monstrosen Gedanken, dass die Triebkräfte der Natur auf eine plötzliche Abreissung des einmal gesponnenen Fadens irgendwo angelegt wären. Wollte nun aber Jemand die hypothetische Consequenz, die sich an die Vorstellung eines widerstehenden Weltraummediums und an die in dieser Beziehung keineswegs unstreitigen mechanischen Wirkungen allenfalls knüpfen lässt, als thatsächliche Nothwendigkeit geltend machen und z. B. auf der schliesslichen Vereinigung der Planeten mit der Sonne bestehen, so würde allerdings der Stoss genau so eine Unterbrechung der Stetigkeit sein, wie er es in unsern gewöhnlichen physikalischen Vorgängen ist. Ein schnelleres Tempo der Entwicklung würde eintreten; der Eigenschaftswechsel der Zustände würde sich in eine verhältnissmässig geringe Zeitausdehnung zusammendrängen und mithin eine eigentliche Wendung eintreten, wie wir sie z. B. bei plötzlichen Aenderungen der Aggregatzustände beobachten. Diese Wendung wäre aber noch lange nicht von der Art jener monstrosen Katastrophen, die völlig unmotivirt und unvorbereitet eintreten. Die Naturstetigkeit verleugnet sich nirgend, indem sie auch dem rascheren Wechsel eine allmälig gesteigerte Reihe gehäufter Veränderungen vorangehen lässt. Wäre also ein solches Schicksal des Sonnensystems nothwendig, so würde doch zuvor die in Frage kommende vitale Welt allmälig abgespielt haben und einem natürlichen, aber keinem gewaltsamen Tode anheimgefallen sein. Hinterher würde man nach derselben hypothetischen Consequenz für das Sonnensystem eine neue Verflüchtigung der vereinigten Materie anzunehmen haben; denn stellt man einmal solche planetarischen Stösse vor, so müssen sie auch hinreichen, die planetarische Materie vermöge der Erhitzung wieder zu zerstreuen und eine neue weit ausgreifende Umhüllung des Sonnenkernes zu liefern, so dass die Ring- und Planetenbildung, wenn auch vielleicht in kleinerem Maassstabe, wieder offenstände. Unsere Bemerkung über den kleineren Maassstab ist nicht überflüssig; denn nach den fraglichen Annahmen würde das Sonnensystem als Ganzes einen Theil seiner Wärme und mithin seiner verfügbaren mechanischen Expansionskraft in den universellen Weltraum diffundirt oder, mit andern Worten, auf die feinste Materie des Universums übertragen haben.

Da der leere Raum als solcher kein Träger von Kräftewirkungen ist, sondern mit dem Leitfaden der Materialität auch die Kraftbethätigung ihre Auswege und ihren Gegenstand verliert, so müsste, um in der Entwicklung der fraglichen Consequenzen für das Universum fortzufahren, der Aether oder, wie man sonst jene feinste, den kosmischen Raum erfüllende Materie nennen mag, schliesslich der Empfänger und Depositar aller lebendigen mechanischen Kraft werden, die der Gesammtheit aller Sonnensysteme durch Abkühlung entströmt. Hiemit sind wir denn aber bei einem Punkte angelangt, wo sich das Wagniss der Physik offenbart. Die letztere weiss nämlich bis jetzt nicht im Mindesten von den Zuständen oder gar Zustandsänderungen des Aethers Rechenschaft zu geben, und der Gedanke einer Rückwirkung des Aethers auf die geballten Massen ist zugleich zu unausweichlich, als dass man von einer so dunklen Kenntniss des Weltenschicksals, bei welcher die kosmische Wärmestrahlung noch fast so wie ein Verlust in das Nichts behandelt wird, sonderlich befriedigt sein könnte. Nimmt man noch hinzu, dass der kosmische Antagonismus der zwei Formen der mechanischen Kraft, die wir als Wärme und als Gravitation erkennen, ein noch sehr dunkles Gebiet bildet, so muss die Zuversicht der obigen, aus einem einseitigen Schema gezogenen Folgerungen gewaltig erschüttert werden. Es bleibt mithin denkbar, dass sich das Spiel der Veränderungen auch auf einem andern Wege in das Unbeschränkte fortsetze und mit neuen Gebilden bereichere. Wenigstens lässt sich eine Wiederauflösung des Universums in seine Bestandtheile noch nicht als innere reale Nothwendigkeit darthun, und wir können mithin einen beständigen Wechsel der Naturgestalten auch ohne die universelle Auflösung concipiren. Uebrigens käme aber auch auf eine solche Auflösungsbedingung nicht viel an, da ja unter allen Umständen irgend eine Art von Stetigkeit und in ihr die Beharrung der einfachen Elemente mit demselben Gesammtbestand von Materie und mechanischer Kraft gesichert bleibt. Durch diese Sicherung wird wenigstens den wüsten, ganz unwissenschaftlichen und spiritistischen Enfanterien über ein einstiges Verschwinden der Materie und so zu sagen über einen jüngsten Tag aller Realität vorgebeugt.

7. Seit das Spectrum und mithin überhaupt alles Licht ein Erkennungsmittel der chemischen Unterlagen seiner Erzeugung geworden ist oder, mit andern Worten, seit dem Aufkommen der Spectralanalyse ist die chemische Zusammensetzung des Universums nicht mehr ein unzugänglicher Gegenstand. Das Licht der Sonne hat uns auf der letztern solche Grundstoffe verrathen, wie sie auch in der Zusammensetzung der Erdenkörper eine Rolle spielen. Auch das Licht von sonstigen Fixsternen lehrt nichts Anderes, und so bleibt für den Denker nicht der geringste Zweifel, dass unsere wohlbekannten chemischen Elemente überall im Universum vertreten sind. Diese Einheitlichkeit der chemischen Weltcomposition ist eine neue Errungenschaft zur Aufdeckung der allgemeinen Systematik der Natur und erinnert uns nebenbei daran, auch in andern Richtungen lieber die allgemeine Gleichartigkeit, als die leere Vorstellung von etwas völlig Anderm zuzulassen. Die sich selbst gleiche Beharrung der chemischen Elemente in den Wandlungen der Art ihrer Zusammensetzung kann als ein drittes Beharrungsgesetz zu jenen beiden angesehen werden, welche sich auf das Quantum der Materie und der mechanischen Kraft beziehen. Das im Universum vorhandene Gold muss jederzeit dieselbe Menge gewesen sein und kann sich ebensowenig wie die allgemeine Materie vermehrt oder vermindert haben. Dasselbe muss man von dem Wasserstoff oder jedem andern wirklichen Element sagen. Gesetzt auch die Chemie irrte in der Betrachtung einiger Elemente als wirklicher Grundstoffe, so würde dies in der Hauptsache nichts ändern. Letzte einfache Bestandtheile müssen in irgend einer Anzahl unter allen Umständen übrig bleiben; denn aus was sollte man sonst eine Zusammensetzung bewerkstelligt denken? Die Auflösung in ein einziges Element ist ein Widersinn. Wollte man aber den Gedanken der Zusammensetzung ganz aufgeben und die Qualitäten unserer Grundstoffe als rein mechanische Formen einer sonst völlig identischen Materie ansehen, so wäre man freilich wieder bei dem Goldmachen, wenn auch nicht durch Menschenhand, so doch durch einen ursprünglichen Naturprocess angelangt, und es meldete sich die Frage nach dem Ursprung der chemischen Arten in einer ähnlichen Weise an, wie diejenige nach dem Ausgangspunkt der organischen und vitalen Gattungen. Die Erzeugung der specifischen Unterschiede der einfachen Stoffe würde aber alsdann auf eine Differenzirung der Arten der Materie hinauslaufen. Wir müssten also erst aus der Gegenwart einen Naturprocess kennen, der etwas

von einer Wandlung dieser Arten an sich trüge, ehe wir das Recht hätten, an der absoluten Ursprünglichkeit und ewigen Unveränderlichkeit der qualitativ verschiedenen Atome zu zweifeln. Selbstverständlich würde nur allein die mechanische Constitution innerhalb derselben einheitlichen Materie als letzter Grund der chemischen Fundamentalverschiedenheiten in Frage kommen können. Hiemit bliebe auch die Welt der chemischen Differenzen auf eine Mannichfaltigkeit in den Gestaltungen der gleichartigen Materie und ihrer Zustände vermöge der ebenso gleichartigen mechanischen Kraft beschränkt, und es wäre durchaus noch keine ungeheuerliche Weltauffassung, die Formverwandlungen in der Stufenleiter physikalischer Kräfte bei der Differenzirung der chemischen Elemente betheiligt zu denken. Indessen haben wir bis jetzt keinen thatsächlichen Erfahrungsgrund, derartige Conceptionen für etwas Anderes als reine Willkürlichkeiten der Imagination zu halten. In keinem natürlichen oder künstlichen Hergang wird die Sichselbstgleichheit der chemischen Elemente verleugnet, und so müssen wir ihre absolute Ursprünglichkeit als Grundgesetz des Universums anerkennen.

Nach dem Bisherigen haben wir drei Erhaltungs- oder Beständigkeitsgesetze und einen Grundcharakter der Entwicklung als schematische Eigenschaften des Systems der Dinge festgestellt. Der Grössenbestand der allgemeinen Materie und der einfachen Elemente und ebenso der Grössenbestand der mechanischen Kraft sind unveränderlich, d. h. in jeder Vergangenheit wie in jeder Zukunft als einerlei vorauszusetzen. Hiezu kommt noch der Stetigkeitscharakter der Entwicklungen, vermöge dessen alle Wendungen durch eine Reihe von Veränderungshäufungen elementarer Art vorbereitet sein müssen und mithin die ungeheuerlichen Katastrophen und überhaupt alle Mächte, die im gegenwärtigen Wirken der Natur ohne Analogon sind, völlig ausgeschlossen werden. Eigentliche Entwicklungsgesetze von grösserer Specialität und genügender Exactheit haben wir für den Kosmos, abgesehen von der Fortschrittsrichtung in der Consolidation und Gliederung der ursprünglich zerstreuten Materie, in völlig unbedenklicher Form nicht ausmachen können. Hiezu würde es eines Wissens bedürfen, welches bis jetzt noch mangelt. Man müsste nämlich vor allem Andern doch wenigstens über die Stufenleiter in den physikalischen Formbestimmungen der mechanischen Kraft gut orientirt sein. Man müsste also z. B. angeben können, wie sich die Gravitation, die Wärme und die Elektricität zu dem allgemeinen Kraftmaterial verhalten, und wie sie in der Systematik der Natur gruppirt sind. Ausser der noch sehr vagen Idee von der Einheit und sogenannten Correlation der Naturkräfte, deren deutlicher Sinn sich auf die Identität des mechanischen Kraftfonds bezieht und empirisch bis jetzt nur für Wärme und Gravitation nachgewiesen ist, — ausser jener noch sehr unbestimmten Anticipation besitzt man noch nichts, was als Rechenschaft über eine genetische Naturskala der Kräfte gelten könnte. Sogar über die fundamentalen Antagonismen ist man im Universum eigentlich nur in einem einzigen Falle äusserlich klar, nämlich da, wo man die Gravitation durch eine gewöhnlich transversale Beharrungsbewegung in einem so zu sagen beweglichen Gleichgewicht aufhebt. Alle andern Ideen über das Gegenspiel der Naturkräfte in der Mechanik des Universums sind mehr oder minder dunkel, d. h. sie erfordern die Zurückführung auf einfachere und exacter feststellbare Beziehungen. Aber auch in jenem deutlich erkannten Antagonismus ist die Natur seiner Glieder noch immer problematisch. Die Gravitation ist bis jetzt ein mathematischer, bei den physischen Körpern zwar als real nachgewiesener, aber übrigens unaufgeklärter Begriff geblieben. Die Annäherung der Massen nach Maassgabe der Menge der Materie und in gleicher Weise wie bei der Erdschwere ist sein einziges Kennzeichen, und die unvermittelte Art, in welcher die Wirkung in die Ferne als im absolut leeren Raume vor sich gehend vorgestellt werden muss, ist ein Mangel, zu dessen Wahrnehmung es nicht der Denkweise und des Standpunkts eines Huyghens bedarf. Allerdings wird man, wenn man überhaupt von einem materiellen Theil zum andern eine Wirkung übertragen denken will, irgendwo mit den Einschaltungen von Vermittlungen Halt machen müssen, da sich der Fortschritt ins Schrankenlose hier grade nach unsern Grundsätzen am entschiedensten verbietet. Auch der absolut leere Raum kann uns keine Schwierigkeiten machen; denn er kommt nach dem Axiom, welches wir als Princip des Leitfadens der Materialität bezeichnet haben, nur als Ausdruck eines mechanisch erheblichen Abstandes und materieller Zustände, sonst aber gar nicht in Betracht. Dagegen dürfte es als ein allzu rascher Verzicht auf weitere Vermittlungen erscheinen, wenn man Angesichts der Erfüllung der kosmischen Zwischenräume mit einer das Licht und die Wärme fortpflanzenden Materie für immer mit dem mathematischen Begriff einer unmittelbar in kosmische Fernen wirkenden Gravitation zufriedengestellt bleiben wollte.

Auch der Umstand, dass eine jede Action, die sich durch die Räume erstreckt, in allen andern Fällen irgend eine, wenn auch noch so kleine Zeitdauer zu ihrer Vollziehung in Anspruch nimmt, schliesst eine mächtige Analogie ein, der gegenüber die Ausnahme einer einzigen Naturkraft befremdlich erscheinen muss und der Aufklärung bedarf. Wir sind also mit dem Gravitationssystem, soweit es mehr als eine materielle Mathematik sein oder werden soll, sicherlich noch nicht am Ende, und vielleicht ist die bedeutsame Epoche, die mit den Anfängen zur Mechanik der Wärme eingeleitet wurde, in ihren ferneren Consequenzen dazu bestimmt, auch etwas tiefer in das physikalische Wesen der Gravitationsmechanik einzudringen. Allem Anschein nach stammt der Antagonismus der kosmischen, jetzt gewöhnlich mehr oder minder transversalen Beharrungsbewegungen und der Tendenzen der allgemeinen Schwere aus einer einheitlichen Kraftform, bei deren Differenzirung zu zwei verschiedenen Bethätigungsarten der Aether und die Wärme die wesentliche Rolle gespielt haben müssen.

Das Universum ist ein Mechanismus, und ein solcher kann nicht ohne Systematik gedacht werden. Es muss daher eine einfache Grundform der Kraft geben, und die Bethätigung muss auf einer fundamentalen Doppelgestaltung beruhen. Ein Widerstand und eine Ueberwindung desselben müssen den Grundtypus aller Vorgänge bilden. Die Gravitation selbst oder eine höhere, sie einschliessende Beziehungsform der materiellen Theile kann nun im Universum als überall gültig vorausgesetzt werden; denn die Beobachtungen an den Doppelsternen bestätigen immer genauer die Vorwegnahme der Analogie und des Gedankens, dass die unumgängliche Grundform die Tendenz zu den räumlichen Annäherungen nach Maassgabe der Menge der Materie sei. Hiemit haben wir aber nur die eine Seite des Antagonismus vor uns, und da die kosmische Universalität der Wärme sogar empirisch weit leichter erkennbar ist, als diejenige der Schwere, so haben wir von der genaueren Kenntniss dieser Wirkungsform der Natur die umfassendsten Einsichten in den Gesammtmechanismus zu erwarten. Ueberdies sind die Beziehungen der Wärme zu den Atomgewichten und zu den Aenderungen der Aggregationsformen für die Constitution der Materie charakteristischer, als die blossen Affectionen des Gravitirens. Die für das Wesen der Dinge so intime Rolle der Wärme zeigt sich aber erst vollständig durch ihren Einfluss auf die specielle Gliederung der Gebilde und schliesslich auf die Unterhaltung des Lebens. Wenn also ein höchstes und universelles Entwicklungsprincip einmal zugleich den Kosmos und das Leben auf den einzelnen Weltkörpern als nothwendige Glieder einer Kette von Wirkungen sichtbar machen sollte, so würde es aller Wahrscheinlichkeit nach den Mechanismus der Wärme als Grundgestalt enthalten müssen.

Drittes Capitel.

Organische Entwicklungsgesetze.

Sobald wir von der kosmischen Weltverfassung und der näher bekannten Einrichtung unseres Sonnensystems zu dem Schicksal eines einzelnen Körpers, wie der Erde, übergehen, so gilt er uns wesentlich nur als ein Schauplatz für organische und vitale Entwicklungen. Die Geologie ist ein Mittelglied zwischen der kosmischen Betrachtung und der Aufmerksamkeit auf die Kette der Lebensformen. Die stetigen, mit plötzlichen und gewaltsamen Katastrophen unverträglichen Entwicklungsideen haben im Eingang des 19. Jahrhunderts in Lamarck einen vielseitigen Vertreter gefunden, sind aber erst ein Menschenalter später durch Lyell in der Geologie zu umfassender und specieller Verwerthung und noch weit später zu allgemeiner Anerkennung gelangt. Nach diesen neuen Allmäligkeitsgrundsätzen sind die Kräfte, welche heut an der Veränderung der Erdoberfläche arbeiten, an sich selbst und in ihrer stetigen Wirkungsart ebendieselben, welche im Verlauf gewaltiger Zeitausdehnungen die erheblichsten Umwandlungen hervorgebracht haben. In einer andern Richtung hat Lamarck auf eine für ihn besonders charakteristische Weise mehr als den blossen Anstoss zu einer neuen Auffassung der lebenden Welt gegeben. Er hat, und zwar namentlich in seiner *Philosophie zoologique* (1809), diejenige Theorie von dem Ursprung und der stetigen Bildung der Arten aufgestellt und durchgeführt, die 50 Jahre später von Darwin mit einigen theoretischen Zusätzen und neuen Thatsachen ausgestattet und so seit 1859 immer mehr zu einem allgemeinen Ferment geworden ist. Der sogenannte Darwinismus enthält über die Lamarckschen Aufstellungen hinaus nur ein einziges, bei ihm markirter auftretendes und in alle Breite verfolgtes Entwicklungsprincip, nämlich das der Naturzüchtung vermittelst des sogenannten Kampfes ums Dasein. Der Ursprung der letzteren Vorstellung ist, wie es Darwin selbst eingestanden hat, in einer Verallgemeinerung der Ansichten des nationalökonomischen Bevölkerungstheoretikers Malthus zu suchen und demgemäss auch mit allen Schäden behaftet, die den priesterlich Malthusianischen Anschauungen über das Bevölkerungsgedränge eigen sind. Die Oekonomie der Natur ist in dieser Richtung nicht weniger einseitig aufgefasst worden, als diejenige der Gesellschaft, und es ist bereits abzusehen, dass die zweideutigen oder verwerflichen Elemente des Darwinismus ein ähnliches Schicksal haben werden, wie es den Malthusianismus bereits betroffen hat. Was bleiben wird, werden die Lamarckschen Ideen sein und vielleicht einige allgemeinere Vorstellungen über die Häufung der Unterschiede vermöge solcher geschlechtlicher Combinationen und solcher Vererbungen, deren Vollziehung keineswegs in erster Linie durch einen Kampf um das Dasein, sondern durch positive Gruppirungen und Triebe bestimmt zu denken ist.

Innerhalb der ganzen Bewegung der Anschauungsweise, die im Verlauf des 19. Jahrhunderts zur Bethätigung gelangt ist, zeichnet sich als völlig berechtigtes Element die durchgreifende Vorstellung von einer universellen Fortschrittsrichtung der Entwicklungen aus. Der ursprüngliche Zustand wird möglichst einfach und ungegliedert gedacht, so dass die Mannichfaltigkeit der Formen und Fähigkeiten der Gebilde erst allmälig in immer höheren Steigerungen hervortritt. Auch scheint das eigentliche Chaos als Ursprungsvorstellung in jeder Richtung aufgegeben zu sein, und in der That kann sich nichts entschiedener Unphilosophisches in die Systematik der Natur eindrängen, als die Idee einer wüsten, ungeordneten Durcheinandermischung aller Elemente. Das Ei, aus welchem sich das Huhn durch blos physikalische Wärme bilden kann, ist kein Chaos, sondern eine derartige typische Vorbildung, dass ein blosses Wärmespiel ausreicht, die zu der gegliederten Gestaltung eines empfindenden Wesens nöthigen Gruppirungen zu veranlassen. Auch der Zerstreuungszustand der Materie kann kein eigentliches und regelloses Chaos, sondern muss eine gesetzmässige Anordnung und Beziehung der Theilchen gewesen sein, in welcher der Typus der ferneren Entwicklungen bereits angelegt war. Das Gesetz und die Regel beherrscht Alles, mögen wir in die äusserste Vergangenheit zurückgehen oder in die fernste Zukunft hinausgreifen. Systematisch ist jede Existenzform der Materie, und der einzige Unterschied besteht in dem Grade der jeweiligen Entwicklung. Ein rationelles Chaos würde daher nicht den Mangel der Gesetzmässigkeit und Ordnung, sondern nur die Abwesenheit der Entwicklung bedeuten können. Doch ist der Ausdruck besser ganz zu vermeiden, da bei ihm nicht blos an den Mangel einer bestimmten Art von Gruppirung, sondern überhaupt an das Widerspiel aller regelrechten Anordnung gedacht zu werden pflegt. In diesem letzteren Sinne giebt es nur für die willkürliche und wüste Imagination ein Naturchaos, und weder die Ursprungszustände des Universums, noch diejenigen der organischen oder empfindenden Gebilde dürfen als ein Walten regelloser Kräfte vorgestellt werden. Selbst wenn erst eine Reihe von Gebilden hervorgetrieben wäre und hinterher an den Widerständen, die sich der Fortexistenz ihrer Formen hinderlich zeigten, eine Vernichtung erfahren hätte, so würde dieser Antagonismus selbst als eine gesetzliche Form des Schaffens zu betrachten und als Bestandtheil der durchgängigen Systematik der Natur aufzufassen sein.

2. Der Fortschritt liegt in der Ausbildung einer reicheren Mannichfaltigkeit und mithin in der Erhebung zu einer grösseren Vollkommenheit. Mit diesen Begriffen befinden wir uns aber bei einem wichtigen Wendepunkt des naturphilosophischen Denkens. Es ist nämlich völlig unmöglich, die Vollkommenheit und einen Maassstab derselben ohne den Gesichtspunkt der einem Zwecke entsprechenden Function vorzustellen. Solange wir gegen die Anordnung der Theile eines Mechanismus bezüglich ihres Zusammenwirkens zu seiner Verrichtung gleichgültig bleiben, verstehen wir denselben nicht. Ausser der Art, wie jedes Glied der Causalkette in das nächste eingreift, muss auch die ganze Beziehungsform der Ursachen und die systematische Combination derselben zu einer Gesammtwirkung erkennbar werden. Dies ist aber nur möglich, wenn wir unter den Causalitäten eine Unterordnung und Abhängigkeit annehmen, wie sie in jedem, von Menschenhand verfertigten Mechanismus ebenfalls statthat. Die Beziehung von Mittel und Zweck setzt keineswegs eine bewusste Absicht voraus; denn eine solche Absicht kann nur da vorhanden sein, wo eigentliche Vorstellungen und verstandesmässige Ueberlegungen dazwischentreten. Wir präjudiciren also über das Wesen der Dinge gar nichts, indem wir uns nicht künstlich den Verzicht auf einen Begriff aufzwingen, ohne den

unser Verstand in seiner Tragweite gelähmt bleiben würde. Was ein falsches Raisonnement aus Zwecken sei, und warum die strenge Wissenschaftlichkeit auf der Erkenntniss der wirkenden Causalität und nicht auf der voreiligen Operation mit Finalitäten beruhe, haben wir schon dargelegt. Wo aber der vollständige causale Zusammenhang in seinen einzelnen Gliedern blosgelegt ist, bildet die Betrachtung von Mittel und Zweck eine nothwendige Ergänzung der Einsicht, und es war ein falscher, gegen die Elemente des Verstandes selbst gerichteter Skepticismus, wenn man in der vermeintlichen Kritik der in der Natur wesentlichen Kategorien bis zur Forderung der Ausmerzung des Zweckbegriffs gelangte.

Auch den Mangel einer bestimmten Ordnung, die erst mit der Entwicklung hervortritt, können wir nicht anders kennzeichnen, als indem wir ihn im Gegensatz zu einem Typus betrachten, der eine höhere Art des Schematismus der Gebilde und einen gesteigerten Grad von Vollkommenheit vertritt. Alles, was wir in dieser Hinsicht als Unordnung auffassen, ist nur eine niedere Stufe der Gesetzmässigkeit, bei welcher wir zugleich an die Abwesenheit eines höheren formenden Princips denken. Nicht die Kräfte, sondern die Kräfteformen machen den Unterschied der Gebilde aus, und in der Bethätigung solcher Formen oder Schemata besteht die Entwicklung. Dagegen ist es ein ganz anderer Begriff von Unordnung, wenn wir innerhalb desselben Bereichs mit einer theilweisen Zusammenstimmung der Functionen auch die gegenseitige Störung derselben oder das Verfehlen des erforderlichen Zusammenwirkens wahrnehmen. Hier haben wir dann nicht den Mangel des Zwecks sondern die positive Unzweckmässigkeit vor uns, und derartige Abweichungen dienen ganz besonders dazu, die Structur aus dem Gesichtspunkt von Mittel und Zweck kenntlich zu machen.

Wenn wir von Niederem und Höherem reden, so kann dies für die Entwicklungsstufen nur dann einen Sinn haben, wenn wir die Functionen der Dinge nach ihren Leistungen für irgend einen Zweck unterscheiden. Der Begriff des Fortschritts selbst würde alle Bedeutung verlieren, wenn man nicht ein Maass hätte, die höheren von den niederen Entwicklungsstufen zu unterscheiden. Auf einen blossen Grössenbegriff, also etwa auf die Reichhaltigkeit der Gliederung, kann man das Fortschreiten nicht beschränken wollen; denn die Vielgestaltigkeit der Functionen würde an sich selbst nichts bedeuten, wenn nicht die in dieser Vielgestaltigkeit gleichsam herrschende Gruppe von Hauptfunctionen an sich selbst einen höheren Werth hätte.

Der Fortschritt in der Stufenfolge der Entwicklungen liegt in der Richtung auf das Leben, und das Universum kann eben nur darauf angelegt sein, schliesslich überall und in reichster Fülle die Empfindung zu produciren. Die empfindenden Wesen müssen uns als Zweck jeder kosmischen Einrichtung gelten; denn eine durchgängig bewusstlose Welt wäre eine thörichte Halbheit und so zu sagen eine Schaubühne ohne Spieler und Zuschauer. Die Reihe der Causalitäten führt auf irgend eine Art zum Hervortreten empfindender Gebilde, und die nähere Kenntniss dieser Art würde uns in den Stand setzen, überall aus den kosmischen Bedingungen auch auf das Dasein und die Beschaffenheit einer vitalen Ausstattung der Weltkörper zu schliessen. Nun kennen wir aber aus der Erfahrung nur eine einzige derartige Causalität und selbst diese nur als nackte Thatsache und ohne die näheren Einschaltungen ihrer Kette. Wir kennen die organische und die vitale Ausstattung unseres Planeten und deren gegenwärtige Lebensbedingungen. Wir wissen ferner, dass diese Ausstattung in einer gewissen Periode der planetarischen Entwicklung noch nicht vorhanden war, und dass mithin Empfindung und Bewusstsein einen von geologischen Vorgängen abhängigen Anfang gehabt haben. Wir müssen ausserdem den allgemeinen Gedanken fassen, dass es bestimmte Zustände der Materie mit einer bestimmten Anordnung kosmisch physikalischer Kräfte sind, wodurch den Organisationen und dem Leben nicht blos Gelegenheit gegeben, sondern die Nothwendigkeit auferlegt wird, in gegliederten und bewussten Gebilden hervorzutreten. Die Entstehung des Lebens ist mithin ein Act der wirkenden Causalität; wo in der Mechanik des Universums die Bedingungen zur organischen Gliederung und zum Empfindungsspiel gegeben sind, da brechen diese neuen Formen des Daseins mit Nothwendigkeit hervor, und sie sind daher selbst nichts als entlegene Glieder in der allgemeinen ursächlichen Determination. Von der Mechanik in Druck und Stoss bis zur Verknüpfung der Empfindungen und Gedanken reicht eine einheitliche und einzige Stufenleiter von Einschaltungen, und wir können gewiss sein, dass diese Bewerkstelligung des Uebergangs überall dasselbe in den wesentlichen Grundzügen übereinstimmende Schema reproduciren muss. Wie die Grundstoffe überall dieselben sind, so werden es auch die Grundformen oder, mit andern Worten, die typischen und gestaltenden Elemente sein, und die Mannichfaltigkeit der Variationen wird durch die Gemeinsamkeit der zu Grunde liegenden Bildungsverhältnisse keineswegs ausgeschlossen. Die sonst völlig neuen Entwicklungen können dennoch die alten Grundformen einschliessen, und wie der Mensch die Animalität in ihren Hauptzügen enthält, so können auch andere Wesen die wichtigsten Attribute des Menschlichen an sich tragen, ohne deshalb mit ihren Functionen auf den Rahmen der menschlichen Thätigkeit begrenzt zu sein. Das Denken kann nach denselben Gesetzen erfolgen und dieselben Wahrheiten liefern, aber dennoch von grösserer Tragweite sein. Keine Einsicht der niedern Stufe braucht im Widerspruch mit der weitertragenden Wahrheit der höhern Stufe zu stehen, sowie eine Erweiterung des Wissens und des Horizontes keine Enttäuschung über das bisherige Vorstellen zu werden braucht. Die Triebe und Leidenschaften können von derselben Gattung und aus denselben Elementen zusammengesetzt sein; sie können zu entsprechenden gesellschaftlichen Gruppirungen ihrer Träger führen, ohne dass deswegen Alles wie bei uns eingerichtet sein und das Spiel entwickelterer Formationen fehlen müsste. Wir stehen mit unserer Erkenntniss innerhalb der Reihe empirischer Causalität und verstehen uns demgemäss auf die Elemente, aber nicht auf alle Combinationen, Steigerungen und Entwicklungen des Daseins. Wir begreifen die Elemente alles Lebens und Bewusstseins; aber wir haben mit den Elementen noch keineswegs die Hauptsache, nämlich die Mannichfaltigkeiten des Lebens erschöpft. Auf dem reicheren Schematismus der Elemente beruht die Steigerung, und es würde thöricht sein, von den im Universum möglichen Empfindungsgestaltungen mehr als die Elemente kennen zu wollen. Der Reiz des Lebens beruht eben auf dem Umstande, dass sich auf die bekannten Elemente eine unbekannte Combination gründen könne.

3. Warum ist unser Schluss auf die Bevölkerung der andern Planeten und auf die lebenden Wesen der sonstigen Körper des Universums, trotz seiner vollendeten Sicherheit im Allgemeinen, doch so unbrauchbar für den einzelnen Fall? Weil wir wohl die Causalität überhaupt, vermöge deren kosmische Voraussetzungen zur Entstehung lebender Wesen führen, aber nicht die besondern Vorbedingungen und Umstände kennen, unter denen ein solcher Vorgang gesetzmässig eintreten muss. Es ist nicht etwa ein Schluss aus dem Zweck, der uns die Bewohntheit anderer Weltkörper im Allgemeinen und in

erster Linie verbürgte; es ist vielmehr das einfache Verhältniss von Ursache und Wirkung, welches in der unbestimmten Art, in welcher es uns aus der ursprünglichen Lebenserzeugung auf unserm Planeten bekannt ist, auch nöthigt, überall sonst im Weltall an gleiche Vorbedingungen gleiche Ergebnisse zu knüpfen. Nun hindert uns aber nichts anzunehmen, dass es auch im Kosmos so zu sagen Wüsten d. h. unfruchtbare Materie geben könne, für welche sich die Bedingungen der Lebenserzeugung nicht zusammengefunden haben. Hiezu kommt noch, dass die für uns zwingende Analogie, von welcher wir den Logos oder die Raison nur ganz im Allgemeinen kennen, keine nähere Zeitbestimmung enthält. Der Zeitpunkt, in welchem nach einer Dauer von physikalischen Vorspielen endlich das empfindende Leben erregt und zu irgend einer Art von Bewusstsein gebracht wird, ist in der Reihe der kosmischen Vorgänge nichts weniger als gleichgültig. Kein bestimmteres Entwicklungsgesetz kann ohne die Angabe eines Zeitquantum bleiben, und wir müssen daher nach den Grundsätzen der Wahrscheinlichkeitsveranschlagung voraussetzen, dass im Universum die verschiedensten Entwicklungsepochen gleichzeitig vertreten sind. Ehe ein Weltkörper zu derjenigen Beschaffenheit seiner Oberfläche gelangte, vermöge deren er fähig wurde, eine Bühne der Organisation und des empfindenden Lebens zu sein, muss seine ganze vorgängige Existenz einen rein physikalischen Charakter gehabt haben. Irgend einmal sind also die Lebensgebilde im Universum nirgend vertreten gewesen, und wir dürfen daher auch den heutigen Zustand der Natur nur als einen gemischten ansehen. Neben den bevölkerten Weltkörpern müssen wir auch solche voraussetzen, die es noch nicht sind; ja wir würden auch solche anzunehmen haben, die es nicht mehr sind, wenn uns irgend ein ursächliches Verhältniss, durch welches die Ausstattung mit lebenden Wesen wieder aufhörte, als Thatsache bekannt wäre, oder wenn irgend ein sicherer Schluss ein derartiges Ereigniss in die Entwicklungsreihe aufzunehmen erlaubte. Letzteres ist aber nicht der Fall, wie wir schon früher nachgewiesen haben.

Das Interessante an der vitalen Entwicklung ist der Umstand, dass nichts nachdrücklicher als grade sie die Wichtigkeit der absoluten Zeitgrössen kennen lehrt. Wer sich scheut, für jede bestimmte Naturform einen Anfang zu setzen und ihm eine zeitlich bestimmte Epoche in der Entwicklung des Systems der Dinge anzuweisen, wird in die Nothwendigkeit, der er in andern Fällen ausweichen will, grade bei dem bedeutungsvollsten Ereigniss versetzt, welches sich überhaupt für denkende Wesen in der Welt vorfinden kann. Die empfindende Animalität muss in irgend einem, mathematisch scharf zu denkenden Zeitpunkt ins Dasein getreten sein. Dies gilt für unsern Planeten; es gilt aber auch in einem absoluten Sinne für das Universum. Man kann nun fragen, warum dieses entscheidende Ereigniss, innerhalb dessen Gattung unser ganzes Lebensinteresse haftet und dem gegenüber wir keinen höhern Zweck zu denken vermögen, nicht eine Decillion von Jahrtausenden früher eingetreten sei und warum, dichterisch geredet, eine ganze Ewigkeit ohne diese vitale Auszeichnung, ohne eigentliches Leben, ohne Empfindung, ohne Bewusstsein, kurz ohne Interesse an sich selbst geblieben sei. Der Reiz des Daseins ist hienach offenbar nicht blos überhaupt etwas Zeitliches, sondern sogar ein Phänomen mit bestimmtem Anfang. Die Subjectivität, die ohne Empfindung ein sinnleerer Begriff sein würde, ist erst etwas zur objectiven Welt Hinzugekommenes, was, im absoluten Sinne genommen, sein oder auch nichtsein kann und zwar unbeschadet der Existenz der sonstigen Theile der Natur.

Wenn irgendwo, so werden wir bei diesem Punkte inne, welcher Unterschied zwischen der allgemeinen, für jegliche Zeit gültigen Nothwendigkeit und denjenigen Gesetzen besteht, die sich nur auf eine bestimmte Zeitdauer und auf den Ort dieses Zeitquantums in dem universellen Zeitinhalt beziehen lassen. Jedes bestimmtere Entwicklungsgesetz, welches mehr als die Grundformen aller Entwicklung ausdrückt, muss eine Zeitgrösse und ausserdem die Angabe einer Lage zwischen benachbarten oder entfernteren Ereignissen enthalten. Man wird mithin irgend einen Zustand als Ausgangspunkt bezeichnen und von ihm aus das Einzuschaltende abmessen. Man wird jeder Veränderung einen Zeitpunkt ihres Eintretens und überdies der neuen Beschaffenheit irgend einen Bestand und irgend eine Dauer anweisen, nach welcher wiederum eine neue Eigenschaft sichtbar geworden ist. Diese Abgrenzungen werden die eigentlichen Entwicklungsstufen bezeichnen, und man wird solange von brauchbaren Entwicklungsgesetzen äusserst fernbleiben, als es nicht gelingt, die Nothwendigkeit des absoluten Zeitmaasses zu erkennen, nach welchem sich Wechsel und Bestand regeln. Wie schlecht wäre man im Sonnensystem und über dessen Verhältniss zu den näheren Theilen des Kosmos unterrichtet, wenn man nicht die räumlichen Ausdehnungen entweder genau messen oder in einigen Beziehungen wenigstens ziemlich gut schätzen könnte! Ein gleiches Erforderniss gilt nun für die zeitliche Orientirung, und man schmeichle sich nicht, entscheidende Entwicklungsgesetze zu kennen, solange man über die Abstände der grossen Epochen und das jedem Entwicklungshergang zuzutheilende Zeitmaass in Ungewissheit bleibt. In der Entwicklung des thierischen Individuums fehlt es uns für die verschiedenen Stadien keineswegs an hinreichenden Bestimmungen der Dauer. Bei dem Embryo sagen wir sogar mit einem hohen Grade von Sicherheit die Abfolge der Zustände und den Zeitpunkt seiner selbständigen Loslösung voraus. Für die embryonischen Zustände der Gattungsbildung sind wir von der Genauigkeit solcher zeitlich bestimmter Vorstellungen noch äusserst entfernt. Aber selbst wenn wir uns der geschichtlichen Zeit nähern oder in dieselbe eintreten, lassen die zeitlichen Markirungen noch viel zu wünschen übrig. Wo haben wir wohl in der Menschheitsgeschichte streng bestimmbare Entwicklungsmaasse zu verzeichnen? Was bedeutet die Dauer einer Race oder, mit andern Worten, in welchem Zeitpunkt lassen wir deren Eigenthümlichkeit hervortreten? Wie gross ist die Lebensdauer der Nationen, sei es dass man den Anfangspunkt markirter Stammeigenthümlichkeiten oder den Schlusspunkt ihrer völligen Verwischung kennen zu lernen wünscht? Hier zeigt es sich, dass uns nicht nur die innern Nothwendigkeiten, welche den bestimmten Zeitverbrauch mit sich bringen, sondern auch die äussern Thatsachen für die Länge der Epochen meistens fehlen. Wo wir dagegen im Bereich der eigentlich historischen Vorgänge, mögen sie nun die Natur oder das Menschenschicksal betreffen, wirkliche Zeitmaasse zur gehörigen Anwendung bringen können, müssen wir sofort fast regelmässig den Mangel einer tiefern Einsicht in die innere Nothwendigkeit des bestimmten Zeitverbrauchs bemerken. Derartige Unzulänglichkeiten bleiben also vorläufig eine störende Eigenschaft aller unserer Entwicklungssysteme, und man darf daher auf die Specialitäten der kurzweg so genannten Entwicklungstheorie keinen zu grossen Werth legen.

4. Selbst wenn man, was nicht der Fall ist, die Welt in einer leeren Zeit grade so wie im leeren Raume gleichsam verschoben denken könnte, so würde diese Verschiebung an der realen Aufeinanderfolge und Dauer der einzelnen Thatsachen nichts ändern. Sieht man also von demjenigen Anfang ab, mit welchem alle Entwicklung erst begonnen hat und aus dem Zustande der Sichselbst-

gleichheit der Materie herausgetreten ist, so mag man die seitdem abgelaufene Reihe in jeden beliebigen Ort der ideellen Zeitlinie verlegen, und man wird an der Wirklichkeit hiedurch nicht das Geringste ändern. Worauf es also ankommt, ist die Bestimmung des Wirklichen innerhalb Seinesgleichen und nicht die täuschende Beziehung auf eine absolute, rein ideelle Zeit. In einer solchen Zeit wäre für das Ganze jeder Ort völlig gleichgültig, und ein reales Früher oder Später kann sich eben nur auf die Theile des Entwicklungsganzen beziehen. Mit der zeitlichen Entfernung verhält es sich daher ähnlich wie mit der räumlichen; sie hat nur zwischen Realitäten einen Sinn und ist übrigens ein blosses Wiederholungsbild der abstracten Phantasie.

An diese allgemeineren Verhältnisse mussten wir erinnern, ehe wir uns demjenigen Problem zuwendeten, bei welchem die Charlatanerie mit ihren leichtfertigen Oberflächlichkeiten und mit ihren so zu sagen wissenschaftlichen Mystificationen das breiteste Feld zu behaupten pflegt. Die entlegenen Ursprungsperioden des pflanzlichen und thierischen Daseins bieten einer naturphilosophischen Halbpoesie viel Verlockendes, und sehr erhebliche Bestandtheile der Darwinschen Hypothesen tragen diese dichtelnden Züge deutlich genug an der Stirn. Es gehört zu den Bizarrerien der Mode, solche Halbwüchsigkeiten einer beengten und sich selbst nicht klaren Imagination eine Zeit lang als eigentliche Wissenschaft in Umlauf zu setzen und aus Laune hier das gelten zu lassen, was anderwärts als schlimmste Abweichung von dem Wege exacter Forschung angesehen wird. Wenn Lamarck gelegentlich die Vorstellung von einem einzigen Urthier als dem einfachsten Typus aller Animalität gewagt hat, so wollte er hiemit keineswegs die Abstammung von einem einzigen Individuum zum Grundsatz erhoben wissen. Die sogenannte Descendenztheorie, in der Darwinschen Gestalt, ist aber die Voraussetzung einer durch Fortpflanzung vermittelten Verwandtschaft aller Wesen. Die Entwicklung des Menschen aus dem Affen, welche Darwin Anfangs nicht so deutlich wie in seinen späteren Schriften hervortreten liess, ist nur ein besonderer Fall von markirterem Interesse und populärer Verständlichkeit, übrigens aber nichts Ungeheuerliches, woran der wissenschaftliche Sinn Anstoss nehmen könnte. Was dagegen in der Descendenztheorie wirklich verletzt, ist der Mangel an Consequenz in der Rechenschaft über die ursprünglichsten Voraussetzungen. Solange sich diese Theorie ein gutes Stück diesseits der Anfangspunkte der animalen Entwicklung hält, erregen selbst ihre Dichtungen den Schein erfahrungsmässiger Wahrheit. Sobald sie aber an die entlegenen Grenzen gelangt, wird ihre logische Ohnmacht vollkommen sichtbar. Wie viele Stammabzweigungen will sie eigentlich annehmen? Soll sich das Thier aus der Pflanze entwickelt haben? Wo findet man alsdann das Urwesen? Ist es vielleicht ein chemischer Typus, von dem die Pflanze abstammt? Spielen die Krystalle vielleicht in der allgemeinen Descendenz auch eine Rolle? Sind die chemischen Grundstoffe vielleicht auch nur Abkömmlinge einer einzigen individuellen Urmutter, und möchten die Darwinisten als dieses letzte Urwesen nicht unsere sich selbst gleiche Materie gelten lassen? Man sieht, dass der Stammbaum ziemlich weit reicht, wenn man sich eine ernsthafte Consequenz zur Regel macht; aber die Genealogie des Engländers Darwin scheint trotz aller vermeintlichen Kühnheit doch ein wenig von der vulgären Ueberlieferung inficirt zu sein, durch welche man den Kindern auch eine Abstammungstheorie für das ganze Menschengeschlecht, nämlich diejenige von dem ersten Juden im Paradiese beizubringen pflegt. Dieser Urjude, der so sehr Alles in Allem war, dass er sogar schon sein Weib in sich trug, ist von dem Uraffen der Darwinschen Descendenztheorie nicht so überaus verschieden, als man auf den ersten Blick anzunehmen versucht sein könnte. Die glückliche Aeffin, aus deren Schooss sich das erste Menschenkind entband, und der noch glücklichere Vater, welcher hart auf der Grenze zwischen Affenthum und Menschenthum existirte und die zweierlei Naturen in sich vereinigte, geben mindestens eine ebensogute Volkshypothese ab, wie der Urjude, der in so vielen wissenschaftlichen Theorien als Einer, der nicht leben und nicht sterben kann, und als ewiger Spuk sein Wesen treibt. Wer in aller Welt hat denn mit einem Male die sonst nur von der Superstition oder von der hirnlosen Gemüthlichkeit einer vermeintlichen Philanthropie behauptete Individualeinheit des Menschengeschlechts so sicher verbürgt, dass die Raisonnements Darwinscher Art diese Angelegenheit schon als selbstverständlich behandeln dürften? Es ist doch wahrlich kein Axiom, dass Alles, was sich ähnlich ist oder einen gemeinsamen Typus zeigt, auch individuell von einem einzigen Wesen abstammen müsse. Um dies annehmen zu können, müsste man erst nachweisen, dass die Natur keine andern Mittel kenne, die Uebereinstimmung hervorzubringen, als den Weg der Fortpflanzung durch Vervielfältigung der schematischen Eigenschaften eines einzigen individuellen Körpers. Sicherlich ist im Universum noch irgendwo eine Kugel vorhanden, auf welcher die lebenden Wesen den auf unserm Planeten befindlichen nahezu gleich oder wenigstens äusserst ähnlich sind. Ueberdies müssen wir annehmen, dass die Structur der Animalität auf andern Weltkörpern den Elementen nach dieselbe ist, wie bei uns. Welche Ungeheuerlichkeit von Vorstellung und welcher Widersinn würde sich nun aber nicht ergeben, wenn man die kosmische Gleichartigkeit der Wesen zu einer für das Universum gültigen Descendenztheorie erweitern wollte? Dennoch ist der Darwinsche Schluss im engeren Gebiet kein anderer, als das, was für kosmische Dimensionen eine Absurdität sein würde. Unvermerkt und stillschweigend schiebt sich dem Engländer immer die Idee unter, dass eine Uebereinstimmung in den Eigenschaften auf gar nichts Anderem als auf einer Abstammungsgemeinschaft beruhen könne. Die selbständige Nebenordnung gleichartiger Naturproductionen ohne Abstammungsvermittlung ist für ihn gar nicht vorhanden, und er muss daher mit seinen rückwärts gekehrten Anschauungen sofort am Ende sein, wo ihm der Faden der Zeugung oder sonstigen Fortpflanzung abreisst. Die Auffassung der gesammten Coordination aller Gattungen und Arten des organischen Bereichs als so zu sagen der Brut eines einzigen Wesens ist die Grundeigenschaft der Abstammungslehre. Wenn man bei der Einschaltung einiger relativer Urwesen stehen bleibt, so ist dies nur ein empirisches Haltmachen und ausserdem ein Merkmal der Unsicherheit, welche der Theorie bei der Begegnung mit der logischen Consequenz anhaftet. Darwin selbst nimmt bekanntlich an jenem äussersten Gestade, wo seine Imagination zu stranden droht, echt Englisch seine Zuflucht zum Herrgott, von dem er sonst in ehrerbietiger Ferne verblieben ist. Die ersten Acte haben den Macher der Welt zum Urheber; alsdann hat die Descendenzmaschine gespielt, und es würde unenglisch sein, den hohen Herrn weiter in die wissenschaftliche Debatte zu ziehen. Seine Majestät wird vor lauter constitutioneller Ehrerbietung in der Discussion nicht genannt; aber sie thront nicht nur über den Köpfen des von der Kaste der Wissenschaftspolitiker beschatteten Volks, sondern auch über dem Abstammungstheoretiker selbst und seinen in natürlicher Weise rechtgläubigen Genossen. Sonst nannte man eine solche Auskunft Deismus und hielt nicht viel davon; jetzt aber scheint man sich auch in dieser Beziehung rückwärts entwickelt zu haben und über dem Darwincultus die metaphysisch beengte Denkweise des zoologischen Götzen zu übersehen. Allerdings giebt es eine halbmaterialistische Richtung von sehr zweifelhaftem philosophischen Werth, welche dem Darwinismus seine specifisch Englische Beschränktheit und seine metaphysische Unzulänglichkeit abzustreifen sucht. Sie führt den Krieg nicht nur gegen die religiöse Volkssage, sondern glaubt auch wirklich mit dem Darwinismus eine materialistische Welt- und Lebensanschauung gewonnen zu haben. Allein sie irrt sich hierin; denn in ihrem Kerne ist die Darwinsche Denkweise nicht minder auf Reaction angelegt als der Malthusianismus. Hinter ihr steckt sogar eine verhaltene Neigung zu mystischen Vorstellungen, und der Umstand, dass jener Wallace, der seine Abhandlungen mit allen wesentlichen Punkten der neuen Theorie noch vor Darwin zur Journalpublication einsendete, ausgesprochener Spiritist im Amerikanischen Sinne und Leugner der Materie nach Berkeleyscher Art ist, sollte doch über den logischen Geist der ganzen Lehre bedenklich machen. In der Englischen Gestalt ist alles Wahre, was Lamarck aufgestellt hat, in der That mit soviel Irrthum versetzt worden, dass man sich allenfalls zum Lamarckianismus, aber nicht zum Darwinismus bekennen kann.

25. Um allen Zweifelhaftigkeiten zu entgehen, wollen wir die haltbaren und unhaltbaren Vorstellungen, die jetzt unter der Flagge des Darwinismus segeln, im Einzelnen hervorheben. Verwerflich ist zunächst der Missbrauch, der mit dem unklaren Begriff der Metamorphose getrieben wird. Man sollte die Verwandlungen den Genossen Ovids überlassen und sich erinnern, dass da, wo der wissenschaftliche Begriff einer Umänderung platzgreifen soll, ausser der Identität auch die Differenz festgestellt und in den einzelnen Elementen nachgewiesen werden muss. Mag man es mit den sogenannten Umwandlungen der mechanischen Kraftformen oder mit den Artabänderungen pflanzlicher und thierischer Gebilde zu thun haben, so wird man sich in jedem Fall vor wüsten Metamorphosenconceptionen wie vor einer wissenschaftlichen Pest hüten müssen. Die Mährchendichtung gehört in die Kindheitsepoche der Völker, und wo sie jetzt sogar in der Wissenschaft Gnade findet, ist dies ein Zeichen der Greisenhaftigkeit, der manche Gebilde bereits anheimgefallen sind. Es ist ein schlimmes Anzeichen, dass der unwissenschaftlichste der neueren Dichter, nämlich der Autor der berüchtigten unphysikalischen, aber dafür poetischen Farbenlehre, nicht blos an dem Begriff, sondern auch an dem technischen Ausdruck Metamorphose und

sogar an einem Stückchen Darwinismus unleugbaren Antheil hat. Trotz der Kleinigkeiten, die man als sogenannte Entdeckungen hinterher in Goethes naturkundlichen Auslassungen hervorsuchte, ist nie eine Natur und Phantasie so wenig auf eigentliche Wissenschaft und so sehr auf das Widerspiel derselben angelegt gewesen, als diejenige des Erfinders der dramatischen Faustlyrik. Dieses Faustrecht, welches die reinen Gattungen durcheinandermengt, so dass Fisch und Fleisch wirklich zu einem chaotischen Urbrei vereinigt werden, sollte wenigstens derjenigen Kunst, welche von der Natur in der Composition der Arten ausgeübt worden ist, nicht untergeschoben werden.

Die Umwandlung hat nur da einen wissenschaftlichen Sinn, wo wir, wie bei der Umgestaltung geometrischer Gebilde, das Bewegungsprincip durchschauen und innerhalb der Einheit des Begriffs die quantitative Entstehung der specifischen Differenz wahrnehmen. Im Realen, wo wir die abändernde Bewegung nicht durch unsere eignen Vorstellungen vollziehen, können wir nur dadurch zu deutlichen Ideen vom Schaffen der Natur gelangen, dass wir intimer in die Zusammensetzungsart der Elemente eindringen. Möglichst einfache Bestandtheile sind hier das Ziel der Forschung, und wo wir die Umwandlung nicht durch eine Veränderung der Zusammensetzung begreifen, verstehen wir überhaupt gar nichts, sondern täuschen uns nur durch den Schein einer Ableitung. Jede Entwicklung wird daher auf dem Hervortreten neuer Elemente beruhen, und die niedern Entwicklungsstufen werden nur begreiflich, insoweit sich ihre Elemente in den höhern Formationen wiederfinden. Hätten wir nicht an uns selbst und in uns selbst Gelegenheit, die Composition des vitalen Körpers und des Empfindungsgebiets in der grössten Vollkommenheit zu studiren, so würde uns die zerstreute Mannichfaltigkeit niederer Gebilde als befremdliche Zufälligkeit erscheinen müssen. So aber haben wir mit der reichhaltigsten Composition auch die einzelnen Bestandtheile zur Verfügung und können die isolirte Rolle dieser elementaren Theilexistenzen auch innerlich einigermaassen übersehen. Umgekehrt werfen allerdings die elementaren Selbständigkeiten auch wiederum ihr Licht auf die vollendetste Composition; denn es ist etwas Anderes, die Bestandtheile in ihrem isolirten Verhalten, — und wiederum etwas Anderes, sie in einer beschränkenden Zusammensetzung beobachten. Dennoch bleiben aber schliesslich die Beschaffenheiten des Menschen der Schlüssel zum Verständniss der ganzen Animalität, und was die Thiergebilde selbst zum Verständniss der reichhaltigeren, menschlichen Composition beitragen, kann nur ein Ergebniss zweiter Ordnung sein. Die nebelhaften Verwandlungsideen sind daher mit klaren Compositionsvorstellungen zu vertauschen. Nicht ein Ursprung der Arten, sondern die Zusammensetzung der einfachsten Gattungselemente ist das rationelle Problem. Wie sich die Chemie durch die Erkenntniss der Grundstoffe und ihrer Rolle zur Wissenschaft erhoben hat, so kann auch die Zoologie nur dadurch in einem höheren Grade rationell werden, dass sie sowohl in der äusserlichen Körperlichkeit, als in der Sphäre der Empfindung die typischen Bestandtheile aufsucht, durch deren Aneinanderreihung und Vereinigung die Entwicklungen vollzogen worden sind. Nicht Metamorphose sondern Composition muss daher der leitende Gesichtspunkt der auf den Hergang des Werdens gerichteten Untersuchungen sein.

Man ist stolz darauf, die starren Schranken des Artbegriffs durch die geschmeidigen Vorstellungen von den Uebergängen der Gebilde ineinander ersetzt zu haben. So unschuldig nun die genetischen Ansichten an sich selbst auch sein mögen, so vermischen sie sich doch leicht mit der unhaltbaren Imagination, dass die Begriffe als solche auseinander entspringen. Dieser dialektische Widersinn hat sein Gegenstück in den Schöpfungsarabesken des Darwinismus; denn auch der letztere producirt seine Verwandlungen und Differenzen aus Nichts und befriedigt sich in einem Aneinanderschlingen der organischen Wesen, ohne irgend eine stichhaltige Rechenschaft von dem Princip zu geben, welches die Glieder der Kette zusammenhalten soll. Sein innerliches Hauptargument ist die Entwicklung des menschlichen Embryo, und die Compositionsphasen desselben zeigen auch in der That Spuren verschiedener thierischer Formationen. Ein Analogon der Behaarung, welches wieder verschwindet, soll hier auf das Affenstadium der menschlichen Existenz deuten. Indessen folgt aus allen solchen Spuren nichts weiter, als dass die verschiedenen Arten auf einer Composition einfacher animaler Elemente beruhen, aber keineswegs dass diese Composition als Abstammung zu denken sei. Die Vermittlung durch Abstammung dürfte im Gegentheil erst ein ganz secundärer Act der Natur sein, den wir schon darum nicht rückwärts in das Schrankenlose ausdehnen können, weil wir sonst eine unendliche Anzahl von Wiederholungen erhalten. Lamarck dachte viel natürlicher als Darwin, indem er eine Composition voraussetzte, die mit Zeugung und Abstammung in dem uns geläufigen Sinne dieser Wörter nichts zu schaffen hat.

6. Die von Lamarck hervorgehobene Abänderlichkeit der Arten ist eine annehmbare Voraussetzung, die sich sogar mit dem Eintreten eines relativ stationären Verhaltens vereinigen lässt. Die annähernd stationäre Dauerbarkeit würde alsdann nur ein langsameres Tempo der Entwicklung bedeuten und vielleicht den Uebergang zu einer allmäligen Rückbildung vorstellen. Das Schicksal einer Form würde auf diese Weise nach dem Princip der stetigen Häufung von schaffenden oder vernichtenden Veränderungen erfüllt. Mit Recht hielt sich Lamarck an die Lebensbedingungen, wie sie durch die umgebende Natur dargeboten oder entzogen werden. Eine eigentliche Anpassung an solche Lebensbedingungen setzt Antriebe und Thätigkeiten voraus, die sich nach Vorstellungen bestimmen. Andernfalls ist die Anpassung nur ein Schein und die alsdann wirkende Causalität erhebt sich nicht über die niedern Stufen des Physikalischen, Chemischen und pflanzlich Physiologischen. Wie thöricht würde es nicht sein, bei dem Mittönen der Saiten von einer Anpassung zu reden, und dennoch misshandelt man innerhalb des Darwinismus in diesem Wort nicht nur den Geist der Sprache, sondern auch das Recht auf unzweideutige Begriffsfassung. Wenn wirklich der lange Hals der Giraffe durch das Auslangen nach den Blättern hoher Bäume allmälig entstanden sein sollte, wie Lamarck voraussetzt, so ist dies allerdings eine Anpassung an die Lebensbedingungen zu nennen. Wenn aber eine Pflanze in ihrem Wachsthum den Weg nimmt, auf welchem sie das meiste Licht erhält, so ist diese Wirkung des Reizes nichts als eine Combination physikalischer Kräfte oder chemischer Agentien, und wenn man hier nicht metaphorisch sondern eigentlich von einer Anpassung reden will, so muss dies in die Begriffe eine spiritistische Verworrenheit bringen.

Ehe sich die Abänderungen durch geschlechtliche Combination häufen können, müssen sie überhaupt erst entstanden sein. Der tiefere Grund der Beschaffenheit der Gebilde ist mithin in den Lebensbedingungen und kosmischen Verhältnissen zu suchen, während die von Darwin betonte Naturzüchtung erst in zweiter Linie in Frage kommen kann. Alle Züchtung beruht auf einer Composition gegebener Elemente; aber woher bieten sich diese Elemente dar? Offenbar ergeben sie sich durch Processe, die mit der geschlechtlichen

8*

Auswahl an sich selbst nichts zu schaffen haben. Wenn also Darwin den langen Hals der Giraffe durch die Abfolge der Generationen hindurch aus der Vergesellschaftung der jedesmal längsten Hälse entstehen lässt, so erklärt er hiemit wohl einigermaassen die quantitative Häufung des bereits Vorhandenen; aber das bewegende Princip der Verlängerung selbst wird von ihm als Nebensache behandelt, während doch Lamarck ein volles Recht hatte, es als die Hauptsache anzusehen. Die Darwinisten mögen durch geschlechtliche Zuchtwahl die Hälse noch so weit ausrecken; sie werden hiedurch die Ideen auf den Züchtungsprocess fixiren, aber die fixe Idee, die echt Englisch an der geschlechtlichen Combination haftet, wird dadurch nicht fähig, das eigentliche Bewegungsprincip zu ersetzen. Sie verdeckt es eben nur in den künstlichen Zuchtgebilden ihrer Anhänger, und wenn man sich auch die ganze Erde mit Darwinisten bevölkert dächte, so würde doch der Typus der Logik und Wahrheit durch die langen Hälse dieser Zuchtwahl nur in secundärer Weise beeinträchtigt, aber keineswegs in seinem Bewegungsprincip berührt sein. Dieser Typus würde sich trotz des einseitigen Ganges der wissenschaftlichen Züchtung und Zucht wiederherstellen, indem die Abirrungen von demselben der Ungunst der eignen Lebensbedingungen, auf der andererseits die Fortpflanzung der entgegenstehenden Wahrheit beruht, schliesslich erliegen müssten. Das gestörte Gleichgewicht der Gedanken würde sich trotz der beengtesten Fixirung von Neuem ausgleichen, und man würde endgültig erkennen, dass eine grosse Oberflächlichkeit darin liegt, den blossen Act geschlechtlicher Composition von Eigenschaften zum Fundamentalprincip der Entstehung dieser Eigenschaften zu machen.

Hätte man im innern Schematismus der Zeugung irgend ein Princip der selbständigen Veränderungen aufgesucht, so würde diese Wendung ganz rationell gewesen sein; denn es ist ein natürlicher Gedanke, das Princip der allgemeinen Genesis mit dem der geschlechtlichen Fortpflanzung zu einer Einheit zusammenzufassen, und die sogenannte Urzeugung aus einem höhern Gesichtspunkt nicht als absoluten Gegensatz der Reproduction, sondern eben als eine Production anzusehen. Die letztere könnte immerhin mit analogen Zügen ausgestattet gedacht werden; denn endgültig muss man einerseits ursprüngliche Elemente und andererseits eine Compositionsart derselben annehmen. Wenn nun diejenige Composition, die wir in der gewöhnlichen Fortpflanzung erkennen, zugleich eine selbständige

Thätigkeit und Entwicklung der Elemente zu den verschiedenen Stufen des Lebens einschliesst, so ist das lebenschaffende Princip heute nicht minder thätig als in seinen ursprünglichen Leistungen. Man darf also in der geschlechtlichen Reproduction auch eine Neuproduction voraussetzen, deren Erfolge sich allmälig häufen und eine Fortsetzung der ursprünglichen Gestaltungshergänge vorstellen. Diese Annahme wäre aber das grade Gegentheil des Darwinismus; denn sie würde mit der ausschliesslichen Herrschaft der Ansicht in Conflict gerathen, dass die Natur einzig und allein wie ein Züchter verfahre, der durch grundsätzliche Paarung bestimmter Abänderungsgebilde seine Ideale von Nützlichkeit ins Leben führt.

Die arme Natur muss aber nach den Gesetzen, die ihr Darwin gegeben hat, sogar noch hinter dem plumpesten Züchter zurückbleiben; denn ihr einziges Mittel, durch welches sie die Auserwählten von den Verworfenen scheidet und die Combinationen regelt, ist der Kampf um das Dasein. Die Natur ist echt Englisch ein Concurrenzinstitut, in welchem die Ausrüstung mit grössern Capitalien und Kriegsmitteln entscheidet. Es ist weniger die schaffende als die vernichtende Kraft der Productionswerkzeuge, denen die Naturwesen ihre Triumphe verdanken. Den Concurrenten aus dem Felde schlagen und das eigne Leben auf die Vernichtung alles andern Daseins bauen, sowie die eigne Brut ins Unbeschränkte über die Erde ausdehnen, — in dieser Denkweise und Kunst möchten die Engländer bis jetzt nur einen einzigen, mit ihnen vergleichbaren Concurrenten haben, nämlich den ewigen und allgegenwärtigen Juden. Mögen sie sich daher mit ihm vereinigen, um die Theorie vom Kampfe um das Dasein eine Zeit lang zu verherrlichen und um die Züchtung dieser Theorie mit dem gehörigen Nachdruck zu betreiben. Es werden die Untersuchungen, die sich von anderer Seite und in einer andern Richtung an die Raceneigenschaften knüpfen müssen, schliesslich zu einem Ausgang führen, der die Brutalität der ganzen Lieblingslehre dahin kehren dürfte, wohin sie gehört. Unseres Erachtens ist der specifische Darwinismus, wovon natürlich die Lamarckschen Aufstellungen auszunehmen sind, ein Stück gegen die Humanität gekehrte Brutalität. Dieser Vorwurf kann nun freilich nicht überraschen, wenn man bedenkt, wie nahe es für einen Zoologen, der zugleich Affectionen für einen Malthus hat, liegen muss, im Gebiete der Bestien die Gesetze und das Verständniss aller Naturaction zu suchen. Die wissenschaftliche Dürre dieser Sphäre, die sich vor Lamarck fast mit blossen Classificationen behelfen musste, konnte ebenfalls dazu verleiten, die wenigen genetischen Aufschlüsse, die gewonnen waren, zu überschätzen und vermittelst der halb poetischen, halb brutalen Kampftheorie eine anregende Ausschmückung vornehmen zu wollen.

7. Die unwissenschaftliche Halbpoesie, in welcher der Kampf um das Dasein von Darwin auch auf die passive und bewusstlose Pflanze sowie auf die unwillkürlichen und völlig unabsichtlichen Acte der animalischen Wesen übertragen wurde, musste die echten Grenzen jenes Begriffs fälschen. Man mag in solchen Fällen von einem Mangel der Existenzbedingungen und von mechanischen Wirkungen der Umstände reden; aber man muss sich hüten, aus einer Metapher oder Allegorie eine eigentliche Wahrheit von exactem Sinn machen zu wollen. Solche übel angebrachte poetische Redeweise kann nur dazu dienen, die Begriffe zu verdunkeln und den Schein einer theoretischen Einheit zu erregen, die in der That nicht vorhanden ist. Ein wirklicher Kampf um das Dasein setzt bewusste Triebe voraus, in denen sich die Wesen nicht nur feindlich begegnen, sondern auch wissentlich darauf ausgehen, das eigne Leben auf die Vernichtung oder Hinderung des andern zu gründen. In diesem genau bestimmten Sinne ist nun der Kampf um das Dasein innerhalb der Bestialität insoweit vertreten, als die Ernährung durch Raub und Vernichtung erfolgt. Bekanntlich würde aber auch hier die Auslegung der Raubgier durch die Anforderungen des Kampfes um das Dasein sehr unzulänglich bleiben; denn eigentlicher Blutdurst und Mordgier sind zwei verschiedene Dinge. Der Kitzel, der durch das sonst zwecklose massenhafte Morden bei manchen Raubthieren befriedigt zu werden scheint, hat mit den Existenzbedingungen nichts zu schaffen, sondern ist im Gegentheil dazu geeignet, den künftigen Vorrath zu beeinträchtigen. Was aber die Concurrenz zwischen gleichartigen Wesen betrifft, so strebt ein jedes nach Selbsterhaltung, und wenn es sich hiebei nicht um das andere kümmert und unter Umständen mit demselben in Conflict geräth, so bleibt dieser Hergang doch ohne jenes raffinirte Bewusstsein, welches uns ein ähnliches Verhältniss bei dem höher entwickelten Menschen so verworfen erscheinen lässt. Solange nur die Naturmechanik unmittelbarer Triebe und Leidenschaften im Spiele ist, können die Conflicte, die sich aus den Umständen ergeben, nie so widerwärtig werden, als wenn sie von dem Bewusstsein oder sogar von der berechnenden Ueberlegung be-

gleitet werden, dass es sich um eine Vermehrung des eignen auf Kosten des fremden Daseins handle.

Mit einer Art Heiligenschein sucht sich die Darwinsche Kampftheorie dadurch zu umgeben, dass sie in einem sehr wesentlichen Punkte vom Malthusianismus abweicht. Während der letztere in dem Gedränge der Bevölkerung nur eine Ursache des Uebels sieht und in der Zukunft nur die immer grössere Häufung der gesellschaftlichen Missverhältnisse, also das Wachsen von Armuth, Elend und Verunstaltung voraussetzt, hat Darwin bekanntlich seine Fortschritts- und Vervollkommnungstheorie grade auf den Kampf um das Dasein gebaut. Wer am besten für diesen Kampf ausgestattet ist, wird den minder gut Gerüsteten aus dem Leben ausmerzen. Die Erzwingung der geschlechtlichen Combinationen spielt auch hier eine Hauptrolle; nur dass sie unter dem Einfluss der Englischen Prüderie mit etwas obligater Verschämtheit eingeführt wird. Der Kampf der Gorillas um den Besitz ihrer Weibchen mag allerdings von einem modern ritterlichen Duell nicht so überaus verschieden sein, wenigstens was die Hauptsache betrifft. Im Gegentheil möchte die Bestialität der naturwüchsigen Form manche Vorzüge haben; denn einerseits fällt dort die Verschrobenheit eines verzerrten Duellcomments fort, und andererseits dürften die Gorillaweibchen nicht ganz so passive Existenzen sein, wie die herrlichen Culturentwicklungen der Mustertypen der weiblichen Sklaven der Species Mensch. Indessen erinnert doch grade das Gorillabeispiel daran, dass die unschönen langen Arme mit ihrer gewaltigen Muskelaction und wuchtigen Hämmerkraft in solchen Fällen den Fortschritt repräsentiren und an der Spitze der Civilisation die Vorhut bilden. Die durch Züchtung vermittelte Cultur wird daher den gröbsten Eigenschaften unter Umständen am günstigsten sein, und wenn auch immerhin das Gehirn eine Waffe ist, durch welche alle andern Kriegsmittel verstärkt werden, so möchten doch plumpe Kraft, raffinirte List und ausgeprägte Bosheit die überwiegenden Chancen haben, sobald es sich um Feindseligkeiten als Grundform der Existenzvermittlung handeln soll. Nun läuft auch in der That die gewaltsame Züchtung, insoweit sie in dieser Richtung wirklich Einfluss hat, auf die Vererbung und Steigerung derjenigen Eigenschaften hinaus, die mit dem Faustrecht und seiner dienstbaren Ergänzung, dem Spiel der Hinterlist, am besten zusammenstimmen. Je mehr irgendwo das feindliche Verhalten und der eigentliche Krieg zur vorherrschenden Grundgestalt der Beziehungen werden und die positiven Antriebe zur Cultur und Entwicklung verdrängen, wachsen auch die Chancen derjenigen Brut, in welcher sich die gehässigen und verworfenen Eigenschaften der Species Mensch concentriren. Ja, es wird eine solche Brut mit ausgeprägten Eigenschaften erst recht eigentlich gezüchtet, so dass man behaupten darf, es seien die schlimmen Elemente auf Kosten der bessern durch solche Verhältnisse zum überwuchernden Dasein gelangt. Was gelten Schönheit und edle Gestaltung vor jenem Mechanismus der Geschichte, durch welchen das vollendetste Ebenmaass zerschmettert und kaum eine lückenhafte Erinnerung daran übrig gelassen wird? Die vorzüglichsten Gebilde sind nicht blos in der äussersten Minderheit, sondern können oft sogar als Einzigkeiten betrachtet werden, die von dem breiten Strome roher und gemeiner Elemente überfluthet und für immer ertränkt werden. Die gelungensten Kunstwerke der Natur, die vollendetsten Muster des edelsten Menschentypus, die herrlichsten Verkörperungen geistiger Harmonie, — dies Alles, was so selten producirt wird, fällt so oft der gemeinsten Zerquetschung des Daseins anheim. Wo der Kampf vorherrscht, da entscheiden natürlich die Kriegsmittel, aber nicht diejenigen Eigenschaften, welche unmittelbar der positiven Lebensbethätigung und der Hervorbringung edler Formen günstig sind. Falls man nicht etwa die Unverschämtheit besitzt, zu behaupten, dass die für den Zustand der Feindschaft und der gegenseitigen Vernichtung am besten dienstbaren Eigenschaften dieselben seien, aus denen sich das positive Ideal der Gattung zusammensetzt, so wird man wohl auch auf jeden sophistischen Schein zu Gunsten der besondern Darwinschen Art von Naturzüchtung verzichten müssen.

Um jedoch jede erdenkbare Zuflucht, an die sich die Einseitigkeiten der Kampftheorie klammern möchten, im Voraus abzuschneiden, mag hier eine Ueberlegung Platz finden, auf die man im Bereich des ganzen Darwinismus wohl noch nicht gekommen sein dürfte. Es könnte nämlich scheinen, dass in der Brutalisirung der Zustände durch die erzwungenen geschlechtlichen Combinationen wenigstens die weibliche Schönheit in ihrer Passivität einige Chancen guter Züchtung habe. Die Geschlechtsreize kommen unter den fraglichen Voraussetzungen nur einseitig in das Spiel. Wenn Völker oder Einzelne, wenn also die nationalen Raubzüge oder Privatmacht und Privatlist über die Aneignung von Futter für den Geschlechtshunger der männlichen Kämpfer ums Dasein entscheiden, so fällt die weibliche Hälfte der Species dem andern Theil gleichsam wie eine Beute zu, und es ist offenbar, dass sich die geschlechtliche Zuchtwahl in diesem Fall fast ausschliesslich nach den Affectionen der Männer richten wird. Man könnte nun hieraus folgern wollen, dass sich hiedurch unter dem weiblichen Geschlecht eine Auswahl und Aussonderung von grosser Tragweite vollziehen müsste. Man könnte annehmen, dass wenigstens in dieser Richtung die Schönheit, ja vielleicht überhaupt das Bessere eine Chance der bevorzugten Conservirung hätte. Indessen würde diese einseitige Auswahl, selbst wenn sie, was nicht der Fall sein kann, in jeder Beziehung das Richtige träfe, dennoch nicht viel helfen, da die in dem weiblichen Theil veredelte Race immer wieder durch die im entgegengesetzten Sinne entwickelten und principiell übel gerathenden Männchengebilde verdorben werden würde. Man wende nicht ein, dass dem weiblichen Geschlecht auf den höhern Culturstufen auch einige indirecte Activität zufalle. Dieser Umstand kann unter den vorausgesetzten Verhältnissen eines vorherrschenden Beraubungskampfes nichts helfen; denn eine Wahl ist überflüssig, wo die maassgebende Zucht an Männern, die mit allen Vortheilen des Lebens ausgestattet ist, durchgängig eine Verkörperung der roheren Bestandtheile der menschlichen Natur und etwas Raubthierartiges geworden ist.

8. Nach Lamarck ist die Art eine Häufung von Variationen; nach Darwin beruht die ausgeprägte Differenz ihrer Form auf einer Ausmerzung der Zwischengebilde, welche früher die Stetigkeit der allseitigen Veränderlichkeit bekundeten. So soll der Abstand zwischen Nationalitäten dadurch grösser werden, dass gewisse Uebergangsgebilde dem Kampf um das Dasein erliegen, oder dass die zurückgebliebenen Zwischengebilde nur als Winkelvölker mit kleiner Bevölkerung und kleinem Gebiet von Gnaden der Eifersucht ihrer grossen Nachbarn eine Zeit lang ein geduldetes Dasein führen. Da, wo der Kampfzustand die Vorbedingung des Lebens ist, könnte jener Schluss insoweit richtig sein, als nicht die Verschmelzungen und gegenseitigen Ausgleichungen der Eigenschaften in Frage kommen. Man hat auch die Entstehung und die Schicksale der Sprachen Darwinistisch behandeln wollen; aber grade hier zeigt sich am besten, wie die ursprünglichen Differenzen und bis zur individuellen Vereinzelung ausgreifenden Mannichfaltigkeiten eines früheren Stadiums hinterher durch allgemeinere Formen ersetzt werden und so eine consolidirende Ausgleichung erfahren. Sicherlich hat man ein Recht,

bei der Sprache das Allmäligkeitsprincip anzuwenden und sie aus einem Anfangszustande abzuleiten, der auf die Kundgebungen von thierischen Lauten beschränkt war. Uebrigens dürfte aber kein Gebiet geeigneter sein, die Wichtigkeit der positiven Verkehrsgemeinschaft und der die Gesellschaft sympathisch verbindenden Antriebe darzulegen, als das der Sprachbildung. Auch die Lehre von der Vererbung der Fähigkeiten und der sogenannten Instincte dürfte sich hier am leichtesten in ihre natürlichen Schranken weisen lassen.

Mit Recht spielt die Erblichkeit der Anlagen in jeder ernsthafteren Theorie der Fortpflanzung im Allgemeinen eine grosse Rolle; aber die Einzelheiten, auf deren Kenntniss es am meisten ankäme, sind bis jetzt noch in einem dichten Dunkel verblieben. Nicht einmal ein specielles Princip ist in dieser Richtung bis jetzt ausgemacht worden. Obwohl es keinem Zweifel unterworfen ist, dass die körperlichen Beschaffenheiten und geistigen Eigenschaften, soweit sie durch die blosse Structur der Organe bei der Geburt gegeben sein können, wirklich vererbbar sind, so bleibt doch die Nothwendigkeit des wirklichen Eintritts der speciellen Vorbedingungen einer solchen Vererbung eine offene Frage. Weit interessanter, als die positive Uebertragung, ist die Zerstörung oder wenigstens der Ausfall vieler Eigenschaften in der geschlechtlichen Fortsetzung der Individuen. Da die Manier, in welcher Darwin mit der Vererbung operirt, fast ausschliesslich der Anschauungsweise der Züchter abgeborgt ist, und da diese letzteren natürlich vorzugsweise die positiven Ergebnisse im Auge behalten müssen, so haben die negativen Wirkungen der geschlechtlichen Combination selbstverständlich keine Berücksichtigung erfahren. Jedoch wird man nicht eher einen tiefern Blick in das Wesen der geschlechtlichen Entwicklung thun, als bis man dem, was in der Combination unterdrückt wird, die gleiche Aufmerksamkeit widmet, wie dem, was sich an Aehnlichkeiten reproducirt. Die Vielgestaltigkeit der zahlreichen Saamenelemente, der andererseits wiederum eine Mannichfaltigkeit der Eibildungen entspricht, ist von weit grösserer Bedeutung, als eine völlige Uebereinstimmung sein könnte. Wer streng davon ausginge, dass die Fortpflanzung immer das Gleiche reproducirte, würde auf das Veränderungselement und mithin auf eigentliche Entwicklung verzichten müssen. Eine verschiedene Mischung vermöge der Doppelheit der Individuen würde die einzige, alsdann übrig bleibende Variation sein. Nun ist aber mit der grössten Wahrscheinlichkeit, im wissenschaftlichen Sinne dieses Worts, anzunehmen, dass schon die elementaren Gebilde, in denen das künftige Wesen präformirt ist, bei jedem Individuum in sehr verschiedenen Schematismen auftreten und innerhalb einer schwer bestimmbaren, aber doch weit gezogenen Grenze eine Welt von Individualtypen enthalten. Das höhere Problem bestände also für das Verständniss der Fortpflanzung darin, nicht die Identitäten, sondern die Differenzen und zwar unabhängig von dem Antheil der blossen Mischung zu erklären. Wenn jemals das eigentlich Schöpferische in der Entwicklung begriffen werden soll, so muss ausser der Fixirung, welche die erworbenen Eigenschaften in Vererbungsanlagen erfahren, auch jener entlegenere Hergang aufgedeckt werden, vermöge dessen ein inneres und selbständiges Princip der Veränderung die gleichzeitige Mannichfaltigkeit der in demselben Individuum gegebenen Elementargebilde der Zeugung oder Fruchtbarkeit hervorzubringen vermag. Allem Anschein nach ist die Verschiedenheit der Composition innerhalb desselben individuellen Organismus bereits ein Grund für differente Saamenbildung; denn wenn die einzelnen Bestandstücke in selbständiger Weise ihre Antheile zu der Saamen- oder Eibildung liefern, so muss ein bedeutender Spielraum in der Art der Zusammensetzung entstehen. Auch wäre es durchaus keine wissenschaftliche Ungeheuerlichkeit, hiebei an einen ähnlichen Vorgang zu denken, wie er ursprünglich dem Werden der verschiedenen Generationen zu Grunde gelegen haben muss. Warum sollte der Saame nicht eine so zu sagen historische Seite haben und in der Mannichfaltigkeit seiner Elemente eine Menge von Formen darstellen, die mit der Vergangenheit und der allmäligen Productionsart des jetzt vorhandenen Individuum in Beziehung stehen. Selbstverständlich müsste jedes Saamenelement für sich das besondere Schema eines künftigen Wesens darstellen; aber die Variationen solcher Schemata würden in der Vielheit solcher Elemente zu suchen sein.

Nun liegt freilich das Verständniss für eine erbliche Fixirung der im Laufe der Entwicklung erworbenen Eigenschaften weit näher, als irgend welche Voraussetzung über das innere Princip der differenten Chancen, die bei dem Einzelnen vor aller geschlechtlichen Combination für die Möglichkeit einer mannichfaltigen Ausprägung von Individualcharakteren vorgebildet werden. Aus diesem Grunde hat sich der Darwinismus jener offenliegenden Fixirungen bemächtigt, um die sogenannten Instincte in eine historische Composition allmälig erworbener Eigenschaften aufzulösen. Wäre er hierin vollkommen consequent gewesen, so würde er überhaupt die dunkeln Vorstellungen von räthselhaften Naturinstincten über Bord geworfen haben. Statt dessen hat eben Darwin mit den Instincten so operirt, als wenn es ausser den bekannten Trieben, die wir in ihre Elemente zerlegen und stets in irgend einem Analogon an uns selbst auch subjectiv studiren können, noch eine zweite, dunkle Gattung von Anregungen der Thätigkeit geben müsste. Er hat die alte Ueberlieferung von Instincten überhaupt beibehalten und sich darauf beschränkt, sie zum Theil als etwas Gewordenes anzusehen. Daneben ist aber der alte Zwitterbegriff von einer Fähigkeit, die weder Verstand noch Trieb und auch kein Zusammenwirken von beiden, sondern eine eigenartige, halb mystisch gedachte Function sein soll, ruhig stehen geblieben, und dieses Misch- und Missgebilde einer voreiligen, eben nur die Unwissenheit verkörpernden Imagination zeugt noch mehr, als die gröberen Beengtheiten der fraglichen Denkweise, von dem Mangel einer tieferen, echt philosophischen Durchdringung der subjectiven Gesetze der Naturaction. Man könnte das Wort Instinct mit der zugehörigen täuschenden Vorstellung getrost aus der gesammten Wissenschaft streichen und überall da, wo man sonst von Instincten redet, die ganz gewöhnliche Triebform mit eben so gewöhnlichem Verstande voraussetzen, ohne irgend etwas für die wirkliche Einsicht einzubüssen. Im Gegentheil würde man, wenn man z. B. die sogenannten Kunsttriebe der Thiere auf einfache Verstandesoperationen nach Analogie der unsrigen zurückführte und hiebei als Grundlage nur solche Triebe wirken liesse, die auch uns subjectiv aus unserm eignen Innern als blosse Triebe verständlich sind, radical und im eigentlichen Sinne des Worts bis an die Wurzel mit den instinctiven Nebelhaftigkeiten aufräumen.

9. Wir haben in dem Bisherigen die Schwächen blosgelegt, welche dem specifischen Darwinismus im Unterschiede von den bessern Elementen der neusten Denkweise, nämlich im Gegensatz zu den annehmbaren Lamarckschen Vorstellungen anhaften. Es hat sich hiebei gezeigt, dass eine durch den Kampf um das Dasein vermittelte Züchtung die einzige Eigenthümlichkeit ist, durch welche sich die breiten, unbehülflichen und bis zur Langenweile ermüdenden Ausführungen der Darwinschen Schriften principiell von den Lamarckschen Grundlagen unterscheiden. Es steht ferner fest, dass diese Eigenthümlichkeit in ihrer einen Hälfte, nämlich in Rücksicht auf den Kampf um das Dasein, nichts als eine Verallgemeinerung der

falschen Malthusschen Theorie von dem Gedränge der Bevölkerung und von der Ausgleichung der schwierigen Verhältnisse durch gegenseitige Vernichtung ist. In der andern Hälfte, nämlich insofern es sich um die Häufung und Steigerung von Eigenschaften durch Vererbung handelt, ist die Weisheit des Züchters die einzige Mitgift, deren sich der Engländer Darwin in hohem Grade rühmen kann. So wäre denn der ganze Kreis von Ansichten, der in der gegenwärtigen Modesaison des animalischen Wissens von Thier und Mensch ein so breites Gebiet in Anspruch nimmt, in unterscheidbare Theile von sehr abweichendem Werth zerlegt, und es könnte hiedurch besonders denjenigen Mystificationen ein wenig gesteuert werden, die durch die Vermischung des Wahren mit dem Falschen ihren verführerischen Reiz entwickeln. Indessen wird man wohl auf die Uebersättigung mit der Darwinistischen Manier warten müssen, ehe der übrigens unausweichliche Rückschlag eintritt. Vorläufig zieht der specifische Darwinismus seine Glorie aus einer Gattung von Angreifern, die unmittelbar oder mittelbar auf priesterlichen oder überhaupt religiösen Voraussetzungen fusst und die Abstammung des Menschen vom Affen mit ihren jüdischen Mythen nicht zusammenreimen will. Diese Verfechter der religiösen Fabeln finden es grausam, dass der nach dem Ebenbilde ihres Gottes geschaffene Mensch ursprünglich auf einer seiner Entwicklungsstufen Affe gewesen sein und in dieser Gestalt von dem Wesen seines Urbildes Zeugniss gegeben haben soll. Doch mögen sie sich beruhigen. Diese Affenstammväter des menschlichen Geschlechts waren, wenn sie jemals in dieser Eigenschaft existirt haben, doch jedenfalls in der Entwicklung ihrer tieferen und idealeren, auf die Zukunft angelegten Affennatur damals noch nicht soweit vorgeschritten, um einen Gott nach ihrem Ebenbilde imaginiren zu können. Als ein späteres Entwicklungsstadium ihnen zu Götterphantasien verhalf, waren sie eben nicht mehr Affen im eigentlichen Sinne des Worts, sondern schon höchst liebenswürdiges Menschenvieh, welches grade soviel Bewusstsein hatte, um sich für gut genug zu halten, sein eignes herrliches Musterbild in grösserem Maassstabe zu copiren.

Ein besonderer Unfug ist mit dem Wort Entwicklung dadurch getrieben worden, dass man geglaubt hat, unter der Maske dieses Ausdrucks theils die Unwissenheit verhüllen, theils die abgelebten und superstitiosen Nebelhaftigkeiten halbtheologischer Begriffe und zugehöriger Dogmen einer dienstbaren Metaphysik wieder einschwärzen zu können. Auch in dieser Richtung haben sich besonders Engländer hervorgethan; aber es ist hier nicht der Ort, sich mit Namen zu befassen, die höchstens in einer Geschichte der Philosophie und für eine Kennzeichnung des gegenwärtigen Zustandes der Missphilosophie eine den Abweg signalisirende Erwähnung finden können. Wir lassen daher die psychologischen Accompagnements und die sonstige Darwinismusspielerei, wie sie unter Leuten von der Art des Herrn Herbert Spencer auch philosophastrisch grassirt, vollständig auf sich beruhen. Wir bemerken nur ganz im Allgemeinen und zwar weit mehr im Hinblick auf die möglichen Wendungen der Zukunft, als auf die Niaiserien der Gegenwart, dass man sehr vorsichtig verfahren muss, wenn man nicht mit dem Jahrhunderte alten Entwicklungsbegriff, den die moderne Naturwissenschaft und besonders die Physiologie zum markirten Bewusstsein gebracht hat, durch Entfremdung von der Erfahrung in ganz gemeine Emanationsvorstellungen gerathen will.

Im rationellen Sinne ist der Begriff der Entwicklung nur soweit gültig, als sich Entwicklungsgesetze wirklich nachweisen lassen. Uebrigens bleibt er für Vergangenheit und Zukunft eine pure Imagination, die nur insoweit Recht behalten kann, als in ihr ein unausweichliches Denkschema enthalten ist. Die Entwicklung umfasst nun da, wo wir sie erfahrungsmässig kennen, nicht blos die Gestaltung, sondern auch die Auflösung der Gebilde. Diejenige Weisheit, welche auf besonders tiefe Einsichten über Ursprung und Entstehung der Arten pocht, sollte, wenn sie überhaupt philosophischen Sinn hätte, doch auch consequent genug sein, die Welt mit den zugehörigen Auflösungsperspectiven zu erfreuen. Der universelle Untergang der Arten wäre ein reizendes Ziel für diejenigen, denen die theilweise Ausmerzung und eine Zerstörung, die blos zum grössern Ruhm der überlebenden Vollkommenheiten vor sich geht, nicht Genüge thut. Indessen hier gehen die Wege der imaginativen Wissenschaft auseinander. Die Glorie der Vollkommenheit muss gewahrt werden, damit die Vollkommenheit der Glorie fortbestehe. Obwohl die Entwicklung in dieser Art von zoologischer Wissenschaft fast nur ein Anschauungsbild ist, bei welchem wenig gedacht wird, so bleiben doch die specifischen Liebhaber dieser Intuition nicht bei der einfachen Reihe der Vorgänge stehen. Sie richten sich nicht nach der universellen Gesetzmässigkeit mit der Doppelthätigkeit des Schaffenden und des Zerstörenden im Antagonismus, sondern beruhigen ihre Jünger mit dem nächsten Stadium des in Aussicht stehenden positiven Fortschritts. Da die in dieser Nebelhaftigkeit concipirte Entwicklung für die Phantasie einen grossen Spielraum verstattet, so können sogar die mystischen Conceptionen hier eine letzte Zuflucht finden.

Wir fragen nun, ob es nicht besser wäre, lieber alle Dunkelheiten, die der gewöhnliche Begriff einer Entwicklung mit sich bringt, dadurch zu beseitigen, dass man diesen Begriff insoweit aufgiebt, als er sich nicht durch denjenigen der Composition von Elementen decken lässt. Die gemeine Schöpfungsvorstellung war stets etwas Unwissenschaftliches; warum sollte nicht auch der heutige gemeine Entwicklungsbegriff, der sich fast in Nichts von der unmotivirten Metamorphosenvorstellung unterscheidet, als ein Hinderniss des strengen Denkens und einer richtigen Weltauffassung fungiren? Mindestens sind drei Viertel seiner Bestandtheile verwerflich, und was übrig bleibt, muss auf Hergänge der Zusammensetzung und Trennung zurückgeführt werden, wenn es einen klareren Sinn erhalten soll. Erinnern wir uns noch einmal der Voraussetzungen, vermöge deren die Chemie eine wirkliche Wissenschaft ist, und bedenken wir, dass alle Entwicklungsschematismen, soweit sie mehr als äusserliche Anschauungsbilder der unmittelbaren Erfahrung sein sollen, die Bearbeitung eines atomistischen Materials aufweisen müssen. Nur in diesem Sinne können wir Entwicklungsgesetze als letzte Instanzen der Rechenschaft anerkennen, und nur in dieser Richtung kann es eine zergliedernde und hiemit erst wahrhafte Wissenschaft von der Entwicklung geben. Der reine Mechanismus hat in dieser Beziehung denselben Anspruch zu machen, und die Entwicklung muss in der rein mechanischen Composition sogar ihre erste Stelle haben. Das Organische ist mithin eine zusammengesetzte Form selbständiger mechanischer Entwicklung, und hiedurch wird das physikalische Universum mit dem specifischen Leben und den Empfindungsvorgängen zu einer fundamentalen Einheit verbunden.

Dritter Abschnitt.

Elemente des Bewusstseins.

Erstes Capitel.

Empfindung und Sinne.

Denken wir aus dem System der Dinge alle Subjectivitäten hinweg, so bleibt der Mechanismus der objectiven Welt als eine zwar zwecklose, aber doch selbstgenugsame Einheit übrig. Das Dasein empfindender Wesen ist keine Voraussetzung für den Kosmos; aber wohl ist der letztere eine unerlässliche Vorbedingung der Existenz von Bewusstseinsvorgängen. Das Reich der Empfindung besteht in der Vereinzelung einer Vielheit empfindender Wesen, und es scheint in diesem Gebiet zunächst jede einheitliche Verbindung zu fehlen. Während sich das objective Sein sofort als ein Gesammtsystem darbietet, durch dessen Einzelheiten der Faden der Materialität und der allgemeinen Naturkräfte hindurchleitet, lässt sich etwas Aehnliches von der Mannichfaltigkeit der Bewusstseinssphären nicht behaupten. Der Verkehr zwischen den Vorstellungen der verschiedenen Wesen ist ein äusserst partieller. Jedes Bewusstsein ist an sich selbst ein mehr oder minder abgeschlossenes Bereich von Empfindungen und Vorstellungen, die sich nur in secundärer und unterbrochener Weise an andere Bewusstseinsbereiche mittheilen können. Das auf den ersten Blick Merkwürdigste ist der Umstand, dass der Einheit des objectiven Seins zwar die Einheit eines jeden einzelnen Bewusstseins, aber nicht die Vereinigung alles Bewusstseins in einem einzigen Subject gegenübersteht. Die Imagination hat es allerdings an der Erdichtung eines solchen universellen Bewusstseins nicht fehlen lassen; aber sie hat auch eben mit dieser Ungeheuerlichkeit nichts als ein Etwas producirt, welches allen Gesetzen der Wirklichkeit widerspricht. Die relative Vereinzelung gehört zum Wesen des Bewusstseins, und der Reichthum dieses Gebiets ist eben darin zu suchen, dass die Form des Sichselbstempfindens so vieler Wiederholungen und Variationen fähig ist.

Das Bewusstsein ist ein mehr oder minder flüchtiger Vorgang und mithin ein producirter Act, welcher innerhalb desselben Wesens regelrechte Unterbrechungen aufweist. Im traumlosen Schlaf und in einigen abnormen Zuständen ist nicht das mindeste Bewusstsein vorhanden, wenn auch immerhin die Disposition zu seiner Hervorbringung besteht. Man darf aber die Anlage, vermöge deren auf bestimmte Reize die Empfindung hervorgerufen werden kann, nicht mit dem Act des subjectiven Empfindens selbst und dem zugehörigen Gefühl verwechseln. Was wir nicht subjectiv inne werden und wobei wir nicht den Unterschied von Lust und Schmerz wahrnehmen können, das gehört gar nicht der Wirklichkeit des Bewusstwerdens an, sondern muss als ein ausserhalb des actuellen Ich belegenes Element betrachtet werden. Dieser Sachverhalt ändert natürlich nichts an der eben so sichern Thatsache, dass die Dispositionen zum Bewusstsein dem individuellen Schematismus und insofern auch demjenigen Ich angehören, welches man uneigentlich so nennt und als das objective Band einer Individualgestalt ansieht. Dieses uneigentliche Ich wird nun freilich meist zu einer eben solchen Chimäre gemacht, wie es die beliebten empfindungslosen Empfindungen, unvorgestellten Vorstellungen und ähnliche, von einer sogenannten Wissenschaft ausgeborne Ungeheuer sind. In Wahrheit ist das bindende Schema, vermöge dessen vor allem Bewusstsein ein künftiges Bewusstsein determinirt wird, zwar ein nothwendiger Begriff; aber man muss zu den grössten Ungereimtheiten gelangen, wenn man die unempfundenen und mithin objectiven Ursachen der Empfindungen ebenfalls Empfindungen nennt. Leider ist es aber nicht blos ein nachlässiger Sprachgebrauch, sondern eine Verkennung der Hauptsache, was zu den fraglichen Absurditäten geführt hat. Wer die Kluft verkennt, die zwischen Empfinden und Nichtempfinden besteht, mag allerdings die Ursachen oder Kräfte, aus deren Medium das subjective Fühlen producirt wird, mit diesem Fühlen selbst als einerlei ansehen und die Bestimmungen des objectiven Gebiets mit den Bewusstseinsbestandtheilen wirr durcheinanderlaufen lassen. Wer jedoch irgend einmal des gewaltigen Unterschiedes inne geworden ist, der zwischen dem Bewusstlosen und dem Bewussten eine durch keine quantitative

Allmäligkeit zu verwischende Grenze zieht, der wird es sich nicht mehr einfallen lassen, die völlige Ungleichartigkeit der beiden Seinsformen in den Nebeln eines zweideutigen Sprachgebrauchs und einer unexacten Denkweise verhüllen zu wollen.

Die Vereinzelung des Bewusstseins in bestimmten Wesen ist jedoch nicht blos eine Erfahrungsthatsache, sondern auch, soweit sich hier überhaupt deduciren lässt, eine innere Nothwendigkeit. Das Ueberraschende, was der Mangel eines Universalbewusstseins zunächst an sich hat, muss verschwinden, sobald man erkennt, dass ein solches einziges Universalbewusstsein ein in sich widersprechendes und mithin real unmögliches Gebilde ist. Alles Bewusstsein setzt ein Sein voraus, dessen es sich bewusst zu werden hat. Es beruht mithin auf einer Trennung und einem Gegensatz. Die Empfindung ist nicht denkbar ohne eine Differenz der Kräfte. Sie ist sogar überall das Ergebniss einer mechanischen Arbeit. Wenn nun das Bewusstsein zeitlich und räumlich nur eine in jedem Fall beschränkte Summe von Elementen der Wahrnehmung zu sein vermag, so kann es zwar in seiner Grundform den Schematismus der Welt der blossen Anlage nach enthalten, muss aber in jeder seiner Wirklichkeiten begrenzt ausfallen. Da nun die Anlage zum Bewusstsein gar kein eigentliches Bewusstsein ist, so begreift sich, warum das Bewusstsein nur in einer Vielheit von Standpunkten der Aufgabe der höchsten Steigerung und der weitesten Ausdehnung seines Umfangs entsprechen könne. Die nothwendige Beschränktheit des einzelnen Bewusstseinsvorgangs hat ihre Ergänzung in der Mannichfaltigkeit der verschiedenen Acte, und die unvermeidliche Enge der Individualität des Empfindens erweitert sich zu der in diesem Gebiet überhaupt möglichen Universalität durch die zusammenbestehende Vielheit und durch die Aufeinanderfolge der Wesen. Wäre diese Isolirung der subjectiven Welt nicht gleichsam ein Stück realer Logik oder, mit andern Worten, eine aus der Artung der neuen Seinsgattung selbst entspringende Nothwendigkeit, so würde man sich allerdings wundern müssen, dass die universelle Zusammenfassung der Welt nicht vollendet in einem einzigen Subjecte dasteht. Der allgemeinen Grundform nach trägt jedes Subject gleichsam die Anweisung zu einer einheitlichen Auffassung der Dinge in sich; wie viel aber in den Rahmen dieser Einheit eingespannt werden könne, hängt nicht nur von dem niedern oder höhern Schematismus des Wesens, sondern auch von der zeitlichen und räumlichen Situation ab, zu welcher es mit seinen besondern Eigenschaften gehört. Die Versetzung in neue Lagen ist das grosse Mittel, durch welche das Spiel der Bewusstseinsphänomene variirt wird. Die Einheit in diesen Variationen wird aber dadurch gewahrt, dass für jedes Bewusstsein nur eine einzige Welt existirt, wie wenig oder wie viel auch von derselben in Empfindung übersetzt oder nicht übersetzt werden mag. Auf diese Weise ist jedes vereinzelte Bewusstsein gleichsam eine Welt für sich und nichts weiter als der Ausdruck einer bestimmten Situation, in welcher sich das Sein in einer seiner Thatsachen und in einem seiner Verhältnisse befindet. Auf der andern Seite ist es aber zugleich ein selbstgenugsamer Beziehungspunkt der einheitlichen und einzigen objectiven Welt auf sich selbst und leistet mithin alles das, was man rationeller Weise von einem Universalbewusstsein nur irgend verlangen könnte. Der falsche Begriff eines Universalbewusstseins wäre die Confusion einer Unzahl unverträglicher subjectiver Elemente zu der Nacht des unterscheidungslosen Nichts und führte mithin zu der verworrenen Verwischung alles Bewusstseins in den Nebeln des Unbewusstseins, also zum universellen Erlöschen des Bewusstseins selbst. Das Ergebniss des Suchens nach jener Chimäre ist das Gegentheil von dem, was der Sucher wünscht; denn er strebt mit seinem vermeintlichen Ideal nach einem übergreifenden actuellen Wissen von Allem, und er gewinnt nur die Verneinung eines jeden, wenn auch noch so beschränkten Wissens.

2. Die Einheit und kosmische Gemeinschaft, welche in der Wirklichkeit des Bewusstwerdens unmöglich ist, findet sich dagegen sofort unzweideutig und klar vor, sobald wir das Gebiet des subjectiv Empfindbaren verlassen und uns nach den objectiven Vorgängen umsehen, welche in den Individuen allen Bewusstseinsregungen vorangehen und als die producirenden Factoren alles Empfindens und Vorstellens zu betrachten sind. Diese Einheit ist nicht im Bewusstsein an sich selbst, sondern nur in solchen Ursachen vorhanden, die dem Gebiet des Empfindungslosen angehören. Wie alle gravitirenden Atome mit einander in allseitiger Beziehung stehen, so wirkt auch die allgemeine mechanische Causalität der verschiedensten Naturkräfte auf die individuellen Wesen ein und afficirt das Material, dessen Veränderungen auch Modificationen des Empfindungsspiels mit sich bringen. Besonders auffallend sind die Wirkungen der verschiedenen Gradationen und sonstigen Mengeverhältnisse der Wärmezustände. Die Abwechselungen im Gebiet des Meteorologischen wirken weit

9*

weniger durch den Eindruck der höheren und erkennenden Sinne, als durch die tief innerlichen Affectionen, welche alle Theile der Materie ergreifen. Das Mitleben mit der umgebenden Natur ist daher im letzten Grunde ein Miterzittern in und mit dem allgemeinen Mechanismus der Naturkräfte. Von dieser Seite besteht eine durchgängige Determination aller Vorbedingungen des Bewusstseins, und in dieser Richtung ist die Schranke der Individualität, die in dem isolirten Bewusstwerden der einzelnen Situation ihren Ausdruck findet, offenbar nicht vorhanden. Die Antriebe, vermögen deren das Licht des Bewusstseins aufblitzt, sind selbst völlig dunkel, und sie müssen von uns als Theile einer universellen Mechanik vorgestellt werden. Die grösste Thorheit würde darin bestehen, die Empfindung bereits vor ihrer subjectiv gefühlten Wirklichkeit als Empfindung denken zu wollen. Sie tritt vielmehr erst mit jener Differenz ins Leben, die es möglich macht, das Objective als solches von einem rein subjectiven Innewerden der Zustände eines Wesens zu unterscheiden.

Hienach giebt es eine doppelte Causalität, nämlich einerseits diejenige, welche ausserhalb der Sphäre des Bewusstseins und gleichsam in den Tiefen wirkt, aus denen es aufleuchtet, und andererseits diejenige, welche auf der bewussten Uebertragung der Empfindungen und Vorstellungen von Wesen zu Wesen beruht. Dieser letztere Verkehr hängt von den Wahrnehmungen der erkennenden Sinne ab und vermittelt sich, da diese Sinne nur vermöge materieller Medien zu Wahrnehmungen gelangen, ebenfalls am Leitfaden der Materialität. Kein Wesen kann in das andere ohne diese materielle Brücke wirken, und nur die chimärischen Erdichtungen der Superstition wollen noch andere Wege des Einflusses kennen. Hier ist aber wieder einmal ein Merkzeichen der Wirklichkeitsphilosophie vorhanden; denn wer in dem psychischen Verkehr die Nothwendigkeit des materiellen Leitfadens leugnet, stellt sich hiemit ausserhalb aller strengen Wissenschaft und überlässt sich einem wüsten Köhlerglauben. Die materielle und mechanische Brücke ist das einzige Kriterium der wirklichen Causalität, und jede andere Vermittlung bleibt ein willkürliches Mährchen der unrationellen Phantastik. Wie sogenannte Geister in Berkeleyscher oder sonst spiritistischer Manier auf einander wirken sollen, ist ausser in Mährchenform gar nicht angebbar, und die Hallucinationen des thierischen oder, besser gesagt, viehischen Magnetismus gehören sammt dem Amerikanischen Spiritismus mit seinem Geisterspuk und der seinen Wundern entsprechenden Europäischen Metaphysik spiritualistischer Art theils in die grosse Kinderstube der Menschheit, theils auf den Schwindelmarkt der vielgestaltigen Charlatanerie. Es sind dies Angelegenheiten, in denen die grossen Kinder und die grossen Gauner ihren gegenseitigen Bedürfnissen entsprechen, nur dass schliesslich die letztere Gattung dabei doch besser ihre Rechnung findet.

Die sogenannte Psychologie, die schon in ihrem Namen eine unwissenschaftliche Vorstellung verkörpert hat und unter diesem Namen, soweit meine Literaturkenntniss reicht, noch niemals rationell und kritisch behandelt worden ist, war bisher vorherrschend eine Ablagerung von halb metaphysischen, halb empirischen Cruditäten über Handlungen und Verhältnisse, die man einer erdichteten Entität, nämlich einer Psyche, d. h. einem in Cartesischer Manier für sich getrennt existirenden und in einem Leibe zeitweilig hausenden Seelendinge zuzuschreiben beliebte. Diese Psyche ist für die Psychologie ungefähr dasselbe, was der Theos für die Theologie. Nur ist der erstere Pseudobegriff zäher als der letztere, weil ihm ein weit grösserer Schein der Realität zur Seite steht. Der dichterische Sprachgebrauch kann nämlich mit Fug und Recht von etwas Seelenvollem reden, ohne der Wahrheit etwas zu vergeben; denn die figürliche Sprache bezeichnet hiemit nur den hohen Grad der Bewegung, des Lebens und der innern Erregungsfähigkeit. Wenn aber die grammatische Substantivirung noch heute dazu verleitet, eine Substanz d. h. etwas dinglich zu Grunde Liegendes zu erdenken, was man Seele zu nennen habe, so ist dies der gröbste Irrthum, in den man nur irgend verfallen kann. Das individuelle Princip der innern Erregungen und Bewusstseinsphänomene ist seinem Wesen nach eine Action und mithin etwas durchaus Vergängliches. Es ist das Gegentheil aller Substantialität, und man kann sich daher in der Form seiner Auffassung nicht ärger vergreifen, als wenn man, getäuscht durch den in Wahrheit nur relativen und ephemeren Bestand seiner Wirksamkeit, aus dieser sehr bemessenen Beständigkeit nicht nur ein Ding, sondern sogar eine der Materie analoge Wirklichkeit macht. Der einem solchen Dinge beigelegte Charakter der Unvergänglichkeit, neben welchem derjenige der Unentstandenheit aus guten Gründen nur selten figurirt, stammt nun freilich aus einer Sphäre von Erdichtungen, die nicht in einer blossen Selbsttäuschung des Verstandes, sondern in dem betrügerischen Spiel der Affecte und der Eitelkeit ihren Halt hat. Seine Besprechung gehört daher in das praktisch Moralische, und wir haben an dieser Stelle von der Nachweisung, dass die edlere Moral mit einer solchen Annahme nicht verträglich sei, noch Abstand zu nehmen.

Was man nothgedrungen im Hinblick auf die Schulgewohnheiten und den auch sonst im Publicum eingewurzelten Sprachgebrauch Psychologie nennen muss, ist nichts weiter als eine Lehre von den Bewusstseinsvorgängen als solchen. Wenn man die Elemente des Bewusstseins an sich selbst betrachtet, ihre Beschaffenheiten, Beziehungen und gesetzlichen Verbindungen oder Trennungen feststellt, und wenn man schliesslich sogar die Bedingungen ihrer ursprünglichen Entstehung aus dem Bereich der mechanischen und physiologischen Antriebe untersucht, so thut man Alles, was eine rationelle Theorie von der menschlichen Innerlichkeit nur irgend mit sich bringen kann. Die Vorstellung von einer Seele ist nicht nur ein überflüssiger, sondern auch ein schädlicher Vermittlungsbegriff, den man in Wort und That ausmerzen muss, um den reinen Gehalt der Bewusstseinslehre in sauberer Absonderung zu gewinnen. Auch wird man nur zu einem wirklichen Wissen in diesem Gebiet gelangen, wenn man, anstatt mit dem Unwesen einer Seele nichtssagende und nichtsnutzige Erklärungen zu prätendiren, die menschliche Innerlichkeit gleich von vornherein als ein thatsächlich gegebenes Feld der Beobachtung und speculativen Untersuchung betrachtet. Die Bewusstseinsvorgänge sind eine Seite der Natur, und sowenig man zu den Naturvorgängen noch ein besonderes Wesen braucht, um sie verständlich zu machen, ebensowenig hat man für das Bewusstsein einen besondern Götzen nöthig, um es in einer Einheit zusammenzuhalten. Die reale Logik reicht auch hier aus, und das Reich der empfindenden Subjectivitäten ist ja überdies keine absolute Selbständigkeit, sondern auf der Grundlage der übrigen Natur ein causales Gebilde zweiter Ordnung.

3. Die vorher gekennzeichneten Gewohnheiten der Superstition finden sich nicht blos in der rein spiritistischen Psychologie, sondern auch in den zwitterhaften Unternehmungen, die Bewusstseinslehre durch eine sogenannte Physiologie der Seele zu ersetzen und so einem Publicum annehmbarer zu machen, welches schon den blossen Namen naturwissenschaftlicher und physiologischer Erkenntniss zu achten gesonnen ist. In Wahrheit sind aber diese Mischbildungen, entsprechend ihrem ungeschickten Titel, voll von metaphysischen Rohheiten, und man glaube daher gar nicht, dass die

Einmischung physiologischer Kenntnisse das Ragout einer sogenannten Seelenlehre für den bessern Geschmack erträglich zu machen vermöge. Es giebt sogar Arten von Pseudomaterialismus, in denen sich ein kaum zu überbietendes Ungeschick in den logischen Vorstellungsformen und eine vulgäre Unfähigkeit zu eigentlich philosophischen Begriffen derartig verräth, dass man diesen naiven Stoffdenkern getrost den Rath geben kann, sich nur sofort mit den Mystikern und Spiritisten zu vergesellschaften. Da sie nämlich aus der Gemeinheit der Pöbelbegriffe thatsächlich gar nicht herauskommen, sondern diese Pöbelbegriffe nur ins Materialistische zu übersetzen suchen, so berühren sie sich von dieser Seite unmittelbar mit dem Spiritualismus, den sie zu verabscheuen vorgeben, und arbeiten thatsächlich dem krassesten Spuk in die Hände. Sie befördern die Möglichkeit jener bewussten und oft völlig gaunerischen Mischungen, vermöge deren die alte Superstition mit einer naturwissenschaftlichen Ausstattung von Neuem auf den Markt gebracht wird.

Ernster, aber nichtsdestoweniger unhaltbar sind diejenigen Ansichten, welche mit der alten Psychologie überhaupt jede Bewusstseinslehre aus der Philosophie hinausgewiesen und als Thorheit geächtet wissen wollen. Die Vertreter dieser Anschauungsweise wollen sich auf eine reine Physiologie der Organe des Empfindens und Denkens beschränken und übersehen hiebei, dass die subjectiven Vorgänge als solche und in ihrer empfundenen Innerlichkeit nie durch die äussere Betrachtung der Function der Werkzeuge gedeckt werden können. Die Zergliederung und Beobachtung der Organe und ihrer äusserlich sichtbaren Thätigkeiten muss auch über die Verhältnisse der subjectiven Empfindungsformen bedeutende Aufschlüsse liefern; wenn man aber die unmittelbare Aufmerksamkeit auf die Elemente und Gestalten des Bewusstseins als völlig gleichgültig oder auch nur als untergeordnete Nebensache ausgiebt, so bekundet man hiemit nur, dass man von dem Wesen einer rationellen Bewusstseinslehre keine Ahnung hat. Letzteres war z. B. bei A. Comte der Fall und pflegt sich ausserdem bei denjenigen Physiologen zu bestätigen, welche die grössten Anstrengungen machen, der Seelensuperstition zu entgehen, ohne doch im Stande zu sein, ihre objectiven Anschauungen mit einer entsprechenden Einsicht in die zugehörigen subjectiven Vorgänge zu verbinden. Die Physiologie der unmittelbaren Organe des Empfindens und Denkens ist für die eigentliche Bewusstseinslehre eine blosse Hülfswissenschaft, und eine besondere Theorie der subjectiven Elemente des Bewusstseins wird solange eine berechtigte Forderung bleiben, als man nicht etwa auf alle genauere und systematische Erkenntniss der menschlichen Innerlichkeit verzichten will.

Allerdings hat bis jetzt die Richtung auf diese Innerlichkeit in der schlechten Form der bisherigen Psychologie vorherrschend den Charakter der Beschränktheit, Pedanterie und selbstbeschaulichen Eitelkeit an sich getragen. Sogar durch die bessern Erscheinungen, wie sie in und seit Locke eine breite und selbstgefällig behagliche Vertretung fanden und sich bei Kant sogar in das Hochmetaphysische verwandelten, ist die objective Philosophie auf eine Zeit lang suspendirt und die grosse Welt mit der kleinen vertauscht worden. Ja die heutigen Tageserscheinungen beweisen im vollsten Maasse, dass eine Art Bornirtheit in der Auffassung von Welt und Leben dabei herauskommt, wenn die sogenannte Psychologie irgendwo in den Vordergrund tritt oder sich etwa gar als eine leitende Wissenschaft geltend machen will. Thatsächlich ist es, auch von allen Superstitionen abgesehen, mit der sogenannten Psychologie heute derartig bestellt, dass man grade diejenigen, die sich für Psychologen ausgeben, überall als die zur ernsteren Philosophie Unfähigsten betrachten muss. Dies gilt nicht etwa blos für Deutschland, sondern auch für England, Frankreich und die sonst betheiligten Culturgebiete.

Dieser ungünstige Sachverhalt erklärt sich zum Theil daraus, dass eine echte Bewusstseinslehre nur die gelegentliche Frucht höherer Probleme sein kann, in deren Dienst die einzelnen Einsichten gewonnen werden, während die grundsätzliche Fixirung der Gedanken auf die durch keinen höhern Zweck geadelte Selbstuntersuchung ein ansehnliches Maass von persönlicher Eitelkeit und Selbstbespiegelung voraussetzt. Eine abgesonderte Bewusstseinslehre kann nur zwei anerkennenswerthe Zwecke haben, und beide liegen ausserhalb derselben. Entweder will sie die subjectiven Täuschungen in der Auffassung der Dinge wegräumen oder die Gesetze bloslegen, nach denen der Mensch auf den Menschen zu wirken vermag. Die erstere rein speculative Aufgabe bleibt hiebei eine untergeordnete Angelegenheit, weil die Meinung, die Probleme der objectiven Welt mit der Psychologie lösen zu können, eine Verkennung der Tragweite der Bewusstseinszergliederung einschliesst. Der zweite Gegenstand ist von weit grösserer Bedeutung; denn hier kann eine rationelle Bewusstseinslehre in der That die Gesetzmässigkeit aller Motive des Verhaltens auch innerlich beleuchten und aus dem Mittelpunkt der Empfindung die nothwendigen Ergebnisse construiren helfen. Aber auch hier würde die Bewusstseinslehre ihre eigne Natur völlig verkennen, wenn sie sich einbildete, ein für sich allein zulänglicher Factor des Verständnisses menschlichen Individuallebens oder gar der Collectivgestaltungen sein zu können. Von Allem, was vorgeht, bilden die Bewusstseinsphänomene nur einen äusserst beschränkten Theil und sind zunächst weit mehr Wirkungen, als selbst wirksame Ursachen. Oft verhält sich das Bewusstsein nur wie ein zufälliger Durchgangspunkt von Realitäten, die auch ohne diese Beleuchtung ihren Erfolg gehabt haben würden. Wo man aber in eminenter Weise auf die schöpferisch vermittelnde Wirksamkeit des Bewusstseins zu zählen hat, da sind es weniger die psychologischen Eigenschaften als die logischen Ausstattungen desselben, die praktisch in Frage kommen. In jeder Richtung wird man also gewahr, welche bescheidene Rolle selbst die echte Bewusstseinslehre, die man als Kern der übrigens falschen Psychologie gewinnen mag, im Ganzen der Philosophie und Wissenschaft zu spielen habe. Sie liefert eben nur einige Elemente, die man freilich an die Spitze stellen kann, wenn man das Reich der empfindenden Wesen betritt, aber auch ebensogut nach Bedürfniss den besondern realen Problemen an den verschiedenen Oertern hätte beiordnen können. Diesen letzteren Weg wird man sogar unter allen Umständen für die Aesthetik einschlagen müssen; denn das Wenige, was eine bessere Bewusstseinslehre auch in dieser Richtung dürfte bieten können, schliesst sich so innig an die besondere ästhetische Art und Weise der Gesichtspunkte an, dass man es von der Eigenart des künstlerischen Verhaltens nicht trennen kann. Hiezu kommt noch, dass die wahre Aesthetik eine durchaus objective Wissenschaft ist, in welcher die Kunst der Natur und das Ebenmässige in der Verfassung des Universums oder in dem Spiel der Naturkräfte ebensogut eine Stelle haben müssen, wie die gestaltenden Mächte der menschlichen Vorstellungskräfte.

4. Die Empfindung ist uns ein Vorgang, mit welchem nicht nur eine neue Welt erschlossen, sondern auch das objective Sein erst in seiner Bedeutung vollendet wird. Sie ist daher etwas Allgemeines und Universelles, was sich in wesentlich gleichartiger Weise da entwickelt finden oder noch entwickeln muss, wo die Zurüstung der sonstigen Naturkräfte einen Schauplatz darbietet. Unabhängig

von der gewöhnlichen psychologischen Beschränktheit sehen wir daher die Empfindung als ein kosmisches Phänomen an und setzen sogar voraus, dass sie überall im Universum dieselben Grundformen und Elemente, wenn auch in veränderter Zusammensetzung, aufweise. Wir folgen hierin nur derjenigen Analogie, an die wir schon öfter erinnern mussten, nämlich dem Leitfaden der chemischen Einheit der Weltcomposition. Ausserdem nöthigt uns aber auch zu dieser Annahme die allgemeine Nothwendigkeit einer durchgängigen Systematik des Daseins. Eine solche Systematik würde sich verleugnen, wenn es nicht ein einziger Schematismus wäre, aus dem alles bewusste Leben in mannichfaltigen Variationen stufenweise hervorgetrieben wird. Schliesslich giebt es aber auch noch einen objectiven Grund, welcher uns die Universalität der Empfindungselemente verbürgen kann. Die Beschaffenheit der Elementarempfindungen wäre eine willkürliche und sinnlose Thatsache, wenn sie nicht eine reale Bedeutung hätte und nach Innen oder nach Aussen eine Auslegung sachlicher Verhältnisse repräsentirte. In der Empfindung ist objective Wahrheit. Sie ist eine Interpretation desjenigen Seins, welches an sich selbst sich nicht empfindet, sondern eben zu diesem Act eine specielle Function abgesondert hat. Die Empfindung ist niemals blos etwas an sich selbst, sondern sie ist zugleich ein Ausdruck objectiver und realer Verhältnisse, an dessen Wahrheit auch dadurch nichts geändert wird, dass die nächste und unmittelbarste Beziehung des Empfindens die Einrichtung und die Zustände des individuellen Organismus zum Gegenstande hat. Dieser Organismus bildet stets nur die Brücke zur umgebenden Aussenwelt, und seine Zustände sind so gut wie die des Thermometers ein Maass für die realen Vorgänge ausser ihm. Es ist eine herkömmliche Einseitigkeit, wenn man die Empfindung nur als Ausdruck innerer Zustände gelten lassen will und die objective Wahrheit in ihr verkennt, weil die Uebersetzung aus dem Objectiven in das Subjective durch eine Maschinerie vermittelt wird, die bei den verschiedenen Wesen ein so abweichendes Aussehen hat. Im letzten Grunde ist auch diese Maschinerie trotz aller Variationen durch neue Theile doch stets einheitlich angelegt, und das System der Mittel, durch welche ein an sich unempfundener Vorgang in die Natursprache der Empfindung übersetzt wird, ist durchgängig dasselbe.

Hieraus folgt nun, dass schon die unterste Grundlage aller menschlichen und sonstigen Einsicht in der Welt der Empfindungen anzutreffen sein muss. In der That wiederholt sich hier auch nur das Grundschema der objectiven Welt, nämlich der Antagonismus der Naturkräfte. Die Widerstandsempfindung ist das Element aller übrigen; sie tritt in sinnenmässiger Deutlichkeit da hervor, wo die eignen Kräfte des individuellen Organismus die mechanische Wirkung eines ihnen widerstrebenden Körpers erproben. Indessen müssen wir voraussetzen, dass auch in jeder innerlichen oder sonst auf moleculare Stoffverhältnisse bezogenen Empfindung das subjective Innewerden eines mechanischen Widerstandes die letzte schematische Grundform bildet. Wenn die Wärmezustände oder die chemischen Mischungsverhältnisse des Leibes in Empfindungen einen Ausdruck erhalten, so kann man nicht umhin, auch hierin auf das Grundschema zurückzuschliessen. In demselben Sinne, in welchem alle objectiven Naturactionen in letzter Form mechanische Antagonismen aufweisen, müssen auch die Empfindungen auf diesen ursprünglichsten Typus zurückzuführen sein. Die Einheit der Naturkräfte ergiebt auch eine entsprechende Einheit der Empfindungen. Der Gegensatz, der in jenen die Hauptrolle spielt, muss auch in diesen die Grundlage aller weiteren Composition und Entwicklung werden. Wir wollen uns nicht sofort darauf berufen, dass Lust und Schmerz den unausweichlichen Antagonismus innerhalb des Empfindungsbereiches verrathen. Jede bestimmte Lust und jeder bestimmte Schmerz beruhen bereits auf der Zusammensetzung von Empfindungsbestandtheilen, die wir unmittelbar und ohne Weiteres nicht zu sondern und nicht rein oder elementar zum Bewusstsein zu bringen oder, mit andern Worten, nicht aus der Mannichfaltigkeit der Nebengebilde und Verwicklungen auszuscheiden vermögen. Dagegen können wir von den Elementen der Lust sowohl als des Schmerzes mit vollem Recht behaupten, dass in diesen einfachen Theilempfindungen, aus denen sich die volle Empfindung zusammensetzt, kein anderes Grundschema möglich sei, als dasjenige, welches dem Fundamentaltypus der objectiven Welt entspricht. Dieses ist aber der mechanische Antagonismus.

Es ist nicht erst die besondere Einrichtung eines empfindenden Organs, sondern schon die ganze objective Welt, welche auf die Hervorbringung von Lust und Schmerz angelegt ist. Aus diesem Grunde nehmen wir an, dass der Gegensatz von Lust und Schmerz und zwar genau in der uns bekannten Weise ein universeller sei und in den verschiedenen Welten des Alls durch wesentlich gleichartige Gefühle vertreten sein müsse. Diese Gleichartigkeit kann sich aber nur auf die Elemente des Fühlens beziehen und keine grössere Uebereinstimmung ergeben, als sie etwa auch zwischen der Bewusstseinsregung des niedrigsten Thieres und derjenigen des Menschen besteht. Diese Uebereinstimmung bedeutet aber nicht wenig; denn sie ist der Schlüssel zu dem Universum der Empfindungen. Absolut fremd ist uns daher der allgemeinen Art nach Nichts. Unsere eignen Gefühle mögen sich in andern Wesen gesteigert finden; aber sie werden wenigstens nothwendige, wenn auch zu neuen Zusammensetzungen verwerthete Bestandtheile jedes Ich bilden müssen. Uns ist mithin die subjective kosmische Welt nicht viel fremder als die objective. Die Constitution beider Reiche ist nach einem übereinstimmenden Typus zu denken, und hiemit haben wir die Anfänge zu einer Bewusstseinslehre, die eine grössere als blos terrestrische Tragweite hat.

Es ist kein müssiges Spiel der Speculation, das Bewusstsein in seiner kosmischen Allgemeinheit zu betrachten und die Universalität der Elemente von Lust und Schmerz zugleich objectiv und subjectiv begreifen zu wollen. Nur durch das Grosse und Umfassende dieser Wendung gelangen wir über die Beschränktheiten der gewöhnlichen Auffassungsart hinaus. Das Zufällige und Willkürliche verschwindet auch im subjectiven Reich, und die Phantasie, die sich so gern in die dunkle Wüste leerer Möglichkeiten begiebt und mit den Vorstellungen des völlig Andern und absolut Charakterlosen ein nichtssagendes Spiel treibt, wird an bestimmte Elemente gebunden und auf typische Charaktere hingewiesen, in deren Combination sie sich einigermaassen positiv bethätigen kann.

5. Die Begriffe Leben und Empfindung decken sich insofern nicht, als die subjectiv gefühlte Regung gänzlich fehlen und dennoch das, was wir Leben nennen und dem Tode entgegensetzen, sehr wohl vorhanden sein kann. Erstens hört mit den Unterbrechungen der Empfindung und des Bewusstseins bei den thierischen Wesen bekanntlich das Leben nicht auf; aber man könnte einwenden, dass wenigstens die Anlage zur bewussten Empfindung hier immer vorhanden sein müsse. Dagegen sind die Pflanzen gänzlich und für immer ohne die leiseste Spur von Empfindung und auch ohne jede Anlage dazu. Dennoch reden wir von ihrem Absterben und schreiben ihnen mithin eine Art Leben zu. Der eigenthümlich complicirte Process der Bewegung von Säften sowie eine eigentliche Ernährung und Fortpflanzung bilden hier mit dem Erlöschen der Wirksamkeit

des Organisationsschema das sichere Merkmal des eigentlichen und nicht blos metaphorisch so genannten Lebens. Der Stoffwechsel, der sich vermöge einer plastisch bildenden Schematisirung vollzieht, bleibt stets ein auszeichnender Charakter des eigentlichen Lebensprocesses. Wollte man nämlich die chemischen und physikalischen Hergänge, wie sie sich in der Krystallbildung zeigen, in ihren einheitlichen Ursachen mit den Principien des Aufbaus der Pflanzenkörper vergleichen, so würde mindestens die selbständige Ausscheidung von Stoffen nicht aufzufinden sein, und auch die Aufnahme derselben könnte immer nur als äusserliche Ansetzung begriffen werden. Ganz besonders aber würde man die Fortdauer eines Wechsels von Bildung und Zerstörung im Innern stets vermissen, und demgemäss liesse sich auch für das, was wir bei den Pflanzen den Tod nennen, kein Analogon auftreiben. Die rastlose Zersetzung oder Composition, welche vornehmlich an den Oberflächen der Körper vor sich geht, ist ein Act von rein chemischem Charakter und repräsentirt zwar die allgemeine Bewegung oder Regsamkeit im System der Dinge, darf aber nicht mit dem specifischen Leben im engeren Sinne dieses Worts irgend confundirt werden. Auch die unorganische Welt ist ein System sich selbst vollziehender Regungen; aber erst da, wo die eigentliche Gliederung und die Vermittlung der Circulation der Stoffe durch besondere Canäle von einem innern Punkte und nach einem an ein kleines Gebilde übertragbaren Keimschema beginnt, darf man im engern und strengern Sinne von eigentlichem Leben zu reden unternehmen. Andernfalls versteht es sich nämlich von selbst, dass der Ausdruck Leben nur eine figürliche Rolle spielt und nichts weiter als die Selbständigkeit aller Bewegungen der Natur oder aber eine besondere Steigerung irgend eines Bewegungsspiels bedeuten kann.

Das zur Empfindung beanlagte Leben wird sich in dieser Eigenschaft dadurch bekunden, dass die Anlage auch wirklich mehr oder minder hervortritt und in subjectiven Gefühlsformen erkennbar wird. Geschähe dieses nicht, so würde man ja willkürlich eine Ursache vorausgesetzt haben, deren Wirkung regelmässig ausbliebe, und die Annahme einer Anlage zur Empfindung, die sich nie bethätigte, wäre eine der willkürlichsten Phantasieausschweifungen. Physiologisch ist die Empfindung an das Vorhandensein irgend eines, wenn auch noch so einfachen Nervenapparats geknüpft. Es ist daher das Charakteristische aller thierischen Gebilde, der Empfindung d. h. einer subjectiv bewussten Auffassung ihrer Zustände fähig zu sein. Die scharfe Grenze zwischen Pflanze und Thier liegt da, wo der Sprung zur Empfindung vollzogen wird. Diese Grenze lässt sich sowenig durch die bekannten Uebergangsgebilde verwischen, dass sie vielmehr grade durch diese äusserlich unentschiedenen oder unentscheidbaren Gestaltungen erst recht zum logischen Bedürfniss gemacht wird. Der Umstand, dass eine Ellipse mit sehr kleiner Excentricität für die sinnenmässige Auffassung vom Kreise nicht zu unterscheiden ist, berechtigt keinen streng denkenden Mathematiker, den begrifflichen Sprung zu verkennen, der den völligen Wegfall von dem Dasein einer wenn auch noch so kleinen und nach Belieben unbeschränkt klein zu setzenden Excentricität trennt. In dem einen Fall haben wir den Kreis, in dem andern ein dem Begriff nach gänzlich verschiedenes Gebilde, nämlich die Ellipse mit ihren ungleichen Axen. Aehnlich verhält es sich nun auch mit allen realen Gattungen in der Natur. Aus dem Reich der Empfindungslosigkeit tritt man in dasjenige der Empfindung, trotz aller quantitativen Allmäligkeit, nur mit einem qualitativen Sprunge ein, von dem wir, wenn wir uns nicht den poetischen Gebrauch des Worts versagt hätten, behaupten könnten, dass er sich unendlich von der blossen Gradation einer und derselben Eigenschaft unterscheide. Keine Darwinistische Halbpoesie und Metamorphosenfertigkeit mit ihrer grobsinnlichen Enge der Auffassung und Stumpfheit der Unterscheidungskraft kann hier auf die Dauer die Wesensverschiedenheit der beiden Gebiete verhüllen, und man sollte sich doch erst an der Entstehung der Arten mathematischer Gebilde orientiren, ehe man dem Vorwitz nachgiebt, fundamentale Trennungen in den Elementen der Gattungen mit sinnlichen Oberflächlichkeiten verwischen und aus Allem Eins oder vielmehr aus Allem Jedes machen zu wollen. Sicherlich sind Leben und Empfindung nur Combinationen der allgemeinen Naturkräfte, aber eben solche Combinationen, die derartig unter besondern Bedingungen hervortreten, dass ihre specifische Artung nicht mit den andern Formen der Natur verwechselt oder als blos quantitative Variation eines sonst identischen Etwas ausgegeben werden darf. Verwahren wir uns nicht gehörig gegen diese leichtfertigen Metamorphosen der Empfindungslosigkeit in Empfindung, so könnten wir schliesslich noch dazu gelangen, uns die spiritistische Wiederaufweckung der Todten gefallen lassen zu müssen.

Wie die lebendige Anlage zur Empfindung zur actuellen Empfindung werde, erproben wir jeden Augenblick an uns selbst; denn jede neue Empfindung, die in uns auftaucht, kann uns über diesen Punkt belehren. Die Empfindung entsteht, wie wir schon oben gesagt haben, nicht nothwendig und niemals unmittelbar aus einer andern Empfindung, sondern aus unempfundenen Productionsfactoren. Sie entspringt vermöge eines Mechanismus, der an sich selbst eben keine Empfindung ist; aber dieser Mechanismus muss bereits objectiv das Leben enthalten. Die Stufenfolge von den letzten mechanischen Kräften bis zum Ergebniss des Bewusstseins muss daher eingehalten und die vegetative Sphäre des Pflanzlichen eingeschoben werden, wenn der thierische Organismus entstehen und Empfindung producirt werden soll. Die nächste Beziehung aller Empfindung auf einen Gegenstand kann mithin nicht zweifelhaft bleiben. Es sind die Hauptfunctionen des pflanzlichen Lebens, die im thierischen Organismus zur Selbstwahrnehmung gelangen und gleichsam in die Sprache der Empfindung übersetzt werden. Hieraus ergeben sich nach Innen gekehrte oder vielmehr zunächst auf innere Erregungen beschränkte Gefühle, die den Ernährungszustand des betreffenden Wesens interpretiren. Da nun das rein Theoretische hier immer zugleich mit dem Praktischen verbunden ist, so mischt sich in die Kunde, die durch das Gefühl von den Zuständen des objectiven Lebens gegeben wird, zugleich der Trieb oder, genauer gesagt, die Triebempfindung. Die Ernährungsverhältnisse werden durch das Gefühl von Hunger und Durst oder von Sättigung sowie auch durch den Mangel solcher Empfindungen, also durch die Indifferenz, angezeigt. Ist in dem jeweiligen Zustande des Bluts eine derartige Störung der Mischungsverhältnisse eingetreten, dass eine Ausgleichung durch Wasserhaltiges objectiv nothwendig ist, so übersetzt sich diese Tendenz oder Spannung in die Empfindung des Durstes. So werden die im Gaumen und auf der Zunge localisirten und grade dort vornehmlich in Empfindungen subjectivirten Regungen gleichsam zu Boten, welche von dem Gesammtzustand des Leibes Nachricht geben. Indessen sind es nicht blos Boten, sondern auch zugleich thätige Gewalten, die sich bei der Erledigung der von ihnen gemeldeten Angelegenheiten mit Kraft und Einsicht betheiligen. Sie spielen nicht nur eine zu Handlungen aufstachelnde Rolle, sondern wenden die Kenntniss, die sie mitbringen, auch nach Aussen, um über die Zuträglichkeit der sich darbietenden Objecte zu entscheiden. In dieser Function specialisiren sie sich zu besondern und zwar vornehmlich chemischen Sinnen. Geschmack und Geruch sind Beurtheiler der äussern Objecte, die mit ihnen durch materielle Absonderung oder Zersetzung in innige Berührung kommen. Die Aufnahme des zur Ausgleichung Passenden und die Fernhaltung des Störenden sind hier in Rücksicht auf die intimsten, nicht blos äusserlich mechanischen oder physikalischen, sondern chemischen Eigenschaften der Materie und ihrer individuellen Theilchen die charakteristischen Functionen. Diese Art von Sinnescausalität enthält nun aber schon etwas mehr, als die einheitliche, den Unterschied des Innern und Aeussern noch nicht besonders unterscheidende allgemeine Empfindung.

6. Von der Empfindung kann man die Vorstellung unterscheiden, und alsdann braucht man letzteres Wort in einem engeren Sinne als gewöhnlich. Es ist nämlich das Auszeichnende der eigentlichen Vorstellung, dass sie eine räumliche oder zeitliche Beziehung in bestimmter Weise ausdrückt. Wir stellen die Körper vor, indem wir die blossen Empfindungserregungen, welche durch die Farbe gegeben sind, nicht nur im Zusammenhang mit der Gestaltung, sondern auch in bestimmter Lage und Entfernung denken. Dieser Act des Vorstellens beschränkt sich keineswegs auf äusserliche Wirklichkeiten, sondern ist in ziemlich gleicher Weise auch bei der Erzeugung der Traumbilder im Spiele. Die anschauliche Vorstellung von einer Entfernung ist aber weit davon entfernt, ein realer und messbarer Abstand zu sein. Ebenso ist die Form des Anschauens, die wir Vorstellungsraum nennen, und in welcher sich uns die Traumbilder gleich den Wirklichkeiten präsentiren, nicht mit der mechanischen Ausdehnung der Materie zu verwechseln. Das blosse Bild der Materie und ihrer örtlichen Verhältnisse ist weit davon entfernt, die Materie selbst zu sein. Auch ist die Vorstellung von den mechanischen Kräften, also z. B. die Widerstandsvorstellung, wie wir sie ja auch im Traume haben können, sorgfältig von der objectiven Realität mechanischer Beziehungen zu unterscheiden. Die Verwechselung der blossen Formen und Eigenschaften des Bewusstseins mit derjenigen Wirklichkeit, zu deren Ausdruck in Bildern und Gedanken sie wesentlich bestimmt sind, ist der metaphysische Idealismus. Jedoch wäre die Bezeichnung dieser höheren Wahnsinnsgattung als Idolismus besser am Platze; denn das Wort Idealismus hat für das praktische Gebiet nicht nur einen zu guten Klang, sondern auch thatsächlich eine zu hohe Bedeutung, als dass man den Missbrauch und die Entehrung

desselben im theoretischen Gebiet der Wahnmetaphysik als etwas Gleichgültiges hingehen lassen könnte.

Man hat in der Physiologie der Sinneswerkzeuge und in der zugehörigen innern Zergliederung des Vorgangs der Sinnesanschauung viel Gewicht darauf gelegt, dass die unmittelbaren Erregungen, die sich zunächst als Empfindungen geltend machen, erst durch eine Art von Verstandesthätigkeit zu eigentlichen Vorstellungen umgearbeitet werden müssen. Die blosse Empfindung des Hellen ergiebt noch keinen eigentlichen Gegenstand, und man kann auch allenfalls von der Farbe sagen, dass die in ihr vertretene Empfindung noch nicht die Vorstellung der farbigen Ausdehnung selbst sei. Im Ton haben wir das strengste Beispiel von etwas, was sich der reinen Empfindung als solcher am meisten nähert, insofern es am wenigsten von eigentlichen Vorstellungen, also von Voraussetzungen über Oerter und dingliche Gegenstände begleitet zu sein braucht. Unterscheidet man nun das innerlich und unmittelbar Empfundene von den begleitenden Orientirungsmitteln der angedeuteten Art, so wird man allerdings in den Fall kommen, das Urtheil über die Räumlichkeit auf einen besondern Mechanismus des Denkens zurückführen zu müssen. Indessen hat man sich hier doch sehr ernstlich vor der Vertauschung von zwei äusserlich leicht confundirbaren Ansichten zu hüten. Die Thatsache, dass man in einem gewissen Sinne sehen lernen und überhaupt den richtigen Gebrauch aller Sinne erst durch Erfahrung gleichsam einschulen muss, berechtigt noch nicht im Entferntesten zu der Annahme, dass in den Sinnen von vornherein kein Schema gegeben sei, welches die wesentlichen Möglichkeiten des Vorstellens einschliesst. Es ist besonders die dritte Dimension, die bei der Anschauung der Körper auf Rechnung eines speciellen Verstandesactes gesetzt wird. Nun sind alle Schätzungen der Raumgrössen, und zwar diejenigen des Umfangs ebensogut als diejenigen der directen Entfernung, im besondern Fall stets auf Vergleichungen und irgend welche vorgängige Messungen bekannter und erprobter Verhältnisse zurückzuführen. Allein die Beschaffenheit der Anschauungsbilder wird hiedurch nicht verändert, und diese Anschauungsbilder selbst sind zwar auch bei dem Kinde nicht sofort in gleicher Gestalt fertig, wie bei dem bereits weiter entwickelten Menschen, müssen aber doch als unmittelbare Erzeugnisse der Sinnesbethätigung betrachtet werden. Es ist nicht erst ein Urtheil oder ein sogenannter Schluss, welcher uns von dem Dasein einer Entfernung Kunde giebt;

es ist vielmehr der Mechanismus des sinnlichen Vorstellens selbst, durch welchen die räumlichen Verhältnisse verbürgt werden. Nur die Bestimmtheit der Messung oder Schätzung hängt von der Ausbildung, Uebung und Erfahrung ab. Die Einmischung des überlegenden Verstandes ist etwas Nachträgliches, wovon die ursprüngliche Entstehung der Anschauungsbilder und die Vorstellung derselben nach drei Dimensionen keineswegs abhängig ist. Will man nun etwa das Unwillkürliche in den orientirenden Eigenschaften des Spiels der Sinneskräfte Verstand nennen, so würde sich der Streit nicht mehr um das Tiefere der Sache, sondern nur um die Angemessenheit des Wortgebrauchs bewegen können. In einer weiteren Fassung des Begriffs haben wir ja selbst bereits der Empfindung eine Rolle zugeschrieben, vermöge deren sie die Auslegerin objectiver Verhältnisse ist. Warum sollte diese Art Verständniss nicht noch weit leichter in den orientirenden Vorstellungsthätigkeiten anerkannt werden? In dieser Richtung läge also kein Hinderniss, die Anschauung als einen Vorgang gelten zu lassen, durch welchen die mechanischen Ausdehnungsverhältnisse der Materie interpretirt werden. Jedoch grade in diesem scheinbaren Zugeständniss liegt die Widerlegung der unhaltbaren Ansicht, dass die räumlichen Verhältnisse nicht durch die Sinne aufgefasst, sondern vermöge einer von den Sinnen verschiedenen Macht erst zu der an sich unausgedehnten Realität raumloser Dinge hinzugedacht würden. Was die Physiologie als solche behauptet, ist wenigstens zum Theil ohne Bedenken annehmbar. Was aber zu Gunsten des metaphysischen Idolismus hinzugefügt wird, hat mit den Erfahrungsnothwendigkeiten und mit den logischen Erfordernissen der Sinneserklärung nichts zu schaffen.

7. Die objective Bedeutung und systematische Beschaffenheit der specialisirten Gruppe der eigentlichen und nach Aussen gekehrten Sinne begreift sich leicht, sobald man die für das tiefere Denken unumgängliche Voraussetzung macht, dass die eigenthümlichen Gestaltungen der einzelnen Sinnesthätigkeiten sämmtlich eine und dieselbe Grundoperation einschliessen. Es ist die Wahrnehmung irgend eines materiellen und mechanischen Widerstandes sowie der Grössenänderungen desselben, was wir auch da als Grundform der Sinnesempfindung voraussetzen müssen, wo kein eigentliches Muskelgefühl im Spiele sein mag. Das Getast ist offenbar die unterste, aber hiemit auch zugleich fundamentalste Grundform der Sinnesbethätigung. Es entspricht den grob und gleichsam massenhaft mechanischen

Verhältnissen der objectiven Welt, insofern dieselben durch unmittelbare Berührung constatirbar sind. Es gesellt sich zu ihm aber als gleichartig alles das, was man direct als mechanischen Kraftsinn bezeichnen könnte. Die Empfindung des Gewichts und der Spannung, möge sie nun von ausserleiblichen Gegenständen oder von den Leibesgliedern und ihren Verhältnissen selbst herrühren, ist in der ganzen Gattung eine wesentliche Form. Der mechanische Kraftsinn ist mithin die Grundlage alles Tastens, so dass die Wahrnehmung der Figur der Körper durch tastende Umschreibung ihrer Oberflächen und schätzende Bemessung ihrer Dimensionen bereits als ein secundärer Act, nämlich als ein zugehöriges Vorstellen, im engeren Sinne dieses Worts, kenntlich wird.

In der That wäre es auch ein arger Widerspruch, wenn der Aufbau und die Einrichtung der Sinne nicht mit der Constitution der Welt in der Artung und in den Bestandtheilen zusammenträfen. Wie die mechanischen Verhältnisse der Materie das durchgängige Grundschema der objectiven Existenz sind und wie alle besondern Kräfte gleichsam aus dem einen mechanischen Kraftfond schöpfen, so muss auch die mechanische Widerstandsempfindung das letzte Element aller Sinneswahrnehmung sein. Die Realität ist in ihrer letzten Grundform eine mechanische. Die Auffassung dieser Realität muss sich dadurch vollziehen, dass eine mechanische Wirkung in Empfindung übersetzt wird. Die mechanische Causalität der Naturkräfte wird in der Fundamentalempfindung so zu sagen subjectivirt. Die Thatsache dieses elementaren Subjectivirungsvorgangs kann offenbar nicht weiter erklärt werden; denn irgendwo und unter irgend welchen Bedingungen muss die bewusstlose Mechanik der Welt zum Gefühl ihrer selbst gelangen. Es geschieht Letzteres bekanntlich vermöge der Nerven, und Alles, was nicht Nervensystem ist, kann als ein physikalisches Aussenwerk zur Beschaffung bestimmter mechanischer Erregungen betrachtet werden, die im Nervensystem selbst ihre letzte, ebenfalls mechanische, aber sich mit Empfindung verbindende Form gewinnen. Es giebt also kein Theilchen des Leibes, welches nicht mechanisch afficirt würde. Mit der Wirklichkeit aller Dinge hängt unser organisirter Körper dadurch zusammen, dass sein mechanischer Zustand stets ein Theilzustand der universellen Mechanik des Kosmos ist. Die Bewegungen innerhalb des grossen Körpers, den wir Natur oder Welt nennen, gestalten sich in dem kleinen Körper, welcher der unmittelbare Träger unseres Bewusstseins ist,

10*

zu einer besondern Actionsgruppe, und die Zustände gewisser Theile dieser letztern Gruppe finden sich mit einem subjectiven Gefühl ihrer selbst ausgestattet. Der Krafteinheit muss nun, wie gesagt, eine Sinneseinheit gegenüberstehen, und wie sich die volle Wirklichkeit durch reale Kräfte charakterisirt, so wird auch die Wahrnehmung des Wirklichen nicht blos von dem früher erwähnten Leitfaden der Materialität, sondern direct von der Kette der mechanischen Causalität abhängen.

Diese letztere Nothwendigkeit drängt uns eine Vorstellungsart auf, die in der Physiologie bisher noch nicht vertreten war. Wir müssen nämlich auch bei den höchsten Sinnesoperationen etwas dem Tasten Analoges annehmen und in ihnen als Grundform einen mechanischen Kraftsinn in der strengsten Bedeutung des Worts zulassen. Es ist nicht genug, dass man von Erzitterungen der Nervenenden und von deren Fortpflanzung rede; es ist nicht genug, dass man z. B. die mechanischen Affectionen der Netzhautgebilde als Wirkungen der Aetherbewegung ansehe; — man muss auch in subjectiver Hinsicht einen entsprechenden Schritt thun und sich vorstellen, dass der Act des Sehens mit dem des tastenden Fühlens gleichartig ist und eben nur über ein besonderes Gebiet der universellen Mechanik Aufschlüsse ertheilt. Auch in dem Sehact ist die Widerstandsempfindung die Grundform, und der Umstand, dass sie für das Bewusstsein einen andern Charakter hat, als die Ergebnisse des Wägens und der eigentlichen Muskelaction, darf uns nicht überraschen. Das Specifische der Sinnesenergien, auf welches sich einige Physiologen an Stelle einer wahren Erklärung der Zusammensetzung berufen, ist nichts als ein Ausdruck der Unkunde bezüglich des einheitlichen Systems, welches durch alle Sinnesformen hindurchgeht. Uebrigens beruht aber die wahre Specification auf der Einrichtung der Sinnesorgane für einzelne materielle Medien. Die Tonempfindung bezieht sich unmittelbar auf Erzitterungen, die normaler Weise von der Luft her übertragen werden, oder, genauer ausgedrückt, die Erzitterungen im Bereich des Luftmeeres sind der eigentliche Gegenstand, zu dessen Wahrnehmung das Gehör bestimmt ist. Hieraus folgt unmittelbar die geringe Tragweite dieses Sinnes, der für das Verständniss der Wesen unter sich und für die Aufmerksamkeit auf die nächste Umgebung Alles, übrigens aber für die umfassendere Welt Nichts ist.

Die falsche physikalische Vorstellung, als wenn diejenige Materie, deren mechanischer Bewegungszustand das Licht und dessen kosmische Allgemeinheit ergiebt, etwas völlig Eigenartiges wäre, was den Gesetzen der übrigen Materie nicht unterworfen werden dürfte, hat auch die Ansichten über das Sehen nach der Seite des Idolismus hin gefälscht. Die Berkeleyschen Cruditäten würden, ich will nicht sagen in der Philosophasterei (denn dorthin gehören solche Ungereimtheiten nach altem und neuem Recht), sondern in der Optik keine Liebhaber finden, wenn nicht die physikalische Ueberlieferung noch einigermaassen an den Nachwirkungen unmaterieller und unmechanischer Vorstellungsarten kränkelte. Namentlich ist es das metaphysisch etwas anrüchige Zwittergebiet der physiologischen Optik, was den logischen oder vielmehr unlogischen Pfuschereien bequeme Handhaben darbietet.

8. Besässen wir bereits eine hinreichende Kenntniss von der Stufenfolge im Kräftesystem der Natur, so würden wir auch die Besonderheiten in der Lagerung und Schichtung der verschiedenen Sinnesgebilde näher angeben können. Für jetzt müssen wir uns mit der Voraussetzung begnügen, dass keine besondere Sinnesgattung existirt, der nicht eine Kraftform oder materielle Eigenschaft in der Natur entspräche. Der umgekehrten Annahme, dass sich jede wesentliche Grundform der Naturschematik in einer Sinnesgattung subjectivirt finden müsse, können wir uns insofern nicht entziehen, als vollkommene Wesen und eine vollkommene Erkenntniss in Frage sind. In der That können diejenigen Kräfteformen, die sich in einem universell erkennenden Wesen, wie es der Mensch ist, nicht mit besondern Auffassungsorganen ausgestattet finden, nur von zweiter Ordnung und nicht von elementarer sondern erst von indirecter Wirksamkeit sein. Jedoch dürfen wir in dieser Richtung die besondern Fälle nicht zu rasch entscheiden wollen; denn wie wenig wissen wir z. B. über den Wärmesinn in der Haut? Niemand kann bis jetzt angeben, wieweit die elektrischen Kräfteformen und Zustände der Natur in der Fundamentalmechanik der dumpferen oder auch der höheren und höchsten Sinneswahrnehmungen eine Rolle spielen, oder wieweit überhaupt das Grundphänomen aller Empfindung von jenen antagonistischen Regungen abhängig sei.

Die Function der Sinne ist in der streng wissenschaftlichen Bedeutung des Worts eine mechanische Arbeit. Die Vermittlung der Erkenntniss durch diese Arbeit hängt davon ab, dass der ganzen objectiven Schematik der Natur ein subjectives Vorstellungssystem entspreche, welches sowohl in den Elementen als in den zusammengesetzten Gebilden mit der äussern Wirklichkeit in Beharrung und Veränderung zusammenstimmt. Es braucht nicht in jedem niedrigsten Wesen Alles in Vorstellung verwandelbar zu sein; aber was irgendwo und irgendwie in ein subjectives System übergeht, muss auch äusserlich in der Natur eine in sich zusammenhängende und selbstgenugsame Gruppe von Grundlagen alles Seins bilden. Es ist nicht ausgeschlossen, dass sich über diesen Grundlagen noch höhere Gebilde aufrichten, deren volles Wesen nicht in die Wahrnehmung niederer thierischer Bewusstseinsformen eingehen kann. Hieraus folgt aber nur, dass der subjective Apparat einer Steigerung fähig ist, die der Stufenfolge der Wirklichkeiten entspricht. Im absolut Fundamentalen müssen die Auffassungen aller Wesen einheitlich und gemeinschaftlich sein, wie es die Natur selbst ist. Die Schematik der Sinne wird daher stets ein Ausdruck der Stufenfolge der Naturschematik und mithin der Grundeigenschaften aller wirklichen und möglichen Existenz sein müssen. Ja sogar das, was eine oberflächliche Beurtheilung blos als willkürliches Merkzeichen der objectiven Elemente ansehen könnte, nämlich die rein subjective, äusserlich nicht noch einmal vorhandene, also ausschliesslich empfundene oder vorgestellte Beschaffenheit des Erscheinens der einzelnen Bewusstseinsbestandtheile darf nicht wie ein zufälliges Alphabet angesehen werden, das sich in andern Wesen mit einer fundamental abweichenden Schreibart vertauscht finden könnte. Wie Lust und Schmerz in der Innerlichkeit der Empfindung überall und durchgängig die nämlichen Gefühlsbestimmungen sind, und wie es thöricht sein würde, das leere Wort und die völlig hohle Begriffschaale einer andern Empfindungsspaltung oder eines andern fundamentalen Gefühlsinhalts für eine Einsicht oder auch nur für die Anweisung auf eine mögliche Einsicht ausgeben zu wollen, so ist es auch eine arge Gedankenlosigkeit, zu meinen, die subjective Vorstellung von der Bewegungserscheinung oder von einem Sinneseindruck könnte in andern Subjectivitäten durch beliebige, für uns unbestimmbare Mittel der Bewusstseinsgestaltung ersetzt werden. Wie uns zu Muthe ist und wie uns die Dinge erscheinen, kann freilich in der Specialisirung des Bewusstseins anderer Wesen für die besondern Züge und Zusammensetzungen nicht unmittelbar maassgebend sein; allein die Elemente alles innerlichen Befindens und aller Beschaffenheiten des subjectiven Vorstellens müssen sich als einerlei erweisen. Fehlt uns auch in der bisherigen Wissenschaft noch das allgemeine Gesetz, nach welchem der reale Vorgang unter bestimmten Bedingungen zur Bildung der Subjectivität und der einzelnen subjectiven Elemente führt, so ist doch die zwingende Nothwendigkeit offenbar, um der einheitlichen Systematik willen das Reich des Subjectiven nicht blos in sich überall mit sich selbst analog, sondern auch als eine einheitliche Hervorbringung aus dem allgemeinen Natursein zu denken. Diese einheitliche Hervorbringung muss nun aber das Sein vollständig decken, und dies wäre nicht möglich, wenn es noch einen zweiten Weg der Natur gäbe, zur Selbstempfindung ihrer Elemente zu gelangen. Der Unterschied zwischen zwei Arten, denselben elementaren und schematischen Vorgang in ein Bewusstseinselement zu verwandeln, würde nur darauf beruhen können, dass für das eine Mal etwas subjectiv weggelassen wäre, was in dem andern Fall zum Ausdruck gelangt ist. Eine solche Voraussetzung widerspräche aber der absoluten Einfachheit, die wir für das objective wie für das subjective Element angenommen haben und die in dem Begriff des Elementes selbst liegt. Es kann sich also zu dem elementaren Schema der Wirklichkeit auch nur ein einziges Elementargebilde der Subjectivität gesellen. Diese elementare Verbindung selbst muss aber als Fundamentalthatsache gleich einem realen Axiom gelten.

Zweites Capitel.

Triebe und Leidenschaften.

Wenn die Sinneswerkzeuge vornehmlich auf die Vermittlung der Erkenntniss eingerichtet sind, so hat das System der Triebe und Leidenschaften in seiner äussern Bestimmung wesentlich solche Functionen, die auf das Handeln abzielen. Die theoretische und die praktische Verrichtung mischen sich indessen in irgend einem Verhältniss in jeder Empfindung. Es giebt nämlich unter den im Bewusstsein vorhandenen Gattungen keine einzige, welche uns nicht Etwas über bestimmte reale Beziehungen unseres eignen oder des Körpers der Welt lehren könnte, oder mit welcher sich nicht auch irgend eine treibende Kraft zu irgend einer, sei es blos organischen oder nach Aussen gerichteten Thätigkeit verbunden finden müsste. In den eigentlichen Sinnen, wie z. B. im Sehen, kann ein Trieb zur

Bethätigung derselben nicht geleugnet werden, und mit den eigentlichen Triebempfindungen ist zugleich in einem und demselben Gefühl die Erkenntniss von einem Mangel und von dem, was naturgemäss sein soll, innig verbunden. Man könnte in der letzteren Beziehung nicht etwa blos behaupten, dass in den Trieben ein gewisses Maass unmittelbarer, nicht auf Ueberlegung beruhender Vernunft sei, sondern sogar, dass die Vernunft in ihren höheren Steigerungen gar keine andere Grundlagen und für ihren Inhalt keinen andern Ausgangspunkt habe, als die triebförmigen Nothwendigkeiten. Die letzteren sind nun allerdings nie ohne innere oder äussere Reize vorhanden, und so muss man denn sagen, dass die Energie der Sinne, die nach Bethätigung verlangt, nur an und mit den Reizen wahrnehmbar werde. Hören diese Reize völlig auf, so muss das Spiel der Sinne auf die Dauer ebenfalls zurücktreten, gleichsam einschlafen und schliesslich absterben. Die Functionen sind es also, vermöge deren das ganze System der Fähigkeiten, auf die Natur zu wirken und deren Verhältnisse zu deuten, in lebendiger Leistungsfähigkeit erhalten wird. Sinne, die nicht gehörig bethätigt werden, müssen mit der Zeit verkümmern und in der Abfolge der Generationen fast zu einem Nichts einschrumpfen. Triebe und Leidenschaften, für welche keine objective Erregungen statthaben, werden im Laufe der Zeit nicht blos in den Hintergrund gedrängt, sondern gradezu entwurzelt werden müssen.

Nun haben allerdings die äussern oder innern Reize, die nichts als eine Art der allgemeinen Naturcausalität sind, ihre unverbrüchliche Gesetzmässigkeit und ein gewisses Maass normalen Bestandes. Auch die Einrichtung der die Triebe empfindenden Wesen ist so beschaffen, dass deren wesentliche Natur selbst untergehen müsste, wenn das System der erforderlichen triebförmigen Determinationen verschwinden sollte. Es ist mithin dafür gesorgt, dass die objective Welt mit ihren Reizen und die subjective Welt mit ihrer Vielheit strebender Wesen stets einen gemeinsamen Bestand an Erregungen und Erregbarkeiten aufweisen. Was innerhalb dieses Bestandes an Wandlungen mit der allgemeinen Constitution der Welt und den mannichfaltigen Ichbildungen verträglich ist, mag sich in der Entwicklung vollziehen und sowohl in Ausmerzungen als in Bereicherungen von Triebformen und Leidenschaftsgattungen zeigen. Wir dürfen aber hieraus nicht den Schluss ziehen, dass wir ganze Classen von Trieben und Leidenschaften, die von einer kurzsichtigen und beschränkten Moral in scheinheiliger Weise geächtet werden, aus der menschlichen Natur verbannen oder aus irgend einer analogen Wesensform im Kosmos wegdenken könnten, ohne die unumgänglichen Nothwendigkeiten alles Lebensspieles zu verleugnen.

Die Triebe sind nichts weiter als Triebkräfte, zu denen sich eine Empfindung und zwar derartig gesellt, dass diese Empfindung selbst das Mittel wird, durch welches die Natur zu einer bestimmten Function antreibt. Als Grundlage mag man sich also immerhin einen bewusstlosen Mechanismus denken; die eigentliche Leitung der weiteren Thätigkeit wird trotzdem durch das rein Subjective des Gefühls bewirkt. Hierin liegt die Kluft zwischen der Nacht eines ausschliesslich objectiven Vorgangs und dem Licht einer subjectiv bewussten Thätigkeit. Das Empfindungsgefühl hat selbst alle diejenigen Eigenschaften, durch welche die Wesen zu dem ihrer Natur entsprechenden Thun angetrieben werden. Der Antrieb liegt also in der Empfindung und nicht vor der Empfindung; denn diejenige Triebkraft, welche vor der Empfindung ins Spiel gesetzt wird, um die noch nicht vorhandene Empfindung oder den noch erst hinzuzufügenden Bestandtheil derselben hervorzubringen, gehört dem rein objectiven Mechanismus an und unterscheidet sich fundamental in nichts von den motorischen Mitteln unserer Maschinenmechanik. Ueber die Art, wie der gesammte Naturmechanismus zu denken sei, ohne nach der Analogie unserer Maschinen die Hineinlegung eines fremden Verstandes voraussetzen zu müssen, lässt sich bei dieser Gelegenheit in Kürze an nichts weiter erinnern, als dass ohne Empfindung dennoch in den Dingen eine Selbstbestimmung zur mechanischen Action vorhanden sein müsse. Wenn sich ein bewusstes Ding vermöge der Empfindung zu bestimmten Bewegungen angetrieben findet, so kann bei dem bewusstlosen Dinge eine in der Form übereinstimmende aber nicht durch Empfindung vermittelte, trotzdem aber aus ihm selbst oder überhaupt aus dem System der Dinge entspringende mechanische Action völlig rationell vorausgesetzt werden. Wenn die Welt oder das Ganze des Seins nicht etwa als eine schliesslich ablaufende und in das absolute Nichts mündende und sich selbst sammt ihrem Material zerstörende Maschine gedacht werden soll, was eine offenbare Absurdität sein würde, so muss nicht blos das heutige Dasein, sondern der ursprünglich mit keinem zählbaren Wechselspiel behaftete Zustand der Materie die Kräfte in sich getragen haben, vermöge deren die zeitliche Abfolge mechanischer

Rhythmen zur Selbstvollziehung gelangt ist. Uebrigens würde zu einer absoluten Selbstzerstörung, die das Material mitbeseitigte, nicht weniger eine ursprünglich und radical eigne Kraft der einzelnen Dinge und ihres Systems gehören, als zu der ähnlichen Widersinnigkeit einer absoluten Selbstschöpfung aus Nichts. Die den Dingen eigne Selbstmechanik, die von ausserhalb des Systems nichts bedarf, geht über die bisherigen Analogien der menschlichen Maschinenmechanik hinaus und muss dies auch, da jede Construction, die wir entwerfen, in ihrer Möglichkeit nur darauf beruht, dass sie ein Theil in dem universellen System ist, in welchem sowohl die gewöhnlichen Naturkräfte als unser technischer Verstand die Rolle von blossen Mitteln spielen. Wir legen also den individuellen Theilchen der Materie vor allen übrigen Actionen auch die Trägerschaft aller mechanischen Beziehungen und die Eigenschaft bei, der zureichende Ausgangspunkt eines universellen Selbstmechanismus zu sein, der in den empfindenden Wesen auch diejenigen Triebkräfte liefert, die wir, insofern sie von Empfindung begleitet sind, im eigentlichen Sinne des Worts Triebe nennen.

Bei der Besprechung der Empfindung und der Sinne konnte uns, da es sich mit Rücksicht auf die Sinne zunächst um Erkenntniss handelte, die Naturmechanik nur insoweit eine Aufklärung verschaffen, als sich auch im Subjectiven der durchgängige Antagonismus von Kräften als Grundgestalt zeigte. Jetzt haben wir es mit einem Gegenstand zu thun, welcher der praktischen Mechanik weit näher liegt, da nicht blos die Erkenntniss sondern die Wirksamkeit in Frage kommt. Was die Wesen nach Maassgabe ihrer Empfindungen thun können und müssen, das wird durch die triebförmigen Anregungen bestimmt. Wir bedürfen also, wie schon bei Erörterung des Darwinismus angeführt wurde, nicht der nebelhaften Vorstellungen von sogenannten Instincten; sondern es wird im Gegentheil jede Erklärung illusorisch werden, die sich auf Instincte beruft, wenn der mit diesem Wort verbundene Begriff sich nicht klar und deutlich in objectiven Mechanismus und in eine ausserdem vermittelnde Triebempfindung subjectiv bekannter Art auflösen lässt.

2. Solange man zwischen Thier und Mensch die Gemeinschaftlichkeit eines Grundschema in der Einrichtung des Bewusstseins leugnete, war es eine Art Fortschritt, wenn man eine instinctive Thätigkeit auch bei dem Menschen anzuerkennen anfing. Das Thema von dem Instincte im Menschen war in der That sehr geeignet, über

den Unterbau des überlegenden Verstandes zu erheblichen Aufschlüssen zu führen. Vollständig können aber derartige Einsichten erst werden, wenn man die thierischen Instincte, die man im Menschen nachgewiesen hat, nun auch selbst wiederum aus dem menschlichen Wesen deutlicher, und hiemit die unbestimmten Vorstellungen, die sich bisher an das Wort Instinct und an die entsprechende Gruppe von Thatsachen geknüpft haben, ganz und gar entbehrlich macht. Die Wirkungen aller Instincte, seien es eigentliche Kunsttriebe, blosse Wahrnehmungen oder sonstige Anregungen des Verhaltens, müssen darauf beruhen, dass in einer Empfindung, also in der Gestalt eines Reizgefühls, Richtung und Weg der Thätigkeit unmittelbar vorgeschrieben werden. Die Unmittelbarkeit dieser Anregungen zu einem bestimmten Verhalten wird darin bestehen, dass die Vermittlung durch ideelle Conceptionen fehlt, die sich in der Form des überlegenden Verstandes auf etwas in der Zukunft oder in räumlicher Entfernung Liegendes beziehen. So kann das sogenannte Wittern einer Wetterveränderung, die z. B. erst nach einem Tage oder einer Anzahl Stunden eintritt, offenbar nicht als eine Vorwegnahme des Zukünftigen nach Art der Voraussicht durch Anschauungsvorstellungen, also nicht durch eine auf Erfahrung beruhende Verknüpfung ideeller Conceptionen, sondern nur als eine Auslegung gegenwärtiger meteorologischer Vorgänge erklärt werden. Das Zukünftige wird hier gar nicht erschlossen, weil es überhaupt selbst nicht den Gegenstand bildet, der in Empfindung übersetzt wird. Es sind nur die Vorbereitungen des zukünftigen Zustandes, die sich in den subjectiven Erregungen ankündigen. Es sind die ersten, übrigens nicht weiter wahrnehmbaren Einleitungen einer sich später vervollständigenden Veränderung, durch welche die Sphäre der allgemeinen Empfindung oder besondere animale Organe in Mitleidenschaft versetzt werden. Auch der Antrieb, den die Zugvögel empfinden, die Klimate regelmässig zu vertauschen, ist als ein Empfindungsreiz zu denken. Wieviel Antheil hiebei die bewusste, auf Erfahrung beruhende Vorstellung habe, kann dahingestellt bleiben; denn selbst die Auflösung dieses Instinctes in eine Vergesellschaftung von Erfahrungsanschauungen würde die Grundwahrheit nicht umstossen. Diese fundamentale Wahrheit besteht in dem Satze, dass es stets nur das unmittelbar, nämlich zeitlich und räumlich Gegenwärtige ist, was den Reiz ausübt und in eine Empfindung übersetzt wird. Eine Wirkung aus der Zukunft in die Gegenwart wäre die widersinnigste Ungereimtheit, und dennoch verfallen diejenigen, welche die Vorgefühle in roher und leider noch immer populärer Weise auffassen und auslegen, regelmässig in jene Absurdität. Das Zukünftige muss, um für ein empfindendes Wesen in der vorwegnehmenden Anschauung dasein zu können, erst aus einer Wirkung, die sich in der Gegenwart vollzieht, als Vorstellung construirt werden. Es kann daher keinen Verkehr mit der Zukunft geben, der nicht aus einer Anregung stammte, die bereits zum Theil vergangen sein muss, ehe sich daran eine Voraussicht knüpfen kann. Das Vorstellen ist es also, was uns die möglichen Züge der Zukunft erschliesst, indem es mit den Bildern nicht blos der thatsächlichen Vergangenheit, sondern auch mit den Elementen dieser Bilder operirt. Die Phantasie reicht mithin in die Zukunft, indem sie das leitende Empfindungsmaterial aus der Gegenwart, die entsprechenden Elementarbilder aber auch aus der Vergangenheit entnimmt. Sieht man von der bewussten Vorstellung ab, so bleibt die vorstellungslose Wirklichkeit übrig, und diese ist an sich selbst und für uns stets nur eine Gegenwart. Alle Causalität und mithin auch diejenige, aus welcher die Vorstellungen entspringen, muss in einem solchen Gegenwartspunkte concentrirt sein; denn wäre sie dies nicht, so würde sie überhaupt gar nicht etwas Reales sein können. Ja selbst das Ideelle, welches seinem Gegenstande nach eine Beziehung auf die Zukunft oder Vergangenheit hat, wurzelt an sich selbst in einer unmittelbar gegenwärtigen Erregung, die als solche eine volle Wirklichkeit hat, während das Zukünftige oder Vergangene stets nur den Charakter einer phantasiemässigen Vorstellungswelt aufweisen kann. In den sogenannten Instincten kann hienach nie etwas liegen, was nicht in der Form der Gegenwärtigkeit verursacht oder motivirt wäre. Es ist eine superstitiose Einbildung, wenn man eine reale Wirkung aus zeitlicher Ferne annimmt. Die Vermittlung durch die Vorstellungsbildung ist der einzige Weg, auf welchem sowohl das Reich der ideellen Rückerinnerung als die Sphäre der Zukunftsanticipationen zu Stande kommt.

In der Bewusstseinslehre können besondere Instincte, die sich nicht auf die schematischen Elemente aller Empfindung und Vorstellung zurückführen lassen, nur als willkürliche Einbildungen gelten, die sich bei strengerer Untersuchung als unmögliche Ungereimtheiten erweisen. Die Sphäre unserer innern Gefühle ist der Schlüssel für alle Elemente animalischer Subjectivität. Was sind nun die sogenannten Instincte in uns selbst? Offenbar nur Anregungen in Triebform oder, wenn es sich um das instinctive Wissen handelt, solche Wahrnehmungen, deren Inhalt und Bedeutung nicht wesentlich von der gewöhnlichen Sinnesauffassung und verstandesmässigen Ueberlegung herzurühren scheint. Sobald wir die sinnenmässigen Erregungen in ihrer ganzen Weite und Feinheit genauer untersuchen, werden wir stets finden, dass es in uns keine Antriebe oder Erkenntnissformen giebt, die räthselhafter wären, als Hunger und Geschlechtstrieb oder als Sehen, Hören und Lust- oder Schmerzgefühl. Was man sich als dämonisches Element unbestimmbaren und dunklen Ursprungs vorgestellt hat, ist nichts weiter als das Ergebniss einer schwerer bloszulegenden Zusammensetzung bekannter Triebe und Affecte. Auch die dunklen Regungen von scheinbar grundlosen und oft mystisch gedeuteten Sympathien und Antipathien lassen sich in entlegene Verknüpfungen von Empfindungen und in einen Triebschematismus auflösen, der uns in seinen gröberen Gestalten völlig geläufig und kein Gegenstand superstitioser Verwunderung oder Geheimnissthuerei zu sein pflegt. Neigung und Widerwille sind meist vorhanden, ohne dass man sie in ihre Bestandtheile zergliedert, auf ihre besondern Theilursachen zurückführt und sich ein mit Unterschieden bereichertes Bewusstsein davon bildet. Wenn man die Abneigung gegen eine Person oder die Besorgniss vor der Einlassung auf eine bestimmte Handlung instinctiv nennt, so kann man rationeller Weise hiemit nichts Anderes sagen wollen, als dass man im Bereich der Gefühle einen Antagonismus verspürt, dessen besondere Mechanik zu verwickelt und dessen constitutive Bestandtheile zu gemischt und verhüllt sind, um für das unmittelbare Bewusstsein ohne Weiteres in den Einzelheiten und Gründen verständlich werden zu können.

3. Es giebt im animalischen Wesen überall und durchgängig einen Unterbau von nothwendigen Trieben, über dem sich die Affecte als eine besondere Gruppe von Gebilden aufgeführt finden. Jenes Fundament zeigt zwei Hauptgestalten, nämlich einerseits die Triebe, welche das Ernährungsbedürfniss ausdrücken, und andererseits jene Reizempfindung, durch welche zur Fortpflanzung angeregt wird. Hunger und Durst sowie der Geschlechtstrieb bilden die unumgänglichen Attribute aller uns innerlich in ihrer Empfindung verständlichen Animalität. Die hohe Veredlung, deren besonders die Geschlechtsempfindungen in dem höher entwickelten Menschenwesen fähig sind, darf uns auf der untersten Stufe der Werthschätzung

nicht irre machen. Auch Angesichts der leidenschaftlichen Geschlechtsliebe haben wir es dem Kerne nach mit jenem fundamentalen Triebe zu thun, und selbst der Enthusiasmus, mit welchem die am edelsten gestalteten Geschlechtsaffecte auftreten, ist nur eine Form, in welcher die auf die idealere Seite des Menschlichen gerichteten Geschlechterbeziehungen empfunden und vorgestellt werden. Wenn schon zwischen Trieb und Trieb in der rein animalen Bedeutung, also namentlich in den Variationen und Veredlungen des unmittelbaren Lustgefühls, ein gewaltiger Unterschied herrscht, so müssen die dem Geschlechtsact fernerliegenden Affectionen um so mehr die mannichfaltigsten Schattirungen annehmen und die wichtigsten Bereicherungen durch idealere Erregungen erfahren können. Die Compositionsmethode, welcher hier die Natur in der Hervorbringung der höchsten Lebensgefühle folgt, lässt sich zwar noch nicht anatomisch sichtbar machen, ist aber in ihren Ergebnissen hinreichend angedeutet. Der blosse Trieb in seiner untersten Gestaltung bildet immer die Grundlage, mit deren Wegziehung auch alles Uebrige zusammenfällt.

Wir betrachten die Triebe meistens als Veranstaltungen der Natur zur Sicherung solcher Thätigkeiten, deren Bewerkstelligung den Weg durch ein Bewusstsein nehmen und von dem Wollen eines empfindenden Wesens abhängig werden soll. Nun lassen sich Ernährung und Vermehrung, wie das Pflanzenreich zeigt, auch ohne eigentlichen und mithin empfundenen Trieb sehr wohl vermitteln. Hieraus folgt, dass nicht blos das Empfinden überhaupt, sondern auch speciell das Empfinden der Triebe um seiner selbst willen vorhanden ist. Wäre nämlich nur die Erzielung einer äussern Verrichtung, wie des Stoffwechsels oder der Vervielfältigung, der entscheidende Grund zu den Einrichtungen, so hätte sich die Natur den Luxus der Triebempfindungen erlassen können, zumal mit dieser neuen Schöpfung des Subjectiven auch die lästige Nothwendigkeit eintritt, in die zu empfindenden Antriebe zu einem wesentlichen Theil unangenehme Erregungen aufzunehmen. Wir können daher mit aller Bestimmtheit davon ausgehen, dass die Triebempfindungen nur nebenbei auch zu Mitteln für einen sonst auch ohne sie erreichbaren Zweck gemacht, in der Hauptsache aber um der Befriedigung willen geschaffen worden sind, die mit ihrem Spiel verbunden ist. Die mit ihnen verbundene Lust ist der offenbare Selbstzweck und die sie begleitende Unlust muss als ein unumgänglicher Bestandtheil der nothwendigen Verfassung einer solchen Empfindungssphäre angesehen werden, wie sie sich unter Voraussetzung des zu Grunde liegenden empfindungslosen Schematismus der Dinge construiren liess. Warum aber dieser Schematismus und die Natur überhaupt den antagonistischen Charakter haben und ein Stufensystem des Mangels darstellen musste, dafür dürfte wiederum der Schlüssel weit leichter in dem nothwendigen Wesen der Triebempfindung selbst, als irgendwo anders, gefunden werden. Die Reize eines Lebensspieles lassen sich, wie wir unsere Phantasie und unser Denken auch wenden mögen, nie und nirgend anders hervorgebracht denken, als durch die entsprechende Schöpfung von Bedürfnissen und Befriedigungskräften. In den empfundenen Antrieben haben wir nun die Grundlage von Beidem; wir haben den Mangel und den Sporn zur ausgleichenden Thätigkeit. Bedürfniss und Arbeit gehen Hand in Hand; denn schon die Functionen der Organe, die den Stoff aneignen und umbilden, können als Leistungen von Arbeit, nämlich von physiologischer Arbeit, angesehen werden. Weiterhin darf man aber nicht bei dieser ersten Verbindung des Bedürfnisses mit der Arbeit stehen bleiben, sondern muss von dem Grundgerüst der gemeinsten Triebe aus die Arbeits- und Machtentfaltungen verfolgen. Die Natur hat es in ihrem grossen Arbeitssystem überall auf die Ueberwindung von Hindernissen abgesehen, die Befriedigungen und Genüsse aber offenbar nicht ohne die vorgängigen Bedürfnisse und diese wiederum nicht ohne das Dazwischentreten eben jener Hindernisse und Trennungen erzeugen können.

4. Wenn die Triebe um der sie begleitenden Empfindung willen hervorgebracht sind, so folgt hieraus keineswegs, dass ihre Beziehungen zu den ausser ihnen liegenden Naturzwecken nur eine geringe Bedeutung haben. Die Natur ist eine Art Kreissystem. Sie entwirft die gegenständlichen und empfindungslosen Vorbedingungen einer empfindenden Wesensgruppe. Sie vollzieht gleichsam den Bau der gegenständlichen Welt, um in gewissen Körpern empfindende Punkte und ein subjectives Reich aufleuchten zu lassen. Wenn nun auch dieses letztere ihr höchster Zweck ist, so muss sie doch immer wieder von Neuem die gegenständliche Welt in Ordnung halten, und dies kann nicht anders geschehen, als indem auch die Empfindungen selbst den äusseren Zwecken durch Anregung bestimmter Verrichtungen dienstbar werden. Die Aeusserlichkeit der Erfolge ist hiebei nur ein Durchgangspunkt, um die innere Welt der Empfindung zu fördern. Die Triebe sind daher im Allgemeinen nur Mittel für solche

Zwecke, die wiederum Mittel zur Bereicherung der Empfindungswelt werden. Man muss sich daher des Vorurtheils entäussern, als wenn Hunger und Durst oder Geschlechtstrieb nur dazu dawären, das chemische Gleichgewicht der Blutmischung oder die Forterhaltung der Art zu sichern. Man darf jedoch mit der Ablegung dieses Vorurtheils nicht etwa wähnen, über die hochwichtigen Zweckbeziehungen hinwegsehen zu können, vermöge deren jeder besondere Trieb nach Aussen eine entscheidende Function zu üben hat. Angesichts der Einheit und Einstimmung des objectiven und subjectiven Systems wird man sogar die Natürlichkeit der Triebgestaltung nach der Art und dem Grade beurtheilen können, in welchem die äusseren Naturzwecke gesichert sind. Man wird diejenigen Triebgebilde als Verirrungen bezeichnen, bei denen eine Entfernung von dem Naturzweck unverkennbar ist, wie z. B. bei dem Cultus von Geschlechtsempfindungen und entsprechenden Leidenschaftsregungen zwischen Personen desselben, sei es des männlichen, sei es des weiblichen Geschlechts. Der tiefere Grund für die Verwerflichkeit solcher, sogar selbst in einem gewissen Sinne naturwüchsiger Triebgebilde, liegt jedoch keineswegs in ihrer gegenständlichen Nutzlosigkeit; vielmehr ist diese Nutzlosigkeit oder Schädlichkeit nur ein Merkmal, dass von derjenigen Ordnung der Dinge abgewichen ist, die allein dauernd auch die subjective Befriedigung der Empfindung sichern kann. Die Technik der Natur würde an sich selbst eine theilweise Störung vertragen; aber es stehen hier höhere Interessen auf dem Spiele, indem die Harmonie der Empfindungen selbst durch solche fehlerhafte Abschweifungen beeinträchtigt und schliesslich in unerträglichen Widerstreit verwandelt werden muss. Allerdings sind die fraglichen, vorzugsweise als griechisch und antik bekannten, übrigens aber bei allen Völkern und zu allen Zeiten mehr oder minder vorgekommenen eingeschlechtigen Regungen offenbar selbst sehr begreifliche Naturerzeugnisse; aber eben hieraus können wir die Compositionsschwächen oder, mit andern Worten, die Nothwendigkeitsschranken in den Operationen der Natur um so besser kennen lernen. Die Ablenkung des Geschlechtstriebes in seinen niedern Gestaltungen sowie der leidenschaftlichen Geschlechtsaffecte in ihren höheren enthusiastischen Formen auf Individuen gleichen Geschlechts lässt sich rein ursächlich als eine Wirkung der gewöhnlichen geschlechtlichen Anordnungen der Natur erklären. Die Triebempfindung musste an bestimmte äussere Reize geknüpft werden, und es war nicht zu vermeiden, dass sich etwas den normalen Reizen Gleichartiges unter besondern Umständen für die körperliche und geistige Beschaffenheit beider Geschlechter verwirklichte, zumal wenn man die Unterschiede der Altersstufen und der Charaktere in Anschlag bringt. Auch die Verzerrungen, die in diesem Gebiet entstehen, sind als Fehlgriffe anzusehen, die der Natur selbst nicht völlig fremd bleiben. Schliesslich ist die Natur selbst in ihrem Gesammtentwurf auch die entferntere Ursache aller Ab- und Ausschweifungen, und wo wir vom Widernatürlichen reden, haben wir uns schon einen normalen Typus gebildet, der allerdings den allgemeinen Verfahrungsarten der Natur entspricht, aber wohlgemerkt derjenigen Natur, die schon durch unsern Verstand von zufälligen und missliebigen Thatsachen entkleidet und aus dem Gesichtspunkt des harmonischen Wollens aufgefasst ist.

Diejenigen Triebe, von denen in der Menschenwelt die wichtigsten Geselligkeitsbeziehungen ausgehen, erinnern uns auch am lebhaftesten an die Irrthümer und Fehlgriffe, die sich in ihrem Reiche vollziehen. Wollten wir nun diese falschen Ausgriffe ausschliesslich dem menschlichen Wesen zuschreiben und die äussere Natur gewohntermaassen von aller Fehlbarkeit lossprechen, so würden wir die einheitliche Systematik des Gesammtreichs aller Dinge verleugnen. In einem gewissen Sinne ist die Fehlbarkeit eine Mitgift aller Stufen der Existenz. Im Menschen ist sie nur darum grösser, weil er ein zusammengesetzteres und vollkommneres Wesen ist, als die sonstigen Bestandtheile und Einrichtungen des Daseins. Die Natur im Menschen und die Natur ausser dem Menschen sind nicht zwei so ungleichartige Dinge, um ein völlig verschiedenes Princip haben zu können. Ein bewusstes Fehlgreifen gehört nur den thierischen Gebilden und unter ihnen im höheren Grade dem Menschen an; aber eine Verwirklichung des Unzweckmässigen oder ein Nichterreichen der angelegt gewesenen schematischen Ordnung ist in der ganzen Natur überall da erkennbar, wo man überhaupt die Uebereinstimmung oder den Widerstreit innerlich und gegenständlich zu beurtheilen vermag. Mit demselben Recht, welches uns gestattet, die eigentlichen Missgeburten als falsche Compositionen zu betrachten, dürfen wir auch überhaupt fehlgreifende Synthesen der Natur in allen Richtungen annehmen, wo eine gehörige Zusammenstimmung der Theile bewirkt oder verfehlt werden kann. Der Mensch ist nicht das einzige Ding, welches irrt; er ist nur dasjenige, welches auch mit deutlichem Bewusstsein und eben durch dieses Bewusstsein in einem höheren Grade und in einer besondern Art zu irren vermag. Wenn daher seine Triebe noch stärker und verkünstelter in die Irre gerathen, als dies bei den Tendenzen der bewusstlosen Natur der Fall zu sein pflegt, so müssen wir diese Eigenschaft als eine besondere Ausstattung unserer Vollkommenheit, aber nicht als ein hassenswerthes Privilegium ansehen. Wir können uns in dem System unserer Triebe getrost als einig und gleichartig mit der übrigen Natur betrachten; wir können diese Einigkeit und Gleichartigkeit im Guten und Schlimmen, im Erreichen und Verfehlen, in Wahrheit und Irrthum voraussetzen. Es giebt keine Grenze, wo etwa die Unfehlbarkeit und der völlige Mangel eines Irrthums, im gegenständlichen Sinne dieses Worts, für die aussermenschliche oder auch für die nichtbewusste menschliche Natur beginnen müsste. Wir werden der Natur keine Vorstellungen unterlegen; aber wir werden uns an die Thatsachen halten und uns hüten, mit der Existenz unserer Triebe die allgemeine Gleichartigkeit im Stufensystem des Weltbaues zu unterbrechen und den Widerstreit des Zutreffenden und Unpassenden erst in uns beginnen zu lassen. Die Würde des Menschen steigt durch diese Betrachtungsart; der letzte Rest falscher Naturverehrung weicht zurück, und auch die Gesammtanschauung wird nicht geschädigt; denn es ist mit der allgemeinen Thatsächlichkeit des fraglichen Gegensatzes die Idee nicht ausgeschlossen, dass jenes objective und subjective Verfehlen selbst sich als eine nothwendige und heilsame Einrichtung, ja sich gleichsam als ein in der Gesammtverfassung des Seins Gewolltes und als unumgängliches Mittel zum Zweck des mannichfaltigen und losgebundenen Lebensspieles erweisen müsse.

5. Wo die Natur in dem, was sie anlegt, rückständig oder unzulänglich bleibt, kann eine mannichfaltige Entwicklung des die Empfindungen mit Bewusstsein sichtenden und veredelnden Menschen eine wichtige Ergänzung oder auch bisweilen eine Berichtigung schaffen. Wir sind selbst Natur und haben die endgültige Entscheidung grade über das Letzte und Höchste, was allen Vorstufen des niedrigeren Seins der Folge und dem Range nach überlegen ist. Wir sind in unserm Empfindungsleben oder, wenn das Wort besser zusagt, in unserm allgemeinen ästhetischen Verhalten derartig eine beurtheilende und gestaltende Macht, dass wir die Bestrebungen der Natur, die sich in uns bethätigen, zwar als gesetzgebend, aber nicht als den Inbegriff aller Gesetzgebung und auch nicht als in jeder

Beziehung unabänderlich zu betrachten und zu behandeln haben. Unsere Vollkommenheit soll sich über diejenige der Natur um eine neue Entwicklungsstufe erheben, und mit dem Spielraum für diese Erhebung ist eben auch das tiefere Versinken unter bestimmten Voraussetzungen unvermeidlich gemacht. Dem Ideal gegenüber findet sich die Verzerrung und Verkünstelung, welche tief unter das Niveau des naiv Natürlichen gehört und der Zurückrufung zur einfachen Natur eine Berechtigung und einen Reiz verleiht, der sonst nicht begreiflich wäre. Wie verschränkt, verzwickt und verkünstelt müssen nicht die menschlichen Empfindungen, die den Abirrungen der Culturgeschichte und dem Raffinement ihr eigenthümliches Dasein verdanken, in der That geworden sein, ehe der Natürlichkeitsenthusiasmus nach Art eines Rousseau einen hohen Werth erhalten und an Stelle kühnerer Ideale die erdrückte Menschlichkeit befriedigen kann! Wir wollen uns vor nichts niederwerfen und mithin auch nicht vor jener Natur, die in ihrem Stufensystem von mechanischen, physikalischen und physiologischen Einrichtungen eben nur das Piedestal für unsere eigne überragende Wirklichkeit bildet.

Wenden wir unsern allgemeinen Gedanken in bestimmterer Richtung auf die Triebe an, so werden wir uns über deren Fehlbarkeit ebensowenig wie über die gelegentlichen Vergreifungen der thierischen Instincte wundern. Mit dem Vermögen zur Wahrheit ist auch immer dasjenige zum Irrthum in irgend einem Maass verbunden, und alle gegenständliche Bedeutung, welche das im Triebe enthaltene Urtheil in Anspruch nehmen kann, ist so gut wie die Fähigkeit zur mathematischen Einsicht mit jenem Gegensatz behaftet. Die Ernährungstriebe, also Hunger und Durst, zeigen uns einen innern Zustand an, der sich verschiedentlich, besonders aber chemisch kennzeichnen lässt. Ein Mangel an Flüssigkeit bei der nothwendigen Mischung des Bluts und der andern Säfte wird auf der Zunge durch einen eigenthümlichen Reiz verkündet, und die treibende Kraft dieser Spannungsempfindung setzt die Sinne und den Vorstellungsapparat sowie die dienstbaren Thätigkeiten in Bewegung, um die Gegenstände zu erkennen und anzueignen, welche die Ausgleichung der Spannung bewirken können. Wenn sich Hunger und Durst vereinigen, pflegt der letztere derartig zu überwiegen, dass er erst befriedigt sein muss, ehe die auf feste Nahrung gerichtete Bedürfnissempfindung stärker hervortritt. Dies hat seinen innern Grund; denn die hydrodynamische Ordnung ist in der Oekonomie des Ernährungsprocesses die Voraus-

11*

setzung von allem Andern. Eine bedeutendere Störung derselben will daher auch zuerst ausgeglichen sein.

Die Triebe sind, unbeschadet der uns stets offenstehenden Kritik, bald in roherer bald in feinerer Weise unsere Lehrmeister und zwar nicht blos im Allgemeinen, sondern auch im Besondern und Einzelnen. Sie zeigen uns, was wir anzustreben und was wir zu fliehen haben, und der hiebei mögliche Irrthum ist, wie schon vorher gesagt, allen Mitteln der Erkenntniss und allen Motiven der Thätigkeit von dem niedrigsten bis zum höchsten gemeinsam. Die Appetite sind in ihrer unverkünstelten oder überhaupt wohlgeordneten Gestaltung vortreffliche Verkünder von dem, was dem Körper der Regel nach sowie in besondern Zuständen zuträglich ist. Es ist nicht Brutalität, sondern mehr als das, nämlich ein unter das Thier sinkendes Verhalten, wenn die feineren oder roheren Anzeigen, welche die gewöhnlichen oder durch Ausbildung wohl gar besonders urtheilsfähig gemachten Appetite liefern, in Gesundheit und Krankheit völlig verachtet und nicht einmal einer Prüfung werth gehalten werden. Die Verbindung dieser Art von Fingerzeigen mit der gegenständlichen Beurtheilung kann Ausserordentliches leisten. Ein Mangel an den Eisenbestandtheilen des Bluts wird sich durch Vorliebe für eisenhaltige Nahrungsmittel verrathen. Ein Theil der Heilmittel, der ursprünglich in Volksmitteln bestand, muss zuerst auf irgend welche Appetitgestaltungen hin versucht und erprobt worden sein. Auch die besondern Appetite der Schwangern lassen sich ähnlich auffassen wie das Kalkverzehren der Hennen, deren Neigung sich aus dem Bedürfniss von Material zur Bildung der Eierschaale erklärt.

Zu der vorläufig nur das innere Bedürfniss ausdrückenden Triebempfindung tritt die Beurtheilung und Messung des Gegenstandes auf seine befriedungversprechenden Eigenschaften. Der Sinn und die Vorstellung, die mit dem Triebe verbunden sind, wägen die Wirkungen im Voraus ab, und diese Vorwegnahme durch die Empfindung ist eines der wichtigsten Hülfsmittel der Erhaltung und Förderung des eignen Wesens. Wo, wie bei dem Geschlechtstriebe, ein zweites Wesen mit seinem Urtheil in Frage kommt, ist grade diese Doppelseitigkeit des Gefühlsurtheils von der grössten Bedeutung; denn sie allein kann die Ebenmässigkeit und Zuträglichkeit der Beziehungen sichern. Die Mannichfaltigkeiten, die schon ohnedies im Gebiet der Geschlechtsaffectionen herrschen, werden hiedurch noch gesteigert. Der Geschlechtstrieb ist schon an sich selbst und einseitig vieler Variationen fähig, und man könnte in dieser Beziehung seine Natur sogar mit den gewöhnlichen Appetiten vergleichen. Die Mannichfaltigkeit liegt aber hier weniger sichtbar in den Zuständen des Subjects, als in der individuellen Vielheit der Objecte. Fügt man hiezu noch jene Doppelcombination, so wird die passende Herstellung des Gleichgewichts eine Angelegenheit, die von Seiten der Natur mehr Subtilität erforderlich macht, als man gewöhnlich zugesteht.

6. Eine Veränderung, Gewöhnung und Entwicklung der Triebe ist in geringerem Grade für das Einzelleben und in bedeutendem Umfang für die Geschlechterabfolgen, am meisten aber für das ganze Menschengeschlecht vorhanden. Die Phantasie ergeht sich hier zwar allzu leichtfertig in der Nichtachtung wesentlicher Schranken; aber die Bestimmung des Spielraums, innerhalb dessen sich die menschlichen Antriebe umzugestalten und zu veredeln vermögen, mag lieber zu weit als zu eng vorgestellt werden; denn der letztere Irrthum ist dem Ideal hinderlicher, als der erstere. Die Kritik der Triebe nach dem Wohlthätigen oder Unzuträglichen ihrer thatsächlichen und äusserlich verkörperten Wirkungen ist nur indirect und jedenfalls nicht das ausschliessliche oder letzte Maass ihres Werthes. Wie sollen wir aber die Wahrheit, Berechtigung oder Schönheit der Empfindung durch die Empfindung selbst feststellen? Hierauf giebt es nur eine einzige Antwort, die aber den Vortheil hat, uns ein ähnliches Licht wie in den strengsten Wissenschaften in einem Gebiet zu schaffen, wo man das Dunkel natürlich findet und wohl gar von der täppischen Bauernregel ausgeht, dass sich über den Geschmack nicht streiten lasse. Wären die Empfindungen und Gefühle vollkommen einfach, so müsste über sie durch unmittelbares axiomatisches Urtheil in verwandter Art entschieden werden, wie über einen mathematischen Grundsatz oder über den Schönheitseindruck einer reinen Spectralfarbe. Die Art von Beifall oder Einstimmung, die eine völlig einfache Erregung mit sich brächte, würde eben auch eine nicht missverständliche Thatsache sein und in ihrem Gebiet ebenso gelten müssen, wie eine geometrische oder physikalische Nothwendigkeit. Nun aber sind die Empfindungen und Gefühle nicht einfach, sondern mannichfaltig nach Art und Grösse zusammengesetzt. Schon das Mehr und Minder beruht auf einer Composition von Elementen; der Gattung nach ist aber schon die Mischung der Lust mit dem in irgend einem Maasse Peinlichen ein Ausgangspunkt von

Mannichfaltigkeiten. Der gelinde Anreiz, der Stachel und die grausamste Pein oder überhaupt der ausschliessliche Schmerz auf der einen Seite und die Skala der unser Wesen bejahenden Lust oder Freude auf der andern Seite ergeben in ihrer Verbindung äusserst verschiedene Ausprägungen des Gesammtgefühls. Hiezu kommt noch, dass auch die Specialformen der Triebempfindungen noch nicht sofort als einfach angesehen werden dürfen. Mindestens muss man in der Zergliederung hier ebensoweit gehen, wie wenn man Töne und Farben oder überhaupt Gehör- und Gesichtseindrücke in ihre Bestandtheile sondert. Wird nun ein unmittelbares Empfindungsurtheil über die Empfindungselemente oder reinen Empfindungsgattungen als solche zugestanden, so beruht alle Wahrheit sowie aller Irrthum auf der richtigen oder falschen Würdigung der Collectivgebilde, und diese Würdigung, die zunächst fertig und unwillkürlich in der Wahrnehmung des vorherrschenden Charakters des Empfindungsgebildes zu Tage tritt, kann durch nähere Aufmerksamkeit auf die Bestandtheile bestimmter geprüft und durch Vergleichung mit andern oder auch blos variirten Empfindungszuständen rein subjectiv geschätzt werden. Im letzten Grunde sind es offenbar die einfachen der Verfassung unseres Strebens und Vorstellens angehörigen Elemente, die sich an sich selbst als souverain geltend machen. Da indessen das, was befriedigt und wohlthätig oder das Gegentheil davon ist, überall in der ganzen empfindenden Natur den Grundbestandtheilen nach dasselbe sein muss, so haben die Empfindungs- und Gefühlsurtheile eine ernsthaft wissenschaftliche Tragweite, und ihre Verrufung rührt einerseits von der Unkenntniss ihres Wesens, andererseits aber auch von der verhältnissmässigen Rohheit und Ungenauigkeit her, mit welcher sie sich zunächst wegen der vielfachen Zusammengesetztheit ihres Materials behaftet finden. Jedoch sind sie auch häufig genug äusserst fein und ausgebildet, ohne dass deswegen mit ihnen auch die Fähigkeit verknüpft zu sein brauchte, vermöge deren sich das urtheilende Individuum der Entscheidungsgründe deutlich bewusst werden und zur Rechenschaftsablegung darüber oder zur systematischen Anwendung des Erkannten im Stande sein müsste.

Wenn wir auf die eben angegebene Weise die edle von der unedlen Composition unterscheiden lernen und sogar dazu gelangen, dem Empfindungs- und Gefühlsgebiet eigentliche Ideale oder, mit andern Worten, vollkommnere Constructionen, die dem besseren und schöneren Typus entsprechen, nach und nach abzugewinnen, so sind hier offenbar wichtige Hebel zur Gestaltung des innern und äussern Lebens einzusetzen. Wie die Musik eben in der subjectiven Tonempfindung ihre Werthschätzung erfährt und wie überhaupt jede Kunstgattung zunächst auf die Unmittelbarkeiten der den Eindruck messenden und wägenden subjectiven Gesammtaffection angewiesen ist, so muss auch die Ausbildung des Trieb- und Gefühlslebens die nächsten energischen Förderungen von der freien Bethätigung der eignen Elemente erwarten. Solange sich hier das freie Spiel durch Vorurtheile und falsche Einschränkungen gehemmt findet, ist an eine edlere Menschlichkeit in diesem Bereich nicht zu denken.

Die ganz gewöhnlichen Triebe bieten für die Veredlung oder für die Fernhaltung der Verzerrungen soviel Stoff dar, dass man über die Wüstheiten und Thorheiten dieses Gebiets erstaunen müsste, wenn man sich nicht erinnerte, dass es Jahrtausende dem herrschenden Vorurtheil entsprochen hat, die sinnlichen Triebkräfte als unwürdige Gegenstände in Verachtung zu bringen und dadurch erst recht eine Verwilderung oder Verfälschung dieser sittlichen Mächte zu befördern. Man hat in den Trieben die Grundlagen der menschlichen Natur mit Füssen getreten, und es darf daher nicht überraschen, wenn wir in der höheren Cultur der Triebempfindungen jetzt wieder einen neuen Anfang zu machen haben. Die alte Frucht der Ausschweifungen und des Ekels, nämlich die Aechtung der ganzen Sinnlichkeit, ist jetzt glücklich bei den letzten Stadien der Fäulniss angelangt und wird uns nicht mehr mit ihren raffinirten Ueber- und Widersinnlichkeiten an die Welt- und Lebenshallucinationen des Fieberwahns der Religionen überliefern. Mit der Zersprengung dieser Ketten ist nun aber auch der Freiheit eine neue und edle Aufgabe gestellt. Sie hat die Verirrungen auszumerzen, denen die Triebe unter dem alten Regime verfallen sind. Nicht blos die Unnatur der künstlichen Unterdrückungen mit ihren widerwärtigen Folgen, sondern auch der Mangel positiver Gestaltung und wahrhaft edler Zucht ist auszugleichen. Die Unsitte, Betäubung und Rausch aller Art, sei es durch Narkose, sei es durch die willkürliche Steigerung niederer oder höherer Affectionen jeglicher Richtung hervorzubringen, muss nicht nur als Beeinträchtigung des individuellen und gesellschaftlichen Wohlseins, sondern auch als Verderberin der Gattung und des Typus angesehen werden. Die Triebe haben nicht nur ihre Naturgesetze, vermöge deren die maasslosen Empfindungen zum Gegentheil und überhaupt der falsche Lebensgenuss zum ebenso verkehrten Lebensüberdruss führt, sondern sie sind auch der harmonischen Composition zugänglich. Sie und ihre Voraussetzungen können sich nach dem Guten oder Schlimmen hin umgestalten, und die Menge von thörichten, recht unästhetischen und oft grob schädlichen Bedürfnissen, welche die Völker in sich künstlich erzeugt und gepflegt haben, ist ein Beweis für den grossen Spielraum der Veränderlichkeit dieses Gebiets. Sicherlich werden bestimmte Grundverhältnisse immer bestehen bleiben, und die Ungereimtheit, den Geschlechtstrieb einmal in der Zukunft physiologisch abstellbar zu wähnen, ist nicht geringer, als diejenige, eine Abschaffung des Essens und Trinkens zu gewärtigen. Dennoch ist jene Voraussetzung wenigstens annähernd in wissenschaftlichen Raisonnements gemacht worden. Man hat geglaubt, dass die geistigen Functionen in dieser Richtung absorbirend wirken und sogar in der Breite der Gesellschaft die Bevölkerungsvermehrung hindern könnten. Regelwidrige Ausnahmefälle, die sich immerhin auf ganze Gruppen erstrecken mögen, sind allerdings denkbar; übrigens muss die Natur aber mit allgemeinen Entwürfen und Gesetzen operiren, dergestalt dass ihr eine Abweichung von dem Schema nur aus besondern oder vereinzelt hinzutretenden Ursachen durch eine Art Hemmung der sonst statthabenden Wirkungen möglich werden kann. Sie muss entweder die Fortpflanzung aufheben oder ihr Schema, welches mit Nothwendigkeit alle Individuen dazu treibt, bestehen lassen. Ein Drittes ist nicht möglich, und diese Gebundenheit der Natur an die Systematik, die in der unumgänglichen Herrschaft des Allgemeinen und des durchgängig Gesetzlichen liegt, verbietet jede weitergreifende Construction, die einen Widerspruch oder Verfassungsfehler enthielte. Ein solcher Fehler würde aber jener Traummensch sein, der seine Gattung fortpflanzen, aber mit einem Triebe behaftet sein sollte, der nicht nach einem allgemeinen Gesetz treibt und keine Bürgschaft der durchschnittlichen und collectiven Unwiderstehlichkeit der entsprechenden Functionen bietet. Ueberhaupt ist, ganz abgesehen von diesem besondern Fall, die Lehre von Wichtigkeit, dass die Natur bei der Geltendmachung von Regeln und allgemeinen Vorkehrungen dazu genöthigt wird, nicht nur allerlei nutzlose Wirkungen mit in die allgemeine und schematische Thätigkeit einzuschliessen, sondern auch Vielerlei positiv einzurichten, wozu nur die nun einmal für andere Effecte angenommene Wirkungsweise nebenbei zwingt. In den Pflanzen vollziehen sich der Stoffwechsel und mithin auch die Ausscheidungen ohne Empfindung. Sobald aber bei den thierischen Wesen die Triebempfindung um ihrer selbst willen eingeführt ist, können auch einige Ausscheidungsfunctionen nicht ganz der Willkür und der Vermittlung durch eine lästige Empfindung entzogen bleiben. Nun ist die letztere Art von Triebempfindungen wahrlich nicht danach geartet, einen Genuss zu ergeben, aber sie ist eine Consequenz, die als Mitgift der an Bedingungen und Hindernisse gebundenen Systematik der Natur gleichsam mit in den Kauf genommen werden muss. Erinnern wir uns noch schliesslich, dass auch alles Peinliche oder dem Peinlichen auch nur entfernt Verwandte, was sich in die Lust der Triebe mischt, insoweit unvermeidlich ist, als eine treibende Kraft, die das Wollen naturgesetzlich und im Allgemeinen unwiderstehlich bestimmen soll, selbst als scheinbar reinste und positivste Lockung etwas enthalten muss, was in höheren Steigerungen die Nichterreichung des Ziels unleidlich, ja unerträglich macht. Eine Natur, die so antriebe, dass sie im Allgemeinen ihre Wirkungen verfehlen könnte, wäre eine Stümperin, und die wirkliche Natur hat dafür gesorgt, dass keiner ihrer Triebkräfte jener unumgänglich nothwendige Reiz oder Stachel fehle, ohne den das ganze System für die reale Ordnung jeder Bedeutung ermangeln würde. Diese Zugabe aber ist eine constitutive Nothwendigkeit, und wir dürfen sie daher nicht als direct, sondern nur als indirect gewollt ansehen. Diese und andere Nothwendigkeiten schreiben nun auch der Culturentwicklung manche Bahn vor, an die sich einiger Zwang heftet; aber sie schliessen die systematische Fortsetzung der Arbeit der Natur in der Gestaltung des Reichs der Triebe nicht aus, sondern gestatten sogar einen so weiten Spielraum, dass die Jahrhunderte und Jahrtausende in ihm genug zu schaffen haben werden.

7. Ueber den gemeinen Trieben liegt gleichsam eine höhere Region von Erregungen, die man Affecte, Leidenschaften oder auch wohl überhaupt Gemüthsbewegungen nennt. In diesem Bereich zeigt sich die ganze Ohnmacht der bisherigen sogenannten Psychologie. Nicht einmal eine der wichtigsten Eintheilungen ist zu ihrem Recht gelangt. Es findet sich nämlich ein durchgreifender Unterschied zwischen denjenigen Affectionen, die der Mensch ohne Beziehung auf Seinesgleichen und blos der willenlosen Natur gegenüber haben kann, und denen, die ein gleichartiges Wesen als Gegenstand oder Ursache voraussetzen. Freude und Trauer sowie Hoffnung und Furcht

können den Menschen als völlig isolirtes Subject mannichfaltig bewegen, während Liebe und Hass, Dankbarkeit und Rache, Mitleid und Neid, Wohlwollen und Eifersucht offenbar Gemüthszustände sind, die sich auf ein wirkliches oder blos vorgestelltes gleichsam intersubjectiv zu nennendes Verhältniss beziehen und daher auch kurzweg als interhuman bezeichnet werden können. Selbstverständlich ist die menschliche Natur auch in ihrer Vereinzelung auf alle diese Affecte angelegt und kann von denselben nicht blos in der Traumvorstellung und Erinnerung, sondern auch auf innere Reize hin bewegt werden, ohne dass ein anderer Mensch jedesmal thatsächlich die Ursache sein müsste. Dieser Sachverhalt beeinträchtigt aber den Werth unserer Unterscheidung so wenig, dass er ihn vielmehr erhöht; denn wir können durch dieselbe um so besser die blossen Erdichtungen eines Willens oder gleichartiger Wesen durchschauen, die man den Naturthätigkeiten in falscher Poesie unterlegt, um sich dann gegen diese Fictionen in Liebe und Hass sowie überhaupt in allen Erregungsarten des menschlichen Herzens zu ergehen. Die Ausmerzung der persönlich doppelseitigen Affecte aus der Naturauffassung ist sogar für die einst zu entwickelnde rationellere Poesie geltend zu machen. Auch die Dichter haben kein Recht, kindische Albernheiten für alle Entwicklungsstufen des Menschengeschlechts festzuhalten. Das Gemüth oder, mit andern Worten, die Gruppe der Affecte bietet auch für die wahre Auffassung Spielraum genug, und die schöpferische Poesie hat ihre Stärke in der Sichtbarmachung eines besseren Typus der Leidenschaften und mithin in der Mitarbeit an deren Veredlung oder Idealisirung zu suchen. Es wird einst als Merkmal des Mangels an eigner naturwüchsiger Kraft gelten, die Aufstutzung mit den Fictionen abgestorbener Welt- und Lebensvorstellungen in der Kunst nicht entbehren zu können. Lassen wir es jedoch hier bei dieser Andeutung bewenden, die nur die Tragweite unserer Unterscheidung erläutern sollte.

Ein anderer Gegensatz, nämlich der zwischen Erregungen, die ausschliesslich in der Förderung unseres Ich aufgehen, und solchen, die wie das Mitleid und die aufopfernde Liebe ihren Schwerpunkt in einem fremden Wesen haben, ist weniger für die Bewusstseinslehre an sich selbst als für die Anwendung in der Moral von Wichtigkeit. Bereits als antike Einsicht an den Namen des Anniceris geknüpft, ist er in der Gegenwart von August Comte und mir wieder selbständig in den Vordergrund gebracht worden.

Die Leidenschaften sind die Hauptquelle für Wohl und Wehe der Menschennatur, und die sich schon im Wort verrathende Wahrheit, dass wir uns in ihnen weniger thätig als leidend verhalten, entscheidet über einen grossen Theil unseres Schicksals. Die Bewegungen des Gemüths werden uns vielfach auferlegt, wie das Erzittern einem Saitenspiel. Auch die Stimmungen entspringen da, wo sie vornehmlich von Innen stammen, meistens aus einem Gebiet, das unserer Herrschaft fast ebensowenig unterworfen ist, wie der pflanzenartige Theil unserer Lebensfunctionen. Diese verhältnissmässige Ohnmacht verschuldet nun vielleicht grade jene theoretischen Ausschweifungen, die uns in verschiedenen Epochen der Menschheit belehren wollten, dass unsere Willkür völlige Meisterin der Gemüthsbewegungen sei. Der letzte ebenso ausgezeichnete als thörichte Versuch in dieser Richtung ist von dem sonst in diesem Gebiet hochverdienten Spinoza gemacht worden. Seine Voraussetzung, dass eine genaue Kenntniss des Wesens der Leidenschaften die Gewalt über dieselben verschaffe, ist nicht nur metaphysisch umnebelt, sondern auch in ihren verständlichen Theilen völlig verfehlt. Auch die Naturgesetze der Leidenschaften lassen sich zutreffend nur unter Berücksichtigung des Mehr und Minder der Affectionen vorstellen, und die meisten allgemeinen Schlüsse, die man rein qualitativ über die Mechanik der Affecte versucht hat, sind entweder unzulässig oder voreilig, indem ihnen stillschweigende Quantitätsvoraussetzungen zu Grunde liegen, die in ihrer Wesentlichkeit hätten erkannt und ausgesprochen werden müssen.

Steht einmal die allgemeine Gesetzmässigkeit aller Vorgänge bis zu den Gedanken hinauf in allen Stufen des Seins fest, so hat die besondere Bemühung um die Nachweisung der Naturgesetzlichkeit des Spiels der Leidenschaften nur noch ein Detailinteresse. Indem wir daher davon ausgehen, dass die Gegenregung auf eine Reizung mit der rein mechanischen Rückwirkung auf eine Einwirkung die Unverbrüchlichkeit des an gegebene Bedingungen geknüpften Erfolges gemeinhat, bekümmern wir uns weiter nicht um die üblichen unwissenschaftlichen Einwürfe, sondern wenden uns einer Lehre zu, mit der wir glauben, noch einen bedeutenderen Schritt über die alten Vorurtheile hinauszuthun und auch in einigem Maass die Gestaltungsgründe der künftigen Schicksale der Gesellschaft zu erreichen. Die Nebelhaftigkeiten einer weder tief noch scharf angelegten Moral haben es verschuldet, dass namentlich die Plattheiten der Schule ohne Widerspruch eine Menge von Affecten als reine Schlechtigkeiten zu brandmarken vermochten. Rache, Neid und Eifersucht sind als Dinge angesehen worden, die nicht im Entferntesten ein Recht zur Existenz hätten und nur zu den Uebelständen der menschlichen Natur gehörten, die man wohl gar auf Rechnung einer verworfenen Sündhaftigkeit setzen sollte. Aber nicht nur die neuere Zeit sondern auch das in der naturalistischen Denkweise weniger gehemmte Alterthum hat sich nicht zu der Idee zu erheben vermocht, dass in der Oekonomie der Natur alle Leidenschaften auf nützliche Verrichtungen angelegt sind und im Haushalt der Gesellschaft ihre Rollen zu spielen haben. So ist der von mir aufgestellten Lehre zufolge die Rache die naturwüchsig rohe, aber auch in alle feinern Organisationen eingegangene Hüterin der Gerechtigkeit, durch welche die verübten Verletzungen nicht nur signalisirt sondern auch verfolgt werden.

8. Der Nachweis wichtiger Verrichtungen für bisher einseitig verworfene und als hässlich in Missachtung gebrachte Erregungen schliesst nicht aus, dass sich überhaupt in der menschlichen Natur verwerfliche und zur Vernichtung bestimmte Gemüthsbestandtheile finden. Viele Thiercharaktere mit der ihnen entsprechenden Gestaltung der Begierden und Affecte stehen in Widerspruch mit dem höheren Typus eines veredelten Wesens. Blutdurst und Mordgier, die offenbar im thierischen Reich vielfach nicht blos im Interesse der Ernährung sondern offenbar auch als Gestalten des Selbstgenusses der damit verbundenen Empfindungen entwickelt und gesteigert worden sind, können sich auch im menschlichen Wesen als Mischungsbestandtheile verkörpert finden, und mit ihnen ist natürlich ein uneingeschränkter Vernichtungskrieg zu führen, der zur Ausmerzung der Eigenschaften und, wo diese sich von den Personen oder vielmehr die letztern von den erstern nicht trennen wollen, auch zur Unschädlichmachung der Träger solcher ungeheuerlichen Attribute führen muss. Ein verwandtes Beispiel ist die mit Päderastie oder andern geschlechtlichen Raffinements gepaarte Schlächterwollust, die ihre Opfer auch noch verstümmeln, zerlegen und überhaupt in ihren höchsten Steigerungen mit besonderer Grausamkeit morden muss, um die Bestandtheile zu dem niederträchtigen Gemisch von Kitzel zu gewinnen, der ihren ungeheuerlichen und meist verlebten Trägern allein noch zusagt. Diese scheusslichen Gebilde der Corruption können natürlich kein Recht geltend machen, in der Oekonomie der Natur auch nur als Gifte einen Platz zu behalten. Sie sind in dem

Spiel der Naturgesetze den Missgeburten zu vergleichen, und ihre Thaten rauben ihnen das Recht auf Existenz. Wo ähnliche Missgebilde auch nur in schwacher Annäherung vorhanden sind, müssen wir die irrende Natur verbessern; aber es wäre eine Thorheit, vorauszusetzen, dass die Natur im Grundgerüst der wichtigsten Leidenschaften, wie in der Rache, dem Neide und der Eifersucht völlig fehlgegriffen und verkehrte, bedeutungslose Gefühlsfunctionen geschaffen hätte, die noch überdies ihrem Träger peinlich sind. Der Stachel, den diese Affecte enthalten, spielt im Haushalt der gegenseitigen Beziehungen von Mensch und Mensch, ja zum Theil schon in demjenigen der Thiere, eine auf die Selbsterhaltung gerichtete Rolle. Die Rache ist eine Rückwirkung auf wahre oder vermeintliche Verletzungen. Die geschlechtliche Eifersucht ist ein Hass gegen die mit der eignen Affection in Widerspruch stehende Einmischung eines zweiten Geschlechtsverhältnisses und drückt ebenfalls irgend eine wahre oder vermeintliche Verletzung besonderer Art aus. Die natürlichen Bedingungen des Neides sind da gegeben, wo in Wirklichkeit oder einer falschen Vorstellung nach die in Anspruch genommene Gleichheit oder Verhältnissmässigkeit verletzt ist und daher etwas begehrt oder missgönnt wird, was der Andere besitzt, aber nicht besitzen sollte. Es ist also auch in der zweideutigen Regung, welcher der sprachbildende Verstand einen ebenfalls bisweilen irreführenden Namen gegeben und der er ungleichartige Ideen associirt hat, etwas von dem Triebe zur ausgleichenden Gerechtigkeit anzutreffen. Die plumpe Thatsächlichkeit, mit welcher die Natur die Bedingungen dieser Affection in ihrer rohen Gestalt zunächst an die blosse Wahrnehmung der Unterschiede und des Voraushabens geknüpft hat, verschuldet es, dass der gemeine Neid in seiner Richtung auf persönliche Naturvorzüge oder mühevoll erworbene Eigenschaften nicht blos regelmässig als ein elender Bursche von niederträchtiger Gesinnung auftritt, sondern es auch wirklich im tiefsten Grunde seiner Erzeugung ist. Hier hat der Schematismus der Natur keine erträglichere Einrichtung treffen können, und man muss diesen Uebelstand um der bessern Functionen willen gelten lassen, die sich sonst ergeben und auch in den unwillkürlich schlimmer gestalteten Fällen auf Grund richtiger Einsichten oder durch Kreuzung mit andern Affecten entwickelt werden können. Ein Stück Nemesis, welches in den berechtigten Gestaltungen des Neides vertreten wird, ist die Seite, die wir sozusagen als Oekonomie der socialen, wesentlich auf

Gleichheit angelegten Natur erkennen und als nützliche Triebkraft vor der unterschiedslosen Verurtheilung in Schutz nehmen. Uebrigens mag man mit vollem Recht den gemeinen Neid auf gerechtfertigte Vorzüge als das Merkmal und die Frucht einer doppelten Schlechtigkeit betrachten. Zu dem eignen Mangel der bessern Eigenschaften und zu dem Steckenbleiben im Gemeinen gesellt sich noch die positive Niedertracht, welche, unfähig zur Anerkennung, zur Sympathie oder gar zur Verehrung, nur den Koth voraussetzt und sieht, in dem sie selbst heimisch ist, und daher Alles zu ihrem Pfützendasein hinabzuzerren und die Welt ausschliesslich mit ihrer Sumpfexistenz einzunehmen sucht.

9. Die Reue ist das Beispiel einer Gemüthsbewegung, deren Doppelgestaltigkeit grosse Bedeutung hat. Entweder bezicht sie sich auf eine Handlung, die ausschliesslich das eigne Wesen betrifft, oder sie erfolgt auf eine Schädigung Anderer. Im letztern Falle kann sie sich weit peinlicher steigern, als im erstern, weil der intersubjective Schmerz und die Verletzung interhumaner Beziehungen die Lebensgefühle weit schlimmer angreifen, als es die Folgen des Schaltens mit dem eignen Ergehen jemals vermögen. Was man ausschliesslich gegen sich selbst gethan hat, büsst man zugleich auch selbst, und der Unmuth über das aus eigner Schuld Verfehlte kann hier zwar sehr stark werden, aber doch nicht in jene eigenthümlich quälende Art übergehen, die nur eine Wirkung des Bewusstseins einer Unthat gegen Andere zu sein vermag. Die besondern Vorbedingungen der Reue in beiderlei Gestalt zu erörtern, würde hier zu weit führen. Dagegen dürfen Scham und Stolz nicht gänzlich mit Stillschweigen übergangen werden. Die erstere setzt ein Verhältniss von Mensch zu Mensch voraus, während der letztere nicht blos relativ ist, sondern auch absolut in der völligen Vereinsamung mit der leblosen Natur als gesteigertes Selbstgefühl der Kräfte empfunden werden kann. Ueberhaupt sind die nur auf die Vergleichung des eignen Seins mit demjenigen Anderer gerichteten Affecte stets auf ihre absolute Grundlage zurückzuführen; denn dort ist erst das Recht und Maass für die Selbsterhebung oder Selbstunterordnung anzutreffen. Die Bewunderung ist ohne den Eindruck eines gewaltigen Unterschiedes und ohne die affective Hingebung an eine gleichsam erhabene Thatsache oder Macht nicht denkbar. Das blosse Staunen der Ueberraschung, die Verwunderung oder das Befremden sind sicherlich mit jener besondern Form der Begeisterung, die von einem überlegenen

Gegenstande ausgeht, nicht zu verwechseln. Das Beispiel des Ehrgeizes kann uns ganz besonders lehren, wie die Leidenschaften, welche die Steigerung des Lebensgefühls auf die Erhebung über andere Wesen bauen und sich vorzugsweise auf den erzielten Unterschied stützen, ihre Kehrseite in feindlichen Affecten haben müssen. Die Einstimmung ist nämlich nur von der absoluten Grundlage aus möglich, und um diese kümmert sich die eigentliche Ambition, möge sie im Kleinen oder Grossen hausen, so gut wie gar nicht. Ja sie weiss meistens kaum davon, dass die Ehre, d. h. der Beifall Anderer, nur dann berechtigt ist, wenn auch nach absolutem Maasse und abgesehen von aller Relativität und Differenz etwas Gutes als Gegenstand der Schätzung zu Grunde liegt. Uebrigens ist der Affect als Thorheitsgebilde trotz aller seiner gewaltigen Realität zu verwerfen, und die im Neide enthaltene Nemesis folgt ihm alsdann mit Recht auf jedem Schritte und glücklicherweise nicht als blosser Schatten nach. Wenn das Streben auf etwas Heilsames oder an sich selbst Vorzügliches gerichtet ist und hiebei, ohne die blosse Erzielung eines günstigen Unterschiedes gegen Andere zum Beweggrund zu haben, ganz von selbst eine vor andern hervorragende Gestalt erzeugt, so ist dies nicht mehr jener oberflächliche und gemeine Ehrgeiz, sondern die Bethätigung einer direct auf den werthvollen Gegenstand gerichteten Leidenschaft, bei welcher die Rücksicht auf echte und begründete Ehre immerhin eine Rolle zweiter Ordnung, aber nie die Hauptrolle spielen darf. Da die Gefühle zwischen Mensch und Mensch die höhere Gattung sind, so kann auch in allen Dingen der Hinblick auf das Urtheil der Menschen ein edles Motiv sein; aber es muss sich alsdann um jenen naturgesetzlichen und ausserdem wahren Beifall handeln, der selbst auf einer richtigen Würdigung der persönlichen Eigenschaften oder des sachlich Geschehenen beruht. Nun wird aber eine solche Würdigung meist schon zuvor die Sache desjenigen sein, der sich auf eine nachträglich rühmenswerthe Bestrebung einlässt, und er wird daher vom eignen Urtheil abhängig sein. In der That ist alles tiefgegründete und nicht blos abgeleitete Streben keine Wirkung einer Rechnung mit den Chancen der Ehre und mithin keines Ehrgeizes im engern und gewöhnlichen Sinne dieser Leidenschaft.

Die Mannichfaltigkeit der Gemüthsbewegungen lässt sich nicht so einfach ordnen, wie diejenige der niedriger belegenen Triebe. Im Gebiet der letzteren hatten wir die Ernährung und Vervielfältigung, also in einem gewissen Sinne das ausschliessliche Eigenleben auf der einen und das Gattungsleben auf der andern Seite zu leitenden Gesichtspunkten. Auch bei den Leidenschaften konnten wir einen ähnlichen Unterschied machen, der jedoch keine Verzweigungen von derselben leichten Anschaulichkeit lieferte. Dennoch kann es für das tiefere Verständniss nicht zweifelhaft bleiben, dass die Gemüthsbewegungen Grundgestalten des höhern Lebensgefühls sind und keine andere Function haben, als den Werth der Lebensbeziehungen zum Ausdruck zu bringen. Es ist schwierig, die natürlichen Ausgangspunkte und Grundgestalten dieser höheren Erregungen völlig sichtbar zu machen, weil ihre Specialformen, wie namentlich unsere letzten Beispiele zeigten, künstlich mit den Lebenslagen und gesellschaftlichen Verhältnissen verwachsen sind. So denkt man bei dem Ehrgeiz nicht sofort an die Trennung und Ausscheidung der ihm zu Grunde liegenden natürlichen Affectbestandtheile, sondern nimmt ihn, wie er sich unmittelbar giebt. Hiemit entfernt man sich aber bereits von dem Boden des Einfachen in den Anlagen der Menschennatur. Man darf sich daher nicht wundern, wenn die Hauptäste, in die sich das Lebensgefühl spaltet, nicht auf den ersten Blick erkennbar werden. Mit der blossen Unterscheidung des Bejahens und Verneinens ist nicht viel gethan; denn sie ist schon für die allgemeine Empfindung, die auch noch nicht entfernt das besondere Wesen der Leidenschaft deckt, ein ziemlich leerer Gesichtspunkt, dem gegenüber der Antagonismus der Kräfte bereits ungleich mehr sagt. Förderung und Verletzung, unmittelbar auf die menschlichen Bedürfnisse bezogen, sind dagegen viel vollere Vorstellungen, und wenn man mit Rücksicht auf dieselben wiederum das Eigenleben und das Gattungsleben unterscheidet, so gewinnt man eine Art Stammbaum für die vereinzelten oder gepaart aufzufassenden Affecte. Die der Selbsterhaltung dienstbaren Rückwirkungen beziehen sich stets auf wahre oder vermeintliche Verletzungen; die positiv gearteten Regungen drücken aber einen Ueberschuss von wohlthätigen Einwirkungen aus, der über die blosse Erhaltung der Unverletztheit des Wesens hinausreicht. In den verschiedenen Gestalten der Begeisterung gipfelt die Positivität der Gemüthsbewegungen, und das höchste Lebensgefühl, welches eine Mannichfaltigkeit von Gemüthserhebungen und entsprechenden Affectformen unter der Vorherrschaft einer bestimmten Richtung in eine Einheit zusammenfasst, ist auch nichts weiter als ein natürlicher und universeller Affect. Dem ganzen Sein gegenüber ist nun freilich die falsche Poesie des persönlich doppelseitigen Affects abzulegen; dies schliesst aber nicht aus, dass ohne die Einmischung einer Personification der Natur erhebende und niederdrückende Gemüthsbewegungen statthaben. Der universelle Affect kann sich in seinen rohen Formen optimistisch und pessimistisch spalten; in Wahrheit und durch umfassendere Einsicht bestimmt, kann er jedoch nur das Gepräge der Ausgleichung und Befriedigung an sich tragen. Er kann nichts Anderes sein, als die sich erhaltende Einheit in einer, mit einem theilweisen Gleichgewicht verbundenen Bewegung der Gemüthsverfassung. Auch er hat eine gegenständliche Bedeutung; denn er nimmt das Wesen der Welt in sich auf und hängt in seiner Harmonie von der allseitigen Erkenntniss ab. Für seine haltbare Gestaltung und Gewöhnung wird mehr Einsicht und Wissenschaft erfordert, als für diejenige irgend einer besondern Leidenschaft.

Die vorangehende Würdigung einer universellen Gestaltung des Systems der Leidenschaften zu einer Auffassungsform der Welt und des Lebens bestätigt sich, wenn wir bedenken, dass die Gemüthsbewegungen von der Natur als nächster unmittelbarster Ausdruck des thierischen und menschlichen Lebensinhalts geschaffen und schliesslich zu einem alles Wohl und Wehe in sich aufnehmenden höchsten Empfinden aller Daseinsbeziehungen gesteigert worden sind. Dieses Empfinden wird nun durch die geringere oder grössere Tragweite der Einsicht mehr oder minder und ausserdem je nach Wahrheit und Irrthum mannichfaltig in einer auf die Dauer haltbaren oder unhaltbaren Richtung angeregt, und hiemit erwächst die Nothwendigkeit, die Einwirkungen der gesammten, sei es unmittelbaren oder erworbenen Verstandeseinsicht auf die einzelnen Leidenschaften oder auf das ganze Gemüth in Anschlag zu bringen. Die Affecte entspringen nicht aus dem Verstande und ergeben ihr animales Spiel auch bei einer geringen Dosis von rein thierischer Erkenntniss; aber sie gelangen zu ihren höchsten Functionen erst durch die richtende Kraft jener hohen Intelligenz, welche ihrer ursprünglichen Blindheit und ihrem Streit mit der Klarheit einer freien Ordnung zu Hülfe kommt und so ihre naturwüchsige Unzulänglichkeit zu heilsamen Schöpfungen vollendet.

Drittes Capitel.

Verstand und Vernunft.

Das Vermögen der rationellen Einsicht wird am besten Verstand genannt, während die Bethätigung des Verstandes in Handlungen gewöhnlich Vernunft heisst. Hienach sind nicht zwei Arten der Intelligenz, sondern wesentlich nur eine einzige Einsichtsform anzunehmen. Das Erkennen der Gründe und das Handeln nach Gründen bilden zusammen die Gesammtäusserung unserer höheren Einsicht. Im Theoretischen noch eine besondere Vernunft annehmen, die vom Verstande unterschieden wäre, ist unzulässig. Empfindung und Sinne bilden gleichsam den Unterbau des Verstandes, während Triebe und Leidenschaften den Gegenstand und Inhalt für die Vernunft d. h. für die Anwendung des Verstandes auf das Praktische abgeben. Die Vernunft entspringt aus jener Freiheit, die in der Fähigkeit der Selbstbestimmung durch bewusste Vorstellungen enthalten ist. Die Capacität zu Vorstellungen, die im Bewusstsein verglichen werden können, ist die Vorbedingung zu jedem Grad von Verstandeseinwirkung auf die Handlungen. In der Vernunft ein Vermögen zu Schlüssen, zu Schlussreihen und zu abschliessenden Zusammenfassungen der Gedankenbestandtheile sehen wollen, ist ein ganz müssiges Unterfangen; denn warum sollen die einmalige und die wiederholte Verstandesthätigkeit auf eine Gedankenmacht verschiedener Qualität zurückgeführt werden, oder warum soll die vollständige und abschliessende Einsicht, welche die Kette der Elemente durchläuft, in der erzeugenden Function anders geartet sein, als die partielle? Es ist schädliche Scholastik, derartige Unterscheidungen, die weder für die Geistesfunctionen nachweisbar, noch für die gegenständlichen und als Ergebnisse wahrnehmbaren theoretischen Bethätigungen einen zutreffenden Sinn haben, zu pflegen und dabei noch den Anspruch zu machen, etwas über das Wesen unserer Geisteskräfte festzustellen. Weder die bisherige Untersuchung des Gehirns noch die unmittelbare Prüfung des Bewusstseins ergiebt irgend eine Sonderung, die uns zu einer vom Verstande unterschiedenen Vernunft als einer besondern Function des theoretischen Erkennens zu verhelfen vermöchte. Wohl aber können wir in den Antrieben aller Art die Wurzeln eines praktischen Verständnisses und Verstandesgebrauchs antreffen, dem wir mit Fug und Recht den besondern Namen Vernunft beilegen mögen. Die Vernunft könnte hienach sogar als die durch den Verstand erzeugte Einheit der Triebe und Leidenschaften angesehen werden, so dass sie die Einigung des mannichfaltigen Strebens zu einem nach bewussten Gründen bestimmten Wollen wäre.

Prüft man die gewöhnlichen Rechenschaften über die Verrichtungen unserer Einsichtsthätigkeit, so findet man, dass nur wenig gesagt wird, was über die Fingerzeige des Sprachgebrauchs der einschlagenden Wörter hinausreichte. Ja die Uebereinstimmung mit den Ueberlieferungen der sprachlich fixirten Vorstellungsverbindungen ist noch ein günstiger Fall; denn häufig haben die Abwege der Verschulung zu den launenhaftesten Aufstellungen willkürlicher Verzwicktheiten geführt. Man hat alle Ursache, in diesem Gebiet bescheiden zu sein; denn an sich selbst kann man den Verstand in dem Rahmen des Bewusstseins kaum sichtbar machen, und mittelbar in seinen gegenständlichen Aeusserungen kann man zwar die Gattungen seiner Ergebnisse sondern, aber hiemit noch nicht seine ursprüngliche Functionsgliederung bloslegen. Um Letzteres zu können, reicht es nicht hin, das innere Bewusstsein zu befragen, sondern man muss die körperlich sichtbare Organisation des Organs zum Führer nehmen können. Nun geben aber Anatomie und Physiologie des Gehirns bis jetzt einen sehr unzulänglichen Führer ab. Das einzige Erhebliche, was sie in dieser Richtung geleistet haben, ist die Flourenssche Nachweisung, dass ohne die grossen Hemisphären keine anschauliche Vorstellung und mithin auch keine willkürliche Selbstbestimmung nach Motiven vollzogen werden kann. So werthvoll diese Erkenntniss nun auch ist, so liefert sie doch keine Specialisirung der Verstandesthätigkeit. Sie gewährt nur die Ueberzeugung, wie das Vorstellungsvermögen hinter der Stirn sein Werkzeug hat und ohne diese Gehirntheile, welche bei dem Menschen die obere, den ganzen Vorderkopf einnehmende Masse formiren, nicht von Statten geht. Dies ist nicht viel, aber doch, wie wir nachher sehen werden, genug, um wenigstens von der psychologischen Freiheit einen richtigen Begriff zu gewinnen.

2. Der Verstand erkennt das Einerlei und die Veränderungen; er bezieht sich mithin auf Gattungen und Ursachen, die jedoch beide in einem einheitlichen Grunde ihren Halt haben. Die Gattung in den Dingen ist nichts als ein Beharrliches oder eine Regel der Composition der Gebilde. Hiemit weist sie aber auf eine ursächliche Gestaltungskraft hin, welche in der Mannichfaltigkeit der Gebilde

12*

die Theile nach einem Gesetz zusammenhält. Das Wesen der Gattung ist also auch ein Gesetz, wie man sich ja mit grösster Klarheit an den selbstgebildeten Gattungen geometrischer Gestalten anschaulich machen kann. Wenn nun die Gattung nur die gleichzeitige Sichtbarkeit und Nebenordnung des eine Mannichfaltigkeit beherrschenden Gesetzes ist, so wird das Wesen des Verstandes, nämlich seine letzte und tiefgreifendste Function, überall und durchgängig im Erkennen der Gründe oder, mit andern Worten, in der Wahrnehmung des Zusammenhangs bestehen. Die Art der Verknüpfung der Wirklichkeitsbestandtheile wird in seinen niedrigen wie in seinen hohen Bethätigungen der entscheidende Gegenstand bleiben. Die Zurüstung der Sinne und Antriebe wird zu dieser Verrichtung bereits eine erhebliche Vorbereitung liefern; denn über das Allgemeine wird schon durch die sinnliche Auffassung und durch die triebförmige Bestimmung eine vorgängige Entscheidung getroffen. Die Phantasie, die schon im blossen Aufnehmen der Bilder eine gestaltende Thätigkeit aus sich selbst übt, wird vollends in ihrem freien und absichtlichen Spiel zu einer construirenden Macht, von welcher das allgemeine Gepräge der Erscheinungen nach Maassgabe der wirklichen Eindrücke und Zusammenhänge entworfen wird. Sie findet sich von den Antrieben beherrscht, und die Gewohnheit d. h. die beharrliche Wiederkehr der einmal oder öfter fixirten Ansätze zum Vorstellen nach Maassgabe irgend einer Periodicität spielt auch in der Imagination eine bedeutende Rolle.

Das Gedächtniss, welches gewöhnlich nur beschrieben, aber nicht in seiner Allgemeinheit erkannt wird, ist nichts als der Inbegriff der zur Wiedererzeugung hinreichend fixirten Vorstellungen. Es sind nicht die Ideen, Bilder oder Begriffe selbst, sondern die Fertigkeiten und Materialien, die zu ihrer Wiederhervorbringung dienen, was erworben und bei der Erinnerung zu weiterem Gebrauch für die construirende Phantasie verfügbar wird. Wie man sich die Fähigkeit zu besondern Bewegungen der Glieder aneignet, so gelangt man auch zu den Fertigkeiten der Vorstellungsorgane. Es sind also nicht die Ideen selbst, sondern nur die Fähigkeiten zu ihrer Bildung in uns mehr oder minder fixirt. Eine Vorstellung als solche ist stets nur mit ihrer jedesmaligen Erzeugung im Bewusstsein vorhanden, so dass Alles, was in den Rahmen des Bewusstseins wahrnehmbar eintreten soll, durch innere oder äussere Reize gleichsam erst erweckt und in der neuen eigentlichen Bewusstseinsform sogar erst geschaffen werden muss. Die ursprünglichen allgemeinen Anlagen zur entsprechenden Bewegung müssen daher in den Vorstellungsorganen vorhanden sein, ehe die äusseren Reize das Bewusstsein ins Leben rufen und durch einmalige oder wiederholte Erregungen den Erwerb der Begriffe oder die Uebungen und Gewohnheiten begründen, auf denen unsere unwillkürlichen Erinnerungen und Vorwegnahmen des Geschehens beruhen.

Die sogenannte Vergesellschaftung der Vorstellungen bezieht sich auf Bewusstseinselemente aller Art und wurzelt selbstverständlich in jenem Bereich, aus welchem heraus die Bewusstseinsgebilde bei den einzelnen Gelegenheiten erst erzeugt werden müssen. In der That ist die Ideenassociation bei Thier und Mensch die Grundlage und hiemit die erste Stufe des Verstandes selbst. Die äusserlichen Typen der Verknüpfung, um die man sich im Gebiet der zufälligen und unwillkürlichen Gesellung und Gruppirung der Gedanken am meisten gekümmert hat, sind von geringerer Bedeutung, als die tieferen Ursachen und letzten Gesetze des ganzen Spieles. Man hat die Aehnlichkeiten und Contraste als Verknüpfungsgründe hingestellt; man hat auch den Zusammenhang der vorbildlichen Wirklichkeiten als maassgebend für die Verbindung ihrer Vorstellungsbilder anerkannt; aber man hat sich durch das Blinde und Wüste, was die sich selbst überlassene Ideenassociation in Vergleichung mit einem völlig geordneten Gedankengange aufweist, zu einer Verkennung der unverbrüchlichen Herrschaft der Naturgesetze und zwar besonders zur Uebersehung derjenigen Gesetze verleiten lassen, welche trotz aller verhältnissmässigen Verworrenheit dennoch auf Zucht und Regel hinarbeiten. Die Vorstellungsgesellung vollzieht sich in einem Rahmen, in welchem die Grundverfassung aller Phantasie, nämlich eine räumliche Gruppirung, eine zeitliche Abfolge, die gegenseitige Anziehung des Gleichartigen sowie die Unterordnung unter einen Trieb oder Affect maassgebend ist. Indem der Zusammenhang der Vorstellungen durch die Verbindung der Wirklichkeitsreize der äussern oder innern Natur bestimmt wird, vollzieht sich grade in der gleichsam geselligen Gruppirung der verwandten Gedankenkeime eine Annäherung an die thatsächliche und logische Systematik. Auch diejenigen Verknüpfungen, welche einen völlig äusserlichen Zusammenhang wirklicher Eindrücke für die Wiederhervorbringung festhalten, schliessen Wahrheit ein, wie sie der Erinnerung nicht verloren gehen darf, wenn überhaupt noch das Einzelne Gegenstand der Erkenntniss bleiben soll. Ein

Wissen aber und ein Verstand, die nur auf das Allgemeine gingen, könnten weder praktisch noch theoretisch für vollständig oder brauchbar gelten. Wehren wir uns daher nicht gegen die Anerkennung der Fundamente, die in der animalen, zugleich unwillkürlichen und willkürlichen Vorstellungsgesellung anzutreffen sind, aus Rücksichten einer falschen Vornehmheit. Ohne dieses Piedestal würde der Verstand keinen Boden unter den Füssen haben.

3. Es ist leicht, den Verstand nach seinen Ergebnissen zu bemessen; aber diese Bestimmungsart, welche uns z. B. ein mathematisches Denken oder eine Fähigkeit zur Vollziehung der logischen Operationen liefert, belehrt uns nur über gewisse Grundgestalten der Ausübung der allgemeinsten Verstandeskräfte, jedoch nicht über das volle Wesen der Sache in ihrer ganzen Reichhaltigkeit. Der Verstand bethätigt sich in und mit den Sinnen sowie in und mit den Trieben und Affecten. Er ist weit davon entfernt, sich mit blos abstracten Thätigkeiten, also etwa mit der Orientirung im Raume und in der Zeit nach Maassgabe regelnder Grundbegriffe zu erschöpfen. Wir brauchen nur an den Traum, in welchem der Verstand nicht gänzlich abwesend ist, mit einiger Ueberlegung zu denken, um einzusehen, dass es auf die Art und den Umfang ankommt, in welchem die leitenden und ordnenden Begriffe zur Bethätigung gelangen. Mit der blossen Möglichkeit, eine ursächliche Beziehung vorzustellen, ist das Verständniss noch keineswegs gesichert; denn an dem Denken ursächlicher Beziehungen und sogar an einem theilweise geordneten Zusammenhang braucht es auch im Traume nicht zu fehlen. Nicht blos die spielende sondern auch die construirende Thätigkeit der Phantasie ist den Zuständen des Träumens und Wachens gemeinsam, und es fehlt im Traume nur an der Unterscheidung des durch innere Reize Hervorgebrachten von einer Vorstellungswelt, die nur auf äussere Reize hin entstehen kann. Bei der Hallucination ist diese Unterscheidung ausführbar; denn jene ist nichts Anderes als ein Traumbild, welches sich in den übrigens wachen Zustand einmischt. Es heisst also noch verstandesmässig verfahren, wenn man die Hallucination d. h. das sich in seiner Vereinzelung gleichsam gespenstisch ausnehmende blosse Gehirnbild inmitten der regelrechten Vorstellungen als rein subjective Projection erkennt. Die ekstatischen Zustände schliessen den Verstand auch nicht völlig aus, und die Fieberphantasien können als Steigerungen eines allgemeinen Phantasierausches angesehen werden, wie er sich in geringern

Graden und mannichfaltigen Gestaltungen in übrigens regelrechte Zustände des Denkens und Vorstellens einmischt. Die Phantastik einer falschen Poesie oder eines irregehenden Enthusiasmus mag den Verstand in einer einseitigen Richtung beherrschen, hebt ihn aber nicht auf. Die geistigen Berauschungen, namentlich die Ausschweifungen in der ursprünglichen oder nachbildenden Erzeugung und Wiederholung von Affecten, beeinträchtigen ebenfalls das regelrechte Spiel der Verstandeskräfte, lähmen aber doch noch weit mehr die natürlichen Gemüthsfähigkeiten, als dass sie die Wurzeln des Denkens selbst berührten. Sogar die Trunkenheit im eigentlichen Sinne des Worts lässt in einigen ihrer Stadien noch immer einen ziemlichen Spielraum für die gehörige Ordnung der Vorstellungen und für die Ueberlegung offen.

Auch der Wahnsinn löst uns das Räthsel des Verstandes nicht; denn er ist nur ein theilweiser Gegensatz zu ihm. Erst der eigentliche Blödsinn spricht deutlich; denn er lehrt uns die Abstumpfung oder den Mangel der Unterscheidungskräfte kennen. Die Abwesenheit des Inbegriffs der unterscheidenden Fähigkeiten ist daher das Merkmal der eigentlichen Verstandesschwäche. Im Wahnsinn sind es dagegen oft nur die falschen Vorstellungsmaterialien, welche den übrigens richtig fungirenden Verstand in irgend einer Beziehung fehlgreifen lassen. Viel Wahnwitz ist oft genug mit viel Verstand gemischt, und wie sogar für die gemeineren Angelegenheiten des Lebens das Irrenhaus keineswegs eine zuverlässige Scheidelinie zwischen gesundem und gestörtem Verhalten bildet, so ist dies noch viel weniger für die poetischen, philosophischen und wissenschaftlichen Geistesbethätigungen der Fall. Hier kann sich die krankhafte Gestörtheit ungenirter als im gemeinen Geschäftsleben ergehen, und bisweilen gelingt es ihr sogar, sich mit dem Heiligenschein des Genies zu verherrlichen. Die Möglichkeit dieser letzteren Vorgänge beruht auf dem Schutz, den die Vorzüglichkeit in irgend einer Richtung auch dem Verkehrten und offenbar Wahnsinnigen dadurch verschafft, dass sie dasselbe theils beschattet theils für die Menge unglaublich macht. Der Unerfahrene sieht alsdann über die ärgsten Thorheiten absichtlich hinweg und glaubt in ihnen nur nebensächliche Sonderbarkeiten oder wenigstens nur misslungene Mitergebnisse der dem hohen Fluge nun einmal anhaftenden Ueberschwenglichkeiten vor sich zu haben.

Das Wesen des Wahnsinns könnte uns über das Wesen des

Verstandes auch dann nicht viel Aufschluss geben, wenn jenes selbst besser ergründet wäre, als es wirklich ist. Man kann allerdings davon ausgehen, dass schon der gelinde Wahnsinn in seinen geringfügigsten Spuren eine Unterbrechung der Stetigkeit im Fluss der Vorstellungen und in deren gegenseitigem Verkehr verräth. Die sogenannten fixen Ideen beginnen mit jeder solchen Verrückung der Aufmerksamkeit, die dauernd ein freies Ablenken ausschliesst und so dem Bewusstsein einen Zwang auferlegt. Im übrigens gesundesten Zustande sind die Ideen, die sich ausschliesslich geltend machen, nicht weichen und gleichsam fest werden wollen, bereits bedenkliche Anzeichen und können sich in eigentliche Wahnfixirungen verwandeln. Die allseitige Freiheit in dem Spiel der Kräfte ist auch hier das Grundgesetz der Gesundheit. Keine erhebliche Gleichgewichtsstörung des Bewusstseinsinhalts darf den Charakter der Beharrlichkeit annehmen, sondern muss durch Bewegungen in anderer Richtung abgelöst werden, wenn nicht eine unzuträgliche Stauung und vielleicht gar nach und nach eine bedrohliche Fixirung eintreten soll. Der freie Fluss der Ideen, welcher der Willensrichtung ohne Schwierigkeit folgt, ist in der That das Merkmal eines normal thätigen Verstandes.

Die Phantasie ist jene grosse Macht, durch die wir so viel vermögen, aber auch in entsprechendem Maasse irren. Ihre freie Gestaltungskraft kann mit den Wirklichkeiten der Natur mehr als blos Schritt halten. Die wirklichen Gebilde und die ideellen Entwürfe entstammen einer und derselben Macht, so dass die Phantasiethätigkeit zugleich eine Parallele und eine Fortsetzung der schaffenden Natur wird. Das souveraine Wesen, welches die untern Stufen der Natur zum Fussgestell hat und in sich alle Arten der Wirklichkeit vereinigt, setzt mit seiner Phantasie auch mehr oder minder Verstand ins Spiel. Die verhältnissmässige Losgebundenheit der Imagination, deren Deutsche Bezeichnung als Einbildungskraft für den Geist der Urheber dieses schielenden Wortgebrauchs nicht schmeichelhaft ist und selbst wenig Phantasie verräth, — diese imaginative Freiheit, die in allen bedingungsweise vorstellbaren Möglichkeiten zu schweifen vermag, liefert den Spielraum für ein umfassendes Reich von Wahrheit und Irrthum. Die Neutralität wird hier am meisten durch die Triebe und Leidenschaften aufgehoben, welche in der Richtung ihrer Erregungen diejenigen Möglichkeiten oder Wahrscheinlichkeiten am meisten nahe bringen, welche dem jedesmal vorherrschenden Affect eine verstandesmässige Ausstattung gewähren. Furcht und Hoffnung sowie Hass und Liebe lenken die Phantasie in ihrem Dienst, und der Verstand, der auf eben diese Phantasie als auf sein Werkzeug und auf die von ihr beschafften Materialien als Rohstoffe hingewiesen ist, wird in seinen Ergebnissen ·Einseitigkeiten und Combinationsfehler zeigen müssen, von denen er sich allerdings im Allgemeinen, wenn auch nicht jedesmal in dem besondern Fall, durch nachträgliche Veranschlagung der Affectwirkungen befreien kann. Ungeachtet dieses theilweisen Widerstreits zwischen Verstand und Phantasie darf man aber nicht vergessen, dass grade die Phantasie ein unentbehrliches und überdies schöpferisches Organ des Verstandes bleibt. Die schematischen Entwürfe zu einfachen räumlichen und zeitlichen Gebilden beruhen auf der Verbindung der verstandesmässigen Regel mit der Durchmessung der phantasiemässigen Möglichkeiten. Aehnlich verhält sich nun die Geistesthätigkeit in allen Gebieten, und so wird es klar, dass ohne die theils nachbildende theils frei entwerfende Imagination kein Urtheil und kein Schluss über die Beziehungen thatsächlicher oder möglicher Gebilde gewonnen werden könnte. Die Ausschweifungen der Phantasie sind daher eine begreifliche Mitgift der in ihr verwirklichten Freiheit. Auch für den Verstand ist durch kein anderes Mittel die Entbindung von der Pflege einer beengten Thatsächlichkeit und die Befähigung zu bedeutenden Vorwegnahmen eines zukünftigen Geschehens möglich. Die Natur componirt die Elemente, die Phantasie thut dasselbe mit den elementaren Ideen und zugehörigen Functionen. Die Zeugungsfähigkeit des Verstandes würde nie zur Frucht gelangen, wenn sie nicht ihre Kräfte im Schoosse der Phantasie bethätigen könnte.

4. Das Vorstellungsspiel oder überhaupt die Bewusstseinsthätigkeit ist im Verhältniss zu allen bewusstlosen Wirkungen etwas Freies. Vergleichen wir die Vorgänge im Zustande des tiefsten Schlafs oder einer das Bewusstsein völlig verdunkelnden Ohnmacht mit derjenigen Thätigkeitsart, die im wachen und regelrechten Zustande durch die Bewusstseinselemente vermittelt wird, so sehen wir ohne Weiteres die Kluft zwischen der rein mechanischen oder bewusstlos physiologischen Wirksamkeit der Reize und den Handlungen unseres die Beziehungen der Aussenwelt spiegelnden Vorstellungsvermögens. Hiemit erkennen wir auch zugleich den Sinn der sogenannten psychologischen Freiheit, die in der That nichts weiter ist, als die Empfänglichkeit für Bewusstseinsmotive oder, mit andern Worten, die

Bestimmbarkeit durch Gründe d. h. durch vorgestellte Ursachen. Wenn Flourens seinen Tauben die obern Schichten der grossen Hemisphären des Gehirns abgetragen hatte, so war hiemit die durch das Vorstellungsvermögen vermittelte Bestimmbarkeit und zugleich das freiwillige Spiel der bewussten Selbstbestimmung ausgeschlossen. Das Leben gestaltete sich fast pflanzenartig, und nur die unmittelbaren Rückwirkungen auf Reize, wie die Flügelbewegung bei dem Werfen in die Luft oder die Flüssigkeitseinnahme bei dem Eintauchen des Schnabels, bekundeten noch die niedern Stufen der animalen Regsamkeiten. Die Erhaltung eines solchen Lebenszustandes durch Wochen beweist die verhältnissmässige Unabhängigkeit der lebendigen Mechanik von der Vermittlung durch Ideen und von der Unterstützung durch bewusste und mithin eigentliche Willensthätigkeit. Von einem bewusstlosen Wollen kann man nur vergleichungsweise oder bildlich reden, und grade hier, wo wir die selbständige und in diesem Sinne freie Erhebung des Vorstellungsbereichs über den niedern Stufen der sonstigen Naturgesetzlichkeit ins Auge fassen, dürfen wir das vorstellungsmässige Wollen nicht mit jedem beliebigen Streben zusammenfallen lassen.

Das Wort Wille hat häufig zu einer falschen Verdinglichung verleitet. In Wahrheit giebt es nur ein Wollen, und dieses ist ein Erzeugniss der Zusammensetzung der antreibenden Kräfte des in den Trieben und Leidenschaften enthaltenen Strebens mit den verstandesmässigen Richtungsbestimmungen. Die Rolle des Bewusstseins ist für das eigentliche Wollen entscheidend; denn je mehr die verstandesmässige Orientirung und richtende oder hemmende Einwirkung zurücktritt, um so weniger findet sich die Grenze des unwillkürlichen und dunkeln Waltens der lebendigen Mechanik überschritten. Die Vernunft besteht daher recht eigentlich in dieser Combination der allgemeinern, durch Verstandesvorstellungen erweiterten Beweggründe mit denjenigen Antrieben, die uns unwillkürlich erregen. Wie sich nun aber die doppelseitige Ursächlichkeit in der gegenseitigen Einwirkung von Verstandesantrieben und unmittelbaren Triebbestimmungen zu irgend einem Ergebniss entscheide, lehrt die besondere Erfahrung. Im Allgemeinen lässt sich nur soviel behaupten, dass die Natur keine triebförmige Bestimmung ohne die Macht gelassen hat, sich der Regel nach durchzusetzen, und dass der Vernunft die Rolle zugefallen ist, sich trotz der Unterwerfung unter jene Nothwendigkeit in der besondern Anordnung und Anbequemung der Triebthätigkeiten zu Gunsten der höheren Verstandeseinsicht geltend zu machen. Die Stärke der Erregungen wird auch in den meisten besondern Fällen darüber entscheiden, ob eine verstandesmässige Hemmung durch eine allgemeinere Vorstellung wirksam eingreifen werde oder nicht. Dem quälenden Hunger wird durch eine Menge von Gründen, die einem geringern Grade des Triebes gegenüber eine Ausschreitung verhindern würden, nun nicht mehr die Waage gehalten, und sogar der grösste Abscheu vor einem kannibalischen Verhalten wird unter der Allmacht jenes grausamen Stachels überwunden. Selbst die Vorstellung des nahen und gewissen Todes würde hier die Macht des Augenblicks nicht aufwiegen, und es giebt keinen Grad der Furcht, der im Allgemeinen solchen Naturkräften gewachsen wäre. Es soll hiemit die moralische Kraft edler Gesinnung nicht geleugnet werden; aber der hochgesinnte Mensch wird in solchen Fällen die übermächtige Natur meistens nur durch das rechtzeitig angewandte Mittel der Selbstvernichtung zur Ruhe bringen können. Von krankhaften Zuständen, in denen ein selbstgewähltes Verhungern eintritt, ist natürlich nicht die Rede; denn in diesem Fall stellt sich der quälende Stachel mit der ganzen Macht seiner rohen Naturwüchsigkeit gar nicht ein. Die Vernichtung geht unter dieser Voraussetzung vom Gemüth aus und vollzieht sich gleichsam stetig durch eine allseitige Störung der wesentlichen Lebensfunctionen. Der Ernährungsmechanismus selbst wird angegriffen, und unter dem furchtbaren Druck, der auf dem Gemüth lastet, versiegen allmälig auch alle Quellen des physiologischen Lebensspiels.

An die Stelle aller falschen Freiheitstheorien hat man die erfahrungsmässige Beschaffenheit des Verhältnisses zu setzen, in welchem sich rationelle Einsicht auf der einen und triebförmige Bestimmungen auf der andern Seite gleichsam zu einer Mittelkraft vereinigen. Die Grundthatsachen dieser Art von Dynamik sind aus der Beobachtung zu entnehmen und für die Vorausbemessung des noch nicht erfolgten Geschehens auch, so gut es gehen will, im Allgemeinen nach Eigenschaft und Grösse zu veranschlagen. Hiedurch werden die albernen Einbildungen über die innere Freiheit, an denen Jahrtausende gezehrt und genagt haben, nicht nur gründlich weggeräumt, sondern auch durch etwas Positives ersetzt, was sich für die praktische Einrichtung des Lebens brauchen lässt. Der thörichte Scheinkampf mit Antrieben, die ihre überlegene Gewalt dem Verstande doch immer wieder von Neuem beweisen, wird auf Grund der bessern Einsicht mit einer rationellen Ausgleichung und der unerlässlichen Anbequemung an die Forderungen der Natur vertauscht. Die frivole Leichtfertigkeit aber, mit welcher die falsche Anwendung der Nothwendigkeitslehre sich über die wirklichen Mächte der höheren Einsicht und Gesinnung täuscht, wird ebenfalls unmöglich gemacht; denn es wird erfahrungsmässig erkannt, wie das Walten der Bewusstseinskräfte neben den im Allgemeinen heilsamen Schranken auch eine bedeutende positive Macht habe, auf die man sich berufen und der man mit moralischen Zumuthungen beikommen kann. Uebrigens entspringt auch in anderer Richtung aus der Erkenntniss der Macht der Affecte die grosse Lehre, dass wir häufig grade dadurch am edelsten handeln, dass wir uns Leidenschaften hingeben, in deren Bethätigung wir oft genug das Eigenleben für das Heil des allgemeineren Daseins opfern. Das Grosse, welches aus der Leidenschaft entspringt, ist eine übergreifende Handlung jener Naturmacht, der sich die nüchterne Vernunft ihrem Wesen nach so gern widersetzt. Sein wir also zufrieden, dass jene Ausgeburten einer überschwenglichen innern Willkür nichts als metaphysische Fabelwesen von obenein unlogischer Art sind.

5. Die Ansichten über Verstand und Vernunft sind häufig durch den Hinblick auf die Sprache verwirrt worden. Wie sich Logik und Grammatik bis heute noch nicht gehörig auseinandergesetzt haben, so gilt auch das blosse Werkzeug der Gedankenmittheilung noch häufig genug für die Vorbedingung des Denkens selbst. Allerdings ist in der Sprache viel Verstand verkörpert, und die Vernunft, als praktische Anwendung des Verstandes, würde vereinsamt und ziemlich unentwickelt geblieben sein, wenn sie ihren Verallgemeinerungen und Anschauungen nicht sprachliche, zur Festigung und Ueberlieferung des Vorgestellten und Gewollten geeignete Zeichen zu geben vermocht hätte. Hieraus folgt aber das völlige Gegentheil von der Annahme, dass die Sprache eine wesentliche Vorbedingung des Denkens an sich selbst sei. Es ist vielmehr umgekehrt das Denken eine unerlässliche Vorbedingung der Spracherzeugung. Der Verstand gestaltet auf Grundlage der Triebe und Gemüthsbewegungen die Laute, die sich mit den Empfindungen und Anschauungen nach Maassgabe der verfügbaren Sprechwerkzeuge und der jedesmaligen Umstände der Auffassung verknüpfen sollen. Weiss auch Niemand, wie sich die anscheinend zufällige und willkürliche Bestimmtheit der Urbezeichnungen grade so und nicht anders gebildet habe, so dürfen

wir doch voraussetzen, dass die heute in der grössten Mannichfaltigkeit auseinandergehenden Sprachen keine geringere Gemeinschaft hinter sich haben, als der Typus Mensch mit seinen Racen, Nationalitäten und Stammesunterschieden. Da überdies die Sprache ihrem Wesen nach eine Verallgemeinerung ist und sich durch den Verkehr erst zu derjenigen Gleichmässigkeit entwickelt, mit welcher sich eine grössere Tragweite für viele, sonst in Mundart oder gar Einzelgestaltung abweichende Gruppen verbindet, so hat man ein Recht anzunehmen, dass die ursprüngliche Beschaffenheit der Sprachwerkzeuge zusammen mit den verschiedenartigen Anregungen der Umgebung und unter dem Eindruck der ebenfalls noch ungebunden schweifenden Gemüthsantriebe, in strengster Naturgesetzlichkeit und ohne Dazwischenkunft einer launenhaften Willkür oder überlegten Absichtlichkeit, die den Zuständen entsprechenden Wortgestalten erzeugt habe. Das auf Uebereinkunft Beruhende muss einer spätern, bedeutend höhern Entwicklungsstufe angehört haben; denn diese Art der Fortbildung setzt schon die sprachliche Mittheilbarkeit des Verstandes in einem hohen Grade voraus. Doch geht uns hier die Fernhaltung der voreiligen Neigungen, das unwillkürlich Schaffende vor der bewussten Einwirkung zu bevorzugen, nicht weiter an. Man wird von dieser Thorheit des Jahrhunderts ablassen, sobald man für das Verstandesmässige wieder selbst mehr Verständniss zur Verfügung hat.

Wir können die strengsten Schlüsse über räumliche Verhältnisse, über Zahlenbeziehungen und sogar über fremde Empfindungszustände machen, ohne dass uns dabei irgend ein Wort dieser oder jener Sprache als Leitfaden behülflich zu sein brauchte. Die Blitzesschnelle, mit welcher der Gedanke seine Bahn durchläuft, ist nicht von den Erschütterungen abhängig, in denen er sich nachträglich eine laute Kundgebung verschafft. Auch der stummen Wortbilder bedarf man zum Denken nicht wesentlich, und wenn sie auch immerhin als willkommene Erleichterungsmittel für einen schwerfälligen Verstand dienen mögen, so leisten sie doch nicht im Entferntesten das, was man dem geordneten Gebrauch der schriftlichen Zahlenbilder für das Rechnen zu verdanken hat. Wer nur an der Hand der Sprache zu denken vermag, hat noch nie erfahren, was abgesondertes und eigentliches Denken zu bedeuten habe. Gewohnheitsmässig übersetzen sich uns die Gedanken wohl auch zur Unzeit in sprachliche Formen, und dies ist ein sicheres Zeichen, dass wir in der Anspannung und Unmittelbarkeit des Verständnisses nachlassen. Wir greifen alsdann zu einer Stütze, die nur für die Mittheilung geschaffen ist und allenfalls noch einen Sinn hat, wenn es sich um ein aus der Leidenschaft stammendes Selbstgespräch handelt. Uebrigens ist die Einmischung der stillen Wortvorstellungen in die mit sich selbst beschäftigte Verstandesthätigkeit nur eine Belästigung, die man freilich nicht immer gänzlich verscheuchen wird, weil die Gewohnheiten des Verkehrs die fraglichen Verknüpfungen gewisser Vorstellungen mit ihrer Worteinkleidung uns geläufig und gleichsam zur zweiten Natur gemacht haben.

In der unmittelbarsten und vertrautesten Beziehung zu den Wortwirkungen stehen die Gemüthsbewegungen. Das Ohr ist der für Furcht und andere Erschütterungen des Gemüths empfänglichste Botschafter. Wo unsere Unverletztheit auf dem Spiele steht, da soll jenes Organ die Gefahr verkünden. Allein in dieser Rolle muss es oft zuviel thun, und in der That wird jeder starke und ungewöhnliche Angriff, der es trifft, zu einer aufstörenden Rüttelung. Die Vernunft hat nun solchen Eindrücken, wie namentlich die abergläubischen Völkerphantasien zeigen, nicht nur keine Förderung, sondern gradezu eine Beeinträchtigung ihrer Eigenart zu verdanken. Die auf diese Weise erregten Affecte sind die schwache Seite der menschlichen Empfänglichkeit, und die Sprache, die sich an das Ohr wendet, verkehrt durch einen Canal, der vorzugsweise der Träger der die Vernunft oft genug betäubenden Eindrücke ist. Man könnte mithin auf nichts Thörichteres verfallen, als in der Sprache die Bildnerin der Vernunft suchen zu wollen. Das Gefühlsleben, wie es sich in der Musik ausdrückt, schliesst noch keine verstandesmässigen Unterscheidungen ein. Erst die Sprache verkörpert dieselben, aber sie ist im Interesse ihres Hauptzwecks, nämlich der Mittheilung, aus Stoffen gewebt, welche die reine Gestalt des Gedankens nur zugleich mit dem Nebenwerk der Verhüllung sichtbar machen. Das Zeichen ist nicht die Sache und das im Worte liegende Zeichen nicht einmal immer ein hinreichend zuverlässiger Berichterstatter von dem eigentlichen Vorgang. Können wir nun aber auch die Sprache nicht als Grundlage von Verstand und Vernunft betrachten, so ist in ihr doch jedenfalls viel an Verstand und Unverstand niedergelegt, und die Verbreitung von Verständniss und Missverständniss der Dinge und Menschen ist ihr ganz und gar zuzuschreiben. Ueberdies erkennen wir an den heutigen Sprachen die allmälige Aufhäufung einer Reihe von

Gedankenverkörperungen, aus der sich auf die Geschichte des Bewusstseins selbst Rückschlüsse machen lassen. Die Theile und Gestalten, aus denen sich unser heutiges Bewusstsein zusammensetzt, haben in dieser Ausbildung und Sonderung nicht von Anfang an vorhanden sein können. Es ist vielmehr anzunehmen, dass nicht nur die Entwicklung der Sprache einen gleichlaufenden Fortschritt des Bewusstseins voraussetzt, sondern dass ihr auch eine geistige Stufenfolge vorangegangen ist, die noch nicht zu einem erheblichen Mittheilungsgebilde sprachlicher Art geführt hatte. Um so wichtiger ist nun aber die heutige Reichhaltigkeit des geistigen Verkehrs, und auf dessen Vermittlung, nicht aber auf einer Ermöglichung des vereinzelten Denkens, beruht die ganze, hienach also wesentlich sittliche und gesellschaftliche Bedeutung der Sprache. In der That wären die zerstreuten Einzelbewusstsein Wenig, wenn nicht die Sprache eine Gemeinschaft von Verstand und Vernunft unter Vielen hervorgebracht und so die collectiven Anregungen des Gemeinlebens vermittelt hätte.

Vierter Abschnitt.

Sitte, Gerechtigkeit und edlere Menschlichkeit.

Erstes Capitel.

Grundgesetze der Moral.

Jedes der verstandesmässigen Ueberlegung fähige Wesen wird in irgend einem Grade seine Handlungen nach Maassgabe seiner Erfahrungen von Gut und Schlimm mit bewusster Absichtlichkeit einrichten können. Seine Vorstellungen vom Schlechten und Guten werden sich im Sinne seiner Empfindungen, Triebe und Leidenschaften bestimmen. Das dauernd Wohlthätige, wodurch seiner Natur im Ganzen oder in den Theilen eine Förderung widerfährt, wird ihm als das Gute gelten. Jede Schädigung wird von ihm als etwas Schlimmes und, insofern sie auf die Absicht eines andern Wesens zurückzuführen ist, als etwas Böses verurtheilt und bekämpft werden. Die Einrichtung seines eignen, als vereinzelt gedachten Verhaltens wird eine Art Kunst erfordern, mit welcher der Verstand die Handlungen nach Art und Maass zu regeln und ausserdem die Wiederkehr der angenommenen Verfahrungsarten durch Gewöhnung und Uebung zu sichern hat. Hiemit ist die Sitte des Einzelwesens als ein Inbegriff von grundsätzlichen Verhaltungsarten und verständig begründeten Gewohnheiten bereits hinreichend bezeichnet, um die allgemeinste Bedeutung des Wortes Moral als eines Ausdrucks für die zur Sitte gehörigen Angelegenheiten zu rechtfertigen. Zugleich ersieht man aber auch aus dieser Rechenschaft, dass die Elemente der Moral einfache Entscheidungen sein und sich bei allen aussermenschlichen Wesen, in denen sich ein thätiger Verstand mit der bewussten Ordnung von triebförmigen Lebensregungen zu befassen hat, in übereinstimmender Weise, wenn auch nicht in gleicher Zusammensetzung oder Reichhaltigkeit wiederfinden müssen. Was wir von der kosmischen Einheit der chemischen Verfassung und der entsprechenden Gleichartigkeit der Bewusstseinseinrichtungen auf allen Weltkugeln annehmen mussten, nämlich die Gemeinschaftlichkeit der Materialien und Functionen in einem Bau von universeller Analogie und Systematik, — das können wir auch bei der Moral nicht ausschliessen. Doch wird unsere Theilnahme für solche Folgerungen gering bleiben, und nur der einzige Satz, dass die Vorbedingungen eines Sittensystems schon in der Combination von Trieb und Ueberlegung gegeben sind, mag uns als eine werthvolle Verallgemeinerung unseres Wissens von den Grundlagen der Sittlichkeit gelten. Ausserdem bleibt es aber immer eine den Gesichtskreis wohlthätig erweiternde Idee, wenn wir uns vorstellen, dass auf andern Weltkörpern das Einzel- und das Gemeinleben von einem Schema ausgehen muss, welches sich zwar über die Grundlagen unserer Natur höher erheben oder hinter denselben zurückbleiben mag, aber nicht vermag, die allgemeine Grundverfassung eines verstandesmässig handelnden Wesens aufzuheben oder zu umgehen.

Die Bildung von wiederkehrenden Verhaltungsarten ergiebt an sich selbst zwar eine Form der Lebensweise, aber noch keine eigentliche Sitte. Die Natur zeigt überall Periodicitäten des Daseins, und in den lebendigen Wesen, wo ja ebenfalls die Beharrung im Wechsel sich auf keine andere Weise als durch Wiederholungen derselben Thätigkeitsform bekunden kann, ergeben selbst die Gewohnheiten noch nicht eigentliche Sitten. Die sich wiederholende Art des Lebensspieles und der rein thierischen Thätigkeiten in dem unter dem Menschen stehenden Gebiet der Animalität, sowie die entsprechende niedere Stufe im Menschen selbst, mag immerhin gelegentlich als Sitte bezeichnet werden; aber hiemit ist nichts weiter zugestanden, als dass der sprachliche Sinn des Wortes weiter reicht, als derjenige Begriff, den wir mit diesem Wort in der menschlichen Sittenlehre verbinden. Auch muss mit dieser Unterscheidung das rohe Vorurtheil schwinden, als wenn schon die blosse Thatsache von Gewohnheiten etwas Sittliches mit sich brächte. Es giebt überhaupt gar nichts in der Welt, was sich im Laufe des Geschehens nicht in irgend einer äusserlichen Uebereinstimmung von wiederkehrenden Thatsachen bethätigen müsste. Wir können also aus dem blossen Dasein gewohnheitsmässiger Verhaltungsarten weder auf Sitte noch auf Unsitte schliessen; denn diese Thätigkeitsbekundungen können ja einem Gebiet angehören, welches zu tief gelegen ist, um mit dem sittlichen Maassstab gemessen zu werden. Gehörten aber auch etwa die Gewohnheiten dem höhern Bereich der Sitte an, so wäre immer noch erst zu entscheiden, ob sie etwas sittlich Gutes oder etwas sittlich Schlimmes haben einwurzeln lassen.

2. Das, was geschehen sollte, ist das Musterbild; aber die Grundgesetze der Sittentheorie verlieren nicht an Wirklichkeit, weil der Lauf der Handlungen die Bethätigung von Lastern und Verbrechen mit Nothwendigkeit einschliesst. In der That befassen wir uns in der Moral mit dem, was wirklich geschehen ist, geschieht und geschehen wird. Wir thun dies aber auf eine ähnliche Weise, wie wenn wir in der Wissenschaft danach fragen, was wirklich gedacht, nämlich erkannt oder misskannt worden ist. Die Gesetze des Erkennens sind einheitlich; aber auch hier ist das, was vorgestellt werden soll, vielfach etwas Anderes als das, was in der That vorgestellt wird. Das Reich des theoretischen Irrthums ist sogar unvergleichlich umfangreicher, als das der Wahrheit. Trotzdem lässt uns die Sicherheit strengen Wissens und die Zulänglichkeit der gemeineren Erkenntniss nicht dazu kommen, in besonnenem Zustande an der absoluten Gültigkeit der Wissensprincipien und ihrer hohen Bedeutung für die Selbstbefriedigung oder die äussern Zwecke des menschlichen Wesens zu verzweifeln. Schon der dauernde Zweifel selbst ist ein krankhafter Schwächezustand und nichts als der Ausdruck wüster Verworrenheit, die bisweilen in dem systematisirten Bewusstsein ihrer Nichtigkeit den Schein von etwas Haltung aufzutreiben sucht. In den sittlichen Angelegenheiten klammert sich die Leugnung allgemeiner Principien an die geographischen und geschichtlichen Mannichfaltigkeiten der Sitten und Grundsätze, und giebt man ihr die unausweichliche Nothwendigkeit des sittlich Schlimmen und Bösen zu, so glaubt sie erst recht über die Anerkennung der ernsthaften Geltung und thatsächlichen Wirksamkeit übereinstimmender moralischer Antriebe hinauszusein. Diese aushöhlende Skepsis, die sich nicht etwa gegen einzelne falsche Lehren, sondern gegen die menschliche Fähigkeit zur bewussten Moralität selbst kehrt, mündet schliesslich in ein wirkliches Nichts, ja eigentlich in etwas, was schlimmer ist, als der blosse Nihilismus. Sie untergräbt das Vertrauen in die Geltung und Wirksamkeit moralischer Verbindlichkeiten; ja sie entwurzelt den Glauben an die blosse Möglichkeit eigentlicher Zumuthungen und wahrhafter Pflichten.

Sie schmeichelt sich, in ihrem wirren Chaos von aufgelösten sittlichen Vorstellungen leichten Kaufs herrschen und dem grundsatzlosen Belieben alle Thore öffnen zu können. Sie täuscht sich aber gewaltig; denn die blosse Hinweisung auf die unvermeidlichen Schicksale des Verstandes in Irrthum und Wahrheit genügt, um schon durch diese einzige Analogie erkennbar zu machen, wie die naturgesetzliche Fehlbarkeit die Vollbringung des Zutreffenden nicht auszuschliessen braucht. Der Verstand muss unter gewissen Umständen irren, wie z. B. in der ursprünglich naturnothwendigen Auffassung des Scheins der Sonnenbewegung als einer Wirklichkeit. Ebenso muss der Trieb des Menschen unter gegebenen Voraussetzungen fehlgreifen, wie z. B. der Hunger, wenn er, wie namentlich auch bei den Thieren, dadurch zur Ueberfüllung führt, dass er physiologisch nicht rasch genug und nicht sofort mit dem Augenblick verschwindet, in welchem die eingenommene Nahrungsmenge genügt, um in einiger Zeit jede stärkere Spannung im Ernährungszustande auszugleichen. Die Ausschweifung ist hier insoweit ein naturgesetzliches Verhängniss, als thatsächlich die innere Oekonomie der Einleitung des gleichmässigen Ernährungshergangs eine zu lange Zeit braucht, die Reizempfindung des Hungers verschwinden zu lassen. Auch die Gemüthsantriebe sind an sich selbst fehlbar, so dass man zur Ableitung ihrer nothwendigen Fehlgriffe sich erst in zweiter Linie um die eingemischten Verstandesirrthümer zu kümmern hat. So ist, um nur einen der wichtigsten Affecte hervorzuheben, das Rachegefühl zwar ein Anzeiger der Verletzungen, aber doch nur ein rohes Messwerkzeug ihrer Grösse. Reichen nun auch zunächst derartige Urtheile und Schätzungen der Verhältnisse ebenso gut aus, wie die Beurtheilung der Wärme durch das Gefühl, so sind sie im Hinblick auf entwickeltere Mittel auch ebenso schlecht, und man wird die Fortsetzung der Naturarbeit an ihnen als die eigentliche Aufgabe der Cultur anzusehen haben. Die Natur ist nicht blos in Missgeburten fehlbar, sondern auch in ihrer Anlage des sittlichen Mechanismus. Diese Fehlbarkeit beruht, wie diejenige des Verstandes, auf Hindernissen, deren Ueberwindung schematische Einrichtungen mit getheilten und einseitigen Functionen nöthig machte. Ein ebenso genaues Sehen in der Nähe wie in der Ferne ist etwas in sich Widersprechendes; fordert man aber, dass der unmittelbare Eindruck eines Triebreizes oder einer spornenden Gemüthsbewegung dasselbe leisten soll, was die entferntere, die weniger betheiligte oder die verstandesmässig rechnende Beurtheilung mit sich bringt, so zielt man auf eine ähnliche, einen realen Widerspruch einschliessende Unvereinbarkeit. Sein wir also zufrieden, dass die moralische Welt so gut wie diejenige des allgemeineren Wissens trotz Irrthümern und Fehlgriffen ihre bleibenden Principien und einfachen Elemente hat. Das Verbrechen ist so wenig eine Instanz gegen die Wirklichkeit des moralisch Guten, als der Irrthum ein Beweis gegen das Dasein einer nicht blos wahrheitsfähigen sondern auch thatsächlich zu Wahrheit und Wissenschaft führenden Verstandeserkenntniss sein kann.

Nach dem Vorangehenden kann es keine besondere Frage mehr sein, ob die moralischen Principien über der Geschichte und auch über den heutigen Unterschieden der Völkerbeschaffenheiten stehen. Diese Principien sind lauter natürliche Triebkräfte, die von vornherein wirken, und die besondern Wahrheiten, aus denen sich im Laufe der Entwicklung das vollere moralische Bewusstsein und so zu sagen das Gewissen zusammensetzt, können, soweit sie bis in ihre letzten Gründe erkannt sind, eine ähnliche Geltung und Tragweite beanspruchen, wie die Einsichten und Anwendungen der Mathematik. Echte Wahrheiten sind überhaupt nicht wandelbar und werden stets so gedacht, dass sie zu jeder Zeit als auf die zugehörigen Voraussetzungen anwendbar vorzustellen sind. Auch diejenigen Wahrheiten, die nicht eine allgemeine Beziehung, sondern das Geschehen einer vereinzelten und völlig individuellen Thatsache ausdrücken, bleiben es in alle Ewigkeit, so dass es überhaupt eine Thorheit ist, die Richtigkeit der Erkenntniss als von der Zeit und den realen Veränderungen angreifbar vorzustellen. Auf diese Weise verhält es sich nun auch mit den moralischen Grundgesetzen. Die Entwicklung eines deutlichen Bewusstseins und die Hineinarbeitung in die Zustände bedarf allerdings langer Zeiträume; aber diese Art Abhängigkeit von Zeit, Ort und Umständen betrifft nicht die Wahrheit und absolute Gültigkeit selbst, sondern nur die Kenntniss und Bethätigung davon. Die positive Moral ist überdies ein Gebilde, in welchem sich die sittlichen Grundtriebe mit den zum Theil wandelbaren Voraussetzungen besonderer Zustände vereinigt und so eine Zusammensetzung ergeben haben, die nicht nur aufgelöst werden kann, sondern es mit den thatsächlichen Veränderungen auch muss. Hiebei ist für die Nothwendigkeit dieser Zersetzungen noch nicht einmal die positive Unsitte oder die Wirkung blos angeblicher Wahrheiten in Anschlag gebracht.

3. Man kann die Moral aus dem Willen ableiten, wenn dieser nur als ein Wollen verstanden wird, welches sich aus der Verbindung von Trieben, Leidenschaften und Verstandeseinsichten mit Nothwendigkeit erzeugt. Es ergiebt sich alsdann zunächst die Mischung von Sitte und Unsitte, und das bessere Verhalten ist eine kritische Ausscheidung, zu deren Vornahme sich das mannichfaltige Streben durch Erfahrung oder durch eine die Wirkungen vorwegnehmende Beurtheilung erst in sich selbst, in den Dingen und in den Verhältnissen zurechtgefunden haben muss. Sobald man aber den Willen in verworrener Weise oder wohl gar nicht individuell, sondern in nebelhafter Allgemeinheit als einen dunkeln unfassbaren Grund einführt, können die Folgerungen ebenfalls nicht klar sein, und eine derartig trübe Darlegung der Moral ist schlimmer als keine. Schon Kant hat Rousseaus ziemlich klar gefasste Vorstellung von einem allgemeinen Willen, der bei dem grossen Genfer ein Ergebniss der politischen Vergesellschaftung der Einzelwillen sein sollte, halbmystisch umnebelt, und die Epigonen, wie namentlich ein Hegel, sind in dieser Richtung mit ihrem sittlichen Willen erst recht heruntergekommen. Wir haben daher Ursache, den Willen als das Product von zwei Factoren scharf und unzweideutig erkennbar zu machen, ohne irgend etwas Unbekanntes einzumischen, was nicht innerlich oder äusserlich festzustellen wäre. Antriebe und Einsichten aller Art ergeben ein bewusstes und absichtliches Streben, und hierin allein sehen wir den Willen.

Die Verschiedenheit der Individualcharaktere, die auf einer ungleichartigen Mischung oder Grössengestaltung der Neigungen und Vorstellungsanlagen beruht, ist für die Artung des Wollens und für den Gegensatz von Gut und Schlimm von der höchsten Bedeutung. Die Menge der Thiercharaktere kann uns den Sinn der mannichfaltigen Gemischtheit menschlicher Typen erläutern. Das boshafte im Gegensatz des guten Gemüths ist ein Naturverhältniss und wird auch von der Cultur hervorgebracht, ist aber stets so eingewurzelt, dass nur lange Geschlechterfolgen und Umwandlungen, die meist noch mit eigentlichen Mischungen verbunden sein werden, seinen Verderb oder seine Verbesserung zu bewerkstelligen vermögen. Nun beruht aber das befriedigende Wohlsein in erster Linie auf jener natürlichen oder zur zweiten Natur gewordenen Güte des Gemüths. Das Vorherrschen der positiven Gefühle, deren schöpferische, mehr als auf blossen Frieden gerichtete Eigenart im Verkehr die zuverlässigsten Verbindungen schafft, ist auch für den einsam gedachten Einzelnen diejenige Charaktergestaltung, bei welcher er sich am meisten mit sich selbst in Uebereinstimmung finden wird. Dagegen kehren sich die boshaften Neigungen auch da, wo sie ganz ohne Wirkung auf Andere gedacht werden, in der Auffassung aller Dinge gegen ihren eignen Träger. Der letztere wird dazu genöthigt, sein eignes widerwärtiges Selbst und die in ihm angelegte feindselige Spannung zu empfinden und so die Rückwirkungen der Bosheit, auch ohne dass sie sich verwirklicht, als Missgefühl eines innern Widerstreits gleichsam zu geniessen. Ein raubthierartiger Bestandtheil, wie er in menschlichen Individuen als Charakterelement häufig genug vorhanden ist, kann im günstigsten Falle nur dahin führen, dass den Trägern dieser Eigenschaft zum Theil wie derjenigen Bestie zu Muthe ist, welcher die betreffende Art von Raubgier von Natur oder durch Entwicklung der Thiersitte zukommt. Im weniger günstigen Fall, welcher innerhalb der Civilisation der vorherrschende sein muss, wird jedoch die mit der schlechten Gier verbundene Rückwirkung als Entfremdung gegen die bessere Menschlichkeit unwillkürlich gefühlt, ohne dass ein deutliches Bewusstsein oder gar eine bessere Absicht vorhanden zu sein brauchte. Der Gemüthszustand jedes Wesens hängt von der Artung, Grösse und Abstufung der in ihm angelegten und bethätigten Antriebe ab. Wo nun die Bestie als Bestandtheil im Menschen gleichsam noch wohnt, da wird im wilden Zustande die Selbstempfindung einfach bestienhaft, Angesichts einer höhern Entwicklung und Umgebung aber oft schlimmer als bestialisch sein. Wird aber die Kluft auch auf den höhern Stufen des Daseins ausnahmsweise kaum wahrgenommen, so ist dies ein Zeichen rückständiger Rohheit, wie sie manchen, besonders auf Raub angewiesenen Gesellschaftselementen allerdings mit einer gewissen Naivetät anhaften kann.

Indem man die von Natur angelegte Feindschaft oder die gegentheilige Positivität als Wurzel des moralischen Verhaltens bloslegt, dringt man in das Wesen des Guten und Bösen ungleich tiefer ein, als es diejenigen thun, die sich mit der Aufmerksamkeit auf die jedesmaligen Handlungen und Absichten oder wohl gar mit der blossen Veranschlagung des Verstandesantheils begnügen. Racen und Stämme haben ihre besondere Gefühlsweise, und wenn dieser letztere Begriff nicht völlig dunkel bleiben soll, so muss die stärkere Spannung mancher Triebe, die höhere Gluth einzelner Leidenschaften oder das Dasein und Vorherrschen bestimmter Neigungen, die unbeschadet des menschlichen Gattungscharakters auch fehlen könnten, zur näheren Rechenschaft nachgewiesen werden. Sobald man Letzteres vermag, hat man auch das wichtigste Element zum Verständniss der besondern Sittengestaltung in der Hand. Schliesslich ist es bei Einzelnen und Völkern die besondere Artung und Stärke des aus jenen Elementen producirten Willens, wodurch ihre Verfahrungsarten und Grundsätze auch in den besondern Eigenthümlichkeiten verstandesmässig ableitbar werden.

4. Echte Pflichten sind ohne die Möglichkeit ernsthafter Zumuthungen und daher ohne ein eigentliches Sollen nicht denkbar. Das letztere ist ein Verhältniss von Wille zu Wille. Die Natur kann uns mit ihren Kräften mannichfaltig erregen und bestimmen, aber nicht verbindlich machen. Sie steht uns nicht als ein gleichartiger Wille, ja überhaupt nicht als Wille gegenüber. Wir verkehren mit ihr nicht auf Du und Du, ausser wenn wir sie in abergläubischer Weise zu einer Person gemacht oder hinter ihr einen bewussten Willen erdichtet haben. Ein Mensch, insofern er als einzig oder, was dasselbe leistet, als ausser jedem Zusammenhang mit Andern gedacht wird, kann keine Pflichten haben. Für ihn giebt es kein Sollen, sondern nur ein Wollen, welches durch verschiedene, aber niemals ihm gleichartige Kräfte bestimmt wird. Das Wollen der höheren Thiere ergiebt allerdings ein wenn auch ungleiches so doch dem bewussten Willenseinfluss angehöriges Verhältniss; aber auch hievon haben wir in unserer Voraussetzung des sich der Natur gegenüberbefindenden und übrigens völlig isolirten Menschen abgesehen. Auch die Tendenzen, die man in der Natureinrichtung und zwar auch in derjenigen des eignen Leibes auffinden mag, können in uns nur ein rationelles Wollen, aber nie ein Sollen begründen.

Richtet sich auf einen menschlichen Willen ein zweiter mit der für den ersteren erkennbaren Absicht, ihn zu bestimmen, so kann dieses Verhältniss der Ausdruck einer blossen Gewaltzumuthung sein. Alsdann ist ein thatsächliches Soll, aber nicht im Entferntesten ein moralisch verbindliches, d. h. durchaus keine Pflicht vorhanden. Um ein moralisches Sollen zu erzeugen, ist eine innerlich als verbindlich anzuerkennende Bestimmung des eignen Willens durch einen fremden erforderlich. Da nun das höhere Gebiet der Moral nicht auf den Gesetzen des isolirten Wollens, sondern auf den Principien des durch die Doppelheit und Gegenseitigkeit des Wollens erzeugten Sollens beruht, so ist die Auseinandersetzung mit den Entstehungsgründen aller Verbindlichkeit eine für die Sittentheorie entscheidende Angelegenheit. Zwei menschliche Willen sind als solche einander völlig gleich, und der eine kann dem andern zunächst positiv gar nichts zumuthen. Aber grade hierin liegt schon eine negative Pflicht angedeutet. Abgesehen von irgend einem besondern Grunde, der nicht aus den beiden Willen, sondern aus einem dritten neutralen Gebiet stammen möchte, ist die Enthaltung von einer Zumuthung, geschweige von einem Zwang gegen den andern Willen eben die entscheidende Verbindlichkeit. Es tritt uns Jemand bereits moralisch zu nahe, wenn er im Allgemeinen verlangt, dass sein Wollen als solches mehr gelte als das unsrige. So etwas kann er niemals anders als durch innere oder äussere Gewalt durchsetzen. Die wirklich zulässigen Abhängigkeiten erklären sich aber aus Gründen, die nicht in der Bethätigung der beiden Willen als solcher, sondern in einem dritten Gebiet, also z. B. Kindern gegenüber in der Unzulänglichkeit ihrer Selbstbestimmung zu suchen sind. Sich gegenseitig der Verletzungen zu enthalten d. h. das Wollen des Andern dem seinigen als an sich gleichwerthig achten, ist hier das erste Grundgesetz der intersubjectiven Moral. Hiemit ist zugleich der Ausgangspunkt aller verstandesmässigen Gerechtigkeit bezeichnet. An sich ist der Wille des Einzelmenschen nicht verbunden, sich einem andern Willen zu unterwerfen. Hieraus folgt aber sofort, dass er auch selbst kein Recht haben kann, einen andern Willen unterwerfen zu wollen. Diese gegenseitige Enthaltung befasst Alles, was sich, abgesehen von der Einführung der nicht im blossen Willen liegenden Rücksichten, über das moralische Sollen ausmachen lässt. Das Einzelwollen bleibt solange in seiner Grenze, bis es sich einem andern Wollen aufnöthigt. Alsdann beginnt mit diesem, den Typus aller Verletzungen einschliessenden Uebergriff ein rückwirkendes Sollen, welches sich auf die Beseitigung und Ausgleichung jener Fundamentalverletzung richtet. Indem wir unsern Ausgangspunkt von zwei gleichwerthigen Willen nahmen, sind wir zu der wichtigen Einsicht gelangt, dass positiv für den Menschen nur ein Wollen und erst negativ im Hinblick auf wirkliche oder mögliche Verletzungen des fremden Willens ein Sollen existiren kann. In der That wäre es auch wunderbar, wenn eine bis an die Wurzeln reichende Untersuchung zu einem andern Ergebniss geführt hätte. Zwischen Mensch und Mensch muss sich das

Verhältniss des Sollens in jeder Richtung gleichstellen, gleichviel ob man von dem Ersten zum Zweiten oder von dem Zweiten zum Ersten übergeht. Es ist also erst die einseitige Verletzung, welche einen Unterschied hervorbringen würde oder thatsächlich hervorbringt. Jede Verbindlichkeit ist eine Gebundenheit und, solange der Wille nicht über sich selbst zur Unterdrückung eines andern Willens übergreift, bleibt er ungebunden, und es giebt für ihn kein Sollen. Auch ist diese Wahrheit, wie man sieht, allein mit der Würde und Freiheit des Individuallebens verträglich.

Wir haben mit dem eben Entwickelten vorzugsweise die Grundform der moralischen Gerechtigkeit gekennzeichnet. Nehmen wir aber an Stelle der Verletzung eine besondere Förderung an, womit anstatt eines Sinkens unter das Verhältniss der Gleichgültigkeit der beiden Willen eine Erhebung eintritt, auf welche die natürliche Rückwirkung ein Dankbarkeitsgefühl ist, so muss die Hinwegsetzung über dieses Gefühl ähnlich betrachtet werden, als wenn eine positive Nichtachtung des fremden Willens vorhanden wäre. Ich sage ähnlich und nicht gleich; denn die natürliche Pflicht der Dankbarkeit ist von anderer Art, als das auf die Gerechtigkeit gerichtete Sollen. Allerdings findet auch hier eine Verletzung statt, aber nicht eine solche, welche den fremden Willen in dem ihm ursprünglich eignen und seiner Natur nach stets zukommenden Bereich unterdrückend antastet.

5. Wo die Bestie und der Mensch in einer Person gemischt sind, da kann man im Namen einer zweiten völlig menschlichen Person fragen, ob deren Handlungsweise dieselbe sein dürfe, als wenn sich so zu sagen nur menschliche Menschen gegenüberstehen. Auf die Schlechten unter den Menschen wies Macchiavelli hin, um die schlimmen Mittel zu rechtfertigen, mit denen man ihrer natürlichen Feindschaft zu begegnen habe. Wer unter einer Rotte von Bösewichtern, meinte er, nach sogenannten guten Grundsätzen handeln wolle, müsse nothwendig zu Grunde gehen. In der That kann das Verhalten nicht dasselbe sein; denn zwischen dem Schlechten und dem Guten giebt es nothwendig Feindschaft und es besteht zwischen ihnen fortwährend ein unvermeidlicher Widerstreit, der unter Umständen die rohe Form der Gewaltübung und unter andern Umständen diejenige der Bethätigung von List und mittelbarer Verfolgung annehmen wird. Der eigentliche Krieg ist nur eine besondere, sich in grössern Dimensionen bewegende Gattung der Feindschafts-

bethätigung. Im Privatleben stehen die Einzelnen einander ähnlich gegenüber wie die Völker. Die Schranke, die das Zwangsrecht zieht, kann eben nur als ein Hinderniss gelten, durch welches im Privatkriege von Person zu Person die Anwendung einiger Mittel erschwert wird, und grade für die eigentliche Moral ist das Verhältniss von Person zu Person ein ähnlich ungebundenes, wie dasjenige von Volk zu Volk. Auch müssen die Principien für beide Gebiete gemeinschaftlich sein. Es ist daher unsere Voraussetzung von zwei moralisch ungleichen Personen, deren eine an dem eigentlichen Bestiencharakter in irgend einem Sinne theilhat, die typische Grundgestalt für alle Verhältnisse, welche diesem Unterschiede gemäss in und zwischen den Menschengruppen, von der kleinsten bis zur grössten, vorkommen können. Denken wir uns namentlich Raubgier und Hinterhaltigkeit in thierisch mustergültiger Weise oder gar in der Steigerung, welche die Culturkünste mit sich bringen, in einzelnen Menschen oder Menschengruppen verkörpert, so ist solchen Bestandtheilen gegenüber das moralische Verhalten nach Anleitung jenes einfachen Schema, in welchem nur zwei Personen in Frage sind, principiell am leichtesten festzustellen.

Zunächst ist das fortwährende Misstrauen und eine entsprechende Handlungsweise dem Schlechten und mithin Feindlichen gegenüber eine völlig natürliche und auch eine berechtigte Wirkung der ganzen Lage; denn in der Raubgier liegt ja eine ebenfalls beständige Gefahr. Den Feind wirklich als Feind nehmen, ist völlig in der Ordnung. Auch kommt es in der Hauptsache gar nicht darauf an, ob bereits verletzende Handlungen vorliegen. In der Moral ist die blosse Gesinnung schon hinreichend, zumal es sich hier ja nur um die Rechtfertigung einer zweiten rückwirkenden Gesinnung handelt, nämlich des Misstrauens. Zwei Menschen, die nicht völlig isolirt und hiedurch einander gleichgültig bleiben, können sich nur in einem feindlichen oder freundlichen Verhalten gegen einander bethätigen. Die dritte Möglichkeit eines friedlich gleichgültigen Zustandes setzt eine isolirende Enthaltung von Schädigungen und Förderungen voraus; aber man mag sie immerhin zu den friedlich freundlichen Beziehungen gesellen, neben denen es bekanntlich auch friedlich feindliche Verhältnisse und zwar noch mehr unter den Einzelnen als unter den Völkern giebt. Die Feindschaft und deren Bethätigung bringen nun keineswegs mit sich, dass die Raubgier des Einen durch grundsätzlich räuberisches Verhalten des Andern beantwortet werde. Auch werden Hinterlist und Ränke nicht die entsprechenden Eigenschaften auf der andern Seite zu erzeugen brauchen. Macchiavelli dachte nicht scharf genug, als er seine Schlüsse zog. Inmitten einer verworfenen Räuber- und Schandbande wird man als Gefangener zu allen Mitteln greifen, welche Kraft und Klugheit an die Hand geben, um sich zu befreien oder das eigne Leben möglichst theuer zu verkaufen. Ja man wird den Feind, mit dem alle menschlichen Bande zerrissen sind, auf jede Weise vertilgen; denn hier handelt es sich um die Waage zwischen dem eignen Sein und dem Nichtsein des Feindes. Jedoch selbst dieser äusserste Fall wird in dem fraglichen Beispiel selbst nicht immer vorauszusetzen sein. Die absolute Feindschaft zwischen Mensch und Mensch, mit welcher jeder Rest von Rücksicht verschwinden müsste, ist eine schematische Zuspitzung, für welche sich in der Wirklichkeit allerdings Beläge genug finden, die aber trotzdem den gewöhnlichen Mischungen der Verhältnisse gegenüber den Charakter der Ausnahme beibehält. Auch haben wir in unserm Schema nicht eine volle Bestie, sondern nur ein Stück davon vorausgesetzt und können daher diejenigen Eigenschaften, die noch einen Rest von Rücksicht des Menschen auf den Menschen ausprägen, in vielerlei Abstufungen annehmen. Im Allgemeinen wird daher die Rückwirkung gegen das Schlechte nur eine gesteigerte Strenge und eine Anwendung der Klugheit im Sinne der Kriegslist sein. Es werden für eine solche Lage scharfe, ja terroristische und, je nachdem die Bindemittel menschlicher Gemeinschaft in grösserer oder geringerer Anzahl zerrissen sind, auch gleichsam strategische und andere Täuschungsmittel zulässig werden. Dagegen wird die Niedertracht auf der einen Seite keine Niedertracht auf der Gegenseite mit sich bringen oder rechtfertigen. Die Einwendung, dass ausgesuchte Grausamkeit ein wirksames Abschreckungsmittel sei, trifft nicht zu; denn man kann den Umfang einer eisernen Strenge soweit ausdehnen, dass nicht blos dieselbe, sondern noch eine stärkere Wirkung erzeugt wird, als sich die Empfehler der raffinirten Grausamkeit von ihren Ungeheuerlichkeiten versprechen. Es mag sich Einer durch ausgesuchte Unthaten in Furcht setzen; aber neben der sogenannten Achtung, welche in dieser Furcht liegt, wird sich auch eine moralische Verachtung erzeugen, die den Erfolg eines solchen Verhaltens mindestens schmälert. Das blosse Gesetz der grössten Wirksamkeit der Mittel befindet sich in keinem Widerspruch mit der Moral, sobald man diese Wirkungsfähigkeit von dem

Standpunkt einer Vertretung und Selbsterhaltung des Guten beurtheilt. Unter besondern Umständen wird freilich der Verzicht auf die schlechtesten Mittel eine Schädigung oder Niederlage eintragen können; aber der Sieg mit jenen Mitteln würde eben für den wahren Zweck keiner mehr gewesen sein.

Wir verwerfen hienach nichts weiter, als was die Natur selbst verwirft. Der bessere Charakter kämpft gegen die Bestie mit aller Energie und Klugheit; aber er lässt sich nicht selbst zur Bestie herabwürdigen. Die Bethätigung der Feindschaft und die in ihr liegende Verletzung der Gerechtigkeit fordert das anderseitige feindliche Verhalten zur Vertheidigung, zum Angriff und, wenn nöthig, zum Vernichtungskampf heraus; aber es bringt nichts weiter mit sich, als dass die natürlichen Gesetze eines zwischen Mensch und Mensch eingetretenen Kriegszustandes ihre Consequenzen entwickeln. Auch für die Privatmoral giebt es ein Recht des Krieges und ein Recht des Friedens. Man kann daher nicht erwarten, dass sich die Verhältnisse im Zustande der vorherrschenden Feindschaft ebenso gestalten, wie in einem System des gegenseitigen Vertrauens.

6. Die Gegenseitigkeit des Guten, welche die Voraussetzung einer edleren moralischen Gestaltung des Verkehrs ist, zeigt sich noch mehr, als im blossen Kampf gegen Verletzungen, dann, wenn es sich um die positiven Bindemittel einer nicht nur auf ursprüngliches Vertrauen sondern auf Vertragstreue angewiesenen Gemeinschaft handelt. Die Einführung von Verpflichtungen, die über diejenigen der blossen Enthaltung von Verletzungen hinausreichen, beruht stets auf einer besondern Willensbethätigung. Ohne Uebereinkunft lässt sich nur das ursprünglich von Natur Bestehende oder die rein mechanische Folge von feindlicher Gewalt oder einseitiger, zur Dankbarkeit verpflichtender Wohlthat denken. Ein zweites Bereich von Verhältnissen wird durch die freiwilligen gegenseitigen Bindungen des Willens geschaffen. Die Grundvoraussetzung besteht hier immer darin, dass der eine Wille nur im Hinblick auf den Inhalt des andern Willens gebunden wird. Es ist dies ein positives Verhältniss, für welches aber die Natur die Richtung und die gerechten Bedingungen vorzeichnet. In unserm obigen Schema von zwei Personen ist deren planmässiges Zusammenwirken noch keineswegs durch die beiderseitige Enthaltung von Verletzungen gegeben, sondern es bedarf hiezu der freien gegenseitigen Uebereinkunft. Wir brauchen an dem Wort Uebereinkunft keinen Anstoss zu nehmen;

denn es sind nur die Rückläufigkeiten des 19. Jahrhunderts gewesen, welche sich gegen die auf den Vertrag gegründeten Ableitungen der privaten und politischen Verbindlichkeiten positiver Art mit einer lahmen und jetzt nicht mehr standhaltenden Kritik gewendet haben. Auch wir unterscheiden allerdings; denn wir nehmen ursprüngliche Nothwendigkeiten an und legen ausserdem dem Conventionellen die Naturgrundlage unter, so dass wir dasselbe nicht als ein willkürliches und zufälliges Belieben, sondern als Ergebniss von Beweggründen denken, die in der Gesetzmässigkeit des Wollens und zwar ebensogut im Verfehlten wie im Zutreffenden ihre Erklärung finden.

In dem eben gekennzeichneten Gebiet echt positiver Gegenseitigkeit, in welchem die Erwartung der treuen Einhaltung des Uebernommenen für beide Theile die Vorbedingung der Möglichkeit eines wohlthätigen Verkehrs ist, — in diesem durch menschliche Uebereinkunft auf der Grundlage der Natur geschaffenen Reich moralischer Einrichtungen und Verhältnisse bedeutet die Auflösung oder Schwächung der Gegenseitigkeit einen mehr als blos einseitigen Verderb. Es ist nicht möglich, zuverlässige Beziehungen anzuknüpfen, wohlthätige Verhältnisse einzugehen und dem Einzelnen, dem man gegenübertritt, nach den Grundsätzen heilsamer Vergesellschaftung zu begegnen, wenn im Allgemeinen die moralische Corruption umsichgegriffen und das egoistisch rücksichtslose und feindliche Verhalten zur tonangebenden Regel gemacht hat. Alsdann wird grade der bessere Mensch am meisten zur moralischen Isolirung genöthigt, während die Schlechten durch die Gemeinsamkeit ihres Gaunerthums eine lockere Interessenverbindung pflegen, die jedoch immer das sehr begreifliche Schicksal hat, bei jeder Gelegenheit die Genossenschaften der Schurken mit innerm Verrath und vielfältiger Zersetzung heimzusuchen. Ein System, welches auf dem Egoismus, d. h. auf der Hinwegsetzung über die dem Andern schuldige Rücksicht beruht, schliesst die Feindschaft des Menschen gegen den Menschen als Element ein und kann daher nie mit dem Frieden, geschweige mit dem wohlthätigen Zusammenwirken positiver Art verträglich sein. In sich selbst ist es auf den feindlichen Kampf und zwar im tiefsten Grunde auf Ungerechtigkeit angelegt. Die Wahrnehmung der eignen Interessen ist freilich an sich selbst unschuldig und gestaltet sich erst zur schuldigen Verletzung, wenn sie bewussterweise auf Kosten des Nebenmenschen, d. h. zu dessen Schädigung betrieben wird. Aber schon in dem sogenannten Kampf um das Dasein, wie er heute nicht nur praktisch, sondern auch theoretisch verstanden wird, ist der eigentliche Egoismus zum Princip gemacht, — eine Thatsache, in der wir nur ein Element moralischer Fäulniss und gesellschaftlicher Zersetzung zu erkennen vermögen. Das Reich der Selbstsucht ist in sich uneinig, und hierin liegt die heilsame Rache, die derartige Zustände in ihrem Schoosse tragen. Befriedigung ist in diesen zerfallenden Gebilden schon ursprünglich verworfener Interessen für die Träger der Selbstsucht nicht zu finden, welche die Früchte ihres Kampfes ums Dasein in ihrer eignen, zum Theil gegenseitigen, zum Theil von den bessern Elementen ausgehenden Vernichtung ernten werden. Sie selbst haben ihr verworfenes Streben in einen Grundsatz gekleidet, der zu einem Gegengrundsatz führt, der ein wirklich moralisches Recht hat und zur innern Auflösung noch eine neue niederschmetternde Macht hinzuschafft. Wer mir mit dem Princip des Kampfes ums Dasein gegenübertritt, berechtigt mich nicht etwa zur Annahme seiner Ansicht, sondern zu einer tief moralisch begründeten Gegenwirkung. Wer mir sagt, er werde mich umbringen oder knechten, damit er wohllebe und den Herrn spiele; — wer mir sagt, er werde meine Nachkommenschaft im Keime unterdrücken, damit seine Brut um so besser gedeihe, den werde ich nicht besser sondern eher schlechter achten, als den gemeinen Räuber, der auch nichts weiter als einen wildwüchsigen Privatkampf um das Dasein auf eigne Faust und zugehörige Souverainetät führt. Ich werde ihn also mit dem besten Gewissen von der Welt als ein Stück Bestie behandeln und die menschlichen Eigenschaften nur insoweit achten, als sie sich wirklich noch vorfinden und nicht von der vereinigten Brutalität und Frivolität der mit dem vermeintlich nothwendigen Kampf um das Dasein maskirten Selbstsucht und Niedertracht thatsächlich verschlungen werden.

Die Zurückführung entwickelter Zustände auf die Vorherrschaft der thierischen Gewalt und List ist das Zeichen einer moralischen Auflösung, neben der jedoch eine Neubildung sich vorbereiten mag. Uns gehen hier jedoch nur die Gegenseitigkeitswirkungen an, mit denen man sich auf der schiefen Ebene der Brutalität mit beschleunigter Geschwindigkeit hinunterfördert. Thatsächlich bringt die Rohheit auf der einen Seite, wenn nicht ein gleiches, so doch meist ein nicht geringes Maass von Verwilderung auch auf der andern Seite mit sich. Auch nach den edelsten Grundsätzen werden die Schlechtigkeiten mindestens grosse Härten zum Gegenstück haben müssen. Im wirklichen Gange der Geschichte aber, in welchem auch auf der bessern Seite kein rein ideales Verhalten zur Regel zu werden pflegt, werden die Brutalitäten und Frivolitäten des Feindes auch das eigne Lager in einem gewissen Maasse degradiren. Im wüsten Völker- und Parteikampfe werden die ursprünglichen, die Initiative abgebenden Ausschweifungen der schlechtesten, selbst- und herrschsüchtigsten Elemente nicht nur moralische Repressalien d. h. Hemmungs- und Vergeltungsmittel berechtigter Art hervorrufen, sondern auch sonst auf das Verhalten der Gegner ansteckend und verwildernd einwirken. Die Römischen Bürgerkriege sind ein classisches Beispiel, welches wohl nur von dem begonnenen letzten Drittel des 19. Jahrhunderts bereits übertroffen sein dürfte. Die neu entfaltete Kriegsbrutalität überhaupt und namentlich das Verfahren der Versailler gegen die Pariser Commune sind hier Beispiele der Einleitung eines Anfangs, der unsern Satz von der schiefen Ebene der Brutalität, Frivolität und moralischen Corruption immer umfassender bestätigen wird. Die bestialischen Theile der herrschenden Französischen Gesellschaft, gleich gross in hinterhaltiger Verlogenheit, niederträchtiger Raubsucht und einer mit der feigen Grausamkeit sehr wohl verträglichen, an die Afrikanische Hyäne erinnernden Blutgier, haben durch den Massenmord und die fortgesetzten Massenverfolgungen eine Lage geschaffen, in welcher auch die menschlichsten Gegner Gefahr laufen, über blosse Strenge hinausgetrieben und zur Anwendung mehr als blos eiserner Mittel verleitet zu werden. Auf diese Weise könnte die edlere Moral hier und da auch auf der bessern Seite Schiffbruch leiden, und im Kampf mit der Bestie im Menschen könnte die Wildheit mehr Gebiet gewinnen, als ihr ursprünglich anheimgefallen war. Die Parteien würden sich alsdann in gegenseitigen Zerfleischungen ergehen und in Massen von Unheil hinundherwälzen. Freilich könnte die Corruption auf der bessern Seite nie tiefe Wurzeln schlagen; denn sie wäre dort keine urwüchsige, sondern nur eine vom Feinde her eingeführte. Trotzdem bliebe aber ein solcher Verlauf zunächst eine allgemeine Herabwürdigung des moralischen Culturstandes, und man könnte sich ihm gegenüber nur damit trösten, dass mit den alten Bindemitteln zugleich auch ihre verrotteten und schädlichen Beimischungen aufgelöst und so der freie Raum für eine höhere Entwicklungsform und eine gleichsam neuzugebärende moralische Welt geschaffen würde.

7. Abgesehen von selteneren Ausnahmefällen ist da, wo sich

auch vorherrschend das Schlechte und Feindschaftsetzende findet, die Beimischung von irgend etwas Gutem und Gemeinschaftstiftendem die Regel. Mindestens bleibt ein Rest von einer, wenn auch noch so erniedrigten Menschennatur, auf den man sich wird berufen und dem man mit moralischen Anforderungen wird entgegentreten können. Auch im wüstesten und wildesten Kampfe mag noch, je nach dem vorgängigen Culturgrad oder nach der Feindschaftsursache, ein kleines Ueberbleibsel von dem Bewusstsein moralischer Gebundenheit anzutreffen sein, und nur der zur Ausrottung geführte Vertilgungskrieg ist da, wo die Vernichtung nicht blos der Bestie im Menschen gilt, sondern grade von der triumphirenden Bestie ausgeht, auch eines solchen Restes ledig. Uebrigens werden wir aber in allen feindlichen Verhältnissen Elemente vorfinden, durch welche die Menschengruppen, wenn auch nur schwach und in geringem Umfang, einander verbindlich bleiben und von dem Aeussersten gegenseitiger Unthat zurückgehalten werden. Die Mischung des feindlichen Verhaltens mit Rücksichten liegt im eigentlichen Kriege deutlich vor Augen; aber sie findet sich auch überall sonst in den verschiedensten Richtungen. Von Natur ist der Mensch für den Menschen keineswegs in grösserem Maasse feindlich als indifferent oder freundlich. Der ursprünglich durch die Triebe und Leidenschaften angelegte Zustand erscheint nur dann als Krieg Aller gegen Alle, wenn man ausschliesslich die Störungen ins Auge fasst und den gleichgültigen oder verbindenden Verkehr sowie die positive, nicht blos auf Gesammtvertheidigung gerichtete Gemeinschaftsbildung übersieht. Der Mensch ist für den Menschen nur insoweit ein Wolf, als er in der besondern Charaktermischung, die nicht der Gattung als solcher wesentlich ist, das Raubthier besonders ausgeprägt enthält. Uebrigens ist er ein gutartiges Wesen; denn alle die verleumdeten Triebe und Leidenschaften, die der Gattung thatsächlich und nothwendig zukommen, sind Einrichtungen, die den gegenseitigen Verkehr regeln. Sie begegneten uns schon in der Bewusstseinslehre, und wir haben hier noch geltend zu machen, dass der Ausdruck schlechte Leidenschaften auf Rache, Eifersucht u. dgl. nicht passt, insofern diese Erregungen gradezu moralische Aufgaben zu erfüllen und eine Rückwirkung auf Verletzungen der Gerechtigkeit und der natürlichen Ansprüche zu vertreten haben. Auch die bessere, mit der Nemesis verwandte Art des Neides dient gegen die unberechtigten Verletzungen der Gleichheit, und so sind alle Affecte dieser Art

Regungen der blossen Selbsterhaltung, welche vollkommen moralisch ist, solange sie das eigne Selbst nur gegen Verletzungen wahrt und nicht in das fremde Ich übergreift. Die wirklich schlechten Leidenschaften sind in der Raubgier und Herrschsucht, also in derjenigen besondern Gestaltung falscher Triebe zu suchen, wie sie sich im Raubthier verwirklicht finden. Unterdrückung und Ausbeutung des Menschen durch den Menschen beruhen auf jenen wirklich schlechten Leidenschaften. Die Rache hat noch keine Tyrannen geschaffen, wohl aber gestürzt.

Wenden wir uns von denjenigen Affecten, die eine Verletzung und einen entsprechenden Spannungszustand, also eine zwischen Mensch und Mensch vorhandene Störung ausdrücken, zu den wohlthätigen, auf Verbindung angelegten Trieben und Erregungen, so fällt der falsche Pessimismus, der die menschliche Natur in der Wurzel für verdorben erklärt, vollends zusammen. Ohne Frage ist das Mitleid das grade Gegentheil einer egoistischen Regung; denn es hat seinen Schwerpunkt im andern Ich. Die Natur hat hier selbst dafür gesorgt, dass ein fremdes Leiden das eigne Gefühl schmerzlich mitbewege. Wer diesem Triebe nur folgt, um ihn loszuwerden, handelt allerdings rein selbstsüchtig; aber hiemit sinkt der Mensch unter den bessern Naturzug tief hinab. Auch die von Spinoza empfohlene Emancipation von der Mitleidsregung, welche letztere durch einen auch ohne wirkliches Mitleid in gleichem Sinne handelnden Verstand ersetzt werden soll, ist illusorisch und zugleich auch einigermaassen roh. Dagegen wird alle überreizte, schwächliche und handlungsunfähige Gefühlsverkünstelung als falsche Sentimentalität von der Entwicklung und Pflege jenes edlen Naturtriebes fernzuhalten und dem überlegenden Verstand die Rolle des Abwägens und Ordnens der Gefühlsantriebe zu wahren sein. In der ursprünglichen rohen Menschennatur ist das Mitleid kaum mehr und oft wohl weniger als die entsprechende, auch bei Thieren zu beobachtende Regung unmittelbar vorhanden. Es giebt vielleicht keinen Affect, bei welchem die gehörige Cultur so sichtbare Steigerungen mit sich brächte, als bei der individuellen und geschichtlichen Ausbildung der Mitempfindung für fremde Zustände des Leidens. In den gutartigsten Kindern ist oft äusserst wenig, ja vielfach gar nichts davon zu bemerken, und zwar zum Theil, weil sie selbst das ernstere Leiden meist nicht kennen, zum Theil, weil auch trotz der eignen Erfahrung des Schmerzes die Fähigkeit und Gewöhnung fehlt, aus den Zeichen des fremden Leidens ein entsprechendes Gegenbild der fremden Empfindung in sich selbst vorzustellen. Weit schlimmer ist aber die betreffende Unentwickeltheit oder Verwilderung bei dem brutalen Menschen geartet, und der ärgste von allen Fällen ist derjenige der Abgestumpftheit, die in Folge von Ausschweifungen des Geschlechtstriebes grade in der Richtung auf die Abschwächung des Mitleids am auffallendsten hervortritt. Diese Ursache der Schmälerung der edleren Naturregungen wirkt noch unheilvoller, als die eigentlichen Schlächtergewohnheiten. Das uneigentliche Schlächterhandwerk, welches in den Schlachten seine Probestücke liefert, sowie noch mehr jede, neben dem regelrechten und privilegirten Kriege geübte Menschenschlächterei hat die Zurückdrängung oder Ertödtung des bessern Naturtriebes im Gefolge. Das bereits entwickelte Mitleid kann durch die Gewöhnung an den Anblick des Leidens abgestumpft und durch die Vorherrschaft wilderer, in reine Selbstsucht ausartender Triebe derartig erstickt werden, dass gewohnheitsmässig eine mehr als blos rohe Denk- und Handlungsweise einwurzelt und schliesslich zur andern Natur wird, die sich in einer Gruppe oder Classe auch im eigentlichen Sinne des Worts fortpflanzt. Hiedurch erklären sich auch manche Charaktermischungen, in denen die Entartung des Menschlichen mit der natürlichen Bestienhaftigkeit nicht etwa blos Schritt hält, sondern sie weit überholt, so dass in diesen Theilbereichen der Menschheit der Satz wirklich zur Wahrheit wird, dass der Mensch das fürchterlichste der Ungeheuer sei. Trotz alledem würde es aber verkehrt sein, um der Monstrosität besonderer Erscheinungen willen den allgemeinen Typus der Gattung anzuklagen oder gar dessen edlere Ausbildung für nichts zu achten. Die Erfahrung des Uebels, die allseitig aus der gegenseitigen Verhängung desselben hervorgeht, wird dann am heilsamsten, wenn die Rollen wechseln, und wenn der bisherige Thäter des Unrechts der Erleider desselben wird. So lernen die Menschen schliesslich, sich auf den Standpunkt des fremden Gefühls zu versetzen, und diese Fähigkeit, die weit über die unmittelbaren Regungen des natürlichen Mitleids hinausträgt, ist die Wurzel aller rücksichtsvollen Verkehrssitte.

8. Ueber den Ursprung des Bösen mögen diejenigen unter den Philosophirern, welche sich als Priester zweiter Classe kennzeichnen, ihre Worte und sogenannten Theorien verlieren. Uns steht die Thatsache, dass der Typus der Katze mit der zugehörigen Falschheit in einer Thierbildung vorhanden ist, mit dem Umstande auf gleicher

Linie, dass sich eine ähnliche Charaktergestaltung auch in Menschen vorfindet. Der Gattungscharakter Mensch ist zwar eine Allgemeinheit mit individueller Wirklichkeitsbedeutung, schliesst aber die Einmischung besonderer Elemente nicht aus. Auch die bessere Individualnatur hat eigenthümliche Züge, die als Hinzufügungen zum gemeinen Gattungscharakter betrachtet werden können. Der Mensch ist ein vielfach zusammengesetztes Wesen, und es wird daher die Mischung, Weglassung, Häufung oder Steigerung der Bestandtheile entscheidend. Das Böse ist daher nichts Geheimnissvolles, wenn man nicht etwa Lust hat, auch in dem Dasein der Katze oder überhaupt des Raubthiers etwas Mystisches zu wittern. Jedenfalls dürfte sich hier die Mystik sehr natürlich aufklären; denn die Grundthatsachen werden hier durch sehr bekannte Triebe gebildet, deren Richtung und Gegenstände auf einer besondern Composition der Gier und des derselben dienstbaren Verstandes beruhen. Mit einem gleichen Recht, wie in die Elemente der Triebe, könnte man auch in die chemischen Elemente und deren Verbindungen das wirre Dunkel vermeintlicher Mysterien einschwärzen wollen. Das Böse ist das absichtlich und ursprünglich Feindliche. Ein Theil desselben beruht auf einem blossen Mangel, nämlich auf einer zunächst naturnothwendigen Rohheit des Spieles der Begierden und Gemüthserregungen und ausserdem auf dem naturwüchsigen Nichtwissen von den innern Wirkungen in andern Wesen. Ein anderer Theil ist schlimmer geartet, insofern er auf einer ursprünglichen Einrichtung beruht, die das feindliche Verhalten nicht blos thatsächlich hervorbringt, sondern auch von vornherein, also schon vor der Entstehung des Bewusstseins, zum Ziele hat. Für diese feindliche Function sind die Raubthiercharaktere von der Natur gleichsam construirt; aber in der Thatsache eines solchen Gefüges von Trieben mit dem zugehörigen, auf die Ausübung von Gewalt und List berechneten Verstande liegt kein grösseres Räthsel, als in den völlig gegensätzlichen, auf Freundschaft und Liebe angelegten Triebgebilden. Man mag daher lieber über den Ursprung des Guten, anstatt über das radicale Böse, metaphysisch faseln; denn hier ist dafür gesorgt, dass man bei den Inhabern eines schwachen oder ungeübten Verstandes weniger Unheil anrichten könne. Uns genügt der allgemeine Gedanke des Antagonismus, der durch die ganze Naturverfassung hindurchgeht und ein Lebensspiel mit den erforderlichen Hindernissen überhaupt erst ermöglicht, um uns das Dasein des ursprünglich Feindschaftlichen, welches nicht erst

14*

eine Rückwirkung auf fremde Verletzungen ist, als einen besondern Fall der Spannung der Gebilde und gleichsam als eine Figur im Durchlaufen, Sondern und Ausmerzen der Möglichkeiten verständlicher zu machen. Uebrigens haben wir auch die falschen Griffe, die der Natur als solcher erfahrungsmässig eigen sind, schon früher in der Bewusstseinslehre berührt, so dass uns auch in dieser Richtung eine Analogie für das moralisch Misslungene nicht fehlt. Die Nothwendigkeit der allmäligen Einschränkung und schliesslichen Vernichtung, welche die moralisch unhaltbaren Gebilde mit der vollern Entwicklung des allseitigen Lebens treffen muss, ist hier der entscheidende Trost. Uebrigens darf man aber auch nicht die schlimme Natur des Bösen in ihren Wirkungen auf das Innere anderer Wesen, ja auch nicht auf die eignen Träger der bösen Eigenschaften überschätzen. Schliesslich ist das Unheil, wenn auch menschlich gesteigerter, so doch in der Hauptsache nicht von durchaus anderer Natur, als in den entsprechenden ursprünglichen und von der Natur angelegten Feindschafts- und Raubverhältnissen der Thiere.

Indem wir ursprünglich verletzende Handlungen als Wirkungen der natürlichen Rohheit, Unwissenheit oder Bosheit annehmen, gelangen wir zu den berechtigten Rückwirkungen, die in den menschlichen Gemüthsbewegungen und namentlich im Ressentiment ihren Ausdruck finden. Wir sind jedoch weit davon entfernt, die Verfolgung eines einzigen typischen Princips, also etwa desjenigen der Rückwirkung auf ursprünglich feindliches Verhalten, für die zugleich sicherste und deutlichste Begründung des moralischen Urtheilens zu halten. Es ist weit besser, sich wie in der Mathematik an einzelnen axiomatischen Grundnothwendigkeiten von besonderer Gestalt zu orientiren. Die absolute Gültigkeit der einfachen Grundsätze wird alsdann zu einer Einsicht, die ihrer Unmittelbarkeit wegen den Widerspruch ausschliesst. Niemand will körperlich geschädigt oder durch Beleidigung geistig verletzt werden. Die Gegenregung und Rückwirkung auf einen ursprünglichen und selbständigen Act der Feindseligkeit ist ein reines Naturgesetz der Moral. Wer mich belügt, will mich täuschen und verhält sich in dieser Beziehung feindlich und verletzend gegen einen Theil meines Selbst. Die Lüge aus Nothwehr oder die sogenannte Nothlüge hat diesen direct feindlichen Charakter nicht. Sie ist kein Angriff, sondern nur eine Vertheidigung, und sie kann, wenn sie nicht blosse Verlegenheitslüge ist, also unter Voraussetzung der berechtigten Vertheidigung gegen falsche Zumuthungen sogar ebensogut, wie jede in Thaten bestehende Nothwehr, vollkommen in der Ordnung sein. Sprachgebrauch und unzulänglicher Formelkram sowie die zugehörigen vulgären oder auch gelehrt ausgeputzten Ideenassociationen sind hier ebenso schlechte Führer, wie in der Auslegung von Affecten nach Art des Neides. Ein Wort und die sich damit vergesellschaftenden Ansichten decken oft die ungleichartigsten Gebilde, mit deren Sonderung erst die gehörige Aussage über ihren Sinn und Werth gewonnen werden kann. Ganz im Allgemeinen gilt die Lüge als verwerflich, weil sie ohne weitere Voraussetzungen und rein an sich selbst für Jeden, auf den sie gerichtet wird, als eine feindliche Beeinträchtigung erscheinen muss. Aehnlich verhält es sich mit jeder Art von Täuschung und Betrug. Der natürliche moralische Maassstab bleibt aber hier immer der Grad der Feindseligkeit, der sich in Art und Umfang der bewussten Verletzung bekundet. Wer noch an der universellen und ausnahmslosen Wahrheit der moralischen Grundgesetze zweifeln möchte, der mag sich überlegen, ob der absichtliche Tödtungsversuch, der ohne vorgängiges Unrecht erfolgt, nicht in jedem menschlichen Bewusstsein die auf Vergeltung gerichtete Gegenregung gleichsam mit mechanischer Nothwendigkeit erzeugen muss. Das ursprünglich und ohne moralischen Grund feindliche Verhalten ruft als Rückwirkung eine berechtigte feindliche Gesinnung und deren Bethätigung hervor. Wird uns also das ursprünglich Feindliche als Thatsache zugestanden, so haben wir für die moralische Selbsterhaltung nicht weiter nach besondern Principien zu suchen, sondern erkennen in der Nothwendigkeit der Bewusstseinsregungen eine gleichsam logisch moralische Macht, die in allen einzelnen Gestaltungen bis zur völligsten Anschaulichkeit sichtbar wird. Zu ähnlichen Ergebnissen würde ein näheres Eingehen auf diejenigen Gegenregungen führen, die nicht die Ausgleichung von Störungen, sondern den Ausdruck von Förderungen zur Function haben.

9. Die Gegenseitigkeit in der Moral erstreckt sich, wenn auch nur in mittelbarer und untergeordneter Weise, auch auf das, was in erster Linie ausschliesslich dem isolirten Einzelverhalten anheimfällt. Auf diese Weise können Grundsätze, die zunächst nur mein eignes persönliches Schicksal betreffen, in ihren entfernteren Wirkungen, auch abgesehen von jeder unmittelbaren und eigentlichen Verletzung, andere Menschen in Mitleidenschaft versetzen. Hieraus ergiebt sich eine etwas weitere Erstreckung der Rücksichten, als sie

sonst geboten wäre. Es entsteht gleichsam auf Umwegen eine Art von Pflichten, deren Verbindlichkeitsgrad jedoch weit geringer ist, als derjenige der unmittelbaren, theils auf Störungen, theils auf ein positives Band der Treue bezüglichen Gebundenheiten. Die Förderung der eignen Gesundheit ist in dieser entfernteren Weise auch eine Pflicht gegen Andere, nämlich insoweit Ansteckung im weitesten Sinne des Worts in Frage kommt. Niemand wird jedoch die weite Kluft zwischen den unmittelbaren und den weither abgeleiteten und darum auch weit schwächeren Pflichtbeziehungen verkennen. Es wäre sogar lächerlich, das als eine Zumuthung aus der Gegenseitigkeit geltend zu machen, was der Einzelne aus seinem eignen nächsten Interesse für sein persönliches Wohl zu thun hat. Wer sich über den eignen Nutzen hinwegsetzt, wird die verblassenden Wirkungen, die ihm ganz entfernt in der Mitleidenschaft Anderer vorgestellt werden können, sicherlich noch weniger beachten. Nur in dem Ausnahmefall einer grossen aufopfernden Gesinnung könnte scheinbar das Gegentheil eintreten; aber alsdann wäre die Vernachlässigung des Eigenlebens auch gar nicht der gemeine moralische Fehler, den wir vorher voraussetzten.

Die Ordnung des Einzellebens ist eine Kunst, deren Grundsätze sich sehr einfach gestalten, und die zum grössten Theil von der höheren, d. h. intersubjectiven Moral abgesondert und als Regeln für die Pflege der edleren Menschlichkeit behandelt werden können. Die Vermeidung der theils naturwüchsigen theils willkürlich erzeugten Ausschweifungen, von den gemeinsten Trieben bis zu den affectiven und poetischen Erregungen hinauf, ergiebt die Nothwendigkeit von Uebung und Gewöhnung, aber wahrlich keine Ascese oder sonstige Selbstpeinigung, die ja nichts als eben selbst eine entgegengesetzte Art der Ausschweifung ist. Neben den Einschränkungen, welche darum in der gemeinen Moral eine so grosse Rolle spielen, weil sie in der That die erste rohe und in dieser Eigenschaft wichtigste Grundlage für alles Uebrige bilden, müssen nun aber auch die Ausdehnungen der Lebensenergien das höhere Ziel bilden. Die Fähigkeiten zum Lebensgenuss müssen gepflegt, harmonisch entwickelt und nach Kräften gesteigert werden. Die Schichtung und gleichsam das Stufensystem der Triebe, Leidenschaften und Erkenntnissthätigkeiten erfordert die sorgfältigste Fürsorge; denn jedes niedriger gelegene Gebiet wird durch Befriedigung in Ruhe versetzt, so dass die annähernde Bedürfnisslosigkeit das Aufsteigen zu anderartigen und höheren Energien verlangt, wenn nicht Trägheit oder etwas Schlimmeres, nämlich ein Haschen nach unnatürlich künstlicher Steigerung des niederen Lebensgenusses eintreten soll. Die Arbeit im echten Sinne des Worts, d. h. die Ueberwindung von natürlichen Hindernissen der Lebenszwecke, bildet schon physiologisch ein Gegengewicht gegen das blosse Geniessen und ist sogar ein Bedürfniss, um des Kräftespiels innezuwerden und das Gefühl der Lebensenergie zu steigern. Erst an dem Widerstande empfinden und erproben sich die Functionen und Energien, von dem rein mechanischen Muskelspiel an bis empor zu den höchsten Bethätigungen der Charakterkraft und des Verstandes. Das Princip der Thätigkeit wird aber gewöhnlich dadurch gefälscht, dass man die Arbeit von vornherein als eine widerwärtige Last auffasst, gegen welche die menschliche Natur ursprünglich und stets Abscheu hege. Obwohl nun dies von der thatsächlichen Arbeit in ihrer bisherigen weltgeschichtlichen Gestaltung in bedeutendem Umfang wirklich gilt, so ist doch ganz anders zu urtheilen, wenn man die bessere und naturgemäss berechtigte Gestalt zu Grunde legt. Einer solchen normalen Bethätigung der Kräfte gegenüber könnte man fast schon jede eigentliche Anstrengung, insofern sie Ueberspannung ist, als eine Ausschweifung im Kraftgebrauch ansehen. In der That können diese Ausschweifungen im Kraftgebrauch, wo sie nicht durch fremden Zwang auferlegt sind, als ähnliche Missgriffe der Natur angesehen werden, wie die Ausschreitungen im Genusse. Das zu erreichende Ziel, nämlich die Frucht, welche nach der Ueberwindung des Widerstandes zu pflücken ist, wirkt als Trieb oder gar als Stachel und verleitet zu einer unmässigen Anspannung der Maschinerie des eignen Leibes und Geistes. Der fremde Zwang kann auch die Gestalt einer durch die Natur verhängten Noth haben; indessen ist die Artung der Ursache für den Charakter der Thatsache, also für die Bedeutung der Ausschreitung nicht entscheidend. Die Vorstellung von einer Arbeit, bei welcher die Kräfte gleichsam innerhalb ihrer Elasticitätsgrenze bleiben, und die Empfindung, anstatt peinlich zu werden, vielmehr das Selbstgefühl der Lebensfunctionen bereichert, — ein solches Ideal von echt naturgemässer und menschlicher Arbeit dürfte wohl unbedenklich als nothwendiger und wohlthätiger Bestandtheil alles vollkommneren Lebensgenusses gelten können. In dieser Eigenschaft dient die Arbeit auch unmittelbar und rein subjectiv zur Veredlung des Daseins. Die Langeweile ist nichts als eine Stauung der Kräfte durch Abwesenheit wahrhaft interessirender Bedürfnisse. Die Unfähigkeit zum Genuss und der Mangel an Gelegenheit, ernsthafte Reize zur Thätigkeit anzutreffen, erklärt hier Alles. Langeweile ist mitten in einer Fluth von Beschäftigungen, ja sogar Angesichts einseitiger Anstrengungen und schwerer Arbeit möglich und zwar aus dem einfachen Grunde, weil es nicht der Reiz eines wahrhaften Bedürfnisses und das Bewusstsein fruchtbarer Wirksamkeit ist, was dieses widerwillige Spiel der Kräfte begleitet. Um den Menschen moralisch zu erheben, muss man ihn lehren, freiwillig die Stufenleiter der Thätigkeiten nach Maassgabe des Fortschritts von den niedern zu den höhern Bedürfnissen und Genussarten emporzusteigen; denn für das Zurückbleiben auf einer Sprosse, von der aus bereits alles Zugängliche überschaut und ergriffen ist, hat die Natur die Strafe der trägen Versumpfung und Fäulniss und des diese Zustände begleitenden Missbehagens verhängt.

10. Die Beziehungen von Wille zu Wille ergeben unmittelbar die gegenseitige Enthaltung von Verletzungen und führen überdies zur freiwilligen Schaffung von besondern Verbindlichkeiten im Wege der Uebereinkunft. Da nun der Wille als solcher dem fremden Willen nur eine allgemeine und gleiche Achtung, also nicht das Geringste zumuthen kann, was er nicht auch selbst leisten müsste, so werden die specielleren Entscheidungen aus einem Sachverhalt zu entnehmen sein, der sich den beiden Willen als etwas Drittes und Neutrales, aber dennoch als maassgebend unterlegen lässt. Dieser Sachverhalt wird die besondere Lage und die Beurtheilung derselben durch den Verstand sein. Man wird sich auf die moralische Zweckmässigkeit berufen, d. h. die Art erörtern, auf welche Jeder der negativen oder positiven Gegenseitigkeit, um die es sich handelt, am treusten entspricht. Der Mangel an Einsicht und die erworbenen Missvorstellungen werden hier mit den ursprünglich falschen Richtungen der Naturantriebe oder Culturverzerrungen die Haupthindernisse einer Verständigung im Wollen bilden. Handelt der Eine nach Wahrheit und Wissenschaft, der Andere aber nach irgend einem Aberglauben oder Vorurtheil, so ist Uebereinstimmung nur zufällig, und es müssen der Regel nach gegenseitige Störungen eintreten. Die Entscheidung solcher moralischer Conflicte auf dem Wege echter Verständigung, nämlich durch schliessliche Aufklärung des irrenden Theils, wird selbst dann nur selten gelingen, wenn kein ursprüngliches Uebelwollen im Spiele ist. Für die menschlichen Gesammt-

gruppen ist zu einer solchen, durch die Erkenntniss zu vermittelnden Ausgleichung, noch eher als dem Einzelnen gegenüber einige Aussicht vorhanden; indessen wird bei einem gewissen Grad von Unfähigkeit, Rohheit oder böser Charaktertendenz in allen Fällen ein Zusammenstoss erfolgen müssen. Die Verletzung kann schon in dem unberechtigten Widerstande des unwissenden oder sonst fehlgreifenden Theils gegen das an sich zulässige Verhalten des andern Theils liegen, der alsdann ein Recht haben wird, sich auch gegen den Willen des andern freie Bahn zu schaffen. Es sind nicht blos Kinder und Wahnsinnige, denen gegenüber die Gewalt das letzte Mittel ist. Die Artung ganzer Naturgruppen und Culturclassen von Menschen kann die Unterwerfung ihres durch seine Verkehrtheit feindlichen Wollens im Sinne der Zurückführung desselben auf die gemeinschaftlichen Bindemittel zur unausweichlichen Nothwendigkeit machen. Der fremde Wille wird auch hier noch als gleichberechtigt erachtet; aber durch die Verkehrtheit seiner verletzenden und feindlichen Bethätigung hat er eine Ausgleichung herausgefordert, und wenn er Gewalt erleidet, so erntet er nur die Rückwirkungen seiner eignen Ungerechtigkeit. Den Feind, der uns schwer geschädigt hat, werden wir nicht nur zu strafen, sondern auch für künftig ungefährlich zu machen suchen. Für Letzteres wird es aber sogar oft eine milde Form sein, wenn blos Bürgschaften für die Sicherheit gefordert werden, die Macht zu schaden eingeschränkt, von sonstiger Schwächung oder gar Vernichtung dagegen Abstand genommen wird. Man wähne jedoch nicht, dass aus einem solchen Gedankengange die Einrichtung der Sklaverei oder auch nur eine freiheitsfeindliche Politik folgen könnte. Dies wäre ein arges Missverständniss des ursprünglichen Zwecks, der nur die Eindämmung und nachhaltige Hemmung der ungerechten Verletzungen zum Gegenstande hat. Allerdings kann sich und muss sich sogar unter Umständen zu jeder noch so berechtigten Rückwirkung die Ausschweifung gesellen; aber diese vorläufige Ueberschreitung des Ziels findet im weitern und namentlich im geschichtlichen Verlauf der moralischen Dinge schliesslich ihre Abhülfe.

Es ist fast selbstverständlich, dass nur der Einzelne der Träger moralischer Verantwortlichkeit sein kann. Hinter der Gruppe darf sich das doch allein bewusste und daher auch allein zurechnungsfähige Individuum nicht verstecken oder sich mit einem andern Willen decken wollen. Die blind anerkannte Autorität hebt alle selbständige Moralität auf. Das blosse Werkzeug, welches seinen Willen veräussert hat, ist eine entmenschte Maschine, die, da sie selbst in der Hauptsache nicht zurechnungsfähig sein will, auch sonst keinen Anspruch mehr hat, als Träger eines freien Willens geachtet zu werden. Ein solches Werkzeug werde ich gleich jedem andern Dinge zerschmettern, wo es mir schädigend und verletzend in meine Bahn gestossen wird. In einer weniger schroffen Art tritt die Verschleierung der natürlichen individuellen Verantwortlichkeit durch die geheimen und hiemit anonymen Collectivurtheile und Collectivhandlungen von Collegien oder sonstigen Behördeneinrichtungen hervor, die den persönlichen Antheil eines jeden Mitglieds maskiren. In dieser Richtung fehlt noch viel daran, dass die Ursachen der Demoralisation, die in der Unterdrückung oder Schwächung der Einzelverantwortlichkeit liegen, aus allen Richtungen des moralischen Gemeinlebens verschwinden.

Wir gründen die Verantwortlichkeit auf die Freiheit, die uns jedoch nichts weiter bedeutet, als die Empfänglichkeit für bewusste Beweggründe nach Maassgabe des natürlichen und erworbenen Verstandes. Alle solche Beweggründe wirken trotz der Wahrnehmung des möglichen Gegensatzes in den Handlungen mit unausweichlicher Naturgesetzmässigkeit; aber grade auf diese unumgängliche Nöthigung zählen wir, indem wir die moralischen Hebel ansetzen. Stände die sogenannte Willkür nicht selbst unter Naturgesetzen, was übrigens an sich gar nicht anders denkbar ist, so würde der geeignete Gegenstand zur moralischen Einwirkung fehlen, und alle ideellen Vorkehrungen würden unzuverlässig sein. Wie nun aber in dieser Freiheit die moralische Verantwortlichkeit ihren Grund hat, so findet sie darin auch ihre Schranke. Wo thatsächlich eine übermächtige Gewalt den Widerwilligen zwingt, da kann die blosse Privatmoral, die sich an den aus dem Zusammenhang gleichsam hinausgedachten Einzelnen wendet, nichts Erhebliches ausrichten, und die Personen können nur für die allgemeine Duldung der moralisch schädlichen Einrichtungen, aber nicht für unumgängliche Specialhandlungen im Rahmen dieser Einrichtungen verantwortlich gemacht werden.

Zweites Capitel.

Natürliche Auffassung des Rechts.

In einem sehr weiten Sinne versteht man unter Recht einen Inbegriff von thatsächlichen Zuständen, in denen namentlich die Einrichtungen und Regeln der Unterdrückung des Menschen durch den Menschen eine Rolle spielen. Die Rechtsgelehrtheit, welche, insofern sie an Stelle wurzelhafter Wissenschaft autoritäre Reste zersplitterter und oberflächlich zusammengepfuschter Urkundentrümmer als eine Art Rechtsbibel gelten lässt, bisher nur als Halbwissenschaft bestanden hat, — diese, wenn auch in einigen Richtungen noch so „elegante" Jurisprudenz besitzt überhaupt gar kein Unterscheidungsmerkmal für ursprüngliches Recht und Unrecht. Ihr Gegenstand ist daher nicht sowohl die Gerechtigkeit im strengen Sinne, als vielmehr das Recht in jener gleichgültigen doppelten Bedeutung des Worts, in welcher es auch das gegenwärtige geschichtliche Unrecht miteinschliesst, ja zum grössten Theil eine formelle und systematische Ordnung dieses Unrechts ist. Wie Sitte zugleich auch ein Name für Unsitte, so ist auch Recht in sehr begreiflicher Weise ein Ausdruck für Unrecht geworden. Beide Seiten des Gegensatzes sind durch ein indifferent gewordenes Wort verbunden, welches blos die Thatsächlichkeit der Uebung oder des Zwanges ausspricht, aber übrigens darüber erhaben bleibt, ob es das Verbrechen oder die Gerechtigkeit sei, was sich in Einrichtungen, Verhältnissen oder vereinzelten, durch die Gewalt gedeckten Handlungen verwirklicht habe. Wenn trotzdem eine Unterscheidung zwischen Recht und Unrecht maassgebend bleibt, so ist sie nur secundär und autoritär. Sie reicht nicht bis an die selbständigen Principien, sondern bezieht sich nur auf den Gegensatz der von der herrschenden Gewalt gewollten allgemeinen Satzungen und der Einzelfälle, in denen die Abweichungen von der betreffenden Regelung wirklich verfolgt werden sollen. Es ist also in der sogenannten Justiz keine wirklich individuell souveraine Vertretung der Gerechtigkeit mit absoluter Verantwortlichkeit der betheiligten Personen, sondern nur eine abgeleitete Gewalt vorhanden, bei welcher das eigentliche Gerechtigkeitsbewusstsein im günstigsten Falle nur eine schwache Nebenbethätigung, ja oft nur eine Geltendmachung auf Umwegen durch Hinwegsetzung über die Satzungen und Gesetze erfahren kann.

Positiv muss alles wirklich Gerechte, so gut wie die gemeine, Recht und Unrecht einschliessende Ordnung und Unordnung, ebenfalls sein, und es ist daher eine Unterscheidung zwischen dem natürlichen und dem positiven Recht nicht in dem Sinne zuzulassen, dass dem Naturrecht die müssige Stellung zufalle, ein Inbegriff schätzbarer, aber im einzelnen Urtheilsfall unanwendbarer Grundsätze zu bleiben. Die natürlichen Ausgangspunkte des Rechts sind allerdings über aller Geschichte gelegen und enthalten, insoweit sie den Charakter der Allgemeinheit haben, nicht die besondern Bestandtheile, zu denen ihre positiven Wirkungen führen. Etwas Aehnliches findet sich aber auch bei den Folgerungen und Anwendungen aus dem Gebiet des Mathematischen und Mechanischen, und wir dürfen daher ein natürliches und positives Recht nicht anders trennen, als wir etwa auch eine reine Mathematik von den Anwendungen und eine rationelle Mechanik von den besondern Bethätigungen in der technischen und Maschinenmechanik abtheilen. Die Wahrheiten der Mathematik und rationellen Mechanik behalten ihre Gültigkeit, wie zufällig, vereinzelt und zusammengesetzt auch ein positiv vorliegender Fall sein möge. In demselben Sinn behalten die Grundgesetze des gerechten Wollens ihre maassgebende Bedeutung, mögen sie in der Gestaltung der Geschichte für rechtschaffende Gesammtthaten, oder in der Gesetzgebung, oder schliesslich im einzelnen Urtheilsfall in Frage kommen. Verhielte es sich anders, so müsste man auch zwischen einer natürlichen und einer positiven Mathematik eine entfremdende Kluft finden können. Wir werden daher am besten thun, den ganzen Gegensatz zwischen natürlichem und positivem Recht in denjenigen der principiellen Allgemeinheit und der speciellen, theils richtigen theils falschen Anwendung zu verwandeln. Alsdann giebt es nur eine einheitliche Gerechtigkeit mit bestimmten einfachen Grundsätzen; aber die Bethätigung derselben ist, gleich derjenigen des Verstandes in der Wissenshervorbringung, nicht nur dem Irrthum sondern auch der Hemmung und Unterdrückung ausgesetzt. Hieraus entspringt jene ebenso veränderliche als positive Mannichfaltigkeit, die unter dem Namen des Rechts zugleich eine Welt voll Unrecht darstellt.

Die Wurzeln der Moral und des Rechts sind dieselben, soweit es sich um den Begriff der Gerechtigkeit handelt. Wo sich beide Gebiete im Gegenstand begegnen, da trennen sie sich in der Art der Aufrechterhaltung ihrer Gesetze. In der That ist es ein wichtiger Gesichtspunkt, diejenigen Nothwendigkeiten auszuscheiden, zu deren Sicherung man den körperlichen Zwang als letztes Mittel in Anwendung bringen muss. Auf diese Weise wird das Recht als ein mit Zwang verbundenes Gebiet von einer blos dem Gewissen, d. h. den Bewusstseinsregungen anheimfallenden Moral ausgesondert. Indessen ist dieses Merkmal in der Wirklichkeit sehr verschiebbar, da das, was der Sitte angehört, zu Zwangsrecht und umgekehrt das, was früher erzwingbar sein sollte, dem Einzelbewusstsein und den Rückwirkungen der moralischen öffentlichen Meinung überlassen werden kann. Trotzdem bleibt aber ein fester Kern von Verhältnissen, in denen das Zurückgreifen auf die Gewalt schon abgesehen von jedem Gemeinwesen, nämlich für zwei vereinzelte Personen als unumgängliches Ausgleichungs- oder Sicherungsmittel ableitbar ist. Wo nämlich das ursprüngliche Unrecht selbst rohe Gewalt einschliesst oder der ungerechte Theil sich nicht gutwillig zur Ausgleichung der Störung herbeilässt, da sieht sich der andere Theil auf das Mittel des physischen Zwanges angewiesen, und hierüber wird auch ein völlig ideales Gemeinwesen, soweit seine moralische Kraft auch reichen möge, nicht erhaben sein, wenn auch schon die blosse Aussicht auf den gewissen Zwang der wirklichen Anwendung desselben vielfach vorbeugen mag. Ein System eigentlicher Rechtspflege ist mithin ohne letzte Executivmittel nicht denkbar, während die blosse Gewissensmoral höchstens durch Kundgebungen der öffentlichen Ueberzeugung und durch ebenfalls nur moralische Repressalien unterstützt werden kann. Man übersehe jedoch nicht, wie es im Interesse der Freiheit liegt, dass nicht allzuviel dem körperlichen Zwang anheimfalle. Dieser Zwang kommt nur durch das Unrecht in die Welt und sollte auch nur gegen dasselbe nach Maassgabe des gegenseitigen natürlichen Verhaltens von zwei als völlig frei vorausgesetzten Menschen statthaben.

2. Der geschichtliche Gang der Dinge und die ihm entsprechende Rechtsgelehrsamkeit hat zwischen Privatrecht und öffentlichem Recht eine gewaltige Kluft gerissen, welche mit den natürlich und principiell zulässigen Trennungen nicht gehörig vereinbar ist. Allerdings mögen Eigenthum, Ehe und Erbgang, soweit in den einschlagenden Verhältnissen nur der auf beiden Seiten angeblich in gutem Glauben geführte Rechtsstreit in Frage kommen soll, ein Bereich für sich bilden und dieser Inbegriff immerhin Privatrecht heissen. Die ausser-

dem herkömmliche Benennung als civiles oder bürgerliches Recht erinnert aber daran, dass es auch allenfalls das unbürgerliche genannt werden könnte; denn der eigentliche Bürger war schon mit dem Römischen Kaiserthum und vollends mit den compilatorischen Pandekten zu Grabe getragen. Er hat sich auch nie wieder sonderlich angefunden, so dass es nicht überraschen kann, wenn das Schwergewicht der heutigen Rechtsgeschultheit in die Pandektistik fällt. Alles Uebrige gilt verhältnissmässig als Nebensache, und dieser Umstand stimmt überdies sehr gut mit dem vorherrschenden Bourgeoischarakter der jüngsten Zeit zusammen. Von der ganzen gerichtlichen Zurüstung wird der bei weitem grösste Theil durch die sogenannten bürgerlichen Rechtsstreitigkeiten oder durch die freiwillige Gerichtsbarkeit in Anspruch genommen. Hierauf werden die meisten Kosten verwendet, und hier allein giebt es eine, wenn auch verkünstelte, so doch ernsthaft mit einigen Zügen von Wissenschaftlichkeit untermischte Theorie. Die Rechte an Sachen, die Obligationen und speciell die verschiedenen Vertragsgebilde sowie überhaupt alle ökonomisch erheblichen Ansprüche sind hier die Gegenstände, durch welche auch die Verhältnisse des Familien- und Erbrechts, die an sich selbst keine sonderliche Bedeutung haben würden, mittelbar einen materiellen Interessenwerth erhalten. Die subtilere Rechtslehre wird also im eigentlichen Sinne des Worts nur da genährt, wo sie direct oder indirect Vermögensrechte zum Gegenstande hat. Im Römischen Kaiserreich war der frühere Staatsbürger gut Cäsaristisch auf den blossen Privatmann heruntergekommen; von jenem war nichts als der Vermögensherr und der Familienvater übrig geblieben, und auch diese Rollen hatten nur gegen Seinesgleichen, also wiederum nur gegen Privatleute, eine ernsthafte Bedeutung. Das Politische war in der kaiserlichen Gewaltaufsaugung untergegangen, und die Gunst der Willkür musste als Ersatz des Rechts hingenommen werden. Im Rahmen solcher Zustände erwuchsen die classischen Juristen, von denen nicht ein einziges Werk als ein unverstümmeltes Ganze, sondern fast nur nachträgliche Excerptenweisheit unter Vermittlung des Byzantinismus auf uns gekommen ist. Die so überlieferte Rationalität bildet nun seit sieben Jahrhunderten von Neuem den besten Hausrath, über den die Rechtsschulen von den Zeiten der Glossatoren her verfügten. Auch kann man nicht einmal behaupten, dass man von jener Zeit bis zur neuern historischen Schule des 19. Jahrhunderts entscheidende Fortschritte gemacht hätte. Mit der Wissenschaftlichkeit der Jurisprudenz, die so ziemlich in der Civilistik aufgeht und eingeständlich die Römer noch nicht wieder erreicht hat, ist es zwar geschichtlich weit her, aber eben deswegen in dem andern Sinne des Worts nicht weit her. Stellt sich aber die träge Stauung schon in der Privatrechtskunde heraus, so werden die übrigen Zweige, aus deren bisheriger Vernachlässigung von den Juristen selbst kein Hehl gemacht wird, nur äusserst wenig aufzuweisen haben, was über grobe Gemeinvorstellungen und eine entsprechende Routine sonderlich hinausreichte. Die Verkünstelungen und Verzerrungen, die den vom Mittelalter her auf die Neuzeit vererbten Verkehrtheiten angehören, haben sogar die gelehrte Rechtsanschauung oft unter den Stand der gemeinen Volksbegriffe sinken lassen. Wir dürfen uns also nicht wundern, wenn sogar das nach dem Privatrecht noch am meisten gepflegte Criminalrecht nicht nur ohne Compass geblieben ist, sondern auch die leitenden Sterne immer mehr aus den Augen verloren hat. Die Verwirrung der Grundbegriffe ist hier mit unserm Jahrhundert fortgeschritten, so dass eine verstandesmässige, wenn auch einseitig fehlgreifende Auffassung, wie sie durch Anselm von Feuerbach im Anfange dieses Jahrhunderts vertreten wurde, noch immer als eine besondere Aufraffung des erklärenden Denkens in einziger Auszeichnung dasteht. Nun ist aber das auf die Verbrechen bezügliche Recht in Wahrheit der Schlüssel für das Verständniss aller übrigen Verhältnisse, und auch der weitere Rahmen des öffentlichen Rechts kann nicht ausgefüllt werden, wenn jene Grundlage nicht zuvor geordnet ist. Sogar die Stellung und Bedeutung des Privatrechts, welches man so fehlerhaft isolirt hat, bleibt unbegriffen, solange die Principien des Strafrechts nicht in einem fruchtbaren Naturboden Wurzel gefasst haben.

3. Will man bemessen, wie das sogenannte Recht gegen die Gerechtigkeit verstossen könne, so muss man ein Beurtheilungsmittel haben, welches über alle zufälligen Mischungen der Thatsachen und der Geschichte erhaben ist. Der ausschliessliche Historismus ist hier fast ebenso unzulänglich, wie die augenblickliche Routine und der Machtcultus im Sinne der grade positiv gegebenen Einrichtungen irgend einer vereinzelten Gegenwart. Man muss von den letzten Gründen des Criminalrechts ausgehen, um auf dieser Grundlage dann alles übrige Recht positiv aufbauen zu können. Die fundamentalsten Rechte sind diejenigen, in denen nichts als die Verneinung eines ursprünglichen, nicht erst aus der Verletzung einer Uebereinkunft

herzuleitenden Unrechts enthalten ist. Sie können unmittelbar gar nicht aufgefunden werden, so dass der Umweg durch die Erkenntniss des Unrechts sogar für ihre Definition maassgebend werden muss. Die Erfahrung des Unrechts ist in diesem Gebiet sogar die erste praktische Lehrerin, und wenn auch eine Vorwegnahme im Gedanken für die Beurtheilung von dem, was ungerecht sein würde, zugestanden werden mag, so könnte eine solche ideelle Vorbeurtheilung doch gar nicht vorhanden sein, wenn nicht gleichsam ein Empfindungsbild der voraussichtlichen Wirkung einer verletzenden Handlung auch schon ursprünglich zur Verfügung stände.

Schon in unsern moralischen Ueberlegungen haben wir jede ursprünglich in feindlicher Weise verletzende Handlung als den Gegenstand einer nothwendigen Rückwirkung angesehen. Diese Rückwirkung äussert sich zunächst innerlich in einer Rückempfindung, die wir auch Ressentiment und Vergeltungsbedürfniss oder, mit dem starken, den wahren Naturgrund entschieden bezeichnenden Wort, gradezu Rache nennen können. Die Verletzung, welche ursprünglich eingetreten, d. h. nicht selbst durch eine andere zur Rückwirkung berechtigende Verletzung hervorgerufen ist, ist eben das Unrecht selbst. Die ideellen Begriffe der Verletzung und des Unrechts decken sich, — jedoch nur unter der Voraussetzung, dass man unter Verletzung einen Eingriff in das fremde Willens- und Freiheitsbereich versteht. Unter welchen Voraussetzungen nun Verletzungen in diesem Sinne statthaben, ist an einzelnen einfachen Grundgestalten axiomatisch so zu entscheiden, als wenn es sich um einfache, eben wegen ihrer Einfachheit dem zusammengesetzten Beweise weder zugängliche noch desselben bedürftige Grundwahrheiten der Mathematik handelte. Mit derselben Nothwendigkeit, mit welcher aus der mechanischen Action die Reaction erfolgt, hat die spontane und feindliche Verletzung das Ressentiment und hiemit den Vergeltungssporn zum Ergebniss. Der Trieb, sich für die erlittene Verletzung zu rächen, ist eine offenbar auch auf Selbsterhaltung hinwirkende Einrichtung der Natur. Der Versuch der Tödtung, die Körperverletzung oder die feindselig boshafte, grundlose und übermüthige Schmähung werden, wenn man sich wiederum des Denkschemas von ausschliesslich zwei, übrigens von der sonstigen Welt getrennten Menschen bedient, Voraussetzungen sein, unter denen die Rache unfehlbar wachgerufen werden muss. Hiebei ist die völlige Gleichheit, aber noch kein einziges positives Band zwischen den zwei Personen maassgebend. Wir können sogar sagen, dass in dem leidenden Theil die Rache das erste affective Ankündigungs- und Erkenntnissmittel des geschehenen Unrechts sei, und dass sie gleich einem Messwerkzeug den Grad der innern Verletzung anzeige. Die Racheempfindung ist nur jenes sonst so räthselhafte Rechtsgefühl selbst, welches nur im Hinblick auf eine Störung und Spannung in ursprünglicher Weise vorhanden sein kann. Die Furcht vor der Rache kann nun einschränkend auf die Handlungen wirken und so eine Art Naturgarantie gegen das Unrecht ausmachen; aber sie ist offenbar ein Beweggrund, der nur als auf eine bereits vorhandene ungerechte Gesinnung wirksam vorausgesetzt werden darf. Die unmittelbaren Antriebe zur Achtung des fremden Seins bestehen in der positiven Richtung aller Thätigkeitsreize auf die eigne Sphäre und auf die keiner von beiden Personen ausschliesslich angehörige Natur. Wo die Rache in das Spiel kommt, ist nicht mehr der normale oder gar ideale Zustand der unverletzten und direct eingehaltenen Gerechtigkeit vorhanden, sondern bereits eine Störung eingetreten, in Folge deren auf das erste Uebel, rein äusserlich und physisch betrachtet, unabwendbar noch ein zweites Uebel, nämlich eine absichtliche Schadenzufügung folgen muss, wenn nicht das grössere geistige Uebel des triumphirenden Unrechts und des unversöhnten Rachebedürfnisses bestehen bleiben soll.

Die Privatrache ist für die Alterthümer der Völker überall als ursprüngliche Keimgestalt des Criminalrechts anzutreffen. An die wildere Blutrache, welche die Tödtung der Angehörigen mit neuen Gegentödtungen beantwortet und einen immer wieder angeregten und fortgesetzten Einzelkrieg ergiebt, schliesst sich das sogenannte Compositionensystem, vermöge dessen die Beschwichtigung der Rache auf dem Wege der Sühne und Entschädigung gesucht wird. Die Beilegung des Privatzwistes wird hier durch die Darbietung von Vermögensstücken bewirkt; aber die rohen Tarife, nach denen man sich die eigne Körperverletzung und die Tödtung von Angehörigen hinterher abkaufen liess, dürfen doch nicht übersehen lassen, dass die Bereitschaft zu einem ernsthaften materiellen Opfer auch die Gediegenheit des veränderten Willens und mithin eine wahre Reue und friedliche Gesinnung verbürgen konnte. Das Rachebedürfniss schwindet aber nicht nur durch eigne Niederbeugung und Schädigung des Verletzers, sondern gleicht sich auch dann aus, wenn der Uebelthäter selbst seine Züchtigung aufrichtig übernimmt, indem er sich durch das thatsächliche Eingeständniss der Schuld demüthigt und sich selbst die Leistung einer Entschädigung und Strafe auferlegt. Von dem Wort Sühne ist mithin jede mystische Umnebelung fernzuhalten; denn die Sühne ist nichts weiter als die Herstellung der Versöhnung in Gesinnung und zugehöriger ausgleichender That, also eine Art der Befriedigung der Rache.

4. Auch in der vollkommensten Gestalt kann das Criminalrecht nichts Anderes sein als die öffentliche Organisation der Rache. Von der wirklichen Strafrechtspflege nach Maassgabe der heutigen Strafgesetze, Gerichtseinrichtungen und Verfahrungsarten muss man sogar behaupten, dass die in ihnen enthaltene öffentliche und durchaus vormundschaftlich geartete Organisation der Rache noch immer so roh sei, dass in Vergleichung mit diesen Früchten der politischen Corruption die Urzustände manche natürliche Vorzüge voraushatten. Die Theorie ist selbst in ihrer besten Gestalt so haltungslos geworden, dass man die uralten Vorstellungen von der Wiedervergeltung und den Maassstab des Talionsrechts, der Auge um Auge und Glied um Glied forderte, vergleichungsweise noch als ein Muster naturwüchsiger Logik ansehen muss, dem gegenüber sich die moderne Princip- und Strafmaasslosigkeit wie ein Rückschritt ausnimmt. Die uralte Vergeltungslehre musste solange unverstanden bleiben, als nicht der kühne Schritt gethan wurde, mit der Hinweisung auf die naturgesetzliche Rache das Räthsel aufzulösen und hiemit über die unbestimmten Vorstellungen, sei es eines nebelhaften Rechtsgefühls, oder logistischer Strohableitungen zu triumphiren. Der sogenannte psychologische Zwang, unter welcher Bezeichnung der grosse Criminalist Feuerbach, der Vater des Philosophen, die Abschreckung oder, mit andern Worten, den ideellen Terrorismus zum Princip der Strafgesetzgebung machte, ist von dem Gedanken eigentlicher Gerechtigkeit völlig losgelöst. Er ist ein polizeiliches Princip, nach welchem gewissen schädlichen Handlungen durch Androhung eines Gegenschadens möglichst vorgebeugt werden soll. Der Zweck ist hier Alles und die mächtige Ursache, welche aus dem Naturgrunde heraus die Gerechtigkeit verlangt, ist Nichts. Sogar die Ausführung der Drohung wird nur darum nothwendig, weil sonst die letztere zum reinen Popanz werden und das Gesetz seine psychologisch abhaltende Wirkung verlieren würde. Die Klarheit dieses Standpunkts, die nicht geringer als seine Verfehltheit ist, hat uns überhaupt nur zu einer Einlassung berechtigt. A. v. Feuerbach ist bis heute der her-

vorragendste, am meisten philosophisch denkende und am charaktervollsten reformatorische unter den gelehrten Criminalisten des 19. Jahrhunderts geblieben. Seine philosophische Bildung hatte vorherrschend eine Kantische Färbung und hielt sich von den Wüstheiten und ebenso läppischen als windigen Thorheiten der nächsten Epigonen, also namentlich eines Fichte und Schelling, in charaktervoller Weise gehörig entfernt. Grade aber Angesichts des gediegenen und freiheitlichen, mit gesundem Verstand ausgerüsteten Strebens des theoretisch und praktisch hochberühmten und noch immer seine Nachfolger überragenden Criminalisten müssen wir die moderne Abirrung in das rein Relative der Abschreckungstheorie hervorheben. Freilich giebt es Satzungen genug, bei denen die Androhung des Uebels, wie namentlich in den blossen Polizeistrafen, mit der ursprünglichen Gerechtigkeit nichts zu schaffen hat; aber eben in der Einerleisetzung der eigentlichen Gerechtigkeitsstrafe und des blossen Hinderungsmittels liegt die Vermischung von zwei völlig ungleichartigen Dingen. Jedes in Aussicht gestellte Uebel wird zu einem Abschreckungsmittel, aber nicht jede Abschreckung braucht ein Act der Gerechtigkeit zu sein. Auch die Natur hat ihr Abschreckungssystem, indem sie die Furcht vor der Rache ins Spiel setzt. Die Abschreckung verbleibt hier aber im Rahmen der Gerechtigkeitsbeziehungen und ist überdies nicht der letzte Grund der Einrichtung. Die Rache bethätigt sich wahrlich nicht, um im Allgemeinen und für künftige Fälle neuen Verletzungen vorzubeugen, ja auch nicht einmal blos, um Schäden und Störung auszugleichen, sondern um den beeinträchtigten Willen und dessen gehörige Geltung wiederherzustellen. Es ist das Interesse der unversehrten Freiheit, welches gegen die Verletzung reagirt und einen Zustand herzustellen sucht, der zwar keine Unversehrtheit mehr sein kann, aber doch eine annähernd gleichwerthige Lage durch die entsprechende Herabdrückung des fremden, über seine Schranke hinausgegangenen Willens werden muss. Ja um die Gleichheit wiederherzustellen, genügt die Zufügung des nämlichen Uebels oder eines der Grösse nach übereinstimmenden Betrages keineswegs. Die Natur würde mit ihrer Racheinstitution eine Stümperin geblieben sein, wenn sie zu keinem andern Ergebniss antriebe, als dass zwei Menschen die gleiche Schädigung aufzuweisen hätten, der eine mit Unrecht, der andere mit Recht. So bornirt wie die jüdische Talionslogik von Auge um Auge und Zahn um Zahn ist die Natur glücklicherweise nicht. Die Rache überschreitet regel-

15*

mässig den äusserlichen Betrag des unrechtmässig zugefügten Uebels, und anstatt diese Steigerung sofort als eine Ausschweifung, zu der sie allerdings werden kann, der Rohheit zu bezüchtigen, sollte man lieber erwägen, dass erst mit einem Ueberschuss der äusserlichen Rückwirkung die Ungerechtigkeit als solche wirklich betroffen wird. Es handelt sich also hier um tiefere und feinere Triebkräfte, als ein willkürlicher Terrorismus sein kann, der die wurzelhafte Gerechtigkeit der Natur aus dem Auge verloren und vermeintliche Staatszwecke, die sich noch erst mit dem Naturgrunde auseinanderzusetzen oder sonst abzuleiten haben, als selbstverständlich zum rein polizeilichen Leitfaden nimmt.

5. Zur Entwicklung der principiellen Rechtsbegriffe bedürfen wir nur das gänzlich einfache und elementare Verhältniss von zwei Menschen. Auch die Bedingungen, unter denen berechtigte Gewalt und mithin der Vollzug der Naturgerechtigkeit oder eine andere, nämlich versöhnende Ausgleichung eintreten kann, sind mit diesem Schema vollständig gegeben. Auch sieht man daran leicht, ein wie zufälliges Ding die thatsächliche Verwirklichung der Gerechtigkeit bleiben müsse; denn die Uebergewalt kann nicht blos, sondern wird sogar meistens auf der Seite des Unrechts sein, weil ja eben die Uebermacht es ist, die am ehesten die Vergewaltigung und den Uebermuth mit sich bringt. Ist aber, wie wir ursprünglich anzunehmen haben, die Gleichheit der Kräfte und Mittel das Gewöhnliche, so sind die Entscheidungen den Zufällen der mit Gewalt und List geführten Kämpfe anheimgegeben. Die blosse Berufung auf die Macht wird mithin die eigentliche Gerechtigkeit wenig sichern, die offenbar ihre beste Stütze in der wohlgesinnten Verständigung suchen muss und der reinen Bosheit gegenüber unausweichlich ein Würfelspiel bleibt.

Vermehren wir dagegen die Anzahl der in Frage kommenden Personen durch solche, welche an dem einzelnen Fall gar nicht oder möglichst wenig als Partei, übrigens aber im Allgemeinen und als mögliche Gegenstände eines ähnlichen Unrechts dabei betheiligt sind, dass die Rechte geschützt und die Verletzungen ausgeglichen werden, so ergiebt sich ein Beistand, der auch den Schwächern sichern mag. Nicht blos die Rückempfindung, sondern auch deren Fortpflanzung auf Andere, also das abgeleitete Ressentiment, welches dadurch entsteht, dass sich ein sonst Unbetheiligter in die Lage des Verletzten unwillkürlich hineindenkt, beginnt alsdann seine Rolle zu spielen.

Die volle Wirksamkeit nicht nur einer grösseren Macht, sondern auch einer parteiloseren Auffassung wird aber erst durch die Gegenseitigkeit des auf den fraglichen Zweck gerichteten Zusammenwirkens und einer hiezu eingegangenen Verbindung von Jedem mit Jedem zu Wege gebracht. Die gesellige Vereinigung vertritt alsdann das allgemeine collective Interesse an der Ahndung der Verletzung. Sie mag als Ganzes agiren oder besondere Personen als Organe beauftragen, — in jedem Falle wird sie nichts weiter thun können, als die individuelle Rache des Einzelnen oder der mitbetroffenen Familiengruppe in eine öffentliche Rache verwandeln. Auch die Einzeleinsicht wird hiedurch in der Gesammteinsicht erweitert, so dass nicht blos das Wollen sondern auch das Wissen eine Sichtung und Berichtigung erfährt. Ausnahmsweise mag auch Beides eine falsche Beeinträchtigung erleiden; aber die Regel bleibt doch, dass unter übrigens gleichen Umständen die Betheiligung einer grössern Zahl zur Garantie einer bessern Beurtheilung und Ausführung werde. Die individuelle Rache ist etwas sehr Rohes, und noch roher ist oft das Urtheilsvermögen, welches den Affect ins Spiel setzt. Ausschliesslich aus diesem Grunde ist die Selbsthülfe im Allgemeinen etwas Uncivilisirtes, wie uns die unmittelbare Volksjustiz noch heute inmitten der entwickeltsten Cultur lehren kann.

An die Stelle der criminellen Selbsthülfe, welche der Privatrache einen unmittelbaren Ausdruck giebt, darf rationeller Weise nur die auf eine gegenseitige Verbindung gegründete und in einem ordentlichen Verfahren verkörperte sowie durch den Willen der Verbundenen vollstreckte Rache treten. Das zufällige Beispringen macht den Helfer zur Partei oder wird nur ausnahmsweise eine eigentliche Gerechtigkeit vorstellen. Dagegen wird die Auferlegung von Zwang durch einen Dritten, der allein mit seinen Mitteln hiezu mächtig genug ist, weiter nichts als eine Unterwerfung ergeben, welche zwar Frieden, aber auch Sklaverei bringt und nur im Rahmen und um den Preis dieser Sklaverei willkürlich und theilweise einige Ausgleichungen bewerkstelligen wird. Diese von Hobbes verherrlichte Manier ist in weitem Umfang freilich der thatsächliche Weg der Geschichte gewesen, insoweit nämlich nicht freie Association, sondern das Anheimfallen an eine stärkere Gewalt vorzugsweise den Kitt der politischen Gebilde geliefert hat. Die allgemein menschliche Souverainetät schliesst auch diejenige der Rache ein, so dass der von der breiten Grundlage abgelöste Anspruch auf ein sogenanntes Schwert der Gerechtigkeit eine Anmaassung ist, die dadurch ihren Charakter nicht verlieren konnte, dass sie weltgeschichtliche Dimensionen annahm. Allerdings ist Jeder, aber eben darum Niemand ausschliesslich bei der Wahrnehmung der Gerechtigkeit von Natur betheiligt. Im gelindesten Falle ist es eine unzulässige Vormundschaft, wenn ein Mensch oder eine Gruppe von Menschen sich herausnimmt, aus selbsteignem Mandat für Frieden und Recht Anderer sorgen zu wollen. Diese Usurpatoren setzen sich damit in ein von Natur feindliches Verhältniss gegen diejenigen, denen sie ihre Herrschaft aufzwingen, und wenn auch derartige Staatenbildungen vermöge des reinen Mechanismus der Gewalt fortexistiren, so fehlt es doch zwischen den zwei Hauptstücken, nämlich zwischen dem herrschenden und dem beherrschten Theil, eben selbst an dem verpflichtenden Bande der Gerechtigkeit. Im Gewaltstaat, den ich dem Gerechtigkeitsstaat gegenüberstelle und der nichts mit dem abgelebten Gegensatze von einem sogenannten Rechtsstaat und einem Polizeistaat zu schaffen hat, kann es eine, ihrem tiefern Grunde entsprechende criminelle Gerechtigkeit nur in sehr precärer und äusserst unvollkommener Weise geben. Ganz besonders muss da, wo in irgend einer Verletzung die Regierenden oder ihre Werkzeuge als Thäter oder als Interessenten betheiligt sind, der Mangel des Rechts oder seiner Garantie schroff hervortreten.

Gegen die Lehre, dass die Rache in und über der Geschichte sowie in und über dem Staate der Naturgrund aller ahndenden Gerechtigkeit sei, giebt es für das gewöhnliche, mit dem herkömmlichen Ideengange verwachsene Bewusstsein einen naheliegenden Einwand. Die Rache ist selbst verpönt d. h. unter Strafe gestellt. Wie soll sie Träger und Maass des Rechts sein können? Ich antworte, dass die Rache nur als Selbsthülfe und mithin nur in ihrer individuellen und brutalen Gestalt von der civilisirten Gesellschaft ausgeschlossen wird, so dass sie mit ihrer höheren, verallgemeinerten Form in Conflict geräth. In beiderlei Gestalt wird das Vergeltungsbedürfniss an sich selbst anerkannt; aber die öffentliche und geregelte Rache nimmt für sich die ausschliessliche Bethätigung in Anspruch. Unter Umständen kann diese Ausschliesslichkeit sogar den Charakter eines gehässigen Monopols annehmen, und eine solche von einem Gewaltherrn monopolisirte Rache oder mindestens eine starke Vormundschaftlichkeit in der öffentlichen Verfolgung der Verletzungen ist eine Eigenschaft des Gewaltstaats, während in einem freien

Vereinsstaat, der auf gleicher Vergesellschaftung beruht, die Criminalrechtspflege sich nie ernsthaft über die individuelle Initiative hinwegsetzen darf. Stets ist es die verletzte Person, welche am innigsten an der Ahndung betheiligt ist, und das sogenannte öffentliche Interesse kann erst in zweiter Linie und nur als Verallgemeinerung der natürlichen individuellen Bestrebung in Anschlag kommen.

6. Die Rechtsblasirtheit, die aus den Verwirrungen der Strafrechtsbegriffe und aus den Untermischungen der sogenannten Justiz mit der willkürlichsten Gewalt hervorgeht, kann der Compass, der durch meine Rachelehre construirt ist, wieder zu einer regsamen Orientirung und, wo noch nicht Alles abgestumpft, versumpft oder gar verfault war, auch wieder zu einiger Herzensfrische verhelfen. Man kann vermöge dieser tiefern Einsicht Gegenden erreichen, in denen man sonst dem Schiff keine feste Richtung zu geben wusste. Die nicht blos örtlich und zeitlich, sondern auch in Ständen oder Classen befangene, der Verkehrtheit des Wollens und den Abirrungen des Wissens in der Gesetzgebung, in der Gelehrtendoctrin und in der Gerichtspraxis mannichfaltig ausgesetzte, überdies mit einseitiger Gewalt gemischte Rechtspflege kann selbst nur an einem über diese historischen Beschränkungen erhabenen Rechtsprincip gemessen und nur auf Grund eines solchen Princips zur Rechenschaft gezogen werden. Nicht nur die Gesetzgebung selbst wird aus dieser Quelle schöpfen, sondern auch die Rechte zur Gesetzgebung sowie überhaupt die Vertheilung der politischen Befugnisse unterliegt dieser höchsten principiellen Entscheidungsart. Das einzige wahrhaft Souveraine ist alsdann der einzelne Mensch, der mit seinem natürlichen Rechtsbewusstsein Partei zu ergreifen und für das als Recht Gewollte und Erkannte thätig einzutreten hat. Zwischen Völkern und Völkern liegt die Nothwendigkeit einer natürlichen und principiellen, also nicht autoritären und nicht blos secundären Ableitung auf der Hand. Hier kann der falsche Positivismus seine Gebrechlichkeit fast gar nicht verschleiern. Die Rache ist hier in der That ein recht sichtbares Gerechtigkeitsprincip, soweit überhaupt das ganze Spiel der Völkerkriege noch ein anderes Element als doppelseitige Raub- und Unterjochungssucht aufzuweisen hat. Die Gerechtigkeit oder Ungerechtigkeit der innern Umwälzungen und die gegenseitigen Verfahrungsarten im Classenkampf müssen ebenfalls auf den Naturgrund zurückgeführt und hienach beurtheilt werden. Andernfalls dürfte die lächerliche Figur von einem Recht des Siegers, als einer Variante

des von Hugo Grotius so geliebten Recht des Stärkeren, das stupide Ergebniss sein, und nur der Triumphirende, sei er nun Revolutionär, Reactionär oder Staatsstreichunternehmer, würde durch die blosse Thatsache des Gelingens Recht behalten. Was er aber in der That behält oder erringt, ist nur die Macht und die Verfügung über die äusserlichen Formen und Werkzeuge der vorhandenen oder einer neu eingesetzten, in der Hauptsache indifferenten und der jeweiligen Staatsmacht folgenden Rechtspflege. Ueber die Gerechtigkeit wird durch den Erfolg nicht entschieden, und das wurzelhafte Rechtsgefühl, wie wir es ohne Umnebelung kennen gelernt haben, wird an sich selbst von den Zufälligkeiten der Gewaltkämpfe nicht berührt.

Auch da, wo das bestimmte positive Recht allzu ungerecht ist oder arge Lücken hat, pflegt der Naturgrund gelegentlich wieder aufzusteigen und das aufs Aeusserste gespannte Ressentiment seine Urfunction mitten in der Civilisation und trotz derselben gelegentlich wieder aufzunehmen. Diese Correcturen sind gewiss sehr bedauerlich; aber noch bedauerlicher und verwerflicher sind die Uebelstände, welche zum vereinzelten Durchbrechen und zur individuellen Ergänzung der geregelten Rechtsbeschaffung antreiben. Nicht die Reste des alten Fehderechts, nämlich die in der modernen Umgebung bereits in das Komische spielenden Duelle sind hier gemeint, obwohl auch diese abgelebte Form der mittelalterlich romantischen Processart und aristokratischen Selbsthülfe mit ihrer dreinschlagenden Logik und ihrem Beweis durch den Erfolg unter Umständen dem natürlichen Racheprincip dienstbar werden mag. Es ist vielmehr an die verstandesmässige, zum Theil auch schon von J. J. Rousseau ins Auge gefasste Befriedigung des Vergeltungsbedürfnisses zu denken, welche den feindlichen und sonst unerreichbaren Uebelthäter auf eigne Hand mit einer Strafe heimsucht. Wenn der geschundene Mensch, Angesichts der Versagung eines geregelten Rechts, bei irgend einer Gelegenheit seinem Schinder ein vergeltendes Uebel zufügt, so ist dies eine That der Verzweiflung an der sich als nichtig oder unzulänglich erweisenden Rechtshülfe. Die Privatrache, die in den Urzuständen Alles war und in der Civilisation Nichts sein soll, wird dann wieder zu Etwas. Sie steigt aus dem Untergrunde gleichsam gespenstisch wieder auf, um daran zu erinnern, dass es eine tiefer wurzelnde Macht giebt, als die willkürlichen Einschränkungen und zufälligen Vorenthaltungen des Rechts. Den Selbsträcher wird vielleicht die Maschinerie der Criminaljustiz ergreifen und sich ihrerseits an ihm, wie sichs positiv gebührt, erholen; denn hierin liegt das grausame Verhängniss der lückenhaften und unzulänglichen Civilisation. Jedoch wird sie ihn in seinem Gewissen schwerlich erreichen können, falls seine Rache wirklich gegen eine unerträgliche Unbill gerichtet war, für welche das Justizmonopol keine Ausgleichung kannte oder im besondern Fall aus Parteilichkeit vorenthalten hatte. Sicherlich ist es moralisch besser, jede noch so begründete Rache einzudämmen und dem Gemeinwesen ein Opfer zu bringen. Aber das Maass kann so hoch steigen, dass ein Verzicht nicht mehr in menschlicher Möglichkeit liegt. Wenn für die Ermordung der Angehörigen oder gesundheitvernichtende Qualen unter Umständen keine Ausgleichung durch Rechtshülfe zugänglich ist, so darf man sich nicht wundern, dass der Rachetrieb bestehen bleibt und auch wohl die Gelegenheit zur Bethätigung wahrnimmt, ja bisweilen ein ganzes Leben hindurch auf allen Wegen sucht. In Ueber- und Unterordnungsverhältnissen, vermöge deren eine Kaste das Volk fast absolut befehligt und sich in ihren Ausschreitungen nicht nur selbst richtet, sondern, wie es in dieser Lage sehr natürlich ist, von dem Grundsatz ausgeht, dass der Niedere schon als solcher nicht blos die Vermuthung des Unrechts gegen sich, sondern auch überhaupt weniger Recht habe, — da wird selbst gegen die offenbarste Ausschweifung des Uebermuths, geschweige denn für ein wirklich gleiches Recht wenig zu erreichen sein. In feudalen und militairischen Verhältnissen starker Ungleichheit und Rechtlosigkeit wird sich das natürliche Recht des einzelnen Menschen oft genug auf Umwegen geltend machen und würde es in noch zahlreicheren Fällen, wenn nicht zu der äusserlichen Unterdrückung auch noch die innere geistige Umnebelung des natürlichen Wollens und Denkens hinzuträte. Die unnatürliche Moral, die mit mehr oder minder Aberglauben versetzt, die Gemüther von Jugend auf verwirrt und ihnen eine der Sklaverei entsprechende Denkweise einimpft, lässt häufig die Verzerrung, Abstumpfung und Ohnmacht des Rechtsgefühls zur zweiten Natur werden und selbst diejenigen Menschenrechte vergessen, in denen schon die blossen Naturregungen Lehrmeister sind, und die nicht erst von der Aufklärung und Cultur zum Bewusstsein gebracht werden.

7. Die Erhebung über die Rache ist auch eine Erhabenheit über das geschehene Unrecht. Am besten stellen sich die mensch-

lichen Angelegenheiten, wenn diejenige Gerechtigkeit, die dem Unrecht durch Einhaltung des richtigen Weges vorbeugt, zur ausschliesslichen Thatsache wird. Diese Gerechtigkeit besteht in der Enthaltung von Verletzungen, während die ahndende Gerechtigkeit die Verletzung nur durch neues wirkliches Unheil, d. h. durch eine Vermehrung des Leidens, auszugleichen vermag. Der Maassstab dieser Ausgleichungen ist von Natur ein sehr roher. Das Maass von Uebel, welches eine hinreichende Sühne d. h. Befriedigung der Rache ergeben soll, muss grösser als das zugefügte sein und auch namentlich die in dem Verbrechen liegende Nichtachtung des Willens durch einen gegen den Willen des Uebelthäters gerichteten Zwang mehr als aufwiegen. Wo z. B. durch Entschädigung die Herstellung des früheren Zustandes möglich ist, da beginnt die eigentliche Strafe erst mit dem weiter verhängten Uebel, und selbst wenn dieses Uebel den ursprünglichen Betrag der Verletzung erreicht hat, muss noch einmal ein Schritt weiter gegangen werden, um den bösen Willen als solchen zu treffen. In der That ist auch die Rache, die man aber nicht mit blossem Hass verwechseln darf, dem als solchen das Bewusstsein der Gerechtigkeit gar nicht beiwohnt, — in der That ist die Rache von der Natur auf ein stärkeres Ausgreifen angelegt; denn sie begnügt sich nicht leicht mit der blossen Zurückgebung der Verletzung oder ihres äusserlichen Betrages von Uebel. Da nun überhaupt eine genauere Abmessung durch das Gefühl nicht vermittelt werden kann und auch die verstandesmässige Ueberlegung nur den Stoff der Empfindungen zum ursprünglichen Anhaltspunkt hat, so wird es nicht zu vermeiden sein, dass aus dem berechtigten Mehr gewöhnlich ein Zuviel werde. Da ferner das Urtheil über die ganze Lage des einzelnen Falles und über das Maass der Rache auch bei dem Verletzer ein sehr verschiedenes sein kann, so wird die Neigung vorhanden sein, sogar bei einem unwillkürlichen Bewusstsein des selbstverübten Unrechts eine übermässige Ausschweifung in der vergeltenden That anzunehmen und diesen Umstand in ein eignes Gegenrecht umzudeuten. Auch ist sicherlich ein wirkliches Zuviel eine neue Verletzung von Seiten des Rächers, welche nun die anderseitige Rache herausfordert. Auf diese Weise mag sich das Unheil derartig häufen und steigern, dass von verhältnissmässig geringen Anlässen her das Leben selbst in Frage kommt. Hiezu bedarf es keineswegs besonderer Rachsucht, sondern nur des naturwüchsigen oder von der Cultur noch gesteigerten Irrthums über das rechte

Maass. Der Rachsüchtige ist daher auch weniger gerecht, weil sich bei ihm der an sich im Allgemeinen gute Naturtrieb durch einen Fond von ursprünglicher oder im Verkehr erworbener Bosheit gesteigert und verzerrt findet. Aber auch abgesehen von einer solchen regelwidrigen Anlage kommt die Rache stets sehr roh zur Welt, was sich nicht nur in den Urzuständen der alten Völker und der heutigen Wilden sowie in der gemeinen Artung der Selbsthülfe, sondern fast noch mehr da zeigt, wo die Auflösung absterbender Rechtszustände den Einzelnen und die Parteigruppen mehr und mehr auf Selbstschutz und Eigenhülfe anweist. In diesen Verletzungen und Gegenverletzungen, die in allen Gestalten mit und ohne Maske der Rechtsscheinheiligkeit, vermittelst der rohesten Gewalt wie vermittelst der Gesetzgebung, durch Justiz- oder durch Verwaltungsproceduren, auf dem Wege der sophistischen Auslegung oder durch nackte Hinwegsetzung über die Rechtsregeln, durch begünstigende Nichtanwendung oder durch gehässige einseitige, nur für bestimmte Parteien oder Personen vorhandene, in reine Verfolgung ausartende Anwendung, kurz mit allen demoralisirenden und das positive Rechtsvertrauen untergrabenden Mitteln geübt werden, — in diesen Verletzungen und Gegenverletzungen muss die Rechtsrohheit und Rechtsbrutalität unvermeidlich zunehmen, das Unheil durch die entfesselte Maasslosigkeit gewaltig steigen und eine halbe Wildniss erwachsen, die in vielen Beziehungen und namentlich auf Seiten der sogenannten Justiz schlimmer ist, als die ganze und volle Wildniss naiver Urzustände. Die natürliche Rohheit, die in solchen Zuständen sich Bahn bricht, ist nicht das Schlimmste; denn aus ihrem Grunde sollen die neuen Bildungen emporsteigen, indem eine höhere Cultur wieder Maass und Ziel in das Walten der elementaren Kräfte bringt. Das tödtliche Gift liegt in jener Frivolität der Rechtsverachtung auf dem Wege der Rechtskünstelei, und an solchen, dem natürlichen Recht hohnsprechenden Verfahrungsarten gehen die verrotteten Ueberlieferungen noch weit mehr moralisch, als durch gegnerische Gewalt zu Grunde. Ungeachtet dieses Trostes ist aber unter solchen Verhältnissen jene naturwüchsige Maasslosigkeit auch in dem besten Falle ein unvermeidliches Schicksal. Man muss warten, bis sich die neuen elementaren Antriebe gestaltet und durch Ablegung ihrer Naturrohheit veredelt haben. Nicht blos Einsicht, sondern auch Ruhe ist nothwendig, damit ein Trieb, wie das Rechtsgefühl, zu einem erweiterten Verstandeshorizont und zu einer gesetzten, möglichst organisirten Bethätigung gelange. Die Rache kann nur dadurch ungerecht werden, dass sie sich in den Voraussetzungen irrt oder in der Schätzung vergreift, und hier giebt es keinen andern Ausweg, als den von der Natur angelegten, — nämlich die möglichst umfassende Verallgemeinerung und Organisation dieser mächtigsten und unverwüstlichsten aller Rechtsinstanzen.

Die Grossmuth ist keine Gerechtigkeit, hat aber ebenfalls ihre naturgesetzlichen Vorbedingungen. So kann sie in echter und ungeheuchelter Weise nur eintreten, wo die verletzte Macht sich wirklich über die Verletzung erhaben weiss und in Folge dessen mit Ruhe über sie hinwegzusehen vermag. Ein grosssinniges Mitgefühl für das allgemeine menschliche Schicksal und für die Opfer der unausweichlichen Nothwendigkeit kann auch allenfalls auf eine besondere Reue des Uebelthäters verzichten und ihn, wie er auch beschaffen sein möge, mit unverdienter Milde behandeln. Jene hochherzige Leidenschaft, die mit der matten und widerwärtigen Heuchelei der Feindesliebe keine Faser gemeinhat, triumphirt da, wo sie zugleich mit der eignen Kraft gepaart ist, über die blosse Rache und führt, je nach den Umständen, zu einem vollständigen Verzicht auf die Vergeltung oder wenigstens zu einer Umwandlung der letzteren in solche Uebel, die mit dem Besserungszweck zusammenstimmen und keine Feindseligkeit enthalten. Je mehr sich die Rache organisirt und verstandesmässig gestaltet, um so leichter kann sie jene Haltung annehmen, in welcher sie zum Theil und unter Umständen ganz von dem allgemeinen Mitgefühl aufgewogen werden mag. Die wohleingerichtete Gesellschaft, in welcher die Tendenz zum Verbrechen bereits hinreichend zurücktritt, kommt hiedurch immer mehr in die Lage, im Namen und mit Einwilligung ihres verletzten Gliedes Nachsicht zu üben und schliesslich das Verbrechen wie eine Krankheit zu behandeln. Diese ideale Verfassung ist aber noch nirgend vorhanden, und es muss sogar als ein Misstand gelten, wenn die staatliche Justizhoheit mit übel angebrachter Bevormundung auf Kosten des natürlichen Rechts der verletzten Person milde verfährt und ein wenig mit der doch wohl ernsthaft zu nehmenden Humanität grade da spielt, wo die Interessen der regierenden Elemente nicht berührt werden. Auch Gnade ist meist nicht Grossmuth, sondern berechnende Gunst, deren Uebung die allgemeine Macht der sie Gewährenden steigern soll. In der freien Gesellschaft gehört das Begnadigungsrecht dem Verletzten und der Gesammtheit zugleich und die letztere darf nimmermehr den ersteren seines Anspruchs auf Ahndung berauben.

8. Es ist nur die Erdrückung des Einzelnen durch eine sich als Staat bezeichnende Macht, was die aller freien Individualität hohnsprechenden Ansichten und Lehren über den Absolutismus der sogenannten Justizhoheit erzeugt hat. Wenn sich irgend eine Form der Gesellschaft, und wäre es selbst eine socialistische, einfallen liesse, das Criminalrecht anderswoher als aus der Individualität des einzelnen Menschen abzuleiten, so würde sie damit den Boden unter den Füssen verlieren. Auch die Socialisten haben zum Theil noch zu lernen, dass die Menschenrechte nicht von Gnaden irgend eines Staats existiren und auch künftig nicht auf irgend einer Gesellschaftsform, sondern umgekehrt solche Formen auf den Menschenrechten beruhen werden. Das Individuum ist der einzige Ausgangs- und Zielpunkt alles Rechts, und die Gemeinschaftsgestalten sind nur Vermittlungen, die von ihm ausgehen und zu ihm hinführen. Jede Verbindung hat nur soviel wahres Leben, als in ihr an freiem Willen der Einzelnen thätig verkörpert ist. Das grundlegende Recht, wie wir es bis jetzt betrachtet haben, ist daher auch nur in demjenigen Umfange lebendig und weiterhin lebensfähig, in welchem die Grundtriebe der individuellen menschlichen Natur allgemeine Achtung errungen haben. Soweit dies noch nicht der Fall ist, drängt die Natur selbst auf eine immer umfassendere Verwirklichung ihrer Gebote hin und bedient sich hiezu jenes Stachels, der den Einzelnen treibt, dafür zu sorgen, dass die ihn bedrückenden Verletzungen einen Gegendruck erfahren und dass die Handlungen oder Veranstaltungen schliesslich in den von vornherein gerechten Bahnen zurückgehalten werden.

Von einer Verletzung, durch welche das Ressentiment rege werden muss, kann man auch da reden, wo nicht die ursprünglichen Rechte, sondern die abgeleiteten, auf Treu und Glauben begründeten Verbindlichkeiten missachtet werden. Die Unverletztheit des Körpers und des nur auf die eigne Person gerichteten Willens sind Forderungen jenes ursprünglichen Rechts, und es gehört hieher auch die Freiheit vom Geschlechtszwange, da die Nothzucht eine der stärksten und folgenreichsten Vergewaltigungen ist, die sich überhaupt nächst dem Tödtungsversuch und der schweren Körperverletzung ausüben lassen; denn durch sie wird der freie Wille des Weibes in einer über das Einzelleben hinausreichenden Hauptangelegenheit, nämlich in

Rücksicht auf Existenz oder Beschaffenheit einer künftigen Geburt zunicht und gleichsam todt gemacht. Hieran lässt sich auch die Beurtheilung der Zwangsehe schliessen, auf welcher das einseitig geordnete Zusammenleben der Geschlechter in der bisherigen Geschichte überwiegend beruht hat. Die Ehe, sei sie nun auf mehrere Weiber gerichtet gewesen oder monogamisch ausgefallen, hat sich stets als eine Art Geschlechtssklaverei gekennzeichnet, um von dem übrigen mithineinspielenden Halbsklaventhum des Weibes gar nicht zu reden. Sie ist eine Form der Herrschaftsausdehnung gewesen, in welcher die Männer ihre Verfügungsmacht über die Weiber gleich einem Eigenthum gegenseitig abgegrenzt und hiemit ihre Gewaltsphären untereinander als Rechte geltend gemacht haben. Das Weib war ursprünglich eine Waare, wie sich das in den alten Kaufformen der Eheschliessung recht sichtbar bekundete. Es ist aber auch bis heute der Kern der Sache mehr verschleiert als beseitigt. Die alte Familie, aus welcher heraus das Weib zur Ehe verkauft wurde, war ursprünglich fast souverain wie ein Staat und nichts als eine rohe Herrschaftsform. Der dem Scheine nach freie Vertrag, welcher später mit dem Erforderniss der sogenannten Einwilligung des Weibes bei der Eheschliessung eine Rolle spielte, hat praktisch eben nicht viel zu bedeuten gehabt, und auch jetzt noch ist das vermeintlich freie Uebereinkommen theils durch die Reste der Familiengewalt, theils durch den gesetzlich vorgeschriebenen Inhalt des ganzen Verhältnisses derartig beschränkt, dass man die fortbestehenden Ueberlieferungen der Gewaltehe nur noch zu deutlich erkennt. Das öffentliche und absolut verbindliche Recht kann und muss dem Naturgrunde gemäss die individuelle Willkür der Privatverträge binden und z. B. Verträge auf Hineingebung in Sklaverei, auf lebenslängliche Dienstmiethe u. dgl. als unzulässig ausschliessen; denn hier drückt es nur das ursprüngliche Recht des Privatwillens und dessen individuelles Streben gegen die Verletzungen allgemein aus. Es heisst aber grade das Umgekehrte thun, wenn man gegen einen vermeinten falschen Individualismus angeblich höhere Mächte, nämlich die Satzungen der Halbsklaverei des Weibes und einer positiven Zwangsehe anruft. Die freie Vergesellschaftung, in welcher die gegenseitigen Verbindlichkeiten ein natürliches Maass haben und die Freiheit eines jeden Theils keiner unwürdigen und namentlich keiner durch den Mangel gleicher Gegenseitigkeit verdorbenen Beschränkung anheimfällt, — die natürlich freie Verbindung kann nur bestehen, wo die Unterdrückungen ferngehalten, nicht aber durch das sogenannte Recht gegen die Menschenrechte geschützt werden.

Mein Princip des Ressentiment zeigt auch für die Bindungsformen, welche auf irgend eine Gemeinschaft des Lebens gerichtet sind, das an, was eine Unterdrückung sein würde, und ausserdem auch das, was, sobald einmal ein bestimmtes Verhältniss von Treu und Glauben, also irgend eine Uebereinkunft im Sinne der Naturantriebe und Naturnothwendigkeiten geschaffen ist, als verletzender Bruch gelten müsse. Die Einhaltung der Verträge, die nicht selbst ein natürliches Unrecht einschliessen, also die allgemeine Gebundenheit an freie Uebereinkünfte ist etwas Principielles und Axiomatisches und ist daher wohl einer Veranschaulichung durch Hinweisung auf das Ressentiment, aber keiner weiteren Ableitung fähig oder bedürftig. Diejenigen Verträge, welche nur ideelle Ausdehnungen des Unrechts und der Unterdrückung sind, werden zugleich nach ihrem Ursprung zu beurtheilen sein, und ein Bruch derselben wird nicht den gleichen Charakter haben können, wie wenn es sich ursprünglich um die freie Eingehung von Beziehungen ohne Verletzung der Gerechtigkeit gehandelt hätte. Der bestimmte, durch den positiv schaffenden Willen erzeugte Inhalt der Vertragsgebilde lässt sich nur negativ, nämlich in alledem, worauf er sich nicht richten darf, nach unserm Fundamentalprincip beurtheilen, muss dagegen nach seiner wesentlich schöpferischen Seite aus dem Gesichtspunkt der Zweckmässigkeit und einer Art von Kunst bemessen werden. Die eigentliche Gerechtigkeit ist hier also gar nicht mehr oder nur mittelbar in Frage, und dieser Thatsache gemäss sind auch diejenigen Gebilde zu beurtheilen, die in der ferneren Entwicklung an die Stelle der geschichtlichen Zwangsehe und des Gewalteigenthums treten müssen. Die Kunst der Gesellschaftsbildung, die in den Schranken der Gerechtigkeit verbleibt und die Naturantriebe am meisten veredelt, ist mit ihren Lebenszwecken hier die einzige verbindliche Gesetzgeberin. Einzig und allein dieses Gebiet verdiente im Gegensatz zu der blos hemmenden und mithin negativen Gerechtigkeit die Bezeichnung als echt positives oder positiv schöpferisches Recht, wobei natürlich der Ausdruck positiv eine ganz andere und weit edlere Bedeutung erhält, als in dem gemeinen Sprach- und Begriffsgebrauch.

9. Nach derjenigen Ehe d. h. durch Uebereinkunft geordneten Geschlechtsgemeinschaft, bei welcher die Würde und Freiheit des rein sittlichen Verhältnisses vor einem directen polizeilichen oder

einem indirecten aus der ökonomischen Unselbständigkeit entspringenden Zwang gesichert bleibt, könnte das Eigenthum den zweiten Hauptfall der durch positive Uebereinstimmung gebildeten Rechtseinrichtungen vorstellen. Indessen ist hier die blosse Mechanik der Gewalt fast noch umfassender wirksam gewesen, als im Bereich der historischen Ehe. Können wir bei der Ehe noch immer das Wort beibehalten, um die höhere, mit dem Polizeizwang und der lebenslänglichen Prostitution brechende Entwicklungsform der Zukunft zu bezeichnen, so ist dies bei dem Eigenthum nicht mehr der Fall; denn der grösste Theil der Gedanken, die mit diesem Wort innig verwachsen sind, bezieht sich auf Zustände, Verhältnisse und Handlungen, die nicht nur die Vorenthaltung der Natur, sondern auch die active Ansichnahme der aufgehäuften Arbeit durch den Nichtarbeiter bedeuten. Das sogenannte Eigenthum, welches nur in seinen unerheblichen Beträgen und ausserdem nur zu einem geringen Theil ein wirkliches, nicht gegen unser fundamentales Gerechtigkeitsprincip verstossendes Eigen ist, hat seinen Ursprung überwiegend in der Knechtung des Menschen durch den Menschen. Nur indem die Herrschaft über Personen ausgedehnt wurde, die nun als Sklaven den Boden bearbeiten mussten, wurde es möglich, auch die Herrschaft über die eigentliche Sachenwelt in bedeutenderem Maasse auszudehnen. Ohnedies wäre der Einzelne weder mit der allgemeinen noch mit der speciell wirthschaftlichen Herrschaft über den Grund und Boden irgend weiter gekommen. Es hätte ihm zwar der Weg der freien Vergesellschaftung mit Andern zu gleicher Gegenseitigkeit in Arbeit und Genuss offengestanden; aber eben dieser Weg hätte ja dem Entstehen der einseitigen und ausschliesslichen Herrschaft der Einzelmacht über den Grund und Boden und über die umfassenderen Productionsmittel entschieden vorgebeugt. Anstatt einer gleichen Gesellung und eines Zusammenwirkens auf gleichem Fuss zu gleichen Rechten und Pflichten hat historisch das nackte Kräftespiel ohne erhebliche Rücksicht auf Verletzungen die sogenannten Ordnungen des Gewalteigenthums geschaffen. Dieses geschichtliche Gewalteigenthum ist daher ursprünglich nicht eine Ursache, sondern eine Wirkung der ganzen und halben Sklaverei sowie überhaupt aller durch das Schwert des Kriegers geschaffener Unterordnungen, dem der Trug der Priester erst hinterher secundiren konnte, indem er die Ergebnisse der blossen Gewaltmechanik als eine geheiligte Ordnung zu verklären suchte.

Das Recht zur vollen und ausschliesslichen Herrschaft über eine

Sache lässt sich in keiner Weise aus stichhaltigen Rechtsgründen ableiten. Die Thatsache einer solchen Herrschaft ist noch kein Recht, und erst wenn die Nichtachtung dieser Thatsache als Verletzung nachgewiesen würde, gegen welche sich das Ressentiment unter allen Umständen wie gegen eine Körperverletzung kehren müsste, — erst dann, auf Grund einer solchen Nachweisung, würde jene Thatsache der übrigens blos über ein Stück der Natur ausgedehnten Herrschaft als Recht gekennzeichnet sein. Dieses Recht wäre aber immer noch nicht das historische Gewalteigenthum, weil das letztere die Versklavung der Menschen einschliesst, die nicht einmal als Strafe gerechtfertigt werden kann. Einen Andern vom Zugange zur Natur und ihren Hülfsquellen ausschliessen, ist sogar selbst eine Verletzung, und hiemit wird ein derartiges ursprüngliches Unrecht schon ein Bestandtheil des Eigenthums an Stücken der blossen Natur. Auf die eigne persönliche Unverletztheit und mithin auch auf das unbeeinträchtigte Gewährenlassen der Arbeit und des Genusses ihrer Früchte ist das strengste Recht vorhanden und zwar aus dem einfachen Grunde, weil jeder fremde Uebergriff in diese Sphäre mit der gleichen Geltung der Persönlichkeiten unvereinbar wäre und das natürliche Ressentiment herausfordern würde. Jedoch darf aus eben demselben Grunde Niemand darauf Anspruch machen, etwas als Eigen zu haben, was zwar mit seiner Arbeit verwachsen, übrigens aber ein Stück der Natur ist, die von Niemand ohne Unrecht gegen Andere monopolisirt d. h. zu etwas ausschliesslich Beherrschtem gemacht werden kann. Da nun die Trennung der bethätigten Arbeit von dem Naturstück, an welchem sie haftet, durch Verbrauch der Producte nur zum Theil bewerkstelligt wird und eine dauernde Wirkung der einfürallemal ausgeführten Arbeiten als Rest in Anschlag kommen mag, so bleibt nichts übrig als die Auseinandersetzung im Wege einer positiv schaffenden, den gleichberechtigten Zugang zur Natur regelnden Kunst. Andernfalls liesse sich einfach fordern, dass die Arbeit aus ihrer Verbindung mit der Natur herausgezogen und so Platz auch für fremde Thätigkeit beschafft würde. An die Stelle jenes sehr scheinbaren Eigenthums, welches aus der Arbeit stammen, aber ausschliesslich werden und sich die Natur in ihren unbeweglichen und beweglichen Theilen einverleiben soll, tritt der genauere Begriff eines Rechtes zur ungestörten Arbeitsbethätigung an der Natur und zum unbeeinträchtigten Genusse der Arbeitsfrüchte. Dieser Begriff lässt sich aber ohne positiv schöpferische Regelung der Thätigkeitsbereiche der Glieder einer politisch wirthschaftenden Gesellschaft nicht verwirklichen. Es kann daher nur in demjenigen socialistischen Gebilde, welches ich in meinem Cursus der Socialökonomie als socialitäres System gekennzeichnet habe, ein echtes Eigen an die Stelle des blos scheinbaren und vorläufigen oder aber gewaltsamen Eigenthums treten. Dieses Eigen gilt nur der Person und der Unverletztheit ihrer auf Leben und Lebenssteigerung gerichteten Mühen.

Aus dem Vorangehenden folgt, dass die schlimmste Art des Gewalt- oder Ausbeutungseigenthums nicht die Natur, sondern die in den dauernden Erzeugnissen gleichsam angesammelten Arbeitsleistungen zum Gegenstande hat. Wer sich die Herrschaft über ein Naturstück aneignet und den Andern davon gewaltsam ausschliesst, enthält ihm nur das vor, was er ihm ohne Verletzung der gemeinsamen natürlichen Ansprüche nicht verweigern kann. Wer dagegen die fremde Arbeitsleistung ohne völlig gleichen und mithin gerechten Austausch an sich bringt, nimmt positiv etwas weg, was er nicht nehmen darf. Das Eigenthum also, welches so zu sagen aus der Menschheitsdomäne stammt und ausser in der Sklaverei in der Aufhäufung fremder Arbeit bestanden hat oder, mit andern Worten, der ausschliessliche Capitalbesitz ist im Allgemeinen noch einen Grad ungerechter als der Alleinbesitz des bereits durch die blosse Natur Vorhandenen. In dem einen Falle wird der Mensch nur verhindert, seine gleichen Ansprüche auf die Natur geltend zu machen; in dem andern Falle werden er selbst und seine Leistungen angegriffen und es wird ihm das entrissen, was er bereits, und zwar am meisten zu eigen hat. Man wende hier nicht die Vererbung ein; denn diese kann keine Eigenthumsrechte schaffen, die nicht schon vorhanden sind, und die gerechte d. h. gleiche Erbtheilung trägt nicht nur nichts zur Aufhäufung bei, sondern arbeitet im Gegentheil auf eine gesellschaftliche Zerlegung der concentrirten Ansammlungen hin. Es giebt daher keinen Weg, auf welchem ein gerechter Arbeitsaustausch zu sonderlichen Eigenthumsmassen verhelfen könnte. Sogar die grössere Umsicht und Arbeitsamkeit kann unter natürlichen und gleichen Verhältnissen keine grosse Kluft reissen und namentlich nicht eine solche, die durch den Wechsel der Schicksale nicht bald wieder ausgeglichen würde. In einem idealen Gemeinwesen müssen aber derartige Vorzüge, nach dem Grundsatze des gleichen Werths der Arbeitszeit, grade wie die Naturvortheile für die Gesammtheit und nicht für ausschliessliche Sonderinteressen oder egoistische Aufhäufungsbestrebungen ergiebig werden.

Aus der Zwangsehe und dem Gewalteigenthum ergiebt sich die Lehre, dass es sich im Privatrechtsgebiet gleichsam um eine schöpferische Kunst handelt, die zu Gebilden besserer menschlicher Vereinigung führt. Alle bisherige Geschichte ist in diesem Bereich etwas Vorläufiges gewesen. Sie hat nur Halbrechte gekannt, die zwischen den Gliedern bestimmter Classen galten, aber der Volksmasse gegenüber das Gegentheil von natürlichen Rechten waren. Die Gerechtigkeit ist theils in der Rohheit des ursprünglichen Wollens theils in der Unwissenheit von vornherein untergegangen und muss solange und insoweit unterdrückt bleiben, als sich nicht das bessere Bewusstsein nebst den dasselbe tragenden Kräften umfassend und in gehöriger Breite entwickelt.

Drittes Capitel.

Bessere Menschheitsausprägung.

Höher als die Rücksichten der nothdürftigsten Sitte und des unerlässlichsten Rechts stehen die auf eine edlere Menschlichkeit gerichteten Bestrebungen, da durch sie erst recht eigentlich der positive Gehalt und die vollkommnere Artung des Lebens gestaltet wird. Man erhebt sich über das gewöhnliche Niveau der Moral, indem man die Kunst der positiven Veredlung der Menschennatur und ihrer Bethätigungsarten in das Auge fasst, und man lässt die Enge rein juridischer Einschränkungen und blosser Verneinungen hinter sich, wenn man das offene und weite Feld humanitärer Cultur betritt. Hier darf nicht mehr blos davon die Rede sein, dass sich der Mensch selbst beschränke, um den Wirkungen der Ausschweifung zu entgehen und sich vor Verletzungen des Nebenmenschen zu hüten; der leitende Zweck greift vielmehr über diese Negativitäten hinaus und fordert die Entfaltung derjenigen Eigenschaften, durch welche die menschliche Sitte ein harmonisches und ideales, namentlich aber ein sympathisches Gepräge erhält. Mit der gemeinen Ordnung der Triebe und Affecte sowie mit der moralischen und juristischen Gerechtigkeit ist nur eine unerlässliche Vorbedingung, aber keineswegs die Hauptsache erledigt. Das Leben ist nicht dazu gemacht, um in der Ueberwindung von Hindernissen und Störungen des Rechts aufzugehen und den Triumph über derartige Schwierigkeiten als das letzte Ziel gelten zu lassen.

Die natürliche Beschaffenheit des Menschen wird durch Cultur und Erziehung bestimmter gestaltet, bleibt aber immer die maassgebende Schranke. Da uns die ursprüngliche Artung des Menschen, wie sie durch die blosse Hand der Natur verzeichnet wurde, praktisch gleichgültig bleiben kann, so haben wir unser Augenmerk auf dasjenige Natürliche zu richten, welches sich im Rahmen der Cultur producirt. Aus dem Mutterschooss geht der Mensch bereits mit einer Ausstattung von Eigenschaften hervor, die in den Gewohnheiten und Sitten der früheren Geschlechter ihren Grund haben. Von der blossen Muskelfunction bis zur Gedankenbildung hinauf macht sich die Ueberlieferung geltend, und das beharrliche Festwerden der besondern Anlagen und Eigenschaften kann als eine Art langsamer Verfassungsänderung des gesammten Organismus gelten. Für Schöpfung und Vernichtung von guten oder schlimmen Sondergebilden und Mischungscompositionen ist die Geschlechterfolge von entscheidender Bedeutung. Zufall oder Auswahl der Gesellung oder gar systematische Zucht verfügen in souverainster Weise über Dasein, Artung und Schicksal eines Wesens, welches einst seine harmonische oder disharmonische Constitution zu empfinden und glücklich oder unglücklich zu erproben haben wird. An dieser Ausstattung, mit der es in die Welt kommt, vermag es nachträglich nicht viel zu ändern. Es mag im Rahmen derselben das beste Theil erwählen, aber es kann die Mängel und Gebrechen nicht nur nicht fortschaffen, sondern wird dieselben wenigstens zum Theil noch weiter fortpflanzen. Erst eine Reihe von Geschlechtern ist im Stande, erheblich und nachhaltig an der physiologischen Unterdrückung des Schlimmen und an der Häufung des Gelungenen zu arbeiten. Die bessere Composition und Vervollkommnung des menschlichen Typus wird aber trotzdem die Racen- und Stammeseigenschaften nur erst in sehr grossen Zeiträumen berühren und sich übrigens damit begnügen müssen, innerhalb des gegebenen nationalen oder noch engeren Rahmens die Vervollkommnung schaffend und ausmerzend zu bewerkstelligen. Ohne Vernichtung oder Zerstörung der übeln Eigenschaften und ohne ein Hinwirken auf die Fernhaltung der ungünstigen Mischungsgebilde wird es hiebei nicht abgehen können. Die rein positive Fürsorge für die edleren Combinationen würde an sich selbst ungenügend bleiben, wenn sie nicht von zerstörenden Mächten begleitet wäre, die sich gegen die Fortexistenz oder gegen die ursprüngliche Entstehung und Uebertragung des Schlimmen kehrten. Nicht die Darwinistischen Phantasien über den Kampf um das Dasein und auch nicht die wahrhaften Wirkungen desjenigen Kampfes, den die Naturmechanik in der That aufzuweisen hat, liefern uns ein Bild von den eigentlichen Chancen der Vervollkommnung oder Entartung. Der bewusste und alsdann völlig unmoralische Kampf, durch welchen das eigne Dasein egoistisch und ungerecht auf Kosten des fremden Lebens gesteigert wird, kann nur dazu führen, die innern Anlagen zur Feindschaft des Menschen gegen den Menschen und zur Raubthiersitte zu vermehren. Die sich auflösenden Zustände politischer und gesellschaftlicher Fäulniss mögen jenen Kampf, der in einigem Maass und ohne sonderliches Bewusstsein den rohen Ursprungszuständen am ehesten eigen ist, in raffinirter Weise wieder hervorbringen; sie werden hiemit nur eine Sittenverderbniss und eine Verschlechterung der Charaktereigenschaften einleiten, die da beweist, dass es sich um die gegenseitige Vernichtung der verkehrtgewordenen Bestrebungen handelt. Diejenigen, welche nichts als den brutalen Kampf um das Dasein kennen und wollen, verdienen in der That, dass sie von einem kannibalischen Schicksal ereilt werden und ärgere Erfahrungen machen, als die blos unglücklichen Schiffbrüchigen, die, auf ihrem Boote vor den Wellen, aber nicht vor dem Hunger gerettet, die menschenverzehrenden Ureigenschaften des Geschlechts gleich vielen heutigen Wilden von Neuem bethätigen. Die modernen Wilden einer untergehenden Civilisation mögen sich in dem Chaos der Auflösung um ihr eignes Fleisch und Blut balgen und sich in diesem Handwerk noch obenein als Kämpfer für die Cultur und als Fürsorger für eine bessere Gattung verherrlichen lassen. Sie werden zeitweilig in einigen Schichten allerdings eine Veränderung des menschlichen Typus zu Wege bringen, aber eine solche, welche die kurzlebige, den baldigen Tod verkündende Eigenart der zufällig triumphirenden Bestie für eine Spanne Zeit sichtbar macht, um alsdann in den bestienhaft vergossenen Strömen von Blut selbst endgültig zu versinken. Von dieser Seite ist mithin nur die Steigerung der Lebensunfähigkeit und die Entwicklung derjenigen Eigenschaften zu gewärtigen, welche das Leben den verkommenden Elementen verleiden, dann seiner selbst gar nicht mehr werth erscheinen lassen und schliesslich auch durch fremde Abschneidung der verkünstelten Bedingungen unmöglich machen. Ueberraschen darf dieser Gang der Dinge nicht; denn der egoistische Kampf um das Dasein ist die principielle Ungerechtigkeit selbst und kann daher als leitender Gesichtspunkt nur zu einem Chaos der universellen Feindschaft, Auflösung und sowohl moralischen als physischen Vernichtung führen.

2. Angesichts der Bedeutsamkeit der Fortpflanzung für Festhaltung, Ausmerzung und Mischung sowie sogar für neue gestaltende Entwicklung von Eigenschaften muss man die letzten Wurzeln des Menschlichen oder Unmenschlichen zu einem grossen Theil in der geschlechtlichen Gesellung und Auswahl und überdies noch in der Sorge für oder gegen einen bestimmten Ausfall der Geburten suchen. Das Gericht über die Wüstheit und Stumpfheit, welche in diesem Gebiet herrschen, muss praktisch einer späteren Epoche überlassen bleiben. Jedoch ist wenigstens soviel von vornherein auch unter dem Druck der Vorurtheile begreiflich zu machen, dass weit mehr als die Zahl, sicherlich die der Natur oder menschlichen Umsicht gelungene oder misslungene Beschaffenheit der Geburten in Anschlag kommen muss. Ungeheuer sind allerdings zu allen Zeiten und unter allen Rechtszuständen der Vernichtung anheimgegeben worden; aber die Stufenleiter vom Regelrechten bis zur vollständigsten Verzerrung in das nicht mehr Menschenähnliche hat viele Sprossen. Auch ist der Aberglaube an die Unfehlbarkeit der Natur einer der schlimmsten. Im Groben durch die Missgeburten widerlegt, zieht er trotzdem seine Consequenzen in der ganzen Breite des nicht grade absolut monstrosen Daseins. Da indessen seine mittelalterliche Einwurzelung eine grosse Zähigkeit in Aussicht stellt, so lohnt es sich heute noch nicht, eine noch ziemlich entfernte Zukunftsfrage im Hinblick auf eine unmittelbare Praxis zu erörtern. Die vorausgehende Fürsorge, die vor der Erzeugung an das Ergebniss denkt, ist der heutigen Vorstellungsweise gegenüber etwas weit eher Plausibles. Wird dem Entstehen eines Menschen vorgebeugt, der doch nur ein schlechtes Erzeugniss werden würde, so ist diese Thatsache offenbar ein Vortheil. Natur und Mensch, die in diesem Falle als ein einziges Wesen zusammenwirken, sind vor der Schöpfung eines ausschweifenden und unzuträglichen Gebildes bewahrt. Ja man kann sagen, dass die allgemeine Natur in ihrer rohen Wirksamkeit derartige Correcturen erfordere, wenn nicht in dem Hauptpunkte, näm-

lich in dem künftiges Leben und Bewusstsein schaffenden Drange, Chaos und Zufall die erste Rolle spielen sollen.

Unter Verachtung der Darwinistischen Art der Naturzüchtung, deren Unzutreffendes wir schon früher blosgestellt haben, wenden wir uns unmittelbar zu den höheren, echt menschlichen Beweggründen der heilsamen Geschlechtsverbindungen. Hier ist die menschlich veredelte Gestalt der Geschlechtserregung, deren Steigerung sich als leidenschaftliche Liebe kundgiebt, in ihrer Doppelseitigkeit die beste Bürgschaft für die auch in ihrem Ergebniss zuträgliche Verbindung. Die Anzeigen der gegenseitigen Liebe müssen als ästhetische Urtheile über den Werth der Vereinigung angesehen werden, und es ist nur eine Wirkung zweiter Ordnung, dass aus einer an sich harmonischen Beziehung auch ein Erzeugniss von zusammenstimmendem Gepräge hervorgehe. Hieraus folgt wiederum, dass jeder Zwang schädlich wirken muss, indem er nicht nur die Freiwilligkeit der Natur von den angemessenen Gegenständen ablenkt, sondern auch den Geschlechterverkehr auf die niedrigsten, ihrer veredelnden Empfindungsbestandtheile beraubten Triebformen einschränkt. Ein derartiges Herunterkommen auf gemeinere Triebbethätigungen ist nun freilich der gewöhnliche Fall, und sehr häufig ist nicht einmal ein Herunterkommen in Frage, weil die Höhe selbst unbekannt und unerprobt blieb. Hierin liegt ja aber grade der Beweis für den niedrigen Stand der gemein menschlichen Beschaffenheit im Bereich der bisherigen Cultur. Das rein thierische Dasein steht oft höher als die gedrückte und entartete Menschlichkeit; denn es ist bisweilen solcher Erregungen fähig, welche sich in ihrer so zu sagen sittlichen Gestaltung edler ausnehmen, als die entsprechenden, zur Leidenschaftslosigkeit entarteten und fast zu einer vegetativen Function herabgesunkenen Triebe des animalisch nivellirten Menschenwesens.

Obwohl uns die Liebe hier zunächst in ihrer Bedeutung für das schöpferische Ebenmaass der Erzeugungen entgegengetreten ist, so hat sie doch ihren Werth in sich selbst und ist keineswegs darauf angelegt, vorzugsweise eine Rolle als Mittel für einen ausser ihr liegenden Zweck zu spielen. In der natürlichen Liebe ist der einzelne Gegenstand, auf den sich diese Art der Gemüthsbewegung richtet, das Band, durch welches auch der geistige Zusammenhang mit der Gattung geknüpft, und durch welches die Vereinzelung des Wollens aufgehoben wird. Die Geschlechtsliebe und die sich daran knüpfende Liebe zu dem Erzeugniss ist der Grundtypus für alle

Affectionen des aufrichtigen und sympathischen Wohlwollens. In den Elementen der menschlichen Natur findet sich nichts, was eher zu einer echten Menschenliebe führen könnte, als diejenige Gesinnungsrichtung, welche sich unter dem Eindruck des höheren Naturantriebs entwickelt und nicht blos für den Entstehungsfall sondern auch in den allgemeinen Uebertragungen des Wohlwollens ihre Wirkung übt. Wenigstens lässt sich die Thatsache der enthusiastischen Menschenliebe, die doch nie ganz weggeleugnet werden kann, nicht anders erklären, als aus einer Gemüthsrichtung, in welcher sich das, was sonst Geschlechtsliebe sein würde, in einer unbestimmteren Gestalt als Liebe zum Menschengeschlecht kundgiebt. Auch darf diese Annäherung von zwei verwandten Affecten nicht überraschen, da ja in beiden Fällen die Gattung als solche und ein geistiges Hinausstreben über die Vereinzelung des Daseins in Frage kommt. Uebrigens gäbe es für die Erklärung des Wohlwollens nur die Hinweisung auf die Rückwirkungen empfangener Wohlthaten, die aber selbst wiederum nur dann eine wohlwollende Gesinnung erzeugen können, wenn sie selbst von einer solchen ausgehen. Es bliebe daher als ursprüngliche Ursache nur die Güte des Gemüths und Charakters offen. Die Annahme derselben muss nun zwar ebenso gestattet sein, wie diejenige der Bosheit und Tücke; aber wir müssen uns diese Güte selbst verständlicher machen, indem wir sie mit den edleren Gestaltungen der Geschlechts- und Mutterliebe vergleichen.

3. Die Philanthropie, in dem modernen Sinne des Worts, ist mit so grossen Schwächen, Selbsttäuschungen und thatsächlichen Trugbestandtheilen versetzt, dass ein Anschlagen ihrer Saiten für den Kenner nicht mehr recht einen reinen Klang geben will. Der muthlose Beccaria, der ja eine Hauptfigur dieser Gattung war, hat selbst eingestanden, dass er zwar der Menschheit nützen, aber doch lieber die klare Wahrheit hinter Dunkelheiten der Darstellung verstecken, als irgend ein Märtyrerthum für sie auf sich nehmen wollte. Wenigstens war dies seine vertrauliche Entschuldigung, als ihm von einem seiner Uebersetzer die Unverständlichkeit vieler Gedanken und der Mangel an Zusammenstimmung vorgehalten wurde. Wohin eine ehrliche und hochherzige Natur, die zuerst an die Criminalphilanthropie des Italieners anknüpfte, von diesem Ausgangspunkt her schliesslich gelangen mochte, bezeugt ein grosses Beispiel, wie es nicht leicht auf gleicher geschichtlicher Höhe gefunden werden dürfte, nämlich das Verhalten des durch Verleumdung und Geschichtsfälschung

so arg entstellten J. P. Marat. Sein Plan einer Strafgesetzgebung war eine Schrift, in welcher das, was Beccaria im Dunkel belassen hatte, von der zugleich humanitären und charakterfesten Gesinnung in das vollste Licht gestellt wurde. Jedoch sollte Marat, der übrigens auch als Mann der Wissenschaft, nämlich als originaler physikalischer Schriftsteller Bedeutung hatte, in dem Ringen der Revolution es noch gleichsam naturgesetzlich darthun, wie jene Philanthropie in die Vernichtung der Girondisten auslaufen musste. Im Kampfe für die Menschenrechte wird die gemeine Philanthropie regelmässig dann fehlen, wenn sich die Dinge ernsthaft gestalten, und sie wird mit ihrer typischen Charakterschwäche denen das Feld räumen müssen, die gleich einem Marat an die Stelle ihrer zaghaften und schmiegsamen Verschwommenheiten die eherne Nothwendigkeit einer wirklichen Menschheitsaction setzen. In der That ist der Platz der vulgären, meist mit einer guten Dosis eitler Wichtigthuerei auftretenden Philanthropie vornehmlich da, wo es gilt, zwischen den Beinen der Gewalthaber mit einer Ladung gehorsamster Linderungsmittel durchzusegeln, und zwar dürfen die fraglichen Milderungen die delicatesten und schlimmsten Punkte gar nicht berühren. Am auffälligsten hat sich dies in der neusten Kriegsphilanthropie gezeigt, welche sich wohl hütete, die schlimmsten Gräuel und namentlich diejenigen der Bürgerkriege irgend anzutasten. Ihre Officiosität ist so unverkennbar, dass ihr Mangel an Stimme Angesichts der ärgsten Gräuel und ihre Betonung der amtlichen Nebendinge bisweilen direct den Charakter einer Parteinahme gegen echte Menschlichkeit angenommen hat. Fast ausschliesslich auf die Sorge für die Verwundeten der regelrechten Heere eingeschränkt, hat sie vorzugsweise die sentimentale Rührmalerei cultivirt und ist gelegentlich auch unter den Machthabern grade den Afrikanischen Hyänen, die sich durch einen gleichen Grad von Feigheit, Grausamkeit und Liebhaberei für Cadaver auszeichneten, eifrig nachgelaufen. Diese logiklose Bettelphilanthropie spielt auch ein wenig in sogenannte christliche Liebe hinein und pflegt sich gern ein wenig mit diesem Mantel zu drapiren. Nun hat aber leider die seit anderthalb Jahrtausenden privilegirte Barmherzigkeit nie etwas Ganzes und Durchgreifendes für die Menschheit ausgerichtet, sondern im günstigsten Falle nur in vereinzelter Weise einige Linderung für diejenigen Uebel geschafft, zu deren Entstehung und Fortbestand eben die Träger jenes christlichen Systems ihren vollen Segen gespendet hatten. Der heuchlerische Zug, dem die sogenannte Feindesliebe naturgesetzlich von vornherein anheimfällt, hat sich auch in der neuern Philanthropie dieses Schlages nicht verleugnen können.

4. Auf eine andere Gattung, nämlich die Socialphilanthropie, die in den unklaren und politisch restaurativen Zuständen mit ihrer Halbromantik am ehesten heimisch geworden ist und der es ebenfalls, aber doch nicht in gleichem Maasse an Charakter gebrach, brauchen wir hier nicht einzugehen. Dagegen ist die Criminalphilanthropie, die trotz ihrer schwachen Seiten und trotz der Vaterschaft Beccarias immerhin in der Richtung milderer Cultur mitgewirkt hat, noch bezüglich ihrer Tendenz gegen die Todesstrafe und ihres Eintretens für Humanisirung der Strafmittel ein wenig ins Auge zu fassen. Der Tod als Abschreckungsmittel und der Tod als eigentliche Gerechtigkeitsstrafe sind zwei ganz verschiedene Einrichtungen. Der terroristische Gesichtspunkt hat mit der Ahndung einer Verletzung, die vom Menschen gegen den Menschen verübt ist, nur zufällig oder vermittelst entfernter Ableitungen etwas zu schaffen. Sowenig die Tödtung im kriegerischen Kampfe als die Verhängung eines Actes der Gerechtigkeit angesehen wird, ebensowenig darf die gleichsam polizeiliche Androhung des Todes, vermittelst deren eben nur ein Zweck erreicht werden soll, oder gar der die Rolle eines politischen Ausrottungsmittels spielende Tod an sich selbst und ohne Weiteres für einen Ausdruck jener natürlich rückwirkenden Gerechtigkeit gehalten werden, aus welcher sich einzig und allein eine eigentliche und sühnende Strafe herleiten lässt. Man betrachtet den Menschen fast nur als Sache, d. h. ohne Rücksicht auf sein Recht, wenn man, um ihn als Werkzeug kräftig zu bestimmen oder als Hinderniss aus dem Wege zu räumen, im Voraus die Androhung oder sofort den Tod selbst in Anwendung bringt. Zwischen beiden Verfahrungsarten ist kein so überaus grosser Unterschied, und man wird daher schon viel Licht über die einschlagenden Fragen verbreiten, wenn man sich daran gewöhnt, den systematischen oder irgendwie organisirten Mord sowie auch die in den Formen der Justiz vollzogene Wegräumung nicht mit der Todesstrafe zu verwechseln. Vor der natürlichen Gerechtigkeit würden vielmehr diese Arten der Todesverhängung selbst die tödtliche Rache herausfordern und sich mithin in diesem Sinne die Todesstrafe oder deren humanen Ersatz verdient haben. Dringt man bis auf den letzten Grund der Verhältnisse, so werden allerdings überall nur zwei Möglichkeiten von Bedeutung

sein. Entweder ist die Tödtung ein Mord, der als ursprüngliches Verbrechen von Einzelnen und Völkern aus Raubsucht, Bosheit oder andern Beweggründen geübt wird, oder sie ist ein Racheact, wohin auch die zufälligen Wirkungen und Rückwirkungen eines nicht von vornherein auf das Aeusserste angelegten Streites und Kampfes gehören. Auf irgend einer Seite und in irgend einer Beziehung wird eine ungerechte Verletzung zu Grunde liegen; denn nur aus der ursprünglich verletzenden Gewalt kann die Berechtigung der wiederum geübten Gewalt hergeleitet werden. Alle den Tod bringende Gewalt ist also entweder spontane Verletzung oder gerechte Rückwirkung gegen eine solche. Die Frage ist nun die, ob die höher entwickelte Humanität von dieser Art der Rückwirkung absehen könne oder, mit andern Worten, ob sich die veredelte und ihrer Rohheit entkleidete Rache, zu welcher sich Rücksichten und Affecte entgegengesetzter Art gesellen, an der Verhängung anderer Uebel genügen lasse.

Die behäbige Gelassenheit, mit welcher die Justiz ihre Opfer in den Tod schickt, entfernt sich sehr weit von der unmittelbaren Natürlichkeit der frischen oder Angesichts der fortdauernden Macht des Verletzers frisch erhaltenen Rache. Die Natur dieses Affects ist zwar ursprünglich meist roher und unter Umständen grausamer; aber sie ist es selten über die lebendige Empfindung hinaus, und sie kommt nicht leicht in den Fall, einen Feind, der vollkommen unterworfen und seiner Selbständigkeit gänzlich verlustig ist, vom Standpunkt unvergleichlicher Uebermacht mit kaltem Muthe abzuschlachten. Oft ist der Tod, den sie austheilt, nur eine zufällige Wirkung des unmittelbaren Kampfes oder eine Maassregel der Nothwehr. Die Rache will den feindlichen Willen treffen und niedergebeugt sehen; aber der Tod seines Trägers ist ihr bisweilen eine sich unerwünscht einmischende Vorbedingung der Anthuung einer geistigen Pein. In ihrer furchtbarsten Steigerung würde sie dem Verletzer sogar den Zauber einer immer wiederholten Auferweckung gönnen, um ihn von Neuem sterben zu lassen, und sie würde sich um diesen Preis auch allenfalls mit seinem ewigen Leben aussöhnen. Sie würde sich hiebei bald erschöpfen oder ausgeglichen finden und in ihrem Verhalten deutlich beweisen, um was es ihr eigentlich zu thun ist. Mit dem Tode geht sie über ihr wahres Ziel hinaus, und sie kann den Tod selbst nicht mehr wollen, sobald ihr die Möglichkeit offensteht, den Verletzer ohnedies gehörig zu treffen. Hiezu kommt, dass der einzige Fall, in welchem naturgemäss die Tödtung als gerecht erscheinen kann, nämlich die vorgängige tödtliche Verletzung durch den Mörder, nur äusserst selten von dem Betroffenen selbst wahrgenommen werden wird. Der erfolglose Mordversuch ist jedenfalls ein nicht so klarer Grund für die Gegentödtung, die mehr als Wirkung des Kampfes oder der Nothwehr, nämlich wahrhafte Gerechtigkeit sein soll. Das Eintreten der Angehörigen oder überhaupt Anderer führt nun freilich nicht zum Verzicht auf die äusserste Befriedigung der Rache, schwächt aber da, wo nicht ein Band besonderer Liebe und Aufopferung den Rächer an den Verletzten kettete, die Ressentiments durchschnittlich eher ab und verschärft sie nur ausnahmsweise. Der Regel nach wird also der Rächer, der nicht für die eigne Person eintritt, so handeln, als wenn ihm ein grosses Unheil zugefügt, aber nicht so, als wenn er selbst eine tödtliche Verletzung empfangen hätte. Er wird die Unbill als gegen einen Lebenden, nämlich gegen ihn selbst gerichtet verfolgen und in dieser Lage eher geneigt sein, sich mit der Uebernahme eines Uebels durch den Verletzer oder mit der Aufzwingung eines solchen zufrieden zu geben. Ein geschichtlicher Beweis für diese Richtung der Menschennatur ist das schon im vorigen Capitel erwähnte Compositionensystem. Die Tödtung des Mörders ist hienach im Allgemeinen selbst dann keine naturgesetzliche Nothwendigkeit, wenn nichts als die Logik der gesicherten Rache in Frage kommt. Die Tödtung ist unter allen Umständen ein Zuviel, und man muss in ihr stets einen Ueberschuss über das hinaus erblicken, was lebende Menschen einander anthun dürfen, wenn sie Rache und Gerechtigkeit mit Verstand üben wollen.

Nimmt man aber auch an, dass der eben bezeichnete Unterschied nicht so ins Gewicht fällt, um die Gegentödtung zu einem Mehr oder zu einem Weniger zu machen, als die eigentliche Gerechtigkeit mit sich bringt, so muss das Princip der Humanisirung der Strafarten die Sache vollends entscheiden. Mit dem Rechtsgefühl lassen sich glücklicherweise auch höhere Rücksichten vereinbaren. Die Menschheit, die sich durch die Naturgesetze dem Verbrechen unausweichlich verfallen sieht und ihr allgemeines Loos erkennt, wird die individuellen Regungen der Rache nicht aufheben, aber im Sinne der Solidarität und collectiven Verantwortlichkeit mässigen und veredeln. Sie wird von der Zurechnung nicht absehen, aber den mildernden Umstand der allgemeinen, in der Constitution des Menschenwesens angelegten Fehlbarkeit und Verbrechensverhängung gelten lassen. Sie wird dies im Laufe der Entwicklung nicht blos können, sondern auch müssen, und so ergiebt sich dann erst die wahre Erhabenheit über die ausschliessliche Geltung des ursprünglichen rohen Naturspiels. Die Natur war nur ein roher Anschlag, der sich in seiner weitern culturmässigen Entwicklung berichtigen musste. So wird sogar der Gewaltmechanismus in edlere Formen gebracht und die Enthaltung von der Tödtung auch da ein Gesetz, wo es sich um die gerechte Rückwirkung gegen einen Mord handelt. Alle bessere Sitte in der Wahl der Strafmittel beruht auf einer ähnlichen Vertiefung und Einkehr des menschlichen Bewusstseins in sich selbst. Das unselige Uebel, welches der Mensch über den Menschen bringt, soll in allen Richtungen und mithin auch da gemässigt werden, wo es nur den Zweck hat, ein noch grösseres moralisches Uebel und nebenbei auch eine Gefahr zu vermeiden.

5. Die Vermenschlichung der Strafen setzt besser gewordene Menschengruppen voraus oder wenigstens solche, für deren Lebensweise und Denkart die einfache Freiheitsbeschränkung oder die zwangsweise auferlegte Arbeit bereits ein hinreichend empfindliches Uebel bildet. Ein Uebel muss nämlich die Strafe unter allen Umständen bleiben, wenn sie ihrem Begriff entsprechen und nicht überhaupt aufhören soll, ein Act der vergeltenden Gerechtigkeit zu sein. Angesichts der nicht etwa blos durch die sehr unzulängliche Criminalstatistik, sondern aus innern Gründen feststehenden Nothwendigkeiten einer je nach Umständen grössern oder geringern Summe von Vergehen, könnte man, sobald diese Summe durch Culturverbesserungen sehr klein wird, allenfalls daran denken, die Gesichtspunkte der Gerechtigkeit und Abschreckung, die beide von der Natur in der Rache vereinigt sind, gegen die Sorge um nachträgliche Sicherung und Besserung zurücktreten zu lassen. Es gehören zum Verbrechen wie zur guten Handlung positive Gründe, und man kann nicht behaupten, dass die allgemeine Menschennatur als solche von vornherein zu Uebelthaten neige. Sind also Zustände vorhanden, in denen sich die Beweggründe zu Verletzungen stark vermindert und vielleicht auf sehr vereinzelt vorkommende Situationen beschränkt finden, so mögen die alsdann eintretenden verbrecherischen Abnormitäten der Handlungsweise immerhin gleich Störungszuständen des Geistes aufgefasst und ausschliesslich mit solchen moralischen Heilmitteln behandelt werden, in denen die Absichtlichkeit eines vergeltenden Uebels nicht mehr als wesentlicher Bestandtheil erscheint.

Irgend ein Uebel wird ohnedies schon darin liegen, dass der Verletzer nach Art eines Unzurechnungsfähigen in seiner Freiheit beeinträchtigt und zwangsweise einem Verfahren unterworfen wird, welches gegen etwaige neue Ausschreitungen seinerseits sichern und ihn, wenn möglich, dauernd bessern d. h. mit einer nachhaltig umgewandelten Gesinnung ausstatten soll. Bei den kleinern Vergehen zeigt es sich sogar, dass der Mangel der Zurechnung und das Anheimfallen an ein Besserungsverfahren ein grösseres Uebel sein müsste, als die gemeine Strafe. Niemand will unter dem Vorwande der allgemeinen Unzurechnungsfähigkeit für geringere Vergehen in öffentliche Zucht genommen oder gleich einem Gemüthskranken zu einem Heilverfahren eingesperrt oder wohl gar unter Vormundschaft gestellt werden. Dies wäre aber der Sinn der allzu grossen Philanthropie. Ist der Verbrecher, wie z. B. bei einem trotz des sonst guten Charakters im Zorn verübten Todtschlag, selbst innerlich von der That bedrückt, so wird er zu irgend einer Art nützlicher Abbüssung und zu einem Versuch der dauernden Disciplinirung der maasslosen Affecte aus eignem Antriebe geneigt sein. Selbst in den idealsten Zuständen wird man aber auch nicht mehr als dies voraussetzen können, und dann wäre es offenbar besser und rationeller, eine geringe und eigentliche Strafe bestehen zu lassen, übrigens aber nur dafür zu sorgen, dass es dem Einzelnen nicht an Gelegenheit fehle, sich freiwillig einem Besserungsregime zu unterwerfen oder in solche Lebenslagen einzutreten, in denen sein etwa nicht zu beseitigender Fehler vom Schadenstiften möglichst zurückgehalten wird.

Weit verstandesmässiger als die doch stets etwas nebelhaften und sich selbst leicht missverstehenden Wünsche, den Verbrecher von der künftigen Gesellschaft ausschliesslich wie einen Kranken behandelt zu sehen, sind die auf die Vorbeugung gerichteten Forderungen. Sind einmal Verletzungen vorhanden, so kann keine Macht der Welt die Naturnothwendigkeit irgend einer Art der Sühne gänzlich überwinden. Die Formen der Ausgleichung und Versöhnung mögen sich veredeln; aber das Uebel wird in dreierlei Gestalt, nämlich als doppelte äusserliche Schädigung und dann noch als moralische Regelwidrigkeit bestehen bleiben. Ueber alle drei Unheilsbestandtheile zusammen können nur die vorbeugenden Mittel positiver Art triumphiren. Man muss danach streben, anstatt den Anreiz zum Verbrechen durch die drohende Rache und Strafe aufwiegen zu wollen, von vornherein die antreibenden Kräfte selbst zu beseitigen und durch zweckmässige Gestaltung der gesellschaftlichen Verhältnisse die bösen Neigungen zu entwurzeln. Lässt sich in dieser Richtung auch noch keineswegs eine vollständige Ueberwindung aller störenden Regungen absehen, so ist es doch möglich, ganze Classen von Verirrungen wegzuschaffen, die fast ausschliesslich in der socialen Organisation ihren Grund haben, und vermöge deren eine Summe von Vergehungen wie von einer grossen Maschine producirt wird. Noth, Rohheit, Unwissenheit und positiver Aberglaube sind allerdings nicht die einzigen Schöpfer aller Verbrechen. Es bleiben auch genug für den Uebermuth und das Raffinement übrig. Wohl aber sind beide Arten von Entstehungsgründen für die überwiegend grosse Masse der Verbrechen als Verzweigungen einer und derselben Unzuträglichkeit der gesellschaftlichen Verfassungszustände aufzufassen. Der Uebermuth ist nur das Gegenstück der Gedrücktheit durch die Noth, und er würde mit seiner verdorbenen Verkünstelung und seinen maasslosen Begehrlichkeiten von ungerechter und oft vergifteter Art gar nicht in dem thatsächlichen Umfange existiren, wenn ihm nicht Mangel, Elend und Ohnmacht auf der andern Seite gegenüberständen. Durch die letztern wird seine Kraft in einer doppelten Beziehung erzeugt; erstens empfängt er von hier seinen Reichthum, und zweitens kann er denselben gegen die mit der Noth Kämpfenden als eine um so stärkere Waffe gebrauchen. Will man daher die Ungerechtigkeit einschränken, so muss man die Verhältnisse von Ohnmacht und Uebermacht politisch und wirthschaftlich ausgleichen.

Das entscheidende Princip wird die Ablenkung der menschlichen Kräfte von dem gegenseitigen Kampf durch die positive Hinleitung derselben auf die Arbeit an der Natur sein. Der Wetteifer muss fortbestehen; aber er muss sich darauf richten, in der Ueberwindung der Naturhindernisse des veredelten Daseins die grössten Erfolge zu erzielen. Die Einzelnen und die Völker können nur dann friedlich und gerecht nebeneinander hergehen oder gar sich positiv in der besten Form und am nachhaltigsten fördern, wenn sie sich entschliessen, statt zum grössten Theil vom offenen oder verdeckten Raube, ausschliesslich von ihrer an der Natur bethätigten Arbeit zu leben. Ein System, in welchem die Ausbeutung des Menschen durch den Menschen als nothwendiger Bestandtheil figurirt, ist in der Wurzel ungerecht und muss daher auch weitere Ungerechtigkeiten in allen Richtungen massenhaft hervorbringen. Wo die Aneignung fremder Arbeit den Reichthum der Minderzahl schafft, da ist schon hiemit der Raub zum herrschenden Motiv gemacht, und man kann sich nicht wundern, wenn er sich in den kleinern Angelegenheiten nicht ausmerzen lässt. So bedeutsam nun für die gegenseitigen Beziehungen der Völker und der Einzelnen die Ablenkung der sich zum Raub versucht fühlenden Kräfte auf die Natur auch ist, so kann diese versöhnende Richtung der Thätigkeiten doch unter den heutigen Culturverhältnissen nur äusserst beschränkt zur Anwendung kommen. Solange das Ablohnungssystem der Arbeit besteht und der Zugang zur Natur hiemit für die grosse Masse der Menschen versperrt bleibt, kann die Arbeit direct nicht viel ausrichten, sondern bleibt für ihre Erfolge an den Kampf des Menschen mit dem Menschen gebunden. Eine solche Einrichtung muss aber stets viele Verbrechen und Vergehen in ihrem Gefolge haben, indem sie die Interessen und Begierden in einem künstlich gesteigerten feindlichen Conflict erhält.

6. Erinnern wir uns nach dem Blick, den wir auf die Störungen der bessern Menschlichkeit gethan haben, nun wieder daran, dass die edlere Ausprägung menschlicher Sitte schliesslich immer am meisten von dem positiven Gehalt abhängen wird, den man ihr über die blosse Ueberwindung der Hemmungen hinaus zu geben vermag. Wir gingen davon aus, dass der Mensch schon in den Generationen besser zu formen, zu produciren und zu sichten sei. Die Griechische Kunst, den Menschen in Marmor zu idealisiren, wird nicht das gleiche geschichtliche Gewicht behalten können, sobald die weniger künstlerisch spielende und daher für das Lebensschicksal der Millionen weit ernstere Aufgabe in Angriff genommen wird, die Menschenbildung in Fleisch und Blut zu vervollkommnen. Diese Art Kunst ist keine blos steinerne, und ihre Aesthetik betrifft nicht die Anschauung todter Formen und die davon abgeleiteten Eindrücke, sondern das ursprüngliche Leben und Weben der Empfindungen und Gefühle lebendiger Wesen. Auch der von den Philologen so genannte Humanismus hat nicht viel mit echter Menschlichkeit zu schaffen. Er steht tief unter der Griechischen Kunstüberlieferung; denn die Hellenischen Marmormenschen, welche glücklicherweise unmittelbar zu unsern Sinnen und nicht das Griechisch der Pedanten reden, dürften alle andern Reste des Alterthums noch am längsten überdauern. Sie dürften noch dann etwas bedeuten, wenn schon der Inhalt der Griechischen Literatur zu den abgelegten Bildungsstoffen einer überwundenen ersten Einschulungsphase der neuen Zeit-

alter gerechnet werden wird. Der aber schon längst verrottete Philologenhumanismus, der eigentlich nur im Zeitalter der Renaissance einige von der Folie der mittelalterlichen Trägheit günstig gehobene Frische für sich hatte, — diese abgestorbene und immer mehr ausgetrocknete Pflanze von vermeintlich dauernder, schon ursprünglich überschätzter, jetzt aber nicht nur vollends nichtiger, sondern sogar schädlicher Bedeutung für die Cultur hat ihr Wesen und Unwesen durch vier Jahrhunderte wohl zur Genüge sichtbar gemacht. Man kennt jetzt ihren Bau mehr als hinlänglich, und man wird sich weiterhin nicht versucht finden, ihre Elemente auch nur als zum Dünger der Zukunft geeignet gelten zu lassen. Die sogenannte humanistische Bildungsart entspricht ihrem Namen so wenig, dass man sie getrost als eine der Unmenschlichkeiten bezeichnen kann, mit denen die Jugend heimgesucht und um das frische Fühlen und Wissen betrogen wird.

Die Menschlichkeit der Griechen beschränkte sich in allen Gattungen auf die künstlerische Form und war übrigens im Leben nicht von sonderlichem Werth, sobald man die falschen Idealisirungen der neuern, offenbar romantischen Auffassungen entfernt und ausserdem den höhern Maassstab unserer heutigen Forderungen anlegt. List und Trug der Hellenischen Welt spiegelten sich schon im Odysseus ihrer Urdichtung, sowie die rohe Grausamkeit in Achilleus und seiner an Hektor ausgelassenen Rachewuth. Strengere Wissenschaft ist in der classischen Zeit nur in geringem Umfang hervorgebracht worden, und so bleibt denn auch in der Literatur, also namentlich bei den Dichtern und Geschichtsdarstellern nichts als die ebenmässige Form übrig, die uns Neueren überdies zunächst als ein unübertreffbares Muster menschlicher Natürlichkeit erscheinen konnte, weil uns der Byzantinismus und das Mittelalter in lauter Unnatur begraben hatten. Dieser Zauber des Contrastes, der noch heute so viele Geister gefangen hält, wird jedoch vollständig gelöst werden, sobald die heutigen Nach- und Fortwirkungen des Mittelalters endgültig verschwinden. Alsdann wird die grössere Freiheit des rein Menschlichen in den verschiedensten Richtungen Thaten verrichten und Werke schaffen, die auch in der Form für das lebendige Dasein einen grössern Werth einschliessen werden, als die sämmtlichen todten Ueberlieferungen der Vergangenheit.

7. Die Kunst beginnt in der Natur und wird dort in der zweck-

und ebenmässigen Einrichtung des Kräftespiels und der Lebensfunctionen mit mehr oder minder Erfolg ausgeübt. Von dem Menschen soll diese Kunst an seinem eignen Leibe und an den Gruppirungsformen der gesellschaftlichen Gruppen fortgesetzt werden. Die schöne Kunst, im gewöhnlichen und engern Sinne des Worts, und innerhalb ihres Gebiets vornehmlich die Poesie, ist nach ihrer bisherigen Rolle nur als eine Art Vorspiel für bedeutendere und tiefer wurzeltreibende Regungen des menschlichen Wesens anzusehen. Von der Einmischung des Kinderhaften, ja überhaupt von dem nicht blos kindlichen sondern auch kindischen Charakter, der die Kunst und Poesie der bisherigen Menschheitsepoche mit falschen Spielen der Phantasie und albernen Auffassungen der Dinge und des Lebens entstellt hat, soll hier nicht eingehender geredet werden. Wohl aber ist im Hinblick auf die Sitte daran zu erinnern, dass die Dichtung, welche in die Leidenschaften gestaltend und veredelnd eingreifen mag, sich doch auch thatsächlich der Fortpflanzung des Verkehrten im Wollen und Wissen und zwar in der umfassendsten Ausdehnung dienstbar erwiesen hat. Ihr haftete stets dieselbe Ueberlieferung an, welche die Mängel und Rückständigkeiten des wirklichen Lebens verschuldete. Ja sie stattete die vom Leben überwundenen Vorstellungen durch eine Art conventioneller Galvanisirung mit dem trügerischen Scheine der idealen Unsterblichkeit aus, indem sie die Fiction des Absurden als ein Recht künstlerischer Freiheit in Anspruch nahm. Auf diese Weise erhob sie sich nur wenig über das Kindheitsstadium der Menschheit und Menschlichkeit. Sie lernte im Grossen und Ganzen niemals, sich die reine und hohe Aufgabe stellen, die naturwahren Empfindungen, Gemüthsbewegungen, Anschauungen und Gedanken in einer ungemischten, geklärten und fictionslosen Weise vorzuführen. Die erhabene poetische Function, durch welche dem Menschen Herz und Sinne erst vollends aufgeschlossen und eines gesteigerten, aber trotzdem maassvolleren Fühlens und Wollens theilhaft gemacht werden, musste auf diese Weise stark beeinträchtigt werden. Setzen wir aber auch als Ideal der Zukunft eine mythenfreie, superstitionslose und direct menschliche Poesie und Kunst voraus, so werden die von ihr abzuleitenden Affectionen und Veredlungen doch vergleichungsweise nur als Wirkungen zweiter Ordnung gelten dürfen, wenn man auf der andern Seite die hohe Errungenschaft erwägt, die in einer physiologisch stärker ausgeprägten

Befähigung zur eignen und ursprünglichen Hervorbringung lebendiger und maassvoller Wahrnehmungen und Erregungen enthalten sein müsste. Die intensive Kraft des Genies wird zwar stets nur in der Vereinzelung seltener individueller Steigerungen vorhanden sein können; aber auch das allgemeine Niveau mag sich nach dieser Höhe hin heben und so die Masse der Menschen und nicht blos deren Empfänglichkeit, sondern auch deren ursprüngliche und selbständige Thätigkeit, also auch die positive Kraft zum entgegenkommenden Verständniss auf der Stufenleiter der Typusveredlung einen höheren Platz einnehmen lassen. Der Urquell der Poesie ist das gesteigerte und ebenmässig geformte Lebensgefühl. Die Wirkung auf diesen Urquell ist aber wichtiger, als die Sorge um die blos abgeleiteten, erst durch die Uebertragung auf Andere in grösserer Breite fungirenden Erregungen. Die Wellenspiele, die von der Poesie im Gemüth erzeugt werden, haben keinen grossen Werth für die dauernde Veredlung des Menschen, solange nicht die eigne innere Verfassung des mitempfindenden Wesens mit einer nachhaltigen Gestaltungskraft in einigem Maasse ausgestattet ist.

8. Wenn die in einem weiteren und ernsteren Sinne des Worts ästhetische Formung der Triebe und Leidenschaften zu einem grossen Theil in der Poesie ihren Ausdruck findet und zu einem andern Theil von der Poesie ausgeht, so wird die Sprache nicht nur eine praktisch hochwichtige Rolle spielen, sondern auch ein treffendes Bild für den Entwicklungsgrad der höheren Menschlichkeit abgeben. An der Sprachveredlung mag Jeder leichter als vermöge anderer Merkmale die Unterschiede der Cultur und der Verwahrlosung erkennen. Eine zugleich affectiv volle und im Verstande genaue Sprachgestaltung ist sogar die Vorbedingung eines befriedigenden und bequemen Verkehrs. Die Verunstaltungen der Sprachgewohnheiten tragen die Spuren geschichtlicher Thorheiten und Uebelstände deutlich genug zur Schau. Welche Verrenkung des Natürlichen liegt nicht beispielsweise in der Anrede eines Einzelnen als einer Mehrheit und als eines Dritten! Das ist die Unnatur und Unterthänigkeit Byzantinischer Art. Auch die Art von Logik, die sich in der vornehmlich als gebildet bezeichneten Sprachgestaltung der Literatur verkörpert hat, und die sehr oft mehr Unlogik als der entsprechende Volksdialekt enthält, würde den Anfechtungen weniger entgehen, wenn nicht grade die Sprachzergliederer dem Autoritären

17*

und Privilegienhaften am blindesten ergeben wären. Das falsche Denken und das falsche Fühlen verkörpern sich oft schon in den Bezeichnungen und noch weit mehr in den Bildern, Vergleichungen oder noch volleren Sprachwendungen. Die Unsitte hat gleich der Sitte auch hier ihr Reich, so dass man sich auch in der Sprache nicht ohne Kritik dem thatsächlichen Herkommen zu unterwerfen hat. Hier reden wir jedoch nur von dem Werth, welchen die Sprache als Ausdruck und Hülfsmittel der edleren Menschheitsausprägung in Anspruch nehmen kann. Solange die Sprache der Volksmasse der Vernachlässigung anheimfällt und nur die sehr rasch in eine träge Stauung gerathende und in der Trennung von ihren Quellen schliesslich absterbende Büchersprache einer sehr zweideutigen Pflege gewürdigt wird, kann das allgemein seinsollende Verständigungsmittel seinen Beruf noch nicht zu einem Zehntel erfüllen. Die Kluft zwischen den verschiedenen Schichten bleibt alsdann zu gross, als dass in Rücksicht auf eine bewusstere Sitte und ein bewussteres Recht die in dieser Richtung unentbehrliche Gemeinsamkeit vorhanden sein könnte.

Der durch die Sprache vermittelte Verkehr schliesst Alles ein, was von den gröbsten Interessen bis zu den feinsten Rücksichten hinauf für gute oder schlechte Sitte in Frage kommt. Auch die zarteren Benehmungsarten spiegeln sich in den gewohnheitsmässigen Sprachwendungen. Die Rohheit der Natur wird durch das Gewählte der rücksichtsvollen und im echten Sinne des Worts bescheidenen Ausdrucksart verfeinert. Die leichtesten Verletzungen, die sich unwillkürlich und ohne böse Absicht einfinden mögen, werden vermieden, und wenn auch oft von einer verschnörkelten Sitte schliesslich nur die todten Formen übrig bleiben, so ist dies kein stichhaltiger Einwand gegen den Vortheil, den die in den Grenzen wahrer Natur edel ausgebildeten Gesetze des geselligen Verkehrs an sich selbst haben müssen. Hohlheit und Verzerrung sind allerdings hier gegenwärtig das Ueberwiegende; aber hieraus folgt nur, dass man sich im ferneren Menschheitsleben zu bemühen habe, die edle Einfachheit des Natürlichen mit der bewussteren Rücksicht auf die zu meidenden Verletzungen zu vereinbaren. Auch die Geselligkeitsgewohnheiten und die ihnen dienstbaren Sprachwendungen, Begrüssungsformeln oder sonstigen Aeusserungsarten sollen in jeder Beziehung wahr sein. Wenn sie in der Wirklichkeit unserer hier ebenso wie anderwärts gemischten und aufzulösenden Zustände ein Reich der Heuchelei und Verlogenheit vorstellen, so ist eine solche Beschaffenheit glücklicherweise kein dauerndes Natur- und Culturgesetz.

Wer an der späteren allgemeinen Verbreitung einer wahr und gut gearteten, die gesellige Rohheit überwindenden Sitte zweifeln möchte, der möge bedenken, dass wir in einem verwandten, aber leichter verständlichen Fall trotz aller Rückständigkeiten der bisherigen Geschichte die spätere Nothwendigkeit der Veredlung bereits klar genug absehen können. Trunk und Völlerei oder Annäherungen daran, also überhaupt Ausschweifungen, die sich an die gemeinsten Triebe des Eigenlebens anknüpfen, werden grade in den höheren Gesellschaftsschichten und zwar zum grossen Theil aus Langerweile im weitesten Umfange beliebt und von Geschlecht auf Geschlecht als herkömmliche Sitte vererbt. Ebenso ist die abstumpfende Narkose in oft schon von vornherein ekelhaften Formen ein Stückchen Sitte oder vielmehr Unsitte, in welcher sich die Völker nach Maassgabe ihrer verschiedenen Mittel ergehen, und mit welcher sie den Typus besserer Menschlichkeit verunstalten. Ob es die Unsauberkeiten der Einlassung mit dem Tabak oder die Verzückungen des Opiumrausches sind, oder ob die Getränke und Nahrungsmittel widerwärtig erregende oder überhaupt für die feinere Empfindung verwerfliche Eigenschaften haben, — dies Alles entscheidet ebensowenig, wie die grössere oder geringere Barbarei in der Wahl der umnebelnden oder sonst schädlichen Stoffe, gegen den allgemeinen Grundsatz, dass jede Art und jedes Maass von Abirrung in dieser Richtung mit einer vervollkommneten Sittengestaltung unverträglich werden müsse. Nicht blos das eigne Befinden, sondern auch der Eindruck im veredelten geselligen Verkehr hängt von der Ausmerzung solcher Missgebilde eines falschen Lebensgenusses ab. Die Wüstheit oder gar Abgestumpftheit der Gehirnverrichtungen in der allgemeinen Behandlung und in den besondern Geschäften des Lebens ist zu einem grossen Theil auf jene gröberen, rein sinnlichen Elemente der Unsitte zurückzuführen. Auch die öffentlichen Angelegenheiten haben hierunter in mehr als einer Hinsicht zu leiden; jedoch sind sie es auch, zu deren Stand eine Gesellschaft passt, die ihren verfügbaren Ueberschuss an Kräften und Mitteln vielfach nicht anders unterzubringen weiss, als indem sie beide im Raffinement naturwidriger

Genussmittel und in Ausschweifungen vergeudet und verdirbt. Der Mangel an Gelegenheiten zu einer besseren Thätigkeit und zu einem wahrhaft gesteigerten Lebensgenuss erklärt hier sehr viel. Man darf nicht erwarten, dass die auf eine Privatexistenz unpolitischer und unsocialer Art reducirten Menschen sonderlich bessere Wege finden, ihre Lebenslust geltend zu machen. Mit der Umschaffung des gesammten Gemeinlebens werden daher auch für jene gröbsten, aber darum nicht unwichtigsten Grundlagen der Sitte bessere Stützen zu gewinnen sein.

Fünfter Abschnitt.

Gemeinwesen und Geschichte.

Erstes Capitel.

Freie Gesellschaft.

Eine genauere und den Namen der Wissenschaft verdienende Lehre von den Grundgesetzen des menschlichen Gemeinlebens ist erst in vereinzelten Anfängen vorhanden. Sie darf sich nicht mit Thatsachen begnügen, sondern muss ableitend und gestaltend verfahren. Die einzige bedeutende Probe dieser Richtung ist die Rousseausche Arbeit über den Gesellschaftsvertrag nebst den ihr zu Grunde liegenden oder verwandten Speculationen desselben grossen Schriftstellers. Zutreffend konnte er behaupten, dass für das natürliche politische Recht und für die entsprechende Politik noch erst der Grund zu legen sei; denn Hobbes hatte zwar in originaler, aber rückläufig verfehlter Richtung im Sinne des Despotismus geschrieben. Die Aufstellungen Macchiavellis hatten nicht einer natürlichen Construction des Gemeinwesens, sondern nur den Maximen gegolten, welche in verderbten Zuständen den Kampf der Regierenden mit den Regierten im Sinne der ersteren regeln sollten. Diese Maximen setzten den zwiespältigen Unterdrückungsstaat mit seinem ewigen innern Kriegszustand voraus, und der pessimistische Formulirer der von allen Rechtsrücksichten entbundenen Regeln der List und Gewalt konnte nicht daran denken, die Bestandtheile und Vorbedingungen eines naturgemäss gesunden Gemeinwesens darzulegen. Uebrigens hat aber diejenige Halbwissenschaft, die sich Politik nennt und von den im Dienste der Regierungen stehenden Historikern oder Juristen behandelt worden ist, nichts aufzuweisen, was im günstigsten Falle über die grob wahrnehmbaren Thatsachen und deren einseitige Beleuchtung hinausreichte. So ist denn bis auf den heutigen Tag Rousseau der einzige bedeutende Vorgänger auf der neuen Bahn geblieben. Jedoch hat er den Grund nicht tief genug gelegt, indem er von der Volkssouverainetät ausging und den Willen des Einzelnen allzu leichten Kaufs einem Mehrheitswillen unterworfen sein liess.

Das politische Recht muss sich ebenso, wie alle Gerechtigkeit, auf ein einfaches Schema der Verhältnisse zwischen einzelnen Menschen zurückführen lassen. Der einzige Unterschied wird bei diesen Ableitungen darin bestehen, dass die Beziehungen von zwei Menschen nur für die Entwicklung der obersten Principien ausreichen, während die Verwirklichung derselben die Hinzufügung einer Mehrheit gleichsam als einer dritten, in den besondern Streit nicht verwickelten oder wenigstens dabei nicht gleich stark betheiligten Macht voraussetzt. Der beliebige Wille wird hier an sich selbst gar nichts gelten, sondern auch dann, wenn er Allen in übereinstimmender Weise angehört, noch an der natürlichen Gerechtigkeit zu messen sein. Zwei Menschen können eine Gesellschaft nur durch Verständigung über ein Zusammenwirken bilden. Sie mögen sich in Rücksicht auf die Wirthschaft oder andere Zwecke verbünden und unterstützen; aber sie sind nicht im Stande, sich gegenseitig die Enthaltung von Verletzungen eigentlich zu garantiren. Im Falle eines Streits mag ein moralisches Band des Willens ausgleichend mitwirken; aber eine äussere Garantie, dass nicht Kampf und Gewalt, ganz wie in der ursprünglichen Isolirung, die einzigen Austragsformen und hiemit ebenso die Stützen des Rechts wie des Unrechts werden, ist offenbar nicht vorhanden. Denkt man sich Beide mit gleicher Stärke und Klugheit sowie auch sonst mit gleichen Mitteln des Angriffs und der Vertheidigung ausgerüstet, so wird die Zuflucht zu Gewalt und List allerdings durchschnittlich dem Einen nicht mehr Erfolg als dem Andern in Aussicht stellen, und es wird daher Jeder eher geneigt sein, von unnützen Versuchen abzustehen und die anderseitige Einsicht zur Verständigung anzurufen. Indessen ist weder diese Gleichheit so genau bemessen, noch sind die Zufälle so unerheblich oder die Leidenschaften von vornherein so gezügelt, dass sich auf die gegenseitige Enthaltung vom Kampf sonderlich rechnen liesse. Im Allgemeinen wird die Vereinigung von zwei Personen, welche durch Interesse oder auch durch sympathische Regungen gestiftet sein mag, nur soviel Frieden einschliessen, als die Zwischenfälle der sich kreuzenden Interessen gestatten. Allerdings gehört zur Feindschaft und Veruneinigung so gut eine besondere Ursache, wie zur Vergesellschaftung und Freundschaft. Auch ist die menschliche Natur in ihrem reineren und besseren Typus nicht auf gegenseitige Beraubung angelegt. Dennoch genügt aber schon dieselbe Rohheit, die dem unentwickelten Verstande in seiner Einsichtsgestaltung anhaftet, auch im Gebiet des Willens und der noch nicht an das Maass gewöhnten Triebe und Leidenschaften, um gelegentlich die schärfsten Conflicte zu erzeugen. Nun hat in unserm Schema Keiner von Beiden das Recht, dem Andern seinen Willen aufzudrängen; wie die Verbindung freiwillig ist, so sind es auch alle einzelnen Acte in derselben; ja in der Summe dieser Acte besteht eigentlich das ganze Verhältniss. Die einseitige Verletzung eines Abkommens ist natürlich ein Unrecht; aber die Berufung auf die natürliche Gerechtigkeit kann sich nur an den Verletzer selbst richten, der alsdann in eigner Sache entscheidet. Von Ueber- oder Unterordnung, also überhaupt von Herrschaft kann in dem Verhältniss Beider naturgemäss nicht die Rede sein. Bringt irgend ein Zweck ein planmässiges Zusammenwirken mit sich, so wird die zeitweilige Uebertragung der Leitung an den einen Theil nicht im Entferntesten eine Herrschaft einschliessen. Die Unterordnung der eignen Thätigkeit nach Maassgabe des vereinbarten Plans ist eine rein technische und überdies freiwillige, die jeden Augenblick zurückgenommen werden kann, wenn sie die Gleichheit der Interessen erheblich kreuzen sollte. Ausserdem muss sie zwischen beiden Theilen wechseln, damit auch der Schein eines eigentlichen Vorrechts vermieden werde. In einem derartigen Verhältniss liegt mithin das höchste Fundamentalprincip alles vollkommenen menschlichen Gemeinlebens, nämlich die Ausschliessung von Herrschaft und Knechtschaft und mithin aller eigentlichen Herrschaft angedeutet. Die freie Vergesellschaftung kann nie zum Herrenthum des Einen über den Andern führen.

2. Es würde ein erster, äusserst folgenreicher Fehler sein, wenn man, im Hinblick auf den Mangel an äussern und körperlich zwingenden Garantien der Gerechtigkeit, nun einen mächtigen Dritten fordern wollte, der, stärker als jeder von den beiden Andern, zum Frieden und Recht nöthigte. Dies würde nur das Recht von Sklaven ergeben und auf der willkürlichen Gnade beruhen. Zwischen den Beiden auf der einen und dem Dritten auf der andern Seite würde ein Verhältniss von Knechtschaft und Herrschaft und als Zubehör eine fortdauernde Feindschaft vorwalten. Um zur Vergewaltigung

zu gelangen, braucht man den Dritten nicht. Bringt nämlich der Kampf zwischen den Beiden einen entscheidenden Sieg des Einen mit sich, der jedoch nicht in die Tödtung sondern nur in die Entwaffnung und sonstige Wehrlosmachung des Andern ausläuft, so haben wir die Sklaverei, gleichviel ob das Recht oder das Unrecht triumphirte. Sobald der Kampf entscheiden soll, ist nicht mehr das Recht, sondern nur noch die Mechanik der Macht in Frage. Der verhältnissmässig beste Ausgang müsste daher stets die Unentschiedenheit sein, und in der That ist auch die gegenseitige Gleichheit der Kräfte ursprünglich und in allen folgenden Entwicklungen der Geschichte die beste Bürgschaft dafür, dass nicht die Macht an die Stelle des Rechts trete, und dass die moralische Wirkung der Gerechtigkeitsgedanken am weitesten und nachhaltigsten platzgreife. Es lässt sich mithin keine letzte und ursprüngliche Garantie des Rechts anders als in der eignen und möglichst gleichen Macht derjenigen finden, welche einander verletzen können. Die dritte Macht, mit der man so viel gerechnet hat, ist in Bezug auf Gerechtigkeit und Frieden eine illusorische Garantie. Sie kann ein Recht schaffen, aber nur das Sklavenrecht; auch kann sie Frieden gewähren, aber nur den Frieden eines Kirchhofs der Freiheit. Weit einfacher gelangt man zu diesem grossen Ergebniss auf dem schon angeführten kürzeren Wege der unmittelbaren Unterwerfung des Einen durch den Andern. In diesem Falle kann sogar gelegentlich einmal der Rechthabende der Sieger sein, und dann würde sich seine Gewaltübung an dem Verletzer innerhalb gewisser Grenzen sogar als eine Vorkehrung zur Abwendung künftigen neuen Unrechts charakterisiren können. Die Einschränkung der fremden Freiheit würde aber auf die Dauer nicht weiter als der Zweck selbst reichen dürfen, und es würde sogar die Pflicht begründet werden, dem an mehr Unrecht Gehinderten Gelegenheit zu lassen, für sein ferneres Verhalten andere Bürgschaften darzubieten. Niemals kann aber die positive Unterwerfung, Ausraubung und Versklavung irgendwie als der Inhalt eines Rechts angesehen werden.

Die wirklichen Gestaltungen der Geschichte sind bis auf den heutigen Tag meistens die Einseitigkeiten der Unterdrückung gewesen und entsprechen daher demjenigen Schema, in welchem der Eine vom Andern wehrlos gemacht und in irgend einer Gestalt an dessen Willen gebunden oder im eigentlichen Sinne des Worts gekettet wird. Die Ketten der eigentlichen und uneigentlichen Sklaverei haben denselben Ursprung; denn jeder Grad der politischen Unfreiheit kann als eine partielle Sklaverei, und die im engern Sinne so bezeichnete Sklaverei als die vollständige politische und privatrechtliche Freiheitslosigkeit angesehen werden. Freilich hat sich auch etwas von der gleichen Vergesellschaftung eingemischt; aber dies ist niemals dauernd in einer alle Schichten umfassenden Weise geschehen. Stets sind es nur besondere Gruppen und Classen gewesen, die sich im günstigsten Falle unter sich auf ziemlich gleichen Fuss einrichteten, dagegen nach unten hin eine niedertretende Gewalt übten. Die Rechte, die sie unter sich anerkannten, hatten zwar an dem Princip der Gerechtigkeit Theil, galten aber nur mit der Beimischung derjenigen Ungerechtigkeit, welche in der Hinwegsetzung über die natürlichen Ansprüche der durch die Unterdrückung Verletzten lag. So ist der Unterdrückungs- oder Gewaltstaat in seinen verschiedenen Formen, von der auf die Sklaverei gepfropften Demokratie bis zur Oligarchie und Alleinherrschaft hin, aus dem Gesichtspunkt unseres einfachen Schema zugleich logisch und historisch begreiflich. Er ist ein Ergebniss von Gewalt und List, und der in ihm verwirklichte Ueberschuss von sieggekrönter Uebermacht und glücklichem Trug nennt sich in seinen besondern Formen Staats- und Völkerrecht. Ganz besonders ist das innere Staatsrecht zum grössten Theil ein Inbegriff von Verhältnissen, welche nicht nur durch die rohe Gewalt, sondern auch gegen die natürliche Gerechtigkeit geschaffen worden sind. Dieser Sachverhalt reicht soweit, dass man, um über die Grundbeziehungen der politischen Gerechtigkeit ohne Missverständniss reden zu können, zeitweilig sogar das Wort Staat überhaupt, als mit der historischen Unterdrückungsform eng verwachsen, aufgeben muss, und zur Bezeichnung der gleichen und gerechten Verbindung den Ausdruck freie Gesellschaft anzuwenden wohlthut. Wären die Ideen, welche sich günstig an das Wort Staat knüpfen, nicht oft ein so nebelhaft verworrenes Gemisch, und diente der allgemeine Ausdruck Staat nicht auch dem Schein des grössten Freisinns sogar in den Zukunftstheorien zum Deckmantel, so würden wir ohne Weiteres dem Unterdrückungs- oder Gewaltstaat den Gerechtigkeitsstaat entgegengesetzt haben. Es bedurfte aber um so mehr einer noch schärferen sprachlichen Trennung, da der Gerechtigkeitsstaat leicht an den herkömmlich sogenannten Rechtsstaat erinnern könnte, der ein Widerspiel des Polizeistaats sein soll, aber auch nur eine gemässigte Form des Gewaltstaats sein kann, wo er nicht etwa gar thatsächlich eine zur Verzierung dienende Lüge bleibt.

3. Auch eine Vielheit von Menschen kann nicht die Rolle der vorher als illusorisch nachgewiesenen dritten Macht spielen. Allerdings hätte diese Vielheit in der Vereinigung unvergleichlich mehr Kraft als die Beiden, die wir als im Conflict begriffen vorausgesetzt haben. Das Aufzwingen dieser Uebermacht wäre aber an sich selbst ebensogut eine Vergewaltigung, wie wenn sie von einem Einzelnen und seinen untergebenen Werkzeugen ausginge. Ob sich eine Gesammtheit auf gleichem Fuss verbündet, um die schwächeren Einzelnen zu irgend Etwas zu nöthigen, was ihr grade so und nicht anders gefällt; oder ob ein Despot diese Rolle spielt, — das macht in der Hauptsache nur einen geringen Unterschied. Völlig anders gestaltet sich aber das Verhältniss einer Vielheit zu ihren Gliedern, wenn man in allen Richtungen Uebereinkünfte eines Jeden mit jedem Andern voraussetzt, und wenn diese Verträge die gegenseitige Hülfeleistung gegen ungerechte Verletzungen zum Gegenstande haben. Alsdann wird nur die Macht zur Aufrechterhaltung des Rechts verstärkt, und aus keiner blossen Uebergewalt der Menge über den Einzelnen oder der Mehrheit über die Minderheit ein Recht abgeleitet. Die Gestaltung der Kräfteverhältnisse ist hiebei die denkbar natürlichste; aber trotzdem soll eben diese Gestaltung nur das mindestschädliche Mittel werden, eine Rechtsgarantie zu organisiren, die über die eignen Kräfte der Parteien hinausreicht. Es ist daher ausschliesslich die Einhaltung der Gerechtigkeit, was auch dieser Collectiveinmischung ihren mehr als blos gewaltthätigen Charakter verleiht. Der geringste Fehlgriff in der Auffassung der Rolle des Gesammtwillens würde die Souverainetät des Individuums vernichten, und diese Souverainetät ist es allein, was zur Ableitung wirklicher Rechte führt. Eine rationelle Atomistik hat nicht blos in der Naturwissenschaft, sondern auch in der Politik die Wahrheit auf ihrer Seite.

Wenn man will, kann man für das ursprüngliche Recht auch von einer Uebereinkunft absehen. Der Beistand, welcher im Sinne der Gerechtigkeit geleistet wird, giebt sich eben durch seine Bedeutung nicht als nackte Machtübung, sondern als ein sympathisches oder im Allgemeinen interessirtes Eintreten gegen die Verletzungen. Uebrigens liegt aber in dem ausdrücklichen Vertrage über solchen Beistand nichts weiter, als eine schöpferische Erweiterung der natürlichen Verhältnisse, und der unbegründete Bruch eines solchen Vertrages würde selbst als eine ungerechte Verletzung gelten müssen. Es ist mithin die Vereinigung eine blosse Organisation derjenigen Rechtsgarantien, die nie und nirgend anderwärts als in den eignen Kräften der Individuen gefunden werden können. Der Beistand, den sich diese Kräfte gegenseitig leisten, hat zum Bande eben jene Gerechtigkeit selbst, die gesichert werden soll. Er hat daher selbst keine andere Bürgschaft, als die Kräfte derjenigen, welche das Gerechte in ihrem eignen Interesse und aus Mitgefühl für den Andern wollen. Ein Vereinigungsvertrag ist insofern nichts Willkürliches und beliebig Conventionelles, als sich in ihm das Bedürfniss der gegenseitigen Rechtshülfe und die natürlichen Bestrebungen zu dem entsprechenden Beistand eben nur vollkommener befriedigen und mit technischer Planmässigkeit verwirklichen. Eine derartige Uebereinkunft muss sich da naturgesetzlich vollziehen, wo die moralischen Vorbedingungen erfüllt sind, was freilich in der bisherigen Geschichte nur zu einem äusserst geringen Theil der Fall gewesen ist.

An Stelle der freien und gleichen Vereinigung finden wir in der Geschichte die einseitige Unterdrückung und den Zwang zum Verzicht auf Vereinigungen vorherrschend. Sobald ein Einzelner stärker ist als ein Jeder, der ihm aus einer Anzahl zum Kampfe gegenübertreten kann, wird er die ganze Anzahl niederhalten, wenn er nur dafür zu sorgen vermag, dass er sich nie mit einer planmässig handelnden Verbindung Mehrerer, sondern stets nur mit einem Einzigen zu messen habe. Verhindert er die Vereinigung, die schon an sich selbst nicht leicht ist, so wird er im Besitz der Uebergewalt bleiben. Nun denke man sich an Stelle jenes starken Einzelnen irgend eine despotische Macht mit ihrer Zurüstung oder auch irgend eine raubende und herrschende Gruppe beliebiger Art, die unter der Anführung eines Häuptlings fähig ist, kleinere und vielleicht friedliche Menschengruppen unter das Joch zu zwingen, so hat man das geschichtliche Bild von dem Grundschematismus aller Unterdrückungspolitik. Jene raub- und herrschsüchtige Macht kann die sich ihr widersetzenden Elemente nur in der Vereinzelung besiegen und wiederum nur in der Vereinzelung niederhalten. Der erste Grundsatz ihres Gewaltstaates wird daher dahin lauten, dass die politischen Vereinigungen zu hindern seien. Auch ist, wie man sieht, dieses Princip, die natürliche Vereinigungsfreiheit zu unterdrücken und hiemit eine colossale Gerechtigkeitsverletzung zu begehen, nur das einfache Zubehör zum unterjochenden Gewaltacte selbst. Die sogenannte Staatsbildung und zugehörige Staatserhaltung war meistens in diesem Hergang enthalten. Das Wesen oder vielmehr Unwesen des Staats, wie ihn auch die neuere Geschichte kaum anders kennt, spiegelt sich in jener Sperre aller erheblichen politischen Vereinigungen. Der historische Unterdrückungsstaat muss den keimenden Gerechtigkeitsstaat, der sich durch innere politische Vereinigungen bilden will, nach Kräften ersticken; denn nur solange dies gelingt, währt sein eignes Reich des von einer sich selbst privilegirenden Gruppe geübten Zwanges.

4. Es ist vergebens, ein Recht zum Zwange anders für eine Vielheit und deren Organe ableiten zu wollen, als es sich auch schon in dem Schema von zwei Einzelnen ergeben kann. Die verletzende Gewalt führt wiederum zur Gewalt, und wieweit Gerechtigkeit dabei im Spiele sei, ist eine Frage, die moralisch d. h. aus der Einsicht entschieden werden muss. Die Gewalt ist als solche auch dann ein Uebel, wenn sie der Gerechtigkeit dient. Der Einzelne, gegen den sie sich richtet, und die anderseitige, angeblich strafende Macht bleiben unter allen Umständen zwei Parteien, mag auch noch so viel staatliches Zwischenwerk diesen natürlichen Sachverhalt verschleiern. Die Unparteilichkeit kann sich im günstigsten Falle nur auf die Hervorbringung einer allgemeineren, von der Verwicklung in die besondere Sache freien Einsicht beziehen. Auch ist der Collectivverstand in manchen Richtungen normaler, als die befangene Einsicht eines Einzelnen, nämlich insoweit, als sich in der Vielheit der Ansichten die Unterschiede gegenseitig aufheben und nur einen übereinstimmenden Rest bestehen lassen. Derartige Ergebnisse sind zwar meist dürftig und platt; aber sie entschädigen wenigstens durch eine gewisse Nüchternheit und Zuverlässigkeit dafür, dass sie im Groben und Gewöhnlichen verbleiben. Die Bildung einer Rechtsansicht ist mithin eine Function, in welcher die Vielheit vor den streitenden Einzelnen zwar nicht immer die genauere Würdigung der Verhältnisse, aber doch ein durchschnittlich anwendbares Maass von parteiloserem Urtheil insoweit voraushat, als es sich nicht etwa um die Rechte dieser Vielheit selbst handelt. In der moralischen Berufung auf die Gerechtigkeit hat die Bildung einer Einsicht und eines Willens, die von Vielen ausgeht, in denjenigen Angelegenheiten des Lebens, die Allen bekannt und verständlich sind, offenbar etwas vor dem gewöhnlichen Einzelurtheil voraus. Man kann hienach be-

haupten, dass nicht die Macht an sich selbst, wohl aber die Chancen der bessern Einsicht und des geklärten Wollens für die günstige Einmischungsfunction der Vielheit in die Angelegenheiten der Einzelnen sprechen. Die Gewalt ist auch im ursprünglichen Zustande nicht zu vermeiden, sobald sie einmal von der einen Seite geübt worden ist. Man verschlimmert daher die Lage noch nicht, wenn man sich darein ergiebt, dass die Gewalt in organisirter Form fortbestehe. Dieses Uebel ist auf keinem Wege auszumerzen. Thatsächlich kann zwar die rückwirkende Gewalt mit der ursprünglich verletzenden ebenfalls verschwinden; aber auch in diesem Idealzustande, in welchem die Menschen von vornherein gerecht handelten, würde ein gewisses Maass von Möglichkeit der Abweichung noch immer vorgesehen werden müssen; denn es ist, wenn auch nicht widersinnig und unmöglich, so doch sehr schwer zu denken, dass alle innern und äussern Ursachen und mithin die ganze Fähigkeit zu Vergehungen einst von der Menschennatur abgethan werden sollten.

Wenn der Einzelne dem Staate gegenüber in absoluter Weise gezwungen wird, so hat dieser Zwang wesentlich keinen andern Charakter, als denjenigen, der auch im unorganisirten Zustande von Seiten des Einzelnen gegen den Einzelnen obwaltet. Beiderlei Fälle des Zwanges können sich nur insoweit rechtfertigen, als sie wirklich der natürlichen Gerechtigkeit dienen. Es giebt mithin keine Autorität der Macht als solcher, ja überhaupt keine stichhaltige Autorität im gewöhnlichen Sinne des Worts, sondern das Ansehen, welches irgend eine Instanz haben soll, ist, abgesehen von der blossen Furcht vor der Uebergewalt, die auch Angesichts jedes drohenden Raubthiers für den Wehrlosen platzgreifen muss, einzig und allein auf das Maass von Theilnahme für eine einsichtsvollere Gerechtigkeit zu gründen. Dieses Ansehen ist aber seiner Natur nach ein moralisches; denn es wurzelt in der Ueberzeugung, dass Einsicht und Wille der fraglichen Instanz dem natürlichen Recht entsprechen, und schwindet auch mit dieser Voraussetzung. Die richterliche Function kann sich daher in der freien Gesellschaft nur aus der umfassenden Vielheit der Einzelwillen heraus constituiren. Sie entsteht und besteht in dieser Gesellschaft durch ein freies Bündniss zum gegenseitigen Schutz der Unverletztheit der Personen und ihrer frei eingegangenen mit der allseitigen Freiheit und gleichen Gegenseitigkeit verträglichen Verbindlichkeiten oder dauernden Lebensverhältnisse. Wo sie gelegentlich körperlich eine zwingende Gewalt bethätigen muss, thut sie dies vermöge jener Nothwendigkeit, die nicht blos im unorganisirten Zustande sondern auch in den vollkommensten Organisationsformen platzgreift. Sie wird sich aber hiebei vor einer scheinheiligen Berufung auf etwas Anderes, als auf eben jene rohe naturwüchsige Nöthigung, zu hüten haben. In der That wäre es auch wunderlich, dass sich der Mensch über den Menschen als Richter aufwürfe, anstatt einzugestehen, dass er nur eine Gewalt übt, welche auch im Naturzustande, dort aber ohne geregelte Organisation existirt. Ein Richter, der sich selbst als solcher aufwirft, ist so gut wie keiner; er maasst sich eine Function an, die zwar für Sklaven oder Halbsklaven als einseitige Gewaltübung, für freie Menschen aber nur als Ergebniss ihrer auf eben diesen Zweck gerichteten Vereinigung einen Sinn haben kann. In der Geschichte ist nun freilich die Usurpation die Regel, und die historisch constituirten Richtergewalten sind auch meist nur Werkzeuge der jedesmal herrschenden und knechtenden Macht gewesen, die nebenbei für die Unterworfenen den Frieden der Unfreiheit und eine Art von Halbrecht für sie und unter ihren eignen Gliedern aufrechterhielt. Der Unterdrückungsstaat hat eben auch keine richterlichen Organe und Functionen hervorbringen können, die nicht seinen Willkür- und Gewaltstempel trügen und mehr eine Organisation des Unrechts als des Rechts wären. Die Justiz als Ausfluss einer despotischen Macht kann in ihrem Wesen nur das Gegenstück der Gerechtigkeit und nur zufälligerweise für einiges Recht von untergeordneter Bedeutung empfänglich sein.

5. Die Theilung politischer Functionen ist nur in sehr beschränktem Maass mit der Sicherung der Freiheit verträglich. Gesetzgebung und Richterthum müssen bei der Gesammtheit bleiben und können nur in technischer Beziehung und in ganz speciellen Richtungen auf besonders sachverständige Hülfsorgane und auch so nur theilweise übertragen werden. Am deutlichsten zeigt sich die Unmöglichkeit, allgemeine und wesentliche Functionen, die zur eignen Sicherung nothwendig sind, rückhaltlos Andern in die Hände zu geben, in dem unvergleichlich wichtigsten Stück des politischen Daseins, nämlich in der Waffenführung. Der Wehrlose ist dem Bewaffneten gegenüber thatsächlich so gut wie ohne Recht. Es kann daher keine in sich verbundene Gruppe es ohne Thorheit geschehen lassen, dass die Ausstattung mit Waffen die ausschliessliche Eigenschaft einer besondern Classe werde. Der freieste Bund müsste durch

die Schöpfung einer Kriegerkaste schliesslich in Knechtschaft gerathen. Auf die Waffen kann der Einzelne nicht verzichten, wenn er nicht damit zugleich seine Freiheit preisgeben will. Auch in der planmässigen militairischen Action darf er die technische Leitung und die Führerschaften nicht an einen besondern Stand gerathen lassen. Das Zusammenstehen im Heere oder in einer zum innern Sicherheitsdienst gehörigen Executivabtheilung muss sich als die Wirkung eines Wehrbundes kundgeben und darf die Individualsouverainetät nicht verleugnen. Die Führer sind nicht nur zu wählen, sondern auch da, wo eine besondere technische Kenntniss und Erfahrenheit nöthig ist, aus der Mitte des Volks heraus ohne Unterschied vorzubilden und zwar in solcher Menge, dass bei der Wahl jedesmal nur ein Bruchtheil zu zeitweiliger und wechselnder Ausfüllung der Posten gelangt. Ueberhaupt muss das Niveau der allgemeinen militairischen Bildung so hoch gehalten werden, dass der Abstand von dem Wissen und Können der speciellen Techniker nie so gross wird, um eine Controle der augenfälligsten Maassnahmen auszuschliessen. Selbstverständlich darf nicht von blindem Gehorsam, sondern nur von Pünktlichkeit und Strenge in der Ausführung aller derjenigen Anordnungen die Rede sein, ohne deren Beobachtung ein planmässiges Zusammenwirken hinfällig werden müsste. Der Waffenbund ist hienach nichts als ein Theil des allgemeinen politischen Bündnisses und muss daher als eine Erweiterung der ursprünglichen Wehrhaftigkeit des Einzelnen angesehen werden. Wie der Einzelne im unverbundenen Zustande genöthigt war, zum Kampf bereit zu sein, so ist es nun die aus den Einzelnen zusammengesetzte Gesammtheit. Sie kann hiebei nach Innen viele Kräfte sparen, da die moralischen Bindemittel doch immer Einiges bedeuten; und sie kann nach Aussen eine grössere Macht entwickeln, an welcher wiederum nur dann Einschränkungen zulässig sind, wenn sich der Bund über die ersten natürlichen Grenzen ausdehnt und zur einheitlichen Vergesellschaftung ähnlicher Art mit andern Gemeinwesen gelangt. Niemals aber kann von irgend Jemand auf dasjenige Maass von Wehrhaftigkeit verzichtet werden, welches der entwickelten Technik und den materiellen Möglichkeiten gegenüber als die allgemeine Vorbedingung der Sicherheit und der Kraftgleichheit gelten muss. Die Erfindungen von besseren Kampfmitteln werden einerseits die Tendenz haben, die körperliche Ungleichheit der Kräfte unerheblicher zu machen, andererseits aber durch sorgfältige Vorkehrungen ergänzt werden müssen, wenn sich nicht die Mittel der überlegenen Gewalt thatsächlich bei bestimmten Gruppen concentriren und der allgemeinen Freiheit gefährlich werden sollen. Die Minderung der auf die militairische Gewaltübung zu verwendenden Kräfte kann mit der Ausdehnung der politischen Gemeinschaft nach Aussen und mit der innern Einwurzelung des gerechten Willens und der friedlichen, auf die Arbeit an der Natur abgelenkten Gewohnheiten schritthalten. Sogar der Unterdrückungsstaat erreicht wenigstens zu einem Theil etwas scheinbar Aehnliches; denn er dehnt auch seinen Frieden der Unfreiheit mit den neuen Unterjochungen und Einverleibungen weiter aus und lässt in seinem Rahmen die zahme Lebensart wehrloser Sklaven oder Halbsklaven sehr gern gedeihen, soweit er dieses Vegetiren nicht selbst durch seinen eignen Raub zu stören hat.

Das Beispiel des Waffengebrauchs hat uns über die grundsätzliche Unveräusserlichkeit der fundamentalen politischen Functionen belehrt. Auf die Selbsthülfe darf man also niemals ganz verzichten, sondern nur einwilligen, dieselbe als Bestandtheil einer organisirten Gesammthülfe und daher nicht mehr nach ausschliesslich eignem Urtheil auszuüben. Es kann daher auch die Verantwortlichkeit des Einzelnen in den entscheidenden Hauptangelegenheiten niemals wegfallen. Er wird zu seinem Theil über Krieg und Frieden ein Urtheil und eine Stimme haben. Er wird nicht wider seinen Willen, wie er ihn im Bunde kundgegeben hat, zu einer Action gezwungen werden. Wohl aber wird er sich entweder der allgemeinen Nothwendigkeit zu unterwerfen haben oder, wenn er dies nicht thut, den Verbündungsvertrag verletzen. Eine solche Verletzung isolirt ihn ähnlich, wie wenn er sich im unorganisirten Zustande befände, und das Recht oder Unrecht, welches ihm alsdann, je nach den Umständen, von Seiten der freien Gesellschaft widerfährt, kann nie etwas Schlimmeres sein, als was auch der Naturzustand mit sich bringen würde. Jedenfalls kann nirgend in höherem Grade als in der auf freier Verbündung beruhenden Gesellschaft dafür gesorgt werden, dass der Einzelne selbst da, wo er sich dem Willen der Mehrheit anschliessen muss, zu nichts genöthigt wird, was nicht eine andere, also etwa die isolirte Lage in noch schlimmerer Weise mit sich brächte. Im so zu sagen wilden Zustande der Freiheit nöthigt die Situation eben auch zum Kampfe gegen den Feind; in der organisirten Gesellschaft kann der, welcher gegen den äussern wirklichen oder angeblichen Feind nicht ziehen will, nur in die Lage gerathen, mit einem innern

Widersacher zu thun zu bekommen. Beides mag im einzelnen Falle sich schlimm und ungerecht gestalten; aber von diesen Chancen, zur Ausübung von Gewalt genöthigt zu werden, könnte schliesslich nur die universelle und völlig ideale Gesellschaft befreien, in welcher sich der Krieg und die innere Gewalt durch den allerseits guten und friedlichen Willen ersetzt fänden.

6. Es klingt sehr annehmbar, dass ein besonderes Wissen oder eine besondere Kunst von denen ausgeübt werde, welche sich in ihr ausgebildet haben. Nach diesem Grundsatz würde sich ein geschultes, um nicht zu sagen ein gelehrtes Richterthum nicht vermeiden lassen, vorausgesetzt nämlich, dass ein Verständniss für Recht und Unrecht und dessen Bethätigung den Charakter einer Wissenschaft und Kunst unter allen Umständen an sich tragen müsste. Nun ist aber das allgemeine Urtheil über Recht und Unrecht in allen wesentlichen, sei es öffentlichen oder privaten Angelegenheiten des Lebens, durchaus nicht geeignet, veräussert und vormundschaftlich ausgeübt zu werden. Wer hier auf das eigne Urtheil und die eigne Rechtswahrnehmung verzichtet, ist beinahe noch in schlimmerer Lage, als derjenige, welcher die Kampfmittel in andere Hände giebt. Jedenfalls aber vollendet der Verzicht auf die geistige Selbständigkeit die Preisgebung der physischen Macht. Die gerichtliche Action ist ursprünglich nichts als eine Umwandlung des Privatkampfes in einen Rechtsstreit gewesen, und zwar zeigen sich die Spuren davon grade in der Geschichte des Civilprocesses. Der moderne Ausdruck Klage ist ein Erbstück aus der Zeit des Römischen Kaiserdespotismus, und ursprünglich sowie in den freieren Zuständen bezeichnete man das ganze Verfahren als eine Action, also als eine Handlung, in welcher der jetzt so genannte Kläger natürlich auch dem Worte nach nicht die Rolle eines um Recht Bittenden und sich bei einer gnädigen Herrschergewalt über seinen Nebensklaven Beklagenden spielen konnte. Er agirte vielmehr im wahren Sinne des Worts, und in einem ähnlichen Geiste gestaltete sich auch die Verfolgung der Verbrechen. Wir dagegen sind so tief in die politische Vormundschaft gerathen, dass schon die gewöhnlichsten Formen des Processes diese künstliche Unmündigkeit der Knechtschaft zur Schau tragen. In der That ist es arg, dass uns die Alterthümer der bessern Zeit der Römischen Republik, die doch auch keine Ideale waren und das Recht nur in sehr beschränkter Weise für die Freien und noch nicht einmal für alle Classen derselben gleichmässig verwirklichten, in ernster Selb-

ständigkeit noch Lectionen ertheilen können. Indessen erklärt der Wust des Mittelalters und die neuere Polizeidespotie des monarchisch-büreaukratischen Staats im Bunde mit der von den Priestern vererbten Unwissenheit und positiven Volksumnebelung sehr viel von der Verkommenheit in der selbständigen Rechtsvertretung. Freilich ist schon im alten Rom ursprünglich aus den Formen der Rechtsbetreibung ein aristokratisches, priesterartig dem allgemeinen Gebrauch vorenthaltenes Ceremoniell gemacht worden. Aber grade aus diesem Umstande können wir lernen, was eine besondere Rechtswissenschaft im grössten Theil ihres Inhalts zu bedeuten habe. Sie ist mindestens zu neun Zehnteln eine blosse Folge der Absonderung und Kluft, die zwischen der Gesammtheit und einem Juristenstande durch das Princip der politischen Vormundschaft gerissen worden ist. Eine vormundschaftliche Justiz kann, auch ganz abgesehen von dem Charakter des Gewaltstaats, keine echte Gerechtigkeit sein.

Politik und Recht sind Dinge, in denen jedes Glied der freien Gesellschaft für alle gemeinen Angelegenheiten Bescheid wissen muss. Sogar der Gebrauch von Sachverständigen darf keine absolut autoritäre Bedeutung erhalten. Ob Jemand für die gewöhnlichen Geschäfte des Lebens handlungsfähig sei, kann von Jedem, der ihn in diesen Geschäften beobachtet hat, hinreichend entschieden werden, und gegen ein solches Zeugniss der Verkehrs- und Geschäftsgenossen darf kein irrenärztliches, sich auf verborgene oder gleichgültige Eigenschaften berufendes und vielleicht Behufs der Bewerkstelligung einer Einsperrung erkauftes Gutachten irgend ein Gewicht in Anspruch nehmen. Es giebt eben einen Kreis von Angelegenheiten, in denen innerhalb eines bestimmten Rahmens eine allgemeine Sachverständigkeit bestehen muss und daher Experten nichts voraushaben dürfen. Nur wo die natürliche Grenze der allgemeinen Sachverständigkeit in offenbar technischen Specialitäten, wie z. B. in der subtileren Beurtheilung der Ausführung eines Baues, beginnt und daher selbstverständlich nicht politische sondern nur technische Functionen betrifft, da mögen Wissenschaft und Kunst ihr Urtheil abgeben, jedoch so, dass es sich stets als controlirbares Material darstellt und die Thatsachen von den blossen Schlüssen sorgfältig gesondert enthält. Besondere Verkehrsgebiete werden in ihrer feineren Gestaltung vorzugsweise von den Betheiligten gekannt, und man kann Angesichts der mannichfaltigen Gestaltung des Lebens nicht umhin, dieser technischen Specialisirung der Rechtsverhältnisse in Gesetzgebung und

Gerichtswesen durch besondere Sachverständigkeit zu entsprechen. Hier scheint also die allgemeine politische Function der Rechtswahrnehmung auf eine bedenkliche Schranke zu treffen; denn die Entfernung von dem allgemeinen Verständniss bringt nicht nur die Principlosigkeiten und Verwicklungen, sondern auch die sich alsdann leicht vor der Gesammtheit verbergenden Ausnahmen und Ungleichheiten mit sich. Das Verlagsrecht oder, besser gesagt, das Verlegerrecht ist hiefür ein Beispiel; denn in ihm haben sich die grössten Ungleichheiten und das schroffste Unrecht gegen die Schriftsteller verkörpert. Aehnlich verhält es sich aber mit aller Fach- und Classengesetzgebung, und wenn man zu den einseitigen Rechtsregeln auch noch Fachelemente mit richterlichen Functionen hinzufügt, so ist an uninteressirte Gerechtigkeit kaum mehr zu denken. Glücklicherweise ist jedoch in der freien Gesellschaft auch jene Klippe der unbeherrschbaren Verwicklung und Specialisirung zu umschiffen. Man hat nur nöthig, die technische Anwendung der allgemeinen Rechtsprincipien durch scharfe Absonderung der rein fachmässigen Thatsachen zu controliren. Geschieht dies, so werden sich die im engern Kreise Betheiligten weit weniger dem allgemeinen öffentlichen Urtheil entziehen können. Die Gesammtheit wird daher hier das Sachverständigenprincip, aber eben nur dieses und nichts weiter gewähren lassen und sich die freie Entscheidung auf Grund der fachmässigen Beleuchtungen bei der Feststellung der Rechtsregeln, bei der Bildung der richterlichen Hülfsorgane und mithin bei der unmittelbaren Praxis vorbehalten.

7. Der Augenblick zeigt uns die klaffenden Widersprüche recht deutlich, indem die Ueberlieferung der Geschichte die wunderliche Mischung eines gelehrten, im Solde der herrschenden Gewalt stehenden, ja zum Theil rein büreaukratischen Justizpersonals und der für das Strafverfahren theilweise beliebten Heranziehung von Geschwornen aus den höheren und mittleren Classen der Gesellschaft präsentirt. Diese bizarre Auffrischung des sich schon in England selbst nichts weniger als modern ausnehmenden Geschworneninstituts spielt inmitten der scholastisch verzwickten und nicht blos durch die gelehrte, sondern auch durch die politische Unnatur verschrobenen Zustände eine klägliche Rolle. Ganz abgesehen von den Vorurtheilen und der Parteilichkeit der Besitzenden, die das Geschwornenwesen in erheblichen Richtungen zu einer reinen Classenjustiz werden lassen, steht dem Richterthum von Leuten, die sich nur in ihre gewerblichen

Geschäfte eingelebt haben, von vornherein die gelehrte Verwicklung und Ueberladung der einfachsten Rechtsbegriffe entgegen. Um eine wahrhafte Volksjustiz zu schaffen, muss man auch aus der Theorie, aus den Gesetzen und mithin vor allen Dingen aus den Zuständen die verschrobenen Widerspiele aller Natürlichkeit und Volksmässigkeit entfernen. Nur für einfach geordnete und der allgemeinen Kenntniss zugängliche Rechtszustände ist auch eine einfache und unmittelbare Ausübung des Richterthums durch Jedermann aus dem Volke denkbar. Das Aeusserste, was aber die neuste Zeit im Gegensatz zu der gelehrten Ueberlieferung für eine verbesserte Existenzform der Rechtsregeln geleistet hat, beschränkt sich auf die Unternehmung von umfassenden Gesetzbüchern. So unvollkommen diese Arbeiten auch ausgefallen sind und ferner ausfallen werden, so liegen sie doch wenigstens auf demjenigen Wege, auf welchem sich das Uebel der allgemeinen Rechtsunkenntniss ein wenig zu mindern vermag. Uebrigens haben sich diese Codificationen am ausgiebigsten im Privatrecht ergangen, nächstdem in weit weniger befriedigender Art für das Dasein allgemeiner Zuchtruthen in Gestalt von auch formell höchst unzulänglichen Strafgesetzbüchern gesorgt, und alles Uebrige als Nebensache behandelt oder nicht behandelt. Ausserdem fehlt sehr viel daran, dass die codificirten oder auch nur die allgemein erlassenen und leicht zugänglichen Gesetze die Summe der maassgebenden Rechtsregeln erschöpften. Die bunte Mischung von Orts-, Provinzial- und Landesrechten, die sich in sehr willkürlicher Weise bald als Gewohnheitsrecht, bald als geschriebenes Gesetz, oft unter Einkleidung der wichtigsten Angelegenheiten in reine Statutarform, in den verschiedensten Richtungen kreuzen, — diese Musterkarte von Unordnung und Widerspruch, auf welcher die Einzelheiten das Allgemeine und dann gelegentlich wiederum die Allgemeinheiten das Besondere hinfällig machen, ist wahrlich nicht geeignet, ein klares Rechtsbewusstsein bei irgend Jemand, so rechtsgelahrt er auch sein möge, geschweige bei jedem Bürger des Gemeinwesens möglich zu machen. Die Doctrin giebt sich freilich das Ansehen, als wenn eine solche Verworrenheit ihr gemäss und der regelrechte Zustand wäre. Für eine verdorbene Theorie ist das Verschrobene allerdings die Existenzbedingung; aber der natürlichen Wissenschaft, die auch mit genauen Thatsachen und überdies mit einer strengen Logik operirt, werden die chaotischen Erzeugnisse zufälliger Mischung und blossen Consequenzmangels nicht als historische Schönheiten und Harmonien gelten.

Das bestimmtere Recht besteht wesentlich zwischen einem Kreis von Personen und reicht soweit als die entsprechende Gemeinschaft. Für die allgemeinen, politischen oder nichtpolitischen Verhältnisse des Lebens muss ein Jeder schon durch Erziehung und mit der Jugendschulung vorläufig orientirt sein, so dass die praktische Erfahrung nur noch im Einzelnen grössere Sicherheit und volleres Verständniss zu gewähren hat. Für die specialistisch technischen Voraussetzungen einzelner Lebenskreise bringt aber die Einführung in den Beruf den Betheiligten das Besondere, was sie hier an Rechtskenntniss brauchen, und man wird in dieser Richtung nicht erwarten dürfen, dass sich auch der Unbetheiligte und mithin Uninteressirte mit diesen Sondergestaltungen abgebe. Man darf aber hieraus nicht die Nothwendigkeit von speciell auf diese Verhältnisse einstudirten Richtern ableiten wollen; denn mit demselben Recht könnte man verlangen, dass der, welcher eine richterliche Function üben soll, in jedem Fache zugleich ein Specialsachverständiger sei. Die Geltendmachung der besondern Einsichten gehört mehr in die selbstverständlich völlig freie und allgemeine Advocatur, als in die Richterfunction. Die Parteien mögen in civilen und criminellen Angelegenheiten für die Specialaufklärung sorgen, und auch die richtende Instanz kann allenfalls im Interesse ihrer eignen Aufklärung die specialistische Beleuchtung des grade fraglichen Gebiets und Falles durch blosse Hülfsorgane veranlassen. Auf diese Weise schwindet jeder Vorwand, die richterliche Souverainetät dem Volksindividuum abhanden kommen zu lassen. Auch die allgemeinen Grundsätze der Theorie werden sich ebenmässiger und klarer gestalten, wenn sie nur eine indirecte Bedeutung als Hülfsmittel bei der Führung der Sachen, aber nicht als Verkörperungen im gelehrten Richterthum eine formelle und privilegirte Autorität in Anspruch zu nehmen haben.

8. Hätte die natürliche politische Vergesellschaftung sich irgendwo ohne erhebliche Störung von Seiten des Raubsystems entwickeln können, so würden die Colosse von Grossstaaten mit ihren schwachen Stützen nicht existiren. An ihrer Stelle würde man umfassende Vereinigungen mit gediegen festen Grundlagen und mit einer nur durch den Erdball selbst begrenzten Ausdehnungsfähigkeit vor sich sehen. Die natürlichen Bedürfnisse des Verkehrs würden jedesmal Art und Grenze der Organisirung von weitreichenden politischen Verbindungen bestimmt haben. Ein verhältnissmässig kleiner Kreis

von Personen muss im natürlichen System die erste und wichtigste Einheit des politischen Verbandes bilden. Nur in einem derartig bemessenen Rahmen kann Jeder seine Genossen hinreichend kennen, um mit ihnen im Verein die politischen Hauptfunctionen wirksam auszuüben. Nur innerhalb dieser Begrenzung kann der Mensch vom Menschen fordern, dass die vorkommenden Vergehungen von Jedem als ein Uebel betrachtet werden, für dessen Verhütung und Ahndung er so verantwortlich ist, als wenn es sich um die Disciplin eines kleinen Hauswesens und um die Ordnung in der Familie handelte. Keine aufgezwungene Polizei kann je das leisten, was die übersichtliche Solidarität und die genossenschaftliche Selbstwahrnehmung der politischen Hauptaufgaben auch in der Richtung auf Vorbeugung zu garantiren vermag. Wo man sich um jede mögliche oder thatsächliche Ausschreitung als um eine Angelegenheit kümmert, von der man mittelbar selbst betroffen wird, da kann sich ein anderer Geist bethätigen, als jene entfernte und völlig kalte Theilnahme, mit welcher im heutigen Staatswesen die Verbrechensstatistik betrachtet wird. Freilich ist die Zurückführung der gesammten Politik auf naturgemäss kleine Grundvereinigungen, die sich alsdann weiter mit Ihresgleichen zu verbünden haben, im Bereich der heutigen Zustände nicht zu vollziehen, ja nicht einmal anzubahnen, weil der Gewaltstaat bereits Alles absorbirt hat. Aber wir setzen hier auch eine principielle Umschaffung der Verhältnisse voraus und sehen die Bildung der kleinen selbständigen Gruppen als den Anfangspunkt einer neuen Aera der Gesellschaftsverfassung an. Namentlich ist ohne die Ausdehnung des Gerechtigkeitsprincips auf das Wirthschaftsleben keine politisch befriedigende Gestaltung durchzuführen. Die materielle Existenz ist selbst ein ursprüngliches Recht, nämlich insofern sich die Störung ihrer Möglichkeit durch einen Andern als ungerechte Verletzung kennzeichnet. Wer mir den Zugang zu den Naturstoffen und Naturkräften vorenthält, hindert mich am Leben. Er beraubt mich meiner natürlichen Freiheit in einer entscheidenden Richtung und macht mich indirect dienstbar und tributär. Er monopolisirt ohne jeden natürlichen Rechtstitel alle von vornherein gemeinschaftlichen Mittel, aus deren Fond allein eine selbständige Sorge für die Existenz möglich war. Hieraus folgt, dass die Nutzungsrechte an der Natur politisch und zwar nach dem Princip der gleichheitlichen Gerechtigkeit zu ordnen sind. Für den Gebrauch des Grund und Bodens sind positive und organische Einrichtungen nothwendig, da es in der socialitären Wirthschaft nicht genug ist, blos die ungerechten Hinderungen abzustellen. Das wirthschaftliche Zusammenwirken erfordert eine neue Uebereinkunft, die aber durch das Bedürfniss unausweichlich gemacht wird, und die in nichts Anderm bestehen kann, als dass ein Jeder sich verbindlich macht, seine Kraft zur Versorgung Aller nach dem technisch nothwendigen Plane einzusetzen. Die Feststellung des Princips, nach welchem sich der Antheil an den Früchten der Gesammtarbeit bestimmt, wird ebenfalls eine Angelegenheit der politischen Gerechtigkeit. Die eingesetzten Kräfte eines Jeden können sich hiebei als gleichwerthig geltend machen; denn im gegenseitigen Austausch der Erzeugnisse kommt volkswirthschaftlich nur die Beschaffungsschwierigkeit, also der Aufwand an Arbeitszeit als werthbestimmend in Frage. Politisch kann aber Niemand einwilligen, dass die gleichheitliche Einsetzung seiner allgemeinen Menschenkraft für die Production etwas Anderes als den Anspruch auf einen ebenfalls gleichheitlichen Genuss zur Folge habe. Oekonomisch macht sich dies sogar von selbst, wenn nur bei der Berechnung der Werthe und demgemäss bei der Feststellung der Preise von der Anzahl der bei der Production betheiligten Menschenkräfte ausgegangen wird. Die Gleichsetzung dieser Menschenkräfte, mögen die Einzelnen nun Mehr oder Weniger oder zufällig auch Nichts geleistet haben, ist aber ein politischer Act, welcher der willkürlichen Hinabdrückung der Geltung oder, anders ausgedrückt, des Werths des Arbeiters contrastirend entgegensteht.

Noch weit mehr, als die ausschliessliche Herrschaft über die Natur, ist die Verfügung über die Aufhäufungen der dem Menschen entfremdeten und in Erzeugnissen verkörperten Arbeit als eine ursprüngliche und fortbestehende Verletzung der Gerechtigkeit aufzufassen. Einen grossen Theil dieser Aufhäufung bilden die unentbehrlichen Arbeitsmittel und mithin die der Production dienstbaren Capitalien. Durch sie findet sich das echte Princip des Eigenthums noch ärger beeinträchtigt, als durch die Abpferchung der Naturmittel. Die Arbeit oder der volle Werth derselben gehört dem zu Eigen, von dem sie ausgeht. Gegen dieses Eigenthum verstösst aber das blos so genannte Eigenthum, wie es vornehmlich als Gewalteigenthum mit dem Unterdrückungsstaat gross geworden ist. Hier hat also ebenfalls die politische Gemeinschaft communitäre Ansprüche zu erheben; denn ein Zustand voller wirthschaftlicher Gerechtigkeit hätte den ausschliesslichen Capitalbesitz und die Capitaloligarchie von vornherein verhindert. Die Entfremdung des Eigensten, worüber der Mensch von Natur verfügte, heisst sonderbarerweise mit ihrem historischen Namen selbst Eigenthum, und diese Bizarrerie des Sprachgebrauchs begründet sich nur dadurch einigermaassen, dass auch das Gewalteigenthum innerhalb des Kreises der gegenseitig für dasselbe politisch Versicherten ein relatives Recht ist.

9. Am meisten pflegt man die Möglichkeit in Frage zu stellen, das Wirthschaftsrecht politisch im Sinne der freien Socialität zu ordnen. Die Schwierigkeit ist hier aber nicht grösser, als in der Bestimmung sonstiger Functionen und Functionäre der Gesellschaft. Wie man die jedesmaligen Richter dort durch Wahl abordnen mag, wo nicht unmittelbar alle Glieder der Grundvereinigung eintreten müssen, und wie man durch wählende Bezeichnung aus dem Kreise technisch Vorgeschulter die militairischen Führer bestimmt, so wird man auch die Functionäre der Wirthschaftsverfassung, gleich denen jeder andern Verwaltung, regelrecht zu beschaffen verstehen. Nur wenn es an den materiellen Grundsätzen selbst fehlte und so die wirthschaftliche Gerechtigkeit ohne Compass wäre, würde man sich vor einer wirklichen Schwierigkeit befinden. Glücklicherweise ist sich aber sogar die wirthschaftliche Wissenschaft, deren Fehlen an sich selbst die unmittelbar klaren Rechte wahrlich nicht mitvernichten würde, noch obenein deutlich bewusst geworden, wie das einfachste Spiel des Werthgesetzes unter übrigens gleichheitlichen Verhältnissen grade ohne willkürlichen Zwang dahin führt, das Recht der Arbeit auf gleichen Genuss zu verwirklichen. Ja selbst wenn man Unterschiede der Arbeitsamkeit als maassgebend zuliesse, würden in dem natürlichen System der Gesellschaft doch nur verhältnissmässig kleine Verbrauchsabweichungen platzgreifen. Die Aufhäufungen würden immer nur der Consumtion dienen, nie aber die Knechtung und Aneignung der fremden Arbeitskraft ermöglichen. Auch das Gewährenlassen der erblichen Uebertragung solcher Vortheile bliebe naturgemäss; denn die Wirthschaftsverfassung, welche die Miethe der Arbeitskraft als ein Verhältniss der Halbsklaverei ausschliesst und auch sonst thatsächlich jeder Arbeitskraft ihren selbständigen, keinem andern Menschen dienstbaren Platz anweist, verhinderte von vornherein jede privatökonomische Machtbildung.

Die technischen Leiter der Production würden nicht mit den Organen der wirthschaftlichen Rechtsordnung zusammenfallen. Um jene zu bestimmen, würde man schon der allgemeinen Schule die

Auswahl oder nöthigenfalls Ausloosung derjenigen aufzugeben haben, welche zum besondern Fachunterricht höherer Art in der einen oder andern Richtung übergehen sollen. Der Reiz des Aufsteigens zu Thätigkeiten, die mehr Fähigkeiten und Vorbildung ins Spiel setzen, würde ausschliesslich auf der Neigung zu der betreffenden Beschäftigung und auf der Freude an der Ausübung grade dieser und keiner andern Sache beruhen. Er würde nicht mehr jener Stachel sein, der die Eroberung einer Stellung zu Erwerb und Herrschaft sowie daneben noch die Befriedigung von ein wenig Eitelkeit oder gemeinem Ehrgeiz als entscheidendes Ziel vor Augen hat und fast niemals von einem erheblichen Maass ursprünglicher Liebe zur Sache begleitet ist. Jener edlere, aus wirklicher Neigung entsprungene Antrieb würde auch den Wetteifer nicht vergiften und das feindliche Element der Mitbewerbung durch eine willige Unterwerfung unter diejenige Nothwendigkeit ersetzen, durch welche der Sache am besten gedient wird. Die Personen würden lernen, sich zu bescheiden, wo die Gesetze der Sache und hiemit des allseitigen Wohls gesprochen haben. Das Urtheil über die Fähigkeiten würde nicht nur methodisch sorgfältig, sondern auch schon von den ersten Stufen der Schulung her mit aller Rücksicht auf die freien Formen eines Gemeinwesens festzustellen sein. Unter den gleich Fähigen würde, falls die Anzahl zu gross wäre, wie schon angedeutet, der unparteiliche Zufall d. h. das Loos zu entscheiden haben. Durch die Vorbildung verkörpert sich in ihrem Träger auf rein persönliche Weise eine Menge von Arbeitskraft, die erforderlich war, um durch Unterricht und Einübung den tüchtigen Kopf und die geschickte Hand herzustellen. Aus dieser Verkörperung darf nun der auf diese Weise schon persönlich Begünstigte nicht etwa noch einen Anspruch auf besondere Belohnung und gesteigerten Genuss ableiten. Er darf seine verbesserten leiblichen und geistigen Organe in dieser Beziehung nicht anders betrachten, als irgend ein anderes, äusserliches Arbeitsmittel, welches ihm von der Gesellschaft zugerichtet und zur Benutzung übergeben ist. Die Herstellung von beiderlei Werkzeugen hat die Ausgabe einer Menge von Arbeitskraft gekostet, welche von der Person, die nun über diese Werkzeuge verfügt, nicht hätte geleistet werden können. Die entsprechende Ausstattung mit besonderer Geschicklichkeit oder mit Maschinen ist daher ihrem ökonomischen Werthe nach ein Aufwand der Gesellschaft und so zu sagen ein Eigenthum, welches von ihr producirt worden ist. Derjenige nun, welcher in die bevorzugte

Lage kam, Gegenstand dieser Ausstattung zu werden, mag sich hiezu Glück wünschen, hat aber nicht das mindeste Recht, noch obenein auf besondern Entgelt für das Anspruch zu machen, was an ihm wesentlich von dem Zusammenwirken Aller herstammt.

Der Andrang zu den höheren Specialitäten muss übrigens in der socialitären Gesellschaft noch dadurch gemässigt werden, dass die Bildung der allgemeinen Schule Alles bietet, was an sich selbst und principiell für den Menschen einen Reiz haben kann. Die Grundlagen und Hauptergebnisse aller die Welt- und Lebensansicht berührenden Wissenschaften gelangen hier zu ihrem Recht für die allgemeine Bildung und für die Gestaltung oder Gewöhnung des Denkens, Fühlens und Wollens. Genaue und sichere Kenntnisse über das, was auch der Nichtspecialist für die eigne und fremde Gesundheit vorbeugend oder nachhelfend thun kann, dürfen schon darum nicht fehlen, weil man hiedurch nicht nur an ärztlichen Functionären der Gesellschaft viel ersparen, sondern auch die Thätigkeit dieses Berufs durch ein derartiges Zusammenwirken erfolgreicher machen kann. Ebenso werden die Hantirungen und Kunstfertigkeiten von allgemeinem Interesse, also namentlich die gewöhnlichsten und leicht zugänglichsten Verrichtungen in Ackerbau, Industrie und Verkehr, soweit sie irgend zu einer Steigerung der allgemeinen leiblichen und geschäftlichen Tüchtigkeit oder zu einem übersichtlichen Verständniss der Gesammtverhältnisse beitragen mögen, bereits von der allgemeinen und gleichen Schule berücksichtigt. Die Voraussetzung einer solchen fundamentalen Schule, in welcher sich gleichmässig für Alle eine wahrhaft allgemeine wissenschaftliche und sittenveredelnde Menschenbildung concentrirt, gestattet es, die höheren specialistischen Stufen mit andern Augen zu betrachten, als im heutigen Staat. In dem letzteren finden sich die Specialitäten mit der politischen Autorität und der ökonomischen Macht gemischt und übrigens auf einen Stamm von Volksunwissenheit und äusserst unzulänglicher Mittelbildung gepfropft. In der freien Gesellschaft ist aber eine so klaffende Ungleichheit der geistigen Ausstattung nicht vorhanden. In ihr wird man den fähigen oder gar schöpferischen Specialisten zwar achten und überdies, was heute selten der Fall ist, sogar in einem gewissen Sinne lieben; aber man wird in ihm keine autoritäre Macht sehen, welche das allgemein Menschliche der universellen Bildung wesentlich überragte. In der Hauptangelegenheit, nämlich im allgemeinen Lebensbewusstsein wird er sich von der Gemeinschaft Aller nicht erheblich entfernt haben können, und seine allgemeine Bildung wird dieselbe sein, wie die jedes Andern. Die Gegenseitigkeit zwischen denen, welche zuerst neue Bestandtheile des Wissens und der Bildung erringen, und denen, welche sie alsdann aufnehmen und auch sofort vermittelst jener wahrhaften Volksschule fortpflanzen, muss beiden Theilen zur Befriedigung gereichen; denn es hört hiemit jene Entfremdung auf, welche die kühnen Geister nicht blos von der Menge, sondern auch von der höhern aber rückständigen Bildung der Besten ihrer Zeit so oft isolirt und ihnen eine für den Augenblick unfruchtbare, erst einem spätern Geschlecht förderliche Einsamkeit und Zurückhaltung aufgenöthigt hat. Auf der andern Seite werden auch manche Ausschweifungen und sogenannten Geniespiele an dem lebendigen Wechselverkehr ein Maass finden, welches die bizarre Verlorenheit des Geistes wieder an das Geleise des normalen Gedankenganges erinnert.

10. In der freien Gesellschaft kann es keinen Cultus geben; denn von jedem ihrer Glieder ist die kindische Ureinbildung überwunden, dass es hinter oder über der Natur Wesen gebe, auf die sich durch Opfer und Gebete wirken lasse. Der Naturgesetzlichkeit gegenüber sind die vermeintlichen Zauberkünste der Religionen ein offenbares Nichts, und die innere psychische Wirkung ist ein Trug, der trotz des mancherlei Scheins von vorläufiger Befriedigung doch auf die Dauer nicht wohlthätig sein kann. Die falschen Träume halten eben die Probe der Wirklichkeit nicht aus, und die fortgesetzte Pflege derselben ist eine Art Wahnberauschung, auf welche eine mit Uebelbefinden verbundene Ernüchterung des Einzelnen und der Völker folgen muss. Hiemit wird alsdann die Aera der Religion, die nichts als ein Erzeugniss der unzulänglichen Orientirung des Menschengeistes war, endgültig geschlossen. Die naturwissenschaftliche Denkweise verallgemeinert sich zu einer Erkenntniss der durchgängigen Regelmässigkeit aller Vorgänge, und hiemit ist dem Gedanken, auf die Dinge und das eigne Schicksal durch Kundgebungen zu wirken, die sich an imaginäre und mystische Mächte richten, die Wurzel abgeschnitten. Es bleibt nur die allgemeine Speculation, d. h. die Bildung von verstandesmässigen Ideen und gemüthshaften Eindrücken übrig, in denen sich der Charakter alles Seins mehr oder minder zutreffend bekunden mag. Diese Speculation oder, mit andern Worten, dieses betrachtende Nachdenken ist aber kein Cultus; denn es richtet sich nicht wie dieser auf Vortheile, die durch eine

mit Opfern erkaufte oder aber auch blos erbettelte Göttergunst gesichert werden sollen. Jene Speculation kann ebensogut wie das mathematische Nachdenken oder wie die Poesie bestehen, auch wenn ihr keine besondern öffentlichen Einrichtungen gewidmet sind. Jedoch wird das, was an ihr wirkliches Wissen oder unumgängliches Empfinden ist, bereits in der allgemeinen Schule gleich andern wissenschaftlichen und künstlerischen Bestandtheilen der universellen Bildung hinreichend Wurzel fassen, und es bleibt ja überdies den Einzelnen und den Gruppen unbenommen, von ihrer reichlich bemessenen freien Zeit auch für die besondere Pflege beschaulicher Betrachtung je nach der Neigung Gebrauch zu machen. Um die moralischen Elemente, die sich in sehr zweideutiger Weise mit den religiösen Vorstellungen und Verfahrungsarten mischten, braucht man nicht besorgt zu sein; denn die freie Gesellschaft hat festere und edlere Grundlagen der Sittlichkeit aufzuweisen, als jemals mit irgend einer Superstition vereinbar gewesen sind oder werden können. Der freie Kopf und alle bessern Naturtriebe des Herzens sind hier die Gesetzgeber, und eine auf Wohlwollen und Verstand gegründete Vereinigung ist in jedem ihrer Glieder und als organisirtes Ganze der Bürge für die thatsächliche Güte und Vervollkommnung der Sitten.

Mit dem Cultus und der zugehörigen Religion kommen auch die entsprechenden Nebeneinflüsse auf die Regeln und Einrichtungen des bisherigen Rechts in Wegfall. So ist nicht blos kein Eid sondern auch kein Analogon desselben mehr denkbar. Es würde nämlich ein Abweg sein, die ursprünglich von den religiösen Vorstellungen erzeugte Einrichtung des Eides nun etwa fernerhin, in vermeintlich recht verstandesmässiger Weise, als eine Versicherung fortbestehen zu lassen, auf deren absichtliche Falschheit eine bedeutende Verbrechensstrafe gesetzt wäre. Dies hiesse, eine willkürliche geistige Folter grade da festhalten, wo ohne die ursprünglich freiwillige Sitte des Schwörens das ganze Beweismittel nie in Frage gekommen wäre. Das Rechnen mit der klaren Wirklichkeit kann überhaupt den subjectiven Beweismitteln nicht soviel Bedeutung einräumen, als die wenig exacte Auffassung der zwar neuerdings formell ungebundenen, aber dafür auch principlos zwischen Gewohnheit und Willkür schwankenden Gerichtsroutine. Wer da meint, man könne ohne den Eid oder ein rein weltliches Surrogat nicht auskommen, möge nur bedenken, dass man gegenwärtig oft in der schlimmeren Lage ist, Angesichts des Meineides von Schurken und der saubern Consequenzen der vollen Geltung desselben existiren und diesen Eidesausbeutern die Stirn bieten zu müssen.

Die milden Stiftungen, die zu einem grossen Theil den Vertretern des Cultus anheimgefallen sind, finden sich in der freien Gesellschaft durch etwas unvergleichlich Besseres ersetzt. Hier ist die Humanität der fraglichen Gattung auf das veredelte natürliche Mitleid gegründet und derartig in umfassenden Organisationen verkörpert, dass sie nicht mehr den beliebigen Einzelregungen anheimfällt. Der Beistand, welchen der Mensch dem Menschen in Krankheit, Unglück und sonstiger Hülflosigkeit gewähren soll, reicht freilich über die blosse Gerechtigkeit ursprünglicher Art hinaus, muss aber dennoch als eine höhere moralische Pflicht aufgefasst werden, weil die Versagung desselben zwar nicht als eine eigentliche Gerechtigkeitsverletzung, wohl aber überhaupt als ein Mangel und zwar als ein ähnlicher Mangel empfunden wird, wie wenn auf eine Wohlthat die Regung und Bethätigung von Dankbarkeit ausbleibt. Auch schliesst die allgemeine Vergesellschaftung sogar den Vertrag auf gegenseitige Hülfe unter allen Voraussetzungen und mithin auch für die Zustände der Schwäche und Hülflosigkeit ein. Um jedoch den Geist der aufopfernden Mitempfindung und der persönlichen Hingebung bei der Krankenpflege und in andern Richtungen umfassend zu verkörpern und stets regezuhalten, bedarf man mehr als des blossen Gedankens einer gesellschaftlich nothwendigen Pflicht. Man bedarf ausser der Erkenntniss dieser Pflicht auch noch einer besondern Steigerung und Ausbildung des Mitgefühls und einer Art edler Leidenschaft für die Uebernahme derjenigen Bürden und Geduldsproben, welche die Ausübung des fraglichen Beistandes, gestalte sie sich als dauernder Beruf oder als zeitweilige Verrichtung, stets in irgend einem Maasse mit sich bringen wird. Nur die zur zweiten Natur gewordene, frei aus der Gefühls- und Denkweise entspringende Theilnahme kann hier das Höchste leisten und über die äusserliche Bethätigung wohlwollender Pflege hinaus, die auch schon ein wahrlich nicht gemeines Ergebniss ist, zur Befriedigung der Gemüthsbedürfnisse der fraglichen Zustände gelangen. Das tief wurzelnde Bewusstsein von dem gemeinsamen Menschenschicksal und die Erweckung des feineren Mitgefühls für die einzelnen Gestalten individuellen Unglücks und Schmerzes werden allein vermögen, jene opferwillige Gesinnung zu erzeugen, ohne welche auch die besten und wirksamsten äussern Einrichtungen eine Halbheit bleiben müssten. Die Versenkung in den Gedanken des allgemeinen Bandes, welches in Lust und Schmerz alle Theilhaber an der Menschennatur umschlingt, sowie in die Idee, dass die Welle, welche der Einzelne im Strome des Lebens ist, einem Element und Wesen angehört, das wir Alle sind und mannichfaltig ausprägen, — diese lebendige Erfassung der menschlichen Solidarität im Leben und Sterben darf nicht fehlen, wenn der Mensch dem Menschen im Unglück und in der Pein letzter abschliessender Lebensacte das sein soll, was er durch echte Theilnahme wirklich zu sein vermag. Man vergleiche nun mit dieser natürlich menschlichen, aber darum nur um so höheren Aufgabe die Bestrebungen, welche die bisherige Geschichte im Reich der auf Bettel und frömmelnden Trug gegründeten Einrichtungen aufzuweisen hat. Was sich hier selbst innerhalb des Rahmens der allgemeinen Täuschung an wahrer Menschlichkeit ausnahmsweise bethätigen mochte, musste durch die Mischung mit den überwiegenden schlechteren Bestandtheilen geschwächt und verunstaltet werden. Die unnatürliche Richtung und der pietistische Zwang, in welchen an sich gute Regungen verschoben und verschroben wurden, mussten selbst die beste Anlage und die aufrichtigste Hingebung mit schädlichen und unleidlichen Bestandtheilen versetzen. Ueber diese Fälschungen der edelsten Seiten der Menschennatur kann nur die freie Gesellschaft endgültig triumphiren, weil sie allein es ist, in welcher der Mensch sein theilnehmendes Wesen nicht nur ohne mystischen Dunst erkennt, sondern auch unbefangen und ohne den kindischen Anspruch auf transcendent magische Zauberkünste, also rein und ausschliesslich im Sinne der Wirklichkeit ausprägt.

11. In dem überlieferten Staat sind die verschiedenen politischen Körperschaften vorherrschend nach dem Muster der allgemeinen Gewaltverfassung und im Sinne des Bevormundungsprincips eingerichtet. Man darf nur an die Gemeindeverfassungen und an die privilegienhafte Entstehungs- und Verwaltungsart der mannichfaltigen Corporationen denken, um sofort inne zu werden, dass der Rahmen des Unterdrückungsstaats keine Bilder fassen kann, die nicht den gleichen Gegensatz von Herrschaft und Knechtschaft weiter ausgeführt enthalten. Die Gleichartigkeit, mit welcher sich die Gesammtverfassung in entsprechend unfreien Gemeinde- und Corporationseinrichtungen geltend macht, gilt nicht blos im Allgemeinen, sondern auch für die Unterschiede des Mehr und Minder der Knechtschaft, die uns freilich hier, wo wir nur im Grossen Abrechnung halten, nicht besonders

interessiren können. Jedoch ist die allgemeine Idee von Werth, dass sich die kleinern politischen Einheiten überall den staatlichen Gesammtformen anbequemen, und dass in der Gemeindeverfassung Unterdrückung und Vormundschaft auch dann noch unbeschränkt fortzubestehen pflegen, wenn übrigens schon in der Gesammtverfassung einige Milderungen durchgesetzt worden sind. Diese Erscheinung ist sehr natürlich; denn die kleinern Einheiten gelten im Gewaltstaate nur als Ausläufer desselben, und man muss daher erst bei ihm selbst in seinen grossen Dimensionen beginnen, ehe man seine entfernteren Consequenzen zu erreichen vermag.

Ursprünglich ist auch die Familie eine politische Einheit, und die Herrschaft des Familienhauptes eine Gewalt, welche die wichtigsten Eigenschaften der Staatshoheit, wie z. B. eine Art Strafgerichtsbarkeit, einschliesst. Wo der Familiendespot das Recht über Leben und Tod seiner Angehörigen hatte, da war die Familie zugleich der Unterdrückungsstaat im Kleinen. Nun ist freilich im Lauf der Geschichte die private Familiengewalt immer mehr beschränkt worden, und ihre eigentlich politischen Functionen sind gänzlich an den Gewaltstaat übergegangen. Ein bemessenes Züchtigungsrecht gegen die Kinder kann kaum als Rest der ursprünglichen Strafcompetenz angesehen werden; denn es hat nur einen pädagogischen Sinn und würde äusserst fraglich werden, wenn es über die Zeit der eigentlichen Erziehung hinaus zur Anwendung kommen sollte. Ueberhaupt sind die Bestandtheile der väterlichen Gewalt, soweit dieselben über die Erziehung hinausreichen sollen, jetzt nur vereinzelte Ueberbleibsel und bleiche Schatten der ursprünglichen Machtvollkommenheit. Die Einwilligung zur Ehe der Kinder ist zu einer Form herabgesunken, und die Vorenthaltung derselben kann äusserstenfalls nur eine aufschiebende Wirkung haben.

Trotz dieser Einschrumpfung der Familiengewalt bleibt aber dennoch der Satz bestehen, dass der Unterdrückungsstaat, die Gesellschaft mit dem Gewalteigenthum und die Familie mit der Zwangsehe als gleichartig zueinander gehören. Wie sollte auch das, was von allen politischen Einheiten und körperschaftlichen Gestaltungen gilt, bei einer Einrichtung nicht zutreffen, in deren Rahmen sich weltgeschichtlich die schroffste Ungleichheit, nämlich die lebenslängliche Rechtsunmündigkeit des Weibes geborgen hat! Auch nach der heute üblichen Auffassung ist die Ehe eine Unterordnung des Weibes unter den Willen des Mannes, und wir haben es daher in der Zwangsehe so gut wie im Unterdrückungsstaate mit einem Verhältniss von Herrschaft und Knechtschaft zu thun. Eine mildere Aussenseite, die sich etwa in der wirklichen Sittengestaltung zeigen mag, darf über die juristischen Consequenzen nicht täuschen, die aus den anerkannten Rechten jederzeit gezogen werden können und auch oft genug direct und noch öfter indirect benutzt werden. Die Frau muss, bei Vermeidung polizeilichen Zwanges, dem Manne folgen, wohin ihm zu gehen beliebt, oder, was unter Umständen schlimmer sein kann, sich das von ihm gewählte Domicil anweisen lassen, während er bezüglich seines thatsächlichen Aufenthalts völlig ungebunden bleibt. In dem entscheidenden Hauptpunkt, auf welchen das ganze Eheverhältniss angelegt ist, hat die Frau sogar das gemeine Schutzrecht eingebüsst, welches selbst jeder feilen Dirne gegenüber juristisch gültig ist. In der Ehe kennt nämlich das Strafrecht thatsächlich keine Nothzucht, und es wäre auch wunderlich, ein eigentlich juristisches Recht auf den Geschlechtsverkehr anzuerkennen und dabei die Eigenschaft aller mehr als blos moralischen Rechte, nämlich die executive Erzwingbarkeit auszuschliessen. Gesellt sich doch zu dem fraglichen Mangel an Schutz noch indirect die positiv gerichtliche Anhaltung zum Geschlechtsverkehr oder, um buchstäblich mit den Gesetzbüchern zu reden, zur ehelichen Pflicht, indem die wirksame Vorenthaltung der letzteren als ein Trennungsgrund die Ehe selbst in Frage stellt! Auch kann man nicht einmal sagen, dass dieses System inconsequent sei; es ist eben nur die Folge einer Rechtseinrichtung, vermöge deren das lebenslängliche Geschlechtsmonopol sanctionirt wird. Lässt man einmal die Eingehung eines Rechtsverhältnisses zu, in welchem, wie selbst die nichtjuristische Sprache verräth, der „Besitz" des Weibes oder, mit andern Worten, die volle und ausschliessliche Herrschaft über die geschlechtlichen Eigenschaften und Functionen den Gegenstand des Rechts bildet, so wird man auch jene Consequenzen ziehen und sowohl die unmittelbare als auch die mittelbare Erzwingung gutheissen und gerichtlich unterstützen müssen. Die bei manchen juristischen Schriftstellern beliebte Berufung auf die mehr sittliche als eigentlich juristische Natur der fraglichen Verhältnisse ist Angesichts des geltenden Systems der historisch überlieferten Ehegestaltung nichts weiter als eine Umgehung der Schwierigkeiten des Eherechts und eine Ausflucht, durch welche die Widersprüche des veredelten natürlichen Gefühls und der Grundlagen des wirklichen Rechtsinstituts umnebelt werden sollen. Der sittliche Anschein, mit dem man auf diese Weise der schärferen Untersuchung auszuweichen gesucht hat, ist ein Vertuschungs- und Beschönigungsmittel gewesen, mit dem man sich und Andern gleichsam sittenheuchlerisch die entscheidenden Fragepunkte verhehlte und so der Nothwendigkeit einer klaren Antwort möglichst weit aus dem Wege ging.

12. In Wahrheit soll die Ehe allerdings ein Gebilde der Sitte, aber eben darum auch in der Hauptsache kein Institut des Zwangsrechts sein. Geschichtlich ist sie bisher in allen ihren auf ein Weib oder mehrere gerichteten Gestalten eine geordnete, aber im Sinne der Unterdrückung geordnete Form der dauernden Geschlechtsgemeinschaft gewesen. Jedoch sind Ausdrücke wie Gemeinschaft und Zusammenleben der Geschlechter für den Gesammtverlauf der Geschichte des Instituts insofern noch zu edel, als durch sie die Einseitigkeit des Eherechts, die eine Aneignung des Weibes, aber keine eigentliche Vergesellschaftung mit ihm darstellte, leicht im Sinne besserer Zukunftsgedanken umgedeutet und so in ihrer wahren historischen Beschaffenheit verhüllt wird. Der Ehebruch ist zwar in den neuern Gesetzgebungen so aufgefasst, dass er auch auf den anderweitigen Geschlechtsverkehr der Männer bezogen wird; indessen ist diese Gleichheit nur scheinbar und künstlich gezwungen. Die alten Ordnungen waren natürlicher und offener. Auch passten sie weit besser zur Zwangsehe, als die moderne Scheinheiligkeit, die ein gleiches Maass anzuwenden vorgiebt, wo Natur und Verhältnisse es Angesichts des Zwangsinstituts nun einmal nicht gestatten. Der Geschlechtsverkehr der Männer ausserhalb der eignen Ehe ist gar nicht wirksam zu hindern oder zu überwachen und hat auch nicht wie derjenige des Weibes die materiell sehr wichtige Folge, die eigne Familie mit Kindern fremder Abstammung zu untermischen und so alle Annahmen über die Vaterschaft unsicher zu machen. In ihrem alten Geist und Bestande wird in der That die ganze Familienverfassung durch den weiblichen Ehebruch eingerissen, während das entsprechende Verhalten des Mannes ganz spurlos bleiben und im äussersten Fall nur eine Privatbelastung nach Aussen mit Verbindlichkeiten für uneheliche Kinder mit sich bringen kann. Die Prostitution gilt in der auf Verkauf des Menschen an den Menschen gegründeten Unterdrückungsgesellschaft als selbstverständliche Ergänzung der Zwangsehe zu Gunsten der Männer, und es ist eine der begreiflichsten, aber auch bedeutungsvollsten Thatsachen, dass es etwas Aehnliches für

19*

die Frauen nicht geben kann. Die Kluft bleibt hier also Angesichts der Zwangsehe zwischen den Folgen des Verhaltens beider Geschlechter schon von Natur eine so grosse, dass eine wahrhafte Ausgleichung der Pflichten nur mit der Abschaffung eben jener Zwangsehe denkbar ist. Nach der historischen und dem Wesen des Gewaltinstituts allein entsprechenden Auffassung giebt es einen eigentlichen Ehebruch nur auf Seiten des Weibes, und der Fremde ist auf eigne Hand nur Störer des Besitzrechtes, übrigens aber Theilnehmer an dem Hauptvergehen. Auf den Mann aber, der in der eignen Ehe die geschlechtliche Ausschliesslichkeit nicht einhält, findet der natürlich geschichtliche Begriff keine Anwendung. Der Mann verletzt das, was man auch an ihm eheliche Treue nennt, und macht je nach den vorherrschenden Begriffen die natürliche oder künstliche Eifersucht des Weibes mehr oder minder rege. Man muss indessen sorgfältig zwischen der naturwüchsigen Eifersucht, die auf wirklicher Affection beruht, und jener mehr künstlichen unterscheiden, die nur die Verletzung eines wirklichen oder vermeinten Rechts, gleich der jedes andern Anspruchs oder Besitzes, überwachen will. Die Liebe vor der Ehe zeigt uns jene noch rein natürlichen Bestandtheile der Eifersucht, die ja unsern frühern Lehren gemäss in der Oekonomie der menschlichen Beziehungen als unentbehrliche Gestaltungskraft wirken und grade für eine wahrhaft sittliche Ordnung der Vereinigung der Geschlechter mit ihrer begrenzenden und beschränkenden Function gar sehr ins Gewicht fallen müssen. Dagegen ist die eheliche Eifersucht innerhalb der Zwangsehe stets von dem Gedanken eines eigentlichen Rechtsanspruchs ausschliesslicher Art getragen. Sie schmeckt bei dem Manne ein wenig nach dem Eifer, mit welchem auch anderer Sachbesitz gegen Beeinträchtigung gehütet wird; bei dem Weibe aber ist sie ein Festhalten an der Ausschliesslichkeit der Gunst und in gröberer Weise auch wohl eine Sorge um die Geschlechtsbefriedigung, für die nicht, wie bei dem Manne, eine Ergänzung leicht und gefahrlos zu finden ist. Die Störung nun, welche der Mann durch Erregung dieser letztern Art von Eifersucht in die Familie bringt, ist nicht nur etwas Zufälliges, dem thatsächlich meist ausgewichen wird, sondern auch etwas, was in so verschiedenen Graden vorhanden sein kann, dass es sich nur in den äussersten Fällen einigermaassen, und auch dann nur annähernd, mit dem Unheil vergleichen lässt, welches durch die Fehltritte des Weibes ziemlich sicher zu gewärtigen sein wird. Will man die Rechtseinseitigkeit der Zwangsehe vertheidigen, so sollte man auch soviel Offenheit und Muth haben, einzugestehen, dass hier der Ehebruch wesentlich nur als eine Verletzung des am Weibe erworbenen Rechts vorhanden sein könne.

13. In der Unterdrückungsgesellschaft ist die Ehe eine wirthschaftliche Versorgung für das Weib, und die Familie die entscheidende Hauptveranstaltung zur Ernährung und Erziehung der Kinder. Setzt man ein Gemeinwesen voraus, in welchem das Weib so gut wie der Mann wirthschaftlich selbständig ist und gleich ihm in der Gesellschaft eine selbstgenugsame und mit dem gehörigen Unterhalt verbundene Function übt, ja auch in den Fällen von Krankheit, Hülflosigkeit, Altersschwäche oder sonstiger Unzulänglichkeit in gleicher Weise wie sonst unterhalten wird, — setzt man eine solche Wirthschaftscommune voraus, in der dann auch zugleich für die Unerwachsenen Tisch, Schule und Schutz nach bestimmten Regeln zugänglich sind, so kommen die hauptsächlichsten Interessen, unter deren Einwirkung sich heute auch der schwächere Theil in die Zwangsehe ergeben und selbst an ihren unleidlichsten Gestaltungen im einzelnen Fall festhalten muss, gar nicht mehr in das Spiel. Ja selbst die Rücksicht auf die Kinder steht alsdann der freien und wahrhaft sittlichen Gestaltung der Ehe nicht entgegen. Die Mutter ist in einem solchen Gemeinwesen für die Zeit der natürlichen Unmündigkeit auch die natürliche Erzieherin der Kinder. Diese Periode mag, wie im alten Römischen Recht, bis zur Pubertät, also etwa bis zum 14. Jahre reichen. In der freien Gesellschaft wird nicht nur die mütterliche Sorge, sondern auch der mütterliche Schutz bis dahin genügen, und namentlich werden die guten Schuleinrichtungen und die mit ihnen verbundenen Erziehungsvorkehrungen dahin wirken, dass der gelegentliche Mangel, der sich sonst in einzelnen Fällen bezüglich des Ansehens der Mutter den älteren Knaben gegenüber herausstellen könnte, gehörig ergänzt und nöthigenfalls durch directe öffentliche Erziehung unschädlich gemacht werde. Der väterliche Beistand wird naturgemäss in der ersten Zeit da nicht fehlen, wo eine freie, der Sitte angehörige Ehe vorhanden ist, und dieses Vorhandensein wird grade in der freien Gesellschaft, in welcher die Prostitution, d. h. der Verkauf der Geschlechtseigenschaften, eine Unmöglichkeit ist, die umfassende und nur von wenigen Ausnahmen durchkreuzte Regel bilden. Dieser Beistand des Mannes ist unter allen Verhältnissen auch für das Weib und zwar besonders in den

Zeiten der Geburten moralisch von Wichtigkeit, aber in der freien Gesellschaft, welche für die Zustände der Hülflosigkeit in jeder Richtung Fürsorge trifft, auch bezüglich der Gemüthsrücksichten allenfalls entbehrlich. Wo der Mensch an dem nächsten Kreise gesellschaftlich einen im edelsten Sinne des Worts humanen Rückhalt hat, da mag er den Mangel der engsten Beziehungen zwar nicht völlig ersetzt finden, aber doch leichter verschmerzen. Allerdings giebt es keinen vollständigen Ersatz für die individuelle Liebe und Sorge; aber es handelt sich auch hier nur um die Frage, was an die Stelle des früheren Zwanges trete, der wahrlich auch keine Bürgschaft der freiwilligen und aufrichtigen Liebe einschloss. Fehlt der Vater für die spätere Zeit der Erziehung und Leitung, welche mit der beginnenden Geschlechtsfähigkeit eintreten muss, so ist es in der freien Gesellschaft sehr leicht, seinen Antheil an der natürlichen elterlichen Vormundschaft durch öffentliche Organe wirksam zu ersetzen, da die Enge und Durchsichtigkeit des politischen Zusammenhangs der kleinen Gesellschaftscommunen eine nachhaltige und verlässliche Wahrnehmung der Angelegenheiten des Einzelnen ermöglicht. Was aber das Recht des Vaters auf die natürliche Vormundschaft anbetrifft, so hängt es selbstverständlich von einer unbestrittenen wirklichen Vaterschaft ab und kann der Regel nach nur in der freien sittlichen Ehe als ohne Weiteres vorhanden anerkannt werden. Man wird sich jedoch überhaupt derartige Verhältnisse nicht nach den Interessen des heutigen Familienrechts zu denken haben. Die Vermögensrücksichten fallen mit der Bedeutung des Erbrechts für Wirthschaft und Existenz so gut wie fort; denn es kann sich äusserstenfalls nur um die Uebertragung von mässigen Anhäufungen für die Consumtion, aber nicht von grossen Mitteln für die Production handeln. Das Verhältniss zum Grund und Boden, zu den Gebäuden und zu den Arbeitsmitteln ist ein publicistisches und regelt sich daher nicht nach den Grundsätzen des heutigen Privateigenthums und demgemäss auch nicht nach denen des Familien- und Erbrechts. Die heutigen Familienrechte auf die Personen verlieren mit den Zwangsconsequenzen ebenfalls ihre Bedeutung, und die Ausübung von dem, was in der frei sittlichen Ehe und der entsprechenden Familie an ihre Stelle tritt, wird zu einer gesellschaftlichen Function fundamentaler Art. Die freie und gleiche Ehe ist die von der Sitte aufrechterhaltene Grundvereinigung der Geschlechter in individueller Liebe und Fürsorge für die Nachkommenschaft. Wo diese Sitte selbst die etwa entstehenden Streitigkeiten nicht in freier Einigung ausgleicht, da sorgen die politischen Functionen der Gesellschaft nicht etwa für eine Zwangsausgleichung, sondern unmittelbar für die Erziehungsinteressen und zwar annähernd so, als wenn die Ehe und die unentscheidbaren Familienrechte nicht vorhanden wären.

14. Nirgend hat das Problem der einheitlichen Leitung gemeinsamer Angelegenheiten mehr Schwierigkeiten als in der Ehe, und es ist bisher in erträglicher Weise nur durch die Anerkennung der Oberherrschaft des Mannes und mithin nur einseitig gelöst worden. Die sittliche Ehe in der freien Gesellschaft kennt, wie die letztere überhaupt und in allen Gebilden, durchaus keine Vorrechte des Mannes. Die Vergesellschaftung auf gleichem Fuss ist auch in der freien und natürlichen Ehe der zukünftigen bessern Socialität das Grundprincip. Glücklicherweise müssen die Conflicte unter Voraussetzung der neuen socialitären Gebilde im Rahmen des rein Moralischen verbleiben, und hier werden die gegenseitigen Sympathien und Interessen das den Veruneinigungen vorbeugende oder über sie hinweghelfende Band abgeben. Die Functionentheilung in der Erziehung wird nicht schwer fallen und übrigens werden die gegenseitigen Anbequemungen auch weit weniger schwierig sein, wenn von der einen Seite nicht mehr die besondere Anmaassung eines vermeintlich naturberechtigten Uebergewichts und eines privilegirten Willens ausgespielt werden kann. Um gar kein Missverständniss offenzulassen, sei hier noch besonders darauf hingewiesen, dass die sittliche Ehe der freien Gesellschaft ein häusliches Beisammenleben zwar der Regel nach mit sich bringen wird, aber keineswegs stets zur unumgänglichen Nothwendigkeit macht. Unter Umständen wird die äusserliche Trennung, deren sich in verkehrter Anwendung jetzt der besondere Luxus der Reichen und Hochgestellten erfreut, in heilsamer Gestaltung dazu dienen können, den Verkehr unabhängiger zu machen und individuell zu veredeln. Die Individualisirung des Lebens erheischt oft für jeden Theil ein Reich für sich und eine auch thatsächliche Selbständigkeit in den sogenannten Kleinigkeiten oder besondern Gewohnheiten des Daseins. Auch die blos indirecte Nöthigung, selbst mit dem nächsten Herzensangehörigen bei jeder noch so untergeordneten Lebensäusserung in Berührung zu kommen, wird für beide Theile lästig und ergiebt wahrlich kein Ideal einer freien und schönen Existenz. Man muss einsam sein und sich zeitweilig dem Verkehr entziehen können, wenn der missliebige Zwang

nicht die Reize der edleren Geselligkeit beeinträchtigen und die allzu enge Gemeinschaft theilweise zu einer Last machen soll.

Unter den heutigen Gesellschaftsverhältnissen und überhaupt unter jeglichem Unterdrückungsrecht ist die freie, rein sittliche Ehe schon der Versorgungsrücksichten wegen eine Unmöglichkeit. Die Frauen selbst haben ein grosses Interesse, sich unter diesem System sogar gegen allzu leichte Scheidungsmöglichkeiten zu erklären; denn unter der Herrschaft der Ausbeutung würden sie es grade sein, die so zu sagen einem Verbrauch durch die Männer anheimfallen müssten. Nachdem ihre Reize verblüht oder gar ihre Kräfte in der Familiensorge vernutzt wären, liefen sie Gefahr, den Abschied zu erhalten. Das Einzige, was unter den rückständigen Culturverhältnissen der Gegenwart geschehen kann, ist eine Wegräumung der letzten Reste der sogenannten Geschlechtsvormundschaft, indem die Frau juristisch vollkommen handlungsfähig gemacht und von der Nöthigung befreit wird, in ihren Rechtshandlungen die Beistimmung und den sogenannten Beistand des Mannes für sich zu haben. Uebrigens hängt die Möglichkeit der bessern und dem Sittenideal entsprechenden Ehe von der politisch socialitären Umschaffung der Gesammtzustände ab. Es würden sich die verkehrtesten und widersprechendsten Vorstellungen ergeben, wenn Jemand die Thorheit beginge, die Züge des von mir entworfenen Bildes in unsere heutige Wirklichkeit übertragen und mit derselben vereinbaren zu wollen.

Die Stellung der Frauen ist nicht blos bezüglich der Ehe sondern auch im Hinblick auf alle politischen und gesellschaftlichen Functionen ein Merkzeichen der Cultur oder Uncultur. Diejenigen Gemeinwesen werden die freiesten und edelsten sein, in denen auch die Unabhängigkeit und Gleichberechtigung des Weibes in allen Beziehungen einst zur Verwirklichung gelangt sein wird. Auf dem Wege zu diesem Ziele liegt der gewöhnliche materielle Socialismus, der sich jedoch vor der naheliegenden Rückständigkeit zu hüten hat, in blossen Vorstellungen über Schutz und indirecte Versorgung der Frauen im Rahmen der Zwangsfamilie hängen zu bleiben. Sonstige gesellschaftliche und politische Erweiterungen der Frauenrechte innerhalb der Formen des Gewaltstaats, etwa durch Ertheilung des Wahlrechts und durch Eröffnung von mancherlei theils gewerblichen theils öffentlichen Functionen oder von Aemtern mit gemischtem Charakter, —, derartige Freiheitssteigerungen innerhalb der allgemeinen und principiellen Unfreiheit haben einigen Reiz und vielleicht auch einigen

Vortheil, indem sie die Unvereinbarkeiten und den Widerstreit in den Zuständen häufen und so dazu beitragen, die alte Unterdrückungs- und Gewaltverfassung immer mehr aus dem Gleichgewicht zu bringen. Die Natur konnte mit der grössern Belastung des Weibes durch Schwangerschaft und Muttersorgen nicht unmittelbar die gleiche Energie der in andern Richtungen erforderlichen Kräfte zur Verfügung stellen, und so musste es der längsten geschichtlichen Entwicklung und den höchsten Culturzuständen einer veredelten Zukunft vorbehalten bleiben, das Weib auch nach der allgemein menschlichen Seite und in der Theilnahme an den geistig schöpferischen sowie den höhern gesellschaftlichen Functionen zu vollenden. Nur die Umschaffung der jetzt noch vom Gewaltstaat umklammerten Elemente zum Gemeinwesen der frei organisirten Gesellschaft wird auch dem Weibe die Stätte eines allseitig vollkommneren Daseins bereiten.

Zweites Capitel.

Geschichtsauffassung und Civilisation.

Zutreffende Gedanken über das Ganze der bisherigen Geschichte haben wesentlich eine Zukunftsbedeutung. Es ist der Irrthum einer falschen und zwecklosen Gelehrsamkeit, die Wiederholungen gemeiner Thatsachen zum Hauptgegenstand zu machen und in dem Wissen von der Vergangenheit nur eine hergebrachte Notizenkunde ohne wahrhaften Reiz und ohne echtes Interesse zu pflegen. Andererseits ist aber auch die Geschichte nicht dazu da, zum Spielwerk für leichtfertige Schablonensucht und philosophastrisch eitle Constructionenphantastik zu werden oder gar den Auslassungen gemeiner Vorsehungsmacherei anheimzufallen. Letzteres ist ihr von den religiösen und theologischen Velleitäten her in einem ekelerregenden Grade widerfahren, und Ersteres hat sich in den meist traurigen, stets aber dürftigen Versuchen zur sogenannten Philosophie der Geschichte nur zu ungestört bekundet. Die Missachtung der Philosophie der Geschichte ist daher gerecht, und unter dieser Rubrik selbst ist im 19. Jahrhundert nichts Erträgliches zu Tage gefördert worden. Die besten, wenn auch noch sehr unzulänglichen Schematisirungen sind von August Comte im Anschluss an Saint Simon, aber nicht etwa unter dem mit Recht verdächtig gewordenen Titel einer Philosophie der Geschichte, geliefert worden. Buckles einzig dastehendes Werk einer Einleitung in die Geschichte der neuern Civilisation ist zugleich eine Detailforschung des Fachhistorikers und Gelehrten im edelsten Sinne des Worts. Ihr allgemeiner Gedankengehalt bewegt sich in der Mitte zwischen der näherliegenden, fast unmittelbar an die besondern Thatsachen angelehnten Reflexion und einer durchgreifenden, von einer logisch gearteten Weltauffassung getragenen Ideenconsequenz. Auf diese Weise hat es die Klippe der gemeinen, nach einem strengeren Maasse unzurechnungsfähigen Philosophie der Geschichte vermieden und sich überhaupt Verdienste erworben, wie kein anderes historisches Buch unserer Zeit. Aber weder Comte noch Buckle haben auf ihren verschiedenen Wegen die höchste Aufgabe einer rationellen Geschichtsauffassung in Angriff genommen. Der letztere ist den Thorheiten der gewöhnlichen Geschichtsphilosophie nur dadurch völlig entgangen, dass er sich beschränkte; und der erstere hat die verhältnissmässig rationelle und zutreffende Haltung seiner Conceptionen nur da gewahrt, wo er die nachweisbaren Gestaltungsgründe seiner drei Einsichts- und Verfassungszustände innerlich und äusserlich nachwies, sich aber derselben nicht als einer Schablone bediente. Uebrigens ist August Comte bekanntlich von Ausweichungen in das Gebiet voreiliger Geschichtsconstruction nichts weniger als frei geblieben. Hiezu kommt noch, dass jene beiden grössten Vertreter der Sache die entschieden socialitäre Auffassung nicht erreichten, deren gegenwärtig eine tiefer eindringende Geschichtstheorie nicht entbehren kann.

Die Geschichte ist eine Fortsetzung der blossen Naturarbeit. Das Menschenschicksal wird in ihr mannichfaltig ausgeprägt, und der Gestaltungstrieb des Lebens ergeht sich je nach den Racen- und Stammesvoraussetzungen sowie nach Maassgabe der umgebenden Naturverhältnisse und der Verschiedenheit menschlicher Charaktere in den buntesten Gebilden. Inmitten dieser Vielgestaltigkeit, die dem Variationsbedürfniss der Empfindungs- und Bewusstseinszwecke dient, waltet aber auch das allgemeine Gesetz mit seinen universellen Formen. Das Grundgerüst der menschlichen Verhältnisse wird überall in wesentlich gleicher Art aufgeschlagen, und der Lebenslauf der Menschheit zeigt in allen seinen Phasen und Wendungen einen einheitlichen Typus. Wo das Hervortreiben von Lebensformen nur den alten Kreislauf wiederholt, ist wohl ein gleichsam rhythmisches Wechselspiel in der Zeit, aber keine eigentliche und fortschreitende Geschichte vorhanden. Das Interesse und der Reiz liegen nicht blos in der Neuheit des individuellen, durch die Generationsfolge immer frisch erweckten Lebens, sondern in den Unterschieden und Wandlungen, die sich für die Lebensformen eröffnen. Diejenige schöpferische Thätigkeit, durch welche nicht blos die alten Verhältnisse wieder hervorgebracht, sondern neue Elemente und Bildungen in den bisherigen Zusammenhang eingeführt werden, ist allein im Stande, dem Dasein stets frischen Reiz zu verleihen und die Kräfte zur bewussten, geschichtsgestaltenden Arbeit zu erregen. Wie überall, so bringt auch hier das Erzeugen und Schaffen die am höchsten gesteigerten Lebensgefühle mit sich, so dass, wenn der Zweck der Geschichte das Leben ist, das Wesen der Geschichte nur in der Hervorbringung von Unterschieden und Veränderungen liegen kann, in denen sich das strebende Wesen, sei es nun der Mensch oder das geistig begabte Erzeugniss eines andern Weltkörpers, durch immer neue Erprobungen und Bereicherungen seiner Natur befriedigt.

2. Auch die Natur ist kein blosses Wiederholungssystem, sondern eine Abfolge von weitertragenden Schritten, die zu neuen Gebilden führen. Durchmisst man den weiten Abstand, der die elementaren und unorganischen Beharrlichkeiten von den regungsvolleren Gestaltungen trennt, so steigert sich die Wandlungs- und Entwicklungsfähigkeit von Stufe zu Stufe. Die Zeiträume, in denen eine schöpferische Veränderung sichtbar ist, werden immer kleiner, und sind wir bei dem Menschen selbst angelangt, so ist es in ihm die geistige Gestaltungsfähigkeit, in welcher die Fortschritte und neuen Wendungen in Vergleichung mit den sonstigen Veränderungen seiner Natur am schnellsten vollzogen werden. In dieser geistigen Regsamkeit hat daher auch die Geschichte ihre Wurzeln, und man wird so gut wie nichts von dem bisherigen und ferner absehbaren Verlauf der menschlichen Angelegenheiten verstehen, wenn man nicht von der Wahrheit geleitet ist, dass der Erwerb und die Bethätigung von Einsicht und Geschicklichkeit das Entscheidende ist. Die Aufklärung des Menschen über die Natur und über sich selbst bestimmt mit der zugehörigen Entwicklung der technischen Kräfte die verschiedenen Grade des Culturfortschritts. Die Macht über die Naturkräfte ist zum grössten Theil nur eine Folge der geistigen Errungenschaften, und die politische Auseinandersetzung des Menschen mit dem Men-

schen kann in allen ihren Formationen auch nur das Ergebniss des grössern oder geringern Mangels an Gerechtigkeitsverständniss sein. Erst durch die Entwicklung eines deutlicheren Rechtsbewusstseins werden die Gebilde aufgelöst, die fast ausschliesslich dem wüsten Macht- und Gewaltspiel ihr Dasein verdanken. Solange das feinere Verständniss für das veredelte natürliche Recht noch durchschnittlich fehlte, wurden auch die Verletzungen nicht mit derjenigen moralischen Pein empfunden, die uns der bewusste Contrast unseres gesteigerten Gefühls und schärferen Urtheils mit den rohen Verworfenheiten heutiger Rechts- oder vielmehr Unrechtsbrutalität auferlegt. Durchschnittlich hat sich die Menschheit in der Hervorbringung ihrer politischen Lebensformen mit ihrem Innern, d. h. mit ihren jeweiligen Gedanken und Bestrebungen wenigstens theilweise ins Gleichgewicht setzen müssen. Wäre der Geist der Einzelnen und namentlich der Sinn für Gerechtigkeit weniger verworren und weniger stumpf gewesen, so hätten die Einrichtungen den subjectiven Beschaffenheiten nicht entsprechen und nicht lange standhalten können. Es liegt in dieser für die Gesammtmasse der Menschen gültigen Uebereinstimmung von innerer Beschaffenheit und äusserlichem, mehr oder minder gemässigtem Sklaventhum sogar ein gewisser Trost und eine Art von Versöhnung mit den für die edlere Betrachtung unbedingt missliebigen Thatsachen. Nur der höher entwickelte Mensch empfindet die Kluft zwischen dem gesteigerten Bedürfniss und der jeweiligen durchschnittlichen Beschaffenheit der Zustände. Dies gilt vom Individuum wie von den Völkern und ganzen Culturgruppen und wird sich schliesslich an der ganzen Menschheit bewähren. Das äussere Leiden für die im Bewusstsein Höherstehenden, mögen es nun vereinzelte hochstrebende und geistig überlegene Naturen oder ganze Gruppen und gesellschaftliche Classen sein, wird einigermaassen durch den Vorzug der bessern Innerlichkeit und durch die Aussicht auf das Vollkommnere aufgewogen. Wie die schlimmste Seite der Pein eine ideelle ist, so findet sich auch ihre lindernde Ausgleichung, ja oft genug mehr als eine blosse Entschädigung in der ideellen Theilnahme an dem Leben späterer Generationen. Der Zusammenhang mit einer besseren Welt hat im Gedanken und Gefühl, welche hier allein in Frage sind, einen ähnlichen Wirklichkeitscharakter, wie wenn es sich um jede beliebige naheliegende, die unmittelbaren Nachkommen oder das Schicksal der eignen Angelegenheiten nach dem Tode betreffende Voraussicht handelte. Der Mensch lebt wesentlich in Ideen, und wenn eine Erweiterung derselben ihm nach der einen Seite die Beschränkung fühlbarer macht, so eröffnet sie ihm nach der andern Seite ein neues Reich volleren Lebens. Die geistige Machtsteigerung, die sich mit der Aufklärung jeder Art, also mit jeglicher Veredlung des Wissens und Wollens verbindet, schliesst das Gefühl der überlegenen Genugthuung auch dann ein, wenn die Verhältnisse des Augenblicks oder einer verfallenden Epoche nur die Unterdrückung und den zunächst ungleichen Kampf eintragen. Hierauf beruht die einzig mögliche Versöhnung mit dem missliebigen Theil der geschichtlichen Nothwendigkeiten. Der Hinblick auf die innere Rache, welche die bewusste Niedertracht der Einzelnen und der Zustände als ihr Schicksal bis zur vollen Reife austragen muss, ergiebt die Versöhnung mit denjenigen Thatsachen, die nicht ausschliesslich in der durchschnittlichen Stumpfheit und Unzulänglichkeit ihren Grund haben.

3. Der Satz, dass die geistige Erhebung es ist, wodurch die fortschreitende Geschichte gemacht wird, und dass die unwillkürlichen Veränderungen sowie die technischen Kräfte nur mitwirkende Factoren oder von dem geistigen Anstoss herstammende Mittel zweiter Ordnung sind, liefert uns sofort einen Aufschluss über eine Gesammteintheilung der Geschichte. Der bisherige Geschichtsverlauf bildet eine erste Aera, gegen deren uns noch nicht im Einzelnen bekanntes Ende die grosse Französische Revolution als prophetische Einleitung eines später umzuschaffenden Daseins und als Ankündigung einer Abrechnung mit der alten Ueberlieferung ihre praktisch und theoretisch durchschlagenden Lehren ertheilt. Das neunzehnte Jahrhundert bleibt noch wesentlich reactionär, ja es ist es in geistiger Beziehung noch mehr als das achtzehnte; aber es trägt trotz aller Rückwirkungen gegen die Aufraffung von 1793 dennoch in seinem Schoosse die Keime einer gewaltigeren Umschaffung, als sie von den Vorläufern und den Heroen der Französischen Revolution erdacht wurde. Der communitäre Socialismus ist im letzten Viertel dieses Jahrhunderts das weltgeschichtliche Programm. Die Abschaffung des Cultus und der politischen Vormundschaft sind zugehörige und gleich wesentliche Punkte des neuen Planes, und die geistige, politische und wirthschaftliche Emancipation bezeichnet die neue Epoche des Menschenschicksals. Der Gewalt- und Unterdrückungsstaat ist als mit dem edleren Menschenthum unverträglich erkannt, und die neue Wendung besteht eben darin, dass sich an seiner Stelle die

freie Gesellschaft einführt. Die wenigen Jahrtausende, für welche eine historische Rückerinnerung durch ursprüngliche Aufzeichnungen vermittelt wird, haben mit ihrer bisherigen Menschheitsverfassung nicht viel zu bedeuten, wenn man an die Reihe der kommenden Jahrtausende denkt und die unumgänglichen Fortschrittsnothwendigkeiten erwägt, die sich jetzt schon absehen lassen. Wir haben ein Recht, uns und die nächsten Generationen als die Träger der entscheidenden Wendungskräfte zu denken, und so befänden wir uns denn auf der Grenzscheide zwischen zwei völlig von einander abweichenden Theilen des Menschenschicksals. Die Eintheilungen, welche die Historiker für die bisherige Vergangenheit belieben, sinken zu Abgrenzungen zweiter Ordnung herab; denn eine gleich wurzelhafte Umschaffung, wie diejenige, durch welche die neue Weltära eingeführt werden wird, ist in der bisherigen Geschichte nicht einmal annähernd vorgekommen. Der Uebergang von der reinen Sklaverei zur Lohnarbeit ist eine Kleinigkeit in Vergleichung mit der Abschaffung des Ablohnungssystems selbst und der damit verbundenen Ausmerzung des Unterdrückungseigenthums. In geistiger Beziehung hat aber der Schluss der Aera der Religionen doch etwas mehr zu bedeuten, als die bisherigen Wandlungen und Kämpfe innerhalb der religiösen Organisationen. Auch die Verfassungsunterschiede innerhalb der einen, bisher allein verwirklicht gewesenen, nach irgend einer Seite stets unterdrückerischen Grundgestalt des Gewaltstaats verschwinden fast zu einem Nichts, wenn man ihnen gegenüber das Zukunftsbild des Gerechtigkeitsstaats d. h. die Ersetzung der angemaassten Herrschaft durch die auf freier Wahl beruhende Leitung ins Auge fasst. Das Menschengeschlecht ist als Ganzes noch sehr jung, und wenn einst die wissenschaftliche Rückerinnerung mit zehntausenden statt mit tausenden von Jahren zu rechnen hat, wird die geistig unreife Kindheit unserer Institutionen eine selbstverständliche Voraussetzung über unsere alsdann als Uralterthum gewürdigte Zeit unbestrittene Geltung haben.

Für uns, die wir mitten in den Wandlungen stehen, erklärt sich eine sonst befremdliche Thatsache aus unserm Grundgedanken der geschichtlichen Haupteintheilung ganz leicht. Die neuern Jahrhunderte arbeiten an der Wegräumung der mittelalterlichen Ueberlieferungen, und die neuste Zeit fühlt sich in den Vertretern ihrer besten Elemente als die Trägerin einer grundsätzlichen Opposition gegen die traditionellen Herrschaftsgebilde. In einem gewissen Sinne ist die Revolution permanent, d. h. die auf das Edlere gerichteten Triebkräfte drücken gleich einer gespannten und eingezwängten Feder gegen die Wandungen der pressenden Institutionen, während sich die bisherigen Monopolisten der Politik zum letzten Gegendruck aufraffen. Diese Einverleibung der Revolution in den modernen Gewaltstaat, mit dem sie ein Zwillingspaar bildet, ist eine des weiteren Nachdenkens würdige Thatsache. Gewaltstaat und Revolution gehören zusammen; denn der eine würde ohne die andere nur unter Voraussetzung geistiger Stumpfheit denkbar sein. Die früheren untergeordneten Epochen der Menschengeschichte hatten das politische Bewusstsein und speciell die Gerechtigkeitsideen noch nicht hoch genug entwickelt, um jenen Antagonismus in seiner vollen Stärke nothwendig zu machen. Seit der zweiten Hälfte des 18. Jahrhunderts ist aber die fragliche Kluft vor Aller Augen aufgerissen und seitdem theoretisch und praktisch immer mehr erweitert worden. Die Triebkräfte zur Umschaffung, die sich im Widerstreit mit dem Gewaltstaat befinden, sind integrirende Bestandtheile der Zustände geworden, und in diesem Sinne ist, so befremdlich es zunächst klingen mag, die Revolution eine Institution und so zu sagen ein unbeabsichtigtes Verfassungselement des Unterdrückungsstaats. Die erstere kann nur verschwinden, wenn der letztere abgethan ist. In der freien Gesellschaft hat die Revolution der heutigen Epoche keine Stätte mehr, weil mit der Ursache auch die Wirkung fortfallen muss. Der Unterdrückungsstaat erzeugt auf seinem Boden die Revolution als eine Rückwirkung, und anstatt diese Gefolgschaft jemals loswerden zu können, muss er sich von ihr immer mehr umgeben finden. Die Unterdrückung wird mit dem helleren Bewusstsein für diejenigen, welche sie ausüben, schliesslich ein grösserer Fluch, als für diejenigen, welche sie erleiden.

4. Das Interessanteste in der abgelaufenen Geschichte sind die politischen Wandlungsgesetze, welche für Staatenexistenz, Gesellschaftsverfassung und Völkertod maassgebend wurden. Der Lebenslauf eines politischen Gebildes ist unter allen Umständen bemessen. Es giebt auch hier keine Unsterblichkeit, und allermindestens müssen Umschaffungen eintreten, die, wenn sie im günstigsten Falle auch die Stoffe conserviren, doch die Formen oder wesentliche Theile derselben zerstören, um sie durch neue Gruppirungen und Organisationen zu ersetzen. Was wir eben Stoffe nannten, sind die von der Natur und Cultur geformten individuellen Menschenexistenzen mit

ihren Racen- und Stammeseigenthümlichkeiten. Auch sie werden von den allgemeinen Mächten der Vergänglichkeit und Umbildung nicht unerheblich ergriffen; aber die gewöhnlichen Fälle von Staatenuntergang berühren diese tieferen Grundlagen und diese Trägerschaften der individuellen Existenz nicht so häufig und nicht so eng, als man gewöhnlich voraussetzt. Allerdings sind Völkertypen und Sprachen ausgestorben; aber zu diesem Verschwinden hat es mehr bedurft, als des blossen Staatentodes. Auch die Völkermischungen würden hiezu allein noch nicht ausgereicht haben, wenn nicht das innere natürliche Gesetz auch diese tieferen Wurzeln des Daseins beträfe und, auch abgesehen von den politischen und gesellschaftlichen Schicksalen, jede Ausprägungsform des Daseins zum Ziele führte und alsdann nöthigte, andern Gebilden Platz zu machen. Die Hinderung der schwächeren Theile an der Fortpflanzung und die hiedurch beherrschten Blutmischungen haben bei der Völkermengung zu ungleichem Recht allerdings eine sehr grosse Einwirkung üben müssen. Indessen hüte man sich, ohne Weiteres anzunehmen, dass die Macht der erobernden Elemente soweit gereicht habe, auch die physiologischen Nothwendigkeiten ausschliesslich zu ihren Gunsten auszubeuten. Viele Bestandtheile und Eigenthümlichkeiten sind für eine Zeit lang niedergedrückt und in der breiten einflusslosen Masse gleichsam verborgen geblieben. Sie sind von der Bühne verdrängt, aber darum nicht aus dem Dasein verschwunden. Sie vegetiren still in dem breiten Unterbau der oben herrschenden Gesellschaften und Staaten und müssen sich wieder in vollerer Lebensregung bethätigen, sobald die an der Oberfläche spielenden Gewalten ihr verhältnissmässig kurzlebiges Schicksal erfüllt haben.

Wenn das Vernichten zum Schaffen und gradezu der Tod zum Wesen des Lebens gehört, wie dies in der That der Fall ist, so darf man freilich niemals auf absolut feste Gebilde rechnen, ja sie nicht einmal wünschen. Auch die Gestalten innerhalb der freien Gesellschaft der Zukunft werden und sollen dem Wechselspiel nicht entgehen, in welchem der Reiz des Lebens liegt. Ja sogar die heut erdachte freie Gesellschaft selbst ist zwar für uns die letzte absehbare Form, deren Einzelheiten wir mit dem Gedanken einigermaassen zu bestimmen vermögen; aber sie ist nicht das letzte Maass aller Möglichkeiten des Gemeinlebens, und es ist an sich selbst nicht undenkbar, dass einst die moralisch vervollkommnete Individualität auch ohne besondere schützende Vergesellschaftung existiren und sich auf diejenigen rein positiven Vorkehrungen beschränken könnte, durch welche das planmässige Zusammenwirken productiver Art unter allen Umständen aus rein technischen Gründen vermittelt werden muss. Wir sind also weit davon entfernt, in der umgeschaffenen Zukunft die neuen Gebilde für unsterblich zu erklären. Allerdings sind auch schon in der bisherigen Geschichte die entlegensten Allgemeinheiten des Daseins, wie sie von der Menschennatur überhaupt mit sich gebracht wurden, dauernd gewesen. Stets hat es irgend welche, wenn auch unterdrückerische Formen der politischen und wirthschaftlichen Kraftvereinigung und ebenso irgend welche, an Recht und Unrecht theilhabende Regelungen des Geschlechterverkehrs gegeben. Jedoch ist diese Art von Dauerbarkeit eines ganz allgemeinen, inhaltarmen und die volleren Lebensgebilde noch gar nicht berührenden Schematismus kein stichhaltiger Einwand gegen die universelle Sterblichkeit der bestimmteren und lebensreicheren Hervorbringungen. Auch in der Natur liegt allen Organisationen von der niedrigsten bis zur höchsten ein einfacher Typus zu Grunde, der in allen Combinationen und Wandlungen beibehalten wird; aber so wichtig dieser Typus auch für die Logik der Dinge ist, so hat man an ihm doch nicht das gesteigerte und mannichfaltig erfüllte Leben, da er ja schon in der untergeordnetsten Regung der unvollkommensten Pflanze in seinem allgemeinen Wesen voll und ganz anzutreffen ist. Das Gesetz der Zusammengehörigkeit von Leben und Tod oder überhaupt von Schöpfung und Vernichtung reicht soweit, als die Regungen des Lebens und Schaffens selbst. Es waltet ausnahmslos und gestattet dennoch einerseits eine relative Beständigkeit und andererseits eine Erhaltung der einmal gewonnenen Fortschritte in der Ausprägung der zusammengesetzteren und mithin reicheren Lebensgestalten. Hierin liegt kein Widerspruch; denn die Erhaltung bewerkstelligt sich eben selbst nach dem Schema des Wechselspiels individuellen Lebens und Sterbens. Die Fortpflanzungen und Uebertragungen setzen bei ihren Compositionen umbildende und verschieden mischende Kräfte ins Spiel, so dass die Arbeit der Reproduction auch zugleich die Production und mit dieser die Ausmerzung des Unbrauchbaren einschliesst.

5. Gilt nun die eben gekennzeichnete Nothwendigkeit für das universelle Menschheitsschicksal, so giebt es für die von uns angenommene erste Aera der Menschengeschichte, also für die ganze bisherige Vergangenheit und einen Theil der Zukunft, noch ein bestimm-

teres Gesetz, welches über die Staaten nicht blos den Tod, sondern sogar den gewaltsamen Tod als eine innere Nothwendigkeit verhängt und sich bis jetzt auch stets sichtbar genug zur Ausführung gebracht hat. Man hat sich seit den Zeiten des Griechischen Alterthums bemüht, eine Art Entwicklungs- oder Kreislaufsgesetz aufzustellen, nach welchem die Regierungsformen der Staaten auf- und auseinander folgen und abspielen, bis innere Verwesung oder äussere Gewalt mit den Abgelebtheiten ein vollständiges Ende machen. In der neuern Zeit hat Macchiavelli der Idee eines sich in solchem Kreislauf erschöpfenden Lebens mit besonderm Nachdruck gehuldigt. Was man aber davon in der That durch die bisherige Erfahrung sicher feststellen und zugleich auch innerlich als Nothwendigkeit begreifen kann, ist äusserst wenig. Jede Aristokratie trägt die Corruption in sich und concentrirt sich schliesslich zur schamlosesten Oligarchie, deren nackte Ausbeuterei wiederum einer noch stärkeren ausbeutenden Kraft, nämlich einem die Gewaltthätigkeit centralisirenden und mit der Volksmasse coquettirenden Despoten anheimfällt. Mit dieser letzten Cäsaristischen Centralisation erfüllt sich das Schicksal der Reiche in der allgemeinen Verwesung der vorher herrschenden Elemente und Classen. Sollen neue frische Gebilde emporwachsen, so müssen sie aus dem Untergrund ihre Nahrung ziehen; aber die Geschichte hat bis jetzt von einem Vorgang dieser Art kein einziges grosses Beispiel aufzuweisen. Griechenland ist Alexandristisch und das gewaltige Römerreich Cäsaristisch zu Grunde gegangen. Aus der Geschichte selbst können wir mithin für unsere Vorstellung, dass die heutigen Centralisationen die moderne Menschheit nicht zum politischen Leichnam machen werden, wenigstens unmittelbar nichts Tröstliches entnehmen. Hier ist die Grenze, bei welcher die Geschichte mit ihren thatsächlichen Lehren unzulänglich wird und jenes Vorurtheil aller Arten von Historismus zusammenfällt, als wenn sich für Gegenwart und Zukunft aus der Geschichte Alles entscheiden lassen müsste.

Man versteht sehr wenig von dem Wesen der Geschichte, solange man noch glaubt, in der Gruppe von Erfahrungen, die sie uns vor Augen legt, unmittelbar die Hauptsache zu besitzen. Eine echte Geschichtswissenschaft, wie sie zum Theil auch schon Buckle an die Stelle der blossen Geschichtskunde und der unverdauten Geschichtsgelehrsamkeit zu setzen unternahm, richtet sich auf die Bestandtheile und Kräfte selbst, aus denen die besondern Thatsachen entspringen. Sie macht daher auch fähig, durch Combination und Schlüsse über die schon zu Thatsachen gewordenen Gestaltungen hinauszugreifen und neue Gebilde im Gange der Dinge vorauszusehen. Die gedankenarme, an der unzergliederten Erfahrung haftende Beschränktheit des gewöhnlichen Historismus begreift die Nothwendigkeit der feineren Operationen nicht. Sie glaubt mit ihrer unmittelbaren Wahrnehmung der oberflächlichen Physionomie auszukommen und tritt sogar jeder freier beweglichen Auffassung grundsätzlich entgegen. Auch wenn dieser falsche Historismus nicht im Dienst und Lohn des Gewaltstaats stände, und wenn auch die Mehrzahl der Historiker wesentlich etwas Anderes wäre als eine Beamtenschaft, welche vorzugsweise der dynastischen Historiographie und der Verherrlichung der Regierungen ergeben sein soll und ist, — wenn also auch nicht schon die Stellung auf die träge Oberflächlichkeit und Einseitigkeit der Auffassung hinwiese, so würde dennoch der rein wissenschaftliche Mangel einer rationellen bis zu den Elementarkräften vordringenden Geschichtszergliederung mit jeder ernstlichen Beschaffung maassgebender Lehren unverträglich sein. Wer aus der Geschichte mehr Wahrheit ziehen will, als in den nackten Thatsachen und unmittelbaren Vergleichungsfällen enthalten sein kann, muss mit den Factoren der geschichtlichen Composition selbst rechnen lernen. Wie arm würde unser Wissen von der Natur sein, wenn man sich mit den unmittelbaren Erfahrungsthatsachen und einem äusserlich beobachteten Schematismus begnügt hätte! Der Geschichte widerfährt noch immer diese traurige Beschränkung, und das Wenige, was freiere und überlegene Geister in diesem Fach an zerlegender Untersuchung annäherungsweise geleistet haben, pflegt immer wieder in dem sich breit machenden Geschichtströdel des gemeinen Schlages den Augen des Publicums entrückt zu werden. Die wahre Geschichtswissenschaft muss einigermaassen der Mechanik gleichen und auf die einfachen bewegenden Kräfte selbst gerichtet sein. Alsdann wird ihr auch die blosse Thatsächlichkeit als solche nur das Erste, aber nicht das Letzte sein, und sie wird über die Zukunft rationell zu urtheilen verstehen. Die geistige Macht, welche von einer solchen Geschichtswissenschaft als das stärkste Motiv der Gestaltungen anerkannt wird, lässt es in der That begreifen, wie der moderne Gewaltstaat und namentlich unsere neuste, zugleich einen halben Cäsarismus und eine Caricatur desselben darstellende Phase zwar nicht in sich selbst, wohl aber in den unterdrückten Elementen die Keime lebensfrischer Gebilde umschliessen könne. Im Alterthum waren es ernsthafte Republiken, welche der

20*

Verwesung anheimfielen; in der neusten Zeit sind es Monarchien, welche sich zersetzen oder sich, wie jenseit des Oceans, in wurmstichige Bourgeoisrepubliken verwandelt haben. Dieser Unterschied ist aber nicht durchgreifend genug, um uns gegen etwas Aehnliches oder gar noch Schlimmeres zu schützen, als die antike Fäulniss des Griechen- und Römerthums an universeller Unfreiheit und Corruption mit sich gebracht hatte. Könnten wir nicht auf die hohe Bewusstseinsentwicklung und auf die ideellen Mächte vertrauen und von ihnen die Belebung des trägen Stoffs und die zur Regeneration erforderlichen Massenbewegungen als einfache Wirkungen der geistigen Naturgesetze erwarten, so würden unsere Vorwegnahmen einer edlen Entwicklung mindestens für die stetige und absehbare Reihe der Ereignisse nicht passen. Diese Zukunftsbilder würden in eine Ferne rücken, vor deren Erreichung auf einem langen Wege das allseitige Absterben der heutigen Welt dazwischenträte und gleichsam ausgeduldet werden müsste. In einer solchen Gestalt aber brauchen wir uns das Menschheitsschicksal glücklicherweise nicht zu denken, wenn auch immerhin die Versuchung dazu oft genug nahegelegt werden mag. Mitten in den Rahmen des Unterdrückungsstaats hinein können sich nach und nach Gebilde einschieben, die nicht nur ihm selbst verhängnissvoll werden, sondern auch positiv die freie Gesellschaft vorbereiten. Was aber die Wegräumung des historischen Gewaltstaats anbetrifft, so muss er unter allen Umständen seiner eignen Logik, nämlich derjenigen der Missachtung der Gerechtigkeitsmotive anheimfallen. Diese Logik besteht des Näheren darin, dass schliesslich in ihm eben nur die Gewalt, aber nicht mehr der Schein des Moralischen gesehen wird, und dass er demgemäss durch die Unzulänglichkeit dieser Gewalt zusammenbricht, sobald ihm die Kraftelemente, die er sonst noch mit ideellen Mitteln seiner eignen einsichtserdrückenden Art bannen konnte, den Dienst versagen.

6. Die Möglichkeit, dass die Herrschaft von einem Einzigen an Mehrere oder von einer geringeren Zahl an eine grössere zurückfalle, ist unserer Anschauungsweise gegenüber von untergeordneter Bedeutung. Uns sind die historischen Demokratien ebenfalls Gewaltherrschaften, da sie stets eine unterdrückte Schicht unter sich hatten. Auch die Mischverfassungen der neusten Zeit, die man nach Englischem Muster vorzugsweise constitutionell nennt, gelten uns nur als Bastardformen und Uebergangsconfusionen. Ihr Werth besteht

eben in der Steigerung der Haltlosigkeit der von den alten Hauptformen her überlieferten Zustände. Sie sind überdies sehr kurzlebig; denn hinfällige Compromisse sowie Scheineinrichtungen und corruptive Umwege der innern und äussern Politik sind ihr Wesen. Sie fallen daher bald ausgeprägteren Gestalten anheim, die trotz aller Hohlheit doch den Vorzug haben, durchgreifender verfahren zu können. Von dieser Art ist das Zerrbild des Cäsarismus, welches die neuste Französische Geschichte inaugurirt und auf andere Staaten fortgepflanzt hat. Das Wesen alles Cäsarismus besteht darin, die Form zu sein, in welcher alte verdorbene Verfassungen vollends untergehen, um durch die universelle Verfassungslosigkeit, nämlich durch das willkürliche Walten eines Einzelnen ersetzt zu werden. Etwas Scheinrücksicht auf die materiellen Privatinteressen und etwas Gefallsüchtelei den Volksmassen gegenüber ist hiebei stets im Spiele. Die verwahrlosten Existenzen aus den höhern Gesellschaftsschichten bilden die natürlichen Verbündeten aller Arten und Spielarten von Cäsarismus. Die vollständige Entblössung der nackten Gewalt von allem ihr früher wirksam anhaftenden Sittlichkeitsschein vollzieht sich sogar mit jener ärmlichsten Spielart des Cäsarismus, die man den ministeriellen Zwittercäsarismus nennen könnte, weil sie es noch nicht einmal zur Vertauschung der alten Dynastie mit einer neuen, aus der Militairdictatur hervorgegangenen Machthaberschaft gebracht zu haben braucht, um mit den Resten des guten Glaubens an die älteren Institutionen aufzuräumen und die Regierungsmittel auf brutale Executionen und Willkürmaassregeln herunterzubringen.

Es liegt etwas innerlich Befreiendes und wenigstens in dieser Beziehung Befriedigendes darin, dass sich das Uebel der Cäsaristischen Gestaltung der Zustände am allerwenigsten dem Geist in einer moralisch bindenden Weise aufzuerlegen vermag. Es ist die Berufung auf die militairischen Executionsmittel, wodurch sich diese Herrschaftsart fast ausschliesslich und ziemlich unverhüllt behaupten muss. Hiedurch schwindet jede Achtung, die mit Sitte und Gerechtigkeit etwas zu schaffen hätte, und es bleiben nur die Furcht vor der physischen Uebermacht und die von den gemeinsten Interessen ausgehende Benutzungstendenz übrig. Die Unterwerfung unter die willkürliche Gewalt beruht alsdann einerseits auf dem körperlichen Zwang, der als solcher überall demaskirt ist und nicht mehr unter irgend einem Heiligenschein von Pflicht verschleiert werden kann, und andererseits auf dem Reiz der gröbsten Ausbeutungsinteressen, deren Speculation auf die Gunst der Willkürgewalt gerichtet ist. Unter solchen Umständen ist es nicht schwer, dem Trug der Sittlichkeitsheuchelei zu entgehen, und sogar die noch rückständigen Volksmassen lernen bald die Hohlheit und Unzuverlässigkeit des sogenannten Rechts durchschauen. Das Vertrauen, welches der alte Mechanismus der Rechtspflege noch immer in wesentlichen Richtungen für sich hatte, sinkt zu einer Wahrscheinlichkeitsrechnung mit blossen Interessen herab, und es wird von vornherein angenommen, dass für eine auch nur relative Gerechtigkeit im Sinne der ehrlichen Anwendung der Gesetze einzig der geringe Spielraum des politisch oder sonst für die machthaberische Willkür Gleichgültigen übrig bleibe. Jedoch auch über die unzuverlässige Ausfüllung dieses engen Spielraums giebt man sich bald keinen Täuschungen mehr hin; denn man lernt nur zu rasch, dass die allgemeine Demoralisation und Creaturenhaftigkeit in der Gesellschaft auch noch andere Ablenkungen mit sich bringt, als diejenigen, welche blos die Interessen der Machthaber berühren. Das ganze System gesellschaftlicher Beziehungen entwickelt alsdann seine corrumpirenden Einwirkungen, und das einzig Tröstliche in diesem allgemeinen Schiffbruch der öffentlichen und privaten Moral bleibt die Thatsache, dass auch die falschen geistigen Bindemittel mitaufgelöst und das Individuum wenigstens innerlich zur Freiheit des Durchschauens alles moralischen Truges emancipirt und so fähig gemacht wird, in einer neuen und bessern Richtung höhere sittliche Antriebe aufzunehmen.

7. Es drängt sich nicht blos für die gekennzeichneten Zustände, sondern für den gesammten Verlauf der bisherigen Geschichte und absehbaren Zukunft die Frage auf, was die hervorragenden Individualitäten in Vergleichung mit der breiten elementaren Massenwirkung allgemeiner Gesetze zu bedeuten haben. Auf der einen Seite steht die nebelhafte Geschichtsromantik eines Carlyle mit ihrem überspannten Heroencultus, und auf der andern Seite findet sich in Buckles Auffassung der modernen Civilisation die Auslöschung der Erheblichkeit der Staatsmännerrollen vertreten. Die rückläufige Ansicht des ersteren feiert einen Cromwell, einen Napoleon I und verherrlicht schliesslich einen Friedrich II von Preussen mit der bizarresten Personenanbetung. Diesem Sonderling von Schriftsteller mit seinem zwar leidenschaftlich angehauchten, aber trotzdem nichts weniger als natürlichen Stil erscheinen die Massen als Piedestal, um darauf die Götter der Geschichte thronen zu lassen. Der dunkle

Untergrund, über welchem die romantisirten Heroen schweben, wird mystisch aufgefasst und der „Censor des Zeitalters", wie Carlyle genannt worden ist, kommt selbst aus dem verworrenen Schattenspiel mit gestaltlosen Kräften und undefinirbaren Bestrebungen nicht heraus. In die romantisch reactionäre Gesammthaltung mischt er Berufungen auf eine unbestimmte Zukunft, die für den Unerfahrenen den Schein moderner Elemente annehmen können. In Wahrheit ist diese verschwommene Prophetie nichts als der Ausdruck der eignen Unklarheit und des Wunsches, die Musterbilder des Rückläufigen auch in der Zukunft mitspielend zu wissen. Wie hell nimmt sich gegen dieses trübe Dämmerlicht der Carlyleschen Gemüthsgeschichte nicht Buckles scharf gezeichnetes Bild der rationellen, von den kurzlebigen Künsten der Staatsmännchen unabhängigen Gesetzmässigkeit aus! Dem Verfasser der Civilisationsgeschichte ist der vormundschaftliche Geist, wie er sich im Frankreich Ludwigs XIV mustergültig ausprägte, nicht nur ein Gräuel, sondern auch eine kurzsichtige Thorheit. Nach Buckle wird der Fortschritt zum Bessern nur durch die allgemeinen Elementarkräfte bewirkt, und für die persönlichen Anmaassungen der selbstregierenden oder ministeriellen Staatskünstler bleibt nur die zeitweilige Einschiebung von Hindernissen vorbehalten. Wo diese Meister der kleinlichen Ränke einmal im Grossen vorgehen, thun sie es nicht vermöge ihrer Eigenart, sondern wie geschoben von einer in der Situation angelegten und überwältigenden Massenkraft. Der Erfolg, den sie alsdann auch einmal ausnahmsweise im positiven und guten Sinne haben mögen, ist nicht ihnen selbst, sondern dem Zwange und Glück der Lage zuzuschreiben.

In der That ist das Rechnen mit den elementaren Collectivmächten für die Bemessung der Civilisationschancen entscheidend. Hieraus folgt aber noch keineswegs Alles, was Buckle allzu rasch und allzu allgemein voraussetzt. Angesichts der hohen Bedeutung, die wir der individuellen Kraft in der Hervorbringung der Wissenschaft zuschreiben, dürfen wir in andern Gebieten, in denen die allmälig und in der durchschnittlichen Breite des Daseins vorbereitete Lage nicht einmal immer in gleichem Grade maassgebend wird, den Charakter und das geistige Geschick leitender Persönlichkeiten nicht unterschätzen. Lassen wir den Aberglauben zur Seite, der grosse Männer sah oder sieht, wo keine waren oder sind, und streichen wir namentlich aus der Geschichte eine Anzahl fälschlich glorificirter oder wenigstens verkehrt idealisirter Staatsmänner, so kann der Satz, dass die grossen Leidenschaften und kühnen Gedanken zu ihrer geschichtlichen Wirksamkeit einer individuellen Concentration bedürfen, nicht im Mindesten bedenklich sein. Ja man kann sogar behaupten, dass in jeder Gattung die persönliche Initiative, die in der Richtung der mit der allgemeinen Lage gegebenen Nothwendigkeit wirkt, nicht nur unumgänglich sei, sondern auch in ihrer Gestaltung über die besondere Ausfüllung des Spielraums der vorgezeichneten Möglichkeiten entscheide. Die ausnahmslose Gesetzmässigkeit wird hiemit nicht im Entferntesten angetastet; denn die Production der eigenthümlichen Individualität gehört ihr ja ebenfalls an. Was dagegen eingeschränkt wird, ist die oberflächliche Meinung, als wenn die Natur nur alle Tasten collectiv anzuschlagen brauchte, um durch diese allgemeine Manipulation das Tonstück ohne Weiteres abgespielt zu erhalten. Diejenigen allgemeinen Gesetze, die im Sinne der Durchschnittsantriebe wirken, stellen nur einen Theil der universellen Nothwendigkeit vor und bedürfen der Ergänzung durch bestimmtere und schliesslich durch individuelle Ursächlichkeiten von eigenthümlicher Mischung und Steigerung. Diese durchgreifenden Mächte sind nun die im Wissen und Wollen grossen Charaktere, die in alledem, was sie wirklich positiv bedeutend macht, niemals etwas anstreben, was nicht unmittelbar oder in zeitlicher Ferne den schöpferischen Tendenzen entspricht, die im System der Dinge und Verhältnisse angelegt sind. Auch hier ist freilich der Irrthum ebenso möglich, wie in jeder andern Richtung; aber es kommt auch eben darauf an, die Originalitäten der Verkehrtheit von der Schöpferkraft im Wahren und Guten zu unterscheiden.

8. Nicht blos in der Geschichtsauffassung, sondern auch in der thatsächlichen Geschichtsbehandlung durch das Eingreifen bewusster Mächte sind zwei Ausgangspunkte zu unterscheiden. Versteht man das Romantische in einem sehr weiten Sinne, so steht eine mannichfaltig geartete Geschichtsromantik der rationellen Wirklichkeitstheorie und Wirklichkeitspraxis gegenüber. Ueberall wo man sich bemüht, die Reste einer abgelebten Vergangenheit zu erhalten und im Sinne dieser Vergangenheit weiter auszubilden, ist ausser dem unmittelbar interessirten Eigennutz auch noch der romantische Trug und daher theilweise wirklich eine Selbsttäuschung im Spiele. Von dieser Art war die Europäische mittelalterlich geartete Reactionsromantik, die der grossen Französischen Revolution folgte, und die, mit geringen Unterbrechungen und Abschwächungen, dem Jahrhundert seinen

officiellen Stempel aufgedrückt hat. Diese Geschichtsromantik hat sogar in dem Jahrzehnt von 1865—75 durch eine neue, auf das Deutsche Mittelalter zurückweisende Wendung einen erheblichen Zuwachs erhalten. Man hat die Consequenzen der Wirklichkeitslage mit einer mehr als blos decorativen Romantik untermischt, indem man vermeinte, die nicht blos abgerissene sondern abgestorbene Ueberlieferung des mittelalterlichen Deutschen Kaiserthums wenigstens in der Volksanschauung wieder beleben und so ein neues Reich alten Stils herstellen zu können. In der That hat man aber nur vermocht, ein Abbild des Neucäsarismus nach Französischem Muster in einigen, für die Regierungspraxis entscheidenden Bestandtheilen zu copiren.

Hienach ist es unrichtig, die Europäische Romantik nur in der Literatur und in den Halbwissenschaften, wie z. B. in der Jurisprudenz der historischen, theils Romanistischen theils Germanistischen Rechtsschule, suchen zu wollen. Derartige Erscheinungen der Literargeschichte sind nur Wirkungen zweiter Ordnung. Sie hätten ohne die tonangebenden Gestaltungen der politischen Verhältnisse sich gar nicht entwickeln können. Literatur und Halbwissenschaften sind in der Breite ihres Daseins fast regelmässig Sklaven der politisch herrschenden Elemente. Ihre persönlichen Vertreter sind gehorsame Diener derjenigen, von denen die in den einflussreichen Theilen des Publicums unterhaltene und ferner zu nährende Meinungsströmung ausgeht. In einem Jahrhundert finden sich höchstens ein paar Ausnahmen, und diese gehören alsdann jenen vereinzelten, Alles überragenden und wahrhaft souverainen Geistern an, die nicht blos über einem einzigen Zeitalter, sondern auch in ihrer Art über der Menschheit stehen. Sie empfangen ihre Antriebe weder von der gegenwärtigen noch von einer frühern Epoche; auch machen sie nicht in dem gemeinen Sinne des Worts Epoche, sondern thun unvergleichlich mehr als dies, indem sie einer Reihe von Geschlechtern zu Gegenständen der Erhebung und zu Mustern der geistigen Befreiung und Erhabenheit werden. Von dieser Art war ein Rousseau im 18. und ein Byron im 19. Jahrhundert. Das Anhaften von unzutreffenden Nebeneigenschaften hebt bei solchen, über die Menschheit hinausragenden Gipfeln die sonstige souveraine Tragweite des Geistesausblicks nicht auf. Ja selbst dann, wenn sich da, wo diese hohen Gestalten ihren Fusspunkt haben mussten, etwas von dem umgebenden Element in der verkehrten Richtung angesetzt hat, konnte dieser

Staub, der von der unumgänglichen Position inmitten der sich grade abspielenden Epoche herrührt, die innere Reinhaltung nicht hindern.

Es giebt noch eine allgemeinere Romantik von edlerer Art, als die bisher bezeichnete. Sie besteht überhaupt in der überschwenglichen Idealisirung vorzüglicher Typen der geschichtlichen Völkerexistenz und hat, so sonderbar es klingen mag, zum Hauptgegenstand das classische Alterthum. Die Helden und Zustände jener Zeiten werden von ihr mit dem unnatürlichen Glanze einer Poesie umgeben, welche für den Augenblick des einseitig intuitiven Eindrucks die Grenzen der Menschheit vergisst. Diese Verherrlichung mag sich durch den Contrast entschuldigen, in welchem eine politisch elende Gegenwart das in den Grundformen unvergleichlich freiere Dasein der besten Zeiten der antiken Welt erscheinen lässt. Grade ein Byron opferte nicht wenig dieser höheren und edleren Art der Geschichtsromantik; aber er war es auch selbst, der in seine Dichtungen den gegentheiligen Gedanken einstreute und so auch hier die vorher gekennzeichnete Souverainetät der Geister ersten Ranges bekundete. Man könnte sogar der grossen Französischen Revolution einige romantische Berührungen mit den Ueberlieferungen des Alterthums vorwerfen. Hatte doch ihr Vorläufer und in manchen Richtungen ihr geistiger Urheber, nämlich J. J. Rousseau selbst, seine eigne Art von Romantik gepflegt, indem er sich nicht nur mit idealisirten Bildern alter Zustände und Tugenden, sondern auch mit jener ihn beherrschenden Vorstellung von einem goldenen Zeitalter ursprünglicher Naturzustände trug und so seine übrigens hochmodernen, der Zukunftswirklichkeit angehörigen Conceptionen mit einer fremdartigen Beimischung versetzte. In diesem weiten Sinne des Worts wird nicht blos die Reaction, sondern auch der geschichtliche Fortschritt seine Romantik haben können, falls er sich in der Anknüpfung seiner Ideen und Thaten an Vergangenheitsgebilde vergreift und den wahren Charakter der alten Wirklichkeiten verkennt. Die entschiedene Zukunftstheorie muss auch mit den Zügen dieser edler gesinnten Romantik vollständig brechen. Sie darf keine Völkerexistenz, keine Geschichtsepoche und keine noch so hoch emporragende Persönlichkeit mit einem einseitigen und falschen Glorienschein umgeben sein lassen; ja sie muss überhaupt sich davor hüten, der Vergangenheit als solcher auch in deren bessern Richtungen ein ideelles Uebergewicht einzuräumen. Nur was noch lebensvoll einzugreifen vermag, hat ein Zukunftsrecht für sich, und von der Geschichte ist in der That nur Weniges dieser Art in lebendigem Zusammenhange auf uns vererbt worden.

9. Zwischen der entscheidenden Gruppe der gegenwärtig im Vordergrunde der Geschichte stehenden Völker und den mehr oder minder entfernten Thatsachen der Vergangenheit ist entweder ein innerlich stetiger und lebendiger, auf Abstammung und volksmässiger Uebertragung beruhender Zusammenhang vorhanden, — oder aber es sind die Ueberlieferungen nur äusserlich angenommen und bestehen in nichts als der Benutzung wahrer oder vermeintlicher Hülfsmittel des geistigen Fortschritts. Beginnen wir bei irgend einem Hauptvolk der Gegenwart, um die Spuren seines Daseins bis in die entlegenste Vergangenheit zu verfolgen, so wird der Leitfaden der nationalen Eigenart und des stetigen Zusammenhangs der Institutionen verhältnissmässig bald ein Ende aufweisen, und man wird nur selten zu einem realen Zusammenhang mit dem Römischen und noch weniger mit dem Griechischen Volksleben der älteren und besseren Zeiten gelangen. Bei den Romanen der Gegenwart ist allerdings einige Blut- und Sprachmischung, die auf die alten Elemente hinweist, nicht zu verkennen; aber auch bei ihnen ist der Nationalcharakter in jeder politischen Gesammtgruppe zugleich mit der besondern Sprache so eigenartig ausgebildet, dass der Lebenslauf jedes dieser Völker ein historisch nur im Mittelalter wurzelndes Ganze bildet. Um den Charakter des Französischen Volks und Reichs zu studiren, braucht man wahrlich kein volles Jahrtausend zurückzugreifen. In den Gallischen Antecedentien mag man freilich noch ein zweites Jahrtausend früher einige verwandte Spuren aufsuchen und allenfalls noch über die Tagebücher Cäsars zurückgehen. Man wird sich aber auch hiemit nur bestätigen, dass eine geschichtliche Reihe von nationalen Gebilden im Rahmen eines Volkscharakters wesentlich unabhängig vom classischen Alterthum begonnen und einen eigenartigen Lebenslauf erzeugt hat. Noch geringfügiger sind die Kreuzungen in der Entwicklung der Germanischen Reiche und namentlich Deutschlands, welches in der Reinheit der Sprache und des Stammes alle andern Volksexistenzen, die mit der antiken Welt in Berührung kamen, unvergleichlich übertrifft. Was ist die Englisch redende Welt mit ihrer kinderhaften Gemengselsprache unserer urwüchsigen Sprachgestaltung gegenüber? Mag die Sprachwissenschaft hier auch immer einen nach Asien zurückreichenden Stammbaum construiren, so bleibt die relative Ursprünglichkeit unseres kraftvollen

Werkzeugs der Mittheilung nicht nur bestehen, sondern wird in seiner mindestens ebenbürtigen Nebenordnung neben das Griechische und das Lateinische sogar bestätigt. Wer. die Deutsche Geschichte und den Deutschen Charakter als ein Ganzes erfassen will, hat die Wurzeln des selbstgenugsamen Volksdaseins nicht in der antiken Welt zu suchen.

Die angeführten Beispiele sollen nur den allgemeinen Gedanken veranschaulichen, dass neben einer gewissen Stetigkeit in der Fortpflanzung einiger Einsichtsergebnisse die Geschichte in den Wirklichkeiten eine entschiedene Unstetigkeit aufweist. Neue Lebens- und Ereignissreihen heben damit an, dass die früher wilden und so zu sagen geschichtslosen Völkerexistenzen allmälig zu einer Entwicklung gelangen, die sie als maassgebende Mächte auf den Schauplatz treten und schliesslich zum Punkte des höchsten Einflusses auf die gesammte Culturwelt gelangen lässt. Inzwischen sind andere Völker abgetreten oder abgestorben und haben im besten Falle für die Nachwelt nichts als die Trümmer ihrer Bildung übrig gelassen. Die Aufsammlung dieser Reste des Schiffbruchs darf nun aber nicht mit einem realen Zusammenhang von Blut und Sprache verwechselt werden. Sie hat weit weniger zu bedeuten, und ein Volk, welches sich fremde Geisteselemente aneignet, ohne zugleich in eine Blutmischung einzugehen, wird irgend einmal dieses Schülerthum vollenden. Erst von diesem Augenblick an wird es im Stande sein, auf seine Massen durch eigne, mindestens ebenbürtige Erzeugnisse lebendig einzuwirken. Die frühere gelehrte Schulung wird nur die höchsten Schichten und zwar auch diese nur unvollkommen gebildet und eine Vormundschaft über die niedern erzeugt haben, die schliesslich abgethan werden muss. Ein derartiger ideeller Zusammenhang lässt sich also nicht im Entferntesten mit einer ununterbrochenen realen Wirkungsreihe vergleichen. Diese letztere Geschichtscausalität bricht ab, wo ein Volk so zu sagen in das Grab sinkt oder trotz physiologischer Fortexistenz seiner Elemente doch nicht mehr dazu gelangt, als solches erhebliche Lebenszeichen zu geben oder gar entferntere selbständige und neue Existenzen ernsthaft zu kreuzen.

10. Von den Römern haben wir ein Stück Privatrechtstheorie und von den Griechen nicht Wenig an Philosophie und Literaturformen sowie einige Anfänge zu den eigentlichen Wissenschaften. Von den Juden her ist uns eine Religion importirt worden, und wir sind überhaupt dem Asiatismus für die Verworrenheiten mystischer

und träumerischer Superstition verpflichtet. Die Israeliten speciell haben dem Christenthum und hiemit unserer Culturwelt die arge Mitgift einer Theokratie übermacht, die sich in die mittelalterlichen Staatseinrichtungen verwebt hat und sogar dem heutigen Leben noch unverdaulich genug gegenübersteht. In der neuern Zeit sind die protestantischen Völker sogar unmittelbar durch die übersetzten Hebräischen Urkunden in einer falschen, dem nationalen und modernen Wesen widersprechenden Weise verbildet und mit ihrem natürlichen Gefühl auf die knechtischen und gemein eigensüchtigen Abwege der jüdischen Denkweise geführt worden. Auch die besondere Physionomie der Natur- und Lebensanschauung wurzelt in der Stammeseigenthümlichkeit und hängt von den natürlichen Beschaffenheiten der Wohnsitze ab. Man wird noch einst erfahren, dass die germanische und speciell die nordische Gefühls- und Anschauungsart eine Mitgabe der Natur, die angejüdelten Vorstellungsmanieren aber nur ein Ergebniss künstlicher Verschulung und christlichen Irrthums sind. Der alte Geist, der im Blute lebt und nur mit dem Volksganzen selbst absterben kann, wird seine Unverwüstlichkeit dadurch bewähren, dass er das Angelernte wie ein äusseres unpassendes Gewand abthut und seinem eignen freien Wesen folgt.

Man hat die Aufpfropfung fremdartiger Geisteselemente mit der Rohheit des eignen Volks entschuldigen wollen. Jedoch hat man hiemit die plumpe Thorheit, mit welcher das Lateinische zur Sprache der Kirche und der ihr unterthänigen, ja wesentlich von ihr geformten Gelehrtenkaste gemacht wurde, nicht im Mindesten beschönigt. Im Gegentheil ist diese neue Art von künstlicher Civilisationsrohheit, die zu dem Volke in einer ihm unverständlichen Sprache gleich wie in Zauberformeln und übrigens zu ihm gar nicht redete, etwas weit Schlimmeres, als der von Natur bestehende blosse Mangel an Entwicklung. Die schlechten politischen Traditionen des verfaulten Römerreichs hatten mit ihrer Verwesung nicht nur die innere Politik der Germanischen Völker angesteckt und unter Anderm neben dem kirchlichen Papalcäsarismus auch die ungeheuerliche Idee eines Römischen Reichs Deutscher Nation an das Dämmerlicht gefördert; sondern sie trugen mit der in ihre Fäulniss eingenisteten Kirche auch die Hauptschuld daran, dass die tausendjährige Nacht des Mittelalters und das blosse Zwielicht der neuern Jahrhunderte möglich wurden. Ohne die Vererbung der lateinischen Sprache hätte die Volksbildung nicht so lange niedergehalten und der Fortschritt des Wissens bis in die neuste Zeit nicht so entschieden gehemmt werden können. Noch heute ist die unnatürliche und ungeschickte lateinische Form des grössten Theils der wissenschaftlichen Literatur der neuern Jahrhunderte ein Hinderniss für die gründliche Volksbildung. Die Reste des gelehrten Kastenwesens machen sich noch immer in vielen Beziehungen mit ihrem lateinischen Jargon breit. Die letzten bedeutenderen Mathematiker Deutschlands, welches in der Ausscheidung der mittelalterlichen Unnatur verhältnissmässig träge und rückständig geblieben ist, schrieben, wie Gauss und Jacobi, ihre Hauptwerke und sogar Zeitschriftenaufsätze noch in lateinischer Sprache, während Frankreich schon im 18. Jahrhundert längst diesem thörichten Zwang entwachsen war und sich grade durch Eleganz der formellen Darstellung besonders ausgezeichnet hatte. Die Meinung, dass der internationale Zusammenhang durch den gemeinsamen Gelehrtenjargon lateinischer Art besonders gefördert worden sei, ist eine arge Täuschung. Man kann zwischen den Völkern keine erhebliche Gemeinschaft pflegen, wenn man diejenige mit dem Volke überhaupt preisgiebt. An der internationalen Fortpflanzung der gelungensten Ideen würde es wahrlich nicht gefehlt haben, wenn man nur jedesmal erst in der eignen Nation und im eignen Gebiet Fuss gefasst hätte. Uebersetzungen wären jeder Zeit da veranstaltet worden, wo das breitere, nicht blos auf die Kaste beschränkte Dasein der wissenschaftlichen Bildung das entsprechende Bedürfniss erzeugt hätte. Die wissenschaftlichen Fachgruppen würden mit ein paar modernen Sprachen neben der eignen Volkssprache für den todten Jargon einen mehr als ausreichenden Ersatz beschafft haben, und es ist mithin ein oberflächliches Vorurtheil, wenn man auf den von der Kirche früher unterhaltenen Zusammenhang einer Gelehrtenhierarchie sonderliches Gewicht legt. Dieser falsche Zusammenhang war anstatt auf ernsthafte Verbindung, weit mehr auf Trennung und Unterdrückung der Volksgeister angelegt.

Ein ähnliches und in mancher Beziehung noch schlimmeres Ergebniss liefert die Betrachtung der plumpen Aufnahme der fremden Rechte. Diese Handlung war, soweit sie von den politischen Autoritäten ausging, die Errichtung oder wenigstens Bestärkung einer der unerträglichsten Vormundschaften. Sie griff weit über die Einwirkungen hinaus, welche das blosse Studium der bessern Römischen Rechtsquellen gehabt haben würde, wenn es gleich demjenigen der Griechischen Philosophie betrieben worden wäre. Sie machte das auf Befehl Justinians zusammengestoppelte Rechtsbuch zu mehr als einer Bibel, indem sie ihm unmittelbare Gültigkeit ertheilte. Diese Ungeheuerlichkeit hat jene von Citaten strotzende Juristenliteratur verschuldet, die noch heutigen Tages unter der Rubrik eines Bildungsmittels fortvegetirt, während die neueren Gesetzbücher das praktische Geltungsbereich des Römischen Rechts geographisch auf einen kleinen Rest und übrigens auf eine schattenhafte Ergänzungsrolle beschränkt haben. Das Recht, welches vor allen Dingen die unmittelbare Theilnahme des Volks erfordert, wurde durch die kanonistische und romanistische Vormundschaft zu einer Kastenmonstrosität, von deren vollständiger Ueberwindung wir noch heute weit entfernt sind. Das vermeintliche Bildungsmittel, welches allenfalls für die Grundbegriffe des Privatrechts in den fragmentarischen Ueberbleibseln der Römischen Kaiserjuristen von classischer Auszeichnung früher einigen Sinn gehabt haben mag, muss nun nach sieben Jahrhunderten als ziemlich hinfällig gelten. Die Art, wie man die Bruchstücke und das Mosaik der Weisheit eines Papinianus, Paulus und der Andern vom halben Dutzend besonders classischgesprochener Schriftsteller in den heutigen Rechtsschulen verwerthet, ist wahrlich nicht dazu angethan, die „geschriebene Vernunft", die in den Pandekten enthalten sein soll, aus ihrem Sarge auferstehen zu lassen. Die freie Handhabung natürlicher und durch die besondere Logik des Gegenstandes verdeutlichter Principien ist bis jetzt nicht einmal erstrebt, geschweige erzielt worden.

11. Das Römerreich war so recht das Muster eines Eroberungs- und Gewaltstaats gewesen. Die Uebertragungen seiner Politik auf die Stoffe, die das Mittelalter angehäuft hatte, führten zu den Centralisationen der neuern Zeit. Die Grossstaatengebilde der letzten Jahrhunderte sind nichts als Machterweiterungen der Dynastien, die vornehmlich im Wege der innern und äussern Eroberung und nur nebenbei auch durch Erbgang vollzogen wurden. Der moderne Staat ist in diesem Sinne wesentlich eine Dynastie oder eine Gruppe von Personen, welche sich an ihre Stelle gesetzt hat. Da wo er wie in Nordamerika auch im Grossen die Form einer Republik hat, erinnern die Institutionen noch an den Englischen Ursprung, und die Classenherrschaft der durch eine traditionelle Clique von Handwerkspolitikern vertretenen Bourgeoisie hat weder im Innern noch nach Aussen den Charakter des Unterdrückungsstaats jemals abgelegt. Sie hat die widerwärtigste Form der vollen Sklaverei bis in die Mitte der

sechziger Jahre conservirt und steht auf dem Punkte, auch in der politischen Knechtung der Arbeitermassen ihre Kräfte zu erproben. In Europa ist der von der Halbwissenschaft dem Worte Staat beschönigend untergelegte Sinn vollends unzutreffend. Das vermeintlich wissenschaftliche Nebelbild des Staats als einer Vereinigung für alle Lebenszwecke verschwindet, sobald man dem Gegenstande nähertritt und realistisch zusieht, was er eigentlich enthalte. Der Gewaltstaat ist die Einrichtung der Herrschaft einer Gruppe von Personen, innerhalb deren sich wiederum zwischen dem Souverain und seiner Zurüstung von persönlichen Werkzeugen unterscheiden lässt. Diesem ganzen Apparat, der heute allein der eigentliche Staat ist, steht das Volk als beherrschte und bevormundete Masse gegenüber. Es ist im Staate für die Initiative ein Nichts, und seine auch sonst wesentlich passive Rolle geht in der Steuerzahlung, im Militairdienst und in der Arbeitsleistung für die höheren Classen auf. Soweit sich die letzteren einen Einfluss auf die Staatsmaschine und deren Personal verschafft haben, sind sie dem Staat nicht mehr unbedingt unterworfen, sondern nehmen selbst an seinen unterwerfenden Functionen zu Gunsten ihrer socialwirthschaftlichen Interessen Theil. Der Staat in diesem factischen und echt historischen Sinne kann offenbar nur ein Provisorium der Geschichte sein. Ueberhaupt würde der Staat, auch wenn er besser wäre, stets nur als Mittel, niemals aber als letzter Zweck oder auch nur als ein solcher Zweck zu betrachten sein, der über das jeweilige Leben der Individuen hinausreichte. Dem individuellen Leben, als der einzigen selbstgenugsamen Wirklichkeit, soll jede politische Einrichtung dienstbar bleiben. Es ist eine antik romantisirende Verkehrtheit, den Staat als ein höheres Wesen zu vergöttern. Die Opfer, welche in einer wirklichen Gemeinschaft allerdings für das Ganze und auch für die Zukunft zu bringen sind, müssen ihre klare Begründung in der Gegenseitigkeit und Sympathie haben, mit welcher der Einzelne unwillkürlich das Gesammtschicksal mehr oder minder als eine eigne Angelegenheit ansehen lernt. Von einer solchen Auffassung kann aber durchschnittlich in dem Gewaltstaat nicht die Rede sein, und man bedarf daher neben dem äussern Zwang noch einer Art ideeller Surrogate aus dem Gebiet des religiösen und politischen Aberglaubens.

Dem Gewalt- und Unterdrückungsstaat ist eine eigenthümliche Art von Centralisation eigen, durch welche die selbständigen Functionen, welche in der Breite des Volksdaseins statthaben sollten, niedergehalten und mit Vorkehrungen im Mittelpunkte der Herrschaft aufgewogen und gelähmt werden. Freilich ist nicht alle Concentrirung ein Verderb; auch die sich fortpflanzenden freien Vereinigungen müssen zu umfassenden Einheitsgestalten gelangen, die dann auch natürliche und wahrhafte Einigungsmittel sein werden. Wohl aber ist die gewaltsame Centralisation der innern und äussern Versklavungen und Eroberungen, wie die unfehlbare Mechanik der Geschichte bis jetzt stets gelehrt hat, schliesslich nie etwas Anderes als der kürzeste Weg zum Staatentode gewesen. Auf diese Weise ist sogar Athen sammt seiner ausgedehnten Seeherrschaft zu Grunde gegangen. Auch der allgemeine Satz, dass die engere Zusammenziehung der Herrschaft in ein immer kleineres Bereich von thatsächlich machthabenden Elementen, also überhaupt die unterdrückende und absorbirende Centralisation das baldige Ende der Lebensfähigkeit des Staatskörpers anzeige, ist nur zu begreiflich.

12. Hienach ergiebt sich für den heutigen Stand der Dinge eine Frage, die nicht nur in Verlegenheit zu setzen, sondern auch unsere politischen Hoffnungen auf eine positive Entwicklung der jetzigen Culturvölker zu vernichten scheint. Die Centralisation ist im modernen Staat schroffer als jemals durchgeführt und wird sich voraussichtlich nur immer mehr vervollständigen. Die Selbstfortpflanzung einer Macht durch Unterdrückung hat ihre mechanische Schranke nur an einer widerstandsfähigen Gewalt, und wo dieses Gewaltspiel die eigentliche Triebkraft der Personen und politischen Gruppen ist, da handelt es sich schliesslich nur um die Wahl zwischen Unterwerfen und Unterworfenwerden. Allerdings wird eine beiderseitige Gleichheit der Kräfte die parallele Existenz ebenbürtiger Mächte mit sich bringen und auch die Aufzehrung der kleinern Gewalten verlangsamen. Uebrigens werden aber die Absorptionen nach Aussen und im Innern ihren Lauf nehmen, wie es die ausnahmslosen Gesetze der politischen Uebermachtsentwicklung mit sich bringen. Wo soll nun das freie Leben der Gesellschaft eine Stätte finden, wenn jene unumgängliche Logik des Unterdrückungsstaats jedenfalls ihre vollen Consequenzen ziehen muss? Wie soll dem Verderben entgangen werden, wenn der bisherigen Geschichte zufolge der Tod die unausweichliche Wirkung der aufsaugenden Centralisationen ist?

Unsere Rechenschaft von den Staatenschicksalen beruht nicht auf unbegriffenen Zufälligkeiten der äusserlich wahrgenommenen Geschichte, sondern auf innern zwingenden Gründen. Wir verstehen daher auch den Zusammenhang von Centralisation und Tod genau genug, um uns nicht durch eine falsche Schlussfolgerung beirren zu lassen. Zwei Ursachen machen die absorbirende Centralisation schliesslich lebensunfähig. Erstens verdirbt der Kern, von dem sie ausgeht, in sich selbst vermöge jener unvermeidlichen Corruption, der jede abgeschlossene Gruppe theils durch Trägheit und Versumpfung, theils durch Uebermuth und Luxus anheimfällt. Zweitens wird aber auch die Regierungsfähigkeit dieser centralen Gruppe durch den immer weiteren Umfang der Herrschaft in ganz natürlicher Weise abgeschwächt. Zu der Ausdehnung des Gebiets kommt die innere Verdichtung der Massen und Kräfte, die sich, obwohl in Rücksicht auf die staatlichen Hauptfunctionen unterdrückt, dennoch in andern Richtungen und zwar namentlich in socialwirthschaftlicher Hinsicht nach und nach zu einiger Stärke entwickeln. Die ärgste Aufzehrung aller politischen Localcompetenzen kann nicht hindern, dass mit der Zeit die ortschaftlichen Gemeinden ein gesteigertes materielles Leben und im Anschluss hieran nicht nur einiges Selbstgefühl, sondern auch wirkliche Regungen von etwas politischem Bewusstsein ausbilden und zur Geltung bringen. Mit derartigen Triebkräften kann aber ein Centralisationssystem nicht sonderlich fertig werden. Die romantische Art von Decentralisation, mit der man Angesichts solcher Schwierigkeiten experimentirt, ist nicht nur etwas Rückläufiges, sondern auch gänzlich Schattenhaftes. Die kleinern Unterdrückungs- und Gewaltelemente, welche durch die grosse centralisirende Gewalt ursprünglich umklammert und ihrer niedertretenden Attribute entkleidet worden waren, sollen nun als relativ selbständige Werkzeuge des Staats eine politisch sociale Rolle spielen. Diese sogenannte Selbstverwaltung, welche die ursprünglichen Feudalherren, untermischt mit den kleinern und grössern Potentaten der Bourgeoisie, dazu beruft, staatliche Halbdienste mit dem Anschein der Freiheit zu verrichten, ist eben nur ein Stück reactionärer Romantik. Sie bekundet, dass sich der centralistische Staat im Innern bereits angekränkelt und schwach fühlt; denn ohnedies würde er nicht gegen sein eignes Lebensprincip die Bundesgenossenschaft von Elementen suchen, deren ihm gleichartige Gewaltherrschaften er einst zu seiner eignen Constituirung hatte unterdrücken und aufzehren müssen. Der Centralisationsstaat fängt also hiemit an, sich selbst zu compromittiren, indem er sich den Schein giebt, sein eignes Werk nach rückwärts hin wieder aufzulösen. Sehr ernstlich gestalten sich freilich diese Velleitäten der Decentralisation nie; aber dennoch tragen sie mit dazu bei, die überlieferte Staatsidee zu beeinträchtigen und deren Wirksamkeit in der allgemeinen Ansicht zu vermindern. Ueberdies werden die Missstände durch die rückläufigen Decentralisationsproben nicht verringert, sondern gesteigert. Die Schwierigkeiten mehren sich namentlich durch die Conflicte, in welche die künstlich zu einem Halbleben aufgefrischten Ständegewalten des alten Regime mit dem eigentlichen Volk gerathen müssen. Wer hiebei am meisten verliert, ist der Staat selbst, dessen unfruchtbare Decentralisationsspielerei nicht nur seinem Wesen widerspricht, sondern auch die Reste des Glaubens an seine Zulänglichkeit vollends erschüttert. Wo, wie in England, die moderne Centralisation noch selbst etwas rückständig ist, können die romantischen Reste, die man Selfgovernment nennt, nicht überraschen. Sie sind hier etwas verhältnissmässig Natürliches, weil sich in ihnen ein Stück Mittelalter stetig als lebendige Wirklichkeit erhalten, aber nicht, wie auf dem Festlande, erst wieder durch politische Galvanisation in bleiche Erinnerung gebracht hat. England selbst hat die Centralisation, die dem Gewaltstaat ein unumgängliches Gesetz ist, nur verlangsamt und hat daher in ihr noch einige Stadien zurückzulegen, die freilich durch die Kreuzungen mit der socialitären Politik und durch auswärtige Schicksale äusserst abgekürzt werden können.

13. Die centralistische Handelsherrschaft, welche England der Welt gegenüber ausgeübt hat und noch in einem grossen Maasse ausübt, darf zwar nicht mit der gewöhnlichen Centralisation innerer Art oder mit einem auf lauter vollständige Eroberungen gegründeten System verwechselt werden, kann aber dennoch im Allgemeinen lehren, wie die Erstarkung der Peripherie und der Breite des Daseins mit der Erhaltung des Mittelpunkts bei der alten Kraft schliesslich unverträglich werden müsse. England war bisher in überwiegendem Maass die Manufacturwerkstätte für die Welt und die den Handel absorbirende Macht. Inzwischen sind nun eine Anzahl Staaten und Gebiete in ihrer innern wirthschaftlichen Entwicklung, trotz der von England her unterhaltenen Erdrückungsversuche, bereits ansehnlich emporgekommen, und diese materiellen Völkeremancipationen müssen schliesslich dahin führen, dass dem Brittischen Centralkörper von seinen künstlich verlängerten Gliedern eines nach dem andern abfällt und ihn so nöthigt, andere, mehr auf innere eigne Säfte und Kräfte gegründete Hülfsmittel und Stützen ausfindig zu machen. In

21*

Europa sind es Frankreich, Deutschland und Russland, deren Märkte dem Brittischen Monopol theils schon entrissen sind, theils sichtlich zu entwachsen fortfahren. Jenseit des Oceans hat die Amerikanische Union zur politischen nun auch die wirthschaftliche Emancipation von der Brittischen Handelsherrschaft immer entschiedener in Angriff genommen und in erheblichen Richtungen sogar schon zu einem ansehnlichen Theil vollzogen. Ueberhaupt gestaltet sich für England die Verfügung über den Weltmarkt immer bedenklicher, da selbst Asien nicht mehr ausschliesslich für Brittische Ausbeutung existirt und speciell Indien in politischer Beziehung innerlich und äusserlich immer unzuverlässiger und unhaltbarer wird.

Die Localisirung des Wirthschaftslebens ist nur ein Theil der örtlichen Autonomie. Sie kann sich innerhalb der politischen Absorptionen nur sehr unvollkommen bethätigen. Auch im Innern der einzelnen Staaten folgen politische und wirthschaftliche Einrichtungen einem einheitlichen Typus. Das centralisirte Bankwesen ist ein Beispiel hievon; denn in ausgeprägter Weise existirt es nur in den grossen Hauptstaaten Europas und ist die einfache Wirkung eines Privilegienausflusses aus dem Füllhorn der monarchistischen Gewalten gewesen. Wie wir nun aber an dem Brittischen Handels- und Industriemonopol erkannt haben, ist es das unvermeidliche Schicksal aller Arten von Centralisation, dass schliesslich die Umspannungskräfte den inzwischen vermehrten und regsam gewordenen Stoff nicht mehr bewältigen können. In der bisherigen Geschichte gingen die politischen Centralisationen nicht ausschliesslich an ihrer innern Ohnmacht, sondern bereits etwas früher durch äussere, von andern Staaten kommende Gewalt zu Grunde. Die Griechen, deren verweste Freiheit dem Macedonismus vollends zur Beute wurde, fielen schliesslich mit ihrer ganzen Mittelmeerwelt dem Römerthum anheim, und die Römer erlagen, nachdem sie ihren sogenannten Erdkreis in lauter Provinzen oder, besser gesagt, Domänen eines einzigen Machthabers verwandelt hatten, mit den verfaulten Gliedern ihres hinfälligen Reichskörpers den frisch zugreifenden Germanen. Nun mag sich ein ähnlicher Gang der Dinge in der Geschichte solange wiederholen, als noch frische Völker vorhanden sind, um über die träg gewordenen oder gar schon versumpften Existenzen herzufallen. Irgend einmal muss sich aber diese Quelle von Umwandlungen erschöpfen, und alsdann können es nur innere, aus dem Untergrunde der Gesellschaft aufsteigende Mächte sein, von denen die centralistischen Gebilde gleichsam erobert werden.

In der Gegenwart ist nur in einer einzigen Richtung eine äussere Gewalt abzusehen, durch welche die mächtigsten Staaten alteuropäischer Civilisation von Aussen gefährdet werden könnten. Russland und das Slaventhum dürften aber schwerlich zu dieser, immerhin denkbaren Rolle der Vergewaltigung des übrigen Europa wirklich gelangen. Es ist nämlich Angesichts der grossen innern, socialistischen Bewegung, welche in der heutigen Culturwelt alle Triebkraft der Menschheit in ihren Dienst nimmt, äusserst unwahrscheinlich, dass die grade in dieser Beziehung stark zur Theilnahme geneigte Russische Gesellschaft es für den ungefügigen Coloss an einheimischer Arbeit sollte fehlen lassen. Ueberdies ist das ganze Reich eine so oberflächliche Aufpfropfung Europäischer Culturmittel auf Asiatische Barbarei und das Regierungssystem selbst ein so gebrechliches, dass der Westen in seinen Institutionen erst ganz verwest sein müsste, ehe er von dem Russischen Osten nachhaltige Niederlagen zu besorgen hätte. Nun bedarf es freilich zu einer solchen Verwesung, soweit sich dieselbe nur auf die Centralorgane zu erstrecken hat, keiner sehr langen Zeit. Zwei Jahrzehnte des Bonapartismus, d. h. einer Regierung von schlimmeren als blos Catilinarischen Existenzen, haben genügt, Frankreich widerstandsunfähig zu machen. Ein ähnliches Regime müsste überall in verhältnissmässig kurzer Zeit entsprechende Wirkungen haben. Die innern lebensfrischen Regungen der Gesellschaft in ihren breiten Grundlagen werden aber grade auf Deutschem Boden, von wo der Osten den entscheidenden Widerstand und die Gestaltung seines Schicksals zu gewärtigen hat, die desorganisirenden und lähmenden Wirkungen der Corruption aufwiegen und zu einer ernsthaften Vereinigung der Volkskräfte führen. An die Stelle der herkömmlichen und dynastisch conventionellen Kriegsgestaltungen dürfte alsdann auch nach Aussen eine Action von grösseren Zielen und tieferem Ernst treten können. Das Volk, bei welchem der Socialismus zuerst eine positive Rolle spielt, wird auch dasjenige sein, welches dem Kriege und den vorgefundenen centralistischen Institutionen eine andere Richtung, nämlich auf eine solche Action giebt, die vermöge ihres bessern Ziels und ihrer grössern Nachhaltigkeit wirklich im Stande ist, einen wohlbegründeten Frieden zu schaffen.

Ehe man zu der vollendeten freien Gesellschaft mit ihren letzten kleinen politischen Einheiten gelangt, die sich dann weiter zu grossen Organisationen verbündet finden, muss man so zu sagen die Erbschaft des Gewaltstaats antreten und dessen nun einmal vorhandene Centralisationen zu Ausgangspunkten der Umschaffung des Volkslebens machen. Dies ist der Weg, auf welchem in der Zukunft die centralistischen Absorptionen mit ihren unterdrückenden Functionen verschwinden und dem Gegentheil ihres eignen Ziels, nämlich der positiven Organisation der gesammten Volkskräfte platzmachen werden. Es giebt eine befreiende Concentrirung, welche auf der gleichheitlichen Vereinigung beruht, und ohne welche umfassende Organisationen nicht denkbar sind. Die falsche Centralisation hat nun nicht umhin gekonnt, auch etwas von der nothwendigen Zusammenfassung, wenn auch auf schlechtem Wege, nämlich auf dem Wege der Unterdrückung durchzuführen. Auf Grundlage dieses Sachverhalts lässt sich die Brücke bauen, die vom Gewaltstaat mit seiner einseitigen Centralisation in die freie Gesellschaft mit ihrer allseitigen Concentrirung selbständiger Einheiten hinüberführt.

14. Da es, wie wir früher gesehen haben, zum Theil auch etwas sehr Reactionäres sein kann, auf die Centralisation zu schelten, nämlich wenn das Wachsthum der grossen Städte und die Bändigung der feudalen Gewalten in Frage sind, so muss man die Vorstellungen von der centralistischen Gestaltung durch bestimmte Auffassung ihrer einzelnen Richtungen vor Missverständniss schützen. Wir finden eine Militair-, Justiz- und Polizeicentralisation vor und bemerken ausserdem, wie der Gegensatz zwischen dem Staat einerseits und den Gemeinden oder körperschaftlichen Gebilden andererseits die gesammte Verwaltung afficirt. Verstehen wir die Polizei im weiteren Sinne, so können wir in ihr Gebiet auch das Schulmonopol und die Schulcentralisation rechnen, wie denn in der That die Schule des modernen Unterdrückungsstaats ihre Hauptrolle als polizeiliche Hülfsanstalt nirgend verleugnet. Es ist diese Schule von den untersten bis zu den gelehrtesten und universitären Gebilden hinauf eine Verkörperung des politischen und religiösen Gesammtdrucks, der den centralistisch gewaltstaatlichen Institutionen entspricht und entsprechen muss. Es ist eine Thorheit, in der politisch und religiös beherrschten Schule ein anderes Princip als in der maassgebenden Staatsgestaltung antreffen zu wollen. Aus der Machtvollkommenheit des Gewaltstaats sind die Schuleinrichtungen mit ihren Privilegien sowie mit ihren politischen und religiösen Aufgaben hervorgegangen. Man kann daher nicht ein Stück des Systems wesentlich ändern, ohne das ganze System in Mitleidenschaft zu

ziehen. Die Geschichte kann im Staate der Unfreiheit keine freiheitliche Schule produciren. Da aber grade der Fortschritt wesentlich von den geistigen Antrieben abhängt, so kann sich das bessere Wissen und Wollen nicht zuerst und auch niemals unmittelbar auf dem Wege der Schule verbreiten. Jede derartige Voraussetzung ist eine Illusion. Nur in mittelbarer Weise und auf Umwegen, ja zum Theil unwillkürlich dringt in die Schule ein wenig von dem freieren Geiste ein, welcher sich ausserhalb derselben in der Gesellschaft regt. Uebrigens wird der Gewaltstaat durch seine Schulgesetzgebung immer dafür zu sorgen verstehen, dass sein eignes Princip nicht vergessen und nach Kräften durch den religiösen Aberglauben gestützt werde. Wenn er auch gegen seine eigne Absicht Bildungselemente anerkennen und einführen muss, die, wie die naturwissenschaftlichen Lehrgegenstände, indirect ein klein wenig wirklicher Aufklärung in sich bergen, so behält er doch durch Beherrschung des Geschichtsunterrichts bis in dessen universitäre Missgestaltung hinein ein mächtiges Mittel in der Hand, das politische Denken von vornherein in Fesseln zu schlagen und die Vorstellungen auf Abwege zu führen. Die amtliche und staatsmässige Geschichtsauffassung sowie die zugehörigen Entstellungen oder gar Fälschungen der den Kampf für die Völkerfreiheit betreffenden Thatsachen sind ein polizeilich nicht gering anzuschlagendes Mittel der geistigen Niederhaltung. Ohne eine auf den Geist gerichtete Unterdrückung würde aber der Gewaltstaat nicht lange bestehen können. Es ist daher die centralistische Beherrschung des Geisteslebens eines seiner entscheidendsten Interessen, und wo er die Kirche in dieser Richtung nicht verwenden kann, sucht er selbst ähnliche Functionen auf eigne Hand auszuüben. Diese geistige Centralpolizei wird aber einmal, gleich allen andern centralistischen Mechanisationen, die erste Handhabe bilden, um das von ihr selbst gestiftete Unheil auf dem kürzesten Wege in sein Gegentheil und in ein wirkliches Heil des bis dahin vormundschaftlich missleiteten Wissens und Wollens zu verwandeln.

Die sonstige Polizeicentralisation ist zwar sehr wirksam, wenn es sich um die Interessen des Gewaltstaats, aber äusserst ohnmächtig, wenn es sich um diejenigen der sogenannten Staatsbürger oder, um historischer zu reden, des unterthänigen Volks handelt. Wie wenig Sicherheit oder gar Wohlfahrt wird durch die centralistische Polizeiaction da verbürgt, wo es darauf ankäme, die Missstände innerhalb kleiner Kreise durch die Initiative der bedrohten Personen selbst einzuschränken! Nicht einmal auf den Strassen und in der Umgebung der Grossstädte vermag die centralistische Polizei hinreichende Sicherheit gegen Raub und Mord oder gegen Gewaltsamkeiten geschlechtlicher Art zu schaffen. Wo sich der Einzelne mit seiner Lebensart gänzlich verstecken und ausserhalb eines Zusammenhangs mit seinen Nachbarn seine Person und sein Treiben in Dunkel hüllen kann, da ist weder eine wirksame Vorbeugung noch hinterher eine gerechte Justiz möglich. Wo sich sogar der Privatcharakter und die Lebensweise hochstehender Functionäre den Blicken der Mitbürger entziehen kann, da ist natürlich in noch weit höherem Grade der in der Masse Verschwindende im Stande, irgend einer Art von Gaunerthum maskirt und unbemerkt obzuliegen. Hiebei hat andererseits der Gute noch den Schaden, dass seine noch so vorzügliche private Lebensweise ihm nicht in entscheidender Weise nützt, wenn er falschen Anschuldigungen anheimfällt. Die einzige Garantie gegen solche Zustände wäre die örtliche Einrichtung kleiner Bezirke, in denen die Mitglieder selbst die erforderliche Ueberwachung organisiren und ausüben. Indessen kann der Lauf der Geschichte auch hiezu vorläufig nicht führen, weil die centralistische Polizei vornehmlich die Sicherung des Staats und erst nebenbei ein wenig die Angelegenheiten der Bürger zur Aufgabe hat. Sie müsste ihr eignes Princip, d. h. den Gewaltstaat selbst aufgeben, wenn sie den von unten auf erfolgenden Localisationen platzmachen sollte. Sie hat zuviel mit der Niederhaltung der Vereinigungen nach einem sogenannten Vereinsrecht und mit dem Kriege gegen die freieren Regungen der Presse zu thun, ja sie ist auch übrigens zu stark in dem Gegendruck gegen die den Gewaltstaat bestreitenden Kräfte engagirt, als dass sie dazu gelangen könnte oder dürfte, in ihrem Rahmen volksmässige Controlgebilde von unten her aufwachsen zu lassen. Die Zerlegung grosser Städte in eine Anzahl communaler Selbständigkeiten, die nur gewisse gemeinsame Angelegenheiten für ein concentrirtes Organ ausscheiden, übrigens aber alle Functionen parallel nebeneinander nach einem einheitlichen Plan ausüben, wäre eine blosse Uebergangsformation. Jedoch auch zu dieser verhältnissmässig noch geringfügigen Einlenkung werden es die centralistischen Interessen des Gewaltstaats schwerlich kommen lassen. Noch viel weniger ist aber eine echte Organisation solcher local auf ein natürliches Maass zurückgeführten Verwaltungskörper zu erwarten. Die wüste unorganisirte Menge wird eben in dieser Formlosigkeit wachsen, aber auch schliesslich von den centralen Kräften der alten Art nicht mehr zu bewältigen sein. Alsdann hebt jene entscheidende Uebergangsepoche an, in welcher das Rüstzeug der alten Centralisation selbst den neuen Zwecken vorläufig dienstbar werden und sich so in eine wirkliche Volksmacht verwandeln muss.

15. Die schwierigste Arbeit der Geschichte ist die Abfindung mit der Justizcentralisation. Die drei Instanzen, die sich in ihrer willkürlichen Form als Schichtung von Beamtengruppen wahrlich nicht von selbst verstehen, sind schon, soweit die Erneuerung des Geschwornengerichts reicht, in der Hauptsache, nämlich in der materiellen Entscheidung, weggefallen. Ihr sonstiges Fortbestehen erinnert an den Widerspruch, in welchem sich das ganze Beamtengerichtswesen mit den neuern Einschränkungen befindet. Auch für die positiv weiterbildende Geschichte bleibt es allerdings nicht gleichgültig, ob die Macht der Entscheidung über Recht und Unrecht gleich von vornherein endgültig bei einer einzigen Instanz fixirt werde oder nicht. Ein umfassenderer Kreis bietet mehr Bürgschaften für die Unparteilichkeit. Auch nach Wahrscheinlichkeitsgrundsätzen ist das Recht mehr gesichert, wenn ein grösserer Bund von Personen unmittelbar für seine Aufrechthaltung einsteht. Man könnte also die Rechtsprechung in den wichtigeren Angelegenheiten immerhin als Zuständigkeit für die grössern Gemeinschaften ausscheiden und ausserdem dafür sorgen, dass in den kleinern Sachen von dem engern Kreis an den weitern Berufung eingelegt werden dürfe. Hiemit würde man, anstatt einer scheinbaren eine wirklich höhere Jurisdiction schaffen. Nicht die Hinstellung einiger Ausgewählten, die sämmtlich derselben Beamtenmasse angehören, sondern eine wirklich umfassendere Macht würde mit ihrem allgemeineren Urtheil eine zweite Instanz oder überhaupt eine Zuständigkeit für gewichtigere Fälle darstellen. Der Byzantinische Instanzenzug ist wirklich eine Einrichtung, an welcher man das Wesen des vormundschaftlichen Gewaltstaats besonders gut zu erkennen vermag. Aus der centralen Willkürvollkommenheit heraus werden gleich alle Competenzen mit einem Male ins Leben gerufen und durch besondere Betrauung verschiedener Beamten höhere Functionen gleichsam wie aus dem Nichts und ohne jeden natürlichen Anhaltspunkt geschaffen oder, besser gesagt, erkünstelt.

Noch weit kennzeichnender als die künstliche Instanzenschichtung ist für die Justizcentralisation die in dem Willen einer einzigen

Person concentrirte Anklägerrolle. Es ist ganz im Geiste des vormundschaftlichen Gewaltstaats, dass der Chef der Justiz das Anklagemonopol habe, und dass neben den von ihm nach persönlichem Belieben angestellten und in jedem einzelnen Verfolgungsfall gehorsamschuldenden Ministerialadvocaten Niemand ein Recht darauf habe, für das ihm widerfahrene Unrecht den Richter in Anspruch zu nehmen. Dieser Mangel der Privatanklage zeigt, bis zu welchem Grade in dem modernen Unterdrückungsstaat die Selbständigkeit der Bürger untergegangen ist. Diejenigen Entwicklungen der Geschichte, welche darauf angelegt sind, aus dem Gewaltstaat in freiere Formen des Gemeinlebens hinüberzuleiten, werden das angedeutete Stück rechtlicher Wehrlosigkeit besonders ernst zu nehmen haben.

Von der Militaircentralisation hier noch einmal besonders zu reden, dürfte überflüssig sein. Sie ist zu durchsichtig, als dass nicht das, was früher principiell über die Wahl der Führer gesagt worden ist, zur Lösung der Hauptschwierigkeit genügen könnte. Da die Planmässigkeit des Zusammenwirkens und das Vorhandensein übereinstimmender Einrichtungen hier unumgänglich sind, so wird die vom Gewaltstaat ausgegangene Centralisation in allen rein technischen Beziehungen zunächst ein unverändertes Erbstück der weiter ausgreifenden Geschichte bilden. Grade dieser eiserne Rahmen wird in dem Augenblick, in welchem er die ganze Volkskraft in sich aufnimmt, Bilder einzufassen vermögen, von denen sich die sogenannte Stärke des centralistisch ausgreifenden, aber durch kein freiwilliges Entgegenkommen sonderlich unterstützten Gewaltstaats nichts träumen lässt.

Sobald es der geschichtlichen Culturarbeit gelingt, jene Wendung einzuleiten, mit welcher sich die kleinern Gruppen und Kreise zu selbständigem politischen Leben höherer Art aufraffen, wird auch die Kraft des Volksganzen eine unvergleichlich gesteigerte werden. Der centralistische Gewalt- und Unterdrückungsstaat, der Alles, was er sich einverleibte, zu trägem Stoff herabwürdigen musste, wird alsdann erfahren, dass es ausser seinem stossenden Mechanismus weit kräftigere Concentrationen geben kann, in denen nicht blos ein Mittelstückchen, sondern der ganze Körper von Bewegung und Kraft erfüllt ist.

16. Wirkliche Fortschritte der allgemeinen und speciell der politischen Cultur werden dann gemacht, wenn die Mittel zur freien und ausgedehnten Vereinigung der individuellen Kräfte wachsen.

Nicht blos in technisch wirthschaftlicher, sondern auch in politisch socialer Beziehung ist das Maass der Vereinigungsfähigkeit auch das Maass der Cultur. Die Wirkung der wirthschaftlichen Kräftecombinationen ist jedoch zu sehr ein Thema unserer neusten Volkswirthschaftslehre, als dass ich mich über diesen in meinen ökonomischen Schriften ausführlich erörterten Gegenstand hier besonders zu verbreiten nöthig hätte. Man weiss für die allgemeine Anschauung genug, wenn man sich erinnert, dass die Verbindung des Menschen mit dem Menschen in einer grössern Anzahl die Grundlage aller Erfolge gegen die Naturhindernisse der Production bildet. Die combinatorische Macht des Geistes ist aber auch hier die höhere; denn sie ist es, welche die nackten Menschenkräfte, wie sie von der Natur gegeben sind, mit kunstvollen Mitteln ausstattet. Nächst dieser Ausstattung und parallel mit ihr ist die wirthschaftliche Functionentheilung von grösster Tragweite; aber dieser, gewöhnlich als Arbeitstheilung bezeichnete Vorgang hängt wiederum von der Möglichkeit eines umfassenderen Verkehrs ab. Die leichteren und billigeren Verkehrswege und Transportmittel verstatten der materiellen Vergesellschaftung einen grössern Spielraum, und die Bevölkerungsverdichtungen an den Stätten des industriellen Zusammenwirkens oder in den Knotenpunkten des Verkehrs machen ihrerseits neue mannichfaltige Beziehungen und Verrichtungen möglich. Freilich stellen sich auch in diesem Gebiet der Vereinigung des Menschen mit dem Menschen, welche naturgemäss in allen Richtungen zu allseitiger Förderung erfolgen sollte, sehr erhebliche Hindernisse in Gestalt einer falschen und unterdrückenden Handelscentralisation entgegen. Oft genug hintertreibt das Handelsinteresse einzelner Länder und Plätze das Entstehen der kürzesten und natürlichsten Verbindungen, und der eigensüchtige Völkerneid erstickt aufkeimende oder zertritt bereits vorhandene Industrien behufs Vermehrung der Monopolgewinne. Indessen haben wir schon bei der Betrachtung des Brittischen Handelsmonopols gesehen, wie hier das weltgeschichtliche Schicksal seine emancipatorischen Consequenzen entwickelt. Es ist im Bereich der Oekonomie dafür gesorgt, dass auch die ursprünglich schwachen und unterworfenen Elemente allmälig zu einem Gewicht gelangen, durch welches sie eine immer ansehnlichere Gegenkraft bilden und schliesslich in die Lage kommen, die frühere Abhängigkeit vollends abzuschütteln.

Die neuste und am meisten vertiefte Volkswirthschaftslehre

lässt nicht blos die geschichtlichen Vorbereitungen der materiellen Völkeremancipationen, sondern auch die naturgesetzlichen Einleitungen der Befreiungsacte des arbeitenden Volks und aller gedrückten Elemente erkennen. Abgesehen von den Maschinen, welche vorläufig in der gegentheiligen Richtung wirken mussten, konnte selbst der Ackerbau nicht umhin, die persönlichen, sei es directen oder indirecten Mittel der Production zu vermehren und so im Gegensatz derjenigen, welche von der Grundrente und ähnlichen Einkünftearten leben, die ausschliesslich auf Arbeit angewiesene Proletarierbevölkerung auch auf dem Lande immer mehr auszudehnen. Sobald das proletarische Landvolk durch seine Kopfzahl eine überwiegende Macht geworden ist, kann und muss die Geschichte einen erheblich veränderten Weg einschlagen. Von den Fabrikbezirken und Städten, die das höhere Niveau des materiellen Lebens und der ideellen Aufklärung vertreten, ergiessen sich die Canäle der Bildung über das platte Land. Was die grössere Vereinigungsfähigkeit in den Punkten der dichteren Menschengruppirung an Mitteln der geistigen Befreiung hervorgebracht hat, kommt hinterher auch den mehr zerstreuten Bewohnern der Dörfer und Ackerhöfe zustatten. Ist aber hier einmal das die Fesseln sprengende Element des Wissens und Wollens eingedrungen, so giebt es für die erforderliche Umschaffung kein erhebliches Hinderniss mehr. Man vergesse aber über dieser Aussicht den naturgesetzlichen Ausgangspunkt nicht, welcher die verstandesmässige Geschichtsauffassung am meisten interessiren muss. Das Bedürfniss, den Boden intensiver zu bewirthschaften, zwingt die Herren desselben dazu, auf ihm mehr Halbsklaven entstehen zu lassen, als sie ohne ihr Gewinninteresse belieben würden. Sie müssen sich darein ergeben, dass sie den Reinertrag d. h. ihre Rente nicht anders steigern können, als indem sie auch das Arbeitspersonal vermehren. Kommen ihnen auch inzwischen die Maschinen in entgegengesetzter Richtung zu Hülfe, indem sie den eisernen Sklaven an die Stelle desjenigen von Fleisch und Blut setzen, so muss sich doch schliesslich diese kreuzende Wirkung nicht nur erschöpfen, sondern sogar einen anders gerichteten Ausgang nehmen. Die durch die Maschinenkräfte umfassend gesteigerte Productionsfähigkeit führt zuletzt zu solchen Ausdehnungen der Wirthschaft, dass trotz und neben den Maschinen der Mensch wieder in grösserer Zahl seinen Platz einnimmt. Auch die landwirthschaftliche Wendung, vermöge deren das grundherrliche Interesse die Viehweiden den Kornfeldern und die

Viehzucht der Menschenzucht vorzieht, muss sich an natürlichen Schranken brechen, da die einseitige Fleischproduction in dem Absatz nach vorzugsweise fleischverbrauchenden Märkten ihre Grenzen hat. Mögen indessen die angegebenen Hindernisse noch so entschieden dazwischentreten, so werden sie doch auf die Dauer die Wirkungen des Naturgesetzes der Noth nicht ausschliessen. Wo die rohesten Existenzbedürfnisse schwieriger zu erlangen sind, hat die Arbeit und mithin auch der Mensch mehr Werth. Wo die Natur karg war und zur entschiedenen Arbeit von vornherein nöthigte, da ist eine höhere Art der Civilisation erstanden. Wenn nun eine relative Erschöpfung der in der Nähe verfügbaren Hülfsquellen zur intensiveren Wirthschaft nöthigt, so bedeutet diese Intensitätssteigerung schliesslich immer direct oder indirect einen grössern Verbrauch an menschlicher Productivkraft. Der Rohertrag muss die Ernährung dieser persönlichen Productivkraft decken, und in dem Maasse, als er sich im Verhältniss zum Reinertrag vergrössert, wird er eine Kraftzunahme des Volkselements bedeuten. Aufgehalten wird diese Kraftzunahme allerdings auch noch dadurch, dass die am meisten versklavten Länder mit ihrer billigen Production zu concurrirenden Bezugsquellen werden. Indessen ist dieses Zwischenspiel nur ein Mittel der Verlangsamung, aber nicht der Aufhebung des unter allen Umständen eintretenden Vorgangs. Die Geschichte arbeitet also volkswirthschaftlich in der Richtung auf die Emancipation der gedrücktesten und unwissendsten Classe. Angesichts dieser Nothwendigkeit ist es überflüssig, die fast selbstverständlichen Wege, auf denen der industrielle und städtische Arbeiter zu Kraft und Ansehn gelangen muss, noch besonders zu bezeichnen.

17. Indem der Mensch seine Productivkraft der Natur gegenüber steigert, gewinnt er auch die entscheidenden Mittel zu engerem politischen Verkehr. Die Entfernungen verkürzen sich nicht blos für die materiellen Transporte, sondern auch für die Wanderung der Ideen. Die Menschen nähern sich einander nicht blos zum wirthschaftlichen, sondern auch zum politischen Zusammenwirken. Die Verdichtung der Bevölkerung ermöglicht ein Vereinsleben, welches in der Zerstreuung schon physisch behindert sein würde. Das 19. Jahrhundert, welches sonst an seiner gesammten Oberfläche eine reactionäre Physionomie hat, zeichnet sich wenigstens durch technische Fortschritte aus, die in der eben angegebenen Richtung die Massenemancipation erleichtern. Den technisch günstigen Vorbedin-

gungen der freiheitlichen Vereinigung steht aber die politische Einschnürung um so fühlbarer gegenüber. Die Niederhaltungen des Vereinslebens stellen nur die äusserlich erkennbare Seite der Bethätigungen des Staatsmonopols dar. Auch wo das Vereinsrecht am wenigsten unterdrückt, giebt es doch noch immer eine Menge von Gebilden, an denen der Gewaltstaat als Monopolen festhält, und in deren Bereich er keine freie gesellschaftliche Initiative verstattet. Sollte die Geschichte auf einem möglichst stetigen Wege zu ihren bereits absehbaren Zielen gelangen, so müssten die freiwilligen Vereinigungen sich in den alten Staat derartig hineinbauen können, dass eine Menge von Aufgaben, welche er schlecht oder gar nicht erfüllt, von den socialisirten Gruppen in Angriff genommen würden. Nicht nur Schulung und Aufklärung oder sociale Interessenwahrnehmung, sondern in einem gewissen Sinne auch Gerechtigkeitsbürgschaften könnten der Gegenstand solcher Vergesellschaftungen werden. Es wäre in der That nichts Ungeheuerliches, wenn Vereinigungen entständen, deren Mitglieder bei Gefahr, die Vortheile des bundesmässigen Beistandes zu verlieren, die Verpflichtung hätten, in allen von dem Einzelnen abhängigen Fällen auf die Anrufung der staatlichen Justiz zu verzichten und derselben eine Entscheidung der politischen Bundesgenossen zu substituiren. Die Erinnerung, dass derartige Gebilde mit einem reactionären Classen- und Standescharakter und namentlich für die Priester schon früher existirt haben und mit Recht dem modernen Staat erlegen sind, ist keine stichhaltige Einwendung. Gegenwärtig handelt es sich weniger um das, was der moderne Staat absorbiren, als um das, wovon er selbst absorbirt werden soll. Ein neuer Geist macht neue associative Einrichtungen nothwendig, die vorläufig einen Sondercharakter haben müssen, aber schliesslich dazu bestimmt sind, zu nicht nur selbstgenugsamen sondern auch für Alles allein genügenden Formen des politischen Daseins zu werden.

Hoheitsrechte im alten Sinne des Worts, also vermeintlich selbstverständliche Attribute des Staats, werden vor der Geschichte keinen dauernden Bestand haben. Nach der tiefer wurzelnden Anschauungsweise ist der Staat für jeden Bürger in seinem Mitbürger, also durch etwas neben ihm, aber nicht durch etwas über ihm dargestellt. Es kann daher nur ein Anspruch der nackten Gewalt sein, von vornherein als etwas Höheres zu gelten. Die sogenannten Hoheitsrechte wurzeln in der Tiefe und können einen natürlichen

Sinn nur dadurch erhalten, dass sie wirklich den gerechten Willen der Gesammtheit ausdrücken. Aber auch diese Gesammtheit setzt sich für den Einzelnen so zu sagen aus lauter ihm gleichstehenden Nachbarn zusammen. Das Wesen des natürlichen staatlichen Bandes ist die Vereinigung gleichberechtigter Elemente. Der freie Staat ist also nichts Ueberragendes, sondern das Mittel des gegenseitigen politischen Verkehrs. Der historische Gewalt- und Unterdrückungsstaat ist freilich thatsächlich das Gegentheil von alledem; aber aus diesem Grunde kommen ihm auch die ideellen Bindemittel mit der fortschreitenden Einsicht immer mehr abhanden. Wo er die politischen und gesellschaftlichen Vereinigungen unterdrückt, üben die an einer stetigen Umbildung behinderten Elemente ihren Gegendruck mehr in unterbrochenen Stössen aus und existiren in weniger regelmässigen Formen. Man könnte sich daher fragen, ob es nicht schliesslich auch für die Interessen der durch den Gewaltstaat privilegirten Gruppen besser wäre, die chronischen Umschaffungstendenzen, die sich in einzelnen Stössen äussern, dadurch in einen mehr stetigen Fluss zu bringen, dass man einer normalen Bethätigung derselben in friedlichen und geregelten Vereinsgebilden keine Hindernisse entgegenstellt. Auch der Gedanke, die politischen Verfolgungen in einer ähnlichen Weise wie die religiösen aufzugeben und namentlich die Ansichten und deren Verbreitung vollkommen frei zu lassen, dürfte mit der behaupteten Humanität unserer selbstgefälligen Civilisation nicht in Widerspruch stehen. Nimmt man nämlich die gewaltsamen Unternehmungen aus, die dem Gewaltstaat nach seinem eignen Princip entgegentreten, so können alle andern Vorkehrungen sogar im Rahmen der heutigen Lage darauf Anspruch machen, als freie Regungen der Gesellschaft wenigstens geduldet zu werden. Die politische Toleranz ist hinter der religiösen geschichtlich noch weit zurückgeblieben; denn die politischen Dogmen des Gewaltstaats umgeben sich noch immer als solche mit besondern Schutzwehren. Es ist die Fortpflanzung der Ansichten und nicht erst der Anstoss zur innern politischen Action, was vornehmlich eingeschnürt und selbst da, wo es sich den beengenden Gesetzen streng fügt, mit Hülfe gewaltsamer Auslegungen verfolgt wird. Dieser Kriegszustand demoralisirt nicht nur, sondern erinnert auch lebhaft, wie einst die Kirche im grössten Umfange etwas Aehnliches that und wie sie jetzt auf schwache Reste ursprünglich colossaler Verfolgungsmittel reducirt ist. Sollte es nun wohl so unwahrscheinlich sein, dass der politische

Gewaltstaat den Weg des geistlichen wandelte, und dass diesem Schicksal sogar die Verwirklichung eines erheblicheren Maasses politischer Toleranz vorausginge und dienstbar würde? Hierin läge einmal ein Stück wahrer Civilisation, während sonst dies Wort mit seinem civilen Ursprung daran mahnt, dass mit der bisherigen Civität die höhere und edlere Gattung der Cultur schlecht vereinbar ist.

18. Der Sprachgebrauch hat dem Ausdruck Civilisation eine günstige Bedeutung gegeben, indem er bei ihm vorzugsweise an die Cultur und zwar besonders an diejenige denken liess, welche sich vermöge der erweiterten Technik und Wissenschaft Bahn brach. In diesem Sinne müssen aber die politischen Einrichtungen ausgeschlossen oder wenigstens als bisher positiv fast unzurechnungsfähig auf die letzte Linie gerückt werden. Die materiellen Errungenschaften und die geistigen Emancipationen haben als Cultur etwas zu bedeuten; sie sind aber noch keine eigentliche Civilisation von politischer Form. Derjenige Theil der Geschichte, welcher die höhere politische Cultur und mithin die echte, des Namens würdige Civilisation bringen soll, hat sich noch erst zu verwirklichen. Was man heute ganz im Allgemeinen Civilisation nennt, ist ein Zustand von bedenklich doppelseitigem Charakter. Die üblen Folgen der einseitigen Gewalt sind in ihm mit den positiven Errungenschaften des menschlichen Wissens und Könnens gemischt. Die Natur ist in vielen Richtungen vom Menschen unterworfen; aber in noch mehreren ist es der Mensch von Seinesgleichen. Auch diese letztere Knechtung wird gewöhnlich und nicht ganz mit Unrecht als Element und Lebensbedingung der heutigen, echt historisch zu Stande gekommenen Civilisation betrachtet. Demgemäss wird aber auch diese Gewaltcivilisation der Auflösung anheimfallen und einer edleren Cultur weichen müssen. Der bisherige Staat wird ebensowenig wie die Kirche ein Element jener späteren Civilisation sein können, in welcher die freie Gesellschaft die Individualisation und Werthsteigerung des Lebens vollzieht. Der erste theoretische Schritt zum Bessern wird darin bestehen, dass man über den Staat annähernd ebenso wie über die Kirche zu denken beginnt. Sind auch gewisse Functionen des Gemeinlebens unumgängliche Nothwendigkeiten, so wird doch der heutige Staatsapparat mit seinem Gewaltmechanismus schliesslich als eine historische Phase erscheinen, die nur mit den Zuständen der

Massenunwissenheit fortbestehen konnte und mit der Beseitigung der politischen Massenohnmacht verschwinden musste. Der Gewaltstaat wird daher seine Rolle einst ebenso ausgespielt haben, wie die Kirche die ihrige, und wenn der Verfall aller religiösen Organisationen sich jetzt auch schon dem gemeineren Urtheil in deutlicheren Zügen aufdrängt, als derjenige des Unterdrückungsstaats, so ist dies nur ein Unterschied des Grades der historischen Annäherung an das endliche Schicksal. Beide Gewaltgebilde stehen übrigens auch in einem zu innigen Zusammenhang, als dass nicht der Fall des geistlichen Unterdrückungssystems auch denjenigen des politischen nach sich ziehen müsste.

Wie irgend eine Civilisation als solche etwas Schlimmeres werden kann, als die ursprüngliche Uncultur, zeigen die Stauungszustände Chinesischer Art. Nicht blos China selbst mit seiner Büreaukratie und seinen träge erlahmten Institutionen sonstiger Art, sondern überhaupt das ganze Bereich altasiatischer Civilisation mag Europa daran mahnen, dass die Einpferchungen des politischen Lebens schliesslich nur noch ein Skelett von Formen ohne Fleisch und Blut übrig lassen. Derartig verrotteten Civilisationen kann nichts Besseres als ihre vollständige Auflösung widerfahren. Die mumienhaften Ueberlieferungen müssen unter dem Anhauch frischen Lebens in ihr staubiges Nichts zerfallen. Sobald Europa seinen eignen Staub dieser Art abgeschüttelt haben wird, müssen die frischen Schöpfungskräfte der neuen Culturformen auch Asien ergreifen. Die anderthalb Milliarden des Menschengeschlechts sind nicht immer dazu bestimmt, mit Ausnahme eines kleinen Bruchtheils von ein paar hundert Millionen entweder im stumpfen Halbschlafdasein abgelebter Civilisationen oder in völliger Rohheit zu verharren. Die Epoche, in welcher die reinigende und belebende Luftströmung, welche den jüngsten Civilisationsformen Europäischer und Amerikanischer Art bevorsteht, auch die alten Völker der andern Welttheile wieder in Culturbewegung setzt, muss nicht nur überhaupt kommen, sondern kann auch nicht einmal so überaus fern sein, dass man nicht Ursache hätte, ihre Chancen schon jetzt näher ins Auge zu fassen. Die gewöhnlich so genannte Orientalische Frage, bei welcher es sich hauptsächlich um das Ausgreifen Russlands nach der Türkei und nach Asien handelt, ist eine Kleinigkeit in Vergleichung mit jener grossen geschichtlichen Perspective, die sich im Orient für die dortigen Rückwirkungen einer verjüngten Europäischen Cultur eröffnet. Allerdings hat man Europa selbst von Amerika her mit sonderbarer Ueberhebung das Verkommen in Chinesischen Zuständen und zunächst den politischen Halbtod vorausgesagt. Die Hauptschäden sind indessen auf beiden Seiten des atlantischen Oceans gemeinsam. Die sociale Gewaltgesellschaft existirt wie hier so auch dort, und wenn der Socialismus in dem einen Gebiet keine verjüngende Kraft wäre, so müsste auch das andere an der gesellschaftlichen Unterdrückung zu Grunde gehen. Die etwas ungebundeneren Formen des politischen und wirthschaftlichen Daseins der Nordamerikaner lassen sogar die Unzuträglichkeiten des ihnen von der alten Civilisation vererbten Unterdrückungssystems nur um so schroffer hervortreten und werden immer mehr dazu dienen, die Conflicte der alten, auf Besitz und Arbeitsunterjochung gegründeten Gesellschaft mit den neuen persönlichen Ansprüchen der zum Bewusstsein gelangenden Volksmasse zu schärfen. Wir können also auf unserm alten Europäischen Boden noch guten Muthes bleiben; denn das Chinesisch Geartete, was wir zu überwinden haben, ist grade in den wesentlichen Theilen auch nach dem neuen Welttheil verpflanzt, und ein paar verrottete Institutionen weniger ergeben sicherlich noch keine für das künftige Gesammtschicksal entscheidende Kluft. Die geistige Erhebung ist bei uns sogar mächtiger als in dem neuen Welttheil. In religiöser Beziehung sind die bei uns freigewordenen Elemente in ihrem Denken unvergleichlich selbständiger als die Nordamerikaner, die zwar nicht direct durch den Staat, aber, was ein schwerer ablegbarer Zwang ist, durch vererbte Vorurtheile der herrschenden Gesellschaftselemente in die Arme der Priester getrieben und in dieser geistigen Gefangenschaft recht nachdrücklich festgehalten werden. Aber auch in politischer Beziehung ist die Englische Tradition, aus der man in Nordamerika nur einige schattenhafte Elemente ausgemerzt hat, keineswegs so harmonisch und jugendlich, um in den Institutionen nicht arge alteuropäische Widersprüche zu offenbaren, die durch die Willkür der gesammtstaatlichen Verfassungscomposition nur noch gesteigert worden sind. Der Mangel der politischen Idealität und die Corruption, die sich hier nicht erst am grauen sondern schon am grünen Staatswesen in colossalem Umfang zeigt, dürften auch keine Auszeichnungen zu Gunsten des Amerikanismus sein. Das Princip, demzufolge die beste materielle Grundlage die geistige Wurzelhaftigkeit der lebenschaffenden und lebengestaltenden Ideen nicht zu ersetzen vermag, sichert den gewaltigen Regungen im Schoosse Europas einen Vorzug, der durch andere Chancen aufgewogen werden mag, aber es zu einer entscheidenden Ungleichheit im allgemeinen Culturschicksal nicht kommen lässt.

Um der gesammten Vergangenheit gegenüber nicht in einer falschen Stellung zu bleiben, muss man sich daran gewöhnen, die Thaten der Geschichte zu einem grossen Theil als Fehlgriffe, wenn auch immerhin vielfach als natürliche und unumgängliche Irrgänge zu betrachten. Es wäre ein superstitioser Cultus der vollendeten Thatsächlichkeit, wenn man den blossen Umstand, dass etwas wirklich geschehen oder etwas sich dauernd einrichten und eine weltgeschichtliche Rolle spielen konnte, bereits als Merkmal der Wahrheit des entsprechenden Wissens und Wollens gelten liesse. Nach dieser Auffassungsart würde man sich auch genöthigt sehen, die theoretischen Irrthümer der Menschen in und ausserhalb der Wissenschaft als Wahrheiten zu verherrlichen. Auch der historische Relativismus, der wenigstens für eine bestimmte Epoche als richtig retten will, was er nun einmal nicht für alle Zeit zur Geltung bringen kann, ist meist auf falschen Wegen und muss mindestens in die ihm entsprechenden äusserst engen Schranken verwiesen werden. Die absolute Schätzung der Thatsachen und Einrichtungen muss in aller Geschichte das Erste sein. In zweiter Linie mag man alsdann die besondern Vorbedingungen der eigenthümlichen Lage und die Voraussetzungen des jedesmaligen Entwicklungsstadiums in Anschlag bringen. Andernfalls wird sogar die höhere, philosophisch geartete Historicität der Unsicherheit des Urtheils oder einem falschen Verzicht auf durchgreifende Kritik anheimfallen. Unserer Weltanschauung und Lebensgestaltung fehlt auch der Vergangenheit, Gegenwart und Zukunft der geschichtlichen Einrichtungen gegenüber das absolute Maass in keiner Richtung. Wir haben es überall angelegt und sind uns auch in den ferneren Entwicklungen sehr bestimmt des leitenden Ziels bewusst. Die Werthsteigerung des Lebens, die sich namentlich durch freiere Herausbildung der edleren Eigenthümlichkeiten vollzieht, ist die Grundfunction und das Grundgesetz der Geschichte. Die sich entgegenstellenden natürlichen Widerstände dienen zum Theil selbst dazu, den Reiz des geschichtlichen Strebens und hiemit den Werth des Daseins zu erhöhen.

22*

Die ursprünglichen Naturzustände müssen eben ihrer Unentwickeltheit und wildwüchsigen Freiheit wegen in manchen Beziehungen Reize gehabt haben, durch welche die späteren kunstvollen Bereicherungen des Daseins einigermaassen aufgewogen wurden. Doch wir wollen hier nicht den Betrachtungen vorgreifen, welche das Ganze der Geschichte und deren unterschiedene Stadien auf ihren Gehalt an Lebenswerth eingehender zu prüfen haben.

Sechster Abschnitt.

Individualisirung und Werthsteigerung des Lebens.

Erstes Capitel.

Ursachen des Pessimismus.

Unleidliche Zustände bringen die Neigung mit sich, die ihnen entsprechenden Gegenregungen des Gemüths theoretisch auch auf andere Theile des Daseins und schliesslich auf das Ganze des Lebens, ja überhaupt auf das universelle System der Dinge zu übertragen. Hiedurch entsteht jener falsche Pessimismus, der sich grade gegen das kehrt, was am unschuldigsten ist, und sich die Mühe erspart, das praktisch anzugreifen, worin die Missstände und er selbst am tiefsten wurzeln. Dieser lebensfeindliche, den Ekel am Dasein geflissentlich zur Schau tragende Pessimismus ist nicht erst im 19. Jahrhundert durch Schopenhauers romantisch bizarre Gedankensplitter in die Welt gekommen. Er hat eine sehr alte und zum Theil in grossen Institutionen verkörperte Vorgeschichte. Der Cyrenaische Philosoph Hegesias lehrte bereits die Minderung des Kummers als das einzige im Leben Erreichbare und den Tod als die wünschenswerthe vollständige Befreiung vom Uebel. Aber nicht blos Einzelne haben unter dem Eindruck trüber Gesammtzustände und eigner individueller Gemüthsgestaltung das Leben in dieser verzweifelnden Art gekennzeichnet, sondern ganze weithin herrschende Religionssysteme sind mit einem wichtigen Theil ihrer Dogmen aus ähnlichen, durch die jedesmalige Lage der Dinge bei ihrer Entstehung einseitig fixirten Anschauungen entsprungen. Nicht allein der unserm modernen Europäischen Dasein fernerliegende Buddhaismus, sondern auch das Christenthum selbst schliesst pessimistische Züge entscheidender Art ein. Wo das Elend der Welt den Ausgangspunkt für die Verkündigung eines bessern Jenseits bildet, ist der Weltpessimismus in der unzweideutigsten Gestalt vorhanden. Dies ist aber offenbar in den echten und nicht modern untermischten oder realistisch abgeschwächten Lehren der ursprünglichen Christusreligion der Fall.

Wenn sich das 19. Jahrhundert wieder besonders durch pessimistische Regungen ausgezeichnet hat, so ist diese Erscheinung kein Umstand, aus welchem man auf die in den höheren Gesellschaftsschichten obwaltenden Zustände günstige Schlüsse ziehen könnte. Wenn wir auch übrigens von unserer Zeit und den an ihrer Oberfläche gelagerten Elementen nichts wüssten, so würde schon allein die Coquetterie mit Anwandlungen von Pessimismus und Zerrissenheit einen sichern Rückschluss auf wurmstichige Lebensverhältnisse gestatten. Ich will hier nicht zuerst an das erinnern, was die Selbstzersetzung einer unnatürlichen Philosophie aufweist; denn so hoch man Schopenhauer auch als Schriftsteller von Charakter und Genie achten möge, so ist doch seine, mit strenger Wissenschaft unverträgliche Halbpoesie und Romantik des Denkens zu wunderlich aus den Grenzen der gesunden Auffassung und des ungestörten Verstandes herausgetreten, als dass man ihr den ersten Platz in der Repräsentation der pessimistischen Zeitabirrungen anweisen könnte. Hiezu ist vielmehr eine an sich grössere und, abgesehen von einiger das Jahrhundert spiegelnden Zerrissenheit, auch unvergleichlich gesundere Erscheinung, nämlich Byron mit seiner oft an die Grenze der allgemeinen Lebensaburtheilung vorgeschobenen Dichtung einzig und allein geeignet. Dieser grosse Genius ist recht eigentlich der Dichter des 19. Jahrhunderts geworden, indem seine nach dem Ideal besserer Zustände strebende, aber zunächst von den Revolutionsenttäuschungen und der Reaction bedrückte Leidenschaft jene Töne anschlug, die so disharmonisch mit der peinlichen Situation zusammentrafen und doch zugleich prophetisch an ein im Schooss der Geschichte sich schon ungeboren gewaltig regendes Dasein mahnten. Byron ist grade deswegen der wahre Vertreter des Zeitpessimismus, weil er in dem letzteren nicht völlig aufgeht. Bis zur Grösse des Brittischen Dichters reichte der Lebensüberdruss gemeiner Art nicht hinauf. Die Leidenschaft des Lebens behielt stets die Oberhand und verstattete wohl pressende und unheimlich einschnürende Eindrücke, aber niemals eine eigentliche Erdrückung. Die heroische Action blieb das

Element dieser zwar von der Verwesung der Zeit beunruhigten, aber nicht selbst verwesten Lebensauffassung. Die pessimistischen oder weltschmerzlichen Empfindungen und Gedanken, die in den besten Dichtungen Byrons, namentlich aber im Harold und Don Juan, ihren scheinbar nur gelegentlichen, aber sich doch mit einer gewissen Regelmässigkeit in vielfachen Gestaltungen wiederholenden Ausdruck fanden, waren nichts als die Reflexe der Selbstempfindung der an der Oberfläche der Gesellschaft waltenden Corruption. Derartige Rückwirkungen lassen sich da, wo sie in einem lebenskräftigen und nach dem Ideal ausschauenden Geist hervortreten, als Pessimismus der Entrüstung bezeichnen, und diese Art des pessimistischen Verhaltens ist unvergleichlich edler, als jene ruhesüchtige und angeblich den Tod und das Nichts ersehnende Gattung von Schopenhauerlichem Typus.

Wer im Hinblick auf die Weltschmerzdichtung etwa noch in zweiter Linie an Heinrich Heine erinnern wollte, möge bedenken, dass bei ihm zwar die Symptome der geistigen Zersetzung und Zerfahrenheit recht erkennbar anzutreffen sind, dass aber seine, mit der romantischen Frivolität verquickte Art und Weise jenen tiefern Ernst ausschliesst, der einem Byron auch im leichtfertigsten Gewande eigen blieb. Der deutschjüdische Dichter, der seines ungezwungenen Stils und einiger gelungener Einzelheiten wegen immerhin in der Deutschen Dichter- und Prosaistenwüste des 19. Jahrhunderts als die verhältnissmässig erfrischendste Oase gelten mag, hat zur Zerrissenheit noch die Abgerissenheit seiner in allen Stücken fragmentarischen Manieren gefügt. Dieses abrupte Wesen passt zwar einigermaassen zu dem weltschmerzlichen Zerfallen, ist aber doch zu sehr eine Stammeseigenthümlichkeit des jüdischen Typus, als dass man es sammt seiner Unruhe und Unfähigkeit zur höheren Kunst ausschliesslich oder auch nur vorzugsweise den pessimistisch desorientirten Neigungen des Zeitalters zuschreiben könnte. Auch der Umstand, dass Heine oft genug als Echo Byrons erscheint, kann nur dazu beitragen, die Ueberschätzung des Verfassers der Reisebilder fernzuhalten. Byron wird für jeden Unbefangenen, der die edle Artung des menschlichen Wesens von einem niedrigeren Genre zu unterscheiden weiss, selbst in den leichtfertigen Allüren eine würdevolle Gestalt bleiben, während Heine auch da, wo er ernsthaft und grosssinnig werden möchte, in einer nicht sonderlich über dem Boden seiner Traditionen belegenen Sphäre stecken bleibt.

2. Die Englische Gesellschaft ist schon lange das entwickeltste Muster jener Corruption, die unausweichlich aus der ursprünglich falschen Anlage der socialen Verfassung entspringt. Diese Verderbniss der höheren Schichten ist von Byron dichterisch beleuchtet und in ihrer zur zweiten Natur gewordenen Heuchelei blosgestellt worden. Die schliesslich in Nihilismus auslaufende üppige Faulheit und Fäulniss des sich selbst zur Last werdenden Daseins hat im Verfasser des Don Juan einen Kritiker gefunden, der die Gegenregungen und den Drang nach einer bessern Gestaltung in der Form dichterischer Leidenschaft zum Ausdruck brachte. Die internationale Bedeutung dieser dichterischen Gesellschaftskritik würde sich mit dem Zeitverlauf von selbst verstanden haben, auch wenn Byron nicht sonst sichtbar genug der internationale Dichter *par excellence* wäre. Was die reichen Classen der Englischen Gesellschaft schon im Anfange des Jahrhunderts gewaltig drückte, ist mit den folgenden Generationen zuerst für Frankreich und neuerdings für Deutschland immer fühlbarer geworden. Gegenwärtig findet die Byronsche Blosstellung der Gesellschaftschäden ihre unmittelbare Anwendung auf alle bedeutenden Culturländer. Auch wird man von England ausgehen müssen, wenn man die allgemeinen, nicht an zufälligen Persönlichkeiten, sondern an den Zuständen selbst haftenden Regungen und Theorien pessimistischer Art bis in ihre geschichtlichen Musterbilder verfolgen will.

Der Malthusianismus ist eine echt Englische Ausgeburt lebensfeindlicher Art und wurde auch schon von Byron gebührend verspottet. Dieser Bevölkerungspessimismus, der bald die Runde auf dem Festlande vollendet hatte, ist neuerdings der Keim zu einer wiederum Englischen und ebenso demoralisirenden Theorie geworden. Die Darwinistische Lehre vom Kampfe um das Dasein hat einen moralisch pessimistischen Grundzug, indem sie den Gedanken begünstigt, dass der Tod des Einen das Leben des Andern sei und nach Naturgesetzen sein solle. Das Bewusstsein der universellen Feindseligkeit, mit der jedes Wesen eifersüchtig seine Existenz auf den Untergang oder die Schädigung des fremden Seins bauen soll, ist sicherlich nicht geeignet, den Charakter des Lebens sonderlich befriedigend erscheinen zu lassen. Die Pein, die mit der Aussicht auf die Kreuzungen der Selbstsucht bei einer edleren Gemüthsverfassung unabwendbar ist, kann nur eine abstossende Wirkung üben und auf Verleidung des Daseins hinwirken. Wäre also dieses neue Englische Geschenk, welches den Krieg Aller gegen Alle auch in der Gestalt des indirecten auf Leben und Tod geführten Concurrenzkampfes nicht blos zum Erklärungsprincip sondern zum Losungswort macht, eine unverdächtige Wahrheit, so hätten die pessimistischen Neigungen eine neue Handhabe, üppig auszuschweifen und das Leben in einer erheblichen Richtung um den unbefangenen Glauben an seinen Werth zu bringen. Glücklicherweise ist die Malthusisch-Darwinistische Idee vom Drängen auf die Ernährungsbedingungen und von dem daraus folgenden Kampfe um Leben und Nichtleben oder um Besser- und Schlechterleben nichts als eine Rückwirkung falsch ausgelegter socialer Verhältnisse. Sie ist das theoretisch pessimistische Gegenstück zu den thatsächlichen Spannungszuständen, die in der ursprünglichen Ungerechtigkeit ihre Wurzeln haben. Das Drängen und Drücken ist allerdings vorhanden; aber es richtet sich gegen die zu eng gewordenen Wandungen des gesellschaftlichen Systems. Auch an der Feindschaft fehlt es nicht; aber sie trifft mit ihrer ganzen Schärfe nur die feindlich einschnürenden Einrichtungen selbst. Es ist also nicht Selbstsucht, sondern Gerechtigkeit in dieser Art von Kampf, und nur die ursprüngliche Gewalt, die keinen andern Beweggrund als die Ausbeutung kennt, bliebe als pessimistische Instanz übrig. Indem nun aber diese Selbstsucht des Daseins, die sich mit dem Fleisch und Blut des Nebenmenschen mästet, selbst in den von ihr verherrlichten Kampf ernsthaft verwickelt wird, fällt sie ihrem Schicksal anheim und erfährt hiebei, dass es noch andere Motive als die sich rücksichtslos bejahenden Interessen giebt. Die sittliche Ordnung führt sich auf diese Weise in besserer Gestalt ein und der moralisch pessimistische Alp, welcher die durch den ersten Anschein beirrten Gemüther ängstigen mochte, muss mit der wahren Einsicht in die Natur des Kampfes verschwinden. Für die veredelte und nicht in unterdrückende Verhältnisse verschobene Menschennatur giebt es keinen feindlichen Kampf um das Dasein, sondern nur eine Bestrebung, parallel oder im Zusammenwirken mit Andern der Natur und den Verhältnissen die Existenzbedingungen abzugewinnen.

3. Die Wörter Optimismus und Pessimismus sind durch einen mannichfaltigen und oft recht willkürlichen Sprachgebrauch so vieldeutig geworden, dass sie sich schlecht eignen, in der Frage des Lebenswerthes die entscheidenden Standpunkte zu bezeichnen. Versteht man unter Optimismus nicht jene fehlgreifende Neigung, die

Zufriedenheit mit einzelnen Lagen und Theilen des Daseins zu einer ruhesüchtigen Beschönigung aller wirklichen Uebel werden zu lassen, so kann der allgemeine Sinn, der alsdann noch offenbleibt, nicht mehr eine Ausartung oder Niedrigkeit der Denkweise bezeichnen. Zum falschen Optimismus führt der Mangel an Idealität und Gerechtigkeit der Gesinnung. Wer nicht den Maassstab einer bessern Lebensgestaltung in sich trägt oder wer in der ihm geglückten Befriedigung seiner armseligen Eitelkeit gegen die Leiden und gerechten Ansprüche Anderer in rücksichtsloser Gleichgültigkeit verharrt, mag sich in jener berüchtigten Art von Optimismus gefallen, die sammt ihrem Hauptvertreter, dem jeder besseren Gesinnung baaren Leibniz, mit Recht der Verachtung anheimgefallen ist. Dieser beste unter den höfisch akademisch möglichen Philosophirern hat bekanntlich seine advocatorische Thätigkeit, die er für Fürsten und hohe Herren auszuüben pflegte, auch seinem höchsten Herrn nicht vorenthalten und für den Herrgott als den Urheber der besten unter allen möglichen Welten plaidirt. Dies kindische Unterfangen ist mit Recht bereits ein Gegenstand für den landläufigen Spott geworden. Die ernste Seite des ganzen Vorgangs ist aber darin zu suchen, dass grade der gesinnungsloseste, rückläufigste und widerwärtigste aller neuern Philosophirer die Rechtfertigung oder vielmehr Beschönigung des Schlechten auf sich nehmen musste. Es ist hiemit ein Fingerzeig gegeben, wie man den falschen von dem wahren Optimismus zu trennen, oder lieber, ohne Einmischung der zweideutigen Wörter, den ganzen vulgären Gegensatz des optimistischen und pessimistischen Standpunkts als eine einzige, nur in der Richtung doppelgestaltige Entartung aufzugeben habe. Sind doch sogar frivol verworrene Spielarten eines angeblichen Pessimismus vorgekommen, in denen die bestmögliche der Welten in ihrer Zweckmässigkeitsharmonie gefeiert, aber trotzdem als Ganzes zu Gunsten eines zukünftigen Nichts verworfen wird. Hier hat sich die Schlechtigkeit und Eitelkeit der an dem Jämmerlichsten und Kleinlichsten klebenden Gesinnung in fast blödsinnig zu nennender Weise mit einer forcirten Weltverachtungsprätension und mit dem Schein des universellen Pessimismus gepaart.

Die edlere Gattung des Optimismus hatte schon vor drei Jahrhunderten einen Vertreter ersten Ranges in Giordano Bruno, von dem Leibniz mit seiner ganzen Philosophirerei nur eine verstohlene und mit Rückständigkeiten untermischte Verzerrung gewesen ist. Bruno, der Märtyrer der Philosophie, vereinigte den höchsten Adel der Gesinnung mit einer freien, auf das Universum und die allgemeine Menschennatur ausschauenden Theorie. Wo er die *bestia trionfante* in der Menschenwelt antraf, hinderte ihn sein allgemeiner und so zu sagen kosmischer Optimismus durchaus nicht, jenem hochsinnigen Pessimismus der Entrüstung Ausdruck zu geben, der die Wirkung des idealen Strebens ist und in keinem auf Umschaffung der Zustände ausblickenden Denken fehlen kann. Auch das 18. Jahrhundert hat in Rousseau ein grosses Beispiel dafür geliefert, wie der allgemeine Optimismus, der die Welt und die menschliche Natur für wohlangelegt und gut erklärt, mit einer pessimistischen Betrachtung der gesellschaftlichen Missstände und sogar mit ein wenig Misanthropie nicht etwa blos äusserlich vereinbar sei, sondern auch innerlich zusammengehöre. Ja dieses Beispiel hat überdies einmal recht deutlich gezeigt, wie das persönliche Missgeschick in den verschiedensten Gestalten mit der edleren Art des Optimismus zusammenbestehen und für die gutartige Welt- und Lebensauffassung sogar Mehr leisten könne, als eine äusserlich comfortable Lage gleich derjenigen des oft in falscher Richtung pessimistischen Voltaire. Im 19. Jahrhundert hat Shelley, der Freund Byrons, in seinen Dichtungen den universellen Optimismus mit der entschiedensten Verachtung der religiösen und socialen Ueberlieferungen der gesammten Geschichte vereinigt. Die Menschenwelt in ihrer thatsächlichen Verfassung und Beschaffenheit ist ihm nichts weniger als gut, und dennoch wird sein Glaube an die Vervollkommnung und an den universell guten Typus des Systems der Dinge nicht beeinträchtigt. Es ist in allen solchen, für die gemeine Denkweise nicht sofort begreiflichen Combinationen eben nur der hohe Standpunkt, der das Ganze überschauen lässt, von wo die Uebel des Daseins in ihren richtigen Verhältnissen zu allem Uebrigen bemessen und mit dem gutartigen Grundzuge vereinbar werden. Alle andern Versuche, die logische Nothwendigkeit der innern Einigkeit des Seins auch äusserlich durch ein Welt- und Lebensbild zu veranschaulichen, werden stets misslingen. Nur wer im Stande ist, ungeachtet des Drucks der Umgebungen und des besondern persönlichen Missgeschicks die Gesammtdimensionen und die universellen Gesetze des Daseins lebendig in einer zugleich den Verstand und das Gemüth bewegenden Weise aufzufassen, wird die bösen Träume zu verscheuchen und den Alp des falschen Pessimismus abzuschütteln vermögen.

4. Der politische Pessimismus pflegt zu praktisch zu sein, als

dass er in die Lage käme, sich auf Jenseitigkeiten zu erstrecken oder auch nur zu berufen. Sein Vorbild ist Macchiavelli, der die Menschen mit schlechten Mitteln behandelt wissen will, weil sie schlecht seien und selbst nicht in guter Weise handelten. Mit der Voraussetzung fällt auch hier die Folgerung. Ausserdem pflegt man aber auch die politisch pessimistische Denkweise darin zu finden, dass ein immer tieferes Hineingerathen in das Uebel vermittelst des Uebermaasses der so entstehenden Spannungen den Rückschlag bringen und die Wendung zum Besseren einleiten soll. Anstatt positiv das Gute in jeder Richtung direct zu fördern, freut sich diese pessimistische Rechnung der immer tieferen Versunkenheit in das Uebel und glaubt wohl gar, diesen Vorgang des Schlimmerwerdens nach Kräften fördern zu müssen. Mindestens aber bringt sie die Rolle des Abwartens mit sich und treibt niemals dazu an, irgend etwas für die unmittelbare Verbesserung der Zustände zu thun. Diese pessimistische Stellungnahme ist in der socialen Frage ganz besonders bedenklich, weil sie dazu veranlasst, die positiven Stärkungsmittel der Zukunftselemente allzu leicht preiszugeben.

Ueberdies ist noch ein allgemeinerer theoretischer Pessimismus socialistischer Art vielfach grade da im Spiele, wo man die meiste Ursache hätte, die positiven Ausgangspunkte schon aus Rücksicht auf den socialen Zukunftsglauben zu bevorzugen. Es ist eine traurige Geschichtsconstruction, wenn der Raub immer nur von einer andern Art des Raubes abgelöst werden soll, und wenn das Uebermaass der Uebel den einzigen Trost und die vermeintliche Bürgschaft für eine ferne Zukunft zu liefern hat. In je schlimmeren Zuständen sich Jemand befindet, um so weniger trägt er in sich selbst die positive Kraft zum Besseren. Dies gilt von Einzelnen, von Völkern, von Classen und von der ganzen Menschheit. Wie sollte die immer grössere Unterdrückung als solche und abgesehen von sonstigem positiven Kraftzuwachs wohl jemals die Emancipationschancen der niedergebeugten Elemente steigern? Die Rechnung mit der blossen Gewaltmechanik und mit den aus dem blossen Gegendruck entspringenden Kräften ist auch hier ein Fehler. Die unmittelbaren und gutartigen Förderungsmittel sind es, welche dem Fortschritt und der Befreiung am kräftigsten dienen. Die negativen Rückwirkungen des Schlimmen haben selbstverständlich auch ihre wesentliche Aufgabe zu erfüllen; aber sie schaffen nur den Stachel und an sich selbst noch keineswegs die erforderliche Macht zum siegreichen Eingreifen. Diese Macht muss eben aus den positiv förderlichen Vorgängen herstammen, wenn sie überhaupt vorhanden sein soll. Die Verneinung und das Uebel als solche vermögen nicht schöpferisch zu bilden, sondern im günstigsten Fall nur die Richtungen vorzuzeichnen, welche von den schaffenden Kräften einzuhalten sind. Die Elendslogik, mit der man den Socialismus in so einseitiger Weise zu stützen versucht hat, bleibt auch da, wo sie Wahrheiten enthält, eine zweischneidige Waffe. Für die dauernde Begeisterung ist das Gefühl des Mangels an Kräften nicht sonderlich günstig. Dem unbefangenen Urtheil drängt sich stets die Frage auf, wer denn eigentlich einst agiren solle, wenn die ökonomische und gesellschaftliche Ohnmacht der dazu berufenen Schichten immer grösser wird.

Es lässt sich die Verkehrtheit, die in der eben gekennzeichneten Art von Pessimismus liegt, leicht durch eine Vergleichung mit den Chancen des Geistigen und der Wissenschaft erläutern. Auch im Bereich der Verstandes- und Gemüthsschöpfungen theoretischer und künstlerischer Art ist die Rechnung mit dem Uebel äusserst unzuverlässig und thöricht. Die Auflösung alter Vorstellungen ist zwar gleich jeder andern Zersetzung ein unumgängliches Naturgesetz und schon die blosse Wegräumung von Irrthümern ein erheblicher Gewinn, mit welchem indirect sogar eine fernerhin bessere Anwendung der Geisteskräfte ermöglicht wird. Jedoch ist die Verworrenheit, die das eigentliche Uebel in den geistigen Zersetzungshergängen bildet, mit ihren schwankenden Unsicherheiten der Uebergangszustände des Denkens und Wollens ein äusserst schwächender Umstand. Man kann sich wahrlich nicht Glück wünschen, wenn Confusion, Skepsis und Mystik ihr Reich ausbreiten und die gesunde Thätigkeit von Hirn und Herz immer mehr ankränkeln. Aus solchen Verkommenheiten vermag die eigne Kraft der einmal stark verderbten Elemente nicht mehr herauszuhelfen. Käme die Führerschaft, die auf bessere Bahnen leitet, nicht aus gesunderen Sphären, so würde sie für immer ausbleiben. Die allgemeine Aufraffung würde nicht erfolgen können und der geistige Tod das in der Geschichte schon so oft erprobte Ende sein. Sogar die Schicksale der strengsten Wissenschaften lehren es, wie leicht schon die blosse Erschlaffung des Interesse, die noch nicht einmal mit einer unmittelbaren Corruption des Betriebs verbunden zu sein braucht, den Verfall einleitet, und wie aus einer solchen Versumpfung nicht ohne neue, immer in irgend einer Art von Aussen stammende und jedenfalls ausserhalb der Tradition belegene Triebkräfte herauszukommen ist. Das Verhängniss, mit welchem sich die Uebel bis zur Tödtlichkeit häufen, ist eine naturgesetzliche Bürgschaft dafür, dass man aus der Einwurzelung und Steigerung des Schlimmen niemals etwas Gutes zu gewärtigen habe. Wenn dieses Gute trotz der reichhaltigen Entfaltung des Schlechten dennoch gefunden wird, so stammt es von positiven Kräften her, die in der äussersten Noth entwickelt werden. Das Uebermaass irgend einer Art von Uebel mag daher wohl bisweilen die Veranlassung, kann aber nie die Ursache einer heilsamen Veränderung werden.

5. Alle praktischen Arten des Pessimismus tragen ihr Correctiv in sich selbst. Sie beruhen auf einseitigen Auffassungen des erfahrungsmässigen Laufes der Dinge und sind daher durch bessere Einsichten und veränderte Willensrichtungen verhältnissmässig leicht ins Gleiche zu bringen. Anders verhält es sich mit dem Jenseitigkeitspessimismus, der von dem System der Dinge als einem Ganzen nichts wissen will und sich daher auch bemüht, in echt traumideologischer Weise gar nicht an die Wirklichkeit zu glauben. In solcher Gestalt ist der Pessimismus von Schopenhauer ausgebildet und mit dem Aberglauben an magische Künste untermischt worden. Die Zaubermetaphysik war in der That die einzig mögliche Ausflucht, um den logischen Consequenzen der Wirklichkeit zu entgehen. Die Erlösung von jener Wiedergeburt, die in metaphysisch verfeinerter Weise an die Stelle des Indischen Volksaberglaubens von einer Seelenwanderung gesetzt wird, soll von dem Eintreten oder Nichteintreten einer endgültigen, einfürallemal das Leben verneinenden Willenswendung in der Todesstunde abhängen. Die Erreichung der Seligkeit des Nichts wird also hier auf einen Act abgestellt, der hinter den Zaubervoraussetzungen sonstiger Religionsideen nicht zurückbleibt. Auch sind diese Vorstellungen des Mannes würdig, der in der Hexerei einen realen Kern voraussetzte und den Täuschungen des thierischen sogenannten Magnetismus anheimfiel. Wir müssen uns also zu andern, weniger rohen Seiten des Jenseitigkeitspessimismus wenden, um dem durch seine Gesinnung ausgezeichneten Philosophen und den tieferen Ursachen seiner Anschauungsweise gerecht werden zu können.

Neben allen romantischen und superstitiosen Bestandtheilen des Schopenhauerschen Denkens und Strebens ist die Energie nicht zu verkennen, mit welcher ein freilich unbestimmtes Ideal zum Maasse der Dinge gemacht wird. Es ist die Kluft zwischen der gemeinen Wirklichkeit und dem besseren Aufschwung, welche auch in diesem Fall den weltverachtenden Pessimismus erzeugt hat. Wenn diese an sich edle Spannung den falschen Charakter eines Jenseitscultus annahm, so ist diese Störung der natürlichen Welt- und Lebensanschauung auf die unwillkürliche Macht zurückzuführen, welche von den Religionsüberlieferungen sogar über den wunderlichen Atheisten noch ausgeübt wurde. Schopenhauer, der den Gottesbegriff als für die schlechte Welt unpassend zurückwies und im Menschen kein Seelending anerkannte, vermochte vermittelst seines Hinblicks auf die Mystik schliesslich dennoch allerlei metaphysische Surrogate des gemeinen Aberglaubens mit den sonst emancipirten Vorstellungen zu reimen, und Derartiges wird auch stets möglich sein, wo man in letzter Instanz die Logik durch die Mystik ablösen lässt. Man würde jedoch einem Schopenhauer Unrecht thun, wenn man ihn ausschliesslich oder auch nur vorzugsweise von dieser mystisch superstitiosen Seite her beurtheilen wollte. Sein System als solches ist hinfällig; aber die ideale Erhabenheit, mit welcher er den verkehrten Zuständen der Welt ihr Urtheil sprach, ist in vollgültigster Weise anzuerkennen und zugleich ein so hoher Vorzug, dass er über die metaphysischen Thorheiten hinwegsehen lässt. Wo Schopenhauer die thatsächlichen Zustände des menschlichen Verkehrs und namentlich des gemeinen Philosophiebetriebs geisselte, hat er jenen Entrüstungspessimismus bekundet, in welchem sich die Geister von hohem Aufschwung stets begegnen, mögen sie nun von einer optimistischen oder pessimistischen Grundansicht ausgehen. Auf beiderlei Standpunkten ist es ein ideales Sein, an welchem die besondern Zustände und Thatsachen gemessen werden. Der universelle Weltpessimismus hat nur die Eigenthümlichkeit, dass seine Kritik der Thatsachen auf keine natürliche Umschaffung, sondern auf eine Flucht ins Jenseits oder Nichts abzielt.

6. Man muss von den stets gemischten Charakteren der besonders ausgeprägten Persönlichkeitsstandpunkte absehen, wenn man die schlechten pessimistischen Züge einer Zeit oder überhaupt die entsprechenden Anwandlungen der Menschheit zutreffend zergliedern und in ihren ursprünglichsten Ursachen bloslegen will. Der Ekel am Leben ist weit von dem idealen Aufschwung entfernt und hat nichts mit den kraftvollen Rückwirkungen zu schaffen, in denen eine

edle Natur ihrer Verachtung der Misere Ausdruck giebt. Dennoch ist er in der Gestalt der Abstumpfung und Blasirtheit diejenige Macht oder vielmehr Ohnmacht, welche den mystisch pessimistischen Ansichtsrichtungen die meisten Anhänger zuführt. Die Unfähigkeit zum Lebensgenuss sucht nach einer universellen Beschönigung ihrer Impotenz und in der bekannten Manier alter Betschwestern und Betbrüder nach einem letzten raffinirten Jenseitskitzel. Psychologisch ist dies nur zu begreiflich. Die Ausschweifungen und Ausmergelungen, die in den höheren Gesellschaftsschichten durch die Leerheit und Faulheit des Treibens sowie durch die aus den unterdrückerischen Künsten stammende Corruption begünstigt werden, sind der grade Weg zu jener frivolen Gleichgültigkeit, die dem Leben keinen Geschmack mehr abzugewinnen vermag. Die Oede des Empfindens und Wollens sucht alsdann wohl auch in der frechen Hinwegsetzung über alle natürliche Lebensordnung und über alle menschliche Rücksicht eine Art Entschädigung für die ihr versagenden Reize gewöhnlicher Art. In der That ist der durch Ausschweifungen verursachte Lebensüberdruss in allen seinen Gestalten gleich den Wirkungen jeder gemeinen Schlemmerei und Ueberladung zu beurtheilen. Der gewöhnliche Ekel gegen Speise ist nur ein kleiner und überdies vorübergehender Specialfall desjenigen Naturgesetzes, nach welchem die Uebernehmungen und Grenzüberschreitungen in jeder Art von Lebensbethätigung einen Widerwillen gegen die entsprechenden Functionen erzeugen. Sind hiebei die mehr den Kern des Lebens berührenden Verrichtungen im Spiele, oder erstrecken sich Ausschweifung und Rausch nach allen Richtungen, so wird die Lebensfähigkeit in ihren Bestandtheilen und als Ganzes untergraben und die universelle Abgelebtheit ergiebt alsdann jenen Zustand des allseitigen Lebensekels, der gemeiniglich die Einleitung des völligen Geistestodes und unter Umständen auch wohl der körperlichen Auflösung bildet.

Die auf die eben gekennzeichnete Art verursachte, sich für pessimistisch ausgebende Denkweise ist überhaupt jedes tieferen Ernstes baar und daher philosophisch nicht zurechnungsfähig. An ihrer Verbreitung hat auch Schopenhauer keinen oder wenigstens keinen absichtlichen Antheil gehabt. Die angefaulten Theile der höheren Gesellschaft sammt deren literarischem Corruptionsgefolge haben sich allerdings unter das schützende Dach des mit ernsteren Zügen versetzten Pessimismus geflüchtet, um unter der Aegide Schopenhauers ihre eigne Leerheit und Verworfenheit ein wenig anständiger maskiren zu können. Aber der ehemalige Berliner Privatdocent und nachherige Einsiedler von Frankfurt a. M. ist für jene corrupten Gesellschaftsproducte doch noch stets zu gut gewesen. Diese Missgattung bedarf wahlverwandterer Erzeugnisse und gefällt sich nur dann, wenn ihr die lockerste Frivolität mit der grössten Frechheit und vor allen Dingen mit einer guten Dosis von mystischem und geschlechtlichem Kitzel servirt wird. Aus dem Schoosse solcher Gesellschaft entsprossen, um hier nur beispielsweise zwei Berliner Fälle anzuführen, der Mordpäderast Maler v. Zastrow und der Reclamephilosophast Eduard v. Hartmann, von denen jeder in seiner Art die Aufmerksamkeit des Publicums zu erregen verstanden hat. Der Eine hat die Thatsachen geliefert und der Andere das intimere Verständniss dafür mit einer „Philosophie des Unbewussten" eröffnet. Diese Erscheinungen gehören in die Pathologie der Gesellschaft und überbieten die so zu sagen schlechten Krankheiten derselben noch um ein Bedeutendes. Die schlechten Krankheiten im leiblichen und im geistigen Sinne sind doch nicht so unnatürlich und nicht solche Erzeugnisse des Raffinements, wie jene Verderbtheiten des Wollens und Wissens.

Wendet man sich von den ekeln Vorgängen des Tages zu einer Betrachtung von weiteren Dimensionen, so ist der moralisch verderbte, frivol romantisirende und mystisch spiritistische Zwitterpessimismus, in welchem sich alle Verkehrtheiten bis zum äussersten Blödsinn logisch unbehelligt ansammeln dürfen, ein Zubehör der in den oberen Gesellschaftsschichten einheimischen Verwesung. Dort greift man nach allen Praktiken, die den frivolen Resten des zersetzten Aberglaubens noch einige Nahrung versprechen und dem Mangel an gründlichem Wissen gemäss sind! Da psychographirte man gelegentlich und liess Tische und Geister klopfen! Warum sollte man nicht auch jeden philosophischen Magnetiseur willkommen heissen? Seit dem reactionären Rückschlag, der auf die grosse Französische Revolution folgte und nicht blos in Frankreich die corruptiven Stauungszustände der modernen Gesellschaft steigerte, ist das an der Oberfläche hervortretende und gebildete Bewusstsein immer mehr im Sinne der Beschaffenheit seiner Träger schlecht pessimistisch afficirt und zu einem sich selbst lästigen Gefühl gestaltet worden. Hiebei ist in der That auch Alles in der Ordnung; denn es würde im Gegentheil überraschend sein, wenn corrupte Beschaffenheiten und

Lagen nicht auch unwillkürlich missliebige Rückwirkungen auf die Empfindung und das Bewusstsein mit sich brächten. Man kann sogar in dieser Begleitung des schlechten Seins und Thuns durch verlorene Welt- und Lebensansichten, die sich trotz ihrer Unerfreulichkeit aufdrängen, eine Art Nemesis oder wenigstens eine zutreffende Logik der Thatsachen erblicken. Für das wurzelhaft gute Streben wird Sein und Welt nie etwas darstellen, woran in seiner Totalität zu verzweifeln wäre. Der gute Mensch bleibt, indem er an sich selbst glauben kann, stets als Instanz übrig, von wo das Urtheil über Leben und Welt seinen normalen Ausgangspunkt zu nehmen und die verschobenen Verhältnisse der Auffassung zurechtzurücken vermag.

Für die Menschheit hat es zu verschiedenen Zeiten und bei verschiedenen Völkern Zustände gegeben, die nicht nur den gesellschaftlichen Faulungspessimismus, sondern auch alle möglichen Thorheiten des Aberglaubens hervorbrachten. Die Indischen Säulenheiligen und auch das christliche Mönchswesen, sowie überhaupt alle Büsserei und raffinirte Ascese sind ursprünglich als Rückwirkungen der Ausschweifung und einer durch den Aberglauben noch besonders gesteigerten Gemüthszerrüttung anzusehen. Man braucht sich nur der verderbten Zustände im Römischen Weltreich zu erinnern, um zu begreifen, wie das Christenthum grade inmitten der Verwesung am besten Wurzel schlagen und die preisgegebene Welt durch Träume eines himmlischen Reichs ersetzen konnte. Ueberhaupt ist das Lebenselement aller Systeme, in denen sich der Mensch mit Anweisungen auf ein Jenseits (und wäre es auch das eines mystischen seligen Nichts) abfinden lassen soll, die radicale Sündhaftigkeit und Verlorenheit der Welt. Einen so emancipirten Anschein sich auch immer die heutigen philosophastrischen Mixturen lebenvergiftender und weltabschaffender Art geben mögen, — sie sind doch trotz aller Aufstutzungen nichts weiter, als vereinzelte Ueberbleibsel und schwache Reflexe jener Phosphorescenz, mit welcher sich die Hauptepochen der Völkerfäulniss selbst unheimlich beleuchtet und die schattenhaften Trugbilder einer überschwenglichen Jenseitigkeit erzeugt haben. Nie hätte selbst die völligste Gestörtheit des wirklichen Lebens alle jene ungeheuerlichen Ausgeburten zur Welt bringen können, wenn nicht der Aberglaube dem unerfahrenen Verstande gegenüber freies Spiel gehabt hätte. Die Corruption des Wissens und diejenige des Fühlens unterstützen einander, so dass auch jetzt nur mit der Unterhöhlung des Verstandes der Weg zur Verwirrung des natürlichen und unbefangenen

Gemüthslebens gebahnt wird. Es ist indessen dafür gesorgt, dass die heutige Welt derartige Rückfälle nicht sonderlich zu fürchten braucht. Die zersetzten und verlornen Bestandtheile derselben mögen dadurch, dass sie den Dogmen des Faulungspessimismus anheimfallen, ihren Tod beschleunigen. Die gesunden Bestandtheile werden sammt der von den raffinirten Schlechtigkeiten und Thorheiten wesentlich unberührten Masse mit ihren lebenschaffenden und lebenveredelnden Principien auch wirklich die in Geist und Blut überlebenden sein.

Zweites Capitel.

Schätzung der Lebenselemente.

Vor der natürlichen Auffassung der Dinge schwinden alle unheimlichen Gespenster, aber hiemit nicht zugleich die beängstigenden Gefühle, von denen die Phantasie in der Schöpfung ihrer Bilder geleitet wurde. Der ganze Inbegriff der Gemüthserregungen bleibt an sich selbst bestehen, auch wenn die falsche phantastische Decoration entfernt ist, in welcher er sich ein Reich von erdichteten Gegenbildern schuf. Die Wirklichkeitsphilosophie hat sich daher zwar nicht mit eingebildeten Schrecknissen, aber wohl mit den natürlichen Ursachen der Gemüthsbedrückung zu befassen. Sie hat die dem Leben feindlichen Kräfte, welche innerhalb des Lebens selbst hausen, auf deren Rolle und Schranken zu prüfen, um den thatsächlichen Lebenswerth ohne optimistische Beschönigung und ohne pessimistische Verleumdung zum deutlichen Bewusstsein zu bringen. In dieser Arbeit wird sie von dem Natursinn und der unbefangenen Richtung unverdorbener Gemüther unterstützt. Das Maass, welches sie anzulegen hat, ist eben nicht eine selbst maasslose Sentimentalität, die auf der einen Seite in verkünstelter Weise über das Kleinste empfindelt und auf der andern jedes aufrichtigen und energischen Mitgefühls für die wirklich grossen Leiden unfähig ist. Mit diesen Unwahrheiten räumt sie vielmehr völlig auf, indem sie nur das Naturgemässe der normalen Empfindung als exacten Maassstab der Lebensverhältnisse gelten lässt. Sie schliesst zwar auch die angedeuteten Verkehrtheiten in ihrer Abrechnung nicht aus; denn das Gute und Schlimme jeder Art, wäre es auch nur ein schöner oder ein böser Traum, gehört zum Dasein und ist als Realität der Empfindung und des Vorstellens ihr Gegenstand. Sie hütet sich aber, die dem Umfang nach beschränkten Störungen zum Charakter des Ganzen zu machen, und indem sie diesen Abweg eines unwahren Pessimismus vermeidet, erhält sie in der Welt- und Lebensanschauung jenes Gleichgewicht und Ebenmaass, welches auch den logischen Nothwendigkeiten der Einheit und Einzigkeit des Seins entspricht.

In der Schätzung der Lebenselemente kommt das ganze Bereich der Empfindung in Frage. Die untersten Stufen, wo in den unvollkommensten Thierbildungen Lust und Schmerz ihre ersten beschränkten und zunächst äusserst schwachen Regungen erproben, sind ebenso in Anschlag zu bringen, wie die höchsten Entwicklungen moralischer Freude oder Pein in den ausgebildetsten Wesen. Die Einschaltungen, welche sich zwischen diese beiden äussersten Punkte einschieben, lassen nicht nur den Stufengang sondern auch das Grundgesetz des Lebensgehalts und seiner Steigerungen erkennen. Es ist die Bereicherung mit mannichfaltigeren und weitertragenden Organen der Empfindung und Einsicht, was den Lebensinhalt vervollkommnet und schliesslich in der kunstvollen Individualisirung das ebenmässigste Bewusstsein von dem vollen Wesen der Wirklichkeit erschafft. Die höchsten Stufen enthalten daher auch die Elemente und Spuren des niedern Lebens in sich und werden auf diese Weise zu geeigneten Ausgangspunkten für die Würdigung alles Daseins.

Wäre das Leben eine schlechte Production, so müsste die Erweiterung seiner Grenzen mehr dem Schmerz, als der Freude zustattenkommen. Mit der Erreichung der höhern Stufen müsste es sich selbst immer überwiegender zur Last und Pein werden. Anstatt einer Vermehrung der Macht müsste das Lebensgefühl auf den höhern Stufen immer entschiedener die Ohnmacht ausdrücken, den natürlichen Widerständen und künstlichen Hemmungen die Spitze zu bieten. Die Freiheit des Sichergehens in allen Richtungen müsste als eine Täuschung erscheinen und in Wahrheit eine immer grössere Sklaverei sein, wenn die höheren Lebensformen eine stets peinlichere Lage darstellen sollten. Von Alledem ist nun nicht nur Nichts, sondern das grade Gegentheil der Fall der Wirklichkeit. Das Glück ist auf den niedern Entwicklungsstufen keineswegs grösser. Dort sind die Mittel, den ungünstigen Chancen und dem Schmerz zu begegnen, sogar geringer, und wenn auch diese Chancen selbst sich einförmiger gestalten, so bleibt dennoch eine verhältnissmässige Ohnmacht oder wenigstens Unzulänglichkeit übrig, welche zwar vornehmlich in einem nicht empfundenen Mangel besteht, aber auf den höheren Sprossen der natürlichen Lebensleiter durch positive und mit Befriedigung verbundene Fähigkeiten ersetzt wird. Niemand wird mit einem niedriger oder weniger entwickelten Wesen tauschen wollen, weil es angeblich glücklicher sei. Sogar das Leben der Kindheit kann nicht als Instanz gegen die gereiftere Lebenserprobung verwerthet werden. Der rosige Schein, mit dem man es hinterher umgiebt, ist nicht seine wahre und volle Wirklichkeit. Die letztere ist zwar für ihre Stufe befriedigend und lebenswerth genug, kann aber nicht im Entferntesten mit der reichen Entfaltung des ausgebildeten und vollkräftigen Daseins verglichen werden. Neue Elemente von der grössten Tragweite sind mit den folgenden Lebensaltern hinzugekommen, und mit dem Spielraum für die noch ungekannten Gattungen von Lust und Schmerz hat sich auch die innere und äussere Macht erweitert, das Gute zu ergreifen und das Schlimme fernzuhalten. Allerdings versteht es sich von selbst, dass auch die Arten der möglichen Pein sich mit neuen und eindringlichen Gebilden vermehrt haben müssen. In der That wäre es wunderlich, eine neue höhere und intensivere Gattung des Lebensgefühls verlangen und dennoch von ihr den Gegensatz ausschliessen zu wollen. Nicht die reallogische Nothwendigkeit, dass zu einer Erweiterung der guten Möglichkeiten auch die schlimmen Chancen mitgeschaffen werden müssen, — also nicht der Umstand, dass jeder Gattung der Freude auch antagonistisch eine entsprechende Art des Schmerzes zur Seite geht, ist es, wodurch der Werth der Lebenssteigerung in Frage gestellt werden kann. Nur wenn man, was dem allgemeinen Schematismus und den einzelnen Thatsachen zugleich widersprechen würde, voraussetzen wollte, dass der Antheil des Schmerzes, verglichen mit der Gesammtheit der Gefühle, auf den höheren Stufen nicht blos absolut sondern auch relativ zunähme, könnte von einem Einwand gegen die Vervollkommnung des Lebens im Sinne seines Empfindungswerthes die Rede sein. So aber werden sich auch die forcirtesten Pessimismusspieler darein ergeben müssen, dass offenbar das Leben an Gehalt, Kraft und Harmonie zunimmt, indem es sich zu reicheren Gestaltungen potenzirt. Unter den Wesen anderer Weltkörper werden sicherlich auch solche Gebilde sein, die in der Lebenserprobung eine grössere Mannichfaltigkeit von Gefühlen und Anschauungen in sich tragen, als sie der menschlichen Composition eigen ist. Ihr Schicksal ist aber deswegen für uns kein völlig fremdartiges; denn in der Stufenleiter des Schaffens sind die Elemente gemeinsam und finden sich die vorgängigen Formen in den höheren, welche nachfolgen, in irgend einer Weise wiederholt und gleichsam eingeschlossen. Es wäre zwar eine ganz willkürliche Vermessenheit, alle besondern Steigerungsgrade des Lebens von unserm planetarischen Standpunkt aus im kosmischen Sinne würdigen zu wollen. Das Wesen des Lebens überhaupt entgeht uns aber in keiner Richtung. Wir kennen den Schematismus, durch welchen sich die Daseinsgefühle umfassender und intensiver gestalten, und es ist daher ein im eigentlichen Sinne des Worts universeller, nämlich für das Universum gültiger Satz, dass die gesteigerte Lebensentwicklung auch einen gesteigerten positiven Werth im Gefolge haben müsse.

2. Wenn wir das Leben als einen Inbegriff von Empfindungen und Gemüthsbewegungen würdigen, zu denen die Anschauungen und die von der Phantasie gebildeten Vorstellungen nur das Beiwerk abgeben, so stellen wir uns hiemit in den Mittelpunkt aller subjectiv bedeutsamen Wirklichkeit. Jede Werthbestimmung setzt einen Maassstab voraus, mit welchem man die Messungen oder Schätzungen vornehmen könne. Dieser Maassstab muss in unserm Falle offenbar von subjectivem Stoffe sein. Wie uns der Welt und dem Leben gegenüber zu Muthe ist, darauf und auf nichts Anderes kommt es bei dem Urtheil über den Daseinswerth an. Die zufällige Affection, in der wir uns befinden, kann doppelgestaltig sein. Der universelle Affect, mit dem die verschieden verzweigten Leidenschaften gegen das Ganze der Dinge Stellung nehmen, mag bald einen optimistischen, bald einen pessimistischen Charakter erhalten. Dies wird davon abhängen, wohin sich, um mechanisch zu reden, abgesehen von den einzelnen auf das Gemüth mannichfaltig wirkenden Kräften, jedesmal die aus allen resultirende Kraftrichtung wende.

Die Empfindung trägt die Befriedigung oder das Gegentheil davon in sich selbst. Unsere unmittelbarsten Entscheidungen über den Inhalt des Lebens müssen hienach Empfindungsurtheile sein. Das Gefühl ist Maass seiner selbst, indem es zwischen seinen mehr oder minder befriedigenden Gestaltungen unterscheidet. Der letzte Richter über das Leben ist das Wollen selbst. Dieses Wollen zerlegt sich in Triebe und Gemüthsbestrebungen. Es sucht nach Anschauungen und Vorstellungen, welche ihm in der Wirklichkeit und in der ideellen Composition am meisten entsprechen. Ein universelles

Streben, welches sich selbst verneint, ist logisch die grösste aller Ungereimtheiten und praktisch die ungeheuerlichste aller Selbsttäuschungen. Wenn wir die Dinge schlecht finden, so thun wir es, weil wir sie anders wollen. Wenn wir uns von einer Gestaltung des Lebens abwenden, so geschieht dies, weil in uns ein Streben vorhanden ist, welches andere Gebilde als besser vorzieht. Die Wurzeln alles Urtheils über Werth und Unwerth des Daseins liegen mithin in den Elementen des Wollens selbst. Unter diesen Elementen spielen die Leidenschaften für das höhere Dasein die Hauptrolle. Ja man könnte von einer einzigen, überhaupt auf das Leben gerichteten Leidenschaft reden, ohne den Begriffen irgend welchen Zwang anzuthun. Was man gemeiniglich Lebenslust nennt, ist in den mehr energischen Gestaltungen gradezu Leidenschaft des Lebens und hat irgend einen bestimmten Grundcharakter. Die Reize, an denen das frische und kraftvolle Lebensspiel hängt, specialisiren sich für die einzelnen Lagen und besondern Individualtypen zu einzelnen vorherrschenden Gemüthsrichtungen und daher vielfach auch zu irgend einer der bekannten Leidenschaften. In der That giebt es kein starkes Lebensgefühl und keine hohe Spannung des Daseins ohne irgend eine gewaltige Leidenschaft. In der mittleren Sphäre sind es aber ähnliche, wenn auch nicht so hochfluthende Regungen, die den Zauber des Wechselspiels unterhalten.

Wir müssen, um die Schätzungen in aller Kühle und Zurückhaltung vorzunehmen, mit den niedrigsten Gestalten des Spiels von Lust und Schmerz beginnen. Hier ist es die rein physische Erregung, in deren Rahmen sich das Schicksal des empfindenden Wesens vollzieht. Der physische Schmerz kann eine furchtbare Qual sein; aber an sich selbst vermag er nicht, jene hochgradige Pein zu erreichen, die aus den moralischen Beziehungen des Menschen zum Menschen stammt. Aehnlich verhält es sich selbstverständlich mit der Lust und Freude. Was man an allen Affectionen rein physisch nennt und was in Wahrheit von den vorzugsweise als geistig bezeichneten Erregungen nur dadurch unterschieden ist, dass es keine weitertragende Vorstellung und kein Mitgefühl des Menschen mit dem Menschen voraussetzt, bleibt verhältnissmässig erträglich, solange es eben in der angenommenen Abgerissenheit besteht. Sobald es dagegen von der Vorstellung für eine längere Zukunft vorweggenommen und überdies auch geistig nachempfunden wird, steigert es sich bereits erheblich genug, um zu dem Druck, den der Augenblick unmittelbar und in vollster Realität mit sich bringt, eine meist schlimmere Belastung des Gemüths hinzuzufügen. Beispielsweise sind Furcht und Hoffnung nur die Gestalten, welche die Empfindung des Schlimmen oder des Guten in der Entfernung durch allgemeine Vorwegnahme seiner Wirkungen annimmt. Die Gemüthsbewegungen haben nur darin ihren Gehalt, dass sie sich auf etwas beziehen, was in irgend einem Augenblick zur vollsten physischen Wirklichkeit gelangt. Sie sind gleichsam ideelle Umspannungen des sonst in vereinzelte Elemente und Momente zerfallenden Lebensinhalts. Sie sind aber hiedurch auch zugleich selbst höhere Lebensformen, ohne welche die Steigerung und Veredlung des niedrigeren physischen Daseins nicht vollzogen werden könnte. Man kann sie nicht hinwegdenken, ohne in die Niederungen des Empfindungsdaseins gemein animaler Art zurückzusinken. In der Erhebung des Lebens sind sie die neuen Elemente, die in der Composition hinzukommen müssen, um die Subjectivität zu vollenden und in ihr ein zureichendes Mittel des Selbstgenusses der Welt zu schaffen.

Demjenigen Pessimismus, welcher der Corruption als ihr Schatten folgt, pflegt die Aufzählung der gemeinen Uebel und die Betonung der physischen Leiden schon als ein hinreichender Beweis für das Lebenselend zu gelten. Krankheit, Langeweile und Tod sind ihm bereits als nackte Thatsachen oder Möglichkeiten mit ihrem blossen Gehalt an physischem Schmerz oder vermöge der sich darauf beziehenden Voraussicht hinreichende Störungen, um das Leben seiner ganzen Verfassung nach für verfehlt zu erachten. Dieser Corruptionspessimismus, der von den moralischen Mächten nicht allzuviel begreift, übersieht bei seinem voreiligen Unterfangen, dass man ihm eine viel schlimmere Zeichnung der Zustände vorführen und dennoch seine nihilistische Velleität der Lebensverdammung als nichtig erweisen kann. Er rechnet fast ausschliesslich mit Arten und Bestandtheilen des Schmerzes, die sich noch keineswegs zu dem höchsten Leiden gesteigert haben. Für ihn sind die edleren menschlichen Beziehungen bereits zersetzt. Der Antheil, den die gerechte Gesinnung an dem Schicksal der niedergetretenen Unschuld nimmt, ist ihm unverständlich und gilt ihm daher als Thorheit. Das tief Einschneidende der Pein, die den Menschen in der Erfahrung der wüsten und übermüthigen Zerstörung der von ihm geknüpften Lebensbande überkommt, ist für die grobtastenden Finger jener oberflächlichen Corruptionsblasirtheit gar nicht zu entdecken. So ergiebt sich denn auch für das fragliche Treiben eine höchst eigenthümliche Position. In der Absicht, die Welt Stück für Stück als etwas noch unter dem Nichts Stehendes zu kennzeichnen, werden ein paar grobe Fäden des Leidens blosgelegt und die feinen Fäserchen vergessen, in denen sich trotz ihrer Unscheinbarkeit für das gemeine oder gar herabgekommene Lebensgefühl, dennoch die intimeren und daher auch peinvolleren Lebensbeziehungen verrathen.

3. Die allgemeine Schätzung des Lebens muss von dem Princip ausgehen, dass die natürlichen Widerstände, welche sich dem Spiel der Lebensreize entgegenstellen, durchaus nicht als etwas Schlimmes, sondern im Gegentheil als eine Nothwendigkeit zu erachten sind, ohne deren Erfüllung sich gar kein lebenswerthes Dasein hätte einrichten lassen. Alle Erdichtungen von einem stetigen, nicht durch Arbeit unterbrochenen Genuss sind nicht blos willkürlich, sondern auch unlogisch. Sogar schon in jeder Function, welche dem Lebensgenuss dienstbar wird, sind einige Elemente physiologischer Naturarbeit enthalten. Höhere Kräfteformen bewältigen die Widerstände, welche der Mechanismus des unorganischen Daseins entgegenstellt. Das Leben ist ausser allem Positiven, was es noch sonst vorstellt, zunächst eine Ueberwindung derjenigen Hemmungen, die in der Anlage des natürlichen Kräftespiels unvermeidlich sind. Diese Ueberwindung hat ihren Rhythmus, wie er sich beispielsweise in den Hebungen und Senkungen des Wachens und Schlafens zeigt. Sie hat aber ausserdem auch noch eine bedeutsame Stetigkeitsunterbrechung, nämlich den Tod. Sie besteht in einem Verlauf von Acten, welche sich erschöpfen, indem sie ihre natürliche Grenze erreichen. Das Leben ist ein rhythmischer Vorgang und mithin kein so zu sagen substantielles Wesen. Nicht das einzelne Individuum, also nicht die bestimmte einmalige Ausprägung jenes Verlaufs von Empfindungs- und Gefühlsfunctionen, wohl aber die Individualität überhaupt ist seine wesentliche und unumgängliche Grundform. Ohne bestimmte Bemessung und ohne Verjüngung würde das Leben keinen höhern Reiz haben. Auch der Tod ist ein nothwendiges Lebenselement; denn nur die Versteinerung würde seiner nicht bedürfen, weil sie in ihrer Starrheit unterhalb der Schwelle der Lebensregungen verbleibt. Mit Recht hat Galilei den unsterblichkeitssüchtigen Thoren zugerufen, dass sie verdienten, in Stein verwandelt zu werden.

Das Leben ist eine Arbeit, die theils von der Natur theils von uns selbst verrichtet wird. In diesem unschuldigen Sinne möchte es immerhin auch ein Kampf um die Existenz heissen können. Die Natur hat die zu überwindenden Hindernisse selbst geschaffen oder, insofern man sie als absolute Nothwendigkeiten betrachtet, von vornherein eingeschlossen. Schon hierin allein liegt eine gewisse Bürgschaft der Zusammenstimmung von Ziel und Kraft. Woher sollte die innere Uneinigkeit stammen, da die Natur eine universelle, allesumfassende Einheit ist? Die Widerstände des Lebensgenusses sind integrirende Bestandtheile dieses Genusses selbst. Ohne sie würde er den Werth nicht haben können, der durch ein gewisses Maass von Trennung der Reizempfindung und ihres Gegenstandes erzeugt wird. Indem sich zwischen das Ziel und die den Reiz einschliessende Vorstellung eine Abfolge von Uebergängen einschiebt, vermöge deren die Kräfte sich mit Befriedigung bethätigen, entwickelt sich die Reichhaltigkeit der Empfindungsbeziehungen. Wie roh würde sich nicht das Leben gestalten, wenn es nicht auf der Kunst der Intervalle und Differenzen beruhte! Um aber diesen rhythmischen Wechsel zu erzeugen und immer neue Gegenstände der Bethätigung zu schaffen, sind die fraglichen Entfernungen und so zu sagen Spannungen unumgänglich. Ja sogar der antagonistische Charakter der gesammten Naturaction muss als Grundgerüst betrachtet werden, um darauf die Bühne des Lebens aufzuschlagen. Auch das Lebensspiel muss im rationellen Sinne des Worts antagonistisch sein, d. h. nicht etwa einen Widerspruch wohl aber einen Widerstreit der Kräfte einschliessen, damit sich überhaupt die Empfindung entwickeln könne.

Das tiefere Wesen aller Empfindung und mithin aller subjectiven Lebensformen beruht auf der Differenz von Zuständen, die sich aneinander messen, und in denen sich die Kräfte der Gestaltung und Auffassung der Dinge gleichsam erproben. Schon die rein mechanische Analogie kann uns lehren, dass irgend eine Differenz der Lage oder sonstiger Zustände der Körper die Voraussetzung des beweglichen Kräftespiels ist. Für das volle Leben lässt sich aber auch ohne Weiteres darthun, dass es nicht die beharrliche Lage, sondern der Uebergang von einer Lebenssituation in die andere ist, wodurch das Lebensgefühl gesteigert und die entscheidenden Reize entwickelt werden. Im Leben des Einzelnen und der Menschheit sind es die Wendungen oder Epochen, in denen sich die Lebensgefühle concentriren. Der annähernd sich selbst gleiche, so zu sagen in Trägheitsbeharrung und gleichsam in derselben Gleichgewichtslage verbleibende Zustand hat, wie er auch beschaffen sein möge, für die Erprobung des Daseins nicht viel zu bedeuten. Die kleinen innern Wechsel, ohne die überhaupt kein Lebensspiel gedacht werden kann, genügen nicht, um jenem im Ganzen unveränderten Zustande erhebliche Reize zu verleihen. Die Gewöhnung und so zu sagen Einlebung macht ihn vollends zu etwas Indifferentem und Gleichgültigem, was sich nicht sonderlich vom Todtsein unterscheidet. Höchstens tritt noch als eine Art negativer Lebensregung die Pein der Langenweile hinzu, die sich bekanntlich nicht blos an die Unthätigkeit überhaupt, sondern an die interesselose Wiederholung jeglicher Art des Verhaltens und unter Umständen selbst desjenigen Thuns knüpft, welchem der Zwang eigentlicher Anstrengung auferlegt ist. In einem sich stauenden Leben erlischt für Einzelne und Völker alle Leidenschaft und alles Interesse am Dasein. Unser Gesetz der Differenz aber ist es, aus welchem alle diese Erscheinungen vollkommen erklärlich werden.

Die Abfolge der Lebensalter und das Eintreten der mit ihnen verbundenen Veränderungen der Lebensverhältnisse liefern ein recht naheliegendes Beispiel zur Veranschaulichung unseres Differenzenprincips. Jedes zurückgelegte Stadium, bei welchem der Uebergang in eine neue Lebenslage statthat, erregt das Bewusstsein in allen seinen verfügbaren Elementen mit besonderer Kraft und lässt das Leben in einem stärkeren als dem gewöhnlichen Maass empfinden. Solange sich die Differenzen steigern und neue Horizonte eröffnet werden, nehmen die Reize unzweifelhaft zu. Kind, Knabe, Jüngling und Mann erfahren die Stärke ihrer jeweiligen Lebensgefühle weniger durch die bereits fixirten Zustände, in denen sie sich befinden, als durch die Epochen des Ueberganges von dem einen zum andern. Zu diesen natürlichen Differenzen gesellen sich die von der Cultur geschaffenen Verschiedenheiten der Thätigkeit und Stellung; aber auch diese Mannichfaltigkeiten wirken am eindringlichsten nur durch den Wechsel. Es versteht sich, dass die Lageveränderungen nicht jäh und schroff sein dürfen, wenn nicht anstatt des Vollgefühls befriedigender Art eine extreme Reizung erzeugt werden soll, die in jeglicher, also auch in der wohlthätigsten Gattung stets peinlich ist.

4. Die Kluft zwischen dem, was man will und bedarf, und dem, was sich wirklich darbietet, entscheidet über das Maass möglicher Missverhältnisse der Empfindung. Die Spannung zwischen dem idealen Streben auf der einen und der realen Fesselung auf der

andern Seite kann die Ursache eines erhabenen Unglücks werden, wenn sie nicht wenigstens zum Theil durch das Mitgefühl mit dem zukünftigen Dasein ausgeglichen wird. Dsa Leben der Vorstellung ist nicht auf das Individuum beschränkt, sondern dehnt sich durch eine Art Theilnahme auf die kommenden Schicksale aus. Von diesem höheren Standpunkt aus erweitert sich die Welt und sänftigt durch die Ebenmässigkeit ihrer allgemeinen Formen den etwa schroffen Eindruck des Augenblicks und der unmittelbaren Umgebung. Die idealen Fähigkeiten wirken aber noch in einer ganz andern Richtung. Sie erzeugen nicht etwa blos ungünstige Spannungsextreme, die einer ebenfalls idealen Ausgleichung bedürfen, und als solche zunächst immer etwas Peinliches haben müssen; — sie bringen vielmehr auch positiv jene Anschauungen hervor, in denen die Reize eines volleren und reicheren Lebens von ferne winken und den Wanderer mit neuem Lebensmuth beseelen. Wie arm wäre das Dasein, wenn es auf seine jeweilige Abgerissenheit beschränkt bliebe und nicht jene Ausblicke auf seinen vollendeteren Inhalt gewährte! Die Production des Lebensgefühls wäre in der That etwas sehr Unzulängliches, wenn sie nicht den Augenblick durch die Vorwegnahme der Zukunft erweiterte. Dies ist in der mehr oder minder deutlichen Anschauung der Vorzug der grossen Geistesgestalten, aber in der unmittelbaren Vorempfindung, die von der Natur manchen Regungen innewohnt, glücklicherweise auch in einem gewissen Grade das gemeine Loos. In der Liebe der Geschlechter ist ein Empfindungsband gegeben, in welchem das Leben der Zukunft mitgefühlt wird. Diese Vorwegnahme des Zusammenhangs mit den ferneren Schicksalen der Gattung ist die einzig zutreffende Erklärung für die in das Schrankenlose weisende Natur jener Leidenschaft.

Der Grundsatz, dass im Wollen selbst der Maassstab der Lebensbeurtheilung zu suchen sei, kann uns auch über diejenigen Vorurtheile hinwegheben, die auf der Messung der Thatsachen durch eine zu entwickelte und dem Gebiet dieser Thatsachen gar nicht angehörige Subjectivität beruhen. Die Rohheiten des Lebens werden in einem durchschnittlich ebenfalls rohen Zustande der Gemüther weit weniger empfunden. Sie reduciren sich annähernd auf den physischen Schmerz, den das wilde Gebahren im Gefolge hat. Diejenigen, welche die Leiden verhängen, und diejenigen, welche sie erdulden, messen subjectiv mit demselben Maassstab. Sie erwarten Beide im Allgemeinen nichts Anderes, als was sie wirklich erfahren.

Die Uebel werden durch kein feineres Gefühl für die interhumanen Beziehungen gesteigert. Das moralische Leiden ist bei denen, welche selbst nicht sonderliche Ansprüche dieser Art zu machen vermögen, ein weit geringeres oder kommt wohl auch gar nicht in Betracht. Wo weder das Unterscheidungsvermögen für Gerechtes und Ungerechtes zarter entwickelt, noch der Wille in dieser Richtung besonders ausgebildet oder die Erwartungen des Bessern zu festen Gewohnheiten der Denkart geworden sind, da können auch die Störungen keinen besonders peinlichen Gemüthseindruck machen. Getäuschte moralische Erwartung wird es eben unter diesen Umständen wenig geben. Eine Kluft zwischen dem, was vom gegenseitigen Verhalten erwartet wird, und dem, was jener rohe Verkehr wirklich ergiebt, wird kaum in Frage kommen. Diese Schlussfolgerung gilt in vollem Maasse für die naturwüchsig wilderen Zustände, aber in einigem Grade auch für die Verhältnisse der Auflösung und Corruption. In den letzteren wird sich das allgemeine Maass der sittlichen Ansprüche bald genug soweit verringert haben, dass die Kluft nur noch für diejenigen besteht, welche sich der einreissenden Verwahrlosung nicht anbequemen wollen. Diese bessern Elemente werden aber für ihre grössern Leiden durch die positiven Wirkungen ihrer idealen Erhebung über die Misere so zu sagen entschädigt. Uebrigens sind aber auch sie im Stande, sich trotz ihrer Fernhaltung von den activen Einlassungen mit dem degradirten Zustande, doch wenigstens für die passiven Begegnungen eine abhärtende Auffassungsart eigen zu machen. Sie werden die Schlechtigkeit der Verhältnisse einfürallemal taxiren und sich demgemäss von falschen Erwartungen befreien, und sie werden das corrumpirte Medium nach dessen eignen Naturgesetzen angreifen und bändigen. Bei einer solchen Stellungnahme werden auch sie weniger und am allerwenigsten von moralischen Illusionen zu leiden haben.

5. Unser Gesetz der Differenz kann noch eine entlegenere Anwendung erhalten, indem man die Thatsache in Anschlag bringt, dass die Wiederholung des bereits Erprobten oder Geleisteten keinen Reiz hat. So vorzüglich auch immer eine Lebensgestaltung oder ein Gegenstand des Strebens gewesen sein mag, so kann er doch nur ein einziges Mal das Interesse wahrhaft erregt haben. Mit der Erreichung des Ziels, also mit der vollständigen Durchmessung des dahin führenden Weges sind alle Reize erschöpft, und Niemand fühlt sich versucht, sei es im Praktischen oder im Theoretischen, das was

er hat oder kennt auf einer ähnlichen Bahn noch einmal erstreben zu wollen. Auch wäre es in der That wunderlich, nach der ersten Befriedigung noch eine zweite da zu beanspruchen, wo die Entwicklung eines neuen Verlangens gar nicht denkbar ist. Die Reize der Forschung und künstlerischen Gestaltung liefern ideelle Beispiele dieser Wahrheit. Das erlangte Wissen, die vollzogene Darstellung und die Verwirklichung der Idee in einem Kunstwerk sind mit ihrer Vollendung eben etwas Abgethanes. Das Schaffen selbst gewährte den eigentlichen Reiz, und wenn das Erzeugniss auch als solches nicht blos Andere sondern auch seinen Urheber erfreut, so ist diese Art von Erregungen doch nicht im Entferntesten mit jenen schöpferischen Leidenschaften zu vergleichen, für welche das Bilden selbst die eigentliche Befriedigung schuf. Was nun in dem ideellen Gebiet mit so unzweifelhafter Deutlichkeit wahrnehmbar ist, bestätigt sich auch für die Erprobung des volleren Lebens, wenn man nur nicht die gewöhnlichen rhythmischen Wiederholungen des Wechsels von Bedürfniss und Befriedigung mit den entscheidenden einmaligen Reizen confundirt. Die tiefsten Erregungen werden durch das Streben nach solchen Lebenslagen und solchen Lebenserprobungen verursacht, die nur ein einziges Mal eintreten können. Sogar das individuelle Leben kann als ein vereinzeltes Ganze von Eigenthümlichkeiten ebenfalls aus jenem Gesichtspunkt betrachtet werden. Die Wahrheit, dass Niemand, der sich versteht, sein Leben noch einmal wiederholen möchte, ist nur ein besonderes Ergebniss unseres allgemeinen Satzes. Der Widerwille gegen die Wiederholung rührt nicht daher, dass die zu wiederholende Erfahrung schlimm gewesen, sondern dass sie überhaupt schon gemacht worden ist. Er wird auch den vorzüglichsten Gestaltungen und Lagen gegenüber vorhanden sein. Die romantische Erinnerung ist für das Gefühl etwas Neues: aber die Wiederhervorbringung der unveränderten Wirklichkeit würde noch nicht einmal den künstlichen Reiz der Romantik haben können. Wenn nun also das, was für die einzelnen wesentlichen Lebenscombinationen gilt, auch für das Ganze der individuellen Lebensphysionomie zutreffen muss, so ist der Tod nicht blos eine physische Nothwendigkeit, sondern auch ein ideelles Bedürfniss. Er ist eine Institution, welche dem Wesen des Lebens entgegenkommt. Das befriedigte Leben ist schon an sich eine Art Tod und, wie schon früher dargethan, müssen neue Bewusstseinsanknüpfungen und neue Combinationen das Spiel des Daseins mit frischen Reizen ausstatten. Wenn wir das Leben Stück für Stück durchmessen und mit einzelnen Theilen fertig sind, so fällt es uns nicht ein, in dem Verschwinden dieser Theilexistenzen eine bedauerliche Vernichtung zu sehen. Wir finden darin vielmehr eine Selbstbefriedigung des Daseins, vermöge deren es sich Act für Act genuggethan hat. Sollten wir nun etwa mit dem ausgelebten Ganzen einen Unterschied machen und hier leugnen, dass sich das Leben genuggethan habe? Die Vorbereitung des Todes beginnt mit dem Absterben der einzelnen Reize, und diese Reize selbst haben naturgemäss ihre Grenze an der Befriedigung. Der Begriff des Lebens ist also an sich im Allgemeinen harmonisch, und nur die besondern Störungen sind es, welche die Frage nach seinem Werth mit pessimistischen Nebengedanken versetzt haben.

Man kann von dem Leben im Allgemeinen noch mit mehr Recht sagen, dass es sammt der ihm zu Grunde liegenden Menschennatur gut sei, als man trotz aller Störungen davon ausgehen darf, dass der Mensch von Natur gesund sei. Die Beeinträchtigungen der Gesundheit sind weit umfassender und eindringlicher, als irgend welche Störungen sonstiger Art. Auch ist der Mensch gegen die Krankheiten ohnmächtiger, als gegen andere Uebel, die in höherem Grade von seinem Willen beherrscht werden. Dennoch fällt es Niemandem ein, von einem radicalen und angestammten Krankheitscharakter der menschlichen Natur als von etwas Vorherrschendem zu reden, wovon die durchschnittliche Gesundheit nur eine begünstigte und zufällig gelungene Ausnahme wäre. Höchstens die verkünstelten, falsch verzärtelten oder sonst verschrobenen Zustände könnten in ihrem eignen partiellen Bereich zu einer derartigen Meinung veranlassen. Uebrigens bewährt sich das Leben als wesentlich gesund im eigentlichen und im übertragenen Sinne des Worts. Will man die kleinen Störungen hoch veranschlagen, so ergiebt sich allerdings ein breiter Spielraum für Ausstellungen. Indessen ist dieses kleinliche Bemäkeln bereits selbst die Wirkung einer unnatürlichen und irregeleiteten Aufmerksamkeit. Bei einer richtigen Würdigung der Grössenverhältnisse, in welchen das Normale und die Abweichungen zu einander stehen, wird sich stets ergeben, dass im Ganzen die Störungen den Ausnahmecharakter nirgend verleugnen. Die Verfassung des Daseins könnte auch wirklich nicht auf Bestand angelegt sein, wenn dem anders wäre. Das Ueberwiegen der Beeinträchtigungen würde zerstörend wirken und die Dauer des Lebensspiels unmöglich machen. Schon die innere Logik der Dinge bringt es mit sich, dass die gesunden Gestaltungen die Herrschaft haben müssen. Ein System, welches, in sich uneinig, seine eigne Construction durch fundamentale Verletzungen gefährdete, wäre eben nicht mehr etwas Positives, sondern wirklich ein in sich zerfallendes Nichts. Nun sind aber die Störungen darauf angelegt, von der menschlichen Gattung durch die Entwicklung höherer Kräfte überwunden zu werden. Im Physischen und noch mehr im Moralischen eröffnen sich für die fortschreitende Einsicht und Gesittung mannichfaltige Ausgleichungsmittel. Ausserdem muss aber auch ein gewisses Maass von Störung als für die freiere Gestaltung des Menschenschicksals unentbehrlich angesehen werden. Ohne den Kampf mit dieser Art von Hindernissen würde die menschliche Natur weder im Wissen noch im Wollen sonderlich erstarken und nur eine geringfügige Ausbildung erhalten. Der Werth des Daseins würde ohne diese Hindernisse geringer ausfallen, und schliesslich müssen wir uns auch erinnern, dass es gleich der logisch arithmetischen eine absolute Nothwendigkeit auch in der vollen Wirklichkeit giebt, auf welche alle in der Ausführung des Weltsystems unumgänglich gewesenen Elemente, die uns in ihrer Vereinzelung nicht gefallen, in letzter Instanz zurückzuführen sind. Der allgemeine Gedanke der unausweichlichen Nothwendigkeit ist eine Beruhigung für den theoretischen Ausblick und eine Stütze für die praktische Gestaltungskraft. Für die Wirklichkeitsphilosophie, der das Leben mehr als ein Traum besonderer Art und die Welt keine durch metaphysischen Zauberwillen wegzuhauchende und zerplatzende Seifenblase ist, giebt es keine transcendente Flucht vor dem Dasein, sondern nur eine thatkräftige Einlassung mit dessen ferneren Chancen nach Maassgabe seiner nothwendigen Gesetze.

Drittes Capitel.

Entwicklung und Erhöhung der Daseinsreize.

Wichtiger als die oft recht müssig und blasirt gerathenen Untersuchungen über das Leiden der Welt sind die Orientirungen über das, was geschehen kann, um den Reiz des Lebens zu steigern. Dieses Thema ist in der Philosophie bis jetzt nicht sonderlich heimisch gewesen; denn man hat meistens vorgezogen, der Unthätigkeit durch falsche niederdrückende Theorien Vorschub zu leisten. Auch darf nicht etwa blos das Privatdasein in Frage kommen. Eine ernsthafte Philosophie muss sich auch in dieser Richtung eminent politisch gestalten; denn Wohl und Wehe hängt zu einem oft entscheidenden Antheil von der Umgebung und dem gesellschaftlichen Medium ab, in welchem man sich zu bewegen hat. Glück und Unglück des Privatdaseins sind nicht ausschliesslich, ja meist nicht einmal überwiegend durch Privatvorzüge und Privattugenden zu beherrschen. Der Druck, der auf den Völkern lastet, wirkt gleich einer schwülen oder von Nebeln verdickten Atmosphäre. Sogar für die Wenigen, welche möglichst einsam leben und die Berührungspunkte mit der Umgebung erheblich beschränken können, bleibt dennoch der politische und gesellschaftliche Missstand eine Quelle übler Einwirkungen. Wo die Corruption den Ton angiebt, ist für redliche Charaktere kein ungestörter Raum. Wo die Sklaverei alle edleren Regungen ächtet, da muss auch das Privatleben, auf welches sich alsdann das Dasein reducirt, unvermeidlich auf corruptive Abwege gerathen. Letzteres hat man in der Geschichte überall da beobachtet, wo wie z. B. im Italienischen Leben die Geschlechtsabenteuer und ein wenig Kunstspielerei den Ersatz für die politische Nichtigkeit vorstellten. Auch dann, wenn die Despoten die von ihnen vergewaltigte Gesellschaft in die Bahnen des gemeinen Eigennutzes und des eben so gemeinen und entsittlichenden Vergnügens abzulenken suchen, wird der Verkehr derartig verdorben, dass an eine Freihaltung von dessen schädlichen Verschlingungen im Allgemeinen nicht zu denken ist. Nur die ausnahmsweise Resignirenden werden durch besondere Kraftanstrengungen und um den Preis der Theilnahme an den gewöhnlichen Lebensgütern den mehr oder minder unheilvollen Verwicklungen entgehen. Uebrigens wird sich Alles der vorherrschenden Art und Weise ergeben oder wenigstens gefügig anbequemen. Unter dieser Voraussetzung ist es dann aber auch kein Wunder, dass die Bestandtheile mit dem ganzen Körper einerlei Schicksal erproben. Wo sich der Völkertod vorbereitet, kann in dem Einzelleben in keiner Richtung eine volle Jugendlichkeit zu ungestörter Entfaltung gelangen. Alle Züge des Geistes werden angekränkelt und von der allgemeinen Altersschwäche afficirt. Rein physiologisch giebt es alsdann wohl noch eine Jugend; aber in jeder höhern Regung, die ihr sonst eigen ist, wird sie schon von vorherein erstickt oder zerdrückt. Die Gemeinschaft der Gedanken und Gefühle, auf deren gut gearteter Gegenseitigkeit sonst die volle Erregung des Einzellebens beruht, ist alsdann nur in einer schädlichen und schwächenden Weise wirksam. An die Stelle der Erhebung und des Vertrauens tritt die Uebereinstimmung im Argwohn und in der Erniedrigung. Die allgemeine Prostitution, im weitesten Sinne des Worts, wird alsdann das feile Band, wodurch Alles im privaten und öffentlichen Dasein zusammenhängt. Solchen Zuständen gegenüber giebt es natürlich auch im günstigsten Falle nur ein sehr gemischtes Einzelglück, und die Kunst, von den missliebigen Verhältnissen nicht blos theoretisch sondern auch praktisch abzusehen, wird eine sehr bemessene. Wer inmitten solcher öffentlichen Uebel dem Leben eine gediegene Seite abgewinnen will, wird sich äusserst beengt finden. Er wird genöthigt werden, die Reize, die er sich sichern will, in Richtungen zu suchen, die von dem allgemeinen Spiel am wenigsten gekreuzt werden. Er wird seine Zuversicht auf das gründen und seine Energie auf das concentriren müssen, was an verlässlichen Grundlagen nicht blos draussen, sondern auch in ihm selbst noch anzutreffen ist. Er wird sich nach den wahrhaften Interessen umzuthun haben, deren seine Zeit oder wenigstens er selbst noch fähig ist. Nur hiedurch wird er einigermaassen im Stande sein, die schlimmsten Elemente, welche sonst vermöge der universellen Gestaltung auch für das Privatdasein maassgebend werden, von sich fernzuhalten oder auszuscheiden.

Nach dem Vorangehenden versteht es sich von selbst, dass jede Entwicklung der Daseinsreize für das Menschengeschlecht auf der Gestaltung von zweierlei Beziehungen beruht. Entweder handelt es sich darum, den materiellen Comfort der Person und den Verkehr der Geschlechter im Sinne der grössten Reichhaltigkeit der Lebensgefühle zu gestalten, oder es wird die umfassendere Gegenseitigkeit der politischen und gesellschaftlichen Functionen angestrebt. Keines dieser beiden Ziele lässt sich von dem andern isoliren; aber in der natürlichen Abfolge der Entwicklungen und gleichsam Schichtungen des Lebens ist die reichhaltigere politische Verzweigung der Thätigkeiten doch als eine höhere Stufe zu betrachten, die sich zunächst in einer gewissen Unabhängigkeit von der breiten Grundlage erhebt, alsdann aber auf Alles zurückwirkt, was unter ihr seine Position hat. Die halbwilde Existenz und die sonstigen uns näher bekannten Rückständigkeiten der Entwicklung zeigen uns den Menschen, wie er noch den ebenso rohen als einfachen und unmittelbaren Reizen des fast thierisch zu nennenden Daseins huldigt. An sich ist diese Beschränktheit kein Unglück; denn sie könnte es erst für den sein, der einen andern Horizont kennen gelernt hätte. Die verhältnissmässige Befriedigung, welche mit der niedern Stufe der Existenz verbunden ist, zeigt sich ganz deutlich an der Lebensfreude des Thieres. Der Kreis von Bedürfnissen, in welchem es sich je nach seiner Art bewegt, ergiebt einen hinreichenden Wechsel und eine bereits mannichfaltig variirte Lust. In einer ähnlichen Weise haben wir uns die ursprünglichen oder durch Reducirung entstandenen Rohheiten des Menschendaseins zu denken. Die Bereicherungen und Erhebungen vollziehen sich aber dadurch, dass neue Elemente des Bedürfens und mithin des wahrhaften Interesse aus dem Gemeinleben gleichsam herauswachsen. und dass die alten Bestandtheile eine veredelte Gestalt erhalten. Der geistige Fortschritt, der thatsächlich nur im gesellschaftlichen Zusammenhange seine allseitige Förderung finden kann, ist hier wiederum die bedeutendste Macht, indem er das wirksamste Mittel wird, den Lebensgenuss durch die Tragweite der Anschauungen auszudehnen und durch die Feinheit der Wahrnehmungen intensiver zu machen.

2. Die Natur verfährt in der Schöpfung und Erhaltung von Lebensreizen nach dem Grundsatz der Variation und Individualisirung, und auch wir müssen da, wo wir frei einzuwirken vermögen, demselben Princip folgen. Das theoretische Gesetz der Differenz, von dem wir bei der Schätzung der Lebenselemente ausgingen, hat zum praktischen Seitenstück die Kunstregel, die natürlichen Spannungen zwischen Bedürfniss und Befriedigung nach Möglichkeit zu erhalten und, wo es angeht, sogar durch absichtliche Maassbestimmungen ebenmässiger zu machen. Die Benutzung der Variabilität des Lebens und eine directe Kunst der angemessenen Veränderung werden in dem wohleingerichteten Dasein des Einzelnen und der Völker die entscheidende Rolle spielen. Die nothwendige Stetigkeit wird durch das Princip der Variation durchaus nicht beeinträchtigt. Die Natur selbst hat sich in ihren Vorstufen des höheren Daseins in einer Mannichfaltigkeit von animalischen Gestalten ergangen, für die man aus dem Gesichtspunkt der Lebensreize nur eine einzige Erklärung hat. Die Erschöpfung aller Combinationen, die ein sich selbst genügendes Empfindungsspiel versprachen, und mithin die Verwirklichung des subjectiven Daseins in allen Formen möglicher Lebens-

24*

gefühle muss als die leitende Function des specialisirenden Schaffens der Natur betrachtet werden. Die Individualisirung, im Sinne der Erzeugung einer bestimmten, nur dem jedesmaligen Individuum zukommenden Eigenthümlichkeit, ist die letzte und feinste Bethätigung der variirenden Kräfte. Ein Leben, welches in dem Allgemeinen von Gattung und Art befangen bliebe, würde wenig bedeuten. Die Unterschiede müssen sich auf das Einzelne und auf die einmalige niemals und nirgend sonst wiederholte Ausprägung einer individuellen Physionomie des Seins richten, wenn das Leben hinreichende Farbenschattirung zeigen und immer frische Reize entwickeln soll. Eine absolut identische Wiederholung wäre nicht nur eine Bekundung der Armuth, sondern auch eine Inconsequenz der Natur. Wenn nämlich alles Dasein auf die grösstmögliche Entfaltung von Lebensreizen angelegt ist, so würde bereits das Grundprincip verfehlt werden, sobald statt einer wenn auch noch so kleinen Veränderung eine völlige Einerleiheit platzgriffe. Wollte man sich also z. B. an Stelle der ganz undenkbaren Unsterblichkeit die anscheinend denkbarere Wiederholung desselben Individualmenschen in ebenfalls identischen Verhältnissen derartig erdichten, dass jede subjective Regung und mithin das ganze Bewusstsein in einem neuen Wesen reproducirt würde, so liefe diese Annahme nur auf eine Unterstellung von Armuth und Thorheit hinaus, welche der immer beweglichen und kunstvoll immer neu individualisirenden Natur Hohn spräche.

Man hat in den menschlichen Lebensbeziehungen den hohen Reiz der Individualität auch bisher nicht überall verkannt. So hat man namentlich in der wichtigsten aller unwillkürlichen und scheinbar am meisten der Naturlaune ausgesetzten Gemüthserregungen, nämlich in der zur Leidenschaft gesteigerten Geschlechtsliebe, die individualisirte Ausprägung bestimmter, nicht noch einmal in gleicher Gestalt vorhandener Reize als die Ursache des unvergleichlichen und durch keinen andern Gegenstand hervorzubringenden Zaubers gelten lassen. Es würde verkehrt sein, wenn man den allgemeinen Inhalt der Liebe von der besondern Individualität herleiten wollte; aber es wäre noch eine grössere Thorheit, die Reizsteigerung zu verkennen, die darauf beruht, dass etwas als eine einmalige Einzigkeit zum Gegenstand des Strebens wird. Die Anziehungskraft jedes Einzellebens beruht ja auch in entscheidender Weise darauf, dass es wenigstens etwas Anderes ist, als die übrigen Gestaltungen. In der Differenz liegt also, wie sich hier wiederum bestätigt, das, was dem bestimmten Dasein die Selbständigkeit eigner Realität und hiemit einen im strengsten Sinne des Worts eignen Reiz und Werth verleiht.

Das Princip der Variation könnte da, wo es der Mensch in einer besondern Technik und Kunst der Lebensgestaltung zur Anwendung bringen soll, auf den ersten Blick etwas Bedenkliches einzuschliessen scheinen. Man könnte in ihm ein Zugeständniss an die leichtfertige Veränderlichkeit finden wollen. Sieht man jedoch genauer zu, so zeigt sich, dass es auf das grade Gegentheil einer lockeren Ueberbeweglichkeit abzielt. Die launische Veränderungssucht beruht auf der mangelhaften Würdigung der Variationen. Sie ist das Zeichen der Unfähigkeit zu gediegenerem Genuss. Sie lässt es gar nicht zu jenen stärkeren Spannungen kommen, die für die Steigerung der Lebenserregungen unerlässlich sind. Sie verkennt das Grundgesetz der Variabilität, welche nur dadurch wohlthätig wirkt, dass sie die einzelnen möglichen Variationen auch wirklich eindringlich empfinden und jede Lage ernsthaft und vollständig erproben lässt. In moralischer Beziehung ist also keine Gefahr vorhanden, dass ein den Naturmaassen entsprechendes Streben nach Veränderung das auch in der Bewegung selbst unentbehrliche Gleichgewicht und die einheitlich feste Haltung des charaktervollen Lebens stören könnte. Die Freiheit des Uebergangs von einer Lage in die andere bleibt an die Naturgesetze gebunden, und auf eben diesen Naturgesetzen baut sich auch diejenige Sitte auf, die dem Recht auf das Leben und der freien Entfaltung aller Anlagen den umfassendsten Spielraum eröffnet.

3. Das Gesetz des Interesse beherrscht die Handlungen schon von Natur; aber es muss in der Kunst des Lebens zu einem veredelten und deutlich bewussten Princip werden. Interesse ist sogar in den Angelegenheiten des gemeinen Nutzens an sich selbst noch kein Egoismus. Zu dem letzteren wird es erst in der ungerechten Bethätigung, welche die gleiche Rücksicht auf den Nebenmenschen zur Seite lässt und das eigne Wohl mit dessen Schaden betreibt. In dieser verkehrten Ablenkung kann es zu keinem wahrhaften Heil gereichen; denn der mit einer solchen Verhaltungsart angelegte Zwiespalt wird durch Rückwirkungen oder sonst in irgend welcher Gestalt zu rächenden Consequenzen führen. Das unschuldige Interesse aber muss stets vorhanden sein; denn es bildet den lebendigen Grund für die Thätigkeit. Ohne Interesse nach Etwas streben, ist ein

logischer Widerspruch und heisst soviel, als eine Wirkung erzielen wollen, ohne die Ursache dazu ins Spiel zu setzen. Ueberdies müssen wir hier das Wort Interesse in einem weiteren und höheren Sinne gebrauchen, in welchem es alle Arten von Theilnahme für einen Gegenstand oder irgend ein Geschehen bezeichnet. In dieser umfassenden Bedeutung lässt es sich auf die höchsten wie auf die niedrigsten Angelegenheiten beziehen und ist eigentlich nur ein bestimmterer Name für die zweckbewusste Seite des Reizes.

Nach unserer Erklärung des Interesse wird es kein Missverständniss mehr erregen, wenn wir von der axiomatischen Forderung ausgehen, nichts ohne wahrhaftes Interesse zu thun. Die Anwendung dieser Grundregel im Kleinen wie im Grossen, im Leben der Einzelnen und der Völker, muss dazu führen, eine Menge von lästigen Gleichgültigkeiten und Halbmotiven auszumerzen. Der Ueberdruss wird da nicht leicht Raum gewinnen, wo von vornherein das Interesse auf das Vorhandensein einer lebendigen Wurzel geprüft und nichts unternommen wird, wozu kein frischer und voraussichtlich nachhaltiger Antrieb vorhanden ist. Die natürlichen Triebe und Gemüthsbedürfnisse müssen auch hier wiederum den Ausgangspunkt bilden und so zu sagen den Stoff für die mannichfaltig geformten Interessen liefern. Mit jeder gesunden Triebkraft, die in der Menschennatur eine Stätte hat, ist auch die Grundlage für ein wahres und an sich heilsames Interesse gegeben. Die Reizlosigkeit, der manches Menschenleben ohne besonderes Unglück und ohne eine blasirtmachende Ausschweifungsschuld anheimfällt, ist oft genug in den falschen interesselosen oder nur ein mattes Lebensspiel gestattenden Einlassungen zu suchen. Sehr häufig werden die Menschen durch die künstlich aufrechterhaltene Meinung irregeführt und halten für interessant oder ihrer praktischen Theilnahme würdig, was nur auf einer hohlen Convention beruht. In den Lebensstellungen wie in den Wissensbestrebungen machen sich derartige Missanregungen in Masse geltend und bringen alsdann hinterher mindestens Enttäuschung, wenn nicht gar Abnutzung ein. Um diese Klippen zu vermeiden, giebt es kein anderes Mittel, als die Einsicht in die Verhältnisse des materiellen und geistigen Lebens bis zum Durchschauen jener trügerischen Scheinreize zu steigern. Wer mit sich selbst, unter stetem Hinblick auf die dauernden Naturverhältnisse und auf die wahren Bedürfnisse der Gesellschaft, über das zu Rathe geht, was seine und Anderer Theilnahme nachhaltig in Anspruch zu nehmen geeignet sei, wird sich nicht in ein gehaltloses und im Grunde schaales Treiben verlieren. Wo ihn jedoch die Umstände nöthigen, sich um der Thorheit Anderer willen und entsprechend den überlieferten Einrichtungen mit Dingen einzulassen, die er als der Theilnahme unwürdig verurtheilt, wird er es von vornherein verstehen, diese Gegenstände verdientermaassen abzufertigen. Er wird alsdann nie eine falsche Hingebung oder auch nur einen weiter, als durchaus erforderlich, getriebenen Kraftaufwand zu bereuen und, was das Beste ist, keine Enttäuschung zu gewärtigen haben.

Die Mittel, das Gesammtinteresse am Leben rege zu erhalten, bestehen darin, die einzelnen so zu sagen elementaren Interessen, aus denen sich das Ganze zusammensetzt, sich nach den natürlichen Zeitmaassen entwickeln und einander ablösen zu lassen. Auch gleichzeitig für denselben Zustand wird die Stufenfolge in der Ersetzbarkeit der niederen und leichter befriedigten Reize durch die höheren und anhaltender wirksamen Erregungen dahin zu benutzen sein, dass die Entstehung von gänzlich interesselosen Lücken vermieden werde. Uebrigens wird es aber darauf ankommen, zu verhüten, dass die naturgemäss oder sonst im normalen Laufe des gesellschaftlichen Daseins entstehenden Spannungen in willkürlicher Weise gehäuft, forcirt oder, was die gegentheilige Verkehrtheit ist, schon bei der leisesten Regung befriedigt und so an der Entwicklung eines genussfähigen Bedürfens verhindert werden. Die Einhaltung des natürlichen Rhythmus ist hier wie anderwärts die Vorbedingung der ebenmässigen und anmuthenden Bewegung. Auch darf man sich nicht die unlösbare Aufgabe stellen, die Reize irgend einer Situation über die ihnen von der Natur oder den Verhältnissen zugemessene Frist ausdehnen zu wollen. Es ist schon oben von den einmaligen Reizen gesprochen worden, und grade im Gebiet der sich nicht wiederholenden Lebenselemente ist die Erinnerung am Platze, dass jede solche Form des Bedürfens in der Befriedigung nicht blos ihre Ausgleichung sondern auch ihren Abschluss finden muss.

4. Im Verlaufe eines Menschenlebens hat jedes Alter seine eigenthümlichen Reize. Sogar die absteigende Skala, die den Tod vorbereitet, ersetzt die sich früher steigernden, starken und activen Anregungen durch Affectionen von angemessener Ruhe und vorwiegender Passivität. Selbst das ideelle Leben verliert an Spannung, erhält aber trotzdem eine Art von Reiz, wie sie in gleicher Eigenthümlichkeit nicht möglich war, solange der unmittelbare Zusammen-

hang mit den bestimmten Interessen des vollen Lebens noch in praktisch entscheidender Weise bestand. Das höhere Alter gewinnt hiedurch, falls es sich gesund und normal gestaltet, eine Art Entschädigung, und die ideale Beschaulichkeit, mit der es den Schauplatz, von dem es real und physiologisch immer mehr getrennt worden ist, gleichsam aus der Ferne betrachtet, erregt jenes universelle Mitgefühl, das sich in der unbeschränkten Weite des Seins ausdehnt und deshalb an keinem Punkte desselben besonders haftet. Alle früheren Bande des Zusammenhangs mit dem Leben werden idealisirt, und das Eigenleben verliert seine beschränkende Kraft. So liegt noch in der Entfernung vom Dasein ein Erinnerungsreiz, der durch die ideelle Befriedigung verklärt und durch die Theilnahme an dem Schicksal der kommenden Geschlechter gehoben wird. In der That liegt eine grosse Kunst der Natur in der Art, wie sie die durch keine Störung verfrühten Lösungen des Lebens allmälig und gleichmässig bewerkstelligt, indem sie nach allen Richtungen hin die Leitungsfähigkeit der Organe verringert und schliesslich die schwachen Reste der Flamme erlöschen lässt. Dieses Erlöschen ist mit Recht dem Einschlafen verglichen worden, und wenn auch die vorherrschenden Todesarten meistens auf innerlich störenden Gewaltsamkeiten beruhen, so wird hiedurch die ursprüngliche typische Anlage der Natur nicht widerlegt. Uebrigens sind diese störenden Vorwegnahmen in dem gegenwärtigen Menschheitsstadium kein besonderes Unglück und zunächst ebensowenig auszuschliessen, als die in unvergleichlich geringerer Zahl ziemlich regelmässig eintretenden Acte des freiwilligen Todes. Erst zu einer späteren Verfassung des Menschheitslebens würde auch ein Ideal des Greisenalters besser passen; denn gegenwärtig ist im Allgemeinen die gesellschaftliche Fürsorge für die schwachen und vorzugsweise auf das ideelle Leben angewiesenen Elemente so unzulänglich, dass der vorzeitige Tod, mag er nun durch innere oder äussere Gewaltsamkeit, durch organische Störungen, durch fremde oder eigne Hand eintreten, als eine Operation gelten muss, die, obwohl sie zerstörend und schmerzhaft ausfällt, doch noch einer weit grösseren Menge von Schmerz vorbeugt, die ohne sie zu gewärtigen gewesen wäre. Die Ohnmacht der heutigen Gesellschaft bekundet sich selbstverständlich da am sichtbarsten, wo von der Natur die höheren Aufgaben gestellt werden. Wenden wir uns daher zu jenen Theilen des Lebens, bei welchen zwar die Unzulänglichkeit der gesellschaftlichen Einrichtungen auch eine erhebliche Rolle spielt, aber doch der individuellen Entwicklung und Steigerung der Lebensreize die Wege in mehrfachen Richtungen nicht unübersteiglich verlegt.

Das nächste Bild, welches uns an dem andern Extrem des Lebens in Anspruch nimmt, ist das der Kindheit und überhaupt des ersten lernenden Jugendalters. Die Lebensreize, welche dieser Entwicklungsstufe des Daseins eigen sind, müssen so betrachtet und behandelt werden, als wenn sich die Möglichkeit ihrer Abschneidung in jedem Augenblick verwirklichen könnte. Allerdings kann man das Lernen nicht zu einem blossen Spiel machen; denn es bleibt, wie man es auch einrichten möge, zum grössten Theil eine eigentliche Arbeit. Die geordnete Kraftbethätigung soll aber der Regel nach keine eigentliche und mithin nie eine überspannende Anstrengung werden. Auch gilt dieses Gesetz von jeglicher Art der Arbeit und nicht blos von derjenigen der Schule. Bei der Lenkung der Kräfte auf entferntere und nicht unmittelbar verständliche Zwecke kann der Reiz nicht immer in der Thätigkeit selbst ohne Weiteres gefunden, sondern muss an dieselbe kunstvoll angeknüpft werden. Die Natur setzt ihre Erregungen zur Thätigkeit in der Triebgestalt ins Spiel, und wo wir ihr in dieser Kunst nicht ebenbürtig werden, dürften unsere Erziehungs- und Unterrichtsunternehmungen eher alles Andere als eine reizvollere Gestaltung des jugendlichen Daseins erreichen. Der heutige Unterricht ist sogar zu neun Zehnteln dazu angethan, nicht blos durch die „dumpfe Frohn der Schule“, wie Byron es nennt, sondern auch durch die Thorheit der Lehrgegenstände das Leben zu verleiden. Das Gesetz, nichts zu thun, was nicht durch wahrhafte Interessen des Einzelnen und der Menschheit angezeigt ist, wird in der Erziehung und noch weit mehr im eigentlichen Unterricht gröblich verletzt. Die Völker werden hier abgerichtet, sich mit einer Last von thörichten Ueberlieferungen und nichtigem Wissensschein oder da, wo man das eigentliche Wissen wirklich berührt, mit einer Masse ungesichteten und unverdaulichen Stoffs hinzuschleppen, von dem sie im spätern Leben gar keinen oder im günstigsten Falle nur einen äusserst unbequemen Gebrauch machen können. Zur wirklichen Bildung und Geistesmacht führt nur das, was den wahren und dauernden Interessen des Menschenlebens entspricht. Echtes Wissen, und nicht der conventionelle Schein, ist auf allen Stufen, von den ersten Elementarkenntnissen bis zu den höchsten Einsichten hinauf der natürliche Gegenstand nachhaltigen Strebens. Ueberdies muss aber eine Auswahl in dem Sinne eintreten, dass nur das, was die Theilnahme des Thuns und des Denkens der entwickelten Menschheit von selbst und abgesehen von jedem geistigen Impfzwang zu erregen vermag, in den Kreis der Bildungsmittel und Lehrgegenstände aufgenommen werde. Die Schule muss, um auch dem jugendlichen Leben einen höheren Reiz zu verleihen, mit den falschen Traditionen des Geistes ebenso brechen, wie die gesammte Gesellschaft mit ihrer unzulänglichen Verfassungsform.

Für das Lernen giebt es ausser der mittelbaren Anziehungskraft, welche sich durch die Einsicht in die künftige Förderlichkeit erzeugt, glücklicherweise auch unmittelbare Reize. Das Innewerden der eignen Kräfte und die ästhetische Befriedigung, die durch die Form des geordneten und die Verhältnisse der Dinge ebenmässig widerspiegelnden Wissens erzielt werden kann, sind Ergebnisse selbständiger Art, welche die Arbeit, die stets in der Ueberwindung von Hindernissen besteht, zugleich mit Annehmlichkeit ausstatten. Freilich ist es zur Erreichung dieser wohlthätigen Doppelwirkung nothwendig, nicht blos auf die Auswahl des Inhalts, sondern auch auf dessen einfache und übersichtliche Gestaltung eine bisher ungewöhnliche Sorgfalt zu verwenden. Alles Geistige, so dienstbar es auch übrigens rein technischen Zwecken werden mag, hat seine letzte Function dadurch zu üben, dass es den Menschen zum genugthuenden Gefühl seiner eignen Fähigkeiten kommen lässt. Knüpft man nun sofort und unmittelbar an diese höchste Aufgabe aller geistigen Lebensregungen auch im Unterricht an, indem man das wurzelhafte Interesse an der harmonischen Bethätigung der Einsichtskräfte systematisch ins Spiel setzt, so wird man dem Lernen eine Seite wirklichen Genusses abgewinnen. Man glaube aber nicht, sich hiebei auf etwas rein Formales stützen zu dürfen, was angeblich schon um der Uebung der Kräfte willen Werth erhielte. Dies wäre ein arges Missverständniss; denn nichts wirkt erdrückender und abstumpfender, als das Bewusstsein, etwas zu treiben, was in der Wirklichkeit keine Wurzeln hat. Ein müssiges Spiel, welches sich rein als Spiel giebt, wäre nicht so schädlich, als so eine formalistische Prätension, die durchaus noch etwas mehr sein will und in Wahrheit doch nur den Nachtheil hat, die Nutzlosigkeit des Spiels mit der Last der Unfreiheit und dem Schaden der Kraftvergeudung zu verbinden. Man vergesse also nicht, dass die Reize vollkommen natürliche und in den Lebensaufgaben begründete sein müssen. Auch die übel angebrachte Weisheit, welche die Hindernisse künstlich vermehren zu müssen glaubt, um daran das Arbeiten als solches recht sichtbar lernen zu lassen, gehört in die imaginäre Welt der Thoren, da es unsere wirkliche Welt nie an Gelegenheiten zu echter Arbeit fehlen lässt und auch das Wissen bei allen seinen Unzulänglichkeiten doch wahrlich nicht so leicht erschöpfbar ist, um das Verlangen nach erkünstelten Aufgaben in gesunden Geistern aufkommen zu lassen. Fort also mit alledem, was nicht auf dem natürlichen und kürzesten Wege menschlicher Erhebung liegt! Alles, was blosses Hülfsmittel ist, hat schon darum weniger Reiz, als der Gegenstand, dem es dient, und muss daher auf ein geringstes Maass beschränkt werden. Bei dieser Würdigungsart der Stoffe wird man nicht Gefahr laufen, die Reize der natürlichen Erweiterung der Wissensmächte zu verlieren. Das Studium wird alsdann einer lebensfrischen Forschung ähnlich werden und, ganz abgesehen von seinen ebenfalls vollendeteren Endergebnissen, grade schon den Weg dahin anziehend und in seinen einzelnen Theilen zusagend finden.

5. Der Uebergang in das thatkräftige Leben bringt zwei Grundverhältnisse mit sich, die beide in der heutigen Gesellschaft nur sehr unvollkommen gestaltet sein können. Die Sorge für die Existenz und mithin die materiell ergiebigen Functionen auf der einen Seite und das Eingehen der Geschlechtsverbindungen auf der andern Seite bilden hier die Grundlagen aller weiteren Lebenserprobung. Das Verhältniss der Geschlechter ist für die jugendliche Einleitung des volleren Daseins der Lebensreiz *par excellence* und würde es auch noch weiterhin in stärkerem Maasse bleiben, wenn ihn nicht die Prostitution in beiderlei Gestalt, nämlich nicht blos in ihrer geächteten, sondern auch in ihrer gesetzlichen Gestalt allzu schnell abstumpfte. Der Geschlechtszwang der Ehesklaverei ist von uns bereits früher gekennzeichnet worden. Hier brauchen wir nur hinzuzufügen, dass alle Mühe, die sich einzelne Denker, wie namentlich Rousseau, gegeben haben, ein Mittel zur möglichst langen Erhaltung eines der freiwilligen Liebe entsprechenden Gefühlszustandes zu ersinnen, an der Institution der Zwangsehe verloren sein musste. Ausnahmsweise ist es möglich, dass derjenige Theil der zarteren Empfindungen, der überhaupt von dem Aufschwung der Leidenschaft übrig bleiben und sich in eine ebenmässige Affection verwandeln kann, auch unter einer ungünstigen Sitte und einem falschen Recht durch die besondere

moralische Kraft der Betheiligten ebensolange fortbestehe, als wenn bessere Institutionen vorhanden wären. Diese stets besonders motivirte Ausnahme kann aber nie eine umfassendere Ausdehnung erhalten, geschweige die allgemeine Regel werden. Rousseau gab den beiden idealen Zöglingen seines Erziehungsromans bei deren Eintritt in die Ehe den Rath, den Reiz ihres Verhältnisses dadurch zu verlängern, dass die Rechte des neuen Zustandes als nicht vorhanden betrachtet würden und so nur die völlige Freiwilligkeit über den intimeren Verkehr entschiede. Er hat hiemit unwillkürlich eine Kritik der Ehe geübt, die durchaus nicht in seiner Absicht lag, die aber deswegen um so werthvoller ist. Er, der trotz seiner sonstigen Kühnheit im politischen und gesellschaftlichen Denken doch die Stellung des Weibes niedrig genug fixiren wollte, wurde durch die Naturkraft seines Gedankenlaufs gegen seinen Willen hart an solche Grenzen geführt, wo der Schritt über eine unzuträgliche Institution hinaus sich dem energischeren Betrachter einer späteren Zeit als die einfachste Consequenz darbieten musste.

Der materielle Comfort kann, trotz der Reichthumsüppigkeit in einzelnen Schichten, im Allgemeinen doch nirgend gehörig befriedigen, weil die Production als eine blosse Last betrachtet wird, die um des egoistischen Erwerbs willen übernommen werden muss. An sich ist die Theilung der Functionen vermöge der Entwicklung, die sie der Individualisirung und mannichfaltigen Gestaltung der menschlichen Fähigkeiten angedeihen lässt, auch für die Lebensreize äusserst förderlich. Auch reicht sie weiter, als die rein wirthschaftliche Arbeitstheilung, indem sie sich auf alle gesellschaftlichen Aufgaben erstreckt. Dennoch wird sie aber in ihrer ersten Ausbildung, für welche lauter unsocialisirte Gewaltverhältnisse vorliegen, der Anknüpfungspunkt für die egoistische Entfremdung des Menschen vom Menschen. Sie, die vorzugsweise zur Verbindung dienen sollte, schafft lauter isolirte Selbstsucht. Die productive Thätigkeit wird allerdings für Andere vollzogen, aber nur in dem Sinne, dass diese Andern übervortheilt werden sollen. Der auf Gewinn gerichtete Erwerb hat an der Beschaffenheit des Erzeugnisses kein unmittelbares Interesse. Er bemüht sich nur um den Schein einer guten Beschaffenheit und befindet sich auf diese Weise von vornherein im Element des Betruges. Von redlicher Gegenseitigkeit kann unter solchen Umständen nur ausnahmsweise die Rede sein, und alle materiellen Verhältnisse sind darauf angelegt, in dem Schaden des Andern die entscheidende Bereicherung zu suchen. Von einem Reize der schaffenden Thätigkeit als solcher zu reden, wäre unter den gekennzeichneten Umständen übel angebracht. Jene naturgemässe Denkungsart, die sich des verrichteten Werkes und seiner Vollkommenheit freut, muss völlig abhanden kommen, wo nicht das unbefangene und directe Interesse an der Sache, sondern der Gewinnerlös ausschliesslich maassgebend ist. Einem solchen Zustande gegenüber nimmt sich die Forderung von Lust und Liebe zum Werke wie ein romantischer Anachronismus aus. Einen derartigen innern Reiz konnte die Arbeit wohl auch früher in einem gewissen Maasse da haben, wo ihre Erzeugnisse im eignen kleinen Wirthschaftsbereich blieben und dort verbraucht wurden. Auch eine geringfügige Erweiterung des Verkehrs auf Personen, die in kleinen Gemeinwesen einander nahestanden und alle Schicksale theilten, konnte vermöge der gegenseitigen Rücksichten, die hier platzgriffen, mit jenem selbständigen Reiz verträglich bleiben. Um aber die moderne technisch unumgängliche Functionentheilung, die noch obenein mit den Gewaltsamkeiten der Unterordnung und des Besitzmonopols gemischt ist, mit dem natürlichen Interesse an der Arbeit und deren guter Ausführung vereinbar zu machen, bleibt als einziges Mittel nur die Socialisirung der gesammten Productions- und Consumtionsverhältnisse übrig. Hiemit werden alsdann auch die Reize der wirthschaftlichen und jeder andern gesellschaftlichen Thätigkeit wieder unmittelbar werden und sich unvergleichlich steigern. Wer das Land bebaut, wird alsdann seine Freude daran haben, die Erzeugnisse zu vermehren und zu veredeln, und nicht, wie heute, blos an einer Gewinn- und Rentenrechnung haften, die nach Umständen auch eine Verschlechterung der Erzeugnisse räthlich machen kann. In die technischen Thätigkeiten wird alsdann mehr geistige Triebkraft kommen, und jede noch so gewöhnliche Hantirung wird der Ausgangspunkt für das uneigennützige Streben nach Verbesserungen werden können. Das socialitäre Zusammenwirken wird der materiellen Production erst ihren vollen Reiz verschaffen und so das Leben nach einer Seite veredeln, auf welcher man gegenwärtig im günstigsten Fall nur die unmuthige Ergebung in eine nun einmal nicht abzuschüttelnde Bürde oder die Eitelkeit auf gelungene Profitkünste antrifft.

6. Die Vergeistigung aller Thätigkeiten und hiemit die Ausstattung derselben mit einem unmittelbaren Reize ist das grosse Princip, dem das Leben einst seinen edleren Gehalt zu verdanken

haben wird. Das Schaffen d. h. das Ueberwinden derjenigen Hindernisse, die sich den erstrebten Gestaltungen entgegenstellen, schliesst den nachhaltigsten Reiz ein, indem es das Gleichgewicht von Arbeit und Genuss verbürgt und jeder Last die sie ausgleichende Genugthuung zugesellt. Nun wurzelt aber das menschliche Schaffen schliesslich immer zuerst in der Förderung der geistigen Kräfte, und das, was den Verstand, die Triebe und die sonstigen Erregungen unseres Innern unmittelbar leitet und bildet, wird auch das Gesammtleben am eindringlichsten ergreifen. Muth und Unmuth werden zunächst immer von der Geistesverfassung und erst in zweiter Linie von den äusserlich zufälligen Umständen abhängen. Ueber den einzelnen Geistesgestaltungen wird aber wiederum die universelle Welt- und Lebensauffassung als eine in letzter Instanz entscheidende Macht die bedeutungsvollste Einwirkung ausüben. Der Reiz, den das Dasein als ein Ganzes für uns haben kann, wird in maassgebender Weise durch die Ansichten bestimmt, die sich in uns aus eigner Erfahrung oder fremder Ueberlieferung über den Lebenswerth mehr oder minder unwillkürlich bilden. Die Art, wie uns das Sein auch Angesichts des Todes erscheint, ist durchaus nicht etwas für unsere sonstige Gemüthsverfassung Unerhebliches. Die speculativen Ideen müssen in roherer oder feinerer Gestalt, in phantastischer oder rationeller Weise den Lebenshorizont irgendwie verbrämen, und da, wo nicht überhaupt thierische Gedankenlosigkeit es gar nicht zu einem weiteren Ausblick kommen lässt, wird jener Schein, der dem Rand des beschränkten Daseins Farbe giebt, je nach seiner freundlichen oder düsteren Gestaltung auch den Farbenton des ganzen Lebens bestimmen. Die optimistische oder pessimistische Richtung der Vorstellungen bleibt hier nicht im Mindesten gleichgültig. Unter dem tödtenden Hauch des nihilistischen und dafür in transcendenten Ueberschwenglichkeiten schwelgenden Pessimismus verliert das wirkliche Leben alle seine Reize, und die trotzdem unabweislichen Triebkräfte der Natur werden in der Entwicklung ihrer wohlthätigen Functionen dadurch beeinträchtigt, dass sie von vornherein den verleumderischen, auf die Voraussetzung eines schaalen Treibens auslaufenden Deutungen anheimfallen.

Am unmittelbarsten sollte die Kunst zur Erhöhung der Daseinsreize beitragen. Sie ist recht eigentlich auf diesen Zweck angelegt und kann theils als eine selbständige Fortsetzung, theils als eine ergänzende Veredlung der Natur angesehen werden. Der ästhetischen

Gestaltung kann in einem gewissen Sinne Alles zugerechnet werden, was sich durch die Reize der Form auszuzeichnen vermag. Von der physischen Verwirklichung veredelter menschlicher Individualitäten ist schon früher gesprochen worden. Hier haben wir uns nur zu erinnern, dass die Kunst im engern und gewöhnlichen Sinne erst die zweite Rolle beanspruchen kann. Durch sie wird z. B. die veredelte Umbildung der Leidenschaften gefördert, aber keineswegs als volle Wirklichkeit in einzelnen Menschen physiologisch begründet. Der Einfluss der Dichtung auf die Gefühlsgewohnheiten ist ein mächtiger, aber doch nicht mit den Wirkungen der eignen kraftvollen Individualität zu vergleichen. Grade aber um dieses Umstandes willen wird das nicht zu selbstthätigem dichterischen Aufschwung ausgestattete Gefühl die Hülfe suchen, welche die ihm entgegenkommende Poesie gewähren kann. Das Miterzittern der Saiten des Gemüths und die Hingebung an eine bereits geformte Anschauungswelt werden den Menschen an mächtigeren Lebensregungen theilnehmen lassen, und auf diese Weise wird das geistige Niveau auch da gehoben, wo die eigne individuelle Activität nicht soweit hinaufreichen würde. Die Befreiung von dem Druck falscher oder einseitig störender Vorstellungen ist in einem gewissen Maass wirklich durch das rein ideelle Mitleben mit harmonischeren oder wenigstens anders gestimmten Geistern zu erreichen. Aus den Kunstschöpfungen spricht das veredelte Leben mit seinen ebenmässig gestalteten Reizen. Es müssen also die Gebilde der Dichtung selbst zu erfrischenden Antrieben der Lebensgefühle werden, — eine Anfrischung, die freilich auch, wie jeder reale Lebensreiz, zu ihrem Gegentheil führen kann, wenn anstatt maassvollen Genusses eine Art Berauschung platzgreift. Man sollte daher nie vergessen, dass die abgeleiteten Kunstreize in mehreren Richtungen nur ein Ersatz oder eine Ergänzung der unmittelbaren Lebensreize sein sollen. Jedenfalls bleibt es bedenklich, zuviel von dem wirklichen Leben durch die Ideale der Kunst aufwiegen und etwa gar die Befriedigung vornehmlich in dem Nachempfinden künstlerischer Productionen suchen zu wollen.

In Rücksicht auf den ästhetischen Genuss versteht sich eine geistige Diät von selbst. Es giebt aber noch einen andern und viel weiteren Sinn, in welchem sie bis jetzt ziemlich unbekannt ist, und der dennoch in hohem Grade über das ideelle Wohlbefinden entscheidet. Man wird es sich auch in wissenschaftlicher, philosophischer, gesellschaftlicher und ganz besonders in politischer Beziehung zur Regel machen müssen, nur das Interessante und das Interessirende und zwar auch dies wesentlich nur im positiven, dem eignen Wesen entsprechenden Sinne an sich kommen zu lassen. Die unvermeidlichen Seiten des Verkehrs sorgen nämlich trotzdem für hinreichende Kreuzungen, und man braucht daher nicht zu besorgen, durch jenen Grundsatz literarischer und sonstiger geistiger Diät der Einseitigkeit anheimzufallen. Wer charaktervoll genug ist, um den gemeinen passiven Gewohnheiten eine selbständige Lebensordnung entgegenzusetzen und die Wege, auf denen er einen Verkehr unterhalten will, kritisch zu wählen, wird auch Ueberlegenheit genug besitzen, um sich nicht durch sein eignes Gesetz in einen zu engen Kreis von geistigen Beziehungen zu bannen. Er wird im Gegentheil an Kraft und Freiheit für alle seine Fähigkeiten Erhebliches gewinnen, indem er die ableitenden, abnutzenden oder sonst schwächenden Einwirkungen fernhält. Angesichts einer ebenso zerfahrenen als umfassenden Literatur wird eine solche typische Concentrirung vom höchsten Werthe sein. Das Vorzügliche und zugleich dem eignen Streben Entsprechende ist selten und überdies schwer aufzufinden. Freilich wird man bei der Wahl durch die überfluthende Menge der Erzeugnisse genirt, aber nicht, weil im Verhältniss zu dieser Menge ein entsprechender Bruchtheil an Bedeutendem zu gewärtigen und zu berücksichtigen wäre, sondern umgekehrt, weil in der Masse des gleichgültigen oder schlechten Stoffs das Gute zunächst völlig unsichtbar zu bleiben pflegt. Nicht einmal die Jahrhunderte sichten hier immer zutreffend, und das Urtheil bleibt ganze Geschlechterfolgen hindurch trotz aller selbstgefälligen Kritik oft verkehrt genug. Wer die geistige Nahrung mit Umsicht wählen will, wird sich häufig genug des Mangels einer vorbereitenden Orientirung und zwar um so mehr bewusst werden, je tiefere Blicke er in die Unzuverlässigkeit der gemeinen Ueberlieferung und des jeweiligen Modetons gethan hat. Doch wir haben hier nicht vorzugsweise von der Kritik, sondern nur von den nächsten Rücksichten auf die Lebensreize zu handeln. Es ist nur scheinbar etwas Kleineres, wenn wir neben der allgemeinen Literatur auch die Journale in Anschlag bringen. Erwägt man, wieviel Zeit das Lesen der Zeitungen bei einer grossen Menschenzahl in Anspruch nimmt, unter welcher wiederum der überwiegend grösste Theil nie oder äusserst selten bedrucktes Papier anderer Art auf sich wirken lässt, so kann man ermessen, was diese passive und dem Inhalt nach ziemlich unfreiwillige Geistesdiät zu bedeuten habe.

Repräsentirt doch selbst bei denen, deren Leben in der Theilnahme an der Literatur aufgeht, die Zeitungslectüre eine ansehnliche Einwirkung meist unwillkürlicher und unbemerkter Art! Die anscheinend kleine Forderung, die wir hier im Auge haben, ist schwer genug zu erfüllen; denn im Zeitungs- und Zeitschriftenwesen bethätigen sich die bessern Elemente des vorwärts strebenden Lebens nur in geringer Minderheit. Wie sich Staat, Schule und Kirche dem Einzelnen aufzwingen, so thut es in ihrer Art, wenn auch mehr indirect, auch die Presse mit ihrer Vertretung des grade vorherrschenden gesellschaftlichen und politischen Tons. Ja die Literatur überhaupt trägt auch sonst in weitem Umfang den Stempel der äusserlich maassgebenden Staats- und Gesellschaftseinrichtungen. Die gesunde Geistesnahrung ist also unter ungesunden Verhältnissen nur ausnahmsweise anzutreffen, und man wird daher wohl thun, über das wenige Gute hinaus, das man zu erreichen vermag, lieber auf alle Mischwaare zu verzichten, als sich durch die Einlassung mit dem Schlechten die Stimmung und die bessern Gewohnheiten der Denk- und Gefühlsweise zu verderben. Auch die gute geistige Diät setzt, wie man sieht, zur vollkommenen und unbehinderten Ausführbarkeit entsprechende gesellschaftliche Zustände voraus. Inmitten von Störungen, die sich zum Theil als Zwang auferlegen, ist sie nur theilweise einzuhalten und kann daher auch in Rücksicht auf die Gestaltung der ideellen Lebensreize nicht alles das leisten, was bessere Institutionen im grössten Umfange und für Jedermann erreichbar machen würden.

Siebenter Abschnitt.

Socialisirung aller Gesammtthätigkeiten.

Erstes Capitel.

Physiologische und materielle Existenz.

Die Individualisation des Einzellebens befindet sich so wenig im Widerspruch mit der allseitigen Socialität, dass sie vielmehr erst durch die letztere in vollkommenerer Weise möglich wird. Die gesellschaftliche Functionentheilung ist es nicht allein, wodurch die Specialisirungen und Individualisirungen begünstigt werden. Ueberhaupt bewirkt erst die höhere Freiheit des auf gegenseitige Hülfe angelegten Zusammenlebens jene Entwicklungen der Eigenart, die sonst zu einem grossen Theil durch die von der Vereinzelung unzertrennliche Noth behindert werden müssten. Hienach ist die Socialisirung aller Verhältnisse, die eine Collectiveinwirkung verstatten, zugleich ein Mittel der edleren Individualisirung, und die Unterdrückung der Individualität wird in denjenigen Arten des politischen Zusammenhangs am grössten sein, in denen die einförmige, alles absorbirende und nivellirende Gewalt den zusammenhaltenden Kitt bildet. Auf diese letztere Weise ist, wie wir früher an Sitte, Recht, Gemeinwesen und Geschichte dargelegt haben, die heutige Gesellschaft vorzugsweise entstanden, und wenn wir dieser Gewaltgesellschaft die wirkliche, auf Freiheit beruhende und auf Freiheit abzielende Socialisirung als den einzigen Weg zur Veredlung des Lebens substituiren wollen, so treten wir hiemit nur in die schöpferischen Bahnen der Natur selbst ein. Die Aufzwingung der Gewalt kann kein immer dauernder Act sein; denn er erzeugt selbst die Tendenz zur Rückwirkung, die in der Menschheit immer mächtiger wird und schliesslich, nach Erstarkung der gedrückten Elemente, nicht nur die Fesseln sprengen, sondern auch zur Herstellung der angemessenen positiven Verbindungen übergehen muss. Die Menschen sind Genossen eines mehr oder minder gleichen und gemeinsamen Schicksals. Sie sollen sich nun als solche Genossen auch in allen nur irgend erheblichen Lebensbeziehungen wirklich betrachten und dem entsprechend zur gegenseitigen Förderung durch politisch gesellschaftliche Einrichtungen und zwar nicht blos zur Abwehr und Ausgleichung des gemeinen Unrechts, sondern zur positiven Organisation aller ihrer socialisirbaren Lebensfunctionen verbinden. Die Gerechtigkeitsgrundlagen für diese, von dem ferneren Gange der Geschichte selbst geforderte universelle Socialisirung sind von uns schon früher in den wesentlichen Richtungen gekennzeichnet worden. Ebenso hat die Kluft, welche zwischen Gewaltstaat und Gewaltgesellschaft einerseits und der freien, nicht unterdrückerischen Gesellschaft andererseits gähnt, eine wohl hinreichend eindringliche Untersuchung erfahren. Es ist daher hier nur erforderlich, auf der bereits geebneten Bahn, die sich von den historischen Sperrmitteln schon gesäubert findet, fortzuschreiten und die Formirungen zu betrachten, die aus der positiven Socialisirung der Thätigkeiten hervorgehen müssen.

Ueberall haben wir die Ansätze zu den neuen Gebilden im Anschluss an die Kritik der alten Missstände hervorgehoben. Das Gesammtbild, welches wir jetzt von dem Ganzen der Socialität zu entwerfen haben, wird hauptsächlich dazu dienen, die der Wirklichkeitsphilosophie entsprechende und auf der streng wissenschaftlichen Auffassung von Dingen und Menschen beruhende Lebensgestaltung in allen Hauptrichtungen ihres Gefüges sichtbar zu machen. Eine Beschränkung auf das Individual- und Privatdasein sowie auf die privaten Gesichtspunkte bezüglich des Lebenswerths und der Steigerung der Lebensreize hat uns stets ferngelegen. Die Vollendung der Ideen über den Lebensgehalt ergiebt sich daher auch erst mit unserer Zukunftsvoraussetzung von einer freien und angemessenen Socialisirung aller wesentlichen Lebensverhältnisse. Unter den Gestaltungen, die hier in Frage kommen werden, sind diejenigen, welche sich auf das physiologische und materielle Dasein beziehen, zwar selbstverständlich nicht die höchsten, aber doch die fundamentalsten. Ueber ihnen erheben sich die geistigen Institutionen vollendeterer Art; aber grade deswegen muss der Stufenfolge gemäss mit den Grundlagen selbst begonnen werden.

2. Die Racen- und Stammeseigenthümlichkeiten bilden den wichtigsten physiologischen Unterschied, der überhaupt für die Vergesellschaftung fraglich werden kann. Von diesen grössern oder kleinern Differenzen hängen, und zwar nicht blos der Sprache wegen, die Chancen des engern oder weitern Verkehrs sowie der positiven Verbindungen gesellschaftlicher und politischer Art zunächst fast unbedingt ab. Auch die weitere Entwicklung wird niemals zur völligen Gleichgültigkeit gegen diese Specialisirungen der physischen Beschaffenheit und der ihr entsprechenden Gefühls- und Handlungsweise führen können. Im Gegentheil wird sogar in manchen Beziehungen die tiefere Einsicht den Werth der Gruppirungen, die nach Maassgabe der Racen- und Stammeseigenschaften statthaben, wieder mehr ins Licht stellen müssen, als es unter dem Vorwalten von Ideen geschehen konnte, die von vornherein das physisch Bedeutsame grundsätzlich zur Seite liessen, um so für die gesellschaftliche und politische Gleichheit möglichst unbehindert zur Geltung zu gelangen. Wenn wir uns als eines recht naheliegenden Beispiels der Rolle erinnern, welche die Einmischung der Juden in die anderweitigen Völkerexistenzen gespielt hat und, begünstigt durch die auf Ausbeutung angelegte Gesellschaftsverfassung, gegenwärtig immer nachdrücklicher spielt, so zeigt es sich deutlich, wie sich das Problem des gegenseitigen Verhaltens der Racen nicht ohne Weiteres lösen lasse. Man kann es Niemandem zumuthen, die intimere Genossenschaftlichkeit und namentlich das Verhältniss der Geschlechter in Richtungen auszudehnen, wo dem eignen Wesen nicht nur wenig Sympathisches, sondern auch Vieles entgegentritt, was ihm, statt blos gleichgültig, sogar gradezu widerwärtig sein muss.

Die so zu sagen im Blut liegenden Unterschiede der Racen und Stämme hängen auf das Engste mit der Fortpflanzung zusammen. Lassen sie sich auch nicht vollständig und ausschliesslich auf eine Abstammungstheorie Darwinscher Art zurückführen, so haben sie doch, nachdem sie einmal durch die Zusammengehörigkeit innerer Schematismen und äusserer klimatischer oder sonst kosmischer Vorbedingungen entstanden waren, ihre Verbreitung durch die Beherrschung der geschlechtlichen Gruppirungen gefunden. Man wird also die Racengegensätze und Stammessonderungen vor allen Dingen zum Ausgangspunkt der Grundsätze über die Geschlechtsverbindungen machen müssen. Die uralten Rechte halfen sich dadurch, dass sie zwischen Stämmen, die in keine Mischungen eingehen wollten, keine

Ehegemeinschaft anerkannten. Eine derartige Satzung des Zwangsrechts wäre für die vollständig socialisirten Verhältnisse nicht blos überflüssig, sondern auch übel angebracht. Die Freiheit der Sitte soll und kann hier Alles leisten, was nur irgend erforderlich ist. Auch hiesse es die positiven Kräfte der gut geordneten Gesellschaft unterschätzen, wenn man ihnen nicht einmal zutraute, die nothwendigen Einschränkungen des Verkehrs und der geschlechtlichen Combinationen aufrecht erhalten zu können. Die individuelle Freiheit würde gewaltig zurückgeschraubt werden, wenn man ihr die Enthaltung von bestimmten Verbindungen unmittelbar und zwangsweise auferlegte. Sie muss eben durch ihr eignes Interesse ohne irgend welchen Zwang zu demselben Ergebniss gelangen, vorausgesetzt, dass sie eine vollständige und nicht wie in unsern heutigen Uebergangszuständen blos eine halbe und einseitige ist. Gegenwärtig können die Individuen thatsächlich nur sehr unvollkommen darüber verfügen, wie sich die Ehen in Rücksicht auf Race und Blutmischung gestalten sollen. Sie sind von sachlichen Factoren mehr als von der persönlichen Würdigung abhängig, und die ökonomische Macht oder die sonstigen Positionsvortheile spielen dabei die Hauptrolle. Fasst man die ehelichen, die ausserehelichen und schliesslich auch noch die eigentlichen Prostitutionsverhältnisse von der höchsten bis zur niedrigsten Gattung in ein Gesammtgebiet zusammen, so kann man behaupten, dass die geschlechtlichen Combinationen heute ein Reich des Zwanges bilden, in welchem zwar die Nöthigung eine indirecte, aber darum nicht minder zugkräftige ist. Diese regelrechte und gleichsam den Naturgesetzen der bisherigen Gesellschaft entsprechende Unfreiheit darf auch nicht im Mindesten überraschen; denn sie ist ja nur ein besonderer Fall und eine Specialfolge der überlieferten Socialconstitution.

Gelegentliche Mischungen ziemlich stark unterschiedener Stammeseigenthümlichkeiten können bekanntlich eine günstige Einwirkung üben und auch die physiologischen Eigenschaften zweckmässig ergänzen. Man kann sicher sein, dass da, wo die persönlichen Neigungen in erster Linie entscheiden, die völligste Freiheit der Combinationen keinen Schaden anrichten werde. Was bisher wirklich schädlich war und sich in unleidlichen Misch- und Missgebilden verkörpert hat, ist nicht eine allseitige Freiheit der Wahl, sondern der Umstand gewesen, dass die geringe formelle Freiheit nur dazu gebraucht werden konnte, zu dem übrigens vorhandenen indirecten

Zwang ein Ja zu sagen, dem die Fähigkeit zu einem Nein nicht zur Seite stand. Es wäre auch wunderlich, wenn die Natur die Triebe so urtheilslos eingerichtet hätte, dass sie nicht einmal im Stande wären, das Unleidliche einer falschen Racencombination und die innere Disharmonie unvereinbarer Stammesmischungen im Voraus in der Form des Gefühls anzuzeigen. Wenn unter irgend welchen Umständen diese bessern Antriebe der Natur wirkungslos bleiben, so geschieht dies nicht, weil sie an sich ihren Dienst versagt hätten, sondern weil sie andern und den Naturrücksichten entfremdeten Motiven weichen mussten. Beseitigt man diesen falschen und den Naturzweck kreuzenden Zwang, so kann man die individuelle Freiheit getrost sich selbst und hiemit jenen Naturbestimmungen überlassen. Man hat alsdann durchaus nicht nöthig, auf besondere positive Leitungsmittel zu denken, die sich nicht schon von selbst durch Steigerung und Ergänzung der natürlichen Gefühlseinsichten vermöge entwickelterer Geistesbildung ergeben. Es bestätigt sich auch hier die Wahrheit, dass sich die Constructionen im gesellschaftlichen Gebiet um so mehr vereinfachen, je entschiedener man von dem Grundsatz ausgeht, die Freiheit als selbstverständlich und fundamental, die Einschränkungen derselben aber als secundär und der beweisenden Ableitung bedürftig anzusehen. Der Einfachheit im Theoretischen entspricht aber im Praktischen die leichte Ausführbarkeit. Das Racenproblem, welches heute namentlich in Rücksicht auf die Juden so unübersteigliche Schwierigkeiten bereitet und für den heutigen Zustand so gut wie unlösbar ist, wird sich unter natürlicher gewordenen Gesellschaftsverhältnissen von selbst und nebenher erledigen, ohne dass man für diese Specialaufgabe noch besondere Anstrengungen zu machen hätte.

3. In der heutigen Gesellschaft und im heutigen Staat ist die wachsende Einwirkung des jüdischen Elements auf keine Weise zu vermeiden. Ein Völkchen, in dessen Vorgeschichte sich Grausamkeit und krasser Egoismus schon wie ein Programm des weiteren Lebenslaufes angekündigt haben, ist durch die Zudringlichkeit und Zähigkeit, mit der es bereits vor dem Verfall des eignen Staats gewohnt war, sich im Fleische anderer Nationen schmarotzerartig einzunisten, schliesslich dazu gelangt, mit seiner Nachkommenschaft die ganze Erde zu besäen. Indem es zugleich überall und nirgend zu Hause ist, spielt es in den modernen Culturstaaten die bekannte, vorzugsweise händlerische und finanzielle Rolle. Ganz besonders sind ihm

unter den höheren Erwerbszweigen die weniger von der Staatspolizei unzugänglich gemachten und mithin grade die neu aufgekommenen im weitesten Umfange zugefallen. So ist die Beherrschung der periodischen Presse durch jüdische Journaleigenthümer, Redacteure, Correspondenten u. s. w. nicht blos in Deutschland und Oestreich, sondern auch in Frankreich, ja überhaupt auf dem Europäischen Festlande eine oft beklagte Thatsache. Das Eindringen des jüdischen Elements in den ärztlichen Beruf wird demselben immer mehr den Stempel eines reinen Handelsgeschäfts um nicht zu sagen einer systematischen Ausbeutung aufdrücken. Sogar die Staatsgesetzgebung muss in manchen Richtungen dazu helfen, das Publicum den Aerzten in immer weiterem Umfange, wie z. B. vermittelst des Impfzwangs, tributpflichtig zu machen. Es fehlt in einzelnen Gesetzgebungen nur noch die völlige Freiheit der Advocatur nebst dem Zwange des Publicums, sich in allen Fällen eines Advocaten zu bedienen, um auch in dieser Richtung die Früchte des jüdischen Stammes und der zugehörigen Denkweise zu zeitigen. Auch einzelne Theile der Wissenschaft, welche, des Verschlusses der übrigen wegen, von den Juden als Gewerbe besonders gesucht worden sind, zeigen schon vielfach den Stempel der neuen, auf Gewinn angelegten Betriebsart. Der durch die Geschichte des Judenthums erwiesene angestammte Mangel wissenschaftlicher Schöpferkraft hat dazu geführt, die Vereinzelung und gleichsam Ausmünzung der überlieferten Stoffe in immer engere Specialitäten auf das Aeusserste zu treiben, um so durch den Anschein der Einzigkeit eine lucrativere Position oder sonst Vortheile zu gewinnen, zu denen eine rein den Bedürfnissen der Sache entspringende und daher nicht in Zersplitterung ausartende Theilung nicht verhelfen würde. In den Naturwissenschaften und in der Mathematik sind derartige Abwege deutlich genug sichtbar.

Das Einzige, worin die Juden in der Weltgeschichte Epoche gemacht haben, ist die Knechtsform der Religion gewesen. Hierin liegt auch jetzt noch ihre angestammte Neigung, und der Knechtssinn, durch den sie sich auch sonst und namentlich im Dienste jeder herrschenden Politik empfehlen, erklärt die Erscheinung, dass die Regierungen mit ihnen nicht selten förmliche Coquetterie treiben. Der oppositionelle Charakter, den die jüdischen Elemente früher bei günstigen Gelegenheiten bekundet haben, reichte stets nur soweit als die Interessen und verlor sich in dem Maasse, als die verlangten Stellungsvortheile durch die neueren Gesetzgebungen gewährt wurden

Abgesehen von einigen wenigen radicalen Elementen, die sich in ihrem Stamme gar sehr in der Vereinzelung befinden und gegen ihn sogar meist einen Gegensatz bilden, ist die geschmeidigste Anbequemung an das politische Machthaberthum von je her so zu sagen die Religion des Judenthums gewesen. Um den Preis der Unterwürfigkeit dem Geschäft des Gewinnmachens unbehelligt nachgehen und von dem Volke, in dessen Mitte sie sich festgesetzt, gehörig zehren können, — darauf hat sich das Streben der jüdischen Einwanderer zunächst immer gerichtet und diese Maxime auch bis auf den heutigen Tag festgehalten. Mit der vorläufigen Unterwerfung wurde aber auf die Ausbildung einer Herrschaft eigner Art keineswegs verzichtet. Knechte zu sein, oder aber Knechte zu machen, — das ist die Alternative der auf Unfreiheit angelegten Völker, und so ist es denn mit den Juden nahezu dahin gekommen, dass sie eine gesellschaftliche Oberherrschaft indirecter Art prätendiren. Die Halbfreiheit, welche die ökonomischen Ausbeutungspositionen entfesselte, hat diese anmaassende Rolle begünstigt, und auch in manchen geistigen Gebieten hat die moderne Zersetzung dahin geführt, dass sich Juden gelegentlich wohl gar als Eigner der wahren Positivität aufspielen und, um das Maass voll zu machen, mit ihrem Jehovah zur amtlichen Rettung von Staat und Philosophie empfehlen zu müssen glaubten. In der That sind sie auch da, wo irgend etwas der Verwesung anheimfällt, am meisten heimisch, und man kann von dem Maass, in welchem das Judenthum in die modernen Völker- und Staatskörper eindringt und den gesellschaftlichen Verkehr untermischt, einen Rückschluss auf den Grad der sittlichen Auflösung machen.

4. An denjenigen Stätten, wo sich, wie im Rahmen der slavisch und deutsch gemischten Elemente, die Juden in der grössten Zahl und am nachhaltigsten eingenistet haben, wiegt ein Conflict mit ihnen in manchen Richtungen schwerer als derjenige mit Staat und Kirche. Ein Schriftsteller, der ihre Raceneigenthümlichkeiten nicht als etwas auserwählt Wohlthätiges preisen will, muss sich darauf gefasst machen, schlimmeren Chicanen anheimzufallen, als sie in irgend welcher Form von Staat oder Kirche ausgehen können. Auch würde ihm die Enthaltung von einer ausdrücklichen und directen Kritik wenig helfen; denn die Repräsentanten des semitischen Stammes wissen schon vermöge einer Art von thierischem Instinct diejenigen herauszufinden, deren besserer Charakter mit dem ihrigen nicht ver-

träglich ist. Die „Emancipation von den Juden“, wie man die Beseitigung jener schlechten gesellschaftlichen Einflüsse kurzweg genannt hat, ist daher ein eminent sociales Problem und überdies ein solches, welches, wie schon angedeutet, Angesichts der heutigen Gesellschaftsverfassung so gut wie unlösbar bleibt. Der Socialismus ist die einzige Macht, welche Bevölkerungszuständen mit stärkerer jüdischer Untermischung die Spitze bieten kann. Hieraus erklärt sich nebenbei aber auch der besonders ausgeprägte Hass, mit welchem grade die Masse der Juden die socialistischen Ideen und Thatsachen verfolgt. Die Individualausnahmen, an die man in dieser Beziehung erinnert werden mag, bestätigen nur um so mehr die allgemeine Regel, als sie sich bisher grade bei Personen fanden, die sich ausdrücklich von den Ueberlieferungen ihres Stammes lossagten und auch der Racenqualität nach sich bemühten, das Judenthum nicht blos, wie üblich, zu verleugnen, sondern wirklich mit der besseren That abzustreifen.

Man hat lange Zeit eine besondere Aufklärung darin gesehen, über die sogenannten Volksvorurtheile gegen die Juden erhaben zu sein. Sind nun auch die Rohheiten in der Gefühls- und Auffassungsweise des Volks nicht zu billigen, und ist auch namentlich die Einmischung des religiösen Merkmals ein aus der Unwissenheit und Priesterlehre stammender Missgriff, so darf doch die Volksantipathie im Allgemeinen nicht als eine unwahre oder angekünstelte, sondern muss als völlig natürliche Regung betrachtet werden. Auf dieses Naturnrtheil nicht Eines Volks, sondern der Völker in den verschiedensten Jahrhunderten vor und nach der christlichen Aera wird auch heute noch Jeder zurückkommen müssen, der den jüdischen Charakter in den Berührungen des Lebens selbst erprobt. Auch die günstigste theoretische oder sonstige Voreingenommenheit für die Juden wird im wirklichen Leben eines Andern belehrt werden und sich schliesslich selbst gestehen müssen, dass auf vereinzelte gute Fälle, wie sie eben auch unter den bedenklichsten Classen und Gattungen von Menschen vorkommen, ganze Schaaren von üblen Erfahrungen zu verrechnen sind. Die breiten Volksschichten, welche sich weniger nach dem liberalen Schein als vielmehr nach den Naturgründen ihre Ansicht bilden, treffen daher mit ihrem naturwüchsigen Urtheil ebendahin, wo auch schliesslich die strengste wissenschaftliche und historische Erwägung aller Umstände anlangen muss. Der Socialismus nun, der mit dem Volke rechnet, kann demgemäss auch auf das Volk rechnen, und dieser Voranschlag ist der einzige, der in der Wiederherstellung des Racengleichgewichts gegen den jüdischen Einfluss ein gehöriges Ergebniss verspricht. Eine reine Thorheit wäre es, an den reactionären Resten der Einschränkung festhalten oder gar auf verwandte rückläufige und freiheitsbeschränkende Mittel zurückkommen zu wollen.

Sobald die Gesellschaft diejenigen Unterlagen beseitigt, die vorzugsweise der Ausbeutung zu Stützpunkten dienen, wird der Wegfall einer grossen Menge von Gelegenheiten zur Bethätigung des materiellen Egoismus auch die Juden nöthigen, ihre früheren schlechteren Existenzarten mit der Einfügung in die bessere Socialität und mit solchen Functionen zu vertauschen, vermöge deren sie von der eignen Arbeit und nicht mehr von der Uebervortheilung des Nebenmenschen zu leben haben. Da ferner im socialitären Verbande die materielle Existenz der Einzelnen als solcher, also diejenige der Frauen unabhängig von der sonst erforderlichen Eheversorgung gesichert ist und auch übrigens das Eingehen der dauernden Geschlechtsverbindungen nicht mehr durch fremde Rücksichten, sondern durch die Gesetze der persönlichen Neigung bestimmt wird, so ist keine Gefahr, dass die jüdischen Elemente irgend eine missliebige Einwirkung auf den physiologischen Volkscharakter ausüben. Der Einfluss, zu dem sie gelangen mögen, wird auch in allen andern Beziehungen nicht wie jetzt ein unverhältnissmässiger und schädlicher, sondern ein solcher sein, wie er den besseren, vom Egoismus gesäuberten Functionen entspricht. Sogar auf eine allmälige Verbesserung der Gefühls- und Denkweise eröffnet sich insofern einige Aussicht, als es, wenn man die Zeiträume nur gross genug nimmt, ganz unmöglich ist, dass die alten Triebe unverändert fortbestehen, sobald ihnen das Bethätigungsfeld völlig und für immer entzogen ist.

5. Jede andere Racenfrage würde sich im Zustande der socialitären Freiheit auf eine ähnliche Weise erledigen lassen und jedenfalls im Uebergange weniger thatsächliche Schwierigkeiten bereiten, als die vorher gekennzeichnete eminent sociale Judenfrage. Im Allgemeinen nehmen die verschiedenen Stämme schon der geschichtlichen Ueberlieferung gemäss ihre eignen Gebiete ein, und dieser Zustand der verhältnissmässigen Sonderung würde auch keineswegs in der neuen Gesellschaftsverfassung einem Mosaik weichen, sondern im Gegentheil vermöge der natürlichen Anziehungen und Abstossungen in manchen Richtungen noch strenger ausgebildet werden. Trotz der vollständigsten socialitären Freizügigkeit, die sogar in internatio-

naler Weise platzgreifen und die Aufnahme neuer Mitglieder in die einzelnen Wirthschaftsgemeinschaften regeln würde, wäre dennoch schon durch das Spiel der natürlichen Neigungen und Abneigungen dafür gesorgt, dass nur die leicht vereinbaren Elemente zu engerer Vergesellschaftung gelangen könnten. Die Gruppirungen müssten sich demgemäss zunächst an die Stammesgleichartigkeit anschliessen und würden stark abweichende Untermischungen nur insoweit eingehen, als hiedurch ihr Grundcharakter keine Beeinträchtigung erführe. Namentlich würde man in den freien, durch ein strenges, jeden Geschlechtszwang ausschliessendes Recht, übrigens aber unmittelbar durch die Sitte geschützten Ehen ein Mittel besitzen, sich gegen falsche Combinationen, wie sie der alten Gesellschaft eigen sind, gehörig zu verwahren. Wo dagegen die Kreuzung wohlthätig wäre, würde sie sich von selbst nach den Gesetzen der natürlichen Antriebe einführen.

Die Freiheit und Unverletztheit der Person und ihrer Eigenschaften ist im weitesten Sinne der Ausgangspunkt aller rationellen Socialisirung. Diese Freiheit und Unverletztheit ist aber eben nicht in dem beschränkten Sinn zu verstehen, den ihr die heutige Gesellschaft unterlegt. Sie hat sich auf alle Lebensbedingungen zu erstrecken und daher jeden, sei es directen oder indirecten Druck zu beseitigen, der auf die Existenz und das gleiche, den Lebensgenuss betreffende Recht Aller geübt wird. Hiedurch wird die Unverletztheit der Person zu einem Begriff von grosser Tragweite, indem sie nicht nur die unmittelbaren und mittelbaren Verletzungen der materiellen Existenz, sondern auch die physiologischen Beeinträchtigungen der bessern Lebensgestaltung ausschliesst. Der Mensch hat ein Recht auf die materiellen Lebensbedingungen nicht nur in sachlicher, sondern auch in persönlicher Beziehung, d. h. es würde ein Unrecht sein, wenn ihm der Nebenmensch den Zugang zu den Naturstoffen und Naturkräften oder zu den sonstigen Arbeitsvoraussetzungen wehren wollte, oder wenn er selbst nicht schon von seiner Conception an derjenigen Fürsorge theilhaftig würde, die ihn zu einem lebenswerthen Dasein fähig macht. Diese letztere Forderung ist sogar in ihre äussersten Consequenzen zu verfolgen und demgemäss auch dahin zu verstehen, dass die rein physiologische Production des Menschen keine für ihn gleichgültige Angelegenheit bleiben dürfe. Der philosophischen Betrachtungsart kann es nicht schwer fallen, das Recht der ungebornen Welt auf eine möglichst gute Composition auch innerlich und zwar in der natürlichsten und rationellsten Weise zu begreifen. Vom Standpunkt des noch nicht angetretenen Lebens ist es besser, dass sich eine Existenz gar nicht, als dass sie sich mit disharmonischen, das Leben verleidenden Anlagen einführe. Die Conception und allenfalls auch noch die Geburt bieten die Gelegenheit dar, um in dieser Beziehung eine vorbeugende oder ausnahmsweise auch sichtende Fürsorge eintreten zu lassen. Wenn wir diese Fürsorge als ein menschliches Recht auffassen, so machen wir hiemit nichts weiter als die einfache Wahrheit geltend, dass die Rücksichten auf den, welcher das neuproducirte Leben zu consumiren hat, und nicht die egoistischen Interessen der Producenten zu entscheiden haben. Die tiefere und strengere Moralität, welche dieser Auffassungsart zu Grunde liegt, wird in einem vollkommneren socialen Zustande allerdings auch schon durch die Gesetzmässigkeit der freien und veredelten Naturtriebe unterstützt. Es ist jedoch nicht genug, sich bei den verbesserten und nicht mehr durch eine verkehrte Gesellschaftsordnung verderbten Naturchancen zu beruhigen. Nicht die vorläufig sehr gleichgültige Sorge um die Anzahl, wohl aber diejenige um die physiologisch günstige Beschaffenheit der neuen Generation muss in den Kreis der individuell moralischen Rücksichten von höchster Bedeutsamkeit aufgenommen werden. Die Denkweise muss sich in dieser Richtung von ihrer heutigen wüsten Leichtfertigkeit befreien und, ohne den Gesetzen der Naturtriebe irgendwie einen verderblichen Zwang aufzuerlegen, dennoch zu einer ernsten Rücksichtnahme auf die Schicksale des werdenden Geschlechts vertiefen.

6. Die Socialisirung schliesst ihrem Wesen nach alle Verhältnisse aus, in denen die Existenz eines Menschen als Wirkung der Gunst oder Gewalt Anderer erscheint. Jeder besteht hier dadurch, dass er früher oder später seinen Antheil zur allgemeinen Existenzvermittlung beiträgt. Kann er es ausnahmsweise gar nicht, so ist dies nicht ihm, sondern der Gesellschaft zuzurechnen, die ihn mit solcher Unzulänglichkeit producirt oder sonst in die fragliche Lage gebracht hat. Wie dem Einzelnen sein Mangel, so werden ihm auch seine Vorzüge nicht besonders zugerechnet. Er hat für grössere Leistungen keine andere Belohnung zu fordern, als diejenige, welche schon in der Fähigkeit liegt, sie zu vollführen. Sogar die bessere Function oder Stellung, die von den höheren oder gar hervorragenden Thätigkeiten nicht zu trennen ist, muss als etwas Zufälliges

gelten, was als Annehmlichkeit gleich den sonstigen verschiedenen Chancen des Lebens hingenommen, aber nicht als Gegenstand eines Vorzugsrechts betrachtet wird. Offenbar kann die solchen Verhältnissen entsprechende Denkweise in unserm heutigen Gesellschaftszustand keinen Sinn haben. Nur da, wo die Gesammtheit in bewusster und organisirter Weise die Verantwortlichkeit für die Ausstattung des Einzelnen im weitesten Umfange auf sich nimmt, darf sich Jeder in doppelter Richtung, nämlich für Production und Consumtion, als gleichwerthiger Repräsentant des Ganzen betrachten. Aber auch dieses Ganze steht nicht eigentlich über ihm, sondern umgiebt ihn nur als ein Inbegriff von gleichstehenden Genossen.

Die eben bezeichnete Socialität verzweigt sich in alle Existenzrichtungen und Gemeinschaftsverhältnisse, so dass auch diejenigen neuen Beziehungen, welche der Familie alten Stils entsprechen, nicht unerheblich davon berührt werden. Die auf die active Ernährung gegründete Art von Autorität des Versorgers über die Versorgten wird durch edlere, rein persönliche Affectionsverhältnisse ersetzt. Von dem Verhältniss des Weibes zum Manne ist schon früher geredet worden; aber die Beziehungen der Kinder zum Vater oder überhaupt zu den Eltern werden ebenfalls durch den Wegfall der ökonomischen Rücksichten veredelt. Auch die disciplinarischen Einwirkungen werden sich durch das Doppelverhältniss, vermöge dessen ausser der Familie auch die umfassendere Gemeinschaft eine überwachende Instanz bildet, maassvoller und weniger willkürlich gestalten. Es wird auch innerhalb der Familie die feinere Rücksicht auf das Recht nicht aufhören, und die despotischen Manieren, die in den älteren Formen der Familie des alten Regime dem politischen Gewaltherrenthum zur Seite gingen, werden sich nicht blos, wie im bisherigen Laufe der Civilisation abgeschwächt, sondern durch eine positiv freie Gestaltung des auf den persönlichen Affectionen beruhenden Zusammenhanges ersetzt finden. Die Socialisirung der Familie verwirklicht jenes grosse Princip, durch welches sich das Ganze ebenmässig und frei organisirt, auch in den kleinsten Verhältnissen der engsten Gemeinschaft. Die willige Gegenseitigkeit der Beziehungen, wie sie durch Natur und Cultur näher bestimmt wird, bleibt auch hier das Fundament aller gerechten Ordnung. Die natürliche Vormundschaft begrenzt sich durch das Bedürfniss und wird auf der activen Seite von einer wohlbegründeten Theilnahme, auf der passiven aber durch eine vertrauensvolle Gegenregung getragen. So gestalten sich alle Bindemittel im Geiste einer Socialität, für welche das Wort Brüderlichkeit keine ausreichende Bezeichnung sein dürfte, da das Verhältniss von Brüdern in der alten Gesellschaft und Familie durchschnittlich kein Musterbild und der Regel nach nicht jene Freiheit von ökonomischen und andern trennenden Rücksichten darstellt, die in der neuen Verfassung für die ganze umspannende Weite der Gesellschaft und im Grossen ebenso wie im Kleinen erreicht wird.

7. Die Verwirklichung des neuen Existenzrechts unterscheidet sich von der alten Herrschaft blosser und noch dazu ungünstiger Chancen besonders dadurch, dass nicht die Sachen, sondern die Personen den Ausgangspunkt aller Gestaltungen bilden. Das allgemeine Menschenrecht auf die Natur und auf den eignen Kräftefond ist schon früher ausser Zweifel gestellt worden, indem das Unrecht nachgewiesen wurde, welches in den entgegenstehenden Beeinträchtigungen mit Nothwendigkeit enthalten sein muss. Hier haben wir uns nur zu vergegenwärtigen, wie sich vom Standpunkt der heutigen Gesellschaft aus der Uebergang zur Socialisirung der materiellen Existenz ausnimmt. Entweder stellt sich nämlich der künftige Zustand als eine unmittelbar communitäre Verwirklichung jenes Naturrechts auf den Grund und Boden und auf die producirten Arbeitsmittel dar, oder man knüpft zunächst in Gedanken an solche Gesetze oder Nothwendigkeiten an, die auch schon Angesichts der heutigen Verkehrsformen als Antriebe zur wirthschaftlichen Gerechtigkeit gelten können. Nur dieser zweite Fall der ideellen Ableitung ist es, der hier einer besondern Erläuterung bedarf, da sich der erste seiner Einfachheit wegen ohne Weiteres von selbst versteht.

Das Maass, in welchem sich in der heutigen Gesellschaft die Arbeit einen Theil des Gegenwerths ihrer Leistungen zu verschaffen vermag, wird durch die Chancen einer Concurrenz bestimmt, die von vornherein und so zu sagen verfassungsmässig darauf angelegt ist, in ungünstigen Gestaltungen zu verlaufen. Der bei der Minderzahl befindliche Besitz stellt unter allen Umständen eine Uebermacht vor, durch welche die blosse Arbeit in den verschiedensten Beziehungen, namentlich aber im Lohne äusserst abhängig wird. Die Concurrenz ist wesentlich nur die Form, in welcher jene Uebermacht zum Ausdruck kommt und der schwächere Theil genöthigt wird, sich die Bedingungen vorschreiben zu lassen. Setzt man in Gedanken voraus, alle besitzlose Arbeit wäre auf der einen Seite zu einem einzigen

Willen vereinigt und stände so den Ansprüchen der Besitzer und Capitalisten gegenüber, so würde nicht mehr die Form der Concurrenz in Frage kommen, sondern es würden die beiderseitigen Antheile am Arbeitsertrag unverhüllt durch die stärkere oder schwächere Position entschieden werden. Könnten die Besitzer die Mittel der Existenz den Arbeitern lange genug vorenthalten, um sie durch die Noth zur Unterwerfung unter die schlechtesten Bedingungen zu zwingen, so träte ganz derselbe Fall ein, der sonst durch die Concurrenz nur specieller gestaltet und durch die Vereinzelung der Elemente des schwächeren Theils verschärft wird. Wären dagegen die Arbeiter hinreichend mit Vorräthen ausgestattet, um ihrerseits am längsten warten zu können, so würden sie im Stande sein, dem Besitz und Capital die Bedingungen zu dictiren und, statt von ihm in Knechtsdienst genommen zu werden, selbst dazu gelangen, die sachlichen Mittel so zu sagen in ihre Miethe zu nehmen. Letzteres würde zu einem Preise geschehen, der ein Gegenstück zu den sonstigen Arbeitslöhnen bildete. Das Soldverhältniss würde sich gradezu umgekehrt haben. Während sonst die Arbeit in dasselbe hineingepresst wurde, hätten sich nun die Eigner von Besitz und Capital mit einem ihnen zugeworfenen Solde abfinden zu lassen. Ich habe diese ganze Voraussetzung nur gemacht, um die Thatsache zu veranschaulichen, dass es im Rahmen der heutigen Gesellschaftsverfassung für die sogenannten Austauschbedingungen mit und ohne Concurrenz kein anderes Maass als die Macht geben könne. Alle Vorstellungen von gerechten Löhnen, Preisen u. dgl. sind Illusionen; denn es fehlt in dem heutigen System an jedem Bestimmungsgrunde, auf welchen man sich gemeinschaftlich als auf etwas Maassgebendes berufen könnte. Auch darf dies nicht überraschen; denn der Besitz als solcher, d. h. abgesehen von jeder etwaigen Arbeit seines Inhabers, ist eben nichts als eine nackte Verfügungsmacht, und der Besitzgewinn demgemäss nichts als ein Tribut, der auf Grund dieser Macht den arbeitenden Elementen der Gesellschaft auferlegt wird. Wie sollte man also wohl ein gerechtes Maass auffinden können, bis zu welchem die Ungerechtigkeit ausgedehnt werden dürfe? Das Zumessen des Unrechts nach einem gerechten Maass ist eine Kunst, die füglich den socialen Pfuschkünstlern der halb verworrenen, halb betrügerischen Gattung und ihrer sogenannten ethischen Heuchelei überlassen bleiben kann. Uns kann hier der indirecte Beweis genügen, dass die heute wirklich maassgebenden Grundsätze und Mächte nach ihrer eignen Logik das Spiel verlieren müssen, sobald die Kräfte der persönlichen Vereinigung der Massen, auf analoge Weise wie jetzt der Besitz, in die Schaale geworfen werden. Das einzige gerechte Maass ist die persönliche Arbeit selbst, von welcher Art sie auch sein möge, und dieses Maass des Austausches der Leistungen ist eben mit dem Monopolgewinn des Besitzes nicht verträglich und kann mithin in einer auf Lohnknechtschaft gegründeten Gesellschaft gar nicht, im socialitären Zustande aber nur dadurch zur Anwendung kommen, dass der Grundsatz der quantitativ gleichen, wenn auch qualitativ verschiedenen Consumtion angenommen wird. Unter einer solchen, äusserst natürlichen Voraussetzung bestimmen sich die Verhältnisse, in denen die Dinge, ich will nicht sagen sich austauschen, sondern für einander gelten, vermittelst der Naturchancen der Production nach der grössern oder geringern Menge der aufgewendeten persönlichen Arbeit, und da diese letztere in allen ihren Verzweigungen gleichwerthig bleibt, nach der Menschenzahl, die ihre Zeit und Kraft den erforderlichen Functionen zu widmen hatte.

Die wirklich wissenschaftlichen Gedanken der bessern Volkswirthschaftslehre, die mit ihren weiteren Consequenzen in den Voraussetzungen des heutigen Systems gleichsam stecken blieben, erhalten, wie man sieht, innerhalb der Socialität erst ein Feld unbeschränkter Anwendung. Hier kommt das alte Arbeitsprincip in Rücksicht auf die Werthgestaltung erst vollständig zu Ehren, und hier erst werden alle Functionen nach Maassgabe ihres rein materiellen Aufwands in das System der gesellschaftlichen Gesammtthätigkeiten eingefügt. Der Lehrer und der Arzt kosten hienach der Gesellschaft wirklich nicht mehr, als den materiellen Aufwand, der für die Erzeugung und Unterhaltung dieser Geschicklichkeiten nach dem gleichen Grundsatz der Geltung aller Arbeit erforderlich ist. So wird nicht nur die Gerechtigkeit in ökonomischer Beziehung eine universelle, sondern auch die Befriedigung der verschiedenen gesellschaftlichen Bedürfnisse die grösstmögliche und, was noch mehr bedeutet, eine vom gemeinen oder gar egoistischen Interesse gänzlich emancipirte. Die Gesellschaft als Ganzes erreicht auf diese Weise einen Standpunkt, den sonst nur der begünstigte Einzelne ausnahmsweise und stets nur unvollkommen einnehmen konnte. Sie befreit sich durch ebenso mässige wie geregelte Thätigkeit von dem Zwange der sonst drückendsten Noth und erlöst ihre Glieder von dem unwürdigen Nahrungskrieg, der früher alle feindlichen Leidenschaften in einer das Leben vergiftenden Weise grosszog. Hiemit schafft sie die Grundlage für eine geistige Erhebung, wie man sie sich unter den alten Voraussetzungen nur für einzelne Gruppen und auch da nicht einmal ungestört vorstellen konnte. Sie verwirklicht in der ganzen Masse diejenige materielle Lage und diejenigen geistigen Dispositionen, die es gestatten, die Gemeinschaft in allen ihren Theilen wie einen einzigen Körper und Geist zu einer höheren Lebensstufe und hiemit zu einem volleren und edleren Lebensgenuss emporzuheben.

Zweites Capitel.

Geistige Institutionen.

Wie die physiologischen und materiellen Grundlagen der Existenz in den socialisirten Verbänden gesichert und veredelt werden, ist in kurzen Hinweisungen im vorigen Capitel bezeichnet worden. Wie sich auch die militairischen Verhältnisse und die öffentliche Rechtsübung durch das gleichheitliche Zusammenwirken Aller gewaltig umgestalten, hat sich schon früher in der Erörterung der naturrechtlichen und politischen Ausgangspunkte der über die bisherige Geschichte hinausweisenden Gebilde gezeigt. Auch würde es ein überflüssiges Detail sein, auf die mannichfaltigen politischen Functionen, die sich im socialitären Gemeinwesen naturgemäss entwickeln müssen, im Zusammenhang einer philosophischen Gesammtanschauung näher einzugehen. Die schöpferischen Principien sind sichtbar gemacht, und der Geist, in welchem sie wirken werden, kann nicht zweifelhaft sein. Die Gerechtigkeitspflege hat in dem socialisirten Gemeinwesen weit weniger grob materiellen Schädigungen zu begegnen und kann dafür um so besser die höhere Aufgabe erfüllen, wirklich diejenige geistige Befriedigung zu schaffen, die in dem Bewusstsein liegt, dass auch die subtileren Ueberhebungen über das Recht der öffentlichen Rückwirkung nicht entgehen. Die Moral, die zwar nicht mit dem rein äusserlichen Recht einunddenselben Umfang, aber doch an ihm auch nicht einen widersprechenden Antagonisten haben darf, kann erst dadurch zu einer wirksamen geistigen Institution werden, dass sie nicht mehr durch die rohen Zufälligkeiten eines falschen oder unzulänglichen Rechtsmechanismus beleidigt wird. Nur unter der Voraussetzung einer solchen Gleichartigkeit zwischen den öffentlichen Institutionen und der zugehörigen Privatmoral kann eine wahrhaft sittliche Ordnung Wurzel schlagen. Das höchste Maass der individuellen Verantwortlichkeit kann nur in einem Zustande die Regel bilden, in welchem der Einzelne sich mit dem Ganzen solidarisch fühlt und daher weiss, dass seine Function grade vermöge ihrer freien Selbständigkeit eine Vertretung der gesammten Bestrebungen darstellen soll. In unserm heutigen Zustande wird es als eine überraschende und äusserst strenge Forderung gelten, wenn man von der Verhüllung und Deckung der Einzelverantwortlichkeit durch Collegien nichts wissen will. Ja es wird gradezu Befremden erregen, wenn dem Richter als Repräsentanten der Gerechtigkeit zugemuthet wird, lieber auf seine Function zu verzichten, als sich einer ihm nahegelegten parteilichen Auslegung des Gesetzes anzubequemen oder auch nur sich zum Werkzeug der Anwendung von Gesetzen zu machen, die sich mit dem Rechtsbewusstsein in notorischem Widerspruch befinden und vielleicht nichts weiter als willkürliche Rüstzeuge der Parteiverfolgung sind. Nimmt man die menschliche Persönlichkeit absolut, wie man muss, so wird eine individuelle Verantwortlichkeit dieser Art auch schon den heutigen Verhältnissen insoweit unterzulegen sein, als die Zurechnung von der souverainen Instanz der sich vollziehenden Geschichte praktisch gemacht werden kann. In das Bewusstsein oder Gewissen der Betheiligten wird aber dieses gesteigerte Verantwortlichkeitsgefühl vorläufig nicht eindringen; denn hiefür sind die autoritären Gewohnheiten zu automatisch verbildet und die Begriffe von dem Wesen der sittlichen Corruption zu wenig geschärft. Denkt man sich dagegen eine weniger gebrechliche und unzulängliche Gemeinschaft, in welcher das Eintreten für die Gerechtigkeit auch im moralisch vertieften Sinne dieses Worts als eine selbstverständliche Pflicht, die richterliche Verleugnung derselben aber als das ärgste Verbrechen gilt, so wird man es völlig in der Ordnung finden, dass der Einzelne als solcher seine Entscheidung öffentlich vertrete. Ja man wird sich sogar mit dem, übrigens nicht einmal geschichtlich beispiellosen Gedanken vertraut machen können, dass eine Verurtheilung mit Widerspruch der Stimmen in einem vollkommneren Gemeinwesen zu den unmöglichen Institutionen gehören sollte. Wo nämlich Unsicherheit des individuellen Urtheils und nicht eine dem Angeschuldigten zugewendete Parteigunst die Ursache der widersprechenden Ansichten ist, da fordert die ernstere Moral nicht das Princip der Stimmenmehrheit, sondern die Freisprechung. Die ideelle Gerechtigkeit ist eben keine Sache, die auf der Häufung der Kräfte beruhte und einfach durch Majoritäten erledigt werden könnte. Jedoch muss diese ernste und tief geistige Auffassungsart, wie schon angedeutet, für die überlieferten Gebilde darum als unpassend erscheinen, weil sie für dieselben zu gut ist.

2. Die Moral im subtileren Sinne kann in den gegenwärtigen Zuständen nicht als eine eigentliche Institution gelten. Einerseits hat sie keinen Rückhalt an den thatsächlichen Regelungen der Verhältnisse, die ihr vielmehr schon in den Grundeinrichtungen widersprechen; andererseits findet sie sich mit dem Cultus und den Voraussetzungen der religiösen Convention derartig in einen falschen Zusammenhang gebracht, dass sie einer ähnlichen Aushöhlung und Corruption, wie diese Gebilde, wenigstens vorläufig und bei einem grossen Theil der Gesellschaftselemente anheimfällt. Dieser unheilvolle Zusammenhang von Moral und Religion ist nicht nur eine äusserliche Ueberlieferung der Geschichte, sondern auch die innerliche Folge der grundfalschen Richtung, in welche die ersten rohen Ansichten von dem Verhältniss des Menschen zum Menschen gerathen sind. Durch die religiöse Moral ist dieses Verhältniss, welches an sich selbst und in erster Linie in Betracht kommen musste, dahin missdeutet worden, als wenn es erst auf dem Umwege durch die Götter eine Sanction erhalten müsste. Der Mensch sollte dem Menschen nicht seiner selbst sondern erst anderer Mächte wegen verpflichtet sein, wie etwa der Knecht auf den Knecht um des Herrn und des gemeinschaftlichen Gehorsams willen Rücksicht zu nehmen hat. Diese unmenschliche Auffassung stimmte ursprünglich vollkommen zu der unmenschlichen Religion, die wiederum nichts Anderes als ein ins Dunkle oder Jenseitige projicirtes Spiegelbild der schlechten Verhältnisse war, in denen sich das gesellschaftliche und politische Dasein unter dem Druck der Unwissenheit und Rohheit befangen fand. Die Furcht war der am meisten maassgebende Affect, und auch die spätere Verfeinerung der Religionsmoral hat bis in die neusten Zeiten und bis in hoch berühmte philosophische Systeme hinein den transcendenten Schrecken, wenn auch in etwas abgeschwächter Gestalt, als Lieblingsstütze beibehalten. Was sind z. B. Rousseaus und die dessen Vorgang scholastisch nachtretenden Wendungen Kants Anderes, als Berufungen auf eine in Aussicht

stehende jenseitige Vergeltung? Kant hatte sogar die in der That stark rückläufige Kühnheit, den Glauben an eine solche Vergeltung zu derjenigen unumgänglichen Forderung zu machen, ohne welche ein moralisches Handeln undenkbar und ohne Sinn sein würde. Diese Unmöglichkeit einer Moral, die nicht an dem Hinblick auf eine jenseitige göttliche Vergeltung des Bösen und entsprechende Belohnung des Guten hinge, ist eine Behauptung, durch welche sich die gesammte, sei es gröbere oder feinere Religionsmoralität gründlich blosgestellt hat. Wir, von unserm wirklich kritischen Standpunkt, können in diesem metaphysisch nachzüglerischen Gebahren einer abgelebten Weltanschauung phantastischer Art nur den Rückstand eines ursprünglich sehr begreiflichen und unter den obwaltenden Voraussetzungen auch ganz natürlichen Gemüthszuges erblicken. Unter dem Einfluss einer noch gespensterhaften und zaubermässigen Auffassung der Dinge musste sich das natürliche Rachebedürfniss auch noch transcendent gestalten und in ein jenseitiges Vergeltungsbedürfniss verwandeln, welches den Feind noch über das Grab hinaus getroffen wissen will. Die Verwandlung der gemeinen, sich sonst zwischen Menschen vollziehenden Rache und Gerechtigkeit in eine jenseitige göttliche Rache und Gerechtigkeit ist mithin der natürliche Kern des ganzen religionsmoralischen Dogma. Fügt man zur Rache auch noch entgegengesetzte Affecte, wie namentlich die belohnende Dankbarkeit, so kann man sich diese ganze transcendente Phantasmagorie sogar in den untergeordneten Nebengestalten vollständig veranschaulichen.

Die beigebrachte, noch dazu verfeinerte Probe der Religionsmoral belehrt uns nicht nur über die Hinfälligkeit solcher Stützen überhaupt, sondern auch über die Unzulänglichkeit, um nicht zu sagen Ungediegenheit der davon abhängigen Grundsätze selbst. Was ich um eines transcendenten Wesens und der von ihm zu gewärtigenden Strafe und Belohnung willen thun soll, macht mich dem Nebenmenschen nur indirect verbindlich und zeigt mir zunächst die Rücksichten, die ich auf mich selbst, und erst nebenbei als blosse Hülfsmittel für den egoistischen Endzweck diejenigen, die ich auf Meinesgleichen zu nehmen habe. So entschleiert sich die eigensüchtige Physionomie dieses Hauptstücks der Religionsmoral. Wenn wir nun dem gegenüber behaupten, dass eine tiefere und strengere Moral nicht nur von jeder religiösen Voraussetzung unabhängig sein könne, sondern auch müsse, so wird dieser Satz auch für diejenigen nichts

Ueberraschendes haben, die noch nicht von vornherein von der realen Bodenlosigkeit aller Religion ausgehen und sich daher vorläufig nur an das innere Wesen der Moral selbst halten können. Die Beeinträchtigung dieses Wesens und gleichsam der eignen Logik der Moral durch die zwitterhaften Religionseinmischungen besteht eben darin, dass die unmittelbaren Verhältnisse des Menschen gar nicht als solche und um ihrer selbst willen zur Würdigung gelangen. Schon früher in den Auseinandersetzungen über Sitte und Gerechtigkeit ist von uns dargethan worden, dass die Naturregungen selbst moralisch sind, und dass in dem gegenseitigen Verhalten der Menschen nur deren eignes unmittelbares Bewusstsein die letzten und feinsten Maasse der schuldigen Rücksichten zu liefern vermöge. Es ist denn doch ein unvergleichlich höherer Standpunkt der Moral, wenn die Einhaltung der Rücksichten zwischen Mensch und Mensch als ein unmittelbares Bedürfniss des Fühlens und als eine Gesetzmässigkeit des veredelten Wollens, als wenn sie erst auf einem Umwege zur Geltung kommt, der noch dazu so weit ist, dass er nur äusserst geringe Bürgschaften für die Wirksamkeit seiner entfernten und schemenhaften Perspectiven bietet. In der real gegenwärtigen Ursächlichkeit müssen die moralischen Antriebe auf die unmittelbarste Weise begründet sein, wenn sie überhaupt einen Boden haben sollen. Die Erhabenheit über die Religion ist daher nicht blos eine Vorbedingung der unbefangenen Weltanschauung, sondern auch eine Grundvoraussetzung der selbständigen und echt menschlich gestalteten Moral.

3. Alles was der Mensch thut, hat seinen ersten Ursprung und auch seine letzten Wirkungen innerhalb der Naturgesetzmässigkeit leiblicher oder geistiger Art. Hieraus folgt, dass ein religiöser Cultus nicht nur moralisch, sondern auch in jeder andern Beziehung für die rationelle Lebens- und Weltauffassung ohne Sinn wäre. Der Mensch behandelt die Dinge und Verhältnisse, sobald er sich und die Welt versteht, nicht mehr nach Zauberformeln und mit einer vermeintlichen Magie, sondern nach Maassgabe der erkannten Gesetze und der Tragweite seines eignen Willens. Für diejenigen, denen die Erhebung über den befangenen Standpunkt der Religion in den verfeinerten, mehr speculativen Gestaltungen derselben noch Schwierigkeiten macht, wird die Einsicht weit näher liegen, dass der Cultus d. h. die praktische Seite der Religion ganz und gar eines realen Bodens ermangele. Wer sich auch noch etwa vorbehalten will, sich rein theoretisch in speculativen Ideen metaphysisch religiöser Art zu

ergehen und hiedurch der Natur eine besondere Physionomie zu geben, wird sich doch stets bewusst bleiben müssen, dass er an den Thatsachen und an dem gesetzmässigen Verlauf der Dinge durch eine solche religiöse Beschattung nichts ändert. Seine müssigen Deutungen lassen das Schicksal der Menschen praktisch unberührt, und nur im eigentlichen Cultus, also in einem Götterdienst, der mit Opfern und Gebeten etwas im Gange der Dinge anders zu gestalten vorgiebt, als es sonst geschehen sein würde, — erst in einem zaubermächtigen Cultus wird etwas prätendirt, was das lebendige Interesse der Menschen so lange zu erregen vermag, als der Glaube an die Fictionen vorhält. Hienach giebt es zwei Stufen der Erkenntniss, von denen die eine politisch bereits genügt, während die andere erst im Interesse der rein theoretischen Veredlung des Welt- und Lebensbewusstseins ihre Bedeutung offenbart.

In der Gesellschaft richtet sich nämlich die entscheidende Frage auf das Praktische. Sollen von der Gemeinschaft gewisse magisch spiritistische Manipulationen vorgenommen werden oder nicht? Durch die Beantwortung dieser einfachen Frage wird über Sein und Nichtsein des Cultus entschieden. Da nun der wohlorientirte Verstand die Annahme phantastischer Einwirkungen auf die Natur verwirft, so kann eine in allen ihren Theilen mit dieser Einsicht ausgestattete Gesellschaft weder einen eigentlichen Göttercultus. noch die feinern Analoga desselben ausüben wollen. Man stelle sich eine Menge vor, in welcher Jeder in dem angegebenen Sinne denkt, so ist ein religiöser Cultus eine absolute Unmöglichkeit. Das socialisirte Gemeinwesen hat nun hinreichende Mittel der Verstandescultur zur Verfügung, um die ursprüngliche Verirrung des Menschengeschlechts, vermöge deren Gaben und Bitten an fictive Wesen verschwendet oder gar blutige Menschenopfer dargebracht wurden, auch in den feineren Gestaltungen gründlich abzuthun und fernzuhalten. In der Socialität wendet sich der Mensch an den Menschen und verhält sich der Natur gegenüber forschend und benutzend, nicht aber betend. Er zählt auf seine Erkenntniss und seine forschenden Kräfte, die sich im geregelten Zusammenwirken entwickeln. Sein Gemüth aber findet die echten Wirklichkeitsbeziehungen in dem Verkehr mit Seinesgleichen. Hier ist nicht blos der Wunsch sondern auch die Erfüllung in ihrem wahren Bereich, und hier entspringen nicht blos die höchsten Bedürfnisse, sondern gleichen sich auch aus. Alles was an Gedanken über die Natur noch ausserdem einen Reiz behalten mag, gehört nicht mehr in das praktische Gebiet und kann keine Cultushandlungen ins Spiel setzen. Indem sich das socialitäre Leben von den falschen Zauber- und Jenseitigkeitsvoraussetzungen emancipirt, macht es zugleich eine Menge materieller und geistiger Kräfte frei, die sonst vom Götterdienst und seinen Kosten absorbirt wurden. Alles was sonst zur Unterhaltung einer Priesterschaft hergegeben werden musste, kann nun edleren geistigen Zwecken dienen. Die Kräfte und Mittel, die früher in Kirchenbauten aufgingen, werden sich in dem vom Cultus erlösten Zustande echt menschlichen Kunstwerken zuwenden und ihre Ehre darin suchen, nicht dem Aberglauben, sondern der Wissensmacht und freien Bildung Wohnungen zu bauen. Noch bedeutender aber, als dieser positive Nebengewinn, muss der Vortheil ausfallen, der sich aus der Beseitigung des Druckes ergiebt, der vermöge des Cultus auf den innern Regungen und äussern Handlungen der Menschen lastete. Die geistige Freiheit und Energie, die sich nach der Abschüttelung jenes Alps ergeben muss, kann nicht hoch genug angeschlagen werden. Wo sonst der Verstand befangen und die Willenskraft nieder gehalten wurde, kann nun der allein auf sich und die Natur gestellte und zur Erkenntniss seiner Collectivkräfte gereifte Mensch kühn alle Wege einschlagen, die ihm der Lauf der Dinge und sein eignes Wesen eröffnen. Keine falsche Scheu vor eingebildeten Hindernissen wird ihn in dieser Richtung aufhalten, und er wird sich in dieser Lage in einem gewaltig gesteigerten Maass als der Schöpfer seiner Zukunft fühlen und bethätigen.

4. Nicht blos die unmittelbaren Gestaltungen der Religionspraktiken, sondern auch die mittelbaren Einmischungen derselben in die einzelnen Acte des Lebens werden im socialitären Zustand beseitigt. Geburt, Ehe, Tod und Bestattung waren sonst die Angriffspunkte, in denen der Priester seine spiritistischen Hebel ansetzte. Das zur reinen Menschlichkeit entwickelte und von allen künstlichen Geistesschrauben befreite Dasein ist nicht nur über jene eingebildeten Bedürfnisse erhaben, sondern hat auch die positive Kraft, seine eignen Formen der Sitte in unvergleichlich edlerer Weise zu entwickeln. Ob man überhaupt eine Namengebung schon bei der Geburt platzgreifen lasse, darauf kommt wenig an. Nur wird in echt natürlicher Weise und, nebenbei bemerkt, recht antimalthusisch der Lebensantritt eines neuen Menschen immerhin eine Gelegenheit zum Ausdruck einer besondern Freude werden und zu entsprechenden Sitten-

einrichtungen Veranlassung geben können. Dagegen hat man sich zu hüten, bezüglich der Verbindung der Geschlechter, des Todes und der Behandlung der Leichname in Surrogate der bisherigen vom Cultus beherrscht gewesenen Verfahrungsarten zu gerathen. Die neue und selbständige Lebensanschauung und die ihr entsprechende, erheblich veränderte Bedeutung der fraglichen Thatsachen bringt auch eine andere, mehr natürliche und menschliche Gestaltung der einschlagenden Gewohnheiten mit sich. Die Ueberwindung der Gemüthsillusionen, welche nicht nur das wahre Wesen des Todes entstellten, sondern auch noch einen Cultus der Leichname begründeten, muss offenbar für die positive und wissenschaftlich wahre Auffassung jener Verhältnisse Raum schaffen. Alsdann wird man es auch verstehen, den begleitenden Naturempfindungen zu einem angemessenen, nicht mehr von falschen Voraussetzungen missleiteten und von einer conventionellen Heuchelei verdorbenen Ausdruck zu verhelfen. Das Sterben selbst wird ungestörter bleiben und weniger der wirklich wohlthätigen Gemüthsverfassung der Umgebung und weniger der ausgleichenden Gedanken entbehren, als in irgend einer früheren Epoche der Menschheit. Die Behandlung der materiellen Reste wird allen ästhetischen Rücksichten auf die unwillkürlichen Gefühle zu entsprechen haben und daher nur insoweit, als zugleich diesem ersten Erforderniss genügt werden kann, auch nach den Grundsätzen technischer Erspriesslichkeit zu ordnen sein. In jeder Richtung werden die naturgemäss entstehenden, aber durch eine höhere Einsicht veredelten Regungen in Beziehung auf Todte und Lebende zum einfachsten und ungestörtesten Ausdruck kommen. In einem Gemeinwesen, in welchem der freiwillige Tod aus Verzweiflung an der menschlichen Hülfe materieller oder gemüthshafter Art eine Unmöglichkeit ist, wird es der socialitäre Geist auch verstehen, alle besondern Gestaltungen der menschlichen Verhältnisse, mögen sie traurig oder freudig sein, mit seiner theilnehmenden Kraft zu durchdringen und in sie ein Maass und eine Haltung zu tragen, die dem auf sich gestellten Einzelnen unerreichbar ist und auch in der früheren Entfremdung, die sich trotzdem Gesellschaft nannte, ungeachtet aller Cultusmanipulationen keine Stätte haben konnte.

Die Verbindung der Geschlechter hat in der freien Gesellschaft eine so erheblich veränderte Verfassung, dass es hier vollends thöricht wäre, auch nur an den entferntesten Analogien des Cultus oder seiner civilen Surrogate festhalten zu wollen. Allerdings muss die Absicht des ausschliesslichen und dauernden Zusammenlebens äusserlich und gesellschaftlich erkennbar sein; aber es ist zugleich nicht zu vergessen, dass eine Zwangsverbindlichkeit niemals eingegangen wird, und dass sowohl die Ehe als die sonstigen Familienverhältnisse der alten Art durch eine höhere moralische Institution ersetzt werden. Die freie Einstimmung zur guten Sitte, welche übrigens durch den socialitären Geist nachhaltiger verbürgt wird, als es je durch das juristische Zwangsrecht gegen die individuelle Willkür geschehen konnte, genügt nicht nur, sondern ist offenbar die einzige Voraussetzung, unter der das reine Wesen des Verhältnisses in einer von ökonomischen Rücksichten und juristischem Geschlechtszwange freien Weise verwirklicht werden kann. In diesem Sinne werden auch die Kundgebungen zu gestalten sein, die sich an die Entstehung eines solchen Verhältnisses knüpfen mögen. Sie werden von rein gesellschaftlicher Art sein und mit den früheren Formen so gut wie nichts gemein haben. Nicht erst das Gesetz, sondern schon die Sitte selbst hat diese Seite des Lebens zu regeln. Sie bedarf daher auch in der Bildung der äusserlichen Gewohnheiten keiner Nachhülfe des Zwangsrechts. Sogar die Befassung des letzteren mit der Vorschrift einer verbindlichen Form würde keinen Sinn haben, da Rechtsformen nur da am Orte sind, wo von ihrer Erfüllung juristische Zwangsconsequenzen abhängen. Dies ist aber, wie schon in unsern frühern Auseinandersetzungen nach verschiedenen Seiten dargelegt worden ist, bei der Ehe im socialitären Gemeinwesen nicht der Fall. Auch die deutelnden Beimischungen, mit welchen die religiösen Culte die Verbindung der Geschlechter in meist unnatürlich entstellender Weise heimgesucht haben, würden in dem Leben der freien Gesellschaft ohne Weiteres nicht blos aus den Sitten, sondern auch aus den Gedanken verschwinden. Das Wesen der Sache würde sich in seiner vollen Natürlichkeit so ungestört den Gemüthern darlegen, dass auch der Ausdruck der etwaigen gesellschaftlichen Celebrirungen keinen Zug falscher Auslegung in sich aufnehmen könnte. Im Gegentheil würde die tiefere Einsicht, vermöge deren sich die Verbindung der Geschlechter auch geistig als ein Act des Gattungslebens kennzeichnet, dahin führen, die älteren unnatürlichen Ueberschwenglichkeiten durch den einfachen Ausdruck der hohen Steigerung des universellen Lebensgefühls zu ersetzen.

5. Wo der einzige noch übrige Cultus kein religiöser ist, sondern in der allseitigen Cultur des Menschlichen besteht, werden an

Stelle der Phantasmen die Ideen über die Wirklichkeit der Natur und des Lebens selbst dazu dienen, die Reize des Daseins und Wirkens zu einem umfassenderen und gesteigerten Bewusstsein zu bringen. Die Verbreitung, Fortpflanzung und Entwicklung dieser Ideen haben wir uns aber nicht nach Art einer Religionspropaganda zu denken. Surrogate des Priesterthums, wie sie sich z. B. ein St. Simon und August Comte in der Gestalt von wissenschaftlichen Organen gedacht haben, sind nur Erzeugnisse einer Phantasie, die sich noch nicht vollständig davon losreissen konnte, priesterartig ausgeübte Functionen auf irgend eine Weise in das Spiel zu bringen. Wer ernstlich und verstandesmässig mit dem Gedanken gebrochen hat, dass zur Mittheilung von Ideen über Welt und Leben eine Classe autoritärer Vermittler öffentlich angestellt und unterhalten werden müsse, wird sich nicht zu der Seltsamkeit verirren, eine derartige geistige Vormundschaft, auch wenn sie noch so sehr auf Wissenschaft und Wahrheit gegründet wäre, in das Reich der grundsätzlichen Socialität übertragen zu wollen. Hier ist grade im Geistigen eine Unterordnung autoritärer Art noch unerträglicher und noch weit weniger am Platze, als im Materiellen und äusserlich Politischen. Was innerhalb der Socialität für das Individuum geistige Geltung haben soll, muss sich unmittelbar durch die Kraft der verstandesmässigen Darlegung und der Berufung auf das Gemüth zur freien Annahme empfehlen. Es muss sich auf dem gewöhnlichen Wege ohne die Absichtlichkeit besonderer, nicht schon ohnedies vorhandener Institutionen aufrechterhalten. Die heutige Presse und Literatur ist ihrer natürlichen Anlage nach in keiner priesterartigen Stellung, soviel auch übrigens an ihrer Verfassung und Gestaltung auszusetzen werden muss. In einzelnen, freilich stark in der Minderheit befindlichen Richtungen entwickelt sie eine geistige Wirksamkeit, die alles nur irgend Erforderliche leisten würde, wenn man sie in den Dimensionen erweiterte. Die Form dieser Mittheilungs- und Einwirkungsart ist an sich selbst vollkommen geeignet, allen priesterlichen oder sonst ideell autoritären Verkehr hinter sich zu lassen und völlig in den Schatten zu stellen. Ergänzt durch das freie mündliche Wort, welches in jedweder Vereinigung und Versammlung von Jedem ohne priesterlichen, amtlichen oder sonst geisteszünftlerischen Stempel ausgehen kann, würde die schriftliche und namentlich die periodische Mittheilung der Ereignisse und Gedanken ein völlig zulänglicher Träger der Geistessocialität sein. Die Hauptsache bliebe jedoch, auch ganz abgesehen von den sonstigen Gestalten des geistigen Verkehrs, die grundsätzlich freie und gleiche Nebenordnung derer, welche mittheilten, und derer, welche die Mittheilungen empfingen. Die Theilung der Functionen dürfte nie zu einer auch nur thatsächlichen Ausschliesslichkeit führen, und die Rollen müssten sich je nach den Umständen vertauschen. Wo heute die Presse zu einer schädlichen, ja oft mehr verdummenden als aufklärenden Einrichtung wird, geschieht dies vermöge ihrer Annäherung an eine noch dazu im falschen Dienste geübte und priesterhaft verschleierte Vormundschaft über das der geheimen Fäden unkundige oder gegen deren irreführende Zugkraft hülflose Publicum.

Es ist in der That nicht einzusehen, warum der Weg, auf dem die Poesie ihre veredelnde Wirkung übt, nicht auch genügen soll, Gedanken und Gefühle aller Arten und Stufen von den speciellsten bis zu den universellsten Anschauungen auf diejenigen zu übertragen, die nach denselben verlangen. Eine Aufdrängung würde ohnedies nie am Platze sein, und so mögen denn auch die speculativen Fähigkeiten und Bedürfnisse mit einander auf dem Fuss freier Gegenseitigkeit verkehren. In diesem Austausch der tiefsten Gedanken würde selbst auf der schöpferischen Seite keine besondere Prätension im Sinne eines autoritären Maassgebens am Orte sein. Nicht blos ausgewachsene, sondern auch entwickelte Menschen, wie sie von der allgemeinen Socialität gebildet werden, sind nicht mehr in der Lage, geistige Auferlegungen, die irgend eine Instanz oder Person von oben herab über sie ausbreiten will, auch nur im Geringsten zu dulden. Es wird sich bei ihnen von selbst verstehen, dass sich jede geistige Anregung und Mittheilung gleich einem neuen mathematischen Element an die allgemeine Ueberzeugungsfähigkeit zu wenden und in der Form eines beiderseitig gleichberechtigten Gedankenverkehrs zu bethätigen habe. Ja sogar der Unterricht, welcher doch eine von Natur weniger gleichheitliche Sphäre betrifft, wird in einem gewissen Maass an jenem Grundprincip theilhaben müssen: Nicht blos dem gereiften Mitbürger sind keine Wissensoctroyirungen zuzumuthen, sondern auch das Lernen auf den höheren Stufen wird ein Recht haben, von jener falschen Lehranmaassung verschont zu bleiben, die nichts davon weiss, dass die echte Lehrart in der Anregung der Mitarbeit zur Hervorbringung einer gemeinschaftlichen Einsicht besteht.

Die Art, wie sich in der neuen Gesellschaft die Ideen durch

Literatur und Presse verbreiten, kann mit dem heutigen System nur eine geringe Aehnlichkeit haben. Auch galt unsere Vergleichung nur den wenigen besseren und freieren Seiten, die, wenn auch nur in einem kleinen Umfange und mit allerlei Beschränkungen, schon gegenwärtig als heilsame Züge des geistigen Verkehrs ausgezeichnet werden können. Im Grossen und Ganzen zeigt sich aber grade für die Literatur und noch mehr für die periodische Presse das heutige ökonomische Regime mit seinen auf Gewinnmacherei angelegten Grundmaximen als äusserst verderblich. Die hiemit gegebene, so zu sagen verfassungsmässige Corruption des Bücher- und Zeitungswesens, welche die Verderbtheit jeder andern Productions- und Geschäftsgattung rein materieller Art weit übertrifft, kommt selbstverständlich da in Wegfall, wo das ganze Gewinnprincip selbst ausgemerzt ist. Im heutigen System bringt die Käuflichkeit im eigentlichen auch die Feilheit im übertragenen und corruptiven Sinne des Worts mit sich. Im Gemeinwesen der freien Gesellschaft kann es aber ein gewinnsüchtiges Unternehmerthum im literarischen ebensowenig als in irgend einem andern Zweige der Thätigkeit geben. Ueberdies ist die Musse aller Glieder der neuen Gesellschaft eine so ausgedehnte, dass man namentlich bei den mehr auf Neigung beruhenden und mehr schöpferischen Geistesthätigkeiten nicht im Entferntesten an eine handwerksmässige Functionentheilung zu denken hat. Diese höheren Leistungen werden gleich der Poesie nebenbei von denen ausgehen, die ihre sonstige Stellung deswegen nicht minder ausfüllen. Was aber die regelmässige und so zu sagen tagesübliche Befriedigung der gemeineren literarischen Bedürfnisse betrifft, so wird hier derselbe Grundsatz der Werthbestimmung, wie bei allen andern socialitären Productionen, zur Anwendung kommen. Die aufgewendete und für jede Person völlig gleichgeschätzte Arbeit wird maassgebend sein, und man hat sich überhaupt die Besorgung der Presse und eines Theils der Literatur als eine öffentliche Function, ausserdem aber auch noch in der beweglicheren Gestalt der Bildung von speciellen Vereinigungen für die jedesmaligen Bedürfnisse und Richtungen vorzustellen. Schon im heutigen System würden Zeitungs- und sogar Literaturvereine im Sinne einer unmittelbaren Vergesellschaft des Publicums trotz aller Einschränkungen ihrer vollständigen Durchführbarkeit dem Corruptionssystem einigen Abbruch thun können, und manche socialistische Gebilde, die thatsächlich nicht auf Gewinn sondern nur auf den Dienst der Sache ihres Publicums zielen, zeugen bereits für die Heilsamkeit einer Annäherung an solche Verhältnisse. In einem nun völlig von der ökonomischen Gewinnseuche befreiten Zustande der Gesellschaft würden sich derartige Vermittlungen des literarischen Bedürfnisses unvergleichlich leichter gestalten lassen. Auch ist hiebei noch ein anderer Vortheil nicht zu vergessen. Die falsche Ueberproduction von schlechten Erzeugnissen und überhaupt aller verkehrte Luxus, die sammt der Speculation auf Vorurtheile und üble Gewohnheiten des Publicums von dem Gewinnstachel gespornt werden, hätten unter den neuen Voraussetzungen allen Boden verloren. Man würde mässiger sein und nur wahre Bedürfnisse, diese dann aber auch wahrhaft befriedigen. Die Gediegenheit würde sich hiedurch doppelseitig, nämlich ebenso bei den Schriftstellern wie bei dem lesenden Publicum unvergleichlich gesteigert finden. Die einen würden nur schreiben, was sie an sich wirklich der Mühe werth halten, und das andere würde nur nach Mittheilungen verlangen, welche seine volle Aufmerksamkeit für sich haben könnten. Es würde auf diese Weise nicht nur das Schreiben, sondern auch das Lesen ernsthafter und so zu sagen in einer neuen Weise erst wieder gelernt werden. Als Grundlage von alledem haben wir uns aber überdies eine Gesellschaft zu denken, deren Glieder ihre Bildung und Urtheilsfähigkeit einem völlig veränderten Erziehungs- und Unterrichtssystem verdanken.

6. Behandelt man innerhalb des gegenwärtigen Gesellschaftszustandes die Schulfrage, so ist allerdings die Betonung der sogenannten Unentgeltlichkeit des Unterrichts auf allen Stufen, d. h. seiner Unterhaltung aus öffentlichen Mitteln, ganz in der Ordnung. Für die freiere Organisation treten aber die rein gegenständlichen und methodischen Gesichtspunkte in den Vordergrund. In der neuen Gesellschaft, welche wir vorzugsweise die freie genannt haben, und welche in der That auch ökonomisch frei ist, wird jede sociale Function nach denselben, vom Erwerbsinteresse freien Grundsätzen geübt, und die Forderung der Unentgeltlichkeit, die in ihrer besondern Gestalt von heute nur eine Uebergangsangelegenheit sein kann, findet sich mehr als erfüllt. Dagegen ist die Gestaltung des innern Wesens der Sache nicht gleich selbstverständlich und bedarf hier um so mehr einer Erläuterung, als man sich bisher allzu äusserlich auf die rein formellen Organisationsfragen eingeschränkt und den Inhalt des zu Lehrenden unverhältnissmässig vernachlässigt hat. Der Aufbau eines natürlichen Systems von Lehr- und Bildungsmitteln, wie es der freien

Socialität entsprechen würde, ist auch in seiner speciellen Ausführung keine geringfügige oder leichthin zu erledigende Angelegenheit. Als wir in der Erörterung der Lebensreize den Grundsatz aufstellten, nichts zu treiben, was nicht einem wahrhaften Interesse entspricht, haben wir auch die hochwichtige Anwendung dieses Princips auf die Schule bemerklich gemacht. Um jedoch die ganze Tragweite zu zeigen, bis zu welcher die socialitären Gesichtspunkte der Unterrichtsmethode reichen, müssen wir hier die praktischen Wurzeln der thatsächlichen Lehrstoffgestaltung in den Hauptrichtungen bloslegen und alsdann zusehen, wie die veränderte Gesellschaftsverfassung auch einen veränderten Bildungs- und Lehrplan mit sich bringe. Hiebei wird sich zeigen, dass nicht etwa blos die schon bei mehreren Gelegenheiten von uns bezeichneten Ausmerzungen schädlicher Stoffe ihre negativ heilsame Rolle zu spielen, sondern dass auch positiv die Bestimmungen und Systematisirungen des vorzugsweise Lernenswerthen eine schöpferische Bedeutung in Anspruch zu nehmen haben.

Die allgemeine Bildung ist, wie schon früher erörtert, im socialitären Gemeinwesen eine einheitliche und gleiche. Sie kennt wohl methodische Stufenunterschiede, aber nicht ausschliessende Classificationen, vermöge deren eine Anzahl der Gesellschaftsglieder mit einer besondern und weitertragenden Schulung bedacht würde. Die Ausstattung mit technischen Kenntnissen muss allerdings zu Sonderungen führen; aber diese gehören alsdann auch nicht mehr dem Wesen der menschheitlichen Ausbildung, sondern den Berufsfunctionen an. Wenn nun ein socialer Classenunterschied principiell ausgeschlossen bleibt, so müssen die Elemente im niederen und die Elemente im höchsten Sinne des Worts, also die Elementarkenntnisse der untersten methodischen Stufe und die letzten Principien alles Wissens einander genähert und mit einander ausgeglichen werden. Zu allem universell wichtigen Wissen müssen die Wurzeln zugänglich und die Hauptverästelungen erreichbar gemacht werden. In formeller Hinsicht werden daher die Principien in ihrer Reinheit und Strenge sowie frei von jedem autoritären Gewande sofort die elementaren Ausgangspunkte bilden. Man wird nicht mehr zwischen einer niedern und einer höhern Art des Wissens derselben Sache unterscheiden, sondern das System der planmässig entwickelnden Belehrung so einrichten, dass in jedem Stadium etwas Absolutes gewusst werde und nicht mehr jene traurige Verwahrlosung obwalte, die den ersten Unterrichtsstoff wirklich nach Inhalt und Form in der Niedrigkeit und Unzulänglichkeit der Gesichtspunkte verkommen lässt. Eine gewählte Ausdrucksart der Gedanken, die in kurzen gesichteten und des Namens würdigen Lehrbüchern keinen gehäuften, aber wohl einen anschaulichen und voll anzueignenden Stoff genau und bis in die kleinsten Einzelheiten verkörpert, wird dazu dienen, in gleicher Weise die Lehr- und Lernmühe erheblich zu vermindern und ausserdem die Geschicklichkeit der bedeutendsten Geister für den grössten Kreis nutzbar zu machen. Es ist eine schädliche Wirkung des heutigen ökonomischen und socialen Systems, dass die eigentlichen Lehrbücher ihr Dasein gewöhnlich nur den unzulänglichsten Kräften verdanken. Wer den Plan der universellen socialitären Bildungsschule gehörig entwerfen will, muss den Inhalt der Lehrbücher in seinen Hauptzügen schematisch vor Augen haben und ihn nöthigenfalls in den besondern Fächern entwickeln oder unter Angabe der entscheidenden Einzelpunkte entwickeln lassen können.

Die socialitäre Bildungsschule umfasst die Principien und Hauptsätze alles wahrhaften und interessirenden Wissens der Menschheit, mag es sich dabei um die Aneignung eigentlicher Kenntnisse oder um die Uebung von Fertigkeiten der Mittheilung handeln. Hienach zerfällt der Unterricht in zwei Gruppen von Bestrebungen. Erstens sucht man die Errungenschaften des mathematischen Wissens und der Naturforschung als eine Art Werkzeug des universellen Denkens zu gestalten und so zu einer Ausstattung der sonst in ihrer naturwüchsigen Rohheit verharrenden Sinne und Geister zu machen. Zweitens widmet man den Sprachmitteln und zwar zunächst den angestammten in Rücksicht auf Stoff und Handhabung eine Pflege, die vor allen Dingen darauf abzielt, mit Verstand hören und in diesem Sinne auch lesen, alsdann aber auch sprechen und schreiben zu lernen. Was Letzteres zu bedeuten habe, wird besonders durch den Gegensatz zu der heutigen Gesellschaft klar, in welcher das Verständniss einiger zusammenhängender Sätze nicht einmal immer die Mitgift der obersten Bildungsstufe ist, und wo das Lesenkönnen nicht blos bei den Volksmassen sondern auch in die sogenannten gebildeten Schichten hinein fast nur die mechanische Bedeutung einer geläufigen Uebertragung der Lettern in zusammenhängende Laute zu haben pflegt. Die gewöhnliche Befassung mit Grammatik ist da, wo sie wirklich statthat, jetzt nur wenig nütze; denn sie vernachlässigt grade die feinern Bindemittel der Gedanken und ist kein Ersatz für die übliche Unbekanntschaft mit dem so zu sagen lexikalischen Sprachmaterial und für das mangelhafte Verständniss der gebräuchlichsten Wendungen höherer oder abstracterer Art. Aus diesem Grunde scheitern so Viele, die sich für gut gebildet halten, bei dem Anhören einer Rede oder bei dem Lesen von nicht ganz zersplitterten Sätzen schon an den einfacheren Wendungen des stilistischen Gefüges. Es braucht ihnen in diesem Fall weder die gemeine grammatikalische Formenkenntniss noch der Wörterschatz abzugehen; es genügt, dass sie in die Logik des sprachlichen Ausdrucks nicht eingeführt und in dem raschen Verständniss der zugehörigen Wendungen weder durch die Schule noch durch das Leben geübt worden sind. Von allen unterzeichneten Protokollen dürfte es äusserst gewagt sein, auch nur den tausendsten Theil als halbwegs verstanden vorauszusetzen, und hier haben wir doch offenbar ein Stück socialer und politischer Bedeutung des wirklichen Sprachverständnisses oder vielmehr seines heut überwiegenden Mangels. Die Schule hat daher in Rücksicht auf die Sprache von vornherein auf ganz andere Dinge hinzusteuern, als auf das armselige Lesen und Schreiben derselben oder auf das Stückchen unfruchtbarer Grammatik. Ja wenn es gar kein Lesen und Schreiben gäbe, so hätte sie in der Sprachübung dennoch eine grosse Aufgabe. Man kann sich einen Menschen denken, der ohne die Kunst der Lettern, Andere und sich selbst sehr wohl versteht und ihnen auch seine Gedanken sehr geläufig ausdrückt; aber es ist unmöglich, dass ein noch so geläufiges Uebersetzen von Schriftzügen in Laute und von Lauten in Schriftzüge jene praktisch menschliche Fähigkeit ersetze, die in der gehörigen Auffassung und eignen Handhabung der sprachlich verkörperten Begriffe besteht.

7. Auf die Aneignung von Begriffen aller Art und auf die Ausbildung der Fähigkeit zum selbständigen Urtheil in allen Richtungen werden die vorzugsweise realistischen Lehrstoffe am meisten hinführen. Man wird jedoch die naturwissenschaftliche Wirklichkeitsschulung so zu verstehen haben, dass man die ableitenden Darlegungen und mithin den innern verstandesmässigen Zusammenhang zur Hauptsache macht. Das blos Beschreibende oder die Aneinanderreihung von unverbundenen Stoffstücken hat wissenschaftlich nur den niedrigsten Rang zu beanspruchen. Es werden daher die strengsten und am innigsten mit der Mathematik verwachsenen Theile des Naturwissens den Kern aller Schulung abgeben müssen.

Pflanzen- und Thierkunde mit ihrer, trotz aller Theorien, noch immer vornehmlich beschreibenden Art und Weise dienen auch auf den niedern Stufen des Unterrichts mehr zur leichten Unterhaltung als zur ernsthaften Geistesbildung. Dagegen kann ausserhalb der eigentlichen Naturwissenschaften die Geographie als Beispiel sowohl für die herkömmliche Ueberladung als auch für die Möglichkeit dienen, den Stoff durch praktische Sichtung und durch Hervorhebung des physikalischen Zusammenhangs und der gesellschaftlichen Formationen zugleich wirklich lehrreich und anziehend zu machen. Wird zu der rationellen physischen Geographie sofort, nicht die gewöhnliche politische, sondern eine Culturgeographie hinzugefügt, so gewinnt der Gegenstand eine Physionomie, deren Veränderung gegen das Bisherige noch mehr absticht, als die Verwandlung der gemeinen Geschichte in ernsthafte Culturgeschichte. Uebrigens hat man auch nicht zu vergessen, dass für die Epoche des socialitären Gemeinwesens nicht blos der geschichtliche sondern auch der geographische Zustand in seinen Völker- und Staatenbeziehungen grosse Vereinfachungen erfahren haben muss. Man wird Vielerlei nicht mehr zu lernen haben, weil es weder für die Vergangenheit noch für die alsdann stark umgestaltete Gegenwart irgend interessiren kann. Wir müssen jedoch auf Einzelheiten der Kennzeichnung in dieser Richtung hier verzichten; denn nur in einer vollständigen Systemdarstellung des Socialismus könnte dies mit der hinreichenden Anschaulichkeit geschehen. Dagegen können die Grundschemata und zwar namentlich in Beziehung auf strenge Wissenschaft hier nicht fortgelassen werden, wenn nicht das Wesen des ganzen Plans selbst unbestimmt bleiben soll.

Das rechnende Denken sowie das räumliche Vorstellen und Urtheilen liefern die Grundlage aller schärferen Verstandesausbildung. Das Wenige an praktischen Formelementen der allgemeinen und der sprachlich verkörperten Logik, was überhaupt zur Verfügung steht, ist hiebei schon eingerechnet; denn es wird in dem quantitativen und räumlichen Denken nicht nur am deutlichsten sichtbar, sondern hängt auch in seinen näheren Bestimmungen und zwar bereits an der Schwelle der fundamentalsten logischen Operationen davon ab. Das rechnende und räumlich urtheilende Denken besteht in Functionen, von denen einige sehr einfache, aber äusserst weitreichende gar nicht als eigentliche Mathematik angesehen werden, weil sie sich schon unwillkürlich in den gewöhnlichsten Acten des gemeinen Auffassens und Urtheilens vorfinden. Dieser Umstand bestätigt aber grade ihre hohe Wichtigkeit als Wurzeln des gesammten Verstandesgebrauchs, mag derselbe auf die gewöhnlichen oder auf die wissenschaftlich erheblichen Verhältnisse gerichtet sein. In ihnen berühren sich die ersten Ausgangspunkte und die letzten Stadien aller Schulung; denn in der Mathematik muss der Kreis aller principiellen Begriffe und Mittel vom einfachen systematischen Zählen und Addiren bis zu jenen stetigen Summationen unbeschränkt kleiner Elemente, in denen sich die höchsten Rechnungswendungen bewegen, vollständig durchmessen werden. Auch die räumlichen Vorstellungen sind grundsätzlich in alle ihre beherrschbaren Möglichkeiten zu verfolgen, so dass alle principiell originalen Mittel zur Erzeugung von Linien- und Flächengebilden erschöpft werden müssen. Natürlich wird man bei einer solchen Tragweite des Unterrichts die Kraft darin suchen müssen, den sich jetzt gewöhnlich sehr breitmachenden und obenein recht billigen Luxus untergeordneter Ausführungen und Spielereien gänzlich zu verbannen. Man wird nur das Eigenthümliche der jedesmal neuen Begriffe und Wendungen lehren und hiemit zugleich auch das treffen, was für die Anwendungen der Mechanik, Physik u. s. w. entscheidend werden muss. Die Geschichte liefert hier ebenfalls gute Fingerzeige für die Sichtung des erheblichen Stoffs und für die Anordnung des methodischen Stufenganges. Sie zeigt nicht nur die natürliche Entwicklung sondern auch die überkünstelten Abirrungen. In letzterer Beziehung ist selbstverständlich für die Geometrie von der Euklidischen Darstellungsart abzusehen und an deren Stelle eine genetische, auch mit den neuern Mitteln in logisch zuverlässiger Form vorgehende Verfahrungsart zu setzen. Es müssen sich Elemente der gesammten Mathematik bei gehöriger Sichtung nicht nur in demselben äusserlichen Umfang, wie sonst diejenigen der niedern Geometrie, sondern auch in noch schärferer und gewählterer Fassung herstellen lassen. Ein solches Monument würde allein den grossen Zielen der socialitären Schule und Bildung entsprechen und ist auch wirklich erst von den freien und gesteigerten Kräften des neuen Gesellschaftszustandes zu erwarten.

In einer ähnlichen Weise, wie bezüglich der mathematischen Grundlagen, wird man sich auch der Mechanik und Physik gegenüber zu verhalten haben. Sogar ein Adam Smith, der doch wahrlich in seinen Forderungen für das Volk nicht unbescheiden war, beanspruchte bereits die Elemente der Mechanik für die Volksschule.

Wir, die wir in unserm Entwurf gar keine besondere Volksschule oder minimale Volksbildung mehr kennen, sondern eine einzige und einige, wahrhaft menschlich umfassende Bildungsausstattung aller Gesellschaftsglieder vor Augen haben, verlangen selbstverständlich die Aneignung des gesammten rationell erheblichen Stoffs der denkenden und rechnenden Naturwissenschaft. Die Grundgesetze der Bewegung der Himmelskörper dürfen z. B. in dieser neuen Bildung nicht auf guten Glauben hin figuriren, sondern müssen grade in ihrer Ableitbarkeit aus den Thatsachen sichtbar gemacht werden. Dazu bedarf man bekanntlich nicht der Abrichtung auf die schliesslich doch nur handwerksmässigen Störungsrechnungen, sondern nur ziemlich einfacher, aber freilich principiell wichtiger Denk- und Rechnungswendungen. Auch kann das Beispiel einer universellen Eröffnung des Verständnisses der Gravitation zeigen, wie man sich weiterhin in der gesammten Physik mit den strengsten Anforderungen an die Rationalität der Schulung auf die einfachste Weise abzufinden habe. Es würde für die Vereinfachung der Methoden und für die Herstellung des zugleich kürzesten und strengsten Zusammenhangs der hochwissenschaftlichen Ergebnisse schon jetzt Einiges geschehen sein, wenn nicht die Abwesenheit des praktischen Bedürfnisses, nämlich die fast zünftlerisch zu nennende Isolirung dieser Art des Wissens, die ausgetretenen Umwege der ursprünglichen Ueberlieferung ungestört bei ihrem maassgebenden Einfluss erhalten hätte. Sobald einmal praktisch, vermöge einer socialitären Gestaltung der Schule, die Aufgabe vorliegt, das höhere Wissen ernsthaft zu verallgemeinern, wird auch seine eigne logische Verfassung sehr bald dem umfassenderen Bedürfniss angepasst sein. Auch setzt in der That eine solche mächtigere Systematisirung das sorgfältigste und planvollste Gefüge des methodischen Stufenbaues in der thatsächlichen Organisation des Unterrichts voraus.

8. In der bisherigen Geschichte haben die praktischen Bedürfnisse über Art und Ausdehnung der Studien entschieden. Die allgemeine Bildung ist dabei als etwas Nebensächliches und Bruchstückhaftes ein wenig miterwachsen. Für den echt menschlichen Standpunkt darf sie aber kein Zubehör der Technik und der politischen Geschäfte bleiben, sondern ist unmittelbar um des durch sie gesteigerten Lebensbewusstseins willen zu pflegen. Es darf daher auch unsere Forderung nicht überraschen, die höchsten Gebiete des exacten Naturwissens im Sinne einer Bildungswissenschaft höchster Art zu

sichten, indem man sie für diesen Zweck von ihren rein technischen Seiten loslöst und zu einem System der selbstgenugsamen rationellen Naturauffassung veredelt. Hiedurch würde ihre Form sogar noch an logischer Strenge gewinnen müssen, da die einfachsten und kürzesten Wege einzuschlagen und die am meisten principiellen Grundgestalten aller Einsicht aufzusuchen wären. Man könnte diese Gestaltung eine philosophische nennen, wenn dieses Beiwort nicht im 19. Jahrhundert und namentlich auf Deutschem Boden so geschändet worden wäre, dass mindestens noch eine Generation nöthig ist, um es wieder zu einigen Ehren zu bringen.

In der socialitären Schule wird man auch solche Wissenschaftszweige zur allgemeinen Bildung und zur Lebensausstattung verwerthen, die wie die Physiologie und Gesundheitslehre bis jetzt ganz unberücksichtigt blieben. Einige Kenntniss von den Functionen des thierischen Körpers und ein gewisser Umfang von eignem, wissenschaftlich begründetem Urtheil über das dem normalen Befinden schädliche oder wohlthätige Verhalten dürfte nicht blos um der praktischen Wirkungen willen, sondern auch an und für sich von Bedeutung sein. Mit oberflächlichen Mittheilungen wäre in diesem Sinne natürlich nichts auszurichten, sondern nur viel zu verderben. Hiezu kommt überdies, dass die neue Socialität den ärztlichen Dienst, der dort eine sociale Function und nicht mehr ein Gewerbe ist, unvergleichlich wirksamer einzurichten hat, als die alte in dieser Hinsicht recht ohnmächtige Gesellschaft. Man wird also die Fähigkeit, vorbeugend und in einfacheren Fällen auch nachhelfend für die Gesundheit zu sorgen, sehr allgemein machen müssen, wenn man nicht das alte Missverhältniss fortpflanzen will, vermöge dessen trotz der bedeutendsten Ausgaben die Fürsorge und Hülfe doch nur eine äusserst unzulängliche bleibt. Aehnliche eben auch nicht blos praktische, sondern der höheren Bildung dienstbare Rücksichten machen noch einen andern Lehrstoff, nämlich die Elementargesetze des Gemeinwesens unumgänglich. Verlangte man eine derartige Kenntniss schon im alten Zustande, so würde dieses alsdann nur den Uebergangsverhältnissen zugekehrte Bildungsmittel grosse Schwierigkeiten bereiten. Die überkünstelte Verschrobenheit der Rechtsbeziehungen gestattet weder in der theoretischen Auffassung noch in der praktischen Anwendung die einfache Consequenz des natürlichen Urtheils und der ihm entsprechenden Wissenschaft. Dieser Missstand, auf den wir schon früher in mehreren Richtungen aufmerksam gemacht haben, fällt nun aber in der neuen Socialität fort, und so wird es hier möglich, auf der hoch entwickelten Culturstufe etwas zu bieten, was die Einfachheit der alten naiven Völkerurkunden mit der wissenschaftlichen Reife der Erkenntniss vereinigt. An die Stelle jener Urkunden oder der Katechismen treten die Moral- und Rechtswahrheiten, welche im socialitären Gemeinwesen lebendige Wirklichkeit haben. Die Schule liefert hier die systematische Ergänzung zu alledem, was im öffentlichen Leben überall zu beobachten und wovon auch die Jugend ein Zuschauer ist. Zu der sichtbaren Uebung, die sich hinter keiner auch nur indirect beschränkten Oeffentlichkeit im heutigen Sinne dieses letzteren Worts zu verstecken hat, sind die Principien und Gesetze der das volle Verständniss erschliessende Commentar, und um einen andern hat sich die Schule nicht zu bemühen.

Man pflegt im Gegensatz zum Unterricht die sittengestaltende Erziehung schon heute als eine besondere Aufgabe hervorzuheben, die auch der Schule zufalle. Letzteres kann jedoch nur in geringem Maass der Fall sein. Heute ist es das Hauswesen, was in dieser Hinsicht entscheidet; künftig wird es auch das Gemeinwesen sein. Die heutigen öffentlichen Zustände liefern die corrumpirenden Beispiele und verderben auch das, wozu etwa die ebenfalls nicht mustergültige Familie noch in einzelnen Richtungen fähig gewesen sein mag. In der neuen Socialität ist das ganze Gemeinwesen eine Schule und Uebung der Sitte und bedarf daher nicht jener ebenso unfruchtbaren als künstlichen Veranstaltungen, mit welchen man der heutigen Schule den Charakter eines eigentlichen Erziehungsinstituts aufprägen möchte. Diese Erziehungsanmaassungen sind um so hinfälliger, als der heutige Staat mit seinen materiellen und religiösen Institutionen und mit seinem Reichthum an corruptiven Elementen wahrlich nicht dazu geeignet ist, mit den Lehren, die er im Leben ertheilt, auf Schulbemühungen irgend welcher Art anders als im schlimmen Sinne einzuwirken. Das öffentliche Beispiel, welches die Gesellschaft in ihrem moralischen und politischen Verhalten liefert, wird stets maassgebend sein und eine directe oder indirecte Anbequemung der öffentlichen Schulen an den Geist seiner schlechten und guten Praktiken mit sich bringen. Hienach wird sich die eigentliche Erziehung im Sinne der Sittengestaltung zum grössten Theil von selbst machen oder von selbst verderben, je nachdem die Umgebung des engeren Kreises beschaffen ist, in welchem sie sich vollzieht. Man sorge in der Schule für das Wissen; über Richtung und Inhalt des Wollens wird anderwärts entschieden, und es bleibt für die systematische Bildung nur ein geringer Spielraum vornehmlich ästhetischer und schliesslich auch philosophischer Art, aber eben auch nur im Sinne einer theoretischen Ergänzung der schon anderweitig gesicherten Antriebe übrig.

9. Die mittelbare Einwirkung, welche die ästhetischen Bildungselemente auf die Sitte üben, darf auch in der Schule nicht als Hauptsache gelten. Das ästhetische Verhalten in der Auffassung der Dinge und des Menschenlebens wirkt zwar da, wo es, wie namentlich in der Dichtung, die Leidenschaften veredelt, hiemit auch mächtig auf die sittlichen Antriebe; aber es hat doch eine universellere Function dadurch zu üben, dass es den Werth der Gefühle und Anschauungen und hiemit des Lebens selbst steigert. Es schafft jene ideelle Bereicherung und Vervollkommnung, ohne welche nur ein rohes Naturdasein von weit geringerem Empfindungsgehalt bestehen würde. Ausserdem führt das eigentliche Ideal, im Sinne eines schöpferischen Musterbildes verstanden, zu jenen vollendeteren Gestalten, die zwar in unserm Natursein angelegt, aber erst durch die in uns waltenden höheren Triebkräfte auszuführen sind. Mit dem Ideal wird auch erst der vollkommenste Maassstab für den Werth der Dinge und des Lebens gewonnen; denn die unzulänglichen Gebilde können innerhalb ihres eignen Rahmens nicht die gebührende Würdigung erfahren. Der Reiz des Daseins wird durch die Anschauung des Ideals erst zu seiner Vollendung gesteigert, und so wird die Verallgemeinerung der ästhetisch gestalteten Vorstellung zu einem mächtigen Antrieb der ebenmässigen Lebensentwicklung. Diese hohe Bildungs- oder vielmehr Gestaltungskraft darf aber nicht so angesehen und behandelt werden, als wenn sie in dem engen Rahmen der eigentlichen Schule ihre wesentliche Stätte haben könnte. Das ganze öffentliche Leben der Gesellschaft muss bekunden, dass es dem Ebenmaass, der Schönheit und der Würde nicht blos in Bauten und Monumenten jeder Art, sondern auch in jeglichem Verhalten und in den Ausdrucksformen der Sitte zu entsprechen wisse. Der Begriff vom Aesthetischen bleibt viel zu eng, wenn man ihn nur auf die eigentliche Kunst bezieht. Es giebt weder Gedankenverhältnisse noch Verhaltungsformen oder Werke, auf die er sich nicht übertragen liesse. Seinem Bereich entzieht sich weder die gewählte Form eines algebraischen Ausdrucks, noch die bessere Gestaltung der gewöhn-

lichen Umgangssprache. Er erstreckt sich überallhin, wo das entwickelte Gefühl und der gebildete Sinn einen Unterschied zwischen dem mehr oder minder Conformen wahrnehmen.

Auch die Dichtung hat ihre Hauptfunction nicht als Schulmittel, sondern als eine das gesellschaftliche und öffentliche Leben bewegende Macht zu üben. Sie wird innerhalb der Socialität ihre Gegenstände nicht mehr in der alten Weise wählen und behandeln können. Die neue Lebendigkeit und der hohe Aufschwung, zu denen die freier und menschlicher gewordenen Verhältnisse anregen, werden auch die Poesie in den Stand setzen, in bisher unbetretene Wege einzulenken und ausschliesslich das von nun an wahrhaft Interessirende zu erfassen. Schon früher haben wir angedeutet, dass die Dichter der Zukunft auf die alte Zurüstung mythologischer oder sonst religiöser Art zu verzichten haben, um das rein Menschliche als solches nicht blos zu einem ungemischten sondern auch zum vollendetsten Ausdruck zu bringen. Solange die Phantasie noch Umwege und noch dazu diejenigen unrationeller Fictionen einschlägt, wird sie das Ideal der unmittelbaren Anschaulichkeit und Wahrheit nicht erreichen. Es ist nicht blos die Anbequemung an die niedrigsten Gebilde des superstitiosen Vorstellens jeder Art, wodurch sie sich verunziert und unfähig macht, den höheren Anforderungen einer mit dem Verstande ausgeglichenen Phantasie zu entsprechen. Auch schon die blosse Meinung, irgend welcher, wenn auch selbstgeschaffener Fictionen zu bedürfen, die als aus der Gattung des Realen heraustretend eingeführt werden, beeinträchtigt die sonst in einem höheren Sinne und in einer unmittelbaren Weise erreichbare Wahrheit des echten Ideals. Das letztere bedeutet nur die Vollendung der Welt und der menschlichen Verhältnisse und gehört dem allgemeinen Zusammenhange der Natur und ihrer vorstellbaren Veredlung an. Sobald der Verstand entwickelt genug ist, um die ursprünglichen Verirrungen der Phantasie abzulegen, muss es als eine Unwürdigkeit gelten, wenn die schöpferischen Vermögen noch immer auf Mittel angewiesen bleiben sollen, die zwar einst den unwillkürlichen Schein wahrer und natürlicher Organe für sich hatten, jetzt aber nur noch die Rolle von Krücken und falschen Gliedmaassen spielen können. Jedoch nicht blos die gemeinere Superstition in mehr oder minder schöner Einkleidung, sondern auch der poetische Mysticismus, wie ihn z. B. Goethe stark gepflegt hat, ist als ein Gebilde, in welchem die bereits untergehenden Welt- und Lebensanschauungen noch einen letzten Halt suchen, im Bereich des neuen Bewusstseins eine Unmöglichkeit. Die Poesie und überhaupt die Kunst muss dem Schicksal der allgemeinen Welt- und Lebensbetrachtung folgen, und hierin liegt für sie nicht etwa ein vernichtendes Verhängniss, sondern eine lebenschaffende Nothwendigkeit. Die Concentrirung der Kräfte auf die unmittelbare anstatt der mittelbaren Darstellung und auf den verstandesmässig möglichen Inhalt des Seins wird freilich mehr Geschicklichkeit und höhere Fähigkeiten erfordern, als der Gebrauch eines bereits fertig überlieferten Apparats von alten Wendungen. Aber die Triebkräfte werden in dem socialitären Zustand auch intensiver sein und stellen den verschiedenen Richtungen der Kunst eine Weltära neuer Entwicklung und ebenmässiger Vereinigung in Aussicht. Um hier nur an ein einziges Specialgebiet zu erinnern, so wird das Drama seine Actionen zunächst aus der Uebergangsperiode entnehmen, in welcher das Ringen der neuen weltumschaffenden Mächte die edelsten Bilder menschlicher Grösse bereits vorgeführt hat und bis zu dem fraglichen Zeitalter noch entschiedener und zahlreicher vorgeführt haben wird.

10. Für den, welcher schon heute die vollkommen rationelle Welt- und Lebensauffassung in sich aufgenommen hat, giebt es in der Ueberlieferung keine völlig entsprechende Dichtung. Mindestens bedarf es einer starken Abstractionskraft, um von den störenden Elementen abzusehen. Nicht blos die Ansichten und Bestrebungen, sondern auch die Umstände haben an Interesse verloren; denn es ist unmöglich, über die alten Beengtheiten hinauszusein und sie dennoch grade da mit Wohlgefallen anzutreffen, wo der allseitig harmonische Eindruck sinnenmässiger Erregung das Grundgesetz ist und wo daher jede falsche Einmischung unwillkürlich verletzen muss. Der socialitäre Mensch kann nun vollends nur eine sehr entfernte und schwache Theilnahme für Zustände und Verhältnisse hegen, die der Aera der Rohheit entsprachen. Ihn mag den historischen Bildern vergangener Culturen gegenüber eine ähnliche Stimmung überkommen, wie heute schon uns, wenn wir die Mexikanischen Alterthümer ins Auge fassen. Nur wird sein Urtheil von dem Gegenstande noch durch eine grössere Kluft getrennt sein; denn unsere Civilisation weicht von der alten Mexikanischen nicht so weit ab, als sich die seinige von den uns überlieferten Gewaltzuständen unterscheiden wird. Sogar der lyrische Inhalt der Dichtung, also das, was dem sich in allen Zeitaltern am gleichartigsten kundgeben-

den naturwüchsigen Gefühl am unmittelbarsten entspricht, wird in seinen besondern Gestaltungen für die veredelte Socialität den Charakter höherer Menschlichkeit weit reiner und vollkommener ausprägen. Die Verbannung der Ueppigkeit aus der Kunst wird jene Abwege unmöglich machen, die hauptsächlich durch die gesellschaftlich luxuriösen Ausgangspunkte verschuldet worden sind. Neben den thörichten Beengungen der Weltauffassung hat der gesellschaftliche Grund und Boden, auf dem bisher allein die Künste sich erheben konnten, am meisten zur Untermischung mit falschen Bestandtheilen beigetragen. Man vergegenwärtige sich nur die sociale Position der Künstler und Dichter und zwar nicht blos in Bezug auf deren Existenz, sondern auch im Hinblick auf die von der herrschenden Gesellschaft aufgedrungenen Interessen und Themata. Meistens waren die Träger des künstlerischen Geistes von vornherein genöthigt, wenn nicht den Machthabern in deren unmittelbarem Dienste zu huldigen, so doch wenigstens auf sie die sorgfältigste Rücksicht zu nehmen. Wo in der neuern Zeit die Kunst nicht gradezu von Gnaden der Fürsten existirte, da war sie mindestens den Tendenzen eines Publicums anheimgegeben, welches mit seiner Denkweise den knechtischen Zuständen entsprach. Noch schlimmer als die Einflüsse der politischen Verfassung waren und sind diejenigen der socialen; denn durch diese letzteren wird die Denkweise des Besitzbürgerthums in das Reich der Ideale verpflanzt und wohl gar selbst zu einem Ideal gemacht. Freilich ist dieses Ideal die in sich unhaltbarste und elendeste von allen Ausgeburten, mit denen sich das Unrecht in seiner Art zu beschönigen gesucht hat. Aber eben deswegen signalisirt es auch nicht blos den Verfall, sondern bereits das vollständige Abtreten einer Kunstära, die in das ästhetische Nichts münden müsste, wenn sie nicht von einer neuen Weltepoche mit besseren Motiven abgelöst und so auch von dem Gefühl ihrer Nichtigkeit erlöst würde.

Die Rolle der Dichtung in Gesellschaft und Schule des socialitären Gemeinwesens stellt ausser ihren unmittelbar innerlichen Wirkungen auf das Gemüth und die Anschauung auch noch eine umfassende Rückwirkung auf die Sprache in Aussicht. Die Kunst der Sprachgestaltung muss vom Standpunkt eines ganzen Volks aufgefasst werden. Keine Sprache ist völlig fertig oder im Zustande der vollständigen Verallgemeinerung ihrer mehr veredelten Formen. Jede höher ausgebildete Sprache ist vielmehr ein sichtbar genug geschaffenes und stets nur in bestimmte, wenn auch oft ziemlich weite Kreise übertragenes Gebilde. Die Massen haben in einem Volke noch niemals in ihrem ganzen Umfang an der gebildeten Sprache theilgenommen und zwar aus dem einfachen Grunde, weil sie von der Bildung d. h. von der thätigen Gestaltung derselben stets ausgeschlossen blieben. Die künftige Gesellschaft wird auch hier ein anderes Verhältniss einführen und nicht blos die Arbeit an der Sprache überhaupt, sondern auch die Veredlung derselben activ und passiv zu einer universellen Angelegenheit machen. Hiedurch wird eine doppelte Förderung erreicht, die nach ihren beiden Seiten im alten Zustande unzugänglich bleiben musste. Erstens erhalten die bei der Minderzahl bereits vorhandenen Errungenschaften eine breitere Grundlage und grössere Festigung, und zweitens gehen aus dem weiten Bereich der umfassenden Volksmässigkeit neue Antriebe und frische Strömungen der sprachbildenden Kraft hervor. Wird überdies noch ein gewisses Maass des Kunstgefühls auch in diesem Gebiet verallgemeinert und zu einer sich fortpflanzenden Anlage der gesammten Gesellschaft, so kann es nicht fehlen, dass der Sprachgebrauch zugleich bereichert und veredelt und die Fähigkeit zur Handhabung desselben zu einem bisher unbekannten Grade gesteigert werde. Die gewaltige Ausdehnung des Umkreises, in welchem die socialen Kräfte theils unwillkürlich, theils bewusst zusammenwirken, ist auch im Fall der Sprache das grosse Mittel, die schöpferische Lebendigkeit zu den höchsten Ergebnissen zu spannen und zugleich den Körper des Gemeinwesens auch durch das Werkzeug der Mittheilung innig zusammenzuhalten.

11. Bedenkt man, wie viel in der neuen Gesellschaft von den alten conventionellen Bildungs- oder vielmehr Verbildungsmitteln überflüssig wird, so muss jede Besorgniss weichen, dass sich der erweiterte Umkreis des Wissens und Könnens jemals zu den allgemeinen Fähigkeiten in Missverhältniss befinden könne. Die todten Sprachen kommen ganz in Wegfall, indem sie einem specialistischen Fachgelehrtenthum, etwa so wie heute Sanskrit und Orientalische Alterthümer, anheimgegeben werden. Aber auch dieser Fachbetrieb wird in sehr engen Grenzen verbleiben; denn er hat nirgend mehr praktische Zwecke, sondern einzig und allein die Hülfeleistung zum Verständniss der Geschichte zur Aufgabe. Sogar die heutige Stellung der Orientalisten liefert keine völlig zureichende Vergleichung, da man sich im socialitären Gemeinwesen hüten wird, die todten For-

schungsgebiete mit mehr als der allgemeinen Musse zu unterstützen, die ja auch den Liebhabern solcher Beschäftigungsarten zu Gebote steht. Die fremden lebenden Sprachen aber werden insoweit für die allgemeine Bildung etwas Nebensächliches bleiben, als nicht der Verkehr unter den Völkern eine bedeutende, sich auf die Bewegung der Volksmassen selbst erstreckende Ausdehnung erhalten hat. Sobald dies aber der Fall ist, wird man dafür sorgen, dass sie Jedermann in leichter Weise je nach Bedürfniss zugänglich werden, ohne jedoch in der Aneignung solcher Sprachfertigkeiten einen erheblichen Bildungsstoff anzuerkennen oder etwa gar die Schule mit grammatischen Künsten zu überlasten. Die wirklich bildende Sprachschulung hat vielmehr ihren Mittelpunkt in Stoff und Form der eignen Sprache, und die vielerlei Grammatik, die man sonst beliebte, wird durch eine allgemeine Einführung in die logische Verfassung der Sprache überhaupt und insbesondere des eignen Sprachgebildes mehr als ersetzt.

Die Kritik ist für die Vereinfachung der nach Abstreifung aller Ungehörigkeiten noch übrig bleibenden Bildungsstoffe ein gewaltiges und bis jetzt erst wenig erprobtes Mittel. Ueberall muss man es sich zum Grundsatz machen, auf dem kürzesten Wege zu den entscheidenden Einsichten zu gelangen und alles hiebei Entbehrliche abzuwerfen. Ueberhaupt wird man auf der Bildungsreise durch das gesammte Gebiet der für die Welt- und Lebensanschauung erheblichen Wissenschaften nur diejenigen Punkte berühren, die zu einer strengen Orientirung und zu einem zusammenhängenden Ueberblick über die Grundverhältnisse nothwendig sind. Eine solche Art, die Wissenschaften unmittelbar und in aller Strenge für die universelle Bildung dienstbar zu machen, begreift natürlich auch die Aneignung der letzten philosophischen Grundlagen in sich. Die hiemit angezeigte Vertiefung wird aber, sobald man nur zu der einfachsten Behandlungsart des Gegenstandes durchgedrungen ist, nichts weniger als eine Riesenaufgabe bleiben. Sie wird vielmehr zu den Elementen zählen, und die Elemente in diesem Sinne werden alsdann das erste und das letzte Wissen in Vorstellungen von einerlei Art vereinigen. Säubert man das wenige strenge Wissen, dessen sich die allgemeine Schematik des Seins rühmen kann, von den falschen scholastischen Verschnörkelungen, und entschliesst man sich, überall nur die beglaubigte Wirklichkeit gelten zu lassen, so kann die Erkenntniss der Grundgestalten des Seins auch für den jugendlichen Verstand keine unüberwindlichen Schwierigkeiten mehr haben. Man erinnere sich der höchst einfachen Wendungen, mit denen wir den Unendlichkeitsbegriffen und deren Kritik zu einer bisher ungekannten Tragweite verholfen haben, so wird man an der Erwartung der schliesslich allgemeinen und elementaren Zugänglichkeit solcher Grundgedanken keinen Anstoss nehmen. Ein Kant hatte freilich das Recht dazu, daran zu verzweifeln, dass seine Vernunftkritik, wie er sich ungefähr ausdrückte, jemals populär und eine Sache des Volks werden könne. Auch kümmerte ihn dies gar nicht, da er das scholastische Beiwerk mit der Hauptsache für einerlei hielt und auf die schulmässige Ausschliesslichkeit solcher Künste, wie sie sich auch in seiner Darstellungsart reproducirten, nicht wenig stolz war. Allein mit jeder Wirklichkeitsphilosophie muss auch die Stellung der Grundeinsichten zur praktischen Wirklichkeit des Lebens eine völlig andere werden. Der Wegfall der Religion aus dem socialitären Gemeinwesen und aus dessen Schule macht es überdies nothwendig, für die Welt- und Naturanschauung in unmittelbarer Weise zu sorgen. Die wurzelhaftesten Gedanken, die sich der Verstand über das Sein gebildet hat, und von denen das Schicksal jeder nichtautoritären Betrachtung des Systems der Dinge abhängt, dürfen in der universellen Bildungssystematik der neuen Gesellschaft keine Nebenrolle spielen. Sie sind im Gegentheil dazu berufen, den Menschen von vornherein wahrhaft universell zu orientiren und ihn mit seinen specielleren Ideen nicht nur auf eignen Füssen stehen, sondern auch aus sich selbst wissen zu lassen, dass er das sogenannte Absolute unter den Füssen hat.

12. Es ist gar nicht abzusehen, warum die durch die gegenwärtige Vertiefung und Verschärfung so einfach gestalteten Elemente der universellen Raum- und Zeitauffassung nicht schliesslich in die Reihe der Vorkenntnisse übergehen sollen. Die Anstrengung, ein paar sehr allgemeine Begriffe in ihrer ganzen Tragweite zu bethätigen, um die Einheit der Weltvorstellung nicht zu verlieren, dürfte doch wohl nicht abschrecken! Um den Geist in der Breite des Volksdaseins auszubilden, muss man ihm von vornherein die bisher ungewohnten Functionen des primitiven Denkens nur irgend einmal zuzumuthen anfangen. Man wird alsdann erfahren, dass die abstract begrifflichen Operationen zwar von anderer Gattung, aber doch nicht sonderlich schwerer als die mathematischen auszuführen sind. Die höhere Stufe der Allgemeinheit, in welcher sie sich bewegen, muss sofort zugänglich sein, sobald das gewöhnliche rechnende Denken und das räumliche Urtheilen geometrischer Art erlernt sind. An-

derer Voraussetzungen bedarf es zu diesen für die Weltanschauung so überaus wichtigen Wendungen nicht. Ansichten, zu denen, abgesehen von der völlig deutlichen Form, eigentlich schon der erste jugendliche Geist der Griechen gleichsam spielend gelangte, sind nicht dazu gemacht, auf die Dauer als Monopolbesitz von Gelehrtenzünften und vermeintlich hoher akademischer Bildung zu vertrocknen. Um sie dem lebendigen Verständniss zu eröffnen, darf man sie nicht unter der Herbarienpresse heutiger Philosophieprofessoren Saft und Kraft einbüssen lassen. Man muss jene Wahrheiten in das Fleisch und Blut der Gesellschaft verwandeln, und dies ist nur in der socialitären Weise dadurch möglich, dass man sie für alle Gesellschaftsglieder als Ausgangspunkte eines selbständigen Urtheils über die Verfassung von Sein und Welt zugänglich macht.

Der volle Reiz des ideellen Lebens haftet nicht an jenen abstracten Ausgangspunkten, obwohl dieselben ebenso unentbehrlich für die weitere Philosophie sind, als die mathematischen Elemente für die Naturwissenschaft. In beiden Fällen bietet sich allerdings für die Kahlheit der blossen Formen ein Ersatz in der vollen Strenge und Durchsichtigkeit der verstandesmässigen Verknüpfungen. Dennoch strebt aber das Lebensgefühl des Menschen mit Recht nach reicherer Erfüllung, und die Ideenwelt genügt sich erst in einem auf das Dasein und seine universellen Beschaffenheiten gerichteten Gesammtaffect. So wenig dieser universelle Affect eine Personification der Natur einschliessen darf, so sehr ist er doch von der andern Seite, nämlich in seinem menschlichen Ausgangspunkte, etwas eminent Persönliches. Er beruht zum Theil sogar auf der Art und Weise, wie sich die Auffassung des Menschen durch den Menschen praktisch und theoretisch bethätigt. Im socialitären Gemeinwesen wird er einen gutartigen Grundzug haben müssen; denn es ist nichts vorhanden, was das Leben vorherrschend verleiden oder die Kenntniss der Dinge in das Verkehrte und Zwieträchtige fälschen könnte. Wohl aber kann auch so die Haltung dieses über das Lebensglück entscheidenden Affects nur dann eine feste und in den Schicksalswandlungen gesicherte sein, wenn er sich auf jene fundamentalen Einsichten in das logische Gefüge des Weltgerüstes stützt. Andernfalls möchte das Gemüth zu leicht den Angriffen nachgeben, mit denen es von der zufälligen Gestaltung des Glücks doch unter allen Umständen betroffen werden kann. Diese Chancen gehören zum Reiz des Lebens selbst; aber sie sollen die Grundverfassung der Weltanschauung nicht verwirren können. Um nun der auf dieses Gleichgewicht hinarbeitenden Function der Natur zu entsprechen und ihr durch die Vertiefung und Festigung des Wissens zu Hülfe zu kommen, muss die gesellschaftliche Denkweise über das Leben von vornherein an die objective Wahrheit gewöhnt und gegen die subjectiv täuschenden Anwandlungen mit nachhaltigen, nicht blos auf Gefühle gegründeten Vorstellungen ausgestattet werden. Dies leisten die Elemente einer wirklichen und demgemäss auf die Wirklichkeit der Natur und des Lebens gerichteten Philosophie, welche keinen blos scheinbaren Horizont gelten lässt, sondern in ihren mächtig umwälzenden Bewegungen alle Erden und Himmel der äussern und innern Natur aufrollt.

Erst durch die Veredlung der philosophischen Anschauung kann die Pflege der Wissenschaft um ihrer selbst willen eine volle Wahrheit werden. Nicht blos im Empfinden und Fühlen, sondern auch und zwar noch weit mehr im Anschauen und Wissen schafft und bethätigt sich das Leben. Die höchsten Steigerungen des letzteren sind da, wo sein Bewusstsein von sich selbst zugleich das tiefste und umfassendste geworden ist. Die universelle Uebertragung der Elemente des philosophischen Geistes zulänglicher und echter Art in die grundlegende und allgemeine Bildung wird dafür bürgen, dass auch alle sonstigen Bestandtheile des Wissens als Lebenselemente gewürdigt und demgemäss behandelt werden. Nur so wird jene Wissenschaft und Philosophie Wurzel fassen, die bis jetzt nur in unzureichender und erniedrigter Gestalt zu existiren vermag, und deren bessere Typen sich mit den heutigen politischen und gesellschaftlichen Zuständen um so mehr als unvereinbar erweisen, je edler sie gestaltet sind und je reiner sie sich zur Darstellung bringen.

Achter Abschnitt.

Wissenschaft und Philosophie in der alten und in der neuen Gesellschaft.

Erstes Capitel.

Erfahrungen der Geschichte.

Die geistigen Kräfte bahnen den Weg zu grösserer Freiheit; aber sie selbst bedürfen bereits eines gewissen Maasses derselben, um sich zu einigem Umfang zu entwickeln. Alsdann sind sie im Stande, die natürlichen und unwillkürlichen sowie die künstlichen Gebundenheiten in entscheidender Weise zu lösen und jenen vollkommneren Zustand der Socialität heraufzuführen, der ihnen selbst erst die höchsten Bethätigungsformen eröffnet. Hienach ist der Beruf der Wissenschaft und Philosophie bis jetzt überwiegend ein vorbereitender gewesen, und in der Gegenwart können auch nur die Ansätze emancipatorischer Art eine höhere Geltung beanspruchen. Die Schicksale der menschlichen Wissensbestrebungen haben sich erst zu einem kleinen Theil erfüllt, und der vorherrschende Charakter derselben war stets der Kampf und zwar nicht etwa vorzugsweise mit den natürlichen Hindernissen, sondern mit den künstlichen Bedrückungen politischer und gesellschaftlicher Art. Die innern Schwierigkeiten der wissenschaftlichen und philosophischen Aufgaben selbst hätten niemals eine so starke Verlangsamung des Fortschritts verschulden können, als wirklich zu constatiren ist. Auch bliebe ohne die politischen, socialen und religiösen Motive die Thatsache unerklärlich, dass in der gesammten Geschichte der alten und neuen Zeit der Aufschwung des Geistes überall den Charakter der sporadischen Ausnahme an sich getragen hat.

Im Hintergrunde der Geschichte bis zu deren Urvoraussetzungen hinauf findet sich der erdrückende Zwang politisch und religiös unfreier Zustände über die Völker ausgebreitet. Asiens despotisch zusammengehaltene Menschenheerden, die sich auf eine das Leben dumpf niederbeugende Weise in colossalen Grossstaaten zusammengepfercht fanden, unterlagen dem Druck ihrer eignen Phantasien, die der Naturschrecken oder das vorbildliche Knechtsverhältniss in geistverschnürende Religionen verkörpert hatte. Die rein physiologische und übrigens an die Civilisation fast nur durch die allgemeine Sklaverei erinnernde Existenz liess es zu keiner Wissenschaft und zu keiner darauf gegründeten Philosophie von einigem Werthe kommen. Auch darf uns diese Gestaltung des Vorlebens der Menschheit nicht überraschen. Es war nur ein halbes und gleichsam vegetatives Dasein, in welchem über die nächste Befriedigung der Sinne hinaus nur noch einige Träume aufstiegen. Diese letztern hatten theils die Flucht vor den Störungen des sinnlichen Behagens, theils die jenseitige Wiedererzeugung desselben zum Gegenstande. Nirgend war das Wirklichkeitsgefühl hinreichend gereift, um das Menschheitsschicksal selbst in seinem natürlichen und sachlichen Zusammenhang zu ergreifen und dem Idolismus des religiösen Wahn- und Traumlebens die Waage zu halten. Der Mensch stand zwar nicht mehr auf der Stufe des Thiers; aber er hatte sich über dieselbe nur erhoben, um zunächst für die Freiheit der Wildniss die Sklaverei seiner ärmlichen Cultur und für die animalische Ungebundenheit der Anschauung die verhängnissvolle Halbheit der Gedanken einzutauschen. Mit diesem Schritt war zwar der Horizont seines Daseins ein wenig erweitert und mithin das Leben auch in etwas bereichert worden, aber zunächst doch nur, um an die Stelle der animalischen Nacht ein Zwielicht zu setzen, welches die Irrvorstellungen begünstigte. Hiemit erklärt sich, wie die ersten Erhebungsversuche selbst dazu dienen konnten, den Menschen von einer andern Seite niederzudrücken und der künstlichen Beschränkung zu überliefern. Noch heute ist jene Vergangenheit Asiens die in romantischer Rückläufigkeit umfangene Zufluchtsstätte einer nebelhaften Sympathie mit verworrenen Träumereien der kindisch unreifen Menschheit.

Als ein erster lichterer Schein, der die Nebel des Asiatismus zertheilt, bietet sich uns der jugendliche Aufschwung des Griechenthums dar. Hier gestaltet sich die Wissenschaft, die anderwärts, wie z. B. in Aegypten, nur zu ungeschlachten Ansätzen gelangt und in der Enge des Priesterthums verblieben war, zu einer ebenmässigen Macht, die das Leben in allen Richtungen durchdringt. Aber die frühere Unbeholfenheit schwand nicht etwa, weil die Stammesanlage in ästhetischer und ideeller Richtung eine bessere Form schon ohne Weiteres mit sich gebracht hätte, sondern weil der politische Zusammenhang eine freiere Beweglichkeit und eine stärkere Bethätigung der Kräfte gestattete. Freilich sind alle Umstände, welche die politische und geistige Krystallisation der Elemente in edleren Formen begünstigten, als Ausflüsse einer und derselben Naturbeschaffenheit anzusehen, die hier ebenso auf den Menschen wie auf seine geographische und landschaftliche Umgebung bezogen werden muss. Dies ändert aber nichts an dem Satze, dass es die höhere politische Freiheit gewesen ist, welche den Griechen erlaubt hat, ihre Fähigkeiten auch in der Richtung auf Wissenschaft und Philosophie zu einer für die spätere Geschichte der Menschheit maassgebend gewordenen Bedeutung zu entwickeln.

Innerhalb des Griechenthums selbst hat sich ebenfalls gezeigt, wie der Beweglichkeitsgrad des gesellschaftlichen Zusammenwirkens für die geistigen Leistungen entscheidend wurde. Wo die politische Regsamkeit am grössten war und zu den freiesten Gebilden führte, da schwangen sich auch das Wissen und die Kunst zu den höchsten Ideen auf. Zuerst waren es die mannichfaltig zerstreuten Colonien und dann Athen, wo sich die grossen weltgeschichtlichen Schicksale des Griechischen Geisteslebens erfüllten. Allerdings mischt sich in unsere heutige Anschauung von jenen Vorgängen vielfach der verklärende Zug einer Jugenderinnerung; aber nicht die Schönheit und Anmuth, sondern die Freiheit ist es, auf die wir uns hier als Erklärungsgrund berufen. In der Vorstellung von dieser Freiheit ist nun wenigstens insoweit, als von dem Piedestal der Sklaverei abgesehen und nur auf die Bürger der kleinen Staatengebilde Rücksicht genommen wird, keine erhebliche Illusion anzutreffen. Die Freiheit war wenigstens relativ etwas Einziges und genügte, um einen kleinen Spielraum in der erfolgreichsten Weise ausfüllen zu lassen.

2. Versteht man die Wissenschaft als Reichthum an Kenntnissen, welche die Welt aufschliessen, so hat die classische Cultur der Hellenen eben nur die erste Einleitung bewerkstelligt. Sieht man aber auf den Gehalt der Denkformen und auf die anregenden Kräfte, so hat das freie Spiel des Griechischen Geistes unvergleichlich Mehr geschaffen. Es hat das künstlerische Verhalten in allen

Geistesacten bethätigt und Formelemente erzeugt, die auch da, wo sie in der Sache durch zu kühne Voreiligkeiten fehlgriffen, den Generationen einer spätern Weltepoche als Muster der Lebendigkeit und als Befruchtungen einer trägeren Phantasie dienen konnten. Der Umstand, dass diese nachträgliche Völkerschulung bereits ihre Schuldigkeit gethan und unter den Händen von philologischen Pedanten gegenwärtig zu einer Last geworden ist, darf uns nicht gegen deren ursprüngliche Heilsamkeit oder gar gegen die alten Leistungen selbst einnehmen. Suchen wir diese Leistungen in Rücksicht auf Wissenschaft und Philosophie in den wirklich classischen Jahrhunderten, namentlich im sechsten und fünften, so werden wir die wohlthätige Lebensfrische, mit welcher die ersten Schritte der Menschheit auf der Bahn des Denkens und Forschens gethan wurden, nirgend zu verkennen vermögen. Das Wissen entwand sich aus den Banden des Priesterthums auch äusserlich, wie besonders schon im fünften Jahrhundert daran ersichtlich ist, dass sogar die Medicin die Tempel verlassen hatte und zu einer freien Kunst geworden war. Die Philosophie wurde eine unabhängige Speculation von Männern, die zwar bisweilen noch, wie Pythagoras und Heraklit, etwas Priesterhaftes an sich hatten, aber doch der Mehrzahl nach auf eigentliches Wissen strengerer Art ausschauten. Die philosophischen Heroen der ersten Epoche, also vor den eben Genannten ein Thales und nach ihnen ein Parmenides und Zeno, ein Empedokles und Anaxagoras sowie auch die nach dem Kleinsten forschenden Geister nach der Art eines Demokrit, haben jeder in seiner Weise ein Grundschema für die Auffassung der Natur und des Seins vertreten, und die Gesammtheit dieser Schemata erschöpfte gewissermaassen den Umkreis der wichtigsten Kategorien der Weltgestaltung. Eine solche Ouvertüre des universellen Denkens musste für die ganze Geschichte der Philosophie typisch werden und hat in der That Ihresgleichen nicht noch einmal aufzuweisen. Sie bedeutete sogar mehr, als die demnächst erfolgende Entwicklung, die an schöpferischer Originalität nichts Aehnliches darbot und sogar im Verständniss des bereits Erreichten tief unter dem Höhepunkt blieb, auf den schon die Eleaten mit ihrer subtilen Dialektik gelangt waren. Nur im Moralischen vollzogen sich und zwar besonders mit Sokrates neue Ansätze, bei denen jedoch der Wendepunkt nicht zu verkennen ist und dasjenige Licht die Hauptsache war, welches im Kampfe gegen die Sophistik der Corruption angezündet wurde. Geht man alsdann über die mittlere, sich in der

Breite der Schuldoctrinen ergehende Beschaffenheit der Unternehmungen nach Art eines Aristoteles fort, so versinkt mit der politischen Aera der Alexandrisirung die Griechische Philosophie in theils skeptische, theils mystische Unfähigkeit oder Verworrenheit, um schliesslich vollständig von jenem Asiatismus überfluthet zu werden, über den sie sich ursprünglich erhoben hatte.

Vergleicht man mit dieser Versandung der erfrischenden Oase, welche das Griechenthum dem Orientalismus gegenüber in der Philosophie und den verwandten Wissenschaften darstellte, den Gang des specialistisch positiven Wissens, so drängt sich zunächst eine auch später für die neuere Aera erhebliche Unterscheidung auf. Das mathematische und das naturwissenschaftliche Gebiet sind nicht unmittelbar von politischen und gesellschaftlichen Vorbedingungen abhängig, während die Gedanken über Staat, Sitte und Menschenwohl in absolut maassgebender Weise von dem Zwange oder der Freiheit der öffentlichen Institutionen bestimmt werden. Wo es nun die Griechen mit dem Reich des Menschen zu thun hatten, sind ihre Beobachtungen, Untersuchungen und Entwürfe sowohl von der Mannichfaltigkeit des Stoffes als auch von der verhältnissmässig grossen Freiheit der Aeusserung begünstigt worden. Allerdings hat es, wie bekannt, in religiöser Beziehung nicht an Verfolgungen der Denker gefehlt; aber die Hindernisse, denen man selbst in den Zeiten der Corruption in dieser Richtung begegnete, waren nicht im Entferntesten mit dem inquisitorischen Druck zu vergleichen, der auf der christlichen Welt bis in die neuern Jahrhunderte hinein gelastet hat. Der Nachtheil, in welchem sich bezüglich der politischen Vorbedingungen in Vergleichung mit jenen Zuständen sogar die besten Gemeinwesen der Gegenwart befinden, verschuldet es, dass die Theorie von heute in der Natürlichkeit von Stoff und Form noch rückständig genug ist, um auf die Versuche der Griechen gelegentlich noch in einigen Richtungen als auf beschämende Muster blicken zu müssen. Das völlig Umgekehrte ist in der Naturforschung und, was den Stoff betrifft, auch in der Mathematik der Fall. Abgesehen von dem kunstvollen Gefüge, welches sich in den antiken Ueberlieferungen des Mathematischen auch in dem weniger Gelungenen bekundet, hat die neuere Zeit und zwar besonders seit dem 17. Jahrhundert die Griechischen Entwicklungen gewaltig überholt. Wo aber die eigentliche Forschung und das inductive Verhalten entscheidend sind, da verschwinden die antiken Ansätze in Vergleichung mit den modernen

28*

Errungenschaften. Nun ist schon im Alterthum selbst zu bemerken, dass der Alexandrinismus, der zwar überall einen schweren Druck geübt hat, doch nicht dahin gelangt ist, alle Consequenzen der einmal eingeleiteten Bildung der mathematischen Theorie zurückzuhalten. Trotz seiner verderblichen Einwirkungen auf die Gelehrten im Allgemeinen blieb hier noch ein Feld übrig, aus welchem aus den älteren Vorarbeiten lebensvollerer Zeiten noch einige Früchte zu erzielen waren. So entstanden jene uns als classisch geltenden Darstellungen mathematischer Stoffe, die sich freilich bei näherer Untersuchung auch nicht ganz ohne Spuren der Unnatur ihres Entstehungsbereichs erweisen. Was uns aber daneben die Unfruchtbarkeit des Bodens wiederum bestätigt, ist der Mangel an den ersten exacten Grundlagen des Naturwissens. Zur Ausfüllung dieser Lücke hätte es wahrhafter Schöpferkraft bedurft, um in neue Bahnen des Forschens und Denkens einzulenken. Aber über das, was Archimedes im dritten Jahrhundert in einer andern Umgebung, nämlich auf Sicilischem Boden und vor der unmittelbaren Römerherrschaft, in der Mechanik erreicht hatte, ist man im Alterthum nicht hinausgelangt. Es muss also wohl die indirect erstickende Einwirkung der äussern Lebensverhältnisse auch in denjenigen Gebieten anerkannt werden, wo man bei oberflächlicher Betrachtung geneigt sein könnte, den Zusammenhang ihres Fortschritts mit der politischen Freiheit völlig zu leugnen.

3. Die Griechische Corruption kann mit dem Peloponnesischen Kriege und mit den Sophisten nicht etwa blos als eingeleitet, sondern schon als herrschend gelten. Die Zustände, in deren Rahmen die Verurtheilung eines Sokrates erfolgen konnte, während die Sophisten in ihrer frivolen Weise die alten Anschauungen von dem Staat und den Göttern vollends auflösten, — diese bereits haltungslosen Zustände des äussern Lebens waren nicht mehr geeignet, in ihrem weiteren Verlauf positiv Bedeutendes und Originales zu begünstigen. Was diese Corruption, insoweit sie den Aberglauben zersetzte, an innerer Freiheit mit sich brachte, wurde durch die moralische Erschlaffung mehr als aufgewogen. Wenn trotzdem noch einiges wenigstens relativ Bedeutende hervorragte, was wie Platons Gestaltung eines grossen Theils der bis dahin gewonnenen Philosophie einige, freilich mehr künstlerisch geartete Eigenthümlichkeit für sich hatte, so darf dies nicht überraschen, da einerseits die früheren Anregungen und andererseits die gesellschaftlich günstigen

Umstände mit den einmal geschaffenen Einrichtungen noch eine Zeit lang fortwirken mussten. Von ganz besonderer Bedeutung war die freie, vom Staate unabhängige Weise, in welcher die philosophischen Schulen gegründet und erhalten wurden. Die Verbreitung der für den Staatsbürger zu einer höhern Ausbildung erforderlichen Kenntnisse war besonders in der rhetorischen und dialektischen Richtung von den Sophisten als freies Gewerbe und zuerst sogar im Umherziehen betrieben worden. Diese Leute hatten mit ihrem Publicum, aber mit nichts Anderem zu rechnen. Sie befanden sich allerdings durch ihre auf den Gewinn gerichteten Interessen in einer corruptiven Lage, die aber nicht schlimmer war, als sie das Gesetz von Angebot und Nachfrage in der alten Gesellschaft bei allen ähnlichen Verhältnissen stets mit sich gebracht hat. Diese indirecte Abhängigkeit und dieser Dienst bei dem Publicum darf uns die sonstige Freiheit nicht vergessen lassen, die doch den vorsophistischen und den spätern Urhebern eigentlicher Philosophien in der bessern Richtung zu Statten kam. Man denke nur an den Contrast, in welchem sich die freie Gründung und Unterhaltung der philosophischen und wissenschaftlichen Lehrstätten zu unsern Begriffen von Staatsanstalten und einem gelehrten Beamtenthum befand. Eine derartige gesellschaftliche Freiheit musste auch dann noch wohlthätig fortwirken, als schon in allen übrigen Beziehungen der Boden unterhöhlt und die schaffende Kraft bei ihren letzten Resten angelangt war. Diejenige Knechtschaft der Wissenschaft und Philosophie, die in unsern heutigen Zuständen von den Meisten als selbstverständlich angesehen wird, war den reichhaltigsten Jahrhunderten des Griechischen Lebens eine völlig fremde Institution. Erst die Alexandrinische Aera hat es verstanden, die Gelehrten gleichsam zu kaserniren und unter Verabreichung guter Fütterung in der Dienstpresse der Regierungsmachthaber festzuhalten. Auch das Römische Kaiserthum hat es sogar für philosophische Marionetten an glänzenden Gehältern nicht fehlen lassen, und der Spott eines Lucian über die elenden Subjecte, welche sich um solche kaiserliche Philosophieämter bewarben, erinnert lebhaft an die wesentlich gleiche Misere unserer Zeit.

Das Römerthum, welches von vornherein die Wissenschaft zu einer Angelegenheit der eigentlichen Sklaven machte, kann in den Schicksalen des Geistes gar nicht positiv, sondern nur negativ in Frage kommen. Ohne jede Spur von wissenschaftlicher und philosophischer Originalität, hat es im besten Falle von der Griechischen

Ueberlieferung gezehrt und sich übrigens darauf beschränkt, eine einzige Kunst, nämlich diejenige der Knechtung der Welt, durch praktische Ausübung zu lehren. In einiger Verbindung hiemit stand die erst unter dem entwickelteren Cäsarismus aufgekommene sogenannte classische Rechtsgelehrsamkeit, auf deren Charakter und Schicksale wir im Laufe dieser Schrift schon mehrfach hingewiesen haben. Die Praxis des Krieges, für die inmitten der universellen Knechtschaft nur noch wenig Stoff vorlag, musste sich in den Krieg Rechtens verwandeln, dergestalt dass die juristische Privatstrategie, die ja auch eine uralte Beschäftigung der Patricier gewesen war, nun vollständig die grosse Lücke der verschwundenen öffentlichen Geschäfte höherer Art auszufüllen hatte. Hiemit konnte aber keine schöpferische Wissenschaft erstehen, wie denn in der That die Rechtskunde auch in ihren besten Bestandtheilen bis heute nur zu den, noch der principiellen Allgemeinheit ermangelnden Halbwissenschaften gerechnet werden kann. Von dem Römerthum haben wir also hier keine weitere Notiz zu nehmen. Es hat nur Werth als ein weltgeschichtliches Beispiel der unheilvollen Wirkung, welche die Institutionen der Eroberung und Völkerknechtung auf die Schicksale des freien Geistes üben. Es hat die Unterdrückungsformen seines Raubsystems, aber nicht die mindesten Antriebe schaffender und geistbelebender Art auf die neueren Zeiten vererbt. Es ist das Muster für alle Rohheiten und Geistlosigkeiten der Herrschaft geworden, und wo man sich auf die durch seine niedertretenden Schritte vermeintlich weitergetragene Bildung beruft, verwechselt man das, was es an Spuren einer bessern Geistescultur nicht vernichten konnte, fälschlich mit dem, was es wirklich selbst an Einrichtungen aufgezwungen hat. Diese letzteren Geschenke haben stets nur darauf abgezielt, den Stempel der rohen Gewalt Allem aufzuprägen, was sich an Menschenstoff für die Organisation der politischen Ausbeutung vorfinden mochte.

4. Schlimmer aber noch, als die erobernde Unterwerfung, hat die unmittelbare Geistesbedrückung mit dem Hereinbrechen der Orientalischen Knechtsreligiosität gewirkt. Irgend eine derartige Superstition war als Zubehör zu dem Römischen Universaldespotismus etwas sehr Begreifliches. Die Griechische Welt war schon durch einen Alexander auf das Asiatische Niveau hinabgedrückt worden. Mit der Vollendung des Römischen Weltstaats musste sich schliesslich auch die der allgemeinen Sklaverei entsprechende Religion einbürgern,

und so begann für den Verstand jene lange andauernde Nacht des Christenthums. Keine Barbarei jener frischen Germanischen Völker, die mit der morschen Römischen Welt aufräumten, hätte jemals dem Wissen und der Geistesfreiheit so feindlich werden können, als es die von den Juden her importirte Religion für länger als ein Jahrtausend unbeschränkt gewesen ist. Wie erdrückend der Wahn und die Priesterherrschaft gewirkt haben, kann man daraus ermessen, dass auch nach Ablauf jenes mittelalterlichen Jahrtausends die bereits stark verfallende Macht der priesterlichen Knechtung noch bis auf den heutigen Tag im Stande gewesen ist, den Fortschritten echt menschlicher Wissenschaft und Philosophie erheblich verzögernde Schwierigkeiten in den Weg zu legen. Das Mittelalter war in Beziehung auf echte Wissenschaft und menschlich selbständige Philosophie eine einzige grosse Lücke. Mit dem Anbruch der neuern Zeit, die sich wesentlich durch innere Zersetzung des eignen Reichs der Superstition vorbereitete, musste die Wissenschaft erst wieder aus dem Grabe emporsteigen. Dies geschah in Italien, wo es wiederum politisch und gesellschaftlich günstige, wenn auch übrigens sehr vereinzelte Thatsachen waren, die auch das geistige Leben von Neuem anfachten. Die verhältnissmässige Blüthe und politische Rührigkeit der selbständigen Italienischen Städte, verbunden mit der Corruption, welcher gleichzeitig das Römische Priesterthum anheimfiel, schuf die Vorbedingungen und den Spielraum zu einer geistigen Emancipation, die nur eines bedeutenderen Anstosses durch die Weltereignisse bedurfte, um einzelne Geister zu den kühnsten Conceptionen gelangen zu lassen.

Erst das 16. Jahrhundert zeigt uns in der Richtung auf die geistige Wiedergeburt entschieden eingreifende Wendungen von dauerhaften Folgen. Schon ganze Jahrhunderte vorher war selbst in der strengen Wissenschaft mancher fundamentale Gedanke gefasst worden, aber nicht zu weitertragenden Einwirkungen gelangt. Leonardo da Vinci hatte nicht Wenig von dem gewusst, was zur Constituirung einer neuen hochwichtigen Wissenschaft, nämlich der Dynamik, erforderlich war. Allein erst Galilei wurde der entscheidende Begründer derselben und legte so das Fundament zu der gesammten modernen Physik. Er lieferte das erste, durch umfassende Ergebnisse ausgezeichnete Muster einer exacten Ergründung der Naturkräfte und ist in der Reinheit und Anschaulichkeit der Darstellung nicht wieder erreicht, geschweige übertroffen worden. Auch dachte er philosophisch frei, wie keiner seiner grossen naturwissenschaftlichen Nachfolger, und vereinigte so den superstitionslosen Verstand mit der schöpferischen Unmittelbarkeit einer erkennenden Vorwegnahme, die ihn fähig machte, die Verhältnisse und das Maass von Phänomenen, wie der freie Fall der Körper, im Voraus zu entwerfen und dann durch den Versuch endgültig festzustellen. Diese natürliche und allein vollkommene Methode, vermöge deren die echte Speculation mit den thatsächlichen Feststellungen Hand in Hand geht, ist später wohl durch Einseitigkeit in der Handhabung ihrer einzelnen Bestandtheile in das weniger Zulängliche variirt, aber nie durch ein etwa logisch überlegenes Verfahren überholt worden.

Angesichts dieser sachlichen und methodischen Bedeutung, die wir für Galilei als den Wiedererwecker der eigentlichen Wissenschaft in Anspruch nehmen, kann es sicherlich nicht missverstanden werden, wenn wir für die Philosophie im Sinne der Welt- und Lebensanschauung einem Giordano Bruno in seiner Art mindestens eine gleich grosse und einzige Stellung zusprechen müssen. Dieser Märtyrer einer wiedererwachten, sich auf sich selbst stellenden und die Götterphantasien abstreifenden Philosophie hat in seinem universellen, poetisch lebendigen, die Dinge und deren Einheit affectiv auffassenden Geist fast alle wesentlichen Züge vorweggenommen, die sich später in besondern Systemen entwickelt fanden. Freilich konnte der erste hohe Aufschwung des philosophischen Geistes in der neuern Zeit nicht dieselbe classische Gestalt zeigen, in welcher die Begründung des exacten Wissens auftrat. Es ist aber genug, dass er ebenso primitiv, wie die kühl abwägende Forschung, für die grossen Errungenschaften der neuen astronomischen Weltansicht, also für die Copernicanische Wahrheit eintrat und dieselbe sogar durch die Kraft der intuitiven Analogie zu einer nicht minder richtigen als grossartigen Kosmosvorstellung erweiterte. Für Bruno war der Sternenhimmel bereits eine Welt voll Sonnen ähnlich der unsrigen, und der Wucht dieser das äussere Dasein erfassenden Conception entsprach die innere Erhabenheit seiner Denkweise und Gesinnung. Auf dem Scheiterhaufen wies er das christliche Symbol als einen Hohn von sich und wurde so selbst ein Symbol für die Haltung, welche die spätern Jahrhunderte theils schon bewährt haben, theils noch weit entschiedener annehmen werden. Die Furcht war nicht auf seiner, sondern, wie er prophetisch dem Urtheilsspruch gegenüber erklärt hatte, auf seiner Richter Seite am Platze. In der That kann der neuere Geist nur in dem Maasse steigen, in welchem die Religionen sinken. Die Geschichte der neueren Jahrhunderte ist ein fortdauernder Auflösungshergang, der mit der Superstition auch die zugehörigen politischen Gebilde unterhöhlt.

5. Die Schicksale Galileis und Brunos belehren uns über die alte Gesellschaft in doppelter Richtung. Sie zeigen uns das Bedeutende nur inmitten tief erregender Bewegungen, die an den alten Gewalten mächtig rüttelten. Das 16. Jahrhundert war das der kirchlichen Revolution und der sich verbreitenden Wiederbelebung des wissenschaftlichen Geistes. War auch die Wissenschaft zunächst wie ein antikes Gespenst erschienen, so hatte sie doch rasch eignes Fleisch und Blut gewonnen und stand nun in voller Lebendigkeit da, um mit eignen und modernen Waffen den Kampf gegen die Ueberlieferungen der mittelalterlichen Ignoranz aufzunehmen. So stark sie aber auch innerlich bereits war, so blieben doch die äusserlichen Voraussetzungen ihrer Erfolge stets noch sehr ungünstig. Was einen Galilei getroffen hatte, schüchterte den ängstlichen Descartes derartig ein, dass derselbe seine ersten Arbeiten vernichtete und sich in seinen Veröffentlichungen hinter zweideutige Wendungen flüchtete. Auch ein Spinoza war um seine Ruhe noch äusserst besorgt und verschob die Veröffentlichung seines Hauptwerks bis auf die Zeit, wo ihn der Tod vor Verfolgung sichergestellt haben würde. Dies geschah in Holland, also da, wo sich auf dem Festlande noch die verhältnissmässig grösste politische Freiheit mit der mindesten religiösen Gefahr vereinigt fand, und wo ja auch schon Descartes das Klima für sich gesunder als in seinem Vaterlande Frankreich erachtet hatte. Geht man mit der Geschichte noch ein Stück weiter vorwärts, so sinkt allerdings die unmittelbare Verfolgungsmacht der Kirche, indem ihre Strafgesetze und Gerichte vermöge der Aufsaugung durch die weltliche Gewalt so ziemlich verschwinden; aber keineswegs schwindet auch hiemit der indirecte Zwang, der sich nicht blos in den eigentlich kirchlichen Einrichtungen, sondern auch in den vom Staate geregelten und unterhaltenen Anstalten vererbt. Die herrschenden Religionen fahren vielmehr fort, mit ihren Elementen die gesellschaftlichen und staatlichen Gebilde untermischt zu halten und so mit Hülfe der politischen Gewalt einen erheblichen Theil jenes Zwanges auszuüben, den sie sonst hatten unmittelbar aus eigner Machtvollkommenheit in Anspruch nehmen können. Derartige, in der Form veränderte, in der Sache noch immer sehr nachhaltige

Bedrückungen mussten besonders da wirksam werden, wo es sich um die materielle Existenzfrage der Gelehrten handelte. Bruno hatte, um sein Leben zu fristen, gelegentlich auch den Corrector von Druckereien spielen müssen. Er hatte überall die corrumpirende Einwirkung der gewöhnlichen abhängigen Gelehrtenexistenz wahrgenommen und ein deutliches Bewusstsein darüber erlangt, dass Wahrheit und Wissenschaft in einem solchen Frohndienst wenig Chancen hätten. Durch sein eignes, nicht erst im Tode, sondern schon im Leben aufopferndes Verhalten hatte er sich zu jener Freiheit der Arbeit und Entsagung erhoben, die ihn zwar nicht vor der Noth, aber wohl vor einer schlimmern Art des Zwanges, nämlich vor der vergoldeten Dienstbarkeit des gewöhnlichen Professordaseins sicherte. Auch schon damals war dieses letztere Existenzbereich sehr bedenklich geartet, obwohl es bei dem Vorherrschen der zünftlerischen Selbständigkeiten der Universitäten noch nicht die doppelte Kette, nämlich die der Zunft und der Büreaukratie zugleich trug. Die gesellschaftlichen Institutionen mussten in materieller Hinsicht einen an Bedeutung zunehmenden Druck in dem Maasse ausüben, als die eigentlich criminellen Gefahren geringer wurden. Neben den in dieser Richtung indirect möglichen Erstickungen, Hemmungen und Verfolgungen konnte aber je länger je mehr auch die eigentliche Politik rein staatlicher Natur nicht unbetheiligt bleiben. Die Kirchenzersetzung konnte nur die Einleitung zur Kritik der politischen Zustände sein, und der mit der Religion verwachsene Staat hatte von der freien Wissenschaft und Philosophie schliesslich nicht weniger zu fürchten, als die Kirche selbst. So sehen wir denn auch in den nächsten Jahrhunderten die grossen epochemachenden Regungen der Wissenschaft und Philosophie stets mit den Revolutionen und deren Vorbereitungen zusammentreffen.

Für denjenigen, der vom Zusammenhang der politischen und gesellschaftlichen Freiheit mit den Chancen der Wissenschaft und Philosophie für alle Zeiten überzeugt ist, liefern das 17. und 18. Jahrhundert nichts weiter als eine positive Bestätigung seines Satzes, während das 19. besonders zur negativen Erhärtung desselben geeignet ist. Für England ist das 17. Jahrhundert dasjenige der politisch entscheidenden Umwälzungen. Für Frankreich tritt eine ähnliche Lage erst ein Jahrhundert später ein und für Deutschland ist die entsprechende, vielleicht noch etwas länger dauernde Frist noch im Ablaufen begriffen. Halten wir uns jedoch zunächst an die geschichtlich vollendeten Thatsachen und lassen wir das, was nur erst im Stadium der Vorbereitung zu beobachten ist, vorläufig noch zur Seite.

6. Huyghens und Spinoza sind die beiden Namen, welche für Wissenschaft und Philosophie die Triebkraft des freieren Holländischen Bodens bezeugen. England ist im 17. Jahrhundert während seiner zwei Revolutionen ebenfalls durch zwei Vertreter ausgezeichnet, von denen der eine im Naturwissen, und der andere in der allgemeinen Philosophie Epoche gemacht haben, nämlich durch Newton und Locke, deren Freundschaft überdies noch an die Annäherung der beiden grossen, auf die Aussenwelt und auf das menschliche Innere gerichteten Stämme der Erkenntniss als an eines der modernen Probleme denken lässt. Locke war gleichsam auf dem politisch revolutionären Untergrund gebildet und in die späteren Kämpfe sogar praktisch hineingezogen worden. Den Anregungen des Naturwissens hatte er aber alles das zu danken, wodurch er zur aufklärenden Kritik befähigt und überdies in den Stand gesetzt wurde, bald einen sehr breiten Einfluss auszuüben. Es hatte auf Englischem Boden schon kühnere und schärfere Geister gegeben, die wie ein Hobbes ebenfalls durch die Revolution aber nicht im Sinne derselben, sondern im Kampfe mit ihr zu gewaltigen Kraftäusserungen gelangt waren. Ja auch Hobbes war unwillkürlich in zwei Richtungen selbst revolutionär geworden, indem er einerseits einen kühnen Naturalismus im Sinne der neubegründeten naturwissenschaftlichen Denkweise in die politische Theorie übertrug und andererseits die völlige Unterordnung des von ihm verachteten Priesterelements unter die Staatsgewalt zum Hauptprincip seines übrigens rückläufig construirten Gemeinwesens machte. Ohne diese Rückläufigkeit wäre er der die Zukunft beherrschende Philosoph geworden, und der an Geist weniger bedeutende und weniger originale Typus eines Locke hätte nicht durch die Umstände so umfassend begünstigt und so nachhaltig bevorzugt werden können. Wir haben in diesen äussern Schicksalen der Geisteserzeugnisse jener beiden Individualitäten den Beweis vor uns, wie entscheidend die politische Strömung für die Chancen der philosophischen Leistungen werden könne. Lockes Ideen wurden gegen die Mitte des 18. Jahrhunderts in Frankreich noch mehr verallgemeinert und im Sinne der entschiedensten Aufklärung sehr weit ausgebreitet. Hätte ein Mann von den Anlagen eines Hobbes nicht unter dem unwillkürlichen Einfluss zufälliger persönlicher Verbindungen aristokratisch höfischer Art seinen übrigens gründlichen Ge-

danken stets die Wendung auf ein reactionäres Ziel gegeben, so würde er vermöge der naturalistischen Klarheit und auch sonst ungleich grössern Schärfe und Tragweite seines Geistes noch etwas weiter als Locke, nämlich nicht blos bis zu dem Frankreich der Mitte des 18. Jahrhunderts, sondern wohl noch über die Vorbereitungen der Französischen Revolution hinaus positiv anregend fortgewirkt haben. So aber ist er ein Schriftsteller geblieben, der seine beste Wirkung nur wiederum in Denkern und zwar nur in solchen üben kann, welche das Radicale der ursprünglichen Motive auch im reactionären Gewande zu würdigen wissen. Für den Gesichtspunkt aber, aus dem wir hier vornehmlich die Schicksale des Geistes betrachten, bleibt Hobbes trotzdem eine vollgültige Instanz; denn sie lehrt, dass die revolutionären Erschütterungen die höheren Kräfte auch da aufrütteln können, wo den umschaffenden Mächten von vornherein persönliche Antipathie und politische Feindschaft entgegentreten. Die von uns hervorgehobene Wahrheit bestätigt sich hier um so glänzender, als sich nicht blos in der einen sondern auch in der andern Richtung zeigt, wie die Zeiten tiefgreifender Umschaffungen der Zustände zu freieren Gestalten auch der philosophischen Energie neue Stützpunkte und einen besseren Spielraum gewähren.

In Frankreich war es die Zeit der Vorbereitung und nicht unmittelbar die der äussern Kämpfe selbst, in welcher sich die wissenschaftliche und philosophische Emancipation vollzog. Obwohl irgend welche Ideen den Ereignissen überall vorbereitend vorangehen, so haben doch zwei Umstände zusammengewirkt, dieses Verhältniss auf Französischem Boden besonders scharf auszuprägen. Die grosse Französische Revolution selbst verkörperte sich weit weniger, als die an sich unbedeutendere Englische, in bleibenden Ergebnissen von zulänglicher Art. Sie wurde zu rasch von der Reaction abgelöst, und das der letzteren bis jetzt dienstbar gebliebene 19. Jahrhundert konnte keine Geistesschöpfungen ertragen, die etwa der Aufraffung von 1793 entsprochen hätten. Hiemit fiel jenes geistige Entwicklungsstadium hinweg, welches von den grossen Ereignissen selbst in positiver Weise eröffnet und geschützt wird. Die nun in ihrer Einzigkeit um so bedeutungsvoller erscheinende Vorthätigkeit musste aber bei den Franzosen schon an sich selbst mehr wiegen als bei den Engländern, weil jenes Volk ein weit idealeres Gepräge hat und in seinem ganzen Wesen entschiedener darauf angelegt ist, seine Handlungen nach Maassgabe abstracter Conceptionen einzurichten.

Wir dürfen also nicht überrascht sein, seit der Mitte des 18. Jahrhunderts in Frankreich eine geistige Vorrevolution durchgeführt zu sehen, die schon an sich selbst eine allgemeine Bedeutung für die Welt gehabt haben würde, wenn ihr auch nicht die Ereignisse der ersten neunziger Jahre gefolgt wären. Voltaire hatte in negativer und Rousseau in positiver Weise, der erstere mehr die religiösen, der andere mehr die politischen und gesellschaftlichen Voraussetzungen des alten Regime compromittirt. Jener hatte Newtonscher Naturwissenschaft und Lockescher Philosophie in Frankreich zur Anerkennung verholfen und aus eignem Fond den treffenden Spott gegen die Superstition hinzugefügt. Rousseau aber hatte die moralische Kraft und den Freiheitssinn in Wendungen wachgerufen, in denen sich Schärfe des Verstandes und Wärme des Gemüths in einem jenen Zeiten unbekannten Verhältniss und Grade vereinigt fanden. Die Gruppe der eigentlichen Encyklopädisten aber war unter Diderots Leitung für die Verbreitung einer Bildung eingetreten, in welcher die Opposition gegen die religiösen Hemmungen den Grundzug bildete. Was auf Englischem Boden in dieser Richtung noch nicht durchzuführen gewesen war, erhielt jetzt auf Französischem eine ausgeprägtere Gestalt. Es ist aber nicht zu vergessen, dass diese ganze geistige Bewegung Frankreichs ihre Möglichkeit zu einem grossen Theil dem Englischen revolutionären Vorgang im 17. Jahrhundert zu verdanken hatte.

7. Ueber die Aufklärung des 18. Jahrhunderts mit dem Schein der Ueberlegenheit hinwegzusehen, ist eine der restaurativen Wendungen des 19. Jahrhunderts gewesen. Auch noch heute giebt es derartige rückständige Ansichten grade innerhalb der Philosophie und der Halbwissenschaften. Es ist daher nicht überflüssig, sich der politischen und gesellschaftlichen Voraussetzungen zu erinnern, unter denen grade das 18. Jahrhundert in eminenter Weise zum Stützpunkt für die philosophische Freiheit werden konnte. Was das 17. Jahrhundert unter dem unmittelbaren Eindruck grosser Bewegungen geleistet hatte, erhielt im 18. durch die Verpflanzung auf einen neuen Boden eine noch mehr modernisirte Bedeutung. Allerdings war es inmitten der vorherrschenden politischen Verhältnisse des Festlandes nicht möglich, etwas Anderes als die Kirche und Religion zum nächsten Hauptgegenstand der allgemeinen Kritik zu machen. Hiemit leitete man aber indirect auch die politische Zersetzung ein, indem man das Publicum daran gewöhnte, zunächst

über die geistlichen Stützen der Knechtschaft ein selbständiges Urtheil zu üben. Ein zweites und weiter vorgreifendes Stadium der Kritik, wie es durch Rousseaus politisches Denken vertreten ist, konnte schon directer zu Werke gehen und dazu dienen, die Revolution unmittelbar vorzubereiten. Alle jene Schriftsteller aber, die sich wie Voltaire und ein Theil der Encyklopädisten mit dem ihrer Aufklärung entgegenkommenden Despotismus hervorragender Fürsten befreundet oder wenigstens verständigt hatten, mussten wesentlich auf die kirchliche und religiöse Opposition beschränkt bleiben. Die letztere entsprach sogar den damals maassgebenden Absichten und auch sonst sehr begreiflichen Bestrebungen der weltlichen Fürstenmacht in directer Weise. Ein Lamettrie, der mit seiner materialistischen Entschiedenheit und vermöge seiner Talente den Encyklopädisten schon weit voraus gewesen war, hatte bei Friedrich II von Preussen Schutz und materielle Förderung gefunden. Aber grade dieser Hauptvertreter der damals entwickeltsten Art von Materialismus hatte geflissentlich immer darauf hingewiesen, wie die Freiheit des Denkens, solange dieselbe nur nicht die Regierungsverhältnisse kreuze, in Preussen den ausgiebigsten Schutz geniesse. So verstand es sich für diese Art von philosophischer Kritik von selbst, nicht im Entferntesten an eigentlich politische Consequenzen zu streifen. In Frankreich, wo man später auch in dieser Richtung weiter ging und wie im „Natursystem" den Atheismus auch einigermaassen auf die Politik ausdehnte, bedeuteten diese gelegentlichen Ausgriffe schon die grössere Nähe der Revolution. Sie wurden aber trotzdem nie der Grundton der encyklopädistischen Bildung. Die Aufklärung blieb wesentlich eine allgemein geistige und antireligiös literarische, und es gehörte die vereinzelte Kühnheit eines Rousseau dazu, von seinem auch übrigens abweichenden Standpunkt mit seinem nicht wenig von Genfer Erinnerungen beeinflussten Staatsideal und mit seinen noch kühneren Ansätzen zur Gesellschaftskritik unmittelbar auch in das an Vormundschaft gewöhnte politische Denken des Französischen Publicums einzugreifen.

Während die Encyklopädisten in Frankreich ihre Rolle spielten, war auf Brittischem Boden in grösster Vereinzelung ein äusserst subtiler und zugleich ebenso durchgearbeiteter und klarer Gedankenkreis nach langer Vernachlässigung einigermaassen in den Vordergrund gelangt. Es waren dies die zunächst auf eine sehr feine Kritik der Metaphysik, alsdann aber auch auf die praktischen und namentlich die ökonomischen Fragen angelegten Arbeiten Humes. Dieser grosse Schotte, der unzweifelhaft der bedeutendste Denker seiner Zeit war und auch übrigens in seinem Jahrhundert als philosophische Persönlichkeit universeller Art nicht übertroffen worden ist, kann uns hier nur aus dem Gesichtspunkt eines ähnlichen Mangels interessiren, wie wir schon an Hobbes gekennzeichnet haben. Hume war zwar nicht despotisch, aber wohl aristokratisch gesinnt, und wenn er auch in seiner kühlen unbefangenen Weise die verschiedenartigsten Gründe zu würdigen wusste, so hat doch der politisch vornehme und der lebendigen volksmässigen Theilnahme abgekehrte Zug seiner Gedankenhaltung viel dazu beigetragen, auch in seinen philosophisch gelungensten Arbeiten die zu einer breiten und die Menschen unmittelbar bewegenden Wirksamkeit erforderliche Wärme fehlen zu lassen. Ohne diesen Mangel hätte sein mit Recht noch immer steigendes Ansehn nicht blos für die Denker eine entscheidende Bedeutung erhalten. Er, der sich die völlige Entfesselung des Verstandes und die Vertreibung einer düstern Religionsweisheit aus ihrem letzten Schlupfwinkel zur Aufgabe gemacht hatte, würde sicherlich mit diesem Gegenstande die Menschen unmittelbarer interessirt haben, wenn nicht die vornehme Höhe seiner Theorie von den praktisch umschaffenden, auf Verwirklichung der philosophischen Freiheit im Leben abzielenden Motiven und Sympathien wesentlich unberührt geblieben wäre.

8. Die Hindernisse, auf welche ein Hume mit seiner ebenso scharf und tief gehaltenen als unvergleichlich klar dargestellten Philosophie bei seinen Landsleuten gestossen ist, haben keine individuell zufällige und etwa blos persönliche Bedeutung. Die ein paar Jahrzehnte dauernde völlige Vernachlässigung seiner Leistungen und der Umstand, dass sich für ihn eine Professorrolle von vornherein als unzugänglich erwies, sollten dem Geschichtsschreiber als Anzeichen eines universellen Zustandes der Philosophie und Wissenschaft gelten. Hume selbst war nur durch umsichtige Sparsamkeit, die ihm die ökonomische Unabhängigkeit sicherte, im Stande gewesen, sich von den Einflüssen der Coterien und Parteien ebenso freizuhalten, wie von denen der Kirche und des Staats. Er verachtete nicht blos das, was er den „Gelehrtenpöbel" nannte, nämlich die Philosophieprofessoren und Bischöfe, sondern auch die tonangebende Presse mit ihrer coteriemässigen und von den politischen Cliquen besorgten Beherrschung des Literaturmarktes. Auf dieser

einsamen Höhe allseitiger Unabhängigkeit erschien ihm sein Jahrhundert mit Recht nicht als seine Zeit. Er war trotz seiner verstandesmässigen Kühle der Träger einer grossen philosophischen Gesinnung, die ihn über die Misere der Umgebung hinweghob. Er war nicht blos im Denken sondern auch im Leben ein Philosoph und bewährte dies auch Angesichts des gewissen Todes, in welchem er nichts als das Erlöschen der Lebensflamme sah. Jedoch lehrt grade sein grosses Beispiel, dass all diese Energie der Gesinnung nichts für die Welt geleistet haben würde, wenn anstatt ökonomischer Freiheit ökonomische Unterdrückung hätte platzgreifen können. In der modernen Gesellschaft ist immer mehr die wirthschaftliche Verschnürung das indirecte Mittel geworden, den Geistesaufschwung zu ersticken und die Thätigkeiten in den Dienst des Unwahren und Ungerechten zu pressen. In dieser corrumpirenden Weise hat die Gesellschaft als solche neuerdings eine grössere Macht gegen die Literatur entwickelt, als es an sich selbst Kirche und Staat vermocht hätten. Ausser den religiösen und politischen sind also stets auch die eigentlich socialökonomischen Existenzbedingungen der Wahrheit und Wissenschaft ins Auge zu fassen, und in dieser Beziehung lässt sich behaupten, dass die Chancen des Besseren seit dem 18. Jahrhundert nicht zu-, sondern abgenommen haben.

Die verschiedenen Länder boten je nach ihrer Entwicklungsstufe stark abweichende Aussichten für die philosophischen und wissenschaftlichen Gestaltungen. Das zur Zeit Humes und der Encyklopädisten noch sehr rückständige Deutschland war selbstverständlich zu einer mehr religiös gefärbten Metaphysik geneigt. Diesem Bedürfniss kam der durch Hume aus dem dogmatischen Schlummer gerüttelte Kant in einer, den Englischen Kriticismus in einigen Richtungen vertiefenden, aber auch ein wenig mystisch umnebelnden Weise entgegen. Ueberdies wirkten die Schwächen des Königsberger Professors weit mehr auf das Publicum als die stärkeren und eigentlich kritischen Seiten seiner Philosophie. Allerdings wurde das Deutsche Denken mit der Kantischen Halbskepsis in eine gewisse bedingte und relative Freiheit versetzt; aber schon der Name Kriticismus ist für diese neuere mittlere Gattung von Skepsis nicht recht passend gewesen; denn die Kritik gegen die reine Vernunft wollte eingestandenermaassen das Wissen aufheben, um für den Glauben Platz zu bekommen. Eine Kritik nun, welche die absolute Gültigkeit des Verstandes bekämpft, mag immerhin die ältere Metaphysik und deren herkömmliche Form gefährden, — sie wird aber nimmermehr zu einem sicheren, die Vorurtheile an der Wurzel angreifenden Verhalten des Geistes führen. Die nachkantischen Ungeheuerlichkeiten, denen die besten kritischen Bestandtheile vollends abhanden kamen, haben dann auch zur Genüge bekundet, dass die Deutsche Philosophie zunächst ein Fieber von metaphysisch romantischem Charakter durchzumachen hatte, ehe daran gedacht werden konnte, die philosophischen Fähigkeiten des Deutschen Geistes in einer nachhaltig grundlegenden Weise zu bethätigen.

Während in England und Frankreich für die Bewegungen der Philosophie das vom Mittelalter her vererbte Professorenthum längst aufgehört hatte, eine Rolle zu spielen, konnte es in Deutschland wirklich noch ein Universitätsprofessor sein, von dem eine Art Reform der Methode ausging und eine auch über die Lehranstalten hinaus wirksame Philosophie vertreten wurde. Diese Thatsache ist für die verhältnissmässige Rückständigkeit der Deutschen Entwicklung äusserst kennzeichnend. Die grössten Namen der neuern Philosophie haben sämmtlich Männern angehört, die mit der Professorenschaft entweder gar nichts zu schaffen hatten oder gradezu, wie Locke und Hume, derselben feindlich und verachtend gegenüberstanden. In Deutschland war man aber noch zu sehr in einem Stück Mittelalter befangen, um die Kluft zu bemerken, die zwischen den religiösen Traditionen der Universitätszünfte und den Bestrebungen der emancipirenden Erkenntniss gähnte. Es war noch eine so zu sagen gemüthliche Vermischung der beiden Elemente auch den Anschauungen des weiteren Publicums entsprechend, und so erklärt sich natürlich und geschichtlich grade das, was sonst eine völlig befremdliche Ausnahme der neuen Geistesgeschichte sein würde, nämlich die sonst in den neuern Jahrhunderten unerhörte Thatsache, dass ein Philosophieprofessor nicht etwa ein renommirter Scholarch werden, was sehr leicht und alltäglich ist, sondern wirklich Epoche machen und eine ganze Schaar von Epigonen von ebenfalls nicht blos zünftlerischem Einfluss im Gefolge haben konnte. Wer die Möglichkeit der Kantischen Position anders erklären will, mag zusehen, wie er sich mit der seltsamen Ausnahme abfinde. Eine Verbindung von Professorthum und von Originalität in einer wirklich philosophischen Wendung findet sich sonst auf keinem Blatt der Geschichte der neuern und neusten Philosophie verzeichnet. Auch ist die sich hierin ausdrückende Nothwendigkeit so zu sagen eine naturgesetzliche, und nur im Stadium eines gemüthlichen guten Glaubens an die öffentlichen Institutionen konnten sich zugleich ein Mann und sein Publicum in einer Art von ehrlicher Aufraffung darin begegnen, die Professorrolle zur Darstellung ernsthafterer Philosophie für geeignet zu halten. Unter allen Umständen hätte so etwas nur eine äusserste Abweichung von der Natur der Verhältnisse sein können; aber im Falle Kants ist eine solche Abweichung für ihn und die Deutschen von uns innerlich und äusserlich motivirt und hiemit zugleich auch die Schranke angedeutet worden, innerhalb deren sich dieser Ausnahmefall halten musste. Kant war mindestens zu drei Vierteln ein Professor und für diesen bedeutenden Antheil scheidet der Inhalt seiner Arbeiten aus demjenigen Zusammenhange der Geschichte, der die grossen freien Leistungen der ersten Geister mit einander verbindet. Wer einen Kant nicht überschätzen will, muss aber auch das bessere Viertel, welches in ihm über den Professor hinausragte, noch erst erheblich sichten, ehe der Rest von wirklich originalen Ansätzen deutlich sichtbar werden kann. Völlig anders gestaltet sich natürlich die Werthschätzung von Seiten des heutigen Professorthums, welches gute Gründe hat, sich an diesen Namen zu halten, um unter dem Klang desselben den Misston der eignen elenden Scholastik ein wenig zu verhüllen.

9. Noch interessanter als die äusserlich greifbare Abhängigkeit der Philosophie ist jene innere Ablenkung, die sie auch in der Pflege durch die bedeutendsten Geister vermöge des unwillkürlichen religiösen Druckes erfahren hat. Diese indirecte Befangenheit hat die ganze Haltung des Verstandeskriticismus bei und seit Locke verschuldet. Anstatt einer unmittelbaren und positiven Philosophie errichtete man nur ein precäres Zwischenreich. Man nahm einen Standpunkt ein, der trotz aller Opposition sich doch unwillkürlich den Prätensionen des Feindes anbequemte. Die Eingrenzung der Fähigkeiten des Verstandes entsprang aus dem Streit über dessen Tragweite, und es hätte sich niemals die philosophische Untersuchung fast ausschliesslich in dieses Gebiet verlegt finden können, wenn nicht auch die Religion den Gegensatz von Glauben und vernünftiger Einsicht zum Stützpunkt ihrer Dogmen gehabt hätte. Es war äusserst bequem, das unmittelbare Philosophiren mit einem mittelbaren und entfernten zu vertauschen, indem man sich mit der Beschaffenheit des Verstandes zu thun machte, und dabei immer

mehr der Enthaltung von den auf die Dinge selbst zu richtenden Schlüssen huldigte. So konnte es geschehen, dass schliesslich Kant die Rolle des Verstandes als einer letzten Instanz grundsätzlich beseitigen zu dürfen glaubte. In der That ist die im Englischen und noch weit mehr im Deutschen Kriticismus zu Tage getretene Wendung gegen die alte Religion und Metaphysik eine Art Umweg gewesen, der zugleich so viele Abirrungen zuliess, dass man sich über den bisweilen auch entgegengesetzten Erfolg der ganzen Bewegung nicht wundern darf. Hume war am entschiedensten gegen die Stützen der alten Anschauungsweise aufgetreten; aber der skeptische Zug, den er nicht hat überwinden können, gestaltete sich bei Kant zu einer halbmystischen Wendung, die dem religiösen Glauben nicht nur eine Thür offen liess, sondern auch noch zum Eintreten behülflich war. Sieht man aber auch von diesen Irrwegen gänzlich ab, so wird doch alle Philosophie, die blos Verstandes- und Erkenntnisstheorie sein will, in einer unrealistischen Befangenheit verbleiben müssen. Sie wird auf die Kennzeichnung der Dinge verzichten, indem sie sich blos mit den Auffassungsformen derselben zu schaffen macht. Sie wird die grösste Lücke lassen, die sich in einem System nur irgend finden kann, indem sie den Inhalt der Welt zu Gunsten von ein wenig Verstandesuntersuchung preisgiebt. Dies ist nun auch wirklich das Schicksal dieser ganzen Gruppe von Bestrebungen gewesen, die wohl als ein einleitendes Vorspiel aber nicht als die geeignete Form einer selbstgenugsamen Philosophie gelten können.

Wäre das Denken auch innerlich schon freier gewesen, so würde man diese Phase der blossen Verstandesuntersuchung in den neuern Jahrhunderten weit rascher erledigt haben. So aber hat diese Art und Weise des Philosophirens bis auf den heutigen Tag nicht blos, wie es sich gebührt, eine ergänzende Function, sondern eine entscheidende und vielfach auch ausschliessliche Rolle gespielt. Durch sie wird in der That oft eine Art Neutralität und Zurückhaltung gedeckt, die der Muthlosigkeit oder Denkhalbheit recht wohl gefällt. Man kann Angesichts der heutigen Zustände sogar behaupten, dass ein Psychologisiren über die Tragweite des Verstandes zu den beliebtesten Mitteln gehört, gegen echte und directe Philosophie im Interesse des Verkaufs alter Trödelstücke einer überlebten Weltanschauung Front zu machen. Ueberhaupt ist es stets eine bequeme Ausflucht gewesen, sich mit der Möglichkeit des Erkennens von Etwas zu beschäftigen, anstatt über die Sache selbst ein Urtheil ab-

29*

zugeben. Wer da sagt, man könne nicht wissen, ob die Gegenstände der Superstition Wirklichkeit haben oder nicht, da zu einer solchen Erkenntniss der menschliche Verstand nicht ausreiche, — wer in dieser Weise jede directe Erklärung umgehen will, hegt entweder irgend eine äussere Scheu vor dem Ausspruch der wirklichen Consequenzen des entscheidenden Denkens, oder er wünscht im Gegentheil noch irgend etwas von der Superstition, die sich nicht mehr direct mit hinreichendem Schein vertheidigen lässt, durch seine Berufung auf die Unerkennbarkeit in dem so übrig bleibenden Dunkel zu conserviren. Der Cultus, welchen der Verstand dem klar Erkannten verweigern muss, soll in die Nebel von etwas Unerkennbarem hineingerettet werden. Diese letzte und ärmlichste Wendung, mit der sich die Halbkritik metaphysischer Art den religiösen Ueberlieferungen in halbrationeller Weise anzupassen suchte, ist auch gegenwärtig und zwar vorzugsweise auf Englischem Boden, wie z. B. von Herrn Spencer, wieder hervorgesucht worden. Jedoch gerathen derartige Reproductionen im Verlauf der Geschichte immer schwächlicher; denn die Entfernung von den Zeiten und Stätten, welche den Compromissen solchen Schlages günstig waren, reducirt diese metaphysischen Velleitäten auf die Fürsorge für die im consequenten Denken rückständigsten Elemente des Publicums. Zu den letzteren gehört auch ein Schlag von Gelehrten und sogar vielfach von naturwissenschaftlichen Gelehrten, deren Unerfahrenheit und Mangel an Orientirung in den feineren Wendungen der Philosophie und Weltschematik sie der ersten besten, sich grade auf ihrem Wege als neue Metaphysik anpreisenden Plumpheit anheimfallen lässt.

10. Die philosophische Unzulänglichkeit der Pfleger des positiven Wissens ist eine in den neuern Jahrhunderten auch gleichsam classisch vertretene Erscheinung. Die Schicksale der allgemeinsten und strengsten Wissenschaften lehren, dass auch in diesem Gebiet die moderne Emancipation von den superstitiosen Ueberlieferungen bedeutende Hemmungen erfahren hat. Man braucht sich nur des ziemlich gläubigen Descartes zu erinnern, um die indirecten und feinern Wirkungen des Vorurtheils zu bemerken. Dieser Französische Denker, der zugleich der Mathematik und positiven Wissenschaft angehörte, verkannte und verachtete die Ergebnisse Galileis und zwar offenbar aus einem methodischen Grunde. Er war nämlich des Glaubens, dass sich über die Schwere nichts feststellen lasse, bevor man nicht einen Begriff von derselben aufgestellt habe, aus dem sich das

besondere Verhalten ableiten liesse. Cartesius war also in jener falschen, von der speculativen Theologie des Mittelalters geübten Denkweise noch stark befangen. Seine übel angebrachte Forderung eines begrifflichen Apriorismus in Angelegenheiten, in denen die Begriffe nur verallgemeinerte und vereinfachte Thatsachen sein können, liess ihn die Errungenschaften eines Galilei als etwas nach seiner Ansicht rein in die Luft Gebautes verlachen. Dies war das Verhalten desjenigen Mannes, dem die bisherigen Geschichtsschreiber die Reform der neuern Philosophie zugeschrieben haben, und der in der Mathematik, ja zum Theil auch in einigen Ansätzen zu Grundvorstellungen der Mechanik wirklich verdienstliche und folgenreiche Wendungen eingeleitet hat. Der Contrast mit Galileis unbefangener Art und Weise ist in diesem Falle äusserst lehrreich. Um aber unsern Satz von den Einmischungen der Superstition in die Wissenschaft auch ganz unabhängig von dem Beispiel einer eigentlichen Philosophennatur zu bestätigen, brauchen wir uns nur zu Newton zu wenden, dessen Verhalten von demjenigen seiner grossen Vorgänger Galilei und Huyghens in einer für die Reinheit der Welt- und Naturanschauung nicht grade vortheilhaften Weise abgewichen ist. Der Englische Boden war freilich der Erzeuger jener theologischen Sympathien und Beschäftigungen des Repräsentanten der Gravitationsmechanik; aber eben die Thatsache, dass die Wissenschaft an sich selbst nicht einmal in ihrem eignen Gebiet mächtig genug war, um einen Newton von der Einstreuung eines den Knechtegott verherrlichenden Glaubensbekenntnisses in die mathematischen Principien der Naturphilosophie abzuhalten, ist der für die Lage der neuern Naturforschung charakteristische Zug. Auch die theologisch unpassende Weise, in welcher von Newton schliesslich auf blosse Zweckursachen hingewiesen wurde, die in der Verfassung des Sonnensystems die unzulängliche mechanische Causalität ergänzen müssten, ist wahrlich kein Zeugniss für Strenge und Reinheit, wie sie der sich selbst genügenden Wissenschaft anstehen. Nach Newtons klar ausgesprochener Vorstellung sollte sogar der Finger seines Gottes direct ins Spiel kommen, sobald die Dinge in ihrem allgemeinen und natürlich mechanischen Lauf irgend einmal in Verwirrung gerathen sein würden. Diese grob superstitiose, alle wissenschaftliche Einheit der Weltbetrachtung ausschliessende Vorstellungsart konnte in einem Gehirn wohnen, in welchem sich alle früheren und gleichzeitigen Ansätze zur Gravitationsmechanik zu einem System gestaltet und eine mathematisch specialisirte Form angenommen hatten. Man mag hieraus ermessen, wie gering der Widerstand sein müsse, den die weniger hoch belegenen und weniger streng gearteten Theile des Naturwissens den Resten der theologischen und metaphysischen Denkweise entgegensetzen. In der That ist die Naturwissenschaft an sich selbst und in der Trennung von einem Gesammtsystem der Weltanschauung noch keine Bürgschaft für die nachhaltige Entfernung der Reste der Superstition.

Freilich treiben die einzelnen grossen Wahrheiten des kosmischen und sonstigen Wissens von der Natur den unbefangenen Sinn zur reinen Gestaltung der Anschauungen von der Welt und allem Geschehen. In diesem Sinne hat die naturwissenschaftliche Denkweise, der man schon im 18. Jahrhundert durch die Bezeichnung als Materialismus unabsichtlich eine vorzeitige Ehre erwies, die Vorstellungen ein wenig gesäubert. Indessen ist die Wirkung der Naturerkenntniss nur selten so unmittelbar und mächtig gewesen, um gleich in den Personen ihrer ersten Träger das Gewebe der unnatürlichen Vorstellungsüberlieferung zu zerreissen. Abgesehen von ganz vereinzelten und in dieser Beziehung Alles überragenden Erscheinungen nach Art eines Galilei, hat sich im Gegentheil bis zu unserer Gegenwart die Regel bewährt, dass es nicht die Entdecker selbst zu sein pflegen, welche die philosophischen Consequenzen der ihnen zugefallenen neuen Wissensbestandtheile zu ziehen vermögen. Der Grund hievon ist ein sehr einfacher und bis in die Gegenwart hinein derselbe wie im Falle Newtons geblieben. Das persönliche Verwachsensein mit der Ueberlieferung an sich selbst und mit deren gesellschaftlichen Verkörperungen in Geisteszünften nach Art der Universitäten und Akademien hat diese Hemmungen zum grössten Theil verschuldet. Was für das spätere Alterthum die Alexandrisirung war, das ist für die neuern Jahrhunderte auch in Rücksicht auf die exacten Wissenschaften die fürstliche und staatliche Protection gewesen. Freie wissenschaftliche Gesellschaften haben als solche gewöhnlich nicht lange bestanden; denn wenn sie von Bedeutung waren, wurden sie bald zu Staatspensionaten gemacht und so mit ihrem ursprünglichen Charakter auch des original naturwüchsigen Lebens ziemlich schnell verlustig. Die einmal angeregte Productivität wirkte zwar trotz der staatlichen Absorbirung noch eine Weile fort; aber abgesehen von dem gelegentlich ganz ausnahmsweise vorkommenden Eintreten vereinzelter Kräfte, die noch überdies meist auf einem andern Boden und unter andern Verhältnissen erzeugt waren, ist die träge Versumpfung stets das sehr natürliche Schicksal solcher Institute gewesen. Gegen die emancipirende Kraft, die dem strengen Naturwissen in einem hohen Maasse eigen ist, stemmte sich das Gewicht der mit der religiösen und politischen Unfreiheit verwachsenen Interessen. Hätte es nicht daneben noch immer einige freiere Regungen einzelner bedeutender Geister und weniger gebundener Gesellschaftselemente gegeben, so würden die Consequenzen des bessern Naturwissens für die allgemeine Denkweise auch nicht einmal annähernd gezogen worden sein. Auf die angestellten Philosophirer war hiebei noch weniger zu rechnen, als auf die angestellten Naturgelehrten; denn jenen waren für ihre Thätigkeit noch engere Schranken gezogen und noch bestimmtere Bahnen vorgezeichnet. Sie waren nicht unmittelbare, aber mittelbare Beamte und Diener der theologischen Anschauungs- und Behandlungsweise der Dinge. Weder für die allgemeine Auffassung des Seins noch für die Moral konnte daher von ihrer Seite aus der strengen Wissenschaft etwas Erhebliches gewonnen werden. Die Pfleger der strengen Wissenschaft selbst aber gelangten im besten Falle auch in der neusten Zeit nur dazu, ihr eignes Gebiet einigermaassen von allzu grossen Rohheiten des alten Vorstellungslaufes zu säubern. Völliger Ernst konnte es bei ihnen im Allgemeinen mit der anderweitigen Geltendmachung der Principien der Naturerkenntniss nicht werden, weil sie zunächst und vor allen Dingen als Maschinentheile eines religiös politischen Triebwerks zu fungiren hatten, für welches grade noch im 19. Jahrhundert die allgemeine Aufklärung zu einem verpönten Wort gestempelt werden konnte.

Was wir im Vorangehenden an bisheriger geschichtlicher Erfahrung über die Lebensbedingungen freier und echter Wissenschaft und Philosophie skizzirt haben, muss sich bestätigen und durch ein reichhaltigeres Bild ergänzen, wenn wir die uns naheliegenden Verhältnisse der Gegenwart mit Rücksicht auf deren historische Gebundenheiten untersuchen. Hier werden sich unsere Hauptsätze vollends als stichhaltig erweisen. Wir werden unmittelbar vor Augen sehen, was die religiösen, politischen und gesellschaftlichen Hindernisse der Freiheit für das Hervorbringen und die Gestaltung der Wissenschaft und Gesinnung zu bedeuten haben. Wir werden zwar alle voreiligen Erwartungen auf eine leichte Verbesserung der Missstände aufgeben müssen, aber dafür die ruhige Zuversicht eintauschen, dass mit der Umschaffung der Gesellschaft auch für die strenge Wissenschaft und Philosophie eine fruchtbarere Rolle und grössere Schicksale bevorstehen.

Zweites Capitel.

Verhältnisse der Gegenwart.

Die Physionomie des 19. Jahrhunderts kann politisch nicht zweifelhaft sein. Sie bedarf keiner besondern Auslegung; denn den Menschenaltern, welche der Französischen Revolution folgten, ist im Allgemeinen der Charakter von Zeiten des Rückschlages eigen. Die politischen Rückwirkungen gegen eine grosse Wendung haben die äusserliche Macht für sich, während in langen Pausen frische Vorstösse die vulcanische Regungsfähigkeit des Untergrundes verkünden. Diese stille Arbeit an der Zukunft hat aber wenig oder gar keinen Theil an den einflussreichen Organisationen. Sogar die von ihr vorbereiteten oder verursachten Erschütterungen gestalten sich, indem sie zur Welt und an die Oberfläche kommen, nur zu einem Theil in ihrem eignen Sinne; denn sie kreuzen sich sofort mit den übertägigen Bestrebungen des Halbliberalismus und werden ausserdem bald durch neue Proteusgestalten der sich modernisirenden Reaction abgelöst. Die Julirevolution und die Bewegung von 1848 signalisirten zwar in manchen Richtungen eine etwas freiere Atmosphäre, wenigstens wenn man die von ihnen modificirten Zeiten mit der Epoche der legitimen Restauration vergleicht. Aber sie bilden dennoch nur symptomatische Anstösse, welche die Stetigkeit der Trägheit des reactiven Regime unterbrechen. Sie ändern wohl Einiges an den Institutionen, setzen aber nichts Grosses und Wesentliches durch, weil das liberale Flickwerk am alten Gewande den Schnitt desselben nicht ändert. Sie sind in einigen ihrer Mischungselemente allerdings grosse Kundgebungen, aber nicht mehr. Von dieser Art ist namentlich der Pariser Juniaufstand von 1848. Uebrigens verfällt das Jahrhundert zunächst einem Halbcäsarismus, der in eine Kriegsära ausläuft und sich durch dieselbe noch weiter stärkt. Die furchtbare Erinnerung, zu der sich das Pariser Communephänomen für das alte Regime gestaltete, entbindet wohl weit und breit die

Regungen des verwandten Geistes, löst aber keine Ketten, sondern führt im Gegentheil zunächst wiederum zu Rückschlägen. Der Militaircäsarismus wird überall die modernisirte Form der alten Gewalten, und die moralischen Verbindungsmittel schwächen sich durch die nackte Herauskehrung der brutalen Gewalt ab. Die Achtung vor Geist und Wissenschaft im echten Sinne wird sichtbar gemindert. An ihre Stelle tritt häufig die Frivolität des brutalen Uebermuths, und was dieser nicht verschuldet, das wird durch die sonstige gesellschaftliche Corruption vollführt. In letzterer Beziehung zeigt sich auch Nordamerika mit Europa mehr als ebenbürtig; denn es hat trotz seines Ueberschusses an politischer Freiheit die Gesellschaft doch von vornherein so bourgeoismässig organisirt, dass eine unmittelbare und rein menschliche Theilnahme für Wissenschaft und Philosophie dort nicht möglich ist. Inmitten der corrumpirenden Reichthumsveneration schwindet jeder andere Maassstab der menschlichen Schätzung, so dass nur noch die Interessen der Technik das ihnen unmittelbar entsprechende Wissen empfehlenswerth machen. Ausserdem ist das Amerikanische Denken in religiöser Hinsicht noch unentwickelter und unreifer, als die improvisirten Staats- und Gesellschaftszustände, die man auf die älteren Englischen Institutionen gepfropft hat. Amerika zehrt von Europäischer Wissenschaft, soweit die letztere als blosses Hülfsmittel in Betracht kommt. Für eigentliche Philosophie ist es bis jetzt nicht empfänglich gewesen, und wenn es dort keine Achtung vor dem Ideal giebt, so trifft in der Hauptsache die entsprechende Verachtung mit derjenigen zusammen, welche in Europa bei den herrschenden und auf die nackte Gewalt reducirten Elementen immer mehr zum Ausdruck gelangt.

Nur mit wenigen Strichen haben wir den äusserlichen Rahmen bezeichnen können, in welchem sich für das 19. Jahrhundert Wissenschaft und Philosophie bis jetzt kundzugeben hatten. Man mag im Voraus das Bild bemessen, welches dieser Rahmen fassen konnte. Es würde aber noch unzulänglicher geblieben sein, wenn jene Voraussetzungen mehr als die blos negative Seite der Sache vorstellten. Das zugleich Positive und Faktische, wodurch das Jahrhundert in der Richtung auf das Schaffen wahrhaft charakteristisch ausgezeichnet ist, kann einzig und allein in seinen technischen Erfolgen gefunden werden. Sein Maschinen- und Eisencharakter ist es, durch den es glänzt, und von hier aus strahlt es auch einige belebende Wärme auf die mit seinem Cyklopischen Walten verwandten Wissenschaftszweige aus. Wir würden ihm Unrecht thun, wenn wir auch nur einen Augenblick ausser Acht lassen wollten, dass selbst einige allgemeinere Errungenschaften der Physik und Chemie ohne den äusserlichen Stützpunkt jenes technischen Geistes schwerlich schon zum Dasein gelangt wären. Die Ungunst der alten Institutionen, die auch auf dem Betrieb der exacten Wissenschaften lastet, ist durch die wirkliche Lebensfrische des technischen Elements zum Theil aufgewogen worden. Ueberhaupt erklärt sich aus dieser Rolle der Technik das Uebergewicht, welches in der rein gesellschaftlichen Schätzung die Naturwissenschaften gewonnen haben. Ja sogar die Möglichkeit, ein wenig von der naturwissenschaftlichen Denkweise unter dem Namen des Materialismus in weiteren Kreisen zu verbreiten, hat einigermaassen mit jenen technischen Interessen und der zugehörigen Bildungsrichtung in Zusammenhang gestanden.

2. Man bemerke wohl, dass die der ungeschwächten Restauration folgenden freieren Regungen mit der intensiveren Entwicklung der Technik und namentlich mit der festländischen Aera des Eisenbahnbaues zusammentrafen. Auch hätte ohne die Lebendigkeit auf dem technischen Gebiet der Charakter der Reactionen nach 1848 auf den geistigen Zustand noch weit unheilvoller einwirken müssen, als wirklich geschehen ist. Die materialistische Bewegung in Deutschland, deren Einleitung in die fünfziger Jahre fiel, war die wissenschaftliche und philosophische Gestalt, in welcher etwas von den Freiheitsantrieben der Vorjahre wenigstens im naturwissenschaftlichen Felde nachwirkte. Eine derartige geistige Regung wäre in der Zeit der legitimen Restauration nicht möglich gewesen. Man erinnere sich nur, was die mit dem Beginn des Jahrhunderts erwachsene Generation in der Literatur und in den Halbwissenschaften hatte erleben müssen. Die Romantik war nicht etwa blos in die Belletristik, sondern auch in die Rechtsgelehrsamkeit eingedrungen. Sie hatte mit den ersten Jahrzehnten des Jahrhunderts zur Ausbildung der Deutschen historischen Rechtsschule geführt, die es sich angelegen sein liess, die politische und Rechtsaufklärung des 18. Jahrhunderts zu bekämpfen. Selbst das Wort Naturrecht wurde missliebig und gern durch den in der Hauptsache nichtssagenden Ausdruck Rechtsphilosophie ersetzt. Der Kosmopolitismus und die allgemeine Menschlichkeit, die für die grossen Geister des 18. Jahrhunderts die Leitsterne gewesen waren, wurden mit einem national engherzigen und auch übrigens rückläufig gestalteten Patriotismus oder vielmehr meistens mit einer

Affectation desselben vertauscht. An Stelle des klar Verstandesmässigen und Bewussten wurde das pflanzenhaft Unwillkürliche oder nebelhaft Instinctive gefeiert und die Völkerentwicklung auf diese Weise möglichst gedankenlos aufgefasst. Das geschichtliche Gewordensein in seiner trägen Gestalt sollte einen zulänglichen Titel auch für die fernere Existenzberechtigung abgeben. Man verlor sich in einen Cultus romantisch verbrämter Thatsächlichkeit, der sich zwar wesentlich von der nackten Erfolgsanbetung unterschied, aber mit der letzteren die Unterdrückung des klaren Urtheils und rationell moralischer Stützpunkte gemein hatte.

Einem ähnlichen, nur noch weniger wissenschaftlichen Gange fiel die während der Restaurationszeit grade in Deutschland am meisten in die Breite auslaufende Philosophie anheim. Sie war dort ausschliesslich eine Verrichtung von Universitätsgelehrten, die gewöhnlich vom Studium der Theologie ausgegangen, auch ferner als Philosophieprofessoren zum überwiegend grössten Theil mit Theologiestudirenden und deren philosophischen Bedürfnissen zu schaffen hatten. Man kann sich die Bildung einer solchen Classe von Gelehrten von vornherein construiren, und ihre Häupter, wie namentlich ein Schelling, haben es durch ihr Beispiel anschaulich genug gelehrt, wie elend es mit ihren eigentlich wissenschaftlichen Kenntnissen bestellt war. Bessere Umgebungen und Anregungen hätten ihnen trotzdem etwas mehr Haltung verschaffen können, und auch wirklich waren sie bei ihren ersten Ansätzen im 18. Jahrhundert noch ein wenig von den revolutionären Zeiteindrücken in ihrer Art ergriffen und ausserdem durch die noch lebendige Einwirkung der wissenschaftlichen Seite des Kantischen Geistes zugleich bestimmt und genirt gewesen. Dies Alles fiel mit dem Rückschlag gegen die Revolution und vollends mit der legitimen Restauration fort. Das Bessere in Kant war ja ebenfalls dem allgemeinen Geiste des 18. Jahrhunderts zu danken gewesen, und mit der Entfaltung der romantischen Rückwirkungen gegen diesen Geist konnten nur noch die rückläufigen und mystischen Ansätze, also die mit der Wissenschaft nicht verträglichen Elemente des Kantischen Systems wirksam bleiben. Die Fichte, Schelling, Hegel und Herbart, neben denen Schopenhauer unbeachtet blieb, stellten jene Art von metaphysischer Theologenphilosophie vor, welche in Deutschland schliesslich dahin geführt hat, überhaupt gegen alle Philosophie verachtende und verdächtigende Vorurtheile tief einwurzeln zu lassen. Der Mangel des strengen Wissens, die logische Haltungslosigkeit und die priesterhafte Anmaassung sind allen jenen romantisch restaurativen Philosophien der erwähnten Universitätsprofessoren gemeinsam und bei ihnen nur dem Grade und den Mischungsverhältnissen nach unterschieden gewesen. Das Schülerthum hat mit den Aenderungen in der Zeitfärbung auch wohl hie und da einige Schroffheiten der romantisch restaurativen Meister in den Hintergrund treten lassen, und es sind auch wildwüchsige Ausnahmen vorgekommen, welche den komischen Versuch machten, den reactionären Hausrath im völlig gegentheiligen Sinne zu verwerthen. Indessen hat sich der ursprüngliche Typus wesentlich forterhalten, nur dass er auf den Universitäten schliesslich alle Originalität, die auch dem Verkehrten eigen sein kann, eingebüsst hat und jetzt nur noch als Mumie existirt. Zu dieser Mumie ist er besonders durch die noch schlechteren Einmischungen der Zerfahrenheiten und Rückfälle von allerlei Art geworden, unter denen sogar die universitätsmässige Galvanisirung rein mittelalterlicher Manieren im Sinne der Aristotelistik nicht gefehlt hat. So haben wir denn jetzt als trägen Niederschlag nichts weiter übrig behalten, als eine Gattung angestellter Philosophirer, deren ganze Thätigkeit in einem mehr oder minder matten Priesterthum zweiter Classe aufgeht. Ehe wir uns jedoch diese Priester zweiter Classe näher ansehen, müssen wir die Stätten ihres Treibens etwas genauer betrachten, als herkömmlich geschieht. Das Publicum sieht sich die gelehrten Zünfte gewöhnlich nur von Aussen an und lässt sich über dieselben leicht täuschen, da ein zutreffendes Urtheil hier nicht so auf der Hand liegt, wie Angesichts der Ruinen feudaler Burgen.

3. Universitäten und Akademien wurzeln theils im Mittelalter selbst, theils in den neuern Jahrhunderten. Es sind aber stets Zünfte, d. h. exclusive und mehr oder minder sich selbst überlassene Körperschaften, über deren zünftlerischer Selbstregierung sich jedoch die neuere büreaukratische Gewalt immer entschiedener aufgerichtet hat. Die eigentlichen Akademien d. h. Gelehrtenpensionate sind überhaupt eine neuere Bildung und, wie namentlich die Französische Hauptanstalt dieser Art, aus der officiellen Initiative hervorgegangen, obwohl die letztere nur auf einen vorgefundenen geselligen Kern hin etwas einzurichten vermochte. Die systematische Auszahlung von Jahrgehältern und die amtliche Erkünstelung eines Gelehrtenadels, zu dem der Stoff meist sehr untergeordnet, aber dafür auch gefügig ausfiel, machten die Hauptangelegenheiten aus. Auf dem Festlande

haben wir in dem Französischen Institut und in der Preussischen Akademie die Unterthänigkeit solcher Körperschaften genugsam kennen gelernt. Die wissenschaftlichen Arbeiten aber und namentlich die regelmässigen, sich träge fortschleppenden und oft nach Füllung des Papiers seufzenden Folianten und Quartanten haben im Allgemeinen sogar in den besten Zeiten dieser Institute äusserst wenig zu bedeuten gehabt und sind gegenwärtig vollends zu einer obligatorischen Gewohnheit herabgesunken. Diese Abhandlungsansammlungen, nach denen fast Niemand fragt, lassen das Papier und die Setzerarbeit bedauern, die in ihnen auf Staatskosten vergeudet werden. Es gab eine Zeit, nämlich die der nächsten Nachwirkungen des 17. Jahrhunderts, als ausnahmsweise auch unter die akademischen Productionen einige lebendige Elemente mathematischer und physikalischer Art geriethen. Auch glückte es z. B. Friedrich II von Preussen nach Eulers Abgang zufällig zu einem Lagrange zu gelangen und so eine von vornherein bedeutungslose Akademie mit einem wirklich grossen Namen und einer echten hochwissenschaftlichen Natur von entsprechend untadliger Gesinnung zu beehren. Jedoch ist dies in seiner Gattung auch bisher der einzige Fall geblieben, und es können überhaupt derartige gänzlich vereinzelte und rein zufällige Ausnahmen nichts an der allgemeinen Wahrheit ändern, dass die Akademien sich sehr schnell als völlig unfruchtbare Veranstaltungen erwiesen haben. Wie sie heute beschaffen sind, kann nun nicht der mindeste Zweifel mehr obwalten, dass ihre Streichung aus dem Dasein dem Gange der Wissenschaften nicht im Mindesten schaden, sondern im Gegentheil Einiges nutzen würde. Diese Gelehrtenorden könnten ebensogut wie die Mönchsorden abgeschafft werden. Die Wissenschaft würde alsdann einige ablenkende Hindernisse weniger zählen, und die Volkssteuern, aus denen man die Herren Akademiker und deren Makulatur speist, könnten zu gediegenen Unterrichts- und Bildungszwecken verwendet werden. Auch würden sich keine Privatpersonen mehr in ihrem harmlosen Glauben an die akademische Autorität versucht finden, bisweilen Fonds zu Preisen zu liefern, die alsdann in einer so verrotteten oder sonst so fehlgreifenden Weise ausgeschrieben werden, dass sehr häufig keine Arbeiten einlaufen. In Deutschland und speciell bei der Preussischen Akademie ist erst jüngst der Fall vorgekommen, dass sich einunddasselbe Thema Aristotelisch verrotteter und geistloser Art in mehreren Wiederholungen und trotz einer nachträglichen Preisverdoppelung ein Jahrzehnt hindurchgeschleppt hat, ohne dass je eine Arbeit eingelaufen wäre. Man glaube jedoch nicht, dass solche kostbare Beispiele nur in der Philosophasterei und philologischen Wortgelehrtheit oder, um im amtlichen Stil zu reden, in der historisch philologischen Classe anzutreffen sind. Auch die mathematisch naturwissenschaftliche Abtheilung erfreute sich einer Art von Gegenstück zu jenem Aristotelesfall, indem es ihr in aller Unschuld begegnete, einige Mal hintereinander auf unlösbare Aufgaben über synthetische Behandlung der Flächenkrümmung und ähnliche synthetische Aussichtslosigkeiten zu verfallen, wobei der hartnäckige Nichteingang von Arbeiten nur den kleinen Nebenvortheil ergab, über die betreffenden Fonds anderweitig nach Gunst verfügen zu können. Doch wir wollen hier nicht auf das Preiswesen eingehen, durch welches die Wissenschaft im günstigsten Falle nur ausnahmsweise und zufällig gefördert, der Regel nach aber auf Abwege geführt und durch das Unwesen in der Wahl der Themata sowie durch die coteriemässige Parteilichkeit in der Beurtheilung gradezu geschädigt wird. Auch sind uns die eigentlichen Akademien in unserm Bilde von der amtlichen Zustutzung der Wissenschaft keineswegs die Hauptsache; denn sie sind glücklicherweise keine Lehranstalten und dienen nur indirect zur Beeinflussung der eigentlichen Lehrkörper. Die letzteren spielen als Universitäten eine staatsmässig und namentlich in Rücksicht auf das richterliche Beamtenthum und den höheren Lehrerstand sehr einflussreiche Rolle und müssen vorzugsweise als dienstbare Organe des alten Regime angesehen werden. Ihre hemmenden Functionen kommen hiebei am meisten in Betracht, und sie thun grade dadurch ihre traditionelle Schuldigkeit, dass sie nach Kräften an den veralteten Elementen der Bildung festhalten und sich von den neuen nur einen geringen Spielraum abzwingen lassen.

4. Schon allein der Umstand, dass die heutigen Universitäten die einzigen erheblichen Ueberbleibsel des Zunftwesens sind, signalisirt auch deren sonstige rückständige oder rückläufige Haltung. Die blosse Form der Zunft, so arge Wirkungen sie haben mag, ist aber trotzdem an sich selbst noch nicht das Schlimmste. Sie bringt die gevatterschaftlichen Besetzungen der Professuren und ausser diesem Familiennepotismus auch noch sonst die elendeste Willkür und die Möglichkeit mit sich, die wirklichen Talente im Interesse der bedrohten Eitelkeit hölzerner Scholarchen fern- oder niederzuhalten. Auch lässt sie die Scholarchen unter sich selbst abstossende

Kräfte üben und sich geographisch derartig auf Distanz arrangiren, dass jeder Einzelne in seinem Fach an dem betreffenden Orte möglichst nur eine oder ein paar Nullitäten zu collegialisch unschuldigen Concurrenten hat. Wo die Kreuzung durch das büreaukratische Regime gelegentlich einmal die unfreiwillige Gesellung von ein Paar solcher kleinen Universitätsheroen desselben Faches erzwingt, pflegt diese zärtliche collegialische Paarung trotz ihrer Komik doch die nahrhafte Hauptsache, nämlich irgend eine Theilung der Monopolbeute an Zuhörern, trotz aller Rancüne nicht zu verfehlen. Jedoch auch diese hypokritischen Auseinandersetzungen und die ganze kleine Politik der Ränke, welche auf und zwischen den Universitäten unter ihren machthabenden d. h. bei der Stellenvergebung einflussreichen Gliedern geübt wird, würden nicht im Stande sein, die Wissenschaft so stark zu schädigen, als wirklich geschieht, wenn sie sich nicht auch sonst in einem krebsartig afficirten Element bewegten. Wir fragen also vorläufig nicht weiter nach der blossen Zunftform und zugehörigen Patronage, sondern erinnern uns lieber, für welche Aufgaben und in welchem Dienste diese Zünfte ursprünglich erwachsen sind, und welchen Kirchen- und Staatsaufgaben sie demgemäss noch heute obliegen.

Wer die heutige Rolle der Universitäten blos aus der mittelalterlichen Form ihrer Verfassung erklären wollte, würde auf die materielle Hauptsache, aus der sich auch noch jetzt das Meiste begreift, nämlich auf den mittelalterlichen Inhalt der Lehrzwecke verzichten. Man bedenke, welche Antriebe ursprünglich zur theils genossenschaftlichen theils stiftungsmässigen Bildung der Universitäten geführt haben, und in welcher geistigen Atmosphäre diese Anstalten concipirt worden sind, und man wird einsehen, dass selbst einige freie Urformen der äusserlichen Verfassung, wie namentlich die gleichheitliche Vereinigung der Studirenden und Docirenden zu einer einzigen Körperschaft, die Fixirung einer dem wissenschaftlichen Inhalt nach unfreien Richtung nicht hatten aufwiegen können. Vor allen Dingen machte die Kirche ihre Ansprüche überallhin geltend. Die theologischen Facultäten waren ihr selbstverständlich unterthan, und das Studium des kanonischen Rechts liess ihr auch die halben juristischen Facultäten geistig tributär werden. Formell hielt sie ja überdies auch das übrige Studienwesen in der Hand, und es bedarf daher kaum noch erst der Hinweisung auf ihre materielle Beschattung der Philosophie, um darzuthun, dass auch die übrigen Facultäten an ihrem Geiste theilhaben mussten. Zu diesen kirchlichen Mitgiften des Universitätswesens kam theils als Einschaltung theils als spätere Pfropfung die Zurichtung für die eigentlich staatlichen Aufgaben. Zuletzt gelangte sogar der Staat dahin, zugleich der Form und dem Inhalt nach, nämlich durch büreaukratische Oberleitung der Lehrverwaltung und durch unmittelbare Reglementirung des Studienganges den Schwerpunkt zu verschieben und die universitären Functionen zum grössten Theil nach seinen eignen Zwecken zu bemessen. Soweit eine Aufsaugung der Kirche in den Staat platzgriff, mussten die theologischen Professoren reine Staatsbeamte werden. Ueber die Stellung der Juristen ist in dieser Beziehung kaum ein Wort zu verlieren. Sobald man den Gang der Rechtsstudien obligatorisch vorschrieb und, statt blos nach Kenntnissen, vor allen Dingen nach der Absolvirung der Zwangssemester und Zwangscurse fragte, war das Verhältniss schroff genug fixirt und mit dem Unterrichtsmonopol auch die Tendenz der es ausübenden Facultäten gesichert. Von dem wissenschaftlichen Hausrath, mit welchem sich die Juristenfacultäten seit den glossatorischen Anfängen her beholfen haben, ist im Verlauf unserer Schrift schon die Rede gewesen. Man hat um das *Corpus juris* Gebirge von Citaten aufgeschichtet und im besten Falle die Geister des Alterthums copirt, aber nur selten den Geist des Rechts selber angerufen. Man hat meist die servileren der Römischen Kaiserjuristen nachgeahmt und den Mischmasch von sogenanntem Heutigen Gemeinen Römischen Recht oft recht hübsch im Sinne der Sklaverei eingerührt. Man ist in den publicistischen Theilen des Rechts natürlich der Gewaltstaatsverfassung gemäss verfahren und hat stets dafür gesorgt, dass es den Fürsten nicht an einem Nachwuchs von Beamten fehlte, deren Ideen nach der Enge des politisch mustergültigen Zuschnitts begrenzt worden waren.

Die eigentlichen Staatswissenschaften sind stets eine Nebensache geblieben, und namentlich zeugen die moderneren Elemente derselben, wie besonders die Volkswirthschaftslehre, deutlich genug davon, dass sie auf den Universitäten an den falschen Ort gerathen sind. Blickt man auf das Schicksal, welches die Nationalökonomie unter den Händen Deutscher Professoren gehabt hat, so hat man eines der entscheidendsten Beispiele vor Augen, wie ein an sich recht brauchbarer Wissensstoff durch die scholastische Behandlung zugleich corrumpirt und versimpelt werden konnte. In meiner Geschichte der Nationalökonomie und des Socialismus (2. Aufl. S. 552 fg.) habe ich die betreffenden Zustände eingehend mit Beispielen gekennzeichnet. Es sind der Regel nach die philosophischen Facultäten, die für Alles, was nicht direct Theologie, Jurisprudenz oder Medicin ist, als Ablagerungsorte dienen müssen und daher auch die Volkswirthschaftslehre unter ihre philologisch-historischen Flügel zu nehmen hatten, wobei denn dieses eminent rationelle Gebiet in Citatenkram und übel angebrachten Geschichtsabfällen bis zur Unkenntlichkeit verkommen und natürlich aller strengen Methode ledig geworden ist.

5. Um über der bunten Mischung von Disciplinen, die in den philosophischen Facultäten ihre gemeinschaftliche Behausung haben, die Hauptphysionomie dieser Körperschaften nicht aus dem Auge zu verlieren, muss man sich stets vergegenwärtigen, welche Elemente darin die Hauptrolle spielen. Die Aufgabe, die den philosophischen Facultäten vom Staate zugewiesen ist, und vermöge deren sie sich an die drei andern Gattungen von Facultäten ebenfalls mit einer praktischen Function anreihen, besteht in der Sorge für die zum höheren Lehrerberuf vorbereitenden Studien. Die Lieferung von öffentlichen Lehrbeamten für die Gymnasien und Realschulen wird daher die entscheidende Verrichtung, und hiemit begreiflicherweise, nach Maassgabe der vier Jahrhunderte alten Tradition, die philologische Wörterweisheit mit ihren Auslegungen lateinischer und griechischer Schriftsteller die maassgebende Hauptsache. Dazu gesellen sich dann die Prätensionen der Historiker, die wohl wissen, was ihre sogenannten Seminarien und ihre Zurichtungen des geschichtlichen Stoffs für den staatsmässigen Unterricht auf den höheren Schulen zu bedeuten haben. Sie sind zugleich, wenn nicht zufällig auch direct, so doch stets indirect, die Lehrer einer Art von Politik und die Eindriller eines Geistes, wie er auch ihrem sonstigen Beruf als Historiographen der Fürstenhäuser oder als Celebrirer der laufenden Staatsactionen entspricht. Selbst diejenigen, die sich vorzugsweise mit dem Alterthum beschäftigen, verstehen sich oft genug darauf, mit einem alten Alexander oder Cäsar zugleich den neusten politischen Velleitäten aufzuwarten. Sie empfehlen das, was man modernen Cäsarismus nennt, zwar nicht immer unmittelbar; aber sie stellen die alten Verhältnisse geflissentlich so hin, dass der Geschmack der arglosen Jugend, die sich sonst im Alterthum den wahrhaften Idealen zuwandte, von vornherein irregeleitet wird. Das Uebergewicht des philologisch-historischen Elements in den philosophischen Facultäten dürfte hienach nicht mehr befremden; denn der

unfruchtbare Sprachstoff in Verbindung mit der gehörigen Verschneidung der Geschichte sind vortreffliche Mittel des alten Regime, wahrhafte Wissenschaft und Bildung nicht allzu leichten Kaufs aufkommen zu lassen.

Neben den eigentlichen Philologen spielen die Lehrer der Mathematik und Naturwissenschaft auf den höhern Schulen nur eine Nebenrolle. Dem vorherrschenden Ton nach werden sie als Functionäre zweiter Classe angesehen, und man kann nicht grade behaupten, dass es sich hiemit in den Facultäten selbst sonderlich anders verhielte. Ungeachtet der grösseren Frische und der bedeutenderen Erfolge des mathematisch-naturwissenschaftlichen Elements tritt dasselbe sogar da, wo es durch verhältnissmässig weit wichtigere Persönlichkeiten als das historisch-philologische repräsentirt wird, dennoch meistens in die zweite Linie. Die politische Indolenz desselben und die Fügsamkeit oder gar Servilität einzelner Personen, mit der man sich auch bei den Stellenbesetzungen in diesem Gebiet hinreichend zu sichern versteht, hat es verschuldet, dass bisher jene schmachvolle Unterordnung der eigentlichen Wissenschaften unter die blosse Wortgelehrtheit der Philologen und unter die Halbwissenschaft der Historiker noch nicht durchbrochen werden konnte. Indessen ist hier der einzige Punkt zu suchen, wo auch Angesichts der sonstigen Zustände von Staat und Gesellschaft ein gewisses Maass von Reform denkbar bleibt. Wie die theologische Facultät zwar noch immer dem amtlichen Range nach an erster Stelle, übrigens aber ausser ihrem eignen Bereich fast gar nicht mehr figurirt, so dürfte auch die Philologenweisheit schliesslich ihr Schicksal erfüllen und zuletzt eine Umkehrung des heutigen Verhältnisses zwischen ihr und den mathematisch-naturwissenschaftlichen Elementen über sich ergehen lassen müssen. Hiezu drängt, auch abgesehen von jeder weitergreifenden Gesellschaftsreform, schon der unwillkürliche Gang der Dinge innerhalb des heutigen Unterrichtssystems, indem die alten überlebten Bildungsmittel an sich selbst immer mehr verfallen und bei dem Publicum auch die letzten Reste der traditionellen Achtung einbüssen. Die Universitäten selbst sind bereits durch diesen Gang der Dinge in die Lage gekommen, sich von den büreaukratischen Oberleitungen die theilweise Abschaffung ihrer hohlen lateinischen Ceremonien dictiren lassen zu müssen. Ist nun auch hiemit äusserst wenig gethan, so sind diese Zugeständnisse der Regierungen an das der Zöpfe überdrüssige Publicum doch wenigstens Symptome jener allgemeinen Strömung, deren Macht selbst hochconservativen Regierungsorganen die Nothwendigkeit auferlegt, einige der unleidlichsten mittelalterlichen Schnörkel von den Universitäten zu entfernen.

Es giebt auch eine Angelegenheit, in welcher der Verfall der Universitäten dem weiteren Publicum einigermaassen nahegetreten ist. In den Doctormachungen nach bestimmten, nicht grade niedrigen Preiscouranten, mit oder ohne mündliche Prüfung, auf Abhandlungen hin, deren Verfasserschaft uncontrolirbar ist, bekundet sich nicht blos ein gänzlich verkommener Rest des alten Zunftwesens, sondern auch die corrumpirende Habgier der heutigen Professoren. Eine Summe von 200 bis 500 Mark, die je nach der Verschiedenheit des Preiscourants unter den ordentlichen Mitgliedern einer Facultät zur Vertheilung kommt, bildet bei einer Doctorpromotion die Hauptsache. Die Neigung, den Candidaten fast unter allen Umständen zu graduiren, lässt alsdann nichts zu wünschen übrig. Auch hat man mit Unrecht nur die kleineren Universitäten für das Doctorunwesen verantwortlich machen wollen. Es mag dort der Handel mit Diplomen zuerst am coulantesten betrieben worden sein und für diesen Markt haben sich auch die Dissertationsfabriken zunächst eingerichtet. Indessen würde man sehr irren, wenn man auf den grössern Universitäten noch gegenwärtig auch grössern Ernst als maassgebend voraussetzen wollte. Die Betriebsformen des Geschäfts sind hier etwas zurückhaltender angelegt; die Dispensationen von mündlicher Prüfung gelten z. B. in Leipzig und Göttingen als Ausnahmen; übrigens lässt aber, um noch einmal den hier allein passenden Ausdruck der Kaufleute zu brauchen, eine Coulanz nach Art der Leipziger wirklich nichts zu wünschen übrig. In einigem Gegensatz hiezu hat sich allerdings bis jetzt noch Berlin befunden, wo man an den formellen Erfordernissen strenger festgehalten hat. Wenn aber auch das ganze Promotionswesen überall durch formelle Vorschriften des Staats zur Beobachtung eines gewissen Anstandes gezwungen würde, so könnte hiemit die innere Hohlheit desselben doch nicht ausgefüllt werden. Der Doctorgrad giebt in Staat und Gesellschaft keine Rechte mehr; er, der sonst den vollen Lehrberuf selbst mit sich brachte, ist zu einem blos decorativen Orden herabgesunken und nicht einmal mehr ein zuverlässiges Merkmal höherer Schulung. Die ganze Institution selbst muss schliesslich verschwinden, und die Universitäten mögen aus diesem drohenden Schicksal ihrer einst vollwichtigsten Lehrwürde entnehmen, was zuletzt auch

30*

ihren mehr modernisirten und vom Staate aufgestutzten Amtsfunctionen unausweichlich bevorsteht. Der Verfall dieser nicht blos vom Monopol sondern auch von überlebten Traditionen anachronistisch fortvegetirenden Anstalten ist so zu sagen eine logische Nothwendigkeit der Geschichte und wird sich in dem Maasse vollziehen, in welchem die neuen lebensfrischen Elemente der Wissenschaft und Bildung in der Gesellschaft Raum gewinnen. Der vollständige Zusammenbruch kann natürlich erst mit einer weiterausgreifenden Wendung der Staats- und Gesellschaftsgeschicke erfolgen. Was man aber an Material etwa aus den Trümmern ausnahmsweise für Neubildungen werde verwerthen können, ist insofern jetzt noch nicht abzusehen, als sich der Einfluss und die Ausdehnung, zu denen im Widerspruch mit der alten Ueberlieferung die modernen Bildungselemente auch auf den Universitäten allenfalls gelangen mögen, noch nicht recht bemessen lassen.

6. Wir haben von den philosophischen Facultäten sprechen können, ohne die eigentliche Philosophie auch nur zu berühren. Dieser Sachverhalt ist seltsam, aber kennzeichnend. In der That weiss man nicht recht, ob die scholastisch universitäre Philosophie nicht weit besser in den theologischen Facultäten ihren Platz haben würde, zu denen sie sich aus alter Ergebenheit noch immer hingezogen fühlt und woher sie auch ein zahlreiches Publicum an Studirenden bezieht. Die Philosophieprofessoren oder, wie man sie charakteristischer bezeichnen könnte, die in den philosophischen Facultäten sitzenden Priester zweiter Classe haben sich so überwiegend mit wesentlich theologischen Gegenständen befasst, dass bei ihnen von einer Zugehörigkeit zur eigentlichen Wissenschaft nicht die Rede sein kann. Sie selbst haben es dahin gebracht, dass man sie bezüglich der Logik des strengeren Wissens jetzt von vornherein als unzurechnungsfähig zur Seite lässt und bei ihnen im besten Falle nichts weiter als einige unter den Halbwissenschaften aufgelesene Brocken voraussetzt. Angesichts dieser kümmerlichen Bildung ist es nicht zu verwundern, dass sie fortfahren, mit Vorliebe die göttlichen Dinge zu pflegen, in denen sie den Mangel des exacten Wissens durch metaphysische Glaubensartikel ersetzen können. Ihre Hauptthemata sind daher der Herrgott, die leibhaft trennbare Seele und die Unsterblichkeit der letzteren. Auf ernsthafte sachliche Logik lassen sie sich nicht ein, sondern conserviren entweder, was freilich noch nicht das Schlimmste ist, den unter ihren Händen vollends formalistisch ver-

trockneten Hausrath des Aristoteles, oder verwandeln die Logik nach dem Hegelschen oder einem sonstigen Recept von vornherein in eine Theologik und göttliche Logoslehre. Die Methodik eigentlicher und strenger Wissenschaft bleibt ihnen gänzlich gleichgültig, wenn sie dieselbe nicht etwa auch mit ihren theologistischen Rubriken heimsuchen.

Einige aus der Kaste, die selbst fühlten, dass sie doch zu ungeeignetes Holz wären, um daraus Philosophen zu schnitzen, haben wenigstens philosophische Gelehrte sein wollen. Aber auch hiebei sind sie vermöge der umgebenden Verhältnisse und der angestammten Wahlverwandtschaft, anstatt zu einer kritischen Geschichtlichkeit und zu einer ernsthaften Pflege der bisherigen Thatsachen der Philosophie zu gelangen, auf die Abwege einer völlig unfruchtbaren Halbphilologie gerathen. Auch abgesehen von den mittelalterlichen Ansprüchen, die Einzelne mit der Renovirung des Aristoteles verbanden, haben sie mit ihrer halbphilologischen und halbtheologischen Behandlung der Geschichte der Philosophie den Thatbestand der älteren und neueren Ansichten nicht nur nicht aufgeklärt, sondern verwirrt und verdunkelt. Dennoch ist diese Spielart der Priester zweiter Classe verhältnissmässig leidlicher, als diejenige, welche sich in einer Anwandlung von moderner Coquetterie und im Gefühl der sonstigen Nichtigkeit ihres Treibens darauf verlegt hat, die scholastisch theologischen Kategorien mit unverstandenen naturwissenschaftlichen Abfällen auszuputzen und sich so anzustellen, als wenn es ihr um Berücksichtigung der naturwissenschaftlichen Thatsachen und Methoden zu thun wäre. Diese Species der Priester zweiter Classe rafft die ungründlichen Lesefrüchte aus dem Naturgebiet nur zusammen, um alsdann dieses Conglomerat mit ihrer spiritualistischen, wenn nicht gar spiritistisch gearteten Fassung zu versehen, und so als theologisch verbrämte sogenannte Naturphilosophie auf den Markt zu bringen. Sie besitzt hiebei natürlich die Pfiffigkeit, die Theologie stets im Hinterhalt zu placiren, so dass sie dem gewöhnlichen Leser nicht sofort sichtbar wird, während sie dem orientirten Kenner dieser Mischungen auch dann nicht verborgen bleibt, wenn sie sich etwa noch obenein mystisch maskirt hat.

Der berühmte Aufsatz, den Schopenhauer Anfangs der fünfziger Jahre in seinen Parerga gegen die Philosophieprofessoren veröffentlichte, trifft nur zu einem kleinen Theil mit der Kennzeichnung zusammen, die wir von ihnen als von Priestern zweiter Classe gegeben haben. Jener metaphysisch pessimistische Philosoph hatte bei seiner, in der That zutreffenden Charakteristik die universitär verderbten Genossen der eignen freieren, aber doch transcendental romantischen Speculationsart vor Augen. Er richtete seine wuchtigen Angriffe ausdrücklich gegen die Fichte, Schelling, Hegel und Herbart und warf ihnen namentlich mit Recht die Ungediegenheit oder offenbare Unredlichkeit ihres Philosophirens vor. Er betrachtete aber diese ganze Misserscheinung mehr als etwas zufällig Persönliches, was in der niedrigen Gesinnung dieser Kantischen Epigonen seinen Grund gehabt hätte. Allerdings wies er auch überhaupt auf die universitären Erbärmlichkeiten und auf die Schwierigkeiten hin, in diesem Rahmen zu etwas Besserem zu gelangen. Allein seine Ungewohntheit, ernsthaft politisch und social zu denken, liess ihn nicht zur kühlen Erwägung der geschichtlichen Nothwendigkeiten kommen. Er hätte sonst weiter ausgreifen und das, was er als eine specielle Erscheinung verhöhnte, als eine selbstverständliche Wirkung des Verfalls der überlieferten Institutionen erkennen müssen. Er hätte sich nicht auf Deutschland und die dort übliche Metaphysik beschränken dürfen, sondern hätte die ganze philosophirerische Mitgift der neuern Scholastik in allen Culturbereichen in die Verurtheilung hineinziehen müssen. Wenn er es nicht gethan hat, so erklärt sich dies aus seinem eignen metaphysischen Standpunkt und namentlich aus seiner übermässigen Kantveneration. Als mystisch pessimistischer Prophet und als Verkündiger einer Art von Buddhaistischem Nihilismus konnte er den Begriff der Priester zweiter Classe nicht concipiren; denn die genaue Auffassung dieser Species in ihrer universitären Gestalt hätte ihn sofort daran erinnern müssen, dass es auch im Bereich des freieren Philosophirens ein wenn auch unvergleichlich höher und edler geartetes, so doch im letzten Grunde verwandtes Priesterthum gebe, und er hätte mit der schärferen Kritik auch dieses Priesterthum und hiemit einen grossen Theil seines eignen Selbst begraben müssen. In der That sind alle Standpunkte, welche für die Religion ein ihr verwandtes Surrogat empfehlen und in die Lehre von einer metaphysischen „Heilsordnung“ auslaufen, als unwillkürliche Reste der superstitiosen Denkweise anzusehen. Ein metaphysisches Religionsstifterthum zweiter Ordnung liegt zwar rücksichtlich der dazu erforderlichen Fähigkeiten von dem gemeinen universitären Priesterthum zweiter Classe weit ab; aber die Kluft, durch welche beide von einer echten und streng wissenschaftlichen

Wirklichkeitsphilosophie getrennt werden, ist doch unvergleichlich grösser, als jener noch immer aus gemeinschaftlichen Voraussetzungen hervorgehende Spalt. Zwischen dem metaphysischen Propheten, der religionsartige Lehren, wenn auch solche von seiner eignen Conception, vertritt, und dem vulgären Priester zweiter Classe, wie er in den philosophischen Facultäten die landesüblichen Dogmen nach Art seiner scholastischen Amtsvorgänger verbrämt, besteht zwar ein ähnlicher Unterschied, wie zwischen einem Religionsstifter und einem gewöhnlichen, regelrecht situirten Pastor, der seine Predigten nach der Handwerksschablone abthut und von jenem ursprünglichen Enthusiasmus auch nicht die leiseste Spur verräth; aber so gewaltig diese Kluft auch in beiden Fällen gähnt, so ist doch principiell die Gemeinschaft in dem ersten Fall ebensowenig wie in dem zweiten zu verkennen. Wir dürfen uns daher nicht wundern, dass die letztinstanzliche und anatomisch eindringende Zergliederung des Wesens und Treibens der Philosophieprofessoren nicht von einem Standpunkt ausgehen konnte, der mit dieser Sphäre noch einige wenn auch entlegene Voraussetzungen metaphysisch religiöser Art gemein hatte.

7. Es ist daher auch nicht angebracht, die Priester zweiter Classe etwa, wie geschehen ist, mit den antiken Sophisten auf eine Linie zu stellen. Die erste Sophistengeneration hatte hervorragende Talente aufzuweisen, und auch die spätern Sophisten übten ihre Künste vor dem Publicum in freier Concurrenz und auf eigne Rechnung. Wenn man von ihnen schon im Alterthum gesagt hat, dass jedesmal der grössere Schreier den Sieg behalte, und wenn die blosse dialektische Seiltänzerkunst ohne jede moralische Rücksicht den Ausschlag gab, so ging dies Alles nicht ohne die Entwicklung von intellectuellen Fähigkeiten ab. Das corrumpirte Publicum erklärte zu einem grossen Theil die corrupte Denkweise, die ihm für sein Geld von den Sophisten präsentirt wurde. Beide Theile waren einer des andern würdig und die moralische Frivolität war eine gemeinsame. Niemals würde es aber die Athenische oder eine andere ähnliche Bildungselite geduldet haben, dass es den Leuten, die sich als Sophisten producirten, an Verstand und Gewandtheit gemangelt hätte. Für den freien Wettkampf waren auch wirklich einige Talente erforderlich, und wären es schliesslich in der verkommensten Zeit auch nur die des geschickten Ueberschreiens und der Coquetterie mit den Neigungen des Publicums gewesen. Auf dem offenen Markte konnte zwar die Frivolität, aber nicht die Simpelhaftigkeit gedeihen. In

unserer heutigen Zeit dagegen bedarf es für das Philosophastern von Berufswegen jener Anstrengungen auch nicht im Entferntesten; denn das Zunftmonopol und die völlige Abpferchung von dem weiteren und freieren Publicum haben dafür gesorgt, dass an Stelle der schwierigeren Sophistik schon die blosse Intrigue genügend sei, die Priester zweiter Classe und deren Sinecuren bei einander und für einander zu erhalten und in der herkömmlichen Weise fortzupflanzen. Freilich kommt es hiebei gelegentlich, wie eben jetzt, auch wohl zu jener äussersten Gesunkenheit, bei der sich nach dem eignen Maassstab und Begriff der professoralen Kreise nicht mehr recht repräsentative Persönchen zur Ausfüllung derjenigen Stellen auftreiben lassen, zu welchen man nicht jedes Pflänzchen aus dem zwar reichlichen, aber völlig alltäglichen Zuwachs gebrauchen kann. Die Epigonen derjenigen Epigonen, mit denen sich ein Schopenhauer vorzugsweise zu beschäftigen hatte, sind derartig heruntergekommen, dass sie selbst in den Augen ihrer universitären Collegen aus andern Fächern nicht mehr recht die Capacität besitzen, aus ihrem Kreise Leute zu liefern, die man zu ein wenig universitärer Parade in die erledigten Philosophieprofessuren stecken könnte. Diese zunehmende Unfruchtbarkeit hat ausser der allgemeinen Ursache des Verfalls auch noch besondere und zwar ähnliche Gründe, wie die entsprechende Erscheinung im theologischen Bereich. Ungefähr dieselbe Recrutirung, wie für die Theologie, greift der Regel nach auch für das philosophische Professorenthum Platz, nur mit dem Unterschiede, dass auch der Abfall der Theologen den Philosophirern zuläuft und die Anzahl derjenigen vermehrt, die mit ihren für den unmittelbaren Dienst der Kirche schon zu allgemein gewordenen religiösen Vorstellungen noch in der Philosophie hauszuhalten gedenken. Die Schranke aber, welche nicht nur vor allen freieren Regungen, sondern auch vor jeder rein wissenschaftlichen Bestrebung gezogen wird, hindert es unbedingt, dass auch nur ausnahmsweise und zufällig andere fähigere Elemente eindringen und die übliche Trägheit und Unzulänglichkeit mit etwas Frische unterbrechen. Zunftgeist und Neid bemächtigen sich jener Schlagbäume, um wirkliches Verdienst fernzuhalten, und es wird ihnen auf den Schleichwegen, in denen sich diese Art Aemterbewerbung ergeht, nicht sonderlich schwer, die sich etwa einmal anmeldenden und so besorgnisserregenden Talente und Träger wirklicher wissenschaftlicher Leistungen von vornherein zu proscribiren.

Wäre dem anders, so könnte die Pflege der logischen und methodischen Lehren und allenfalls auch diejenige der völlig natürlichen Moral ein Feld bilden, auf welchem die Religion gar nicht berührt und die eigentliche Wissenschaft gefördert würde, ohne bei der Superstition anzustossen. Derartige Versuche mussten sich aber unter den obwaltenden Umständen als illusorisch erweisen. Die Priester zweiter Classe haben zu wenig Interesse an eigentlicher Wissenschaft, um deren reine Elemente auch nur zu dulden. Sie selbst wissen zu genau, wie ihre Stärke und ihr Coteriewesen an den Glaubensartikeln hängt, als dass sie nicht jede Unternehmung, welche auf Erweckung der wissenschaftlichen Bestandtheile der Philosophie gerichtet wäre, zu ersticken oder, wo dies nicht gelingt, wenigstens aus ihrer Sphäre fernzuhalten und dort an der gehörigen Concurrenz mit ihnen zu verhindern suchen sollten.

8. Selbst von Kloster- und Jesuitenschulen kann bei allem sonstigen Schaden, den sie anrichten, doch noch eine Art Eindrillung auf manche äussere Fertigkeiten ausgehen. In dem Philosophiebetrieb der in den philosophischen Facultäten administrirenden Priester zweiter Classe sucht man aber auch einen Vortheil dieser Art der Regel nach vergebens. Die Logik böte ein Feld dar, um wenigstens für die ganz gewöhnliche Ordnung im Kopfe und für die äusserlich anlernbare Fähigkeit zu sorgen, einen Stoff einzutheilen und sich seiner Gliederung nach mannichfaltigen Gesichtspunkten bewusst zu werden. Auch wäre es wirklich nicht zuviel, wenn die jungen Leute ein klein wenig von der Wissenschaftstheorie sich zu eigen zu machen und etwa lernten, wie die Erfahrungsthatsächlichkeit von dem blossen Denken und die Induction von der Deduction sowohl im empirischen als apriorischen Gebiet scharf zu trennen sei. Diese und ähnliche Lehren, die nicht einmal sonderlich über den uralten logischen Hausrath hinausgreifen, sind aber den gottvollen Dingen, zu deren Gefäss man die Logik als Logoslehre gemacht hat, zum Opfer gefallen, und die Literatur jener philosophirerischen Halbpriester bekundet überdies auch noch, wie den Herren selbst schon die betreffenden Kenntnisse rein logischer Art in der gehörigen, streng wissenschaftlichen Fassung abhanden gekommen oder zu verworrenen metaphysisch umnebelten und daher praktisch unbrauchbaren Misch- und Missvorstellungen geworden sind. So ist man denn in der That auf den Universitäten im Verfall soweit vorgeschritten, dass die ein ganzes Semester ausfüllende Vorlesung über

Logik sogar den untergeordnetsten Ansprüchen nicht mehr genügt. Es wäre allerdings zuviel verlangt, von solchen „Vorlesungen", die sich noch heute recht trocken und hölzern befleissigen, den mittelalterlichen Mangel des Buchdrucks stets von Neuem durch ihr Surrogat des Heftablesens und Heftdictirens zu ersetzen, — es wäre wirklich zuviel gefordert, wenn man von einer solchen Lehrart ein wirkliches Lernen als Ergebniss gewärtigen wollte. Aber die blosse Möglichkeit, dass der mitgetheilte Stoff wenigstens im Sinne einer methodischen Schulung von strebsameren Studirenden benutzt werden könnte, müsste doch allermindestens vorhanden sein. Sie ist aber durch den gekennzeichneten Inhalt jener verworrenen Theologik, in welcher alles Unterscheidungsvermögen untergeht, von vornherein ausgeschlossen. Einzelne der bessern Kantianer, wie namentlich Fries, haben vor einem halben Jahrhundert in redlicher, wenn auch unzulänglicher Weise den Versuch gemacht, im Hinblick auf die Naturwissenschaften und die Mathematik die ernsthafteren methodischen Seiten der Logik zu cultiviren und so das exacte Element auch in der Universitätsphilosophie ein wenig zur Geltung zu bringen. Es ist jedoch dafür gesorgt, dass derartige bessere Absichten kein langes Leben haben. Ganz abgesehen davon, dass die göttliche Logoslehre in einer wirklich exacten Umgebung mit ihrem metaphysischen Gallimathias eine noch kläglichere Figur spielen müsste, als ohnedies der Fall ist, haben auch die Philologen und Griechischen Wortgelehrten der Philosophie keine Lust daran, ihre Schriftauslegung des heiligen Aristoteles durch missliebige sachliche und modern wissenschaftliche Lehren in Schatten stellen zu lassen.

Wohin man sich auch wenden mag, so wird die nähere Untersuchung der professoralen Universitätsphilosophie immer das übereinstimmende Ergebniss liefern, dass die eigentliche und strenge Wissenschaft von ihr nicht etwa blos vernachlässigt, sondern gradezu verabscheut und ausgeschlossen wird. Die Rolle, welche diese Priester zweiter Classe im öffentlichen Unterrichtssystem spielen, lässt sich daher wirklich mit jenen nicht blos überflüssigen, sondern schädlichen Lehrverrichtungen vergleichen, die einigen Resten des Mönchswesens noch bis auf den heutigen Tag verblieben sind. Das ganze Unterfangen, ohne Wissenschaft Philosophie lehren zu wollen, ist der schroffste Anachronismus, der sich denken lässt, und nur in einer Sphäre begreiflich, welche in der zähen Festhaltung von mittelalterlichem Trödel ihre Stärke sucht und auch wirklich in dieser Beziehung das Stärkste geleistet hat und zu leisten fortfährt. Vergessen wir aber über dem Mangel an Wissenschaft nicht denjenigen an Moral. Es ist stets der Beruf echter Philosophennaturen gewesen, nicht blos ihr Wissen sondern auch ihre Gesinnung fortzupflanzen. Die Beschäftigung mit den sittlichen Grundsätzen ist von Anfang an ein so wesentliches Attribut der Philosophie gewesen, dass im Hinblick auf das Alterthum der Ausdruck Moralist in dem heutigen Sprachgebrauch mancher Völker als gleichbedeutend mit Philosoph zu gelten pflegt. Was spielt nun aber wohl die Moral auf den Universitäten für eine Rolle? Als besonderer philosophischer Lehrgegenstand ist sie nicht üblich und bleibt gemeiniglich den Fachtheologen überlassen, die es auch weit besser verstehen, ohne viel Umschweife sofort eine specifisch christliche Ethik zu produciren, wie sie der unmittelbare Dienst der Kirche mit sich bringt. Die Philosophie genirt hiebei nicht im Mindesten und überdies thut sich das Geschäft um so leichter ab, als ja die Moral neben dem Glauben nur eine ganz untergeordnete Figur vorzustellen hat. Den Priestern zweiter Classe würde es weit saurer ankommen, die geistigen Quersprünge zu machen, die erforderlich wären, um sich über die bessere, äusserst naturalistische Ueberlieferung des Griechischen Alterthums in diesem Gebiet fortzuhelfen und die missliebige Zumuthung der Selbständigkeit naturgemässer Ableitungen gehörig abzuwälzen. Eine religiöse Moral müsste unter allen Umständen herauskommen, und da man sich in diesem praktischen Felde nicht ganz so leicht und ganz so vollständig in die mystischen Nebelregionen einer ausschliesslich transcendenten Metaphysik flüchten kann, so lässt sich jene Universitätsaufgabe nicht recht lösen, und es begreift sich auch von dieser Seite die übrigens nicht überraschende Thatsache, dass sich die Herren mit der Moral nur gelegentlich und fragmentarisch einlassen. Vor den echten Zergliederungen streng sittlicher Art müssen sie ohnedies Scheu hegen; denn der pharisäische Gebrauch des Wortes Ethik, mit dem sie eben jetzt viel bei der Hand sind, schützt sie nicht, sondern stellt sie noch mehr blos, indem sich hiebei noch entschiedener zeigt, wie sie ihre Stellung auffassen und auszubeuten suchen. Das Wörtchen Ethik, aber eben auch nichts als dies Wörtchen, dient ihnen zum unanstössigeren Aushängeschild für etwas ganz Anderes, was sie meinen, aber unverhüllt zu sagen dem heutigen Publicum gegenüber nicht für rathsam halten. Sie meinen nämlich, wenn sie ihren Gegnern ethische Haltung oder ideale Erhebung absprechen und sich zusprechen, hiemit ganz einfach die bei ihnen obligate religiöse Unterordnung und bisweilen auch das zugehörige gehorsamste Ersterben politischer Art. Man muss diesen pseudoethischen Jargon besonders studirt haben, wenn man die ihn redende Sondergruppe auch nur einigermaassen verstehen und nicht überall arg getäuscht werden will. Schliesslich ist es aber auch ganz natürlich, dass wahre Moral, die von dem Treiben dieser Gruppe praktisch gemisshandelt und in ihr Gegentheil verkehrt wird, auch theoretisch lästig fällt. Wo auch sonst die Wahrheit dem Wohlleben unbedenklich geopfert wird, da kann man nicht erwarten, etwas Anderes als allseitige Gesinnungsgemeinheit und corruptive Erniedrigung anzutreffen. Solch ein Boden ist selbstverständlich nicht dazu geeignet, die Früchte ernster sittlicher Lebensanschauung zu zeitigen oder auch nur Wahrheiten der reinen Wissenschaft, zu deren Ergründung und nachhaltiger Vertretung einige moralische Kraft gehört, irgendwo aufspriessen zu lassen. Für das Fehlen all dieser bessern Dinge glauben jene philosophelnden Priester zweiten Grades das Publicum dadurch entschädigen zu müssen, dass sie weidlich auf diejenigen freien Denker schelten, welche sie Materialisten nennen. In der That bildet der Materialismus jetzt die scharfe Scheidelinie zwischen jener Priesterspecies und den wirklichen Philosophen; denn im Sinne dieser antimaterialistischen Prediger ist alles kurzweg Materialismus, was ausserhalb ihrer Superstition liegt und ihre metaphysisch spiritualistischen Faseleien für das ansieht, was sie sind.

9. Die mathematisch naturwissenschaftliche und überhaupt exacte Denkweise sollte in den entsprechenden Lehrgegenständen der Universitäten wenigstens indirect einen wohlthätigen Einfluss ausüben und dazu beitragen, dass auch die nur halbwissenschaftlichen Fächer davon eine vortheilhafte Rückwirkung erführen. Bis jetzt ist aber die umgekehrte Wirkungsrichtung weit sichtbarer gewesen. Die in philosophischer Hinsicht schlechte Umgebung hat an metaphysischen Thorheiten im Gebiet der Mathematik und des positiven Naturwissens nicht Weniges verschuldet. Sogar die Elemente der Geometrie sind von mystischen Conceptionen heimgesucht und mehr als blos in Frage gestellt worden. Bedeutende Mathematiker, wie Gauss, wären sicherlich nicht zu Urhebern solcher Bizarrerien geworden, wenn sie nicht vermöge ihrer philosophischen Unorientirtheit und durch ihre metaphysisch rückständigen, in der Universitätsluft

noch krasser gewordenen Vorstellungen auch jener Tradition unterlegen hätten, die der Feind aller rein verstandesmässigen und antimystischen Begriffe ist. Die Verwirrung mit dem Unendlichen genügte, um ein grosses Talent, welches aber unter dem Einfluss superstitioser Ideen stand, zu ebenso grosser Thorheit zu verführen und es den Saamen der nichteuklidischen Geometrie ausstreuen zu lassen. Die Umstossung des Satzes, dass die Winkel im Dreieck gleich zwei Rechten sind, ist in der That epochemachend, aber in einem beschämenden Sinne; denn die Epoche, welche dadurch gemacht wird, ist die der mystificatorischen Umnebelung des strengen Denkens. Wir haben an diesen Fall hier wieder erinnert, um uns die Kennzeichnung eines ganzen, jetzt weit verbreiteten Typus zu ersparen. Ueber die logische Verfassung der Mathematik wäre man sich längst klar geworden, wenn nicht die Universitätsphilosophie auch den meisten Mathematikern trotz der sonstigen Verachtung noch immer grade genug gegolten hätte, um ihnen wenigstens als logisches Ruhekissen zu dienen.

Noch weit gefährlicher, als in der Mathematik und in den exacteren Theilen des Naturwissens, gestaltet sich der Einfluss der metaphysisch scholastischen Atmosphäre in den vorwiegend beschreibenden und rationell weniger entwickelten Naturdisciplinen. Zoologie und Physiologie pflanzen eine Menge metaphysisch roher Vorstellungen fort, die sich sicherlich nicht mit gleicher Zähigkeit von Geschlecht auf Geschlecht übertragen würden, wenn nicht der Geist der universitären Körperschaften auch unwillkürlich, ja oft unbewusst und bisweilen wohl selbst gegen die unmittelbare Absicht der Forscher im Spiele wäre. Schon ohnedies sind die fraglichen Gebiete wenig dazu angethan, von selbst zur strengsten Art des Denkens zu führen. Sie legen im Gegentheil allerlei Vorurtheile nahe, denen man in den abstracteren Wissenschaften der Mechanik und Physik gar nicht oder wenigstens nicht in gleich bedenklicher Gestalt begegnet. Aus diesem Grunde würde hier schon die blosse Abwesenheit echter Philosophie sehr nachtheilig wirken, und man mag nun ermessen, wie schädlich erst die Umgebung mit der priesterhaften Philosophastrik werden müsse. Das Bewusstsein und die Willensregungen oder überhaupt die Aeusserungen des empfindenden Lebens bilden hier den Gegenstand, und es ist nicht zu verwundern, wenn das Elendeste, was die Universitäten produciren, nämlich deren Psychologie, auch wo sie nur zu einem Viertel in die positive Naturkunde eingemischt wird, zu den ärgsten Verunzierungen der an sich wohlgestaltetsten Thatsachen führt. Man kann behaupten, dass hier nur der sogenannte Materialismus, d. h. die Superstitionslosigkeit im naturwissenschaftlichen Denken, die reine und unentstellte Wiedergabe der Erfahrungen zu vertreten pflegt. Alle andern Standpunkte sind mehr oder minder durch eine falsche Psychologie und Metaphysik beirrt. Sie verkennen die einheitliche Einfachheit der Lebensphänomene und die Schicksalsgleichheit aller Regungen, mögen dieselben grob mechanisch oder subtil gedanklich sein. Wenn irgendwo schon die blosse Ausmerzung der metaphysischen Phantasien einen wissenschaftlichen Werth haben kann, so muss es in jenem Felde der Biologie sein, wo die naive Vorführung der nackten Thatsachen so frische und gesunde Lehren zu ertheilen vermag. Wenn trotzdem das Naturwissen von den lebendigen Wesen noch so wenig kritisch und rationell gestaltet ist und in seinen besten Fassungen noch mit so viel Superstition der subtileren Art versetzt bleibt, so ist hiefür in erster Linie die Universitätsphilosophie und alsdann alles das verantwortlich zu machen, was der letzteren auch ausserhalb der akademischen Kreise ähnlich sieht und in der Strömung der Vorurtheile zu Hülfe kommt.

10. Wir haben bis jetzt die sogenannte Philosophie der Priester zweiter Classe an sich selbst und in ihren Nebeneinflüssen besichtigt. Nach Erledigung dieser wahrlich nicht anmuthigen Aufgabe müssen wir zu unserm allgemeineren Ausgangspunkt, nämlich zu den unmittelbaren Wirkungen der Verfassung und Beschaffenheit der gelehrten Körperschaften überhaupt zurückkehren. Wenn auch hiebei immer noch die Universitäten im Vordergrunde verbleiben, so ist doch auch an die eigentlichen Akademien mitzudenken, und es ist überhaupt das ganze zeitwidrige System von Anstalten auch in derjenigen Function zu betrachten, vermöge deren es selbst die an sich besten und wohlgegründetsten Wissenschaften nicht wenig beeinträchtigt. Ueberlegt man, wie die schleichende Amtsbewerbung mit ihrer Intrigue und ihrem Familien- und Zunftnepotismus vorzugsweise nur solche persönliche Elemente möglich macht, die sich in diese Verfahrungsarten zu ergeben vermögen, so wird man einsehen, dass die bedeutenderen Charaktere in dieser erniedrigenden Concurrenz gewöhnlich gar nicht in Frage kommen können. Die persönliche Patronage eines einzelnen Fachprofessors oder eines sonstigen tonangebenden Facultätsmitglieds ist gewöhnlich erforderlich

und meist auch genügend, um die Zunft als solche agiren und ihre Thüren öffnen zu lassen. Noch Weniger ist ausreichend, um das Gegentheil zu bewirken und im Namen einer ganzen zahlreichen Facultät die Consequenzen des Neides und der Feindschaft sowie der Concurrenzfurcht einer einzelnen Person ziehen zu lassen. Das völlig geheime Verfahren muss hier die hinterhaltigsten Manipulationen decken und verstattet in den sogenannten Berichten über Professurbewerber den Entstellungen den freiesten Spielraum. Wir wollen hier nicht weiter darauf eingehen, wie in Folge dieser Zustände so überaus viele Schwiegersöhne und Söhne von Professoren und zwar sehr häufig ganz ohne Talent oder Verdienst in den Professuren stecken können, und wie sich die Bezugsquellen an Professoren für einzelne Universitäten förmlich nach bestimmten landschaftlichen Bezirken gruppiren, innerhalb deren irgend ein gevatterschaftlicher Zusammenhang Generationen hindurch den Leitfaden der Versorgung bildet. Wir wollen diese seltsame Geographie, vermöge deren eine Universität im Norden eine Hauptbezugsquelle südlich, nämlich in Frankfurt a. M., und eine Universität im Herzen des Reichs die ihrige wieder in den äussersten Nordmarken, nämlich in Schleswig-Holstein, Menschenalter hindurch haben kann, hier auf sich beruhen lassen; denn eine nähere Statistik dieser und ähnlicher Verhältnisse würde eben nur im Einzelnen bestätigen, was für den urtheilsfähigen und unbefangenen Betrachter schon aus den nächsten Indicien zu entnehmen ist. Rechnen wir noch die büreaukratischen Rücksichten und Eingriffe hinzu, denen ebenfalls nachzukommen ist, und die wenigstens subsidiär und ausnahmsweise ihr Theil von specieller Personenprotection zur Geltung bringen, so haben wir ein vollständiges Bild von den maassgebenden Vorbedingungen der universitären Stellenbesetzung.

Obwohl nun der Krebsschaden, der in diesem System zu Tage liegt, vorzugsweise an den schwächsten Theilen der Wissenschaft zehrt, so afficirt er doch auch die sonst gesundesten Stücke und selbst die besten Organe, die ihr in der modernen Entwicklung zugewachsen sind. Wie schon angedeutet, kann das Regime, vermöge dessen sich die ämterfähigen Personen auch in der Mathematik und Naturwissenschaft wesentlich nach den Grundsätzen der Zunftpatronage bestimmen, nicht ohne erhebliche Rückwirkung auf die Schicksale der Wissenschaft selbst bleiben. Der neuste Zustand ist auch in dieser Richtung sehr lehrreich; denn er zeigt uns die müssigen und luxuriösen Abwege, auf welche der Mangel an neuem Stoff und persönlicher Capacität namentlich die mathematische Seite der Disciplinen und am andern Extrem die beschreibenden Gattungen derselben hat gerathen lassen. Den grossen Errungenschaften des vorigen Jahrhunderts, denen sich unmittelbar noch einige bedeutende Nachwirkungen in dem ersten Drittel des unsrigen anschlossen, ist eine mathematische Scholastik von raffinirt analytischem Schnörkelwerk gefolgt, deren Hohlheit und Ergebnisslosigkeit sich sehr wohl mit dem Gebahren der Schullogiker im Mittelalter vergleichen lässt. Statt wirklicher Fortschritte producirt man analytisches Klapperwerk und in den Fällen, in denen man sich recht aufspielen zu können glaubt, ein ungeheuerliches Raffinement, von dessen Artung die oben in Erinnerung gebrachten Mystificationen der Geometrie nur einen geringen Vorgeschmack geben. Der geniale, nichtuniversitätsmässige Poncelet hat in den sechziger Jahren eine specielle Kennzeichnung davon unternommen, wie die von ihm geschaffene und von Steiner fortgeführte Disciplin der synthetischen Geometrie unter den Händen der Epigonen dahin gerathen sei, den Mangel an wirklichen Fortschritten durch Wortkünsteleien und durch monstrose Mischungen mit der ebenfalls in das Abenteuerliche und Naturwidrige verschränkten Analysis verdecken zu wollen. Das analytische Herumpfuschen am mechanischen Aequivalent der Wärme ist auch so recht ein Fall, in welchem sich der Contrast der analytisch eitlen Universitätsgelehrsamkeit mit den ebenso einfachen als grossen Errungenschaften des nichtuniversitären Genies eines Robert Mayer herausgestellt hat und immer sichtbarer zu werden fortfährt, je mehr die Ergebnisslosigkeiten dieses anmaassenden Gebahrens auch dem weiteren Publicum greifbar zu werden beginnen.

Auch Anwandlungen von falscher Naturphilosophie, die im Gebiet der heutigen Physik und Zoologie mit Metamorphosenvorstellungen von Kräften und Thieren bisweilen in einer an Schelling erinnernden Manier zu spielen belieben, würden sicherlich nicht so leicht um sich gegriffen haben, wenn die Charaktere der Fachmänner den Gewohnheiten eines einfachen, klaren und auf Wahrheit gerichteten Denkens mehr entsprochen hätten. Die Wege im Leben und die Wendungen im Denken liegen in der That nicht soweit von einander ab, dass hier nicht eine gewisse Gleichartigkeit und Uebereinstimmung statthaben müsste. Wer auf dem einen Gebiet dazu geeignet ist, den redlichen Gang der Wahrheit mit Geschlängel und mit Krümmungen zu vertauschen, der wird auch auf dem andern nicht fähig sein, den windigen Gebilden des eignen oder fremden Geistes zu widerstehen. So gattet sich ganz natürlich die Frivolität im Thun mit derjenigen im Denken, und es würde in der That wenig Menschen- und Sachkenntniss beweisen, wenn Jemand leugnen wollte, dass auch zur Vertretung und Pflege der wissenschaftlichen Wahrheit das nöthig sei, was man kurzweg Charakter nennt. Die corruptive Charakterlosigkeit im Gelehrtenbereich ist mithin keine blosse Angelegenheit der allgemeinen Moral, sondern auch eine für Gestaltung und Schicksal der Wissenschaften selbst entscheidende Thatsache. Auch die mystischen und mystificatorischen Neigungen, welche sich hier und da bei renommirten Repräsentanten verschiedener Naturwissenschaftszweige blicken lassen, können zum Theil als Wirkungen des Schwankens und der Unverlässlichkeit der Charaktere erklärt werden. Anstatt die collegialische Philosophie ein wenig zur Raison zu bringen und darauf zu halten, dass die der klaren Naturwissenschaftlichkeit zugewendeten Philosopheme auch einige universitäre Vertreter finden, geben die Herren Naturgelehrten nicht etwa nur regelmässig ihre Stimme für die Fortpflanzung des Priesterthums zweiter Classe ab, sondern fügen auch noch bisweilen das eigne irreführende Beispiel zu demjenigen der üblichen Berufsphilosophastrik hinzu. In manchen Fällen sehen sie es freilich auch wohl als völlig gleichgültig an, welche Puppe neben ihnen als philosophischer College fungire, wenn dieselbe nur nicht in ihre Wege kommt. Diese Stellungnahme ist noch immer die leidlichste; denn sie gehört denen an, welche die übliche Universitätsphilosophie für das überflüssigste Ding von der Welt halten. Aber als normal kann man diese Auffassungs- und Behandlungsart der Sache doch auch nicht gelten lassen; ein wenig mehr an ernstem und einsichtigem Charakter würde von jener gleichgültigen Hinwegsetzung zu positiven Bemühungen um etwas Besseres hinführen. Trotzdem bleibt aber die eben gekennzeichnete Art von Verachtung der collegialischen Philosophie noch immer die fortgeschrittenste Gestalt, in welcher sich das bessere naturwissenschaftliche Urtheil auf Universitäten kundgiebt. Weit rückständiger oder frivoler nehmen sich diejenigen Naturgelehrten aus, welche sich darauf einlassen, in der philosophirerischen Gattung ein wenig mitzuspielen und die Collegialität wohl gar bis zur Theilnahme an den logisch metaphysischen Lehrverrichtungen oder wenigstens Doctringestaltungen zu treiben. Diese letztere Species findet sich freilich nur äusserst vereinzelt; aber sie ist für die Zustände um so kennzeichnender, weil sie als ein Anpassungsphänomen vom jüngsten Datum die Tragweite zeigt, welche die falschen Wirkungen der universitären Positionen für die Verunzierung der Naturwissenschaften zu entwickeln vermögen.

11. Die Universitäten stellen mit ihren Wirkungen auf die Gelehrten nur einen Theil der gesellschaftlichen Einflüsse vor, denen die Wissenschaft unterliegt. Die superstitiose Strömung der Vorstellungen reicht selbstverständlich weiter, und wenn auch die öffentliche Meinung und die Gesammtliteratur sich weniger rückständig zeigen, so enthalten sie doch noch so zahlreiche und überwiegende Hemmungselemente, dass man sich selbst über die Ansteckung des niedern Naturwissens mit diesen Velleitäten nicht wundern darf. Wie wäre es sonst möglich gewesen, dass sich der Darwinismus in einem philosophisch so rohen Gewande hätte vorstellen können, wenn nicht die Denkatmosphäre in den Kreisen, an welche er sich zu wenden hatte, und zum Theil auch in denjenigen, aus denen er entsprang, noch eine ziemliche Verdickung und Getrübtheit aufzuweisen gehabt hätte! Wir haben in den Erörterungen über die Naturphilosophie die Schwächen, an die wir hier erinnern, näher angezeigt, und wir können uns daher an dieser Stelle eine besondere Charakteristik des vom Darwinismus gepflügten Ackers ersparen. Dieser Acker sowohl als der Pflug, der ihn bearbeitet, zeugen von der missgestaltenden Kraft solcher Vorurtheile, wie man sie selbst auf dem Boden Englands für die heutige Epoche in wissenschaftlichen Angelegenheiten für zu roh erachten muss. Sogar der Spiritismus eines Wallace durfte sich mit Ehren einmischen, und die vulgäre, sich an Volksvorstellungen abarbeitende Logik eines Darwin selbst ist wahrlich auch nicht danach geartet, der Welt vor der wissenschaftlichen Reinheit und philosophischen Form der neuen Aufschlüsse sonderliche Achtung einzuflössen.

Noch schlimmer aber, als die Kreuzung mit der feinern Superstition ist die moralische Mitgift, mit welcher sich die wissenschaftlichen Theorien von der herrschenden Gesellschaft ausgestattet finden. England ist in dieser Beziehung die Musterstätte; denn nachdem seine socialen Missstände die rückläufigen Vorstellungen eines Malthus ein halbes Jahrhundert gehegt haben, ist im Darwinismus und dessen Anwendung auf die Menschenwelt eine Verallgemeinerung hinzugekommen, die nicht verfehlt hat, die Anschauungsweise überall sittlich zu corrumpiren. Von diesem ethischen Erfolg, der sich an die Lehre vom Kampf um das Dasein knüpft, haben wir in einem anderweitigen Zusammenhange in dieser Schrift schon mehr als einmal reden müssen. Offenbar wird die Lebensanschauung durch derartige unwahre Voreiligkeiten der Doctrin, wie sie in der Anpassung des Darwinismus an eine falsche Auslegung der gesellschaftlichen Zustände liegen, nicht wenig vergiftet, und es werden auf diese Weise die echten und bleibenden Grundlagen aller Moral für eine Zeit lang mit dem völligen Widerspiel derselben vertauscht. Der verworfenen Frivolität der fraglichen Auffassungen gemäss erscheint es als unumgängliches Lebensgesetz, auf die Uebervortheilung oder Beseitigung des Nebenmenschen im Kampfe um das Dasein die eigne Existenz zu gründen. Die Ausbeutung und mehr als das wird die Vorbedingung der Erfolge im Leben, und das feindliche Verhalten des Menschen gegen den Menschen muss auf diese Weise zuletzt den ausschliesslichen und normalen Zustand des gesellschaftlichen Verkehrs bilden. Wie ein solcher allseitiger Krieg um Existenz, Reichthum und Macht als leitende Grundvorstellung die sittlichen Bindemittel in allen Richtungen zersetzen müsse, ist nicht schwer einzusehen. Glücklicherweise ist die Theorie falsch und nichts als ein alter Reflex verschränkter und verkehrt ausgelegter Zustände der social am meisten entwickelten Culturen. Dennoch darf sie aber als Symptom der vorherrschenden Geistesströmung nicht unterschätzt werden. Sie zeigt uns namentlich, wie der gesellschaftliche Boden der Gegenwart dem Aufkommen reiner und naturwahrer Gedanken auch in den Wissenschaften nicht günstig ist. Sie bestätigt unsere Lehre, dass auf wahre Wissenschaft und auf Philosophie im strengeren Sinne des Worts erst dann als auf umfassend und öffentlich wirksame Mächte zu rechnen ist, wenn der sociale Zustand eine Umschaffung erfahren haben wird. Die fraglichen Kopfstellungen der Moral sind die Früchte der Vergewaltigung und der Sklaverei. Diejenigen Elemente, welche fühlen oder wissen, dass sie nur durch die Niederdrückung Anderer die künstliche Aufblähung und Ueppigkeit ihrer Existenz bewerkstelligen, lassen sich natürlich sehr gern eine Lehre gefallen, die ihnen eine Art von gutem Gewissen zu machen scheint. Wenn es nämlich nicht nur ein Naturgesetz ist, sondern auch noch zur Vervollkommnung dient, dass der durch Gewalt oder List Stärkere den Schwächeren ausziehe und ausmerze, so können sich die Adepten dieser neuen Moral rühmen, dass sie nicht blos den unumgänglichen Naturgesetzen nachleben, sondern überdies an der Weltverbesserung nach Kräften mitarbeiten. Ein sogenanntes Recht des Siegers und des Ueberlebenden ist alsdann die letzte moralische Instanz, und in dieser Einerleisetzung von Macht und Recht befriedigt sich natürlich Alles, was Ursache hat, die sittlichen Unterscheidungen und die wirkliche Gerechtigkeit zu fürchten. Es bleibt immerhin ein zeitweiliges Ruhekissen, sich in der moralischen Corruption auf die naturwissenschaftliche Autorität, wenn auch nur auf diejenige von Zoologen stützen zu können. In Wahrheit sind aber solche Autoritäten selbst nur durch die gesellschaftlichen Antriebe, denen sie entsprachen, gehoben worden, und die fraglichen Elemente des Publicums bilden in moralischer Beziehung mit ihren wissenschaftlichen Götzen eine einzige solidarische Masse. Beide sind für und zu einander aus demselben Stoff und aus denselben Verhältnissen geformt. Die leichte Fortpflanzung der corruptiven Ideen kann daher nicht im Mindesten überraschen. Es ist eben das Piedestal der gegenwärtigen Missstände, von dem aus sie das phosphorescirende Licht der Fäulniss in die Welt hineinschimmern lassen.

Der in schlechter Weise pessimistische Zug, der sich in der Anwendung der Darwinschen Gesichtspunkte auf die Praxis des Lebens von Einzelnen und Völkern bekundet, legt uns überhaupt die Betrachtung der Rolle nahe, welche die sogenannte Moral des Pessimismus bei der Verunstaltung der philosophischen Denkweise spielt. Die Wissenschaft von den sittlichen Verhältnissen der Menschen muss jeden Anhaltspunkt und allen edleren Reiz verlieren, sobald von vornherein die Schlechtigkeit der Menschennatur und die Verfehltheit der Weltverfassung als metaphysische Dogmen zu Grunde gelegt werden. Der absolute Pessimismus ist keiner gediegenen Moral fähig; denn er kann in dem verkehrten und frivolen Gebilde, welches ihm Welt und Leben heisst, keine ernsthafte Einwirkung zum Besseren begreifen oder anstreben. Nach der Lehre eines Schopenhauer, der persönlich trotz seines Zuges von romantischem Humor doch für den pessimistischen Standpunkt verhältnissmässig noch sehr ernst dachte, blieb der Moral nur eine äusserst untergeordnete Nebenrolle übrig, die sie obenein nicht einmal rationell logisch sondern nur mystisch angewiesen erhielt. Sie galt dem bizarren Denker als ein auf die ursprüngliche Wesensgemeinschaft deutbares Phänomen, aber nicht als eine praktische Macht, um die man sich im Interesse des Menschenschicksals sonderlich zu kümmern hätte. Der Vulgärpessimismus, der ohne die Vorzüge der Schopenhauerschen Persönlichkeit vollends dem moralischen Nihilismus dienstbar wird, verzichtet begreiflicherweise schon ganz unwillkürlich und ohne weitere Theorie darauf, sittliche Grundsätze und einen bessern Charakter als etwas anzusehen, was in dem allgemeinen Pfuschwerk der Welt und des Lebens einen Unterschied begründen oder gar eine befriedigende Daseinsgestaltung mit sich bringen könnte. Allermindestens führt er zur moralischen Gleichgültigkeit und in den schlimmern Fällen seines corruptiven Raffinements sogar zur directen Hinwegsetzung über den Rest von sittlichen Bindemitteln und zur Verhöhnung aller edleren Motive des menschlichen Wirkens. Wie hiebei die Wissenschaft und das Streben nach Wahrheit fahren müsse, liegt auf der Hand.

12. Der Mensch kann im Wissen keine feste Haltung bewahren, wenn er im Wollen dem Ungediegenen huldigt. Die Wissenschaft verfällt einem sie unterhöhlenden Skepticismus, zu dem sich auch regelmässig der Mysticismus gesellt, sobald diejenigen, welche vornehmlich ihre Vertreter und Förderer sein sollten, im Leben selbst einem verlorenen und aufgelösten Treiben anheimfallen. In solchen Zuständen werden es nur vereinzelte grosse Naturen sein, deren Kraft dazu ausreicht, über die frivolen Allüren des Zeitalters hinaus, die Züge eines gediegeneren Lebens zu erfassen und trotz aller Widerwärtigkeiten, welche die zeitweilige Zersetzung mit sich bringt, weder an dem echten Wissen noch an dem gerechten Wollen zu verzweifeln. Während sich die Literatur zum grössten Theil unbedingt und rückhaltlos den herrschenden Mächten dienstbar erweist, und während namentlich die periodische Presse in ihrer schmachvollen Abhängigkeit von dem Geldcompass direct und indirect für die gelehrte wie für die ungelehrte Corruption eintritt und ihre Stärke besonders auch dadurch erweist, dass sie das Bessere verschweigt oder durch Entstellungen am Aufkommen hindert, — während sich so auch die rein gesellschaftlichen Mächte im Sinne des verkehrten Systems je nach den Schattirungen mehr oder minder unterdrückerisch bethätigen, gehen die kühnen und selbständigen Geister ihren naturwüchsig einsamen Weg, ohne sich um die Thorheiten der Umgebung zu kümmern. Solchen freien und starken Charakteren ist es zu danken, dass auch die Zeiten der Auflösung und des verworrenen Ueberganges nicht ohne eine klare Erfassung der grossen Conceptionen bleiben, aus denen sich das gesundere Denken und bessere Wollen

späterer Geschlechter entwickeln soll. Selbst dann, wenn die Abirrungen der Zeit die Energie solcher einzig hervorragenden Geister zum Theil in unfruchtbarer Richtung aufzuzehren oder die Klarheit ihres Denkens von irgend einer Seite zu trüben vermochten, bleiben diese Männer der selbständigen Initiative dennoch die Repräsentanten der bessern Keime ihres Jahrhunderts. Die Ansätze, zu denen sie sich aufraffen, sind die Vorboten bedeutenderer Gestaltungen, und das gesellschaftliche Märtyrerthum, dem sie sich im Kampf mit der materiellen Noth und geistigen Verfolgung unterziehen, wird zu einem sittlichen Zeugniss für die erhabenen Ziele ihrer Lehren und für die edlen Triebkräfte, von denen sie bewegt wurden.

Im Gebiet der Philosophie hat das 19. Jahrhundert bis jetzt zwei Männer der eben gekennzeichneten, so äusserst seltenen Art aufzuweisen, nämlich den Deutschen Ludwig Feuerbach und den Franzosen August Comte. Sie gehörten mit ihren Leistungen wesentlich dem zweiten Drittel des Jahrhunderts an und haben beide der Zeit, in der sie gross wurden, einen schweren Tribut entrichten müssen. Der Eine hat die universitäre Ansteckung der Hegelseuche nur langsam und mühevoll aus seinem von Natur gesunden Blut wieder auszuscheiden vermocht, und der Andere hat der religiösen Sentimentalität, die in ihm als Familientradition und vermöge einer späten Nachwirkung der St. Simonschen Schulungseindrücke schliesslich in altersschwacher Weise wieder hervortrat, noch zuletzt einen schlimmen Zoll entrichtet. Beide wurden nicht blos Märtyrer ihrer unabhängigen und hochstrebenden Gesinnung, sondern auch, wenn auch nur zu einem kleinen Theil, Opfer der ablenkenden geistigen Einflüsse der umgebenden Gesellschaft und ihrer Institutionen. Was hätte ein Feuerbach nicht zu leisten vermocht, wenn er mit dem begonnen hätte, womit er endigte! Sein theologisches Schulungsstadium hat er zwar rasch überwunden und mit den freiesten Ansichten vertauscht; aber den Trug und Betrug der metaphysisch romantischen Speculation hat er erst spät und in einer Zeit durchschaut, in welcher die frischesten Kräfte bereits vernutzt waren. Ebenso hätte Comte seiner positiven Philosophie eine weit entschiedenere Gestalt zu ertheilen vermocht, wenn er von vornherein, anstatt die Metaphysik blos abzuweisen, gegen die Anwandlungen, die von dieser Seite das menschliche Gemüth zu beirren vermögen, auf subtilere Vorkehrungen bedacht gewesen wäre. Hieran hatte ihn aber jene Tradition gehindert, die sich über die universellen Affecte religiöser Art ebenso leicht hinwegsetzt, als sie denselben anheimfällt. Ungeachtet dieser Trübungen bleiben aber derartige Erscheinungen die reformatorischen Leitsterne der besseren Elemente ihres Zeitalters. Sie beleuchten die Bahnen, auf denen auch die zunächst folgenden Vertreter der emancipatorischen Welt- und Lebensansichten noch eine Strecke zurückzulegen haben. Die neuen Wendungen, die sie noch nicht kannten, sind dennoch von ihnen vorbereitet oder leichter zugänglich gemacht worden. Ohne ihre Arbeiten würde das Ansehen der alten Mächte gelehrter und ungelehrter Art weit ungeschwächter geblieben sein, als es sich heute wirklich darstellt.

13. Auch ausserhalb der eigentlichen Philosophie können wir heute für die Wissenschaft überhaupt das Grundgesetz aufstellen, dass sich die freien und erfolgreichen Leistungen fast ausschliesslich von Personen vertreten finden, die nicht nur den gelehrten Körperschaften und Anstalten fremd, sondern auch von den Wirkungen der allgemeinen gesellschaftlichen Abhängigkeit vermöge guter materieller Lage oder besonderer sittlicher Widerstandskraft verschont blieben. Unter den Historikern ist neben Buckle noch in zweiter Linie ein achtbares Beispiel G. Grote, der mit seiner Griechischen Geschichte doch etwas Lesbares in einem Felde geliefert hat, in welchem die Gegenwart übrigens nur die saftlosen Früchte der mit dem officiösen Universitätshistorismus versetzten Philologie zu schmecken bekommt. Auch wenn wir noch etwas tiefer in die Sphäre der lehrbuchartigen Productionen hinabsteigen, so bestätigt sich auch hier unsere sonstige Beobachtung. Namentlich beweist der Fall Stuart Mills, wie die Fernhaltung vom öffentlichen Unterricht und eine gute Privaterziehung auch bei mittelmässig beanlagten Naturen verhältnissmässig bedeutende Erfolge zu erzielen vermögen. Obwohl das Millsche Schriftstellerthum nicht zu den grossartigen gehört, sondern mehr als Zwischenerscheinung gewürdigt sein will, die dem Herkömmlichen Mehr entlehnt als den wirklich schöpferischen Geistern der Epoche, so ist doch ein erheblicher Vorzug vor der Bücherproduction der handwerksmässigen Fach- und Anstaltsgelehrten nicht zu verkennen. Dieser Vorzug nun, der sich auf beide Wissenschaften bezieht, für welche Mill Gesammtdarstellungen geliefert hat, und für die Logik wie für die Nationalökonomie gilt, lässt sich gar nicht anders, als durch die freiere Stellung ausserhalb der zünftigen Wissenschaftssphäre und ihrer Traditionen erklären. Ueberhaupt ist es ein schlimmes Anzeichen für den fortschreitenden Verfall des besol-

deten Gelehrtenthums, dass den Liebhabern der Wissenschaft, deren Liebe zur Sache von den Zünften so gern als Dilettantismus verschrieen wird, immer ausschliesslicher die Aufgabe zufällt, Frische und Fortschritt des Denkens und Forschens zu vertreten.

Die Symptome des eben bezeichneten Verhältnisses mehren sich auch da, wo allein die exacten Gebiete in Frage kommen und wo die Ablenkungen durch die Missstände der öffentlichen Institute begreiflicherweise nicht ganz so stark einzuwirken vermögen, als in den haltloseren und halbwissenschaftlichen Fächern. Poncelet und Robert Mayer sind mit ihrer freien Stellung und ihren grossen Erfolgen für Mathematik und Physik schon erwähnt worden; aber auch der Umstand ist nicht zu vergessen, dass die Techniker und alle diejenigen, welche den technischen Bestrebungen näherstehen, die akademischen und universitären Naturgelehrten bereits vielfältig hinter sich lassen und ihnen mit entscheidenden Aufschlüssen die Wege zeigen. Dieser Gang der Dinge stimmt übrigens völlig zu dem von uns schon im Eingang dieses Capitels bezeichneten Charakter des Jahrhunderts. Auch bestätigt sich der Einfluss dieses Charakters noch in einer ganz andern schon früher berührten, nämlich in der für die Selbsterkenntniss der Gesellschaft wichtigsten wissenschaftlichen Richtung. Die Volkswirthschaftslehre, die zuerst dieser Selbsterkenntniss gedient hat, ist ein Wissenszweig, der ganz und gar von freien, dem zünftigen und akademischen Betrieb entfremdeten Theoretikern geschaffen und bis auf den heutigen Tag auch nur in dieser Weise weitergebracht wurde. Von den eigentlich socialen Theorien versteht sich dieses Verhältniss von selbst; in der Geschichte der engern Volkswirthschaftslehre aber bewährt es sich auf jeder Seite. Das beamtete Gelehrtenthum hat hier keinen einzigen entscheidenden Namen aufzuweisen gehabt und hat sich sogar neuerdings noch obenein durch besondere wissenschaftliche Niaiserie blosgestellt und als unfähig erwiesen, von den Ergebnissen Anderer auch nur mit Nutzen und Anstand die herkömmliche scholastische Mahlzeit zu halten. Auch wiederholt sich in diesen Kreisen jetzt eine ähnliche Erscheinung, wie wir sie schon für die Universitätsphilosophie signalisirt haben. Der Nachwuchs ist nämlich durch die Züchtung im Sinne der seit einigen Jahrzehnten tonangebenden Scholarchen in der Qualität so dürftig ausgefallen, dass man bei der Besetzung ökonomischer Professuren trotz der Anzahl der Sprösslinge der eignen Art bereits nach eignem Maassstab in Verlegenheit geräth, sobald es gilt, an den für das Publicum sichtbareren Plätzen auch einigen Paraderücksichten zu entsprechen. Für das alte Regime ist es aber besonders kennzeichnend, dass seine Institutionen und Organe die modernste aller praktischen Wissenschaften am meisten gehemmt, entstellt und heruntergebracht haben. Wenn irgendwo, so wird sich hier der Gegensatz, in welchem sich die verknöcherte Ueberlieferung zu den Antrieben des neuen Geistes befindet, bis aufs Aeusserste spannen und den Riss, der die ungleichartigen Theile vollends von einander trennt, für alle Welt erkennbar machen.

Die materielle Abhängigkeit lastet nicht blos auf denen, welche die Wissenschaft produciren, sondern auch auf allen Elementen, die sich ihr anschliessen und als Stütze ihrer Verbreitung dienen sollten. Wird das niederdrückende System auch von einzelnen grossen Naturen durchbrochen, so kann es ungeachtet aller genialen Fortschritte, welche diesem System entgegen möglich geworden sind, seine einschnürenden und erstickenden Wirkungen dennoch in der Unterbindung der geistigen Verkehrsadern bethätigen. Hier bekundet sich seine politische und gesellschaftliche Zähigkeit, die im Negativen, d. h. in der Hemmung und Störung des Besseren ihre Hauptrolle spielt. Zu den mittelalterlichen Traditionen und zu den Rückwirkungen des Gewaltstaats auf Philosophie und Wissenschaft gesellt sich in der neusten Epoche die fast noch mehr corrumpirende Macht des Geldes und der Bourgeoisie, die ihrerseits nur solche Art von Wissenschaft aufkommen lassen will, welche ihrer ökonomischen Herrenrolle dienstbar bleibt. Es vereinigen sich mithin alle Consequenzen des alten Gesellschaftszustandes, um den freien Regungen des Geistes den Spielraum bis auf das Aeusserste zu verengen, und wenn er nicht gänzlich entzogen werden kann, so ist dies sicherlich nicht der Nachgiebigkeit der gegnerischen Elemente zu danken. Alle freieren Thaten der Wissenschaft und Philosophie tragen gegenwärtig den Charakter von Ausnahmserscheinungen an sich. Ihre Erfolge werden dem Medium abgerungen, in welchem sie sich mit den grössten Hindernissen zu bewegen haben. Sie lehren hiemit aber auch das Gesetz kennen, nach welchem sich die fernere Geistesentwicklung vollzieht. Sie zeigen nämlich, wie es nur die grundsätzliche Losreissung von den Ketten der politischen und socialen Sklaverei ist, wodurch auch Wissenschaft und Philosophie erst zu ihren höheren Functionen gelangen. Die Zukunft wird in einer Uebergangsphase, wie die unsrige ist, auch in der Wissenschaft von denen producirt, die von der Gegenwart nur Hindernisse und Bedrückungen einernten. Das in der grossen Culturwendung gültige Grundgesetz ist hienach ein sehr einfaches. In dem Maass, in welchem Philosophie und Wissenschaft im alten gefesselten Betrieb absterben und dagegen in einer gleichsam wildwüchsigen Freiheit von Personen ergriffen und vorwärts geführt werden, die sich im vollsten Bewusstsein von dem Dienst der geistigen Bevormundung und der leiblichen Ausbeutung losgesagt haben, — in eben diesem Maass wird das geistige Fundament der neuen Gesellschaft gelegt und deren Wissenschaft sammt der entsprechenden Welt- und Lebensanschauung auch in den besondern Theilen und Richtungen begründet. Das vollendete Dasein und die völlig freie Wirkungsart des umgeschaffenen Geistes kann aber offenbar erst in der bereits constituirten Gesellschaft des neuen Systems platzgreifen, und von der hiemit für die Wissenschaft anhebenden, zweiten weltgeschichtlichen Hauptära können nur diejenigen Ausgangspunkte bezeichnet werden, welche zugleich Endpunkte des alten geistigen Regime sind.

Drittes Capitel.

Umschaffende Grundlegung.

Ein zutreffendes Verständniss der Vergangenheit und Gegenwart muss da, wo es in die gestaltenden Principien eindringt, auch erhebliche Aufschlüsse über die Nothwendigkeiten der Zukunft ertheilen. Es wäre eine falsche Ausflucht, die ideellen Gebilde, die der neuen Gesellschaft eigen sein müssen, als etwas, was den sich erst mit der Sache selbst herausstellenden Bedürfnissen zu überlassen sei, von der Kennzeichnung auszuschliessen. Es wäre aber freilich auch eine Thorheit, in dieser Richtung jeden Zug und jedes Detail absehen und vorwegnehmen zu wollen. Von dem Standpunkt aus, den wir inmitten der allmäligen Vorbereitungen der Umschaffung einnehmen, drängen sich dem Blick nicht nur die Bestandtheile auf, welche im geschichtlichen Verschwinden, sondern auch diejenigen, welche im Werden begriffen sind. Geistige Vorgänge lassen sich in dieser doppelten Function sogar noch weit leichter ermessen, als die äusserlichen Gestalten der entsprechenden gesellschaftlichen Einrichtungen. Indessen verlässt uns auch in der letzteren Beziehung die Tragweite der Principien keineswegs. Soweit überhaupt die neue Gesellschaft im Voraus construirbar ist, sind es auch ihre wissenschaftlichen Institutionen und die höhere Function, welche Wissenschaft und Philosophie in dem neuen Zusammenhang auszuüben haben.

Um jedoch die Schwierigkeiten, die sich dem Verständniss eines neuen Entwurfs vermöge der Ungewohntheit der Conceptionen entgegenstellen, nicht unnütz zu vermehren, nehmen wir unsern Ausgangspunkt zunächst da, wo die alten Institutionen ihrem Ende entgegentreiben und wo überdies schon jetzt die Bedürfnisse nach positiveren Bildungsmitteln und nach einer veränderten Art des Wissenschaftsbetriebs gesellschaftlich fühlbar werden. Indem wir auf diese Weise einfach die Consequenzen der Geschichte und des gegenwärtigen Zustandes ziehen, lassen wir die verlornen Ausläufer des alten Regime und die Ansatzpunkte der höheren neuen Ordnung einander berühren und entfernen uns hiemit noch gar nicht von der unmittelbaren und vollen Wirklichkeit der thatsächlichen Verhältnisse. Schon eine reine Aeusserlichkeit, nämlich die bis heut vererbte Rangordnung der Universitätsfacultäten, erinnert uns daran, dass sich in der neuen Werthschätzung grade die umgekehrte Reihenfolge ergeben muss. Gegenwärtig folgen einander in der Abstufung alter Sanction die Theologie, die Jurisprudenz, die Medicin und die sogenannten philosophischen Fächer. Unter den letzteren nehmen, wie wir schon früher dargelegt haben, Mathematik und Naturwissenschaft die letzte, und die wirkliche Philosophie echter Art gar keine Stelle ein; denn das Priesterthum zweiter Classe ist nur durch Verirrung aus den theologischen Kreisen in diese Nachbarschaft gerathen. Scheiden wir nun sofort, was sogar schon für die heutige Gesellschaft einen guten Sinn hat, die beiden Priesterkategorien als Vertreter der Unwissenschaft aus, so behalten wir nur die Rechtsgelehrsamkeit, die Heilkunde und die bereits etwas gereinigte philosophische Facultät übrig, der für die neuen Gesichtspunkte nichts weiter fehlt, als eben die Philosophie selbst. Die letztere ist in ihrer unechten Gestalt das Schicksal der Theologie theilen gegangen, und in ihrer echten Verfassung als wirkliche Wissenschaft und Weisheit befindet sie sich ganz ausserhalb des zünftlerischen Rahmens. Wenn nun das, was in der bisherigen Ordnung die letzte oder gar keine Stelle hatte, in dem natürlichen System, wie wir bereits andeuteten, grade an die Spitze treten muss, so wird die philosophische Haltung alles Wissens und Strebens nebst den ihr am nächsten liegenden Fächern künftig das Princip der Ordnung selbst vorstellen und hiemit allem Andern vorgehen. Von einer gesellschaftlichen Rangordnung kann selbstverständlich im Hinblick auf das gleichheitlich eingerichtete Gemeinwesen nicht die Rede sein; aber es ist für diese freie Zukunft auch nur das innere Gefüge und die sachliche Bedeutung in Frage, welche die einzelnen Elemente des Wissens und Strebens für das Ganze gewinnen werden. Im unmittelbaren Hinblick auf den heutigen Zustand aber, in welchem sich Alles in äusserlichen Rangverhältnissen ausgedrückt findet, können wir sehr wohl das Bild von der vollständigen Umkehrung der Facultätsabfolge festhalten und als Erläuterungsmittel ausführen. Hiedurch bestimmt sich z. B. auch sofort das Verhältniss der Philologie, die bisher in den philosophischen Facultäten die Vorherrschaft festzuhalten suchte und mit ihrer überlebten Wortweisheit dazu bestimmt ist, schliesslich ganz aus dem Bildungssystem zu verschwinden. Schon gegenwärtig kennzeichnen sich die Griechisch- und Lateingelehrten dadurch, dass der Markt, für den sie produciren und producirt werden, ein durchaus künstlicher ist. Ohne die Gymnasien mit ihrer todten Schulung wäre auch kein Bedürfniss nach Universitätsprofessoren der classischen oder vielmehr todten Philologie vorhanden. Es ist also dieser ganze Studienzweig eine willkürliche Staatseinrichtung, die mit den natürlichen Bedürfnissen der Gesellschaft schon jetzt keine Berührungspunkte mehr hat. Hieraus erklärt sich übrigens auch, dass es in diesem Gebiet nicht wie in andern Wissenschaften und Halbwissenschaften jene naturwüchsigen Förderer giebt, die ohne Anlass irgend einer Stellung und aus reiner Liebe zur Sache etwas leisteten, woran es der zünftlerische und amtliche Betrieb fehlen lässt. Schon der blosse Gedanke wildwüchsiger Grössen der Philologie, die sich gleich Philosophen, Naturforschern und Historikern an ein umfassenderes Publicum wenden und im Gegensatz zu den officiösen Zwecken eine besondere Lebensaufgabe mit Opfern verfolgen sollten, erweist sich bei näherer Besichtigung jetzt als hochkomisch. Das Einzige, was sich in dieser Richtung einem zur Selbsterkenntniss gelangten Philologen ausnahmsweise einmal im Ernst empfehlen könnte, wäre eine gewissenhafte Mitarbeit an der Ausmerzung seines eignen Faches im höheren Unterricht und die specielle Nachweisung, wie unmenschlich hemmend diese Art Humanitätsstudien gegenwärtig auf die wirkliche Bildung einwirken. Eine solche Unternehmung würde in der That mit der Philologie nur dasselbe thun, was ja sogar aufgeklärte Theologen, wie z. B. Strauss und Lecky, mit ihrer specifischen Kenntniss gegen ihre eigne Disciplin ausgeführt haben, indem sie dem Publicum im Detail das geschichtliche Absterben der theologischen Lehren und Bestrebungen auseinandersetzten.

2. Von den übrigen Stoffen, die gegenwärtig in den philosophischen Facultäten figuriren, und die man je nach ihrer mathematisch naturwissenschaftlichen oder aber historischen Gestaltung in eigentliche Wissenschaften von strenger Methode und in unentwickelte, noch schwankende Halbwissenschaften eintheilen kann, — von dieser ganzen, sehr gemischten Zurüstung wird die natürliche Organisation, nach Ausscheidung der unbrauchbaren oder verkünstelten Gebilde, einen völlig veränderten, sich doppelseitig verzweigenden Gebrauch machen. Insofern etwas wesentlich als technisches Hülfsmittel sich unmittelbar an praktische Zwecke anschliesst, wird es im Zusammenhang mit den letzteren gepflegt und den Fachschulen zur besondern Förderung überwiesen werden. Was dagegen eine universellere Tragweite hat, wird in reiner Ausscheidung von jenen specialistischen Fachrücksichten in einer selbstgenugsamen Art und hiemit zugleich im Rahmen einer wirklichen Philosophie um der allgemeinen Bildung willen betrieben werden. Auf diese Weise kann man sich auch durch die mathematischen und strengen Wissenschaften einen Schnitt geführt denken, der sie in ihrer umfassenden Allgemeinheit und ihren rein technischen Ausläufern in zwei Schichtungen trennt, von denen natürlich nur die an sich selbständige darauf Anspruch hat, die höhere Function als universelles Bildungsmittel zu üben. Hiemit wird sich auch wahrhaft philosophisch eine entscheidende Concentration der Einsichten vornehmen und den Ueberladungen mit trägem Stoff vorbeugen lassen. Wenn irgendwo, so muss auch mit der Annäherung an die neue Gesellschaft das Wort von der um ihrer selbst willen vorhandenen Wissenschaft eine Wahrheit werden. Hier, wo sogar allen technischen Thätigkeiten wieder eine Seite abgewonnen wird, welche die Menschen mit unmittelbarer Befriedigung über ihr Werk arbeiten lässt, kann die auf die Sache selbst gerichtete Lust und Liebe grade in der Wissenschaft am wenigsten fehlen. Die corrumpirenden Ablenkungen auf den gemeinen Vortheil und auf die Concurrenz um besseres Futter sind hier nicht vorhanden; denn jede Art der Arbeit gilt in dem neuen System

gleich viel, und auch übrigens können keine Nebenzwecke, die wie das Spiel um Macht und Einfluss in der alten Gesellschaft die Hauptsache vorstellen, zu irgend erheblicher Geltung gelangen. Die philosophische Gesinnung, die man bei der Pflege der Wissenschaft zu fordern hat, würde schon allein durch dieses sociale Verhältniss in weit grösserer Nachhaltigkeit verbürgt werden, als es unter den alten Voraussetzungen die günstigsten Ausnahmsumstände vermochten. Es würden sich aber auch zugleich alle Grundwahrheiten des strengen Wissens zu einer universellen Gesammtwissenschaft systematisch vereinigt und so die positiv thatsächliche Seite einer in jeder Richtung ausgiebigen Wirklichkeitsphilosophie auch im Einzelnen constituirt finden. In diesem Sinne würde man dann auch keinen Anstoss daran zu nehmen haben, dass die philosophische Wissenschaft d. h. die Vereinigung der fraglichen strengen Wissenselemente mit den allgemein logischen Einsichten und speciell philosophischen Antrieben in dem Gesammtsystem der geistigen Functionen die principielle und mithin erste Stelle erhielte. In jedem andern Sinne würde die alsdann nur missbräuchlich so genannte Philosophie das Gegentheil verdienen, und es ist in der That sehr sonderbar herausgekommen, wenn man gelegentlich, wie z. B. ein Fichte, für die gemeine Facultätsphilosophie der priesterhaften Art die oberste universitäre Rangstellung beansprucht hat. Ein derartiger Streit konnte wirklich nur die häusliche Angelegenheit von zwei Priesterorden betreffen und nur die rückläufige Bedeutung haben, unter dem Namen der Philosophie eine metaphysisch sublimirte theologische Facultät an die Stelle der altherkömmlichen, und nicht blos über die letztere sondern auch über alle Wissenschaft zu setzen.

Die rein historischen Zweige des Wissens, die jetzt zwischen der Philologie und den exacten Disciplinen eine universitäre Mittelstellung von einem, in Vergleichung mit der Naturwissenschaft unverhältnissmässig grossen, aber dennoch hinter den todten Sprachen zurückstehenden Einfluss einnehmen, — diese geschichtlichen Mischgebilde erzählender, beschreibender und reflectirender Art gehören theils, wie Geographie und Statistik, den niedern Realien an, theils sind sie, wie die Geschichte im engern Sinne, in ihren Gesichtspunkten von überwiegend conventioneller Natur und bedürfen daher, sobald sie natürlichen Forschungsinteressen und Aufgaben dienen sollen, einer erheblichen Sichtung und Zurechtrückung. Wie die gemeine Geschichte bisheriger Art mit ihren paradehaften Haupt-

und Staatsactionen und mit ihren unermüdlichen Wiederholungen der sich gleichbleibenden Stücke des Kriegstheaters schon jetzt in der Schätzung gesunken ist, bedarf hier keiner Ausführung. Ebenso versteht es sich von selbst, dass die Fortschritte der Cultur in den Verzweigungen des gesellschaftlichen Lebens schliesslich nur noch allein die Aufmerksamkeit ernsthafter in Anspruch nehmen werden, wie ja schon jetzt die besten Wendungen in der Geschichtsschreibung, namentlich im Sinne Buckles, auf dieses Ziel hinarbeiten. Jedoch wird man überdies nicht zu vergessen haben, dass eine Geschichtswissenschaft, welche die Entwicklung der menschlichen Gesellschaft begreifen soll, eine wohlbegründete rationelle Theorie dieser Gesellschaft und der verschiedensten menschlichen Beziehungen voraussetzt. Die Geschichte wird also dadurch ihren gegenwärtig nur halbwissenschaftlichen Charakter zu überwinden haben, dass sie sich auf dem festen Grunde specieller Wissenschaften zur Erfassung der ursächlich nothwendigen Beziehungen d. h. der Naturgesetze des Menschheits- und Völkerlebens in den Stand setzt. Ihre Vereinigung mit einer Anzahl von Sonderdisciplinen, welche wie die Volkswirthschaftslehre und Gesellschaftstheorie die besondern Entwicklungen nicht nur feststellen sondern auch ableiten, ist daher ebenso unerlässlich, wie der von uns gekennzeichnete Zusammenhang des strengen Wissens und der Philosophie. Um jedoch über die Stellung der geschichtlichen Fächer kein Missverständniss zu erregen, so sei daran erinnert, dass überhaupt die rückwärts gewandte Beobachtung, die stets nur auf Grund eines bruchstückartigen Materials statthat, in Vergleichung mit der Breite und Fülle der lebendig mannichfaltigen Gegenwart für das natürliche Interesse bei Weitem nicht die Bedeutung zu beanspruchen hat, die ihr jetzt noch unter der Einwirkung des alten Regime zugestanden wird:

3. Die philosophischen Fächer sind die eigentlich positiven; denn, sobald man die Aufgaben der andern Facultäten näher betrachtet, findet man das Negative vorherrschend. Es sind nämlich seltsamerweise lauter Störungen des guten Zustandes, gegen welche sich in der Wirklichkeit und in der Einbildung die Zurüstungen der andern Fächer gekehrt finden. Die Heilkunde besagt es schon in ihrem Namen, dass sie es vorzugsweise mit Gesundheitsstörungen und noch dazu mit den bereits eingetretenen unvergleichlich mehr als mit den nur erst möglichen und noch zu verhütenden zu thun hat. Die Jurisprudenz hat ihren Nerv in der Voraussetzung von

Rechtsstörungen und würde sehr wenig zu schaffen übrig behalten, wenn sie sich auf die blosse Vorbeugung, also etwa auf Lehren von der Art derjenigen über die freiwillige Gerichtsbarkeit angewiesen sähe. Sie lebt in einem ähnlichen Sinne vom Unrecht, wie die Medicin von der Ungesundheit. Wovon lebte nun aber bisher die Theologie? Offenbar und eingestandenermaassen auch von einer Störung, nämlich einer Gemüthsstörung, deren eingebildeter Charakter aber nicht eingestanden zu werden pflegt. Die Religion wurde mit Vorliebe als eine Aussöhnung betrachtet, vermöge deren sich der Mensch mit seinen Göttern durch Opfer oder auch rein im Bewusstsein wieder ausgleiche. Eine Störung ist also auch hier die eigentliche Voraussetzung und der unmittelbare Gegenstand, um den sich alle Vorkehrungen äusserlicher und innerlicher Art drehen. Abnormität und Krankheit, und wären es auch nur diejenigen der Imagination, sind es also überall, was jenen hochgelehrten Fächern ihr Dasein verschafft. Bald ist es die eigentliche Krankheit des Leibes, bald unter dem Namen des Unrechts diejenige des gesellschaftlichen Verkehrs, was den herkömmlichen Apparat von Rückwirkungen und die zugehörigen Theorien ins Spiel setzt. Die Theologie hat nur den Vortheil voraus, dass sie die Krankheit, für welche sie die Heil- oder vielmehr Heilsmittel bereit hält, nicht blos in ihrer ursprünglichen Entstehung behandelt, sondern auch einimpft. Sie erhält diejenigen Imaginationsstörungen, welche das Bedürfniss einer künstlichen Ausgleichung mit sich bringen, in steter Wiedererzeugung. Eine solche praktische Herrschaft über das Abnorme kann man bei den andern Disciplinen nicht antreffen. Allerdings könnte die Medicinalverfassung der Gesellschaft mehr darauf angelegt sein, eine Menge von Krankheiten vor oder im Entstehen zu unterdrücken; aber eine directe Verursachung von Störungen durch die Medicin selbst lässt sich doch nur in geringem Umfange behaupten. Ebenso kann man die Jurisprudenz nicht vorzugsweise dafür verantwortlich machen, wenn die öffentlichen Einrichtungen das Unrecht in wesentlichen Richtungen als eine Nothwendigkeit erzeugen. Es verbleiben also die juristischen Disciplinen in der Hauptsache bei ihrer negativen und rückwirkenden Function gegen vorgefundene und nur zu einem geringern Theil von der Doctrin selbst erzeugte Störungen.

Ziehen wir nun für die Medicin und namentlich für die Jurisprudenz den gesellschaftlich erheblichen Schluss, der jenem negativen Grundcharakter entspricht; denn mit der Theologie haben wir uns schon ohnedies auf einem andern Wege und zwar endgültig und ohne Rest abgefunden. Je mehr in der neuen Gesellschaft und auch schon in den geschichtlichen Annäherungen an dieselbe die positiven Elemente des Wissens und Strebens zur Verbreitung und Wirksamkeit gelangen, muss auch der Umfang der Störungen und hiemit die Bedeutung der negativen Disciplinen geringer werden. Das Verhältniss der Kräfte, welche man für die positive Erweiterung des menschlichen Wissens und Könnens einsetzt, zu denjenigen Aufwendungen, welche der blossen Rückwirkung auf Störungen dienstbar sind, wird sich immer mehr zu Gunsten der ersteren Thätigkeitsgruppe verändern. Die Dienstbarkeit der abnormen Noth muss also auch in diesem Sinne geringer werden, und es ist nicht zu übersehen, dass auch hiedurch die Aussichten auf ein freies und die positive Macht des Menschen über die Natur erhöhendes Wissen gesteigert werden. Ebenso muss die speculative Selbstgenugsamkeit der nicht mehr vorzugsweise ihrer Schädenausgleichung wegen gewürdigten Einsichten durch diesen Gang der Dinge wachsen und sich so eine auf positivere Befriedigung des menschlichen Lebensgefühls gerichtete Wissenschaft immer freier ausbilden.

Die Medicin gründet sich bereits weit mehr auf eigentliche Wissenschaft oder kann wenigstens entschiedener an dieselbe anknüpfen, als die Jurisprudenz. Ausserdem sind die Störungen, mit denen sie sich befasst, äusserst naturwüchsig und daher auch beharrlicher und weniger durch den menschlichen Willen beherrschbar, als die Rechtsantagonismen. Die Einsichten der Heilkunde sind theils rein naturwissenschaftlicher Art und namentlich anatomisch und physiologisch, oder sie lehnen sich zu einem jetzt freilich sehr vernachlässigten Theil an die Triebe und so zu sagen Instincte an, aus denen ursprünglich auch die Volksmittel herstammten. Dieser letztere praktische und eigentlich fachmässige Zweig muss seine Cultur in den Specialanstalten finden und lässt bis jetzt nur erst von Weitem die Möglichkeit eines Zusammenhangs streng rationeller Art absehen. Dagegen verschafft die unmittelbare Anlehnung an die Naturwissenschaft den medicinischen Disciplinen die nächste Stelle nach der universellen Bildungstheorie. Es bewährt sich also hier, dass die Abfolge der Facultäten im natürlichen System vollständig umzukehren ist. Erst an dritter Stelle kommt die Rechtskunde in Frage, aber eben auch nur in Frage; denn wir haben schon früher dargethan, dass neun Zehntel der heutigen Juristerei ein künstliches und autoritäres Dasein ähnlicher Art haben, wie die gesammte Theologie. Es vereinigen sich überdies mehrere Gründe, welche die überlieferte Rechtsgelehrsamkeit und die freie Gesellschaft mit einander fast ganz und gar unvereinbar machen. Nicht nur die Rechtswahrnehmung sondern auch das genauere Rechtsbewusstsein muss in der umgeschaffenen Gesellschaft eine allgemeine Function werden, zu deren Ausübung jedes Glied derselben selbstthätig beiträgt. Solchen Zuständen gegenüber sind aber gelehrte Privilegien und abgesonderte Standeskenntnisse undenkbar. Zu dieser Verallgemeinerung und Vereinfachung der Rechtsbildung kommt aber noch als weiterer und sehr gewichtiger Grund die Ausmerzung des hauptsächlichsten Gegenstandes der heutigen Jurisprudenz, nämlich die Streitigkeiten über das Gewalteigenthum, die mit dem Verschwinden dieses Gewalteigenthums aus der Gesellschaftsverfassung von selbst erfolgt. Auch der sonstige Rest von Privatrechtsbeziehungen wird nicht im Entferntesten eine ähnliche Bedeutung haben können, und so muss denn die Staats- und Gesellschaftsumschaffung den Bestand der juristischen Disciplinen zum überwiegend grössten Theil das Schicksal des alten Regime theilen lassen. Fragt man aber, um sich diese wurzelhafte Conception näherzubringen, nach den vorbereitenden Uebergängen, so wird natürlich im Rahmen der heutigen Gesellschaftsverfassung die grössere Freiheit des Studiums hier, wie in allen andern Gebieten, den Fortschritt vorstellen. Die Universitäten sind privilegirte Anstalten für privilegirte Classen. Nach diesen beiden Seiten hin kann an der Wegräumung der Vorrechte gearbeitet werden. Man überlasse die Beschaffung der Kenntnisse für die etwa vorgeschriebenen Prüfungen der Sorge eines jeden Betheiligten und lasse ausserdem die Concurrenz mit den bestehenden Körperschaften und Anstalten für die gesellschaftliche Initiative frei, so werden sich die Studien um so viel natürlicher, billiger und wirksamer gestalten, als die ja übrigens bestehenbleibende Staats- und Gesellschaftsverfassung unter den günstigsten Umständen nur irgend ausführbar macht. Auch wäre es in der That eine seltsame Ausnahme, wenn sich die Reste des Zunft- und Privilegienwesens in den höchsten Wissensgebieten bis zum völligen Ende des alten Staats ungeschwächt forterhalten sollten, während in allen übrigen Richtungen der Grundsatz der freien Concurrenz auch schon in der alten Gesellschaft zum Durchbruch gelangt ist. Mit dem Zunftmonopol, mit den Privilegien der Vorbereitungsanstalten und mit den zwingenden Studienvorschriften über die Bezugsquellen der Kenntnisse muss das ganze System aristokratisch und priesterhaft abgepferchter Bildung, welches sich in den Universitäten verkörpert, eine wenn sich auch nur stückweise vollziehende, so doch entscheidende Umwandlung erfahren, die freilich noch lange nicht die Verhältnisse der neuen Gesellschaft, wohl aber deren Vorstadium darstellt. Die Freiheit der ärztlichen Function ist ein Schritt, dem ein zweiter, nämlich die Freigebung der zugehörigen Studien folgen muss. Ebenso gelangt die Freiheit der Advocatur erst dann zu ihrem vollen Sinn, wenn auch die Vorbereitung zu solchen Functionen freigegeben wird. Man mag einwenden, dass in solchen Reformen ein desorganisirender Zug liegt; aber man kann auch erwidern, dass Alles, was sich hiebei auflöst und wandelt, einem verrotteten Regime angehört und zugleich durch freiwachsende Gebilde, wenn auch nicht schablonenhaft regelmässig, so doch mit einiger Frische und Lebendigkeit ersetzt wird.

4. Mit dem Zwischenreich der eben angedeuteten Reformen wird ein doppelter Vortheil erzielt. Erstens werden die Organe, in denen der Unterricht gipfelt, sammt ihren Dependenzen ein wenig angefrischt, indem an sie die Nothwendigkeit herantritt, mit freieren Gebilden zu concurriren und sich den Bedürfnissen der Gesellschaft etwas mehr zeitgemäss anzubequemen. Die Positionsvortheile, welche die alten Einrichtungen schon durch die Zuwendung der öffentlichen Mittel und übrigens durch die Gewohnheit voraushaben, bilden freilich noch einen starken Schutz und machen den Wettkampf in dieser Beziehung äusserst ungleich; aber sie würden dennoch nicht genügen, das alte starre und träge System in der Untermischung mit andern Elementen in dem ehemaligen Umfang und mit der überlieferten Schroffheit aufrecht zu erhalten. Die Lehrkräfte und Lehrmethoden würden sich verbessern und nicht blos Plan und Inhalt sondern auch die so überaus wichtige Mittheilungsform eine heilsame Aenderung erfahren. Wer das unmittelbare Absterben als etwas dem schliesslichen Fortschritt Günstigeres ansehen sollte, mag bedenken, dass beide Wege zum Ziele führen; denn die reformatorische Verbesserung wird ja auch nur durch die Vernichtung und durch das Abtreten alter Elemente ermöglicht. Ein Pessimismus, welcher nur den Weg der Fäulniss gelten liesse, würde in der That eine einseitig beengte Anschauungsweise von der Entwicklung der Dinge verrathen. Die Principien der angedeuteten Reformen sind den alten Ueberlieferungen grade entgegengesetzt und darum eben

keine Restaurationen, durch welche absterbende Elemente galvanisirt würden. Diejenigen Vorkehrungen, durch welche man Stück für Stück das alte Gebäude abträgt, leisten offenbar für den Hauptzweck noch mehr, als das allmälige, von selbst erfolgende Zerbröckeln. Nur wenn man irgendwo im eigentlichen Sinne des Worts restaurirte und den überlebten Bestandtheilen des Hausraths, also etwa der todten Philologie, eine neue Aufstutzung zu Theil werden liesse, würde man der Hemmung und dem Rückschritt in die Hände arbeiten. So etwas liegt aber nicht in der Richtung von Reformen, die nicht nur nach modernen Principien, sondern auch im Zusammenhang mit den unmittelbaren Bedürfnissen des Lebens vorgenommen werden. Der einzige Rest, an den sich unter Voraussetzung solcher Umbildungen die Rückständigkeit und Rückläufigkeit noch klammern könnte, wären die Prüfungsvorschriften, in welchen der Staat für seine Aemter einen Theil der überlebten Bildungsstoffe conservirte. Dieser Uebelstand liesse sich freilich zum Theil nur durch die Umwandlung der öffentlichen Institutionen selbst beseitigen, wäre aber auch keineswegs so schlimm, wie die sonstige völlige Gebundenheit der Studien. Die regsameren Elemente würden Mittel finden, sich das Ueberlebte auf dem kürzesten Wege und eben nur für den äusserlichen Zweck anzueignen. Man würde z. B. das Latein nur treiben, um die Rechtsquellen lesen zu können, aber nicht mehr, um daran grammatische und stilistische Turnkünste einzuüben. Schon jetzt hat das Philologenlatein für die Juristen keine praktische Bedeutung mehr, und wenn sie damit auf den Gymnasien geplagt worden sind, anstatt mit wirklichem Wissen genährt zu werden, so ist dies eben mehr als blosser Zeitverlust gewesen. Noch entschiedener gilt dies von den Medicinern, deren ebenso geringfügiges als künstliches Bedürfniss nach blossem Apothekerlatein sowohl billiger befriedigt als auch leicht ganz beseitigt werden könnte. Gesetzt also auch, dass die staatlichen Prüfungsvorschriften zunächst noch ein gewisses Maass von derartigen Hülfskenntnissen, welche die Anknüpfung an die Reste des lateinischen Regime der Literatur vermitteln, als unerlässlich festhielten, so wäre doch wenigstens der alte langsame und holprige Weg erlassen, zu denselben zu gelangen. Das Princip der freien Beschaffung des erforderlichen Wissens würde allein schon genügen, die Hauptstützen des sonstigen Unterrichtsunwesens zu Falle zu bringen.

Der zweite Vortheil, den die oben bezeichneten Reformen mit

sich bringen, betrifft nicht mehr unmittelbar die Lehrkörper und das Personal, sondern die Gruppen selbst, welche bisher ausschliesslich in den fraglichen Anstalten ihre Ausbildung empfingen und die Rückwirkungen des Verfalls, denen sie hiebei unterlegen hatten, in das geschäftliche Leben mitnahmen und so auf Staat und Gesellschaft übertrugen. Wäre es auch nicht durch die mannichfaltigste Erfahrung festgestellt, so verstände es sich schon von selbst, dass der Verfall im Lehren auch denjenigen im Lernen und zwar nicht blos den Kenntnissen sondern auch der Charakterhaltung nach unfehlbar im Gefolge hat. Ich will hier nicht etwa den allbekannten Schlendrian des Studirens oder vielmehr des Aufenthalts auf Universitäten in den Vordergrund stellen. Dieses Uebel ist an sich selbst noch nicht das schlimmste; denn erst dadurch, dass sich zu ihm die verschränkte und verdorbene Auffassungsart gesellt, die von dem verrotteten Betrieb der überlebten Disciplinen ausgeht, gestaltet es sich zu einer den Charakter selbst ergreifenden Unsitte. Wie will man in den Aemtern und im Geschäftsleben auf gediegene wissenschaftliche Grundlagen des Verhaltens und auf die entsprechenden Charaktereigenschaften rechnen, wenn es schon die Universitäten durch ihr eignes Beispiel in der Hohlheit und Verkommenheit nicht an Lectionen haben fehlen lassen? Die Klage der mangelhaften Ausstattung der Juristen für ihren Beruf ist eine sehr verbreitete; aber es kommt zu ihr noch etwas Bedenklicheres, nämlich die Anklage, dass an den corruptiven Erscheinungen, welche im Geschäftsleben immer sichtbarer werden, die Stätten der theoretischen Vorbereitung zum Beruf einen erheblichen Antheil der Schuld tragen. Der Ton, welcher in der universitären Behandlung der auf das öffentliche Leben bezüglichen Lehren vorherrscht, ist zum Theil derjenige einer flotten Frivolität, welche sich zwar oft den Anschein zu geben sucht, nur den Gegensatz der Philisterhaftigkeit zu bedeuten, aber in Wahrheit nur die Wirkung der Bodenlosigkeit des wissenschaftlich sein sollenden und dem Gefühl seiner Gebrechlichkeit nicht ganz entrinnenden Treibens darstellt. Man empfindet es, dass man sich mit einem Kram befasst, der für das Leben nicht mehr die volle Geltung hat, und man rächt sich gleichsam an diesem Missverhältniss, indem man gelegentlich die Rolle Jemandes spielt, der sich über den Trödel des praktischen Lebens selbst, als über eine rein philiströse Angelegenheit, kühnlich hinwegsetzt. Das Gemisch von Zügen dieser Art mit den sonst pedantisch trocknen Manieren vom officiellen Typus ist nun aber wahrlich nicht dazu geeignet, dem Wissen und Wollen eine feste, in sich gleichartige Haltung zu geben. Es muss im Gegentheil direct dazu dienen, jene Lockerung und Zerfahrenheit der Denkungsart zu erzeugen, die sich dann in den öffentlichen Functionen durch Gleichgültigkeit gegen Grundsätze, wo nicht gar durch etwas Schlimmeres auszeichnet.

Gelingt es nun durch einzelne Reformen im Sinne der gesellschaftlichen Freiheit jene schädlichen Gestaltungen der Universitätseinflüsse wenigstens zu mildern, so wird das öffentliche Leben indirect ebenfalls in der Richtung auf etwas mehr Solidität gefördert, und die Umwandlungen, welche sich hier vorbereiten müssen, erfahren eine geistig wohlthätige und den Uebergang erleichternde Unterstützung. Auch hier hat man kein Recht zu dem pessimistischen Einwand, dass auf diese Weise die Selbstauflösung der unhaltbar gewordenen staatlichen und gesellschaftlichen Institutionen hintertrieben werde. Im Gegentheil wird das alte Regime hiedurch in einzelnen Theilen des ihm zu Grunde liegenden Geistes gradezu abgeschafft und auch übrigens mit so vielen neuen Antrieben durchflochten, dass die stehenbleibenden Ruinen schliesslich einer durchgreifenden Umschaffung weit weniger Widerstand entgegensetzen können, als ohne jene Zwischeneinrichtungen der Fall sein würde. Indem die Gesellschaft auf die fragliche Weise ernsthaft reformirt, stellt sie eine gewisse Gleichartigkeit zwischen sich selbst und den rückständigsten Organen der Gelehrsamkeit und des Staates her, wodurch dann offenbar die weiteren und entschiedeneren Schritte bedeutend erleichtert werden. Nur in dem einzigen Fall, dass man es blos mit Verwesung und Tod, aber nicht mit den Ansätzen zu neuem Leben zu thun hätte, würde die Verzweiflung an der Möglichkeit positiver Uebergänge berechtigt sein. Alsdann hätte die Fäulniss und eben nur diese ihre Arbeit zu verrichten, da es zu dem Ausschneiden der todtkranken Theile an Kraft gebräche. Diese letztere Voraussetzung kann aber für die fortschreitenden Entwicklungen nicht als Regel, sondern nur als Ausnahme gelten, und so eröffnet sich in den meisten Richtungen die Möglichkeit, den widrigen Vorgang der langsamen Zersetzung mit operativen Ausmerzungen und mit Vorkehrungen zu vertauschen, welche die gesunden Triebkräfte in Freiheit setzen und die bessern Säfte ungehindert zu den rechten Stellen gelangen lassen.

5. Was sich am unmittelbarsten an den publicistischen Functio-

nären, also namentlich an Richtern und Verwaltungsbeamten zeigt, fehlt auch bei den andern Elementen der gelehrten Classen keineswegs. Sogar die Lehrer der Realien haben in ihren Kreisen die Anzeichen ähnlicher Mängel aufzuweisen, wie wir sie bei den sonstigen Staatsbeamten gekennzeichnet haben. Sind nun auch hier die Missstände und Rückgängigkeiten, vermöge deren das Interesse am Beruf sinkt und das Angebot von Kräften oft hinter dem Bedürfniss zurückbleibt, nicht ausschliesslich auf die Uebel der Universitäten zu verrechnen, so trägt doch das öffentliche Unterrichtssystem, wenn man es als ein den gesellschaftlichen Zuständen entsprechendes Ganze betrachtet, die volle Schuld der bedenklichen Erscheinungen. Es ist sicherlich kein Merkmal besonderer Frische, dass die Vertreter der modernsten Fächer auf den höheren Schulen ihren Beruf oft selbst nur nach den Einkünften taxiren und ihn mit jeder andern, sei es technischen oder sonst handwerksmässigen Thätigkeit vertauschen würden, wenn dieselbe nur im Geldpunkt ergiebiger wäre. Auch gehört zu eben dieser Sachlage der Umstand, dass die Behörden innerhalb dieser Lehrerkategorie bisweilen so gut wie keine Auswahl haben. Die letzte Erklärung hiefür ist nun freilich der Geist der heutigen Gesellschaft, demzufolge sich Alles mehr und mehr nach dem Einkommen classificirt. Aber die Grundlagen dieses Gesellschaftssystems existirten auch früher, ohne dass ein gleich erhebliches Maass von ablenkender Wirkung auf die geistigen Berufsstände bemerkbar gewesen wäre. Es muss also wohl auch der directe Verfall des Geistes der wissenschaftlichen Hingebung und der Lust und Liebe zu den entsprechenden Berufsarten sein, was jene Gleichgültigkeit verschuldet, Angesichts deren nur noch die ökonomischen Rücksichten maassgebend bleiben. Es wäre nicht möglich, dass die grobe Materialität eines rein handwerksmässigen Verhaltens alles Uebrige mehr und mehr verdrängte, wenn nicht auch schon die universitäre Vorbereitung dazu beitrüge, die Achtung vor dem Wissen an sich selbst zu mindern. So befremdlich es sich auf den ersten Blick ausnehmen mag, so ist es doch eine ziemlich allgemeine Beobachtung, dass die Studien der Mathematik und Physik auf den Universitäten mit einer handwerksmässigen Fachbeschränkung betrieben werden, welche die umfassendere Geistesbildung als etwas geschäftlich Ueberflüssiges zur Seite lässt. Es ist nicht etwa blos die schlechte Philosophie, welche den philosophischen Geist im universitären Betrieb und Studium der exacten Wissenschaften hat abhanden kommen lassen, sondern es sind auch die Gestaltungen der Lehrweise in Mathematik und Physik selbst und namentlich die Art, in welcher sich die betreffenden Professoren ihrer Geschäfte entledigen, wodurch theilweise die Verwahrlosung der edleren Bestrebungen erklärlich wird. Wenn der Studirende sieht, wie von den Hauptprofessoren höchst sorgfältig das geringste Maass von Vorlesungen ausgefunden wird, mit welchem die wohlbesoldeten Functionen eben noch an ihr Dasein erinnern, — wenn er also z. B. im mathematischen Fache wahrnimmt, dass vier Stunden wöchentlich für mehrere Tausend Thaler jährlichen Gehalts ausreichen müssen, so kommt er auch wohl bald dahinter, dass diese Sparsamkeit mit der verhältnissmässig nicht grossen Frequenz und Ergiebigkeit an jener Extraeinnahme der von den Zuhörern zu entrichtenden Collegiengelder zusammenhängt. Ausserdem bemerkt er auch wohl, dass die Specialzweige des Faches, die ihm auf diese für den Staat so kostbare Weise zugänglich werden, oft gar nicht diejenigen sind, deren er am meisten bedarf, um sich in die Haupttheile der Wissenschaft in dem gehörigen Umfang einzuführen. Indessen lernt er zugleich, dass in dieser Beziehung die Speciallaune der Hauptprofessoren, nur die ihnen geläufigsten Stücke des mathematischen Wissens und zwar immer wieder von Neuem aus ihren einfürallemal fertigen Heften zu reproduciren, ihm praktisch nichts schaden kann, wenn er sich nur darein ergiebt, grade diese Sonderfächerchen durch Bezahlung der betreffenden Vorlesungen zu cultiviren. Die schliessliche Staatsprüfung, bei welcher er die betreffenden Professoren meist in Person wiederfindet, bleibt ja der Maassstab, nach welchem seine universitären Bemühungen gemessen werden. Je geschäftlicher er in dieser Richtung denkt, um so mehr Zeit wird auch er sparen können. Freilich wird er dabei von der Würde der Wissenschaft und seines Berufs hohe Vorstellungen nicht erübrigen; aber er wird wohl vorbereitet sein, sein ferneres Leben und seine Functionen nach jenen praktischen Lehren, die ihm die Universität ertheilt hat, weiter fortzuführen. Wenn hiebei die Schüler des Gymnasiums oder der Realschule, deren Ausbildung er sich widmen soll, von seinem Enthusiasmus nicht belästigt werden, so sollte dieser Mangel an Mitleidenschaft mit irgend einem frischen Thätigkeitstrieb da nicht überraschen, wo dieser vorbildliche Trieb selbst schon von der Universität her grösstentheils verloren gegangen ist und sich daher um so weniger in den nunmehr abzumachenden Lehrverrichtungen produciren wird.

Was von dem höheren Schulunterricht in den exactesten Fächern gilt, findet seine Anwendung noch in einem ganz andern Sinne da, wo die praktisch werthloseren und für die Bildung weniger oder gar nicht ergiebigen Disciplinen in Frage kommen. Hier verbindet sich nämlich mit ähnlichen Einflüssen des Universitätswesens noch das sich unwillkürlich aufdrängende Gefühl der Unerspriesslichkeit oder gar Ueberflüssigkeit der Lehrstoffe, — ein Gefühl, welches auch durch erkünstelte und geschraubte Vorstellungen von einer formalen Bedeutung der todten Unterrichtsgegenstände und verlorenen Vexationen der Jugend nicht bewältigt werden kann. Die Berufsblasirtheit, die in den entsprechenden Fächern grade nicht selten ist, erklärt sich, sammt den äusserst häufigen Annäherungen daran, auf diese Weise zu einem grossen Theil sehr einfach; denn die unwillkürliche Empfindung des unnützen und schaalen Treibens, welche nicht einmal durch eine besonders bequeme oder gesellschaftlich angesehene Stellung aufgewogen wird, muss zunächst einen hohen Grad von Theilnahmlosigkeit und vielfach sogar Widerwille und Ekel erzeugen. Wie nun diese Gleichgültigkeit gegen den Lehrstoff, zu welcher sich noch die Empfindung der Lästigkeit der entsprechenden Unterrichtsfunctionen gesellt, auf die in der ersten Entwicklung begriffene und so eindrucksfähige Jugend der höhern Schulen wirken müsse, braucht wohl nicht besonders hervorgehoben zu werden. Die Universitäten nehmen alsdann die Früchte ihres Verhaltens in der Gestalt eines Nachwuchses von Studirenden in Empfang, die würdig vorbereitet sind, der Gymnasialplage die Freiheit des akademischen Comments ohne viel Bekümmerniss um die Ideale der Wissenschaften folgen zu lassen. Wäre man im Stande, diese Staunngs- und Versumpfungsphänomene mit einigen Reformen an der universitären Quelle und in dem sich anschliessenden Schulwesen zu bemeistern, so würde die Gesellschaft zwar noch keineswegs zu einem befriedigenden Bildungszustande, aber doch zu demjenigen Maass von Frische gelangen, welches mit den bessern Bestandtheilen ihres Systems verträglich ist. Die Ausmerzung des Ueberlebten und die Befreiung des Entwicklungsfähigen von den Zwangs- und Bannprivilegien des zunftmässigen oder staatlichen Bevormundungsregime würde zwar nicht positiv schöpferisch, aber doch äusserst anfrischend wirken und die heutige Gesellschaft alles das leisten lassen, dessen sie innerhalb der Schranken ihrer Verfassung überhaupt fähig ist.

6. Um sich mit den Grundzügen eines durch die Ueberlieferung

weniger gehemmten Systems der Pflege von Wissenschaft und Philosophie vertraut zu machen, muss man sich in die Aufgabe hineindenken, die sich ergeben würde, wenn ein ganz neues, den bisherigen Gewohnheiten völlig fremdes Publicum auf dem natürlichsten und kürzesten Wege in das verfügbare Wissen echter Art eingeführt werden sollte. Dieser Fall liegt unserer heutigen Wirklichkeit keineswegs fern; denn er findet sich mehr oder minder überall da, wo das weibliche Geschlecht ernsthaftere Ansprüche darauf macht, an den Wissenschaften in vollem Umfange theilzunehmen. Abgesehen von den praktischen Berufsfragen kann es sich hier stets nur um ein einziges, sehr einfaches Ziel handeln. Die Errungenschaften des echten Wissens sollen nicht nur ihrer aufklärenden und bildenden Kraft wegen, sondern auch als Element eines gesteigerten Lebensbewusstseins und mithin um der innern Befriedigung willen zugänglich gemacht werden. Was die Menschheitsgeschichte in diesem Gebiet producirt hat, steht in der freiesten Weise zur Verfügung. Die Traditionen der Anstalten mit einer verjährten unkritischen Mischung der Bildungsstoffe sind nicht im Wege; denn da der Rahmen der alten Einrichtungen die neuen Bedürfnisse nicht fasst, so können sich neue Gebilde, wo sie sich überhaupt durchzusetzen vermögen, auch nach einem natürlichen oder wenigstens an die besten Regungen der Gegenwart anknüpfenden Plane organisiren. Ausserdem zeigt sich Angesichts dieser Aufgabe, die wir hier ohne Rücksicht auf die Mischungen und Compromisse ihrem rein ideellen Gehalt nach auffassen, recht deutlich, wie die Wege der blossen Fachausstattung und der universellen Bildung auseinandergehen. Das Bedürfniss einer im alten Sinne des Wortes wahrhaft encyklopädischen Schulung völlig rationeller und systematischer Art wird hier mehr als irgendwo sonst fühlbar. Die Auswahl und Anordnung der Stoffe ist bis jetzt nirgend vorgezeichnet und kann ganz und gar nach Maassgabe des natürlichen Zwecks erfolgen. Die Zumuthung, sich philologisch ausstatten zu lassen und die todte Gelehrsamkeit als unumgänglichen Weg zur wissenschaftlichen Bildung zu betrachten, wagt sich entweder gar nicht hervor oder fällt sofort der Komik anheim. Vereinzelte Verirrungen auf Griechisch und Latein, die auch in dieser neuen Richtung mit unterlaufen, gehören eben zu den Ungeheuerlichkeiten, welche von den Nachwirkungen des beschränkten, für die männliche Jugend maassgebenden alten Regime producirt werden. Der äusserlichen Anbequemung wegen mag man allenfalls den Elementen der heut noch herrschenden Bildungsart dadurch Rechnung tragen, dass man die alten Classiker in Uebersetzungen berücksichtigt und als nebensächliche Hülfsmittel quellenmässiger und stofflicher Bildung gelten lässt. Man wird hiebei mehr Verständniss und grössere Ergebnisse erzielen, als bei dem herkömmlichen Zupfen an dem todten Sprachgewande und der zugehörigen Hinwegsetzung über den Inhalt. Doch hat dieses Zugeständniss an die antike Ueberlieferung nur die Bedeutung einer vorübergehenden Einlassung, vermöge deren die augenblickliche Anpassung an den vorhandenen Bildungston bewerkstelligt und mehr dem zeitweiligen Geistesverkehr, als einem unmittelbar und naturgemäss zu rechtfertigenden Bedürfniss entsprochen wird.

Da man mit Recht von Seiten des fraglichen, den Wissenschaften neu zuwachsenden Publicums nur das sucht, was der modernen Weltanschauung und Lebensbehandlung entspricht, so wird nach Inhalt und Methode ein Grad von Abkürzung möglich, der mit den bisherigen schleppenden Gewohnheiten, die männliche Jugend auszubilden, gewaltig contrastirt. Das mathematische Denken hat nicht nur an sich selbst einen hohen Werth, sondern ist auch unerlässlich, um in das strenge Wissen von der Natur einzudringen. In beiderlei Hinsicht kann es aber äusserst vereinfacht und durch Ausscheidung des für den Zusammenhang des Systems Erheblichen aus dem ebenso massenhaften als bedeutungslosen Nebenstoff stark concentrirt werden. Auch ist es sonst in der Methode durchgreifender Verbesserungen fähig, die nur darum noch nicht durchgeführt sind, weil das alte Unterrichtssystem kein zwingendes Bedürfniss verspürt, den längern mit dem kürzern Weg und die verkünstelten Manieren mit einer natürlichen Gangart zu vertauschen. Ueberhaupt hat man sich noch nie die Aufgabe gestellt, alle Vorstufen in der Lehre einer Wissenschaft wie der Mathematik ausschliesslich nach den letzten Ergebnissen und nach deren Bedeutung für die Erkenntniss der Dinge zu bemessen und Alles auszumerzen, was zur Erreichung dieser Ziele nicht absolut erforderlich ist. Wenn man die exacten Wissenschaften in diesem Sinne sichtet und zu einem einheitlichen Bildungssystem verarbeitet, so wird man nicht nur an Gründlichkeit und Tiefe gewinnen, was man an Breite des Materials aufgiebt, sondern auch das, was sich früher an allgemein bedeutsamen Wahrheiten ausschliesslich in der technischen Fachschulung vorfand, der universellen Bildung zugänglich machen. In diesem Sinne hätte sich daher die Frauenwelt, die heute nach Einführung in die universelle Wissenschaft strebt, die Grundlagen aller sichern Erkenntniss auf dem kürzesten und natürlichsten Wege zu eigen zu machen. Anstatt, wie dies im Bereich der tastenden Uebergangsversuche freilich nur zu erklärlich ist, in verschiedenen Richtungen zu dilettiren und dabei oft in die alten ausgetretenen, für den neuen Zweck ganz unbrauchbaren Bahnen zu gerathen, hätte sie den Weg des natürlichen Wissenschaftssystems selbst und auf ihm mithin zuerst die methodisch strengsten Theile zu durchmessen. Diese Art, die universelle Bildung zu betreiben, würde dem System der allgemeinen Schule am nächsten kommen, von welchem wir schon früher als von einer Institution der neuen Gesellschaft gehandelt haben.

Das natürliche System des an sich für den Geist werthvollen Wissens liefert auch den Maassstab für die jeweilige Ausdehnung der einheitlichen, gleichen und universellen Bildung. Die heutige universitäre Bildung ist nicht universell, weil sie wesentlich nur in der Gestalt einer Einschulung auf Sonderfächer existirt. Das Gemeinschaftliche besteht nur in vereinzelten und so meist völlig verlornen Stücken jener obenein schlechten Philosophie, die wir früher gekennzeichnet haben. Uebrigens muss man auf die Vorbereitungsanstalten, also namentlich auf die Gymnasien zurückgreifen, um das wirklich Gemeinsame der Bildung anzutreffen. Der Jurist, der Mediciner, der Philologe und der Naturwissenschafter haben an gemeinsamer Bildung fast nichts als den eigentlichen Schulstoff aufzuweisen und gehen in ihrer Art, Welt und Leben aufzufassen, so weit auseinander, dass diese fachmässige Gestaltung ihrer Anschauungsweise als eine trennende Kluft, aber nicht als eine verbindende Macht anzusehen ist. Es fehlt offenbar in den verschiedenen Zweigen an der Ausstattung mit einer, wenn nicht gleichen, so doch gleichwerthigen höchsten Bildung. Die Universitäten haben vom Gesammtverein im Wissen den Namen, aber eben auch nur den Namen; denn wo sie nicht auch schon den Oertlichkeiten nach bereits in Fachschulen zersplittert, also noch als vollständige Anstalten vorhanden sind, findet sich nur eine äusserliche Zusammenfügung der Facultäten vor, und die für die Studirenden aller Gattungen vorhandene, aber darum noch keineswegs in dieser Ausdehnung benutzte Gelegenheit, mit etwas Philosophie von der leblosen Art Bekanntschaft zu machen, kann für jene principielle Entfremdung der Fachbildung und für die Loslösung derselben von einer höheren universell wissenschaftlichen und gemeinschaftstiftenden Ausstattung nicht entschädigen.

Man kann behaupten, dass es in der bisherigen allgemeinen Bildung, soweit eine solche überhaupt im höheren Sinne hier und da angelegt ist, an Zusammenhang und System fehle. Was soll eine philosophisch genannte Bildung, für welche mathematische und naturwissenschaftliche Grundlagen etwas ganz Gleichgültiges sind und auch meistens wirklich bei Lehrenden und Lernenden fehlen? Es ist in der That ein wunderliches Bildungssystem, welches solche Trennungen und Entfremdungen gestattet. Ebenso sind die Isolirung und das Zerfallen der exacten Disciplinen sicherlich nicht Zeichen von universaler Durchbildung, sondern im Gegentheil Merkmale, dass man es bisher versäumt hat, dieses Gebiet mit vollem Bewusstsein zu einem eigentlichen Bildungsbereich zu gestalten. Es drängt sich daher von allen Seiten die Nothwendigkeit auf, das Gesammtgebiet der Wissenschaften durch planmässige Zusammenfügung seiner Elemente und Theile in eine einheitliche und universelle Bildungsmacht zu verwandeln.

7. Im materiell Wirthschaftlichen gilt für die neue Gesellschaft das Princip eines der Grösse nach gleichen, aber der Art nach verschieden gestaltbaren Verbrauchs. Etwas Aehnliches muss so zu sagen für die geistige Consumtion statthaben. Der Anspruch auf gleichwerthige Bildung ergiebt sich mit derselben Nothwendigkeit, wie derjenige auf gleichwerthigen Genuss. Es würde eine Verletzung des natürlich gleichen Bestrebens und mithin ein Unrecht sein, wenn der Eine den Andern hinderte, aus demselben allgemeinen Wissens- und Bildungsfond zu schöpfen. Die einseitige Aufhäufung fremder Arbeit hat auch die Bildungsmittel monopolisirt, und das hierin liegende Unrecht ist nicht geringer, sondern noch grösser als dasjenige der rein materiellen Aneignung. Der communitäre Charakter aller Bildungseinrichtungen ist schon von vornherein deutlicher, als derjenige der rein materiellen Institutionen, und was daher von dem letzteren im communitären Sinne ausgemacht worden ist, muss noch weit unmittelbarer von dem ersteren einleuchten. Nicht nur die Collectivität der Production des Wissens und der Bildung, sondern auch die Nothwendigkeit, bei der geistigen Consumtion von dem Verhältniss der productiven Leistungen abzusehen, ist hier sofort völlig klar. Wenn wir von einer gleichwerthigen und nicht von einer gleichen Bildung Aller reden, so wollen wir hiemit nur den

Spielraum andeuten, der innerhalb desselben Maasses für Mannichfaltigkeiten in der besondern Artung offen bleibt. Zunächst darf die Fachschulung nie unabsichtlich ein Bildungselement werden, durch welche sich jene allgemeine Gleichwerthigkeit aufgehoben fände. Die universelle, von den besondern Fächern ganz absehende Schulung muss daher Alles enthalten, was den jedesmal höchsten Errungenschaften des Wissens entspricht. Der Bildungsstoff darf sich hienach nur durch den jeweiligen Stand der Wissenschaften selbst und nie durch andere Rücksichten beschränkt finden. Unter dieser Voraussetzung, die der neuen Gesellschaft als solcher angehören, sind natürlich die Universitäten nicht mehr möglich. Sie gehen in einer wirklich universalen Schule und für ein paar Gegenstände in speciellen Fachanstalten auf. Diese Fachanstalten aber schaffen nicht höchstmögliche Bildung, sondern gehen von ihr aus und kommen daher für unsere jetzige Betrachtung der Wissenschaft und Philosophie gar nicht in Frage. Dagegen drängt sich uns, wenn wir uns des heutigen Abstandes zwischen Universität und Volksschule erinnern, ein für die gegenwärtig herrschende Denkweise paradoxes Ergebniss auf. In der neuen Gesellschaft giebt es keine Volksschule im heutigen Sinne, weil sich dort auch kein Volk mehr in dem entsprechenden Sinne vorfindet. Ebenso fehlt es an der Universität, weil die privilegirten Classen und zwar nicht blos in politischsocialer sondern auch in wirthschaftlicher Beziehung verschwunden sind. Die beiden äussersten Endpunkte der Bildung, zwischen denen sich sonst ein buntes Gemisch von Zwischenbildungen einschob, gehören in der neuen Gesellschaft einem einzigen Gebilde an, in welchem sich die Abfolge der Lehren für einen einzigen Zweck geordnet findet, und in welchem irgend eine Abbrechung des Stufenganges nur als zufällige Abnormität vorkommen kann. Der heutigen Ausdrucksweise gemäss könnte man also nicht nur sagen, dass die höchste mit der niedrigsten Bildungsinstitution verschmolzen, sondern auch, dass die Universität zur Volksschule und die Volksschule zur Universität geworden sei. Halten wir uns jedoch lieber an das Innere der Sache selbst, anstatt in dem Widerspiel unserer heutigen Bezeichnungen und Begriffe eben nur die äusserliche Kluft bemerklich zu machen, die den Augenblick noch von den grossen Conceptionen der Zukunft trennt.

Den Aufbau der allgemeinen Schule, in welcher alle Glieder der umgeschaffenen Gesellschaft ihre gesammte nicht fachmässige Wissensausstattung erhalten, haben wir schon früher in seinenApptheilen vorgeführt. Wir sind hiebei davon ausgegangen, dass jede Wissenschaft, auch wenn sie bisher nur Fachdisciplin war, ihren reinen Bildungsstoff an die Universalschule abzugeben habe. Wir haben ausserdem die Hauptgegenstände bezeichnet, deren verstandesmässige Ordnung die wesentlichsten Grundzüge des Lehrplans ergiebt. Das rechnende Denken und die sachlichen, auf Natur- und Culturthatsachen gerichteten Wissensbereiche haben ihre entscheidende Stellung erhalten, und daneben ist der Pflege der sprachlichen Fähigkeiten im Sinne des leichten Verständnisses und der geschickten Handhabung aller eignen Sprachmittel eine zugleich natürliche und weittragende Aufgabe angewiesen worden. Es bleibt uns hier nur noch übrig, zu zeigen, wie diese fundamentalen Einrichtungen die Träger eines vollendeten Systems der Wissenschaft und Philosophie sein können. Die Function, welche namentlich die Philosophie in der allgemeinen Schule zu üben hat, ist Angesichts der heutigen Begriffe nicht ohne Weiteres verständlich. Auch befremdet es bei der ersten Ueberlegung, dass die höchsten Ausläufer der Wissenschaften auch da, wo sie sich gegenwärtig der allgemeinen Bildung entzogen und in den Fachdisciplinen gleichsam vergraben finden, im Stufengange der einheitlichen und gleichen Schule einen Platz erhalten sollen. Ein derartiger Entwurf erscheint der heute noch vorherrschenden Denkweise zu umfassend und ideal; aber dennoch ist er, wie sich bald zeigen wird, nichts als eine Erweiterung in der Anwendung ähnlicher Grundsätze, wie sie bisher, wenn auch unter der ablenkenden Wirkung geschichtlich beschränkter Voraussetzungen, zu den Lehrplänen der höheren Vorbereitungsanstalten geführt haben.

8. Gesteht man einmal zu, wie es durch die bisherigen Einrichtungen der höheren Bildungsschulen thatsächlich schon lange geschehen ist, dass Mathematik und Physik, ganz abgesehen von ihrer technischen Anwendung, als allgemeine Bildungsmittel eine Rolle zu spielen haben, so kann man auch nichts dagegen einwenden, dass die Forderungen in dieser Richtung dem Umfang nach erweitert werden. Es ist völlig unrationell, bei den dürftigen Abfällen zu verbleiben, die unter den Rubriken der Mathematik und Physik auf den gelehrten Schulen figuriren und in Zeiten zugeworfen wurden, in denen sich das Naturwissen ungleich weniger entwickelt und die Ansicht von seiner Bedeutung noch weit mehr Hindernisse zu überwinden hatte. Alle Bildung als solche muss etwas Vollstän-

diges sein und den Kreis eines Gebiets von Einsichten wirklich durchlaufen. Andernfalls wird aus ihr ein Stückwerk von Kenntnissen, die grade da abbrechen, wo sich der Vorstellungskreis abschliessen und eine umfassende Gesammtanschauung ergeben sollte. Die Einführung in ein paar Kategorien der Naturbetrachtung, verbunden mit einigen dürftigen Experimenten, ohne sonderlichen Gebrauch des subtiler rechnenden Denkens, wobei dann die nebenher ganz für sich und isolirt betriebene Mathematik zum grössten Theil als überflüssig oder unbrauchbar auf sich beruhen bleibt, — diese ganze, recht gymnasiale Art, die exacten Fächer abzuthun, ist sicherlich nicht geeignet, eine in sich geschlossene Bildung zu ergeben, die für die Naturanschauung von maassgebender Bedeutung sein könnte. Eine Fortsetzung und Ergänzung dieser dürftigen Anfänge greift aber auf der Universität nur in dem einzigen Falle Platz, dass die Laufbahn eines Lehrers dieser Fächer eingeschlagen wird. Die allgemeine nicht fachmässige Bildung hat mithin mit der Aneignung jener Abfälle regelmässig ihre Endschaft erreicht und bewährt sich im weitern Leben als ein Inbegriff von ebenso verworrenen als fragmentarischen Erinnerungen, bei denen nichts deutlich und ausgemacht ist, als ihre thatsächliche Bedeutungslosigkeit für die Auffassung der Dinge und die Haltung des Geistes. Hätte sich die Schulung auf einen in sich geschlossenen Kreis von Kenntnissen und von umfassenden Anwendungen derselben auf das Natursystem und mithin auf eine zusammenhängende Naturansicht erstreckt, so würde das Bildungsergebniss ein ebenso nachhaltiges als universelles geworden sein. Der auf diese zulängliche Weise in die Naturanschauung eingeführte Mensch könnte sich mit Befriedigung sagen, dass er sich aus der Rohheit der gemeinen Vorstellung zu einer veredelten Gesammtansicht von der Natur und ihrer durchgängigen Gesetzmässigkeit erhoben habe. Ein ähnliches Ergebniss wäre auch in den andern Richtungen des Wissens für die universelle Bildung unerlässlich, und man sieht hieraus, wie irgend eine Art des vollendeten Abschlusses, und zwar mehr als in einem blos relativen und ästhetischen Sinne, die Grundbedingung durchgreifender Bildungserfolge ist. Uebrigens stimmt diese vollendende Erweiterung des Bereichs der Bildungswissenschaften auch vollkommen zu dem politischen und socialen Regime, durch welches sie verwirklicht werden soll. Wie in dem letzteren für das natürliche Recht keine andere Grenze abgesteckt ist, als diejenige der allgemeinen Gesetze der gleichheitlichen

Gegenseitigkeit, so hat auch so zu sagen das Recht auf Bildung nur diejenigen Schranken, welche in den natürlichen Hindernissen ihrer Gewinnung und Verbreitung liegen. Die Individualsouverainetät würde in einem Hauptpunkte fehlen, wenn sie sich nicht in der Entscheidung über die absolute Tragweite der universellen Bildung bethätigte.

Wenn wir heut das Wort Bildungswissenschaften gebrauchen, so kann hiemit ein Zug von Geringschätzung verbunden sein, sobald nämlich die blossen Bildungsdisciplinen des heutigen Regime den eigentlichen und strengen Wissenschaften entgegengesetzt werden. In der That ist das, was man gegenwärtig allgemeine Bildung nennt, vornehmlich durch blos formale Fertigkeiten, durch schönwissenschaftliche Elemente oder durch historische Schulungsstoffe bestimmt. Ein solches Aggregat ist nun weit davon entfernt, dem Typus derjenigen Bildung zu entsprechen, vermöge deren die neue Gesellschaft das geistig Menschheitliche auszuprägen hat. Wir wollen hier nicht noch einmal von der Rolle sprechen, welche Kunst und Dichtung in dem neuen System spielen. Wir erinnern nur daran, dass wir den ästhetischen Mächten ebenfalls eine über ihre heutige Function hinausreichende Aufgabe zugetheilt haben, indem wir die Veredlung der Leidenschaften und der Gefühlsweise sogar bis in ihre physiologische Verkörperung und Fortpflanzung verfolgten. Aber auch ganz abgesehen von Bildungsbestandtheilen dieser Art muss sich schon in dem wissenschaftlichen Ganzen, durch welches alles streng Lehrbare in dem neuen Bildungsbereich vertreten ist, ein künstlerisch gestaltender Zug bekunden. Die Composition der einheitlichen und bildenden Wissenschaft, welche die mannichfaltigen Zweige der Erkenntniss wohlgegliedert umfasst, kann selbst nur das Ergebniss einer Art Kunst sein, welche dem echt philosophischen Einheitsbedürfniss des Denkens seine volle, zugleich hoch wissenschaftliche und ästhetische Befriedigung verschafft. In diesem hohen Sinne kann die Bildungswissenschaft nicht mehr an dem strengen Wissen, sondern nur noch an dem rein technischen Fachwissen einen Gegensatz haben. Sie wird sogar vor der heutigen Vereinzelung der Wissenschaften den Vorzug eines strengeren und durchsichtigeren Zusammenhangs aufweisen können. Dieser Zusammenhang, dessen allesdurchdringende und universell verbindende Kraft die vorher geforderte Vollständigkeit und Tragweite der Wissensstoffe erst wahrhaft erspriesslich macht, entspricht nun aber auch dem Grundcharakter der neuen

Welt- und Lebensanschauung, welche alles Wirkliche, bestehe es im Wissen oder im Thun, als ein in sich übereinstimmendes Ganze von gesetzmässiger Gliederung erkennt und behandelt.

9. Um uns eine nähere Vorstellung von den wissenschaftlichen Spitzen des natürlichen und universellen Bildungssystems zu verschaffen, müssen wir die beiden Bestandtheile betrachten, durch deren Zusammenwirken alle genauen und sicheren Einsichten hervorgebracht werden. Auf der einen Seite sind es die reinen Regungen und Festsetzungen des Denkens, auf der andern die Constatirungen der gegenständlichen und das Nichtdenkende darstellenden Thatsachen, woraus sich alle Wissenschaft constituirt. Die erstern Elemente, welche man im Gegensatz zu den erfahrungsmässigen Bestandtheilen als apriorische d. h. von vornherein mit dem Denken selbst vorhandene gekennzeichnet hat, sind für die einheitliche Gestalt aller Erkenntniss der nächste Ausgangspunkt. Sie schaffen uns auch da eine wenigstens subjective Universalität, wo die Dinge von der objectiven Seite Lücken lassen oder sonst keinen Abschluss darbieten. Wenn also auch das Eindringen in die gegenständliche Welt immer mehr Handhaben liefert, die materielle Einheit an sich selbst in den verschiedensten Richtungen festzustellen, so muss doch die subjective Gliederung des rein logischen und rein mathematischen Wissenskreises als ein Rahmen gelten, der unabhängig davon, was das eingefasste Bild jeweilig darbieten möge, mindestens einen orientirenden Werth behält. Durch ihn hat man wenigstens Beziehungspunkte, auf welche die Stellungen der abgebildeten Wirklichkeitselemente zurückgeführt und so auch gegenseitig bestimmt werden können. Durch ihn weiss man, wohin man zu blicken hat, und in welcher Weise überhaupt Wirklichkeiten sich darstellen können. Aber er ist nicht nur unsere unmittelbarste Ausstattung, die wir bisher am leichtesten und sichersten auseinanderzulegen und zu beherrschen vermochten, sondern auch das reale Gegenbild aller objectiven Einheit, wie sie sich in den Gedankenfunctionen in einer besondern Gestalt, aber doch mit universeller Bedeutung wieder hervorbringt. Aus diesem Grunde gebührt den ideellen Ansätzen zur Forschung und den echt speculativen Elementen des Geistes in der Bildungswissenschaft die formal entscheidende Rolle. Man muss durch diese apriorischen Elemente die ideelle Gestaltungskraft und active Energie, namentlich in der Richtung auf die entscheidende Bemessung der Möglichkeiten, ausrüsten und steigern. Die besondern Aufgaben, deren Lösung

durch diese apriorischen Mittel, also auf dem logisch mathematischen Wege möglich wird, gehören dagegen den durch die Erfahrung veranlassten Combinationen an und werden daher nur insoweit eine allgemeine Bedeutung für die Bildungswissenschaften haben, als sie die wesentlichen Schematismen der Natur betreffen.

Während von der einen Seite das an sich maassgebende Denken in seiner Reinheit gepflegt wird und sich durch ein System der Begriffsschematik und des natürlich gegliederten mathematischen Wissens vertreten findet, wird sich von der andern Seite her der Aufbau aus dem Thatsachenstoff und zwar, soweit es der jedesmalige Stand der Wissenschaften gestattet, in entsprechend planvoller Weise vollziehen müssen. Die Induction soll schliesslich nur ein Mittel bleiben, die einfachen und axiomatischen Thatsachen aus den mannichfaltigen Verwicklungen auszuscheiden. Uebrigens besteht aber das Ideal der Rationalität darin, die Ableitung an die Stelle der unmittelbaren Thatsächlichkeit treten zu lassen. Jener Aufbau aus dem Thatsachenstoff wird also auf die Deduction auszublicken haben. Das deductive Verfahren wird überhaupt erst im Gebiet der materiell gegenständlichen Elemente der Natur seine höchsten Triumphe feiern; denn in der rein gedanklichen Sphäre verkettet es ausschliesslich nur die eignen Conceptionen, während es schon in der Anwendung auf die fundamentalsten Naturkräfte dem Gefüge und Mechanismus des universellen Daseins real und unter Vorwegnahme der besondern Erfahrungen entspricht.

Soweit man aber auch in der realen Welt mit der Bloslegung des verstandesmässigen Zusammenhangs vordringen möge, so bleiben doch noch immer grosse Stoffmassen übrig, in deren Gebiet die Gebilde so zusammengesetzt sind, dass man sich mit der blossen Thatsächlichkeit ihrer Beschaffenheiten begnügen muss. In vielen Richtungen ist sogar der Stoff zu gleichgültig, um ein Interesse an der Deduction seiner Gestalten aufkommen zu lassen. Die Wissenschaftlichkeit tritt hier zurück, um der blossen Rücksicht auf praktische Kenntniss zu weichen. So ist beispielsweise in der physischen Geographie zwar sehr Vieles im eigentlichen Sinne des Worts erklärlich und aus allgemeinen Thatsachen einfacherer Art ableitbar; aber das Meiste muss in seiner unmittelbaren Thatsächlichkeit hingenommen werden. Aehnlich verhält es sich in den niedern Theilen des Naturwissens und überhaupt überall da, wo die Beschreibung vorherrscht. Auch die historischen Stoffe würden noch mehr, als der

33*

Fall ist, der äusserlich beschreibenden Gattung anheimfallen, wenn hier nicht der Zusammenhang der Beweggründe den wichtigsten Theil der gesetzmässigen Ursächlichkeit bildete. Dennoch wird man auch in ihrem Bereich umfassende Rückstände von trägem Stoff übrig behalten, und aus rein praktischem Interesse auch Einiges davon wirklich zur Darstellung bringen müssen. Es muss indessen für alles Wissen der beschreibenden Gattung der Grundsatz zur Geltung kommen, dass diese äusserlichen Kenntnisse den geringsten Bildungswerth haben. Man wird sie pflegen, soweit sie zur praktischen Orientirung nothwendig sind; aber man wird sie da ausmerzen, wo sie sonst höhere Ansprüche machten und auf Grund derselben in der allgemeinen Bildung einen ebenso unfruchtbaren als breiten Platz einnahmen.

10. Die Methode der Universalwissenschaft mit ihrem doppelseitigen Anknüpfungspunkt an die Verstandesthätigkeit und an die Thatsachen ist in dem Vorangehenden gekennzeichnet und hiemit zugleich als der Weg erkannt, den Gipfel der systematischen Bildung zu erreichen. Wie sich aber das dieser natürlichen Methode entsprechende System in seinen hochwissenschaftlichen Spitzen gestalte, lässt sich am einfachsten aus der Gliederung der Wirklichkeitsphilosophie selbst und vermöge der Erinnerung an die von ihr in den einzelnen Theilen vorausgesetzten Wissenschaften erläutern. Die allgemeinste begriffliche Schematik, welche zugleich die Einleitung zur Weltschematik bildet, beruht wesentlich auf sich selbst, und man kann ihr wohl etwas zur Ergänzung, aber keine eigentliche Voraussetzung zugesellen. Eine derartige Ergänzung besteht einerseits aus den dürftigen logischen Elementen, die in ihrer Art eine ähnliche Bedeutung und Stellung haben wie die ersten Ausgangspunkte der Elementarmathematik, und andererseits aus einer Wissenschaftstheorie, die den Vorgang in der Feststellung alles besondern Wissens kennzeichnet. Irgend eine Art von Bewusstsein jener Schemata muss schon bei der ersten wissenschaftlichen Thätigkeit geweckt werden. Es ist ein Vorurtheil zu glauben, dass genaue Vorstellungen von Zeit, Raum, Ursache und ähnlichen Grundbegriffen erst in die höchste Zusammenfassung, also erst auf die letzte Stufe der Bildung und in das specifisch philosophische System selbst gehören. Diese Vorstellungen sind vielmehr Elementarbegriffe und wollen daher von vornherein als solche eingeführt sein. Eine Philosophie, die nicht das ganze Wissenssystem auf allen seinen Stufen

begleitet, sondern sich erst am Ende als eine Art Zugabe einstellt, bleibt lebloses Stückwerk und stört die Einheit der Bildungswissenschaft dadurch, dass sie den entscheidenden Lehren die rechte Stelle in dem natürlichen System vorenthält. Die Elemente können eben nicht zweimal eine grundlegende Rolle spielen. Sie sind daher sofort mit den ersten systematischen Schritten des rationellen Unterrichts und zwar in aller Strenge einzuführen. Was an das Ende verlegt werden muss, ist etwas ganz Anderes als der Kreis dieser Elemente; es ist die volle Weltanschauung, die sich schliesslich auf Grund aller Kategorien und Wissenschaften als ein Bild von lebensvoller Physionomie ergiebt.

Um zu dieser erfüllten Welt- und Lebensansicht zu gelangen, ist es unbedingt erforderlich, alle Zwischenstadien und zwar nicht blos im gewöhnlichen philosophischen Sinne, sondern mit der genauesten Rücksicht auf alle wissenschaftlichen Vorbedingungen zu durchlaufen. Man erwäge, um sich den Sinn dieses Gedankens an dem entscheidenden Beispiel auszuführen, was zu unserm naturphilosophischen Abschnitt an positiver Erkenntniss gehöre, um ihn mit allen seinen wissenschaftlichen Voraussetzungen auszustatten. Ihm liegen zunächst alle wesentlichen Errungenschaften der Mathematik und alsdann die Hauptfeststellungen des exacten Wissens in Mechanik, Physik, Chemie sowie überhaupt die naturwissenschaftlichen Ergebnisse in Physiologie, Zoologie und in ähnlichen Forschungsgebieten zu Grunde. Man stelle sich nun vor, dass die Bethätigung des Denkens und Forschens von den Elementareinsichten und den Elementarthatsachen aus in einem rationellen und möglichst abgekürzten Gange alle Unterlagen zu den letzten umfassenden Wahrheiten gewinne, so hat man eine Uebersicht von alledem, was zum vollständigen Aufbau des entsprechenden Theils der Bildungswissenschaft erforderlich ist. Man wird hiebei beispielsweise den strengen Nachweis der Bethätigung der Gravitation in den Bewegungen der Doppelsterne nicht entbehren können, und man wird, was die mathematischen und rechnenden Mittel überhaupt anbelangt, die Schlusskraft der entscheidenden Deductionen nicht durch blos thatsächliche Einschiebungen unterbrechen dürfen. Der rationelle Zusammenhang wird absolut streng sein müssen, wenn er überhaupt eine Bildung im Sinne der Universalwissenschaft ergeben soll. Selbst die beste philosophische Darstellung bleibt heute hinter der Tragweite ihrer sonst möglichen Wirksamkeit zurück, weil der grösste Theil des

Publicums mit jenen wissenschaftlichen Voraussetzungen der philosophischen Formulirungen nicht vertraut ist und sie vielfach erst aus der Philosophie selbst kennen lernt.

Offenbar gestaltet sich ein Inbegriff von Einsichten nur dadurch vollkommen bestimmt, dass er organisch d. h. in seiner Function für die Hervorbringung der letzten und eigentlich interessirenden Ergebnisse ausgewählt, geordnet und innerlich verbunden wird. Auf diesem Wege merzt sich auch das Unnütze leicht aus, und man behält von der sonst belästigenden Stoffmasse nur das für den Zweck Erhebliche zurück. Gäbe es kein solches Ausscheidungsverfahren, so müsste man an der Verallgemeinerung der wissenschaftlichen Bildung verzweifeln; denn schon jetzt sind die ungesichteten Stoffe der einzelnen unumgänglichen Disciplinen in ihrer herkömmlichen Breite eine Last, deren Bewältigung im Interesse der Bildungswissenschaft nicht ohne Weiteres möglich ist, und derartige Anhäufungen von Material müssen sich mit der Zeit noch gewaltig vermehren. Das von dieser Last befreiende Mittel besteht einzig und allein in der angegebenen Art von auswählender Kritik, und der Fortschritt der Wissenschaften selbst wird durch die immer mehr principielle und elementare Gestaltung und Beherrschung ihres Inhalts dazu beitragen, die Anwendung dieses Mittels zu erleichtern.

11. An die Kenntniss des Natursystems schliesst sich in unserm Gange die Bewusstseinslehre. Die Wendung der Beobachtung nach Innen gehört zu denjenigen Geistesthätigkeiten, die dem Menschen nichts weniger als unwillkürlich sind. Ausserdem erfordert sie in manchen Richtungen eine eigne persönliche Erfahrung, die in der allgemeinen Schule nicht vorausgesetzt werden kann und erst im späteren Leben ihren Platz hat. Namentlich gehört hieher das Verständniss der Leidenschaften, welches sich nicht nach der Art des Naturwissens durch theoretische Entwicklung der äusserlichen Erkenntnissfähigkeiten übertragen lässt. Auch die Einlassung mit den Dichtern, wie sie der ersten Jugend eigen sein kann, wird und soll niemals die wahrhafte Erkenntniss dieses Gebiets vorwegnehmen. Wir befinden uns also hier an einem Punkte, wo sich zeigt, dass die Bildungswissenschaft auch erhebliche Bestandtheile hat, die über die allgemeine Schulung hinausreichen und recht eigentlich erst das reifere Leben angehen. Dieser Umstand unterbricht aber nicht die Stetigkeit des Systems, sondern nur die äusserliche Einrichtung der Lehrart. Ueberhaupt wird man eingedenk bleiben müssen, dass die

universelle Bildungswissenschaft ungeachtet ihrer Einheit zwei Seiten haben könne und müsse, von denen nur die eine der eigentlichen Schule vollständig, die andere aber vorzugsweise dem späteren Leben angehört. Alle rein theoretischen Fähigkeiten und mithin das ganze Natursystem können in zulänglicher Weise schon in der blossen Schulung entwickelt werden. Von den innern Beweggründen des menschlichen Handelns und von den Gesetzen des entsprechenden Verkehrs kann aber an diejenigen, die in das vollere Leben selbst noch nicht eingetreten sind, nur eine sehr äusserliche Vorstellung gelangen, und so werden denn alle auf die Menschenwelt bezüglichen Einsichten ein Gebiet ausmachen, in welchem man zwar die Grundsätze und Thatsachen von vornherein lehren, aber erst später das volle Verständniss dafür erwarten kann. Die Philosophie in diesem praktischen Sinne wird sammt den Wissenschaften, die sie voraussetzt, zwar auch ein Gegenstand der allgemeinen Schule sein, aber doch erst für den Standpunkt des späteren Lebens das volle Interesse gewinnen und das eindringendere Verständniss für sich haben. Besondere Organe für die nachträgliche Erinnerung an dieses Wissen bilden zu wollen, wäre eine Thorheit; die Philosophie bedarf keiner Priester und kann ebensogut durch Vermittlung der blossen Literatur bestehen, wie die Poesie. In der freien Gesellschaft bedarf sie nicht einmal einer besondern Vereinigung derjenigen, welche an ihr theilnehmen, wie dies im heutigen Kampf gegen die sie unterdrückenden Mächte sehr nützlich sein würde. Die Theilnahme ist nämlich dort eine allgemeine, und die in den gegenwärtigen Institutionen enthaltenen grundsätzlichen Hemmungen der freien Philosophie sind beseitigt.

Zerlegen wir uns hienach den Stoff der Bildungswissenschaft, insoweit er die Theorie der menschlichen Verhältnisse betrifft, je nach der Brauchbarkeit für die Schule und das Leben in zwei Gruppen. Die eine derselben wird die Grundsätze des Empfindens und der Moral sowie die Thatsachen des geltenden Rechts in jener Allgemeinheit enthalten, wie sie dem Verständniss des jugendlichen Lebensalters angemessen ist. Je mehr objective Theorie von rein gegenständlichen Verhältnissen des menschlichen Verkehrs und der Geschichte sich hier vorfindet, um so weniger wird es an eigentlichem Schulstoff fehlen. Die zweite Gruppe wird dagegen Alles einschliessen, wozu das reifere Leben den Schlüssel liefert. Obwohl hier eine äusserliche Kenntnissnahme auch für die allgemeine Schulung nicht ausgeschlossen werden darf, so hat man sich doch davor zu hüten, das innere Verständniss vorwegnehmen und frühreif erkünsteln zu wollen. Was jedoch an Thatsachen und Beziehungen im Voraus angeeignet werden kann, darf nicht unter dem Vorwande vernachlässigt werden, dass die tiefere Bedeutung doch nicht sofort begriffen werden könne. Die Grundeinrichtungen des Lebens und die politisch gesellschaftlichen Regungen können äusserlich sehr genau studirt werden, ohne dass hiebei die innerliche Begründung vollkommen aus eigner persönlicher und lebendiger Beurtheilung der subjectiv treibenden Ursachen einleuchtete.

Nachdem wir uns gegen die falsche Unterschiebung einer Vermischung der reinen Schulangelegenheiten mit der dem vollen Leben zugehörigen Bildung gesichert haben, können wir ohne weitere Rücksicht auf diesen Unterschied die positiv wissenschaftlichen Voraussetzungen der Philosophie des Menschenlebens untersuchen. Indem wir uns dieser Voraussetzungen bewusst werden, gewinnen wir in ähnlicher Weise, wie es bezüglich der Naturphilosophie geschehen ist, eine nähere Vorstellung von der Gestalt, welche die Bildungswissenschaft in diesem Theil annehmen muss. Man würde unsere philosophischen Aufstellungen über Moral, Recht, Geschichte und veredelte Lebensgestaltung missverstehen, wenn man sie ausschliesslich als Consequenzen gedanklicher Principien ansähe. Sie setzen vielmehr, ebenso wie die Naturphilosophie, eine Reihe von positiv wissenschaftlichen Thatsachen voraus, ohne welche ein Theil der Schlüsse gar nicht bestehen könnte. Die Rechts- und Gesellschaftszustände sind zwar nicht im Entferntesten so exact durchforscht und so zuverlässig unter Regeln gebracht, wie die Naturerscheinungen; aber sie sind doch in ihren Typen und Gattungen zu kennzeichnen und wenigstens in einigen Richtungen aus gleichsam naturgesetzlichen Ursachen zu erklären. So dürftig z. B. auch der rationelle Gehalt der Jurisprudenz bis jetzt geblieben ist, so bildet er doch eine unerlässliche Voraussetzung des richtigen Raisonnements über die Verhältnisse des öffentlichen und privaten Verkehrs. Ebenso ist die Volkswirthschaftslehre in ihrer bisherigen Entwicklung als positive Grundlage nicht zu entbehren, und vollends muss die Socialtheorie mit ihrem besondern Inhalt als die festeste positiv wissenschaftliche Stütze der neuen Lebensphilosophie betrachtet werden.

Die Erfüllung aller positiv wissenschaftlichen Vorbedingungen zur Philosophie des Menschen und Menschheitslebens ist in der allgemeinen Schule und Bildung der neuen Gesellschaft um so wichtiger, als dort die specifische Fachcultur des Rechts und der verwandten Lehren in Wegfall kommt. Die Pflege einer besondern autoritären Kenntniss dieser Art wäre, wie wir früher auseinandergesetzt haben, mit der allgemeinen Selbstwahrnehmung der öffentlichen Angelegenheiten und mit der allgemeinen Zugänglichkeit der richterlichen und verwaltenden Functionen unverträglich. Was sich also an Theorie in dieser Richtung vertreten finden soll, muss in der allgemeinen Schule und in der Selbstbildung des späteren Lebens seinen Platz erhalten. Es würde jedoch überflüssig sein, noch die besondere Art kennzeichnen zu wollen, in welcher die neuen Bedürfnisse der umgeschaffenen Gesellschaft auch für die Kenntniss der eignen Institutionen eine rein theoretische und für das spätere Leben fungirende Ergänzung beschaffen mögen. Jedenfalls wird diese, vornehmlich literarisch vorzustellende Ergänzung nie den Charakter einer autoritären Fachbildung annehmen können, sondern sich auf alle Glieder des Gemeinwesens erstrecken müssen. Die specialistische Fachschulung wird nur da zulässig sein, wo in der Functionentheilung keine politische Gefahr und keine gesellschaftliche Vormundschaft liegt. Die Medicin und die technisch industriellen Thätigkeiten werden daher das Hauptgebiet der zwar allgemein zugänglichen, aber thatsächlich doch nur an die geringere Zahl gelangenden specialistischen Fachculturen bilden. Auch in allen ähnlichen Fällen werden besondere Fachschulen, die über die allgemeine Bildungswissenschaft hinausgreifen, um so weniger einem Bedenken unterliegen, als sie ja gar nicht die eigentliche Bildung, sondern nur die Ausstattung mit den zur Anwendung des Wissens erforderlichen Sonderkenntnissen erweitern.

12. Die höchste Gipfelung von Wissenschaft und Philosophie findet sich da, wo sich die universelle Bildung in einer Welt- und Lebensanschauung von nicht mehr blos abstractem Schematismus vollendet. Hier hat es sich zu zeigen, ob die rein schematischen Wahrheiten, die schon bei der ersten Grundlegung gewonnen wurden, für die letzte, das Sein nicht blos umspannende sondern auch in seiner Lebensfülle erfassende Einsicht fruchtbar werden. Nicht ohne Absicht haben wir in diesem letzten Capitel noch ganz besonders wieder an den doppelten Ausgangspunkt aller Erkenntniss und an die Tragweite der schon im blossen Denken maassgebenden Nothwendigkeiten erinnert. Dieselbe Kraft, welche uns in diesem Gebiet

durch die richtig gefassten Begriffe der Unendlichkeit Aufschlüsse über die Grundgestalt des Seins ertheilt, setzt uns hiemit auch zugleich in den Stand, den vollen Inhalt dieses Seins, wie er sich uns in der Welt und im Leben darstellt, in seinen Beziehungen zu aller Möglichkeit zu würdigen. Das Wechselspiel von zählbaren Acten des Daseins kann rückwärts in der Zeit nicht schrankenlos gedacht werden, weil sonst, wie wir früher auseinandergesetzt haben, der Widerspruch der abgezählten Unzahl zugelassen würde. Es weist mithin alles sich entwickelnde Sein auf einen sich selbst gleichen Zustand zurück, — einen Zustand, den wir schematisch durch die Hinweisung auf die sich selbst gleiche Materie bestimmter bezeichnet haben. Nehmen wir zu dieser Einsicht noch die ebenso gesicherte Vorstellung hinzu, dass die Trägerschaft aller Wirklichkeit stets als etwas Gegenwärtiges und gleichsam unter unsern Füssen Vorhandenes zu denken sei, so erkennen wir den Untergrund alles Daseins als ein Etwas, zu welchem sich die Häufung zählbarer Thatsachen als ein secundäres Bereich verhalten hat und verhält. Diese Wahrheit ist eine wissenschaftlich nothwendige und um so werthvoller, als sie nicht irgend einer idealen Neigung des Gemüths, sondern den kühlsten Verstandesconsequenzen ihr Dasein verdankt. Sie ist unbeabsichtigt, ja in einem gewissen Sinne sogar wider Erwarten gewonnen worden; denn sie macht jene Vorstellungsart unmöglich, die ein wüst unendliches Wechselspiel als hinter uns liegende Voraussetzung des gegenwärtigen Weltzustandes gelten lässt. Jedoch schafft sie nicht etwa einen blossen Hintergrund, sondern weit bestimmter einen eigentlichen Untergrund, in dessen Bereich das rhythmische Wechselspiel des Daseins und Lebens angelegt ist. Sie schliesst hiemit die Weltvorstellung völlig rationell ab und sprengt zugleich die Fesseln einer Denkweise, die ausschliesslich an dem in der Welt unmittelbar Gegebenen haftet. Sie fügt zu dem erfahrungsmässigen Denken ein deutlich bewusstes Urtheil über das allgemeine Medium, in dessen besondern Gestaltungen es sich ergeht, an dessen Gleichartigkeit es aber seinen letzten Begriff concipirt. Der Gedanke des universellen Seins wird hiedurch offenbar erhabener gestaltet und gestattet in dieser unausweichlichen Fassung auch eine dem Menschenschicksal nähertretende Anwendung.

Es ist die Zukunft, welche im Hinblick auf den eben gekennzeichneten Gedanken eine neue Bedeutung erhält. Wie das Leben in einem Zustande wurzelt, für den das Wechselspiel etwas Secundäres ist, so hat es auch sein Gleichgewicht nur in der vorwegnehmenden Vorstellung von dem, was die beständige und immer vollkommnere Verwirklichung seines Wesens ausmacht. Ohne diese anticipatorische Idee, vermöge deren die unentwickelte Zukunft auf ihren realen Träger, die allesbergende Gegenwart, bezogen und als Erfüllung alles Strebens gedacht wird, könnte im Bewusstsein keine Einigkeit und kein Vertrauen existiren. Indem sich aber der Gedanke des eignen Schicksals gleichsam in das universelle Schicksal untertaucht und sich deutlich bewusst wird, dass es eine einzige Wirklichkeit ist, in welcher alles Wollen und Wissen wurzelt, vermittelt er die Erkenntniss der Zugehörigkeit zu dem universellen Sein und hegt so auch ideell eine Theilnahme, die zwar auch ohnedies real vorhanden ist, aber doch in den sich entwickelnden Vorstellungen von Welt und Leben erst wiedererzeugt sein will. Dieser allgemeinen Theilnahme entspricht für das besondere Schicksal der Menschheit die Ausbildung aller Richtungen des Mitgefühls und eines Verkehrs, in welchem der Mensch das Menschliche auch ausser sich empfinden und würdigen lernt.

Die ideelle Beleuchtung, mit welcher jene universelle Einheitsvorstellung das Ganze alles wirklichen und möglichen Lebens mit sich selbst ausgleicht, zeigt keine jener transcendenten Vorstellungen, an deren dürftigem Phantasiegehalt sich die bisherige Menschheit durchschnittlich genügen liess. Die Wirklichkeitsphilosophie bedarf in der That solcher Phantasmen nicht, um des umfassenderen Lebensgehalts innezuwerden. Wie verbleichen gegen ihre nothwendigen Conceptionen die irren Gemüthsträume einer noch kindischen Welt und die scholastischen Hülsen und Dogmen von der Art der Willkürfreiheit, der Seelenunsterblichkeit und des Götterdaseins! Die Jenseitigkeiten haben keinen Raum mehr, sobald der Geist einmal gelernt hat, das Sein in seiner gleichartigen Universalität zu erfassen. Doppelheit und Entfremdung werden auf diese Weise überwunden, und die Solidarität aller Wesensregung wird nicht blos in der zeitlichen und örtlichen Enge der absehbaren und genauer bekannten Umgebung, sondern auch als Grundgesetz aller Möglichkeiten erkannt. Sogar die entlegensten und darum unbestimmtesten Züge, welche der schweifende Gedanke zu erfassen vermag, ordnen sich diesem solidarischen Zusammenhang unter und tragen so dazu bei, auch den Horizont des Daseins zu einer Bürgschaft der universellen Zusammengehörigkeit zu machen. Das Wichtigste aber bleibt, dass diese Einheit und Einigkeit auch da nicht aufhört, wo das Wechselspiel an einem sich selbst gleichen Zustand seine Grenze hat. Mit diesem Fundamentalbegriff lassen sich nicht nur alle verstandesmässig eingekleideten, sondern auch alle mystischen Phantasien bewältigen; denn bei der fraglichen Grenze entscheidet es sich regelmässig, ob nebelhafte und verworrene Vorstellungen dem menschlichen Verstande beizukommen vermögen. Die Befriedigung aber, nach welcher das menschliche Gemüth verlangt, fehlt auch in der Wirklichkeitsphilosophie nicht und hat hier den Vortheil, nachhaltig zu bleiben, weil sie nicht, wie die erträumten Ausgleichungen, auf den gebrechlichen Grundlagen metaphysischer Erdichtungen ruht.

Die speciellere Hinweisung auf die letzten Gedanken, zu denen die Wirklichkeitsphilosophie über das Ganze der Welt und des Lebens gelangt, war nöthig, um zu zeigen, dass in der neuen Gesellschaft die alten falschen Decorationen, mit denen man gleichsam die Ränder des Seins phantastisch verzierte, nicht nur verschwinden, sondern auch durch eine Anschauungsweise von überlegener Idealität und Erhabenheit ersetzt werden. Die Philosophie in diesem speculativen Sinne dient zur Ergänzung jeder bestimmten Vorstellung eines engeren Lebensbereichs. Praktisch entspricht ihr im menschlichen Wirken die Hingebung an die Gesetze umfassenderer und weiterreichender Lebensformen. Die neue Gesellschaft geht von der Solidarität aller ihrer Glieder aus; — wie sollte sie die noch höhere Solidarität des Weltschicksals verkennen! Die in dieser neuen Gesellschaft herrschende Gesinnung wird in doppelter Richtung dem Gefühl des universellen Zusammenhangs entsprechen. Sie wird sich in der Gemüthshaltung des Einzelnen bekunden, wenn er sich ganz für sich selbst mit dem umfassenden Sein ausgleicht; sie wird sich aber auch mit überlegenen Handlungen bethätigen, wo sie in die Gestaltung des Lebens mit höheren Gesichtspunkten einzugreifen hat. Alle sonstigen Eigenschaften, mit welchen die philosophische Gesinnung ausgestattet sein muss, ergeben sich bereits aus dem veredelten gesellschaftlichen Zusammenhang; aber die erhabene Grösse, mit welcher der Mensch in bestimmten Lagen zur Selbstüberwindung und sogar zur Selbstaufopferung bereit sein wird, kann entweder unmittelbar dem Gefühl und der Leidenschaft, oder nur einer Anschauungsweise entstammen, welche jenen edleren Antrieben durch eine Theilnahme des Bewusstseins an der Universalität alles Lebens entspricht. Wo nun durch die Bildung des allgemeinen Bewusstseins für die Möglichkeit einer solchen Denkweise gesorgt ist, werden auch die übrigen Bestandtheile der philosophischen Charakterhaltung sehr verbreitet sein können. Schon die Institutionen selbst werden ein Zeugniss dafür ablegen, dass die Philosophie nicht etwa über sondern in dem Leben ihre Consequenzen zieht. Man wird die leitende Grundauffassung in den Einrichtungen besser als in gemeinen Monumenten verkörpern, indem man die Communität des Lebens und zwar nicht blos im grob materiellen Sinne zum Grundgesetz erhebt. Auf diese Weise werden Wissenschaft und Philosophie in der allgemeinen Gegenseitigkeit des Verkehrs einen Wirkungskreis haben, der sich zu ihrer heutigen Rolle wie zum Gefängnissdasein das freie Leben verhalten wird.

Schluss.

Studium und Entwicklung der Wirklichkeitsphilosophie.

Die individuelle Gestalt einer neuen Philosophie ist zwar nicht mit dem Gehalt derselben völlig einerlei, aber doch für deren Verbreitung und Entwicklung um so wesentlicher, je mehr sich der veränderte Standpunkt von allen früheren Positionen unterscheidet. Das Studium der von Grund aus eigenthümlichen Ergebnisse und Anschauungsweisen kann zunächst nur im engsten Anschluss an die bestimmte Darstellungsform des neuen Systems einen Erfolg haben, und zwar wird dieser Erfolg um so grösser sein können, je entschiedener schon die ganze Anlage der persönlichen Arbeiten des Urhebers dahin gewirkt hat, die verschiedenen, für die positive Verzweigung der neuen Aufgabe erheblichen Wissenschaften in einer strengeren, dem neuen Geiste entsprechenden Form zu constituiren. In dem Maasse, in welchem letztere Bedingung erfüllt ist, finden sich für die neue Philosophie specialwissenschaftliche Grundlagen und Ausführungen bereits vor, und die vollständige Erfassung sowie die gehörige Vertiefung der systemschaffenden Gedanken ist in vielen Fällen nur dadurch möglich, dass auf die Lösungen der Zweigaufgaben zurückgegangen wird. Das Bedürfniss, für die Orientirung in allen Theilen einer neuen Philosophie einen besondern Leitfaden zu besitzen, wird für das auf ein ernstliches Studium bedachte Publicum um so fühlbarer, je weiter sich diese Philosophie bereits verzweigt und je umfassender sie sich begründet hat. Die Erfahrung hat dies im Falle der Wirklichkeitsphilosophie so entschieden bekundet, dass der vorliegende Cursus, der ja zum Theil auch im Interesse einer Verbindung der sonst noch äusserlich getrennten Lehren entstanden ist, unzulänglich bleiben würde, wenn er keine abschliessenden Angaben für das über ihn hinausgehende Studium enthielte. Die Beantwortung persönlicher und brieflicher Anfragen, welche in diesem Sinne den Mangel mir selbst nur zu häufig fühlbar machten, muss schon aus äusserlichen Gründen ein sehr unzureichender Ersatz bleiben; denn sie kann sich nur auf einen kleinen Kreis erstrecken und nur solche Theilnehmer betreffen, die schon weiter vorgedrungen und bereits entschiedene Anhänger des Systems geworden sind. Sie wird sich überdies nicht systematisch eingehend gestalten können und grade für das nicht zu sorgen vermögen, woran denen, die sich in die Verzweigungen des Systems zum ersten Mal einführen wollen, am meisten gelegen sein muss.

Zu diesem Grunde kommt aber noch ein zweiter, der die gegenwärtige Lage der Philosophie und die Vorbedingungen ihrer Wiederbelebung betrifft. Soll sie als eine Vereinigung von ernster Wissenschaft und entsprechender Gesinnung wieder Boden gewinnen, so kann dies in einer corrumpirten Umgebung nur durch die Stiftung einer engern geistigen Gemeinschaft geschehen. Die Ermöglichung eines solchen Zusammenschlusses ist um so dringender, als das Wirklichkeitssystem nicht nur in alle Lebensverhältnisse eingreift, sondern auch gesellschaftlich eine kämpfende Geistesmacht vorstellt, der die mannichfaltigsten und nicht blos philosophischen Widerstände und Erdrückungsversuche entgegenstehen. Was sich schon bei der ersten persönlichen Führung der Sache während eines Jahrzehnts gezeigt hat, muss sich in erweitertem Umfange für die ganze jüngere Generation ihrer Anhänger bestätigen. Die gewöhnlichen Organe sogenannter Philosophie können, wie im letzten Abschnitt nachgewiesen ist, nur als Hindernisse in Anschlag kommen, und auch übrigens ist die Uebergangsphase zwischen der alten und der neuen Aera der Geschichte in keiner einzigen Beziehung dazu geeignet, das Wirklichkeitssystem anders als im Wege des individuellen geistigen Anschlusses gedeihen zu lassen. So lange es inmitten der alten Gesellschaft seine vorläufige Uebergangswirkung zu üben hat, ist seine Verbreitung und nachhaltige Einwurzelung besondern Bedingungen unterworfen, die mit der Umschaffung der Zustände in Wegfall kommen. Wer in dem kräusen Wirrwar von haltungslosen Meinungen, die aus der Auflösung der alten Vorstellungen als Rückstände übrigbleiben, nicht von falschen Interessen und verkehrten Antrieben zu leiden haben will, muss sein Wissen und Wollen nicht nur fest begrenzen, sondern auch entschieden gegen die Thorheiten der Zersetzungsphase abschliessen. Letzteres ist nun ohne positive Concentrirung auf einen theoretisch und praktisch ausgeführten Gedankenkreis unmöglich. Die Art, sich im Sinne eines solchen leitenden Gedankenkreises mit der Wissenschaft und dem Leben zu befassen, wird nicht blos für die Consequenz des Thuns, sondern auch für diejenige des Denkens entscheidend und so in jeder Hinsicht zu einer den Charakter betreffenden Angelegenheit. Man glaube nicht, sich inmitten des allgemeinen Wankens und Schwankens eine zuverlässige, sich in allen Fällen bewährende, sei es theoretische oder praktische Haltung sichern zu können, wenn man nicht dazu gelangt, die streng wissenschaftlichen Ausgangspunkte der Weltanschauung, der man folgt, zum eigensten Besitz zu machen. Andernfalls wird das System nur zum Theil einleuchten und mehr aus Neigung und aus einem Gefühl für seine Wahrscheinlichkeit, als aus einer klaren Einsicht in die Gesammtheit seiner Gründe angenommen werden. Es ist nun für eine Sache, die so viele Widersacher haben muss, wie eine durchgreifende, nicht blos für eine umgestaltete Weltanschauung sondern auch für eine Lebensumschaffung eintretende Philosophie, äusserst misslich, sich auf die ihr ganz unangemessene Fortpflanzung vermöge des blossen Eindrucks ihrer Physionomie angewiesen zu sehen. Grade weil sie den Verstand als letzte Instanz zur Geltung bringt, muss sie darauf ausblicken, bei ihren Anhängern auch solche Studien anzuregen, von denen die sonst übliche Ueberlieferung blosser Formeln und willkürlicher, aus der metaphysischen Luft gegriffener Sätze billiger und begreiflicher Weise Abstand nimmt. Auch wird nur durch die Einlassung auf solche Studien, die jeder ungediegenen Scheinweisheit gefährlich werden müssen, jene Absonderung gegen das Falsche und jene nähere Zusammenschliessung möglich, durch welche alles den festgestellten Wahrheiten Verwandte leicht angeeignet und zur mannichfaltigen Durchführung des neuen Typus nutzbar gemacht werden kann.

2. Um auch in der Hinweisung auf die Ergänzungsstudien, die der in diesem Cursus dargestellten Philosophie zur Stütze dienen,

die Theile des Systems selbst zur Richtschnur zu nehmen, sei zunächst daran erinnert, dass eine erhebliche Anzahl der schematischen und naturphilosophischen Grundvorstellungen und Hauptergebnisse eine specielle mathematisch mechanische Grundlegung zum Gegenstück hat. Diese Grundlegung, welche am umfassendsten durch meine „Kritische Geschichte der allgemeinen Principien der Mechanik" vertreten ist, verhält sich zu einigen wesentlichen Lehren des eigentlich philosophischen Systems theils als Vorentscheidung bestimmter Fragen, theils als besondere Ausführung. Die Abfassung der genannten Arbeit in ihrer besondern Form als Preisschrift mag immerhin als eine Zufälligkeit gelten; die mehr als ein Jahrzehnt ältere Vorbereitung aber, durch welche die dem fraglichen Gebiet angehörigen Schwierigkeiten erledigt wurden, war eine innere Nothwendigkeit für das philosophische System selbst gewesen. Es hatte sich schon in den noch früheren, auf die philosophische Grundlegung gerichteten Conceptionen, die sich mir bereits im Anfang der zwanziger Lebensjahre bestimmter gestalteten, der Satz fixirt, dass ein wesentlicher Theil der schematischen, die Weltanschauung betreffenden Fragen aus dem Nebelreich der unsicher schweifenden und durch falsche Affecteinmischung beirrten Metaphysik auf den festen Boden der reinen Mathematik und der rationellen Mechanik verlegt werden müsse. Indem man alle Probleme, die in diesem sichern Bereich eine selbstgenugsame Bedeutung haben, ganz ohne die Einmischung anderer Rücksichten und mithin ausschliesslich als kühle Angelegenheiten von mathematischem Charakter formulirt, wird man nicht nur die fälschenden Trübungen gemein metaphysischer Art los, sondern hat auch den Vortheil, die Souverainetät des Denkens an Begriffen und Anschauungen bethätigen zu können, die an sich selbst auch bei den schwierigsten logischen Operationen unzweideutig und evident bleiben.

Es wäre nicht möglich gewesen, die für die Weltanschauung so entscheidenden Begriffe des im Kleinen oder Grossen Unbeschränkten völlig widerspruchslos zu gestalten, wenn nicht anstatt der gewöhnlichen, allesmischenden Metaphysik sofort die mathematische Präcision der Probleme Platz gegriffen hätte. Es wurde hiedurch überdies ein doppelter Erfolg erzielt; denn ausser der philosophischen Frage wurde auch die specialistisch mathematische beantwortet und so dafür gesorgt, dass die Anwendungen des Denkens und Rechnens auf die Natur in dieser wichtigen Beziehung einen völlig sichern

Ausgangspunkt hätten. In einer andern Richtung diente der Gegensatz von reiner Mathematik und von rationeller Mechanik zur Grenzziehung zwischen dem Denken an sich selbst und dem realen erfahrungsmässigen Stoff. Sobald man nämlich den Schritt von den blos gedanklich erzeugten Vorstellungen mathematischer Art zu dem eigentlich Mechanischen thut, befindet man sich im Bereich des Materiellen und kann sich grade auf dieser abstractesten Stufe des empirischen Daseins am besten überzeugen, was strenge Naturgesetze zu bedeuten haben, und wie dieselben bei ihrer Ableitung stets auf erfahrungsmässige Grundthatsachen von eben nicht blos ideellem Charakter zurückgeführt werden müssen. Ferner sind die Ueberlegungen über die Begrenzung der im Universum vorhandenen Materie und mithin über das abgeschlossene System aller Körper unter Voraussetzung einer mechanisch bestimmten Gestaltung der entsprechenden Begriffe weit leichter anzustellen, als wenn man, wie es z. B. Kant in seinen verkünstelten und geschraubten Antinomien that, die Probleme gar nicht auf ihre einfache Gestalt reducirt, sondern in ihrer metaphysisch unklaren Fassung zum Ausgangspunkt einer entsprechend ungenauen Dialektik macht. Die auf die Vergangenheit bezüglichen kosmischen Hypòthesen sind ein weiteres Beispiel dafür, was sich die ältere Metaphysik und speciell diejenige eines Kant in dem schweifenden Genre gestattete, indem sie nicht im Entferntesten an diejenige Art von Bestimmtheit und Strenge dachte, welche in dem positiv wissenschaftlichen Denken über Probleme der Mechanik allein maassgebend ist. Auch das weitere Vordringen zu bestimmteren Ideen über die gegenwärtige kosmische Totalität ist nur dadurch möglich, dass man die Vorstellungen über die Eigenschaften materieller Systeme im Sinne einer Anwendung auf das Universum bearbeitet. Für letzteres giebt es z. B. nur innere und nicht äussere Kräfte, — ein Umstand, aus dem sich wichtige Wahrheiten über die Verfassung des Ganzen ableiten lassen. Doch mögen diese Beispiele und Hinweisungen hier genügen, um an den wesentlichen Zusammenhang des mathematisch mechanischen Denkens mit einer genauen philosophischen Weltauffassung zu erinnern. Die Wirklichkeitsphilosophie hat in rein theoretischer Beziehung von vornherein diesen Ausgangspunkt zu einer ihrer Eigenthümlichkeiten gemacht und ist vornehmlich auf diese Art zur Ausschliessung der älteren Verworrenheiten gelangt. Auch nöthigt sie durch Verlegung des Streits in ein wohlumgrenztes Gebiet unzweideutiger Vorstellungen die gern im Trüben verbleibenden Widersacher entweder zum Verzicht auf jede Einlassung oder zur Anbequemung an die strengere Methode.

Der Nutzen, der sich für das tiefere Studium aus der Aneignung der positiv wissenschaftlichen Denkweise mathematisch mechanischer Art ergiebt, schliesst nicht blos die Gewinnung der bestimmten und genauen Vorstellungen, sondern auch allgemeinere methodische Vortheile ein. Eine ernsthafte Wissenschaftstheorie, d. h. eine Rechenschaft über die Grundlagen und Verfahrungsarten aller Wissensgewinnung, lässt sich gar nicht zureichend aufstellen oder verstehen, wenn nicht die einzelnen positiv entscheidenden Disciplinen die Voraussetzung des in ihr zu Lehrenden und aus ihr zu Lernenden bilden. Am wenigsten lassen sich aber in ihr die exacten Grundlagen in positiver Gestalt entbehren, weil diese letzteren die grösste Tragweite für alle Wirklichkeit haben und den Unterbau für die ganze übrige Gesetzmässigkeit der Dinge und Vorgänge bilden. Aus diesem Grunde lässt sich sogar eine strenge Wissenschaftstheorie Angesichts des heutigen durchschnittlichen Bildungsstandes nur für diejenigen umfassend und ausgiebig bearbeiten, welche wirklich die bestimmten Wissenschaften kennen, deren Verfassung und Methode auseinandergesetzt wird. Da nun die universelle Wissenschaft, auf welche sich die bessere Philosophie stützen soll, die wesentlichen Einzelwissenschaften einschliesst, so ist klar, dass heute die Wissenschaftstheorie fast nur eine Angelegenheit derjenigen sein kann, die sich mit den erforderlichen positiven Studien befassen. Die gewöhnlichen Philosophirer gehören zu letzterem Publicum bekanntlich nicht, und da auch übrigens die Gewohnheit vorherrscht, in der Philosophie etwas zu suchen, was auch ohne streng wissenschaftliche Vorbereitung zugänglich sein soll, so folgt hieraus, dass die Wissenschaftstheorie gegenwärtig noch gezwungen wird, zum Theil eine Stellung ausserhalb der engern Philosophie einzunehmen. Wissenschaftstheorie, Logik und natürliche Dialektik gehören allerdings zusammen und müssen im Rahmen der Wirklichkeitsphilosophie einer einheitlichen Darstellung angehören. Auch ist diese Wissensgattung von mir schon früh unter dem einfachen Titel einer „Natürlichen Dialektik“ in äusserst gedrängter Weise und unter Beschränkung auf die principiell wichtigsten Stoffe dargestellt worden. In einen allgemeinen Cursus gehören aber nur einzelne Lehren dieses Gebiets, welches für heute noch in seinen strengern Theilen eine ähnliche

Absonderung erheischt, wie etwa die mathematisch mechanischen Einsichten selbst. Für die künftige bessere Form des Bildungswissens, wie wir sie in unserm letzten Capitel erörtert haben, fällt natürlich eine solche Trennung hinweg, und auch schon jetzt wird es für diejenigen, welche etwas von jener für die freie Gesellschaft entworfenen Bildungswissenschaft vorwegnehmen wollen, nicht blos erspriesslich sondern sogar unumgänglich sein, sich die speciellen, der strengen Grundlegung dienstbaren Vorkenntnisse anzueignen. In dieser Richtung werden die mathematisch mechanischen Ausgangspunkte das Eindringen in eine allgemeine Wissenschaftstheorie ernster Art erleichtern und so auch die höhere Logik und Dialektik zu einem fruchtbareren Studiengebiet machen, als die Befassung mit logischen Trivialitäten und dialektisch verworrenen Velleitäten bisher abgegeben hat.

3. Wenn es sich in dem rein theoretischen Theil, der in einer rationellen Naturphilosophie gipfelt, hauptsächlich darum handelte, exacte Ausgangspunkte oder Bestätigungen zu gewinnen, so stellt der praktische Theil eine dem gemeinen Herkommen noch weniger entsprechende Forderung. Er setzt nämlich eine Wissenschaft der materiellen Interessen nicht blos insoweit voraus, als dieselbe vor der Wirklichkeitsphilosophie bereits bestand, sondern geht davon aus, dass eine strengere Grundlegung und erhebliche Bereicherung dieses Gebiets erst zugleich mit dem neuen System geschaffen worden sei. Auf diese Weise steigern sich die Anforderungen an das besondere Studium in einem doppelten Maass. Erstens ist es schon ungewöhnlich und auf Deutschem Boden bisher ohne Beispiel, dass sich die Pflege der Philosophie im engern Sinne mit wissenschaftlichen Bemühungen um die Volkswirthschaftslehre gepaart finde. Zweitens genügt die blosse Paarung, wie das Englische, neuerdings hauptsächlich von Stuart Mill gegebene Beispiel zeigt, nicht im Entferntesten, das zu schaffen, woran es auch unvergleichlich bedeutenderen Geistern einer bessern Epoche, wie einem David Hume, ungeachtet ihrer grossen Leistungen in Philosophie und Volkswirthschaftslehre gefehlt und zwar nicht blos wegen des damaligen Entwicklungsstandes der Sache gefehlt hat. Wäre die Theorie der materiellen Interessen für die Philosophie eine äusserliche Angelegenheit, so würde die Verbindung beider Gebiete etwas höchst Gleichgültiges und persönlich Zufälliges sein. Da aber Angesichts der modernen Aufgaben für die fraglichen Fächer ein Zusammenhang

besteht, wie er nicht intimer gedacht werden kann, so darf derjenige, welcher die Wirklichkeitsphilosophie gestalten will, es sicherlich nicht an einer bessern Grundlegung der volkswirthschaftlichen Lehren fehlen lassen. Es ist ihm nicht gestattet, einen einzigen Satz über die Bestrebungen und Schicksale der Gesellschaft aufzustellen, wenn er sich nicht zuvor versichert hat, wie sich sein Gedanke vom Standpunkt der Naturgesetze des Verkehrs und der bleibenden Nothwendigkeiten der öffentlichen Wirthschaft rechtfertigen lasse. Nun wird er bei einer kritischen Umschau in den bisherigen Leistungen der Nationalökonomie finden, dass diese Wissensgattung in ihren besten Gestalten nur Systeme neben Systemen und mehr oder minder nur Einseitigkeiten, wenn auch in einigen Fällen von sehr originaler Art, aufzuweisen hat. Angesichts der einander widersprechenden und aufhebenden Lehren wird er mindestens wählen und sich entscheiden müssen; weit besser wird es sich jedoch für ihn treffen, wenn ihn seine eignen Conceptionen in die Lage versetzt haben, selbst eine Umschaffung der Specialwissenschaft, deren er bedarf, vollziehen zu können.

So vortheilhaft die Erfüllung der eben angegebenen Voraussetzung für die innerlich gleichartige und einheitliche Gestaltung der Philosophie ist, so legt sie doch dem Studirenden die Nöthigung auf, sich nicht blos mit dem bisher überlieferten ökonomischen Wissen, sondern auch speciell mit dem neu gewonnenen zu beschäftigen. In meinem Fall erwächst sogar, genau genommen, eine dreifache Aufgabe. Erstens ist das ältere und herkömmliche Wissen, also die Oekonomie bis auf Ricardo, in der scharfen Fassung und Beleuchtung anzueignen, die sie als historisch oder systematisch berücksichtigter Bestandtheil des neuen Systems gewonnen hat. Zweitens ist eine Einführung in diejenigen Systeme und Stoffe erforderlich, die wie die Deutsch-Amerikanische, durch die Namen List und Carey repräsentirte Volkswirthschaftslehre erst durch meine Würdigung der Sache in den Vordergrund getreten und als neue Anregung vor das Publicum gebracht worden sind. Drittens haben die besondern, theils kritischen theils positiven Sätze und die Vereinigung von Volkswirthschaftslehre und Socialtheorie, zu denen meine historisch und systematisch umfassenden Arbeiten gelangten, insofern einen entscheidenden Anspruch auch auf die Aufmerksamkeit der Theilnehmer an der Wirklichkeitsphilosophie, als grade nur dieses volkswirthschaftliche System als integrirender Bestandtheil der von mir vertretenen Welt- und Lebensanschauung brauchbar ist. Das ökonomisch sociale und das philosophische System bilden hier eine Einheit, wie sie noch niemals angestrebt worden ist, geschweige bestanden hat. Die entlegensten Enden der Betrachtung sind zusammengefasst, indem sich die niedrigsten Grundlagen des Materiellen mit den höchsten Gipfelungen des Idealen zu einer in sich vereinbaren Gesammtanschauung verbunden finden.

Der Geist der Unwirklichkeit, welcher der herkömmlichen Metaphysik anhaftet, unterhält bis auf den heutigen Tag eine Kluft zwischen der engeren Philosophie und den das Leben bewegenden Interessen. Selbst zur volkswirthschaftlichen Bildung alten Stils sind nicht einmal bei den Philosophirern der jüngsten Generation sonderliche Anfänge zu bemerken, und der grossen socialen Bewegung der Gegenwart stehen die Erben der Metaphysik des alten Regime vollends regungslos gegenüber. Nun ist aber in den socialen Ideen des Jahrhunderts mehr Philosophie enthalten, als in all den schwächlichen Befassungen mit Moral und Naturrecht, welche unter de Rubrik eigentlicher Philosophie im 19. Jahrhundert vorgekommen und für das wirkliche Denken der Menschen völlig spurlos geblieben sind. Ein wirklicher Philosoph sein wollen und den socialitären Regungen unserer Epoche fremd bleiben, heisst in der That, etwas durchaus Unmögliches prätendiren und zugleich der Weltweisheit eine metaphysische Winkelexistenz anweisen. Ganz besonders kommt es aber einer auf die Gestaltung des Lebens gerichteten Philosophie zu, die materiellen Wurzeln alles höheren Daseins zu untersuchen. Mögen diejenigen, welche den Menschen anstatt der wahrhaften Wirklichkeit Jenseitigkeitsphantasien darbieten, es auch weiterhin versuchen, die Welt den praktischen Angriffspunkten ihres Schicksals zu entfremden: — das Wirklichkeitssystem wird dieser Spinneweben spotten und sich ganz einfach an den materiellen Zusammenhang alles Lebens halten. Es wird seine Idealität darin finden, die höchste absehbare Entwicklung und Vervollkommnung des Geistes als die Krönung eines Gebäudes anzusehen, von dem zuvor das wirthschaftliche Fundament gelegt sein will. Eine Weisheit, die keine Flucht zu Idolen ausserhalb der Welt kennt, muss innerhalb des einzigen Seins, auf welches sie wirken kann, alle Schichtungen im Aufbau des Lebens zu würdigen wissen und darf auch den niedrigsten Gebilden der gröbsten Interessenmaterialität ihre Aufmerksamkeit nicht vorenthalten. Nur auf diese Weise kann sie sich zur

Vorstellung einer gediegenen Organisation der höchsten Lebensziele erheben und die Art verstehen, wie die Natur die ideale Werthsteigerung des Daseins an die Erfüllung der materiellen Vorbedingungen geknüpft hat.

4. Noch weiter als die Volkswirthschaftslehre im engeren Sinne trägt der eigentliche Socialismus, der da, wo er sich streng wissenschaftlich begründet, zu einem einheitlichen, jene engere Volkswirthschaftslehre erweiternden socialitären System wird. Sogar in dem beschränkteren Kreise der alten Stoffe, wie sie der Oekonomie von gewöhnlicher Begrenzung angehören, reichen die der eigentlichen Socialtheorie ermangelnden Betrachtungsarten nicht aus. Schon das Verständniss der Geschichte und Gegenwart erfordert ein tieferes Eindringen in das Wesen der Gesellschaft, als es die unsocialistische Theorie der Volkswirthschaft zu bewerkstelligen vermochte. Aus diesem Grunde sind schon die gewöhnlichen Gesichtspunkte des modernen Socialismus auch da von Werth gewesen, wo sie noch mit Phantastik und Bizarrerie untermischt waren. Eine Wissenschaft, welche wie die Volkswirthschaftslehre alten Stils nicht einmal das Thatsächliche der Vergangenheit und Gegenwart gehörig zu erklären vermag, wird vollends unzulänglich, sobald es sich um die Gestaltungen der Zukunft handelt. Nun kann die Wirklichkeitsphilosophie weder auf die vollständige Erklärung des Vorhandenen noch auf die Einlassung mit den Antrieben und Principien verzichten, von denen die neuen Gebilde ausgehen sollen. Sie muss also die Socialtheorie im allerweitesten Sinne zu einem Bestandstück ihres eignen Gedankenkreises machen und in dieser Beziehung sogar über die rein materiellen Fragen des bisherigen Socialismus hinausgreifen. Sie wird alle Richtungen des menschlichen Verkehrs und nicht blos die wirthschaftliche Versorgung in der socialitären Weise aufzufassen, theoretisch zu gestalten und praktisch zu behandeln haben. Die Stellung, in welche sie zu den bisherigen theoretischen Begründungsversuchen des Socialismus kommt, ist eine ähnliche, wie diejenige zu den Systemen der engern Volkswirthschaftslehre. Indem das neue System der Socialität alle wissenschaftlichen Erfordernisse der beiden bisher getrennten Gebiete der Volkswirthschaftslehre und des Socialismus in kritischer Gestalt vereinigt, macht es auch eine ungetheilte philosophische Hingebung an die mächtigsten Antriebe des sich entwickelnden Lebens und der ihm gegenwärtig mit der grössten Frische dienstbaren Ideen möglich. Ausserdem ist die Erweiterung

des blos materiellen Socialismus zu einer alle Gestalten des Gemeinlebens durchdringenden Socialität ein entscheidender Fortschritt, durch welchen die älteren, moralischen, naturrechtlichen und politischen Motive erst in ihrer vollen Tragweite zur Geltung kommen.

Eine Philosophie, welche nicht blos Wissen sondern auch Gesinnung fordert, hat offenbar für die socialitären Bestrebungen noch einen andern Maassstab, als die rein theoretische Kritik der Doctrinen. Sie misst das Wollen unmittelbar, indem sie danach fragt, wie weit in ihm der Typus der edleren Menschlichkeit vertreten sei. Aus eben diesem Grunde betrachtet sie aber auch die Theilnahme an der socialitären Grundlegung als eine unerlässliche Verbindlichkeit sittlicher Art. Der erste Anfang dieser Theilnahme besteht nun in der Aneignung der entsprechenden Lehren und vor Allem in der zulänglichen Orientirung über die specialwissenschaftlichen Grundlagen von dem, was in der philosophischen Gesammtdarstellung nur als Ergebniss verwerthet oder stillschweigend vorausgesetzt wird. Durch die Gestalt, welche ich den wirthschaftlich socialitären Lehren in verschiedenen Werken gegeben habe, glaube ich auch den Interessen der unmittelbaren Selbstbelehrung, auf die sich in diesem Gebiet heut allein zählen lässt, immer mehr entgegengekommen zu sein. Worauf es bei der Neubegründung der wirthschaftlichen und socialen Theorien ankam und worauf auch meine sämmtlichen Arbeiten dieser Art gerichtet gewesen sind, lässt sich unter dem Gesammttitel: Kritische Grundlegung und vollständiger Cursus der Volkswirthschaftslehre und des Socialismus — am besten bezeichnen. Nur muss hinzugefügt werden, dass diese Rubrik drei Aufgaben unter sich befasst. Erstens erfordert sie einen systematischen Cursus der Volkswirthschaftslehre überhaupt, alsdann ein System des im weiteren Sinne verstandenen Socialismus und schliesslich eine vereinigte Geschichte beider Gebiete. Dem ersten und letzten Theil dieser Aufgabe ist in besondern Werken zuerst entsprochen und hiebei auch zugleich eine Skizze des materiellen Socialismus eingefügt worden. Wie das erweiterte System der Socialität sich gestalten müsse, lässt sich bereits aus einigen in den vorliegenden Cursus aufgenommenen Grundzügen entnehmen. Meine Kritik der früheren Systeme der Volkswirthschaftslehre und des Socialismus gehört dem besondern Geschichtswerk an, welches über seinen Gegenstand in Deutschland das erste und bisher auch einzige gewesen, sowie auch übrigens unter den andern, in dieser Beziehung entwickelteren Literaturen keines zur Seite hat, welches den gleichen Stoff bis in die neuste Epoche hineinverfolgt und eine ernsthaft kritische Haltung oder gar eine einheitliche Betrachtung der alten wirthschaftlichen und der neuen socialen Lehren aufzuweisen hätte. Die Wissenschaftsgeschichte dieses Gebiets war im Gegentheil schon seit länger als einem Menschenalter so gut wie ungepflegt geblieben und die lesbaren Geschichten der Nationalökonomie stammten noch aus den dreissiger Jahren.

Vieles von dem, was in der Specialwissenschaft, auf deren neusten Stand so eben hingewiesen wurde, dargestellt wird, ist allerdings als fachmässige Ausführung zu betrachten, von welcher derjenige, welcher im Studium der fraglichen Disciplinen ein ausschliesslich philosophisches Interesse verfolgt, immerhin absehen mag. Es würde aber ein Irrthum sein, etwas Aehnliches von den eigenthümlichen Begriffen und Sätzen anzunehmen, die sich sehr weit von der allgemeinen unwissenschaftlichen Denkweise entfernen und zu den subtileren Streitfragen des Faches Veranlassung geben. Mehrfach sind es grade die paradoxen Wahrheiten, auf welche der bei den Lehren der Socialökonomie philosophisch Interessirte am meisten achten muss. Hieher gehört beispielsweise die universell entscheidende Lehre vom Werth, deren Tragweite bis in die Verwirklichung des socialitären Systems reicht und eine gleiche Bedeutung für das Verständniss der alten wie für die Gestaltung der neuen Zustände hat. Ein anderes, unmittelbar socialtheoretisches Beispiel ist der Satz, dass keine Einkunfteart auf die Dauer haltbar oder überhaupt jemals berechtigt sei, welche nicht als eine Gleichwerthigkeit eigner Arbeit nachgewiesen werden kann. Hiezu gehört der Nebensatz, dass die ganze alte Gruppe von Gewinnarten in einer einzigen Grundgestalt, nämlich in dem Bezug des Arbeitswerths aufzugehen habe, und dass hiemit auch das Ablohnungssystem, also kurzweg alle Lohnarbeit verschwinde. Derartige Hauptwahrheiten müssen aus ihren letzten wissenschaftlichen Gründen eingesehen werden, wenn nicht die in der Wirklichkeitsphilosophie gemachten Anwendungen derselben als willkürliche Conceptionen erscheinen sollen. Das gemeine Philosophiren mag sich mit den aufgelesenen Meinungen behelfen, die von den Gelegenheitsansichten der Verhältnisse wie vom Winde zugeführt und auch ebenso wieder entführt werden; — das Wirklichkeitssystem hat mit solchen oberflächlichen Berührungen nichts zu schaffen und wurzelt, wie mit seinen andern Bestandtheilen, so auch mit seinem ökonomisch socialen Inhalt in dem Boden der strengsten und in diesem Falle sogar von ihm selbst gesteigerten Wissenschaftlichkeit.

5. Für das politische und juristische Gebiet liegen den in diesem Cursus ausgesprochenen Grundsätzen die eindringendsten Fachstudien zu Grunde. Man wird daher bei der Aneignung des betreffenden Stoffs davon ausgehen müssen, dass es sich hier nicht um beliebige philosophische Ausführungen moralischer Principien, sondern um die consequente Darstellung der Ergebnisse des juristischen und staatswissenschaftlichen Gebiets gehandelt hat. Mein ursprüngliches Fach war grade die Jurisprudenz und ich habe derselben nicht nur die gewöhnlichen drei Jahre der theoretischen Universitätsvorbereitung, sondern auch während neuer drei Jahre gerichtlicher Praxis noch ein fortgesetztes, besonders auf die Vertiefung ihres wissenschaftlichen Gehalts gerichtetes Studium gewidmet. Meine Ausgangspunkte waren dabei ursprünglich die der historischen Rechtsschule und zwar vorzugsweise diejenigen ihres Romanistischen Kerns. Wenn ich trotzdem zu einer andern Methode und, wenn man es so nennen will, zu einer Wiederaufnahme und Weiterentwicklung der Ueberlieferungen des 18. Jahrhunderts gelangt bin, so muss dies um so mehr dafür zeugen, dass nicht blos die publicistischen sondern auch die privaten Theile des Rechts mit dem ausschliesslichen Historismus nicht abgethan werden können. Auch die strengen Urtheile, welche gelegentlich über die halbwissenschaftliche Verfassung der Rechtskunde und über die in ihr verkörperten Missverhältnisse zum Ausdruck gelangt sind, haben ihren Grund nicht in einer Abneigung, wie sie bei einer Betrachtung von Aussen leicht erklärlich sein und wenig bedeuten würde, sondern in einer specialistischen Vertrautheit mit den tiefer liegenden Uebeln. Auch würde sicherlich die Kritik der Privatrechtsverhältnisse und der entsprechenden juristischen Unzulänglichkeiten nicht mit gleicher Zuversicht haben auftreten können, wenn sie sich nicht bewusst gewesen wäre, überall die Schwächen des Faches ebensogut wie dessen stärkere Seiten zu kennen. Grade da, wo die socialitäre Theorie mit der rein positivistischen Fachansicht in der nackten Darlegung des rein historischen Gehalts der Ueberlieferung einig ist, zeigt sich recht deutlich, wie derjenige Betrieb der Rechtsphilosophie, welchem die specifisch juristischen Kenntnisse mangeln, allenfalls in der allgemeinen Publicistik, aber nicht im engern Rechtsgebiet eine Bedeutung haben könne. Es ist ein Vorzug der juristischen Begriffsfassungen und der ihr

entsprechenden Denkweise, dass die unbestimmte schweifende Art, in welcher die Lebensverhältnisse so oft von den Philosophirern vorgestellt werden, Angesichts der eisernen Nothwendigkeiten der Rechtsbegrenzungen des Verkehrs zur Unmöglichkeit wird. Im Studium der Wirklichkeitsphilosophie hat man daher auf diese strengeren Voraussetzungen des Denkens besonders zu achten und sich namentlich vor der Annahme zu hüten, es sei nur jene gleichgültige Gattung von Moral oder Naturrecht in Frage, die sich anstatt in der Sache, über derselben bewegt und kaum deren Oberfläche streift.

Das Verhältniss der allgemeinen Politik zu den Gestaltungen des wirthschaftlichen Rechts ist in meinem System so entschieden und zugleich so eigenthümlich bestimmt, dass eine besondere Hinweisung hierauf zur Erleichterung des Studiums nicht überflüssig sein dürfte. Die Gestaltung der politischen Beziehungen ist das geschichtlich Fundamentale, und die wirthschaftlichen Abhängigkeiten sind nur eine Wirkung oder ein Specialfall und daher stets Thatsachen zweiter Ordnung. Einige der neueren socialistischen Systeme machen den in die Augen fallenden Schein eines völlig umgekehrten Verhältnisses zum leitenden Princip, indem sie aus den wirthschaftlichen Zuständen die politischen Unterordnungen gleichsam herauswachsen lassen. Nun sind diese Wirkungen der zweiten Ordnung als solche allerdings vorhanden und in der Gegenwart am meisten sichtbar; aber das Primitive muss in der unmittelbar politischen Gewalt und nicht erst in einer indirecten ökonomischen Macht gesucht werden. Auch ist es allein unter dieser Voraussetzung consequent, in erster Linie auf die Umschaffung des politischen Rechts hinzuarbeiten und das ganze wirthschaftliche Recht auch praktisch nur als einen Specialfall der allgemeinen Politik zu behandeln. Für das Verständniss des Zusammenhangs eines folgerichtigen Systems wäre aber die Verwechselung beider Standpunkte, die einander in ihrer äusserlichen Bethätigung und namentlich wegen der gemeinsamen Empfehlung der politischen Action ähnlich sehen, eine arge Hemmung. Für den einen Standpunkt ist nämlich die praktische Betonung der Politik, als des Ausgangspunktes für die sociale Umschaffung, der zugehörigen Theorie gegenüber eine Inconsequenz; für den andern Standpunkt befinden sich nicht nur Theorie und Praxis in vollkommener Einigkeit, sondern es bedeutet für ihn die politische Action weit mehr, als für die entgegengesetzte Vorstellungsart. Die politische Gerechtigkeit hat in unserm System eine unvergleichlich grössere

Tragweite, indem die Erfüllung ihrer Vorbedingungen ganz von selbst die wirthschaftliche Unabhängigkeit im vollsten Maass mit sich bringen muss. In einem ausgeführten System des Socialismus würde sich diese Wahrheit sogar an den Uebergangsgebilden der Rechtsreform darthun lassen; für den Grad von Specialität, mit welchem das System bis jetzt gekennzeichnet ist, können aber auch schon die allgemeineren Folgerungen genügen.

6. Die Lehren über den Werth und die Werthsteigerung des Lebens haben in dem vorliegenden Cursus ihre äusserliche Stellung derartig erhalten, dass man schon hieraus auf die Tragweite der neuen Gesichtspunkte schliessen kann. In theoretischer Beziehung erhält der Gegenstand, der von mir ja auch in einer besondern Schrift „Der Werth des Lebens“ ausführlich behandelt worden ist, erst dann seinen vollen Sinn, wenn er die Völkerexistenz als solche sowie die auf politische und Rechtszustände bezüglichen Voraussetzungen einschliesst. In praktischer Hinsicht hängt aber die fernere Werthsteigerung des Lebens von der Erfüllung neuer socialer Vorbedingungen ab. Das Urtheil über den Lebenswerth gehört daher im Zusammenhang des Systems an diejenige Stelle, bei welcher man bereits eine gehörige Würdigung der bisherigen Geschichte und des entsprechenden Gemeinwesens hinter sich hat und im Begriff steht, zur positiven Kennzeichnung der zukünftigen Gestaltungen überzugehen. Wer bei dem Studium meiner Philosophie auf diesen anscheinend äusserlichen Umstand gehörig achtet und sich die weiteren Folgen davon bei den einzelnen Lehren zum Bewusstsein bringt, wird die antipessimistische Haltung des Systems weit leichter begreifen und sich gegen den gemeinen Individualoptimismus der beschönigenden Art um so besser sichern. Schliesslich wird die Art und Weise, sich mit dem Dasein auseinanderzusetzen, nie einseitig speculativ vor sich gehen dürfen, sondern mit einer praktischen Thätigkeit und entsprechenden Erwartung lebendig zusammenhängen müssen. Zu dem Ganzen gehört eben auch die Zukunft, und wer das Ganze richtig würdigen will, wird die Arbeit der weitertreibenden Geschichte als eine Ergänzung des bisherigen Daseins in gehörigen Anschlag bringen müssen. Diese Nothwendigkeit ist aber schon durch die äussere Stellung angedeutet, die wir unserm die Lebensschätzung behandelnden Abschnitt gegeben haben.

Unter den Werthelementen des Daseins befindet sich auch die Welt- und Lebensanschauung und mithin die Philosophie im gewöhnlichen und höheren Sinne des Worts. Der Werth der Philosophien wird daher nicht blos im Sinne der allgemeinen Studienzwecke, sondern noch weit mehr bezüglich ihrer im vollen Leben befriedigenden Eigenschaften zu bestimmen sein. Ausserdem wird derjenige, welcher ein System zur Richtschnur seiner Studien macht, die Controle seiner eignen Schritte am besten dadurch üben, dass er das, was ihm der neue Standpunkt leistet, mit andern Positionen der Vergangenheit vergleicht. Auch muss er ja überdies lernen, sich gegen die Zumuthungen des Unhaltbaren, die man den geschichtlichen Figuren entlehnt, wehrhaft zu machen. Das eigne System muss sich nicht nur gegen die Vergangenheit begrenzen, sondern auch durch ihre haltbaren Ueberlieferungen verstärken. Diese doppelte Arbeit der Kritik sollte nun für eine universelle Philosophie niemals mehr auf gelegentliche Einstreuungen oder vereinzelte Ausführungen beschränkt bleiben. Die Wirklichkeitsphilosophie hat demgemäss zum ersten Mal den ganzen Weg zurückgelegt und von vornherein als Bestandstück des Systems eine „Kritische Geschichte der Philosophie" geliefert. Bisher hatten sich die wirklich bedeutenden Begründer von Systemen ihrer kritischen Aufgabe nur in jener den Stoff vereinzelnden und zerstreuenden, aber niemals erschöpfenden Art entledigt. Nicht die Systematisirung der Geschichte der Philosophie, sondern die Aufnahme ihrer Kritik in das System war das Wesentliche für die ursprüngliche Conception und muss es auch für ein zweckmässiges Studium sein.

Es wäre nicht möglich gewesen, im vorliegenden Cursus von dem System eine gleich gedrängte Darstellung zu geben, wenn die Kritische Geschichte der Philosophie nicht hätte als Ergänzung in Anschlag gebracht werden können. Die möglichste Trennung des systematischen und geschichtlichen Stoffs ist ohnedies ein Erforderniss der besseren Darstellung, und es kann dem Studirenden die Untermischung einer Systemvorführung mit viel Berichterstattung über vergangene und gegenwärtige Philosophiegebilde nur die Erfassung des Zusammenhangs erschweren. Erinnerungen und Hinweisungen genügen hier vollständig und werden in sparsamer Anzahl dazu dienen, die Beziehung zu der besondern Geschichtsdarstellung sichtbar zu machen. Uebrigens wird aber die Einführung in den historischen Stoff erst das volle Bewusstsein von den Eigenthümlichkeiten der neuen Position mit sich bringen. Hiebei ist nicht zu vergessen, dass in meiner Philosophiegeschichte die Persönlichkeiten entsprechend dem herkömmlichen engeren Begriff von eigentlicher Philosophie behandelt werden mussten, und dass sich daher die dem weiteren Begriff entsprechenden Ergänzungen zum Theil in der Geschichte der mechanischen Principien und zu einem andern Theil in derjenigen der Volkswirthschaftslehre und des Socialismus befinden. Beispielsweise ist eine specielle Kritik des Kantischen Versuchs zu einer rationellen Kosmogonie und des zugehörigen späteren Versuchs einer Metaphysik der Naturmechanik in dem mathematisch mechanischen Werk anzutreffen, während sich die Philosophiegeschichte auf allgemeinere Angaben beschränkt hat, die auch ohne Fachkenntniss des exacten Gebiets für das Verständniss eine Bedeutung haben. Aehnlich hat sich die Behandlungsart auch bei Descartes und überhaupt bei allen für die Naturphilosophie erheblichen Persönlichkeiten gestaltet. Ueber die neuste, specialistisch begründete Naturphilosophie im ernsten Sinne des Worts wird man sogar, wie namentlich bezüglich der Leistungen Robert Mayers, etwas Ausführliches auch über die logischen Grundgedanken allein in dem mechanischen Werk zu suchen haben, welches keineswegs blosse Geschichte, sondern zugleich eine mit der Geschichte fortschreitende, erste und im höheren Sinne des Worts elementare Einführung in den Gehalt der Principien selbst sein wollte.

Für die Theorie des menschlichen Verkehrs und der Gesellschaft haben eigentliche Philosophen, wie Hume und Comte, oft eine so specialistische Rolle gespielt, dass es nach den herkömmlichen Bildungsvoraussetzungen nicht angeht, davon in einer allgemeinen Philosophiegeschichte einen hinreichend fachmässigen Begriff zu geben. Hier ist es mir nun persönlich für die Ziele des zur Durchbrechung jener Schranken bestimmten Systems zu Statten gekommen, dass sich die Wissenschaftsgeschichte, die als solche ausserhalb der eigentlichen Philosophiegeschichte belegen ist, auch in der Richtung auf Wirthschaft und Gesellschaft bearbeitet habe. Wer die moderne Gedankenströmung intimer verstehen will, muss neben den bessern Deutschen Philosophen auch einen St. Simon kennen, und er muss bezüglich der Abirrungen die wüsten Phantastereien eines Schelling mit denen eines Charles Fourier vergleichen. Ueberhaupt bleibt der Inhalt einer allgemeinen Geschichte der Philosophie vorzugsweise metaphysisch und allgemein moralisch, so dass die politischen, socialen und ökonomischen Ideen, zu denen die eigentlichen Philosophen gelangten, nicht gehörig, und noch viel weniger diejenigen, welche von Vertretern besonderer Wissenschaften und Bestrebungen ausgingen, zu ihrem Recht kommen. Diesem Uebelstand ist in meinem Gedanken- und Schriftenkreis in den erheblichsten Richtungen dadurch vorgebeugt, dass die Persönlichkeiten, die mehreren Zweigen des Wissens angehörten, in dem Zusammenhange der verschiedenen Werke jedesmal nach ihrer bezüglichen Eigenthümlichkeit und zwar derartig dargestellt werden, dass unter möglichster Vermeidung von Wiederholungen die specielle Behandlung in dem fachwissenschaftlichen Werk die in der Philosophiegeschichte gegebene allgemeinere Charakteristik ergänzt. Etwas Entsprechendes wie für die Persönlichkeiten, bei denen eine Theilung des Stoffes Platz gegriffen hat, musste auch in rein sachlicher Beziehung zu Gunsten einer gehörigen Ergänzung der Ideen bewerkstelligt werden. In dieser Hinsicht sind die Specialwerke vielfach gradezu als Erweiterungen der allgemeinen Philosophiegeschichte in demselben Sinne zu betrachten, in welchem ja auch das im vorliegenden Cursus zusammengefasste System die Schranken der bisherigen engeren Vorstellungen von der Philosophie durchbricht.

7. Die Wirklichkeitsphilosophie macht in mehreren Richtungen an das Studium grössere Anforderungen, indem sie Gebiete in Frage bringt, welche bisher noch nicht als wesentliche Voraussetzungen der Welt- und Lebensanschauungen gegolten haben. Der förderlichen Mehrarbeit, welche hieraus erwächst, steht aber in andern Richtungen eine so bedeutende Entlastung entgegen, dass schliesslich doch der Vortheil auch äusserlich auf unserer Seite bleibt. Auf dem neuen Standpunkt wird nicht nur viel schaale Logik und alberne oder nebelhafte Metaphysik ausgemerzt, mit deren Hohlheiten und Unklarheiten man sich sonst quälte, sondern es wird überhaupt das Studium anderer Systeme und der unsoliden Zweigdisciplinen, wie namentlich der fictionenreichen Psychologie, auf ein geringstes Maass zurückgeführt. Wie ich schon selbst ziemlich früh die eigentlich philosophische Literatur und zwar zuerst diejenige der Gegenwart bei Seite warf, um die Förderung der eignen Philosophie nur noch in positiven Studien bestimmter Fachwissenschaften zu suchen, so bin ich jetzt sogar der Ansicht, dass auch von vornherein ein annähernd gleiches Verfahren am besten zum Ziele führt. Der Studirende, welcher im Geiste der Wirklichkeitsphilosophie rasch fortschreiten will, wird sich möglichst bald davon zu überzeugen haben, dass er von dem specielleren Inhalt der verschiedenen meta-

physischen Systeme wenig positive Förderung zu erwarten und daher von ihnen nur kritische Notiz zu nehmen hat. Eine unmittelbare Einsichtnahme von den originaleren Hauptcapiteln der geringen Anzahl moderner Hauptphilosophien genügt, um sich die Ergebnisse der kritischen Philosophiegeschichte über das Unnütze einer weiteren Einlassung zu bestätigen und selbst zu begreifen, dass die neue Kritik sehr viel Stoff der alten Art als eine dem natürlichen Studium hinderliche Schädlichkeit kennzeichnen musste. Uebrigens wird aber das erforderliche Wissen von den andern Systemen durch die kritische Geschichte selbst leicht zugänglich, und es wird das, was sonst wegen der an der Oberfläche verbleibenden Aeusserlichkeit und Unzulänglichkeit der Geschichten der Philosophie nur durch umfassendes Lesen der Quellen erreicht werden konnte, mit einer ungleich geringeren Arbeit von vornherein angeeignet. Auch glaube ich sicher zu sein, dass wer einmal den Sinn des Wirklichkeitssystems gefasst und eine Vergleichung der zugehörigen Geschichtsdarstellung mit irgend welchen wichtigen Quellenstücken, also z. B. mit Kants Abschnitt über Raum und Zeit, begonnen hat, sich nicht versucht finden wird, mit dem Specialstudium der Systemunzulänglichkeiten der Vergangenheit und Gegenwart sonderlich viel Zeit zu verlieren. Vollends wird er sich aber hüten, auf die gemeine philosophische Literatur des Tages irgend welchen Werth zu legen, und wird die sonst üblichermaassen an ihr vergeudete Kraft dem Studium des positiven Wissens und der Entwicklung der neuen Denkweise zuwenden.

Zu dem Wegfall des an die Alchymie erinnernden Wustes, der in der herkömmlich beschränkten Art von Philosophie noch immer seine Winkelexistenz conservirt, gesellen sich nun aber noch andere Erleichterungen, die im grössten Maasse denen zu Statten kommen, welche in ihrem Bildungsgang einem äussern Zwange am wenigsten anheimfallen. Indem nämlich unser System das Wissen moderner Art in grösserem Umfange zur Voraussetzung macht, befreit es zugleich von all jenen blos formalen Gelehrsamkeitsaufstutzungen, die von den Anhängern des alten Regime als wirkliche Bildungsmittel und unerlässliche Bestandtheile der höheren Studien ausgegeben werden. Die todte Sprachschulung und überhaupt die sich an die todten Literaturen anknüpfenden Schulkünste werden nicht etwa nur erlassen, sondern gelten in der Wirklichkeitsphilosophie zum Theil sogar als Hindernisse. Wenigstens muss diese letztere Werthschätzung gegen die pedantische Geschraubtheit, wo nicht gar völlige Verschrobenheit derjenigen Manieren platzgreifen, in denen sich diese verrottete Bildungs- oder vielmehr Verbildungsart am anspruchsvollsten ergeht. Alle Bestandtheile der Gesellschaft, welche vermöge des praktischen Berufs, wie namentlich die industriellen Classen, oder in Folge der bisherigen Ausschliessung von den höheren Studien, wie das eigentliche Volk und wie die Frauen aller socialen Schichten, dem Bereich der falschen Schulungskünste ferngeblieben sind, haben besonders Ursache, den directen Weg zur höchsten Bildungsstufe willkommen zu heissen. Die Wirklichkeitsphilosophie befasst sich überall sofort mit den Dingen selbst und verunziert ihre Gestalt nicht mit gelehrten Reliquien in der Manier classischen oder unclassischen Citatenmosaiks. Sie verschont nicht nur die eigne Sprache, sondern auch den eignen Geist mit der ungehörigen Einmischung des fremdartigen Stoffes. Sie hat nicht nöthig, durch gelehrte Form einen materiellen Gedankenmangel zu verdecken, und sie ist daher für alle diejenigen gemacht, welche den gelehrten Schein und den zugehörigen falschen Luxus verachten.

In ähnlicher Weise wie für die freie Gesellschaft die universelle Bildungswissenschaft entworfen wurde, lässt sich auch schon in unserm Uebergangszustande ein Studienplan aufstellen, welcher der Wirklichkeitsphilosophie entspricht. Sein Inhalt lässt sich äusserst einfach angeben, obwohl die Ausführung einige äusserliche Schwierigkeiten mit sich bringt. Ich nehme an, dass Jemand mit einer sehr gewöhnlichen Schulbildung, wie sie z. B. auch den sorgfältiger bedachten Schichten der weiblichen Bevölkerung zu Theil wird, und übrigens mit nichts weiter als mit dem ernsten Bestreben ausgestattet sei, sich die höchste Art der modernen Geistescultur und zwar in ihrer philosophischen Zuspitzung zu eigen zu machen. Ich setze ferner voraus, dass er entweder die Anstalten des alten Regime nicht benutzen kann, weil sie ihm verschlossen sind, oder es nicht mag, weil er dabei zu sehr genöthigt werden würde, sich auf die herkömmliche Belastung mit überflüssiger Gelehrsamkeit einzurichten. In dieser Lage, in welcher die Mittel der Selbstbelehrung und des vereinzelten oder organisirten Privatunterrichts allein zur Verfügung stehen, wird das sofortige Betreten des natürlichsten und kürzesten Weges über die Möglichkeit eines Erfolges entscheiden. Einige Pflege des rechnenden Denkens, verbunden mit der Gewinnung der naturwissenschaftlichen Grundlagen der modernen Weltansicht, wird das Erste sein müssen, woran man zu arbeiten hat. Alsdann wird man zu den gesellschaftlichen und politischen Verhältnissen überzugehen haben, in deren Bereich das Studium nicht eben mit einem zu grossen Umfang echt wissenschaftlicher Begriffe und Sätze, sondern weit mehr mit deren Mangel oder Unzulänglichkeit zu kämpfen hat. Erst nachdem die angegebenen zwei Hauptgebiete einigermaassen durchgearbeitet sind, kann die Wirklichkeitsphilosophie in ihrer ganzen Strenge angeeignet werden. Wie man sieht, ist dieses Bildungsprogramm völlig naturgemäss eingerichtet; denn es kennt nur zwei Hauptgegenstände des positiven Wissensinteresse, nämlich die Natur und die Gesellschaft. Die möglichste Vereinfachung der Ausführung hängt aber von dem Geschick ab, mit welchem die unumgänglichsten Elemente der Mathematik und des Naturwissens sowie der Gesellschaftstheorie ausgewählt und mit einander zu einem System der höheren Vorschulung für die Philosophie und mithin für den reinen Bildungszweck verbunden werden. Die Angabe der Gruppe von Cursen, die bei einer eigentlichen Organisation dem fraglichen Bedürfniss entsprechen würden, gehört nicht hieher; denn solange der Einzelne wesentlich auf sich selbst angewiesen bleibt, wird er sich, was die literarischen Hülfsmittel anbetrifft, von der gewöhnlichen Zurichtung und Auswahl nicht unabhängig machen können. Nur im Grossen und Ganzen wird er die Stoffe im Sinne des sachlich gediegenen Strebens und nach Anleitung allgemeiner Principien wählen können und wird sich übrigens die oft recht unzweckmässige Art, in welcher sich dieselben in den Lehrbüchern behandelt finden, gefallen lassen müssen. Grade für die mathematische und naturwissenschaftliche Vorbereitung wären durchgreifende Gestaltveränderungen der dargebotenen Stoffe und ihres Zusammenhangs nothwendig; aber an diese entscheidende Erleichterung des Vorstudiums könnte nur vermittelst einer systematischen Leitung und Organisation des entsprechenden Privatunterrichts gegangen werden. Die Einführung in die Methoden würde alsdann auch die Selbstthätigkeit in den Stand setzen, in jenem kritischen Geiste den Rahmen der vorbereitenden Studien nach eignem Urtheil weiter auszufüllen. Auf diese Weise würde man von dem Standpunkt der durchschnittlichen Bildung und hinwegschreitend über die Schulkünste des alten Regime zur wissenschaftlich begründeten Welt- und Lebensanschauung und zur vollständigen Beherrschung des Inhalts der Wirklichkeitsphilosophie gelangen. Ich bin überzeugt, dass sich etwas dem angezeigten Auswege Entsprechendes annähernd für den Einzelnen und entschiedener durch die Vereinigung Mehrerer verwirklichen lässt, und dass in einer solchen Regelung der Studien der Keim zu den grössten Schöpfungen zu suchen ist. Freilich bedarf es in dieser Richtung einer Triebkraft, welche von dem philosophischen Charakter und nicht etwa von der blossen Wissens- und Bildungseitelkeit ausgeht. Hierauf ist aber auch die ganze Haltung des neuen Systems angelegt, und es ist daher auch nur in der Ordnung, dass die höchsten Erfolge in der Richtung desselben nur erzielt werden können, wenn auch dessen Gesinnung als treibende und über die äussern Schwierigkeiten forthelfende Kraft bei der Bahnung des neuen Studienweges in Wirksamkeit tritt.

8. Für die Kenntnissnahme von den besondern Lehren des Systems selbst ist von vornherein die Aufmerksamkeit auf die unterscheidenden Eigenthümlichkeiten äusserst wichtig. Nur indem man das kennen lernt, wodurch sich einzelne Bestandtheile eines Gedankenkreises vor jedem andern greifbar auszeichnen, bildet man sich ein Bewusstsein über die besondere philosophische Position und über die Ansatzpunkte weiterer Entwicklungen. Meine Philosophie ist nun, wie sich dies bei den verschiedensten Gelegenheiten gezeigt hat, kein blosses Wissenssystem, sondern vor allen Dingen die Vertretung einer auf die edlere Menschlichkeit gerichteten Gesinnung. Ihr ist das Wollen und Streben, wie es sich in einem wahrhaft philosophischen Leben bethätigt, nichts weniger als gleichgültig, und sie zielt sogar noch auf etwas Höheres, als schon die blosse Wiederbelebung des antiken Philosophencharakters inmitten der Charakterlosigkeit des gegenwärtigen Philosophiebetriebs sein würde. Sie vermag als echten Philosophen höchster Gattung nur denjenigen anzuerkennen, der sich als verantwortlichen Träger eines Berufs fühlt, der über das eigne persönliche Verhalten hinaus unmittelbar die geistige Gestaltung des Menschenschicksals zum Gegenstande hat.

Eine rein theoretische Auffassung, die in jenem Sinne die philosophischen Lehren entwickelte und die früheren Systeme und Persönlichkeiten prüfte, würde an sich nicht viel bedeuten können, wenn sie nicht zugleich durch das Verhalten ihres Vertreters im Leben selbst bewahrheitet würde. Die Wirklichkeitsphilosophie kann auch in dieser Hinsicht nur etwas Wirkliches, nämlich den wirklichen Philosophen, der seine Natur in der Wirklichkeit des Lebens bewährt, zur Voraussetzung haben. Ein System, welches ideell schon von dem Abschluss der Aera der Religionen ausgeht, muss mehr sein als ein blosser Wissenskreis; es muss für die, welche seiner Wahrheit nachdenken und nachleben, einen Sinn erhalten, dessen Wirkungen diejenigen des alten religiösen Enthusiasmus weit hinter sich lassen und mit dieser unmöglich gewordenen Form der universellen Leidenschaft kaum mehr vergleichbar sind. Obwohl ihm der Verstand die letzte Instanz ist, wurzelt ein solches System doch in jenen Affecten besserer Art, welche das menschliche Schicksal zu einem edleren Typus hinbewegen, und es vertraut auf jene Mitleidenschaft, deren Erregung eine wahre und grosse Leidenschaft niemals verfehlt, zumal wenn sie nichts Geringeres ist, als die universelle Leidenschaft für die Veredlung und Würde des gesammten Menschenlebens selbst. Die Kraft und Nachhaltigkeit, mit welcher die Person für eine über ihr Schicksal weit hinausreichende Sache eintritt, lässt sich theils an den Leistungen, theils an den besondern Opfern ermessen, in denen sie ihr äusseres Leben dem höheren Zweck unterordnet. In beiden Beziehungen glaube ich nun, das Meinige gethan zu haben, um zwischen der Philosophie und dem Philosophen keine Kluft zu lassen. Zu den positiven Anstrengungen, deren Beurkundung meine Arbeiten sind, gesellte sich noch eine besondere Steigerung der Hindernisse, die mir das äussere Leben entgegensetzte. Mit einem blossen Verzicht auf die Vortheile des äusserlich besser situirten Daseins war es nicht gethan. Die Aufgabe, die sich mir stellte, bestand darin, zugleich für die allgemeine Sache und für meine materielle Existenz und zwar unter den denkbar ungünstigsten Verhältnissen Sorge zu tragen. Ohne Augen, ohne Vermögen, ohne Amt, ohne Freunde, aber wohl nach den ersten öffentlichen Regungen meines Geistes schon mit versteckt agirenden Neidern hinreichend gesegnet, habe ich nunmehr bis in die vierziger Lebensjahre jener doppelten Schwierigkeit die Stirn geboten. Die Universitätszunft (und zwar sie allein und nicht etwa die ursprünglich ganz indifferente Regierung) hat mich durch Verurtheilung zur äusserlich und materiell bedeutungslosen, unbesoldeten und bereits zwölfjährigen Privatdocentenschaft zu nullificiren geglaubt, aber dabei übersehen, dass ausnahmsweise auch einmal ein kleiner und schlechter Rahmen durch ein Bild von Bedeutung in sehr überraschender Weise ausgefüllt werden kann. Nicht nur der umfassende Wirkungskreis, zu dem ich unter den Studirenden trotz aller Hemmungen gelangt bin, sondern auch der seltene Umstand, dass ich der Function als

Privatdocent aus Zuhörerhonoraren einen erheblichen Theil meiner, allerdings sehr eingeschränkten materiellen Existenz abgewonnen habe, zeugt dafür, dass mit der Opferwilligkeit, deren Stärke im Verzichten liegt, auch positive Energie praktischer Art verbunden gewesen ist. Wie die letztere auch in andern Richtungen nur zuviel Gelegenheit erhielt, sich im Kampfe mit dem Leben vielgestaltig zu bewähren, mag man aus der Thatsache ermessen, dass ich für meinen und meiner Familie Unterhalt bis auf den heutigen Tag keine andern Hülfsquellen als einzig meine Arbeitskraft zur Verfügung gehabt und dennoch meine materielle Oekonomie um nichts weniger streng und vorbedacht geordnet habe, als die geistige Composition meiner Werke.

Wenn ehrliche Arbeit literarischer Art sich vermöge dieser Eigenschaft Bahn bräche oder gar ohne Weiteres zu einigem Erwerb führte, so wäre meine Lage von vornherein eine recht gute gewesen. Indessen werden die Fähigkeiten, die von dem Dienst der Wahrheit und Gerechtigkeit nicht abweichen wollen, in dem corrumpirten Verkehr als Dinge angesehen, für welche das Gegentheil eine bessere Zugabe zu den mehr gleichgültigen Arbeitsleistungen sein würde. Wo es daher Regel ist, dass eine existenzfristende Thätigkeit nur unter Ergebung in die Corruption und bisweilen nur durch die Unterwerfung unter die aufgezwungene Theilnahme an derselben geübt werden kann, wie dies nicht blos in der periodischen Presse, sondern auch wegen der auf den buchhändlerischen Verlag einwirkenden Coterieeinflüsse vielfach sonst zutrifft, da lässt sich die Aufgabe, von der eignen Arbeit zu leben und zugleich der Sache, für die man lebt, nichts zu vergeben, nur ausnahmsweise und durch die mannichfaltigsten Wendungen leidlich lösen. Von jenem Anfang, bei welchem ich nach Verlegern für meine Werke vergebens suchte, bis zu der Zeit, wo die Verleger mich zu suchen anfingen, verstrich eine Reihe von Jahren, von denen ich einen Theil für die Publicationen rein verloren hatte. Diesen Hemmungen und Verspätungen meiner Schriftstellerlaufbahn, in der ich erst mit den dreissiger Lebensjahren zu Veröffentlichungen gelangte, folgten nachher noch wiederholte Erstickungs- und Erdrückungsversuche, die theils, wie namentlich in volkswirthschaftlicher Beziehung, von eigentlichen Parteicoterien, theils von universitären Elementen ausgingen. Wenn ich nun trotzdem, dass man mir das Leben gründlich missgönnte und nach Kräften abzuschneiden suchte, dennoch nicht abgetreten bin und nicht nur noch existire, sondern auch meine Sache nachdrücklicher als je zuvor vertrete, so habe ich dieses Ergebniss eben jener Triebkraft zu verdanken, aus der auch die grossen, mich selbst aufrecht erhaltenden Gedanken meiner Philosophie stammen, — einer Triebkraft, die mich befähigt hat, zugleich der materiellen Noth des Lebens mit vielfachen Wendungen zu begegnen und dennoch mit allen Vorkehrungen dieser Art die Förderung meiner höchsten geistigen Ziele zu verbinden. Die Aufopferung meiner materiellen Lebensinteressen, zu der ich für meine Philosophie genöthigt gewesen bin, mag sich vielleicht durch irgend welche Zufälle noch steigern; aber was meine geistige Lebensangelegenheit anbetrifft, so ist die Zeit vorüber, in welcher ihr die universitären und andere Coterieintriguen das Dasein noch streitig machen konnten. Sie ist dem Publicum allen Verschweigungs- und Fernhaltungsversuchen zum Trotz bekannt geworden, und mehr bedurfte es nicht, um ihr das Leben zu sichern. Aber sie lebt nicht nur, sondern wächst auch und pflanzt sich fort. Sie ergreift mit dem ihr zu Grunde liegenden Wollen die verwandten Elemente und bewährt auch Draussen die Macht jener Leidenschaft für das menschlich Grosse und Edle, von der sie im Innern ihres ursprünglichen Vertreters zunächst einsam getragen gewesen war.

9. Im Zusammenhang grosser Gedanken die elenden Ränke beschränkter und niedrig denkender Naturen zu berühren, kostet stets einige Ueberwindung. Im Persönlichen kann jedoch diese Art von Contrast einzig und allein den vollen Einblick in die weit und tief gähnende Kluft gewähren, die zwischen dem wirklichen Philosophen auf der einen und dem wohlbezahlten und gelegentlich noch mit besonderer philosophastrischer Tartüfferie betriebenen Handwerk auf der andern Seite glücklicherweise für immer unausfüllbar bleibt. Als ich, noch nicht mit dem ganzen Umfang der Universitätsmisere vertraut, mich im Jahre 1866, nach dreijähriger philosophischer Privatdocentenschaft in Berlin, um eine dort eben vacante ordentliche Professur der Philosophie bewarb, gab der in der Sache thatsächlich allein entscheidende und auch sonst in der Facultät tonangebende Philosophieprofessor Adolph Trendelenburg gegen mich die Parole aus, die Stelle müsse mit einem „wirklichen Philosophen“ und nicht mit einem „Cameralisten“, wie ich es sei, besetzt werden. Ein Wirklicher Geheimrath, dessen Wirklichkeit nicht in Frage gestellt werden konnte, theilte mir selbst diese Wirklichkeitsleugnung so unbefangen mit, als wenn auch ich gar nicht daran zweifeln könnte.

Der Verfasser der „Natürlichen Dialektik" und des „Werths des Lebens" sollte durchaus ein „Cameralist" und kein „wirklicher Philosoph" sein. Der Humor davon war an sich köstlich; nur ging ihm leider etwas so Widerwärtiges zur Seite, dass die Komik nicht zu ihrem Recht gelangt, sondern gegen das platt Gemeine der Sache zurücktreten muss. Herr Trendelenburg hat nämlich seine Verfahrungsart gegen mich stets mit einem Anschein von wohlwollender Fürsorge auszustatten gewusst und hierin ursprünglich sogar mich selbst getäuscht. Auf sein Betreiben wurde ich für unfähig erklärt, eine ordentliche Professur zu bekleiden, weil ich nicht selbst lese und schreibe und daher die Amtsgeheimnisse der Facultät nicht bewahren könne. Um aber von seinem ausserordentlichen Wohlwollen gegen mich Zeugniss abzulegen, liess er ohne mein Wissen die Facultät bei dem Ministerium für mich anstatt der Professur ein Jahrgehalt aus königlichen Dispositionsfonds in Vorschlag bringen. Erst von dem Minister, der die Sache bereits in Gang gebracht hatte, erfuhr ich Bestimmtes und lehnte als „wirklicher Philosoph" in demselben Augenblick die zugedachte „Gnade" ab. Die ganze Unwürdigkeit dieser Trendelenburgschen Manipulation zeigt sich aber erst in ihrem vollen Licht, wenn man erwägt, dass ich ausdrücklich zu einer ausserordentlichen Professur, die kein Amtsgeheimniss erfordere, fähig sein, aber dennoch vorläufig nicht dazu befördert werden solle, um meine Ansichten inzwischen „reifen" zu lassen, und weil zu bezweifeln sei, dass ich mich an der Universität auch weiterhin mit Zuhörern würde behaupten können. Auch gesellte sich zu dem Antrage des Jahrgehalts das Ansuchen an das Ministerium, doch in keinem Falle die Universitätsfonds zu meinen Gunsten zu belasten, sondern für meinen Fall eben die „Gnade Sr. Majestät des Königs" in Anspruch zu nehmen. Mit diesen Universitätsfonds waren zum Theil die Remunerationsgelder gemeint, die an Privatdocenten ganz unregelmässig und beliebig auf Vorschlag der Facultät nach Gunst und ziemlich ohne Rücksicht auf Leistung und Bedürfniss zur Vertheilung gelangen, aber als Zeichen der Anerkennung von Bemühungen und nicht etwa als Almosen gelten sollen. Ich hatte damals, Dank Herrn Trendelenburg, nicht einmal die Kenntniss von der Existenz solcher Gelder, muss aber, da es der Zusammenhang der miserablen Sache einmal mit sich bringt, bemerken, dass ich ohne mein Zuthun später vier Mal mit einer Remuneration von ein Hundert Thalern bedacht worden bin, was für meine zwölfjährige Docentenschaft noch nicht drei Thaler monatlich austrägt und bei einer Thätigkeit, die in der Stundenzahl der Vorlesungen über die durchschnittliche Leistung der hochbesoldetsten Professoren hinausgeht, noch hinter dem niedrigsten Satz zurückbleibt, mit welchem die Stadt Berlin ihre Armen unterstützt.

In engerer Weise waren ausser Herrn Trendelenburg bei dem gekennzeichneten Versuch, meine Professurbewerbung mit meiner Ausschliessung von den Universitätsfonds und meiner Empfehlung zur „Gnade" zu beantworten, in zweiter Linie noch die Herrn Haupt, Magnus und Hanssen betheiligt. Das Ministerium legte, wie ich mich selbst persönlich überzeugt habe, den Hauptton auf den „Cameralisten", da zufällig der Vorgänger, ein Herr Henning, auch schon ein „Cameralist" gewesen sein sollte, und es sich nun darum handle, die Professur wieder mit einem „wirklichen Philosophen" zu besetzen. Auf das „Amtsgeheimniss" schien von dieser Seite kein Gewicht gelegt zu werden.

Da nach ein paar Jahren die Facultät in der vorher angegebenen Weise meine Ausschliessung von den Universitätsfonds ohne mein Zuthun durch die That selbst widerrief und ich ausserdem Gründe hatte, anzunehmen, dass sie, wie in jenem Punkt, so auch in demjenigen des „Amtsgeheimnisses" nicht unwandelbaren Ansichten huldigte, so liess ich es bei zwei andern Vacanzen wenigstens nicht an den erforderlichen paar formellen Bewerbungszeilen fehlen. Zunächst war es eine nationalökonomische Professur, in welcher der „Cameralist" doch wohl am Platze war, und alsdann wieder eine philosophische, für welche das Zeugniss der „Reife" nach neunjähriger erprobter Docentenschaft und im vierzigsten Lebensjahre auch nicht zu früh reif gewesen wäre. Wie es in diesen Fällen unter dem Schleier des Amtsgeheimnisses zugegangen oder nicht zugegangen, darum mich noch besonders zu bekümmern, habe ich nicht die geringste Neigung gehabt. Ueber die universitären Merkmale der „Reife" aber hatte ich inzwischen hinreichende Studien nicht blos von grösster philosophischer Allgemeinheit, sondern auch von intimster Specialität gemacht. Meine schliesslichen Ergebnisse, die in diesem Buch bereits bei der Kennzeichnung der Universitäten berührt wurden, sind sehr einfach; die Zeitpunkte der Reife variiren; bei Professorsöhnen tritt sie sehr früh und oft Anfangs der Zwanziger und ohne Zuhörer ein; bei Schwiegersöhnen datirt sie, ebenfalls unabhängig von Zuhörern, je nach den Verhältnissen, bald schon in besonderer Avance und gleichsam vorschussweise vor der Heirath, oder aber, ohne Dazwischenkunft von Credit, mit der Heirath als vollendeter Thatsache, oder in gelegentlicher Entwicklung nach derselben. Zu den leiblich creatürlichen Beziehungen, auf deren zünftige Gesetze ich eben hingewiesen habe, kommt nun das ebenbürtige Reich der geistig creatürlichen, bei denen untergeordnete und sich leicht unterordnende Unreife am besten geeignet ist, als Reife zur Beförderung anerkannt zu werden. Der „wirkliche Philosoph" reift aber nie, sondern bleibt, wie die Geschichte der neuern Jahrhunderte und speciell auch meine „Geschichte" lehrt, eine der Regel nach für die Universitäten ungeniessbare Frucht. Je mehr er seinem Ideal entspricht und die Philosophie als Angelegenheit des allgemeinen Lebens erfasst, um so grösser wird die Kluft sein, die ihn von dem niedrigen Gebahren der Zünftler trennt.

10. Sokrates, Bruno, Spinoza, Comte und Feuerbach haben jeder in seiner Art aus der Philosophie eine wirkliche Lebensangelegenheit gemacht und den äussern Umständen gegenüber in der einen oder andern Form eine aufopfernde oder resignirende Haltung bis zum Ende bewährt. In der neusten Zeit ist an die Stelle des mit dem Tode zahlenden Märtyrerthums eine andere, lange währende Einsetzung und Hingebung des Lebens getreten. Wenigstens ist in Sachen derjenigen Philosophien, bei denen nicht zugleich eine unmittelbar praktische Politik in Frage kommt, die moderne Verfolgungsart eine indirectere und weniger scheinbare geworden. Hieraus folgt aber nicht, dass ein solcher, in der Bethätigungsart für das Publicum oft kaum wahrnehmbarer Druck der indirecten, namentlich die materielle Existenz zum Angriffspunkt wählenden Verfolgungskünste auch darum thatsächlich eine geringere Last sein müsste. Ueberdies spitzt sich ja auch die moderne Lebensanschauung im Innersten der Philosophie selbst immer mehr politisch zu, und es wäre nicht unmöglich, dass auch in der Politik eine der alten Religionswuth entsprechende Praxis umsichgriffe und, ganz abgesehen von den Handlungen, die Ansichten an sich selbst und sogar in ihrer wissenschaftlichsten Ausdrucksweise zu Vergehungen stempelte. Auch ohnedies sind ja heute die politischen Verfolgungen für unsere Epoche so ziemlich dasselbe, was sonst die religiösen waren. Eine ernsthafte Philosophie, die sich nicht auf eine unsociale Winkelexistenz beschränken lassen will, hat daher auch heute alle Chancen ins Auge zu fassen und dürfte in der Folgezeit grade durch ihre

Verbindung mit dem Leben immer mehr in die Lage kommen, auch directen Verfolgungen ausgesetzt zu sein. Ja es möchte auch schon jetzt als ein Erkennungsmerkmal fruchtbarer und tief eingreifender Lebenswahrheiten gelten können, dass sie überall da, wo sie sich gesellschaftlich verbreiten oder gar ihre Mittheilung und Fortpflanzung social organisiren, nicht mehr als politische Gleichgültigkeiten angesehen werden. Eine philosophische Gesinnung, die nicht bis zu den Schicksalen des Gemeinlebens reichte, wäre keine, und so mögen denn diejenigen, welche sich mit dem zu der neuen geistigen Position gehörigen Wissen und Wollen vertraut machen, stets eingedenk bleiben, dass sie nur die Oberfläche der Gedanken streifen werden, wenn sie sich nicht in die Beweggründe ihrer Entstehung versetzen und bis zu den Wurzeln der philosophischen Leidenschaft selbst vordringen.

Mit dem blossen Studium, welches zu einer Kenntniss des Systems führt, ist erst ein Theil der Aufgabe erledigt. Der höheren Anforderung der Wirklichkeitsphilosophie wird erst dadurch entsprochen, dass ihre theoretischen und praktischen Motive in freier und lebendiger Weise aufgenommen, weiter bethätigt und, wo Kraft und Gelegenheit es gestatten, auch weiter entwickelt werden. Was zunächst die allgemeine Bethätigung der zu Grunde liegenden Antriebe betrifft, so muss sie vor allen Dingen darin bestehen, diese Antriebe weiter zu übertragen und die sich so bildende Gruppe zu engerem Geistesverkehr zu vereinigen. Als wirksame Macht kann die Philosophie nur dann in die breitere Wirklichkeit eingreifen, wenn an die Stelle der individuellen Vereinzelung, derzufolge sie in jedem Kopf für sich existirt, mindestens der engere und fortdauernde literarische Verkehr tritt. Wie sich die Grundsätze des freien Geistes und der freien Gesellschaft den Zuständen der Gegenwart anpassen und nicht nur ihre Fortpflanzung, sondern auch theilweise eine Bethätigung im heutigen Leben sichern mögen, wird in breiterer Anwendung erst die Angelegenheit eines mehr entwickelten Zusammenwirkens der Kräfte sein.

Die innere Entwicklung, vermöge deren die Wirklichkeitsphilosophie ihre theoretische Thätigkeit noch weiter zu specialisiren oder auf neue Gebiete zu übertragen haben wird, ist am meisten auf die richtige Würdigung ihrer Eigenthümlichkeiten angewiesen. Sie ist eine Angelegenheit, deren Förderung davon abhängen wird, wie viel an Talent, Geschick und Charakter den einzelnen Verzweigungen des Wissens und Wollens zu Hülfe kommt. Die Einwirkung aut die besondern Wissenschaften kann in Rücksicht auf charaktervolle und kritische Behandlung sowie vermöge der Durchdringung der Specialgebiete mit den positiven Antrieben des neuen Geistes eine sehr heilsame werden. Haben doch Philosophien, die, wie die Kantische, ein nicht ganz gewöhnliches Maass von Ehrlichkeit und Solidität für sich hatten, ungeachtet ihrer metaphysisch ablenkenden Fehlgriffe dennoch auf die verschiedensten positiven Wissenschaften einen wohlthätigen Einfluss geübt! Wie sollte die strenge Haltung, welche von dem neuen System in theoretischer und praktischer Beziehung gefordert wird, nicht da, wo sie auch in den Einzelwissenschaften zur Geltung kommt, noch weit mehr im Sinne gediegener Forschung, klarer Auseinandersetzung und ehrlicher Darstellung wirken? Die Corruption vieler Specialwissenschaften ist gegenwärtig und nicht etwa blos durch die Schuld schlechter Philosophien, sondern auch vermöge des eignen specifischen Herunterkommens in einem solchen Umfang vorhanden, dass nur eine grundsätzliche und charaktervolle Aufrichtung des Verstandes und des Wahrheitssinnes einige Besserung mit sich bringen kann. Gute Philosophien haben erfahrungsmässig ihre Anziehungskraft immer auf entsprechende Charaktere geübt und so bessere, mit belebenden Antrieben und verlässlichen Gesichtspunkten ausgestattete Bearbeiter der besondern Wissenschaften gebildet.

11. Ein Theil der einzelnen Eigenthümlichkeiten, die sich aus unserm Gedankenkreise hervorheben und kurz bezeichnen lassen, steht in der unmittelbarsten Beziehung zu der leitenden Gesinnung. So ist z. B. eine bis an die Wurzeln der Vorgänge reichende und sich in der Anwendung auf das Leben bewährende Gerechtigkeitstheorie nur da ein ernsthaftes Bedürfniss, wo ein gerechtes Wollen vorhanden ist und sich beunruhigt finden würde, solange ihm nicht eine feste Naturgarantie gegen das Unrecht und eine ideelle, sich gegen die Verletzungen empörende Gesetzmässigkeit der menschlichen Regungen einleuchtete. Unsere Erklärung des Wesens der Rache hat nun hier auf das Gebiet der moralischen und juristischen Gerechtigkeit ein unerwartetes Licht fallen lassen; aber auch diese Lehre vom Ressentiment und von den Gerechtigkeitsfunctionen der Rache wäre niemals aufgestellt worden, wenn nicht ein lebendiges Rechtsgefühl und gleichsam die Leidenschaft für das Gerechte den Sinn für das Naturwahre geschärft und von den gemeinen Vorur-

theilen losgerissen hätte. Nur aus den Tiefen der Leidenschaft, welche sich gegen die Verletzungen empört, hat jene weittragende Einsicht gewonnen werden können, und nur durch diesen Ursprung ist auch die Naturgewalt verbürgt, mit welcher sich künftig ihre Wirkungen in speciellere Ideen und entsprechende Thaten übersetzen werden. Die Gerechtigkeitsordnung zeigt sich nach dieser äusserst ernsthaften Theorie als eine sehr nachdrückliche Wirklichkeit, wenn auch eben nicht als alle Wirklichkeit. Ihr stehen die niedern Stufen eines verletzenden Mechanismus entgegen, dessen rohe Gewalt aber im Laufe der Zukunftsgeschichte immer mehr gebändigt werden muss. Nun frage ich, ob eine solche Anschauungsweise wohl unabhängig von der Gesinnung erzeugt werden kann. Die bisherige Erfahrung hat wenigstens gelehrt, wie das moralisch oder juristisch scholastische Theoretisiren eher zu allem Andern, als zu einer wirklichen, d. h. die Probe der Wirklichkeit aushaltenden Gerechtigkeitslehre gelangt ist.

Um zu dem Beispiel des praktischen Gebiets eines hinzuzufügen, welches gleichsam am andern Ende der Gedankenreihe gelegen ist und deshalb unmittelbar gar nichts mit dem persönlichen Charakter zu thun zu haben scheint, — um also durch die Kluft und den Contrast selbst zu beweisen, wie weit der Einfluss der Gesinnung in die abstractesten Elemente der Wissenschaft hineinreiche, so sei darauf aufmerksam gemacht, dass sogar die logische Lehre über das Unwesen der Unendlichkeit dem einfachen Wahrhaftigkeitssinn und mithin einem moralischen Antrieb ihre Entstehung zu verdanken gehabt hat. Was sonst für den Verstand nur ein Widerspruch zu sein pflegt, hatte sich mir schon früh in der widerwärtigen Gestalt einer von den gemeinen Naturen verhehlten und beschönigten Unklarheit gezeigt. Die zwitterhaften und gleichsam doppelzüngigen Begriffe, die auf dem Boden der strengsten aller positiven Wissenschaften ihr Unwesen conservirten, hatten mich schon in der frühesten Jugend und zwar nicht etwa blos logisch, sondern auch ästhetisch und moralisch beunruhigt. Es war mir damals unerklärlich, wie man derartige Ungeheuerlichkeiten grade in der Mathematik habe so lange hegen und pflegen können, und wie man überdies gegen die Beseitigungsversuche, die ganz vereinzelt von bedeutenden Geistern unternommen worden waren, auch fernerhin so gleichgültig blieb. Die Schlaffheit, mit der man das Absurde duldete, oder gar der Trug, mit dem man es versteckte, wurden jedoch bald die besten Fingerzeige, zur wahren Charakteristik des Uebels, und auch jetzt sehe ich in dem fraglichen Begriffsunwesen neben der Verstandesverlegenheit, welcher durch die neue Theorie nunmehr abgeholfen ist, die Bethätigung einer für die wissenschaftliche Gesinnung nicht eben ehrenvollen Haltung oder vielmehr Haltungslosigkeit. Sachliche Wahrheit ist nicht immer sofort zu haben; aber Wahrhaftigkeit und ehrliche Darlegung von dem, was man weiss und nicht weiss, steht in eines Jeden Macht und hängt eben nur vom redlichen Willen ab. Wäre in dieser Hinsicht dem einfachen moralischen Erforderniss mehr genügt worden, so würde die Lösung für viele Fragen längst gefunden sein; denn man hätte alsdann die Mängel nicht vertuscht und so künstlich die Anregung gemindert, welche die bessern Geister anspornen konnte, sich um Auswege aus den Verwicklungen oder Widersprüchen zu bemühen. Könnte ich hier in das Besondere der Wissenschaftstheorie und Logik eingehen, so würde ich an einer Anzahl von eigenthümlichen Lehren meiner „Natürlichen Dialektik" nachweisen, dass der ersten persönlichen Conception jener Wahrheiten Antriebe zu Grunde gelegen haben, an denen die Gesinnung und der Charakter keinen unbedeutenden Antheil hatten.

12. Obwohl die beispielsartige Aufzählung von besondern Aufstellungen, vermöge deren sich ein philosophischer Gedankenkreis von andern greifbar unterscheidet, den subtileren Zusammenhang des Ganzen mit Markirungen vereinzelter originaler Züge unterbricht, so kann eine derartige Hervorhebung doch ausserordentlich zur Erleichterung des Studiums dienen und namentlich für die erste äussere Orientirung sehr nützlich werden. In diesem Sinne erinnere ich schliesslich an eine Reihe von Gesichtspunkten und Sätzen, die dem vorliegenden Cursus eigenthümlich angehören und, abgesehen von den, noch in der „Natürlichen Dialektik" und in der „Geschichte der Philosophie" enthaltenen neuen Feststellungen, für den systematisch wesentlichen Theil der als eigne Hervorbringungen in Anspruch zu nehmenden Gedanken charakteristische Proben liefern. Die schon oben zur Sprache gekommenen Eigenthümlichkeiten werden hiebei nicht wiederholt, wie denn überhaupt diese ganze Erinnerung, auch schon ihrer äusserlichen Anknüpfungspunkte wegen, nicht selbst eine systematische Form haben kann. Zunächst ist darauf zu achten, dass wir die Metaphysik durch eine Schematik ersetzt und so, ohne der Tiefe des Gedankens etwas zu vergeben, die Grundgestalten des

Seins sicher festgestellt und klar abgegrenzt haben. Hiebei ist die Bedeutung des Wissens in der neuen Philosophie von vornherein als völlig souverain und als allgemeingültig für die kosmische Welt dargelegt worden, so dass wohl eine weiter reichende Erkenntniss, aber kein Verstand von einer von Grund aus andern Einrichtung denkbar blieb. Ja sogar die Elemente der Empfindung und Wahrnehmung konnten als für den ganzen Kosmos in allen Wesen übereinstimmend gekennzeichnet werden. Zur nähern Bestimmung der Weltvorstellung und besonders zur Beseitigung der sich in das Unendliche verlierenden Wüstheit hat das „Gesetz der bestimmten Anzahl" den entscheidenden Dienst geleistet. Erst mit seiner Hülfe gewannen die Vorstellungen von der zeitlichen und räumlichen Unendlichkeit eine widerspruchslose Gestalt und wurde die unausweichliche Nothwendigkeit erkannt, das rhythmische Wechselspiel von realen Acten in der Zeit nach rückwärts und die Anzahl der Körper im Raume überhaupt zu begrenzen. Als einzig verlässliche Bürgschaft alles Wirklichen und seines Zusammenhangs ergab sich uns der „Leitfaden der Materialität", ohne den auch vom Geistigen zum Geistigen der Weg nicht zu finden ist. Die wissenschaftliche Unfruchtbarkeit des Zweckbegriffs ist zum ersten Mal auf ihren wahren Grund zurückgeführt worden, indem gezeigt wurde, dass causale Gesetze auch durch die Auffindung wirklicher Zwecke nicht gewonnen werden können. Zugleich ist aber auch die völlig objective Bedeutung der in der Natur thätigen Triebe und thatsächlich nachweisbaren Beziehungen der Zweckmässigkeit und Unzweckmässigkeit gegen die sich selbst überschlagende und sich dabei um den Verstand bringende Zweifelsucht zu wahren gewesen. Unter den specielleren naturphilosophischen Lehren ist diejenige hervorzuheben, welche den Begriff der Composition an die Stelle der schweifenden und unklaren Vorstellung von der Metamorphose setzt und hiedurch erst eine rationelle Vorstellungsart von dem Wesen der Entwicklung ermöglicht. Die hiezu gehörige neue Kritik des Darwinismus, dessen specifische und unhaltbare Elemente scharf von dem berechtigten System Lamarcks unterschieden werden, erstreckt sich auch auf die individuelle Einzigkeit des für alle Abstammungen vorausgesetzten Individualkörpers.

Aus der Bewusstseinslehre seien, da es sich hier nicht um Vollständigkeit, sondern nur um Beispiele handeln kann, nur zwei Hauptsätze hervorgehoben, nämlich der von der mechanischen Grundform aller Sinnesthätigkeit und derjenige von der Oekonomie der Natur in den fälschlich gebrandmarkten Affecten. Die naturgesetzliche Begründung der Moral und namentlich der Gerechtigkeit wird durch die Lehre vom natürlichen Charakter und von dessen Untermischung mit Raubthiereigenschaften oder sonst feindseligen Antrieben eingeleitet. Die zweite, in der Zukunft liegende Aera der Geschichte findet sich durch den folgerichtig durchgeführten Begriff der freien Gesellschaft gekennzeichnet. Ein neues Element der Rechts- und Staatskritik ist in unserer Idee vom bisherigen Gewaltstaat vertreten. Aber auch die specielleren positiven Einrichtungen der freien Gesellschaft, die im Gegensatz zur Gewaltehe und zum Gewalteigenthum platzgreifen müssen, sind eingehend charakterisirt worden. Mit der Idee der allgemeinen Schule liess sich auch eine genauere Rechenschaft von der universellen Bildungswissenschaft verbinden. Den brutalen, mit der natürlichen Moral und Gerechtigkeit unverträglichen Vorstellungen Malthusisch-Darwinistischer Art über den Kampf um das Dasein konnten wir die Idee der gerechten Socialisirung aller menschlichen Grundverhältnisse entgegensetzen. Für die Schätzung und Steigerung des Lebenswerthes wurde das „Gesetz der Differenz" zugleich theoretisch und praktisch maassgebend. Die positive Richtung der Kräfte auf die Natur und die hiemit gegebene Ablenkung derselben von feindlicher Kreuzung zeigte sich uns als das echte Culturgesetz, durch welches die fortschreitende Ausmerzung der überlieferten Ungerechtigkeiten auch äusserlich am sichersten verbürgt wird. Der universelle Affect, welcher das Ganze der Dinge zum Gegenstand hat, konnte in unserm System, welches ihn zuerst als besondern Begriff einführt, auch auf seinen berechtigten Ausgangspunkt zurückgeführt werden. Nicht unmittelbar in seiner Richtung auf das Universum, sondern nur als ein auf das Leben bezogener und gleichsam die Summe der Leidenschaften, also die universelle Lebensleidenschaft selbst vorstellender Affect konnte er einen völlig rationellen Sinn haben. In diesem Sinn vermittelt er aber auch jene lebendige Weltauffassung, die das Wirklichkeitssystem von den Erzeugnissen der Halbkritik und unzulänglichen Aufklärung unterscheidet. Das Mittelstadium der halben Aufklärung hat schon im Alterthum die Götter des früheren lebendigen Glaubens in schattenhafte Abstractionen verwandelt, für deren nichtige, dem Leben entfremdete Existenz sich Niemand wahrhaft begeistern konnte. Die neuere Zeit hat in grösserem Maassstabe einen ähnlichen Vorgang aufzuweisen; aber sie bleibt nicht dabei stehen, der alten Superstition zuerst ihr buntes Gewand und dann auch Fleisch und Blut zu nehmen. Sie wirft auch das traurige Skelett selbst zur Seite, und es wendet sich die ihren tieferen Antrieben entsprechende Wirklichkeitsphilosophie dem System der Dinge in seiner unmittelbaren lebensvollen Wahrheit zu, indem sie es ohne Erdichtung in seiner Fülle aufzufassen und in dem der Menschenkraft zugänglichen Theil selbstbewusst zu gestalten antreibt.

Druck von R. Boll in Berlin, Mittelstr. 29.

Schriften desselben Verfassers:

Natürliche Dialektik, neue logische Grundlegungen der Wissenschaft und Philosophie. Berlin 1865. . . . . 1 Thlr. 10 Sgr.

Der Werth des Lebens, eine philosophische Betrachtung. Breslau 1865. . . . . 2 Thlr.

Carey's Umwälzung der Volkswirthschaftslehre und Socialwissenschaft, zwölf Briefe. München 1865. . . . . . . 25 Sgr.

***Capital und Arbeit**, neue Antworten auf alte Fragen. Berlin 1865. 1 Thlr. 5 Sgr.

***Kritische Grundlegung der Volkswirthschaftslehre.** Berlin 1866. 2 Thlr. 24 Sgr.

Die Verkleinerer Carey's und die Krisis der Nationalökonomie, sechzehn Briefe. Breslau 1867. . . . . 1 Thlr.

Die Schicksale meiner socialen Denkschrift für das Preussische Staatsministerium, zugleich ein Beitrag zur Geschichte des Autorrechts und der Gesetzesanwendung. Berlin 1868. 10 Sgr.

Kritische Geschichte der Philosophie von ihren Anfängen bis zur Gegenwart. 2. Aufl. Berlin 1873. . . . 2 Thlr. 20 Sgr.

Cursus der National- und Socialökonomie. Berlin 1873. 3 Thlr.

Kritische Geschichte der Nationalökonomie und des Socialismus. 2. Aufl. Berlin 1875. . . . . 3 Thlr.

Kritische Geschichte der allgemeinen Principien der Mechanik. Von der philosophischen Facultät der Universität Göttingen mit dem ersten Preise der Beneke-Stiftung gekrönte Schrift. Berlin 1873. . . . . 3 Thlr.

In dem Urtheil der Facultät heisst es: „Mit vollständigster und freiester Beherrschung der Sache und erstaunlicher Ausdehnung genauester literarischer Kenntniss sind nicht nur alle wesentlichen Punkte erörtert, sondern eine grosse Anzahl kleinerer Discussionen, welche die Facultät nicht für unerlässlich gehalten hätte, aber mit Dank anerkennt, da sie überall dem volleren Verständniss des Gegenstandes dienen, bezeugen zugleich die grosse Liebe und die Umsicht, mit welcher der Verfasser sich in seine Aufgabe vertieft hat. Dem ausserordentlichen so aufgehäuften Stoffe entspricht die Fähigkeit zu seiner Bewältigung. Durch feines Gefühl für klare Vertheilung der Massen ist es dem Verfasser gelungen, zugleich auf die ganze geistige Signatur der Zeitalter, auf den wissenschaftlichen Charakter der leitenden Persönlichkeiten und auf die fortschreitende Entwicklung der einzelnen Principien und Lehrsätze ganz das belehrende geschichtliche Licht fallen zu lassen, welches die Facultät vor allem gewünscht hatte. Die ursprünglichen Aufgaben, an deren Behandlung jedes neue Princip oder Theorem entstand, sind überall mit vollendeter Anschaulichkeit reproducirt und die allmälige Umformung, die jedes erfahren hat, durch alle Zwischenglieder sorgfältig verfolgt. Die Berührungen der mechanischen Gedanken mit der philosophischen Speculation sind nirgends vermieden; sie sind nicht nur in eignen Abschnitten entwickelt, sondern der feine philosophische Instinkt, der den Verfasser auch auf diesem Boden leitet, ist ebenso deutlich in einer grossen Anzahl aufklärender allgemeiner Bemerkungen sichtbar, welche an schicklichen Stellen in die Darstellung der mechanischen Untersuchungen verflochten sind. Den angenehmen Eindruck des Ganzen vollendet eine sehr einfache, aber an glücklichen Wendungen reiche Schreibart. Voll Befriedigung, sich als die Veranlasserin dieser schönen Leistung zu wissen, durch welche ihre Aufgabe vollständig gelöst und viele Nebenerwartungen übertroffen sind, zögert sie nicht, dem Verfasser den ersten Preis hierdurch öffentlich zuzuerkennen."

Für die mit einem * bezeichneten Bücher ist die Verlagshandlung eingegangen und befinden sich die wenigen restirenden Exemplare bei dem Verfasser, Berlin, Alexandrinenstr. 112, von wo solche gegen Einsendung des Betrages zu beziehen sind.

Zeitfracht Medien GmbH
Ferdinand-Jühlke-Straße 7,
99095 - DE, Erfurt
produktsicherheit@zeitfracht.de

FSC
www.fsc.org
MIX
Papier | Fördert
gute Waldnutzung
FSC® C083411